"책 표지 한번 별나네?"

책의 얼굴이라는 표지에 책에 대한 정보가 없으니 당황스러우셨죠?

우리 함께 공부하는 별님들의 꿈은 무엇인가요?
꿈은 명사가 아닌 동사여야 합니다.
제가 동사의 꿈을 여러분과 함께 꾸고자 합니다.

많은 사람들이 쓰는 책의 얼굴에 선한 메시지가 담겨진다면 얼마나 아름다울까?

이 작은 움직임이 큰 몸짓으로 바뀌어 나간다면 우리는 얼마나 더 따스해질까?

그래서 과감하게 책의 얼굴을 바꿔 보기로 했습니다.
누군가에게 도움을 주는 삶.
저도 사실은 익숙하진 않습니다.

우리 함께 해봐요.
삶 속에서, 그냥 평범한 일상 속에서
나도 누군가에게 도움을 '지금' 주고 있다는 느낌을 가져 보죠.

별똥별을 보고 소원을 빌면 이루어진다고 하죠?

큰별쌤과 함께 한국사를 공부한 별님들의 따뜻한 마음,
그 마음이 모여 간절한 바람이 있는 곳에 별똥별이 되어 날아갑니다.

이 책을 통해 나오는 수익금의 일부가
누군가에게 희망의 빛으로 다가가길 소망합니다.
이 책을 통해 우리는 서로를 기대고 있는 '사람(人)'이라는 사실을
공유하길 소망합니다.

이 책을 통해 당신은 '지금' 누군가의 별똥별이 되어줄 수 있습니다.
이미 누군가의 꿈을 '지금' 응원하고 있는 겁니다.

우리 별님들은 그런 사람입니다.

집필 및 검토

최태성

모두의 별★별 한국사 연구소장
EBS 한국사 대표 강사, ETOOS 한국사 강사
성균관대학교 사학과 졸업
중·고등학교 한국사 교과서 및 역사부도 집필
EBS 평가원 연계 교재 집필 및 검토
2011~2012년 EBS 역사 자문위원
2013년 국사편찬위원회 자문위원
2022~2024년 국가 보훈부 정책 자문 위원
MBC 〈무한도전〉 '문화재 특강' 진행
KBS1 TV 〈역사저널 그날〉 패널 출연
KBS 라디오 FM 대행진 〈별별 히스토리〉 코너 진행
EBS1 〈미래교육 플러스〉 진행
tvN STORY 〈벌거벗은 한국사〉 진행
JTBC 〈역사 이야기꾼〉 출연
2025년 대통령 표창

모두의 별★별 한국사 연구소 곽승연 이상선 김혜진 권혜성

Staff

발행인 정선욱

퍼블리싱 총괄 남형주

기획·개발 김태원 박하영 김인겸

디자인 김정인 이연수 퓨리티디자인

유통·마케팅 서준성 김지희

제작·물류 김한길 김경수 신영민

큰별쌤 최태성의 별★별 한국사 한국사능력검정시험 | 심화(1·2·3급) 하 202512 제7판 1쇄 202601 제7판 2쇄

펴낸곳 이투스에듀(주) 서울시 서초구 남부순환로 2547
고객센터 1599-3225 **등록번호** 제2007-000035호 **ISBN** 979-11-389-3444-2 [13910]

2026년 한국사능력검정시험 심화 시험 일정

여러분의 합격을 기원합니다. ^^

구분		원서 접수 기간	시험일
제77회	정기	1월 6일(화) 10:00 ~ 1월 13일(화) 17:00	2월 7일(토)
	추가	1월 20일(화) 10:00 ~ 1월 23일(금) 17:00	
제78회	정기	4월 21일(화) 10:00 ~ 4월 28일(화) 17:00	5월 23일(토)
	추가	5월 5일(화) 10:00 ~ 5월 8일(금) 17:00	
제79회	정기	7월 7일(화) 10:00 ~ 7월 14일(화) 17:00	8월 9일(일)
	추가	7월 21일(화) 10:00 ~ 7월 24일(금) 17:00	
제80회	정기	9월 15일(화) 10:00 ~ 9월 22일(화) 17:00	10월 17일(토)
	추가	9월 29일(화) 10:00 ~ 10월 2일(금) 17:00	
제81회	정기	11월 3일(화) 10:00 ~ 11월 10일(화) 17:00	11월 28일(토)
	추가	11월 11일(수) 10:00 ~ 11월 13일(금) 17:00	

* 추가 접수는 원서 접수 기간 종료 후 잔여 좌석에 한함
* 시험 결과 발표 : 시험 종료 후 2주 이내 한국사능력검정시험 홈페이지를 통해 발표

큰별쌤 최태성의

별★별 한국사

지금 당신도 누군가에게 도움을 주고 있습니다.

한국사를 사랑하는 따뜻한 사람의 마음이 모여 조성된 별똥별(수익금)은
꼭 필요한 곳에 소중히 전달하겠습니다.

2017~2018

나눔의 집 일본군 위안부 역사관 지원,
굿네이버스 위기 가정 아동 지원,
아름다운 재단 우토로 평화 기념관 건립 지원,
초록우산어린이재단 주거 취약 계층 지원,
나눔의 집, 굿네이버스

117,000,000원

2019

3·1 운동 시민 공원 조성,
3·1 운동 100주년 기념(feat. 마리텔),
푸르메재단, 굿네이버스, 초록우산어린이재단,
한국해비타트 독립운동가 후손 주거 지원
(with 여에스더 박사), 4·16 재단,
재외동포재단(쿠바 한인회 지원)

100,157,916원

2020

대한적십자사, 하당 노인 복지관 어르신
온열매트 지원, 기아대책, 세이브더칠드런,
한국해비타트 독립 유공자 후손 겨울나기 지원,
굿하트 금천 재가 노인 지원 센터 김장 지원,
다일공동체 방한복 지원,
한국백혈병소아암협회 연말 선물 지원,
기아대책 취약 아동 겨울나기 지원

78,113,400원

2021

대한적십자사, 기아대책, 이회영 기념관,
한국청소년재단 성인지 교육
세이브더칠드런, 광복회, 사랑의 열매

54,383,700원

2022

우크라이나 지원,
사랑의 열매 경북·강원 산불 피해 지원,
월드비전 꿈꾸는 아카데미,
굿네이버스 틴친캠프, 푸른나무재단,
네이버 해피빈 한글 교육 지원 사업

50,000,000원

2023

사랑의 열매 할렐루야 보호 작업장 차량 지원,
성균관대 장학금,
굿네이버스 튀르키예 지진 피해 지원,
초록우산어린이재단 감사편지 공모전,
해피빈 기부 저금통(해밀지역아동센터, 밀알복
지센터), 이회영 기념관

73,500,000원

2024

초록우산어린이재단, 서초구립 느티나무쉼터,
사랑의 열매 '아너 소사이어티' 가입

68,000,000원

2025

사랑의 열매 산불 피해 지원,
성균관대학교 학교 발전 기금 및 석사 우수
장학금, 도촌 종합 사회복지관,
성남시 사회복지사 협회, 네이버 해피빈,
초록우산어린이재단

16,361,919원

누적금액 (2025년 10월 현재)

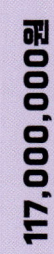

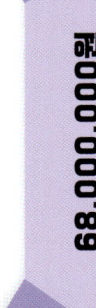

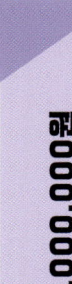

557,516,935원

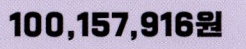

따뜻한 책 따뜻한 사람

큰별쌤 최태성의 별★별한국사 | 한국사능력검정시험

한국사 공부하면 기부되는 당신의 선한 영향력,
함께 선한 영향력을 나눈 별님들

たく**人
み*[민]
ㄱ**ㅇ
갓*갓
강*
강*현
강*훈
강*후
강*호
강*결
강*욱
강*이 준
갱*
겜*
경찰공***망생
고**와
고*집사
고*결TV
곰*
광*
구**굳

국**록
권*재
권*용
권*
권*호
권*
귀*미
그냥** Nossi
그러**가
그림*이
근본**CB
기계* 애호가
기*
기*TV
긱*
길*
김*욱
김*태
김*연
김*윤
김*준

김*현
김*형
김*환
김*자
김*범
김*빈
김*교
김*나
김*훈
김*서
김*준
김*호
김*연
김*환
김*수
김*주

김*경
김*웅
김*진
김*형
김*성
김*규
김*미
김*선
김*현
김*로(Z**O)
김*영
김*운
김*원
김*혁
김*광
김*운

김**개
김*경
김*영
김*빈
김*진
김*란
깡*
꼬*
꽁*이
꽁*이
꽃*람
나*
난뭘**잘돼
난쟁이가 쏘아올린 작
은**인증서
날**리

날**리
남*종
내 최애는 *빈
냥*ing
너클*브
노래부르는**이
노**트
녹**남
놀*
누**라
뉴**나비
니코**니
니콜 데*라
다가**_꿈들
다*
다리**다

다**젤
당*
덤
도*니
도**밤
돌도***도리
돌맹**달
두산 이*헌
됭*
듀
드*렁
디*
딸**유
땀*
뚜*
뜬*

라*
랄**루
람*
러*리
럭**하루
럭**운
로*경
롯*
루**나
룬*
룰*
룰**라
르*오
마*춘

마** 먹고 싶다
만*이
맛*밍
맥도**.대구
맵**워

맹*
먼*
몽*
묘*
무**상
무*
문*정
뭉* *치
뭐*지
뭘**짜
뭣*피
미*밈
미*기
민*

최태성 1, 2TV 별님들 1억원 기부! 사랑의 열매 '아너 소사이어티' 가입

따뜻한 책, 따뜻한 사람

나는 지금 따뜻한 책을 통해 누군가에게 도움을 주고 있습니다.
나는 따뜻한 사람입니다.

"이 책을 통해 모인 수익금은 소외 계층 지원이나 한국사 알리기 사업에 쓰입니다."

큰별쌤 최태성의

별★별 한국사

한국사 능력검정시험

심화 (1·2·3급) 하

한국사능력검정시험이란?

한국사능력검정시험은 국사편찬위원회에서 개발한 다양한 유형의 문항을 통해 우리 역사에 대한 관심을 제고하고, **한국사 전반에 걸쳐 역사적 사고력을 평가**할 수 있는 시험입니다. 이를 통해 한국사 교육의 올바른 방향을 제시하고 자발적 역사 학습을 통한 고차원적 사고력과 문제해결 능력 배양을 목적으로 하고 있습니다.

시험 목적

- 우리 역사에 대한 관심을 확산·심화시키는 계기를 마련함
- 균형 잡힌 역사의식을 갖도록 함
- 고차원적 사고력과 문제해결 능력을 육성함
- 역사 교육의 올바른 방향을 제시함

시험 주관 및 시행 기관	응시 대상
국사편찬위원회	한국사에 관심 있는 대한민국 국민 (외국인도 가능)

출처 : 국사편찬위원회 한국사능력검정시험

한능검 접수 가이드 영상

시험 종류 및 인증 등급

시험 종류	심화	기본
인증 등급	1급(80점 이상)	4급(80점 이상)
	2급(70~79점)	5급(70~79점)
	3급(60~69점)	6급(60~69점)
문항 수	50문항(5지 택1형)	50문항(4지 택1형)

배점 : 100점 만점(문항별 1점~3점 차등 배점)

평가 내용

시험 종류	평가 내용
심화	**한국사 심화 과정**으로 한국사에 대한 체계적인 이해를 바탕으로 한국사의 주요 사건과 개념을 종합적으로 이해하고, 역사 자료를 분석하고 해석하는 능력, 한국사의 흐름 속에서 시대적 상황 및 쟁점을 파악하는 능력
기본	**한국사 기본 과정**으로 기초적인 역사 상식을 바탕으로 한국사의 필수 지식과 기본적인 흐름을 이해하는 능력

여기서 잠깐!

1급을 받기 위해서는 80점 이상을 받아야 합니다. 그러나 "심화" 시험의 난도는 기존 고급과 비슷한 수준이고, 문제 유형도 바뀌지 않았기 때문에 걱정할 필요가 전혀 없어요. 지금처럼 큰별쌤을 믿고 중요한 개념들 위주로 학습하면 합격할 수 있습니다.

시험 시간

시간	내용	소요 시간
10:00~10:10	오리엔테이션(시험 시 주의 사항)	10분
10:10~10:15	신분증 및 수험표 확인(감독관)	5분
10:15~10:20	문제지 배부	5분
10:20~11:40	시험 실시(50문항)	80분

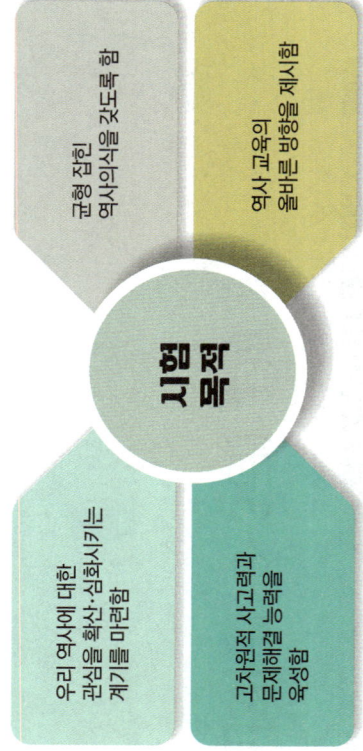

시험 합격 비법

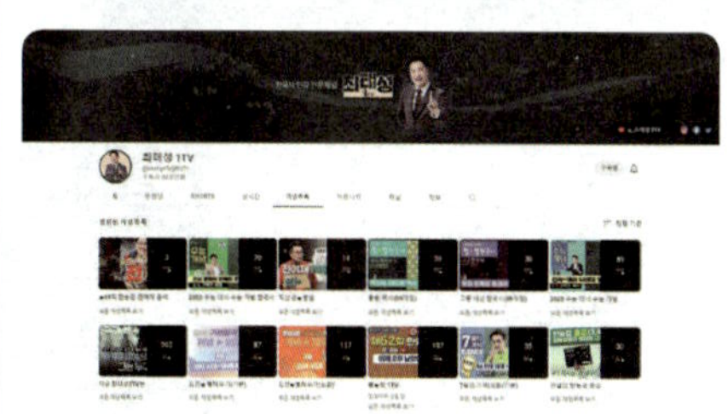

유튜브 최태성1TV(인강 전문 채널)

모두의 별★별 한국사(http://www.etoos.com/bigstar)

원서 접수 및 자세한 시험 정보

한국사능력검정시험(http://www.historyexam.go.kr)

큰별쌤의 결론은?

1

초등부터 성인까지
한국사 필수 시대!

한국사를
손 놓을 수는
없죠!

2

한국사는 계속된다!
쭈~욱!

공무원 시험,
교원임용 시험,
승진 시험 등

3

한국사능력검정시험은
선발 시험이 아닌
인증 시험!

80점 이상이면 1급
70~79점이면 2급
60~69점이면 3급

4

도전해
볼 만한 수준!

한 달 정도만 투자해서
필수 개념만 익히면
합격할 수 있어요.

전체적인 흐름을 파악하고, 개념을 꼼꼼히 확인하세요.
사진, 자료 등은 시대와 꼭 연결하여 익숙하게 만들어 두세요.

시험 합격도 중요하지만 한국사 공부를 통해 역사 속의 사람들을 만나 소통해 보고
한 번의 인생 어떻게 살아갈 것인가를 생각해 보는 계기가 되기를 바랄게요.

합격 하려면?

강별로 판서를 통해 흐름을 이해하고 강의를 들으며 자신만의 필기 노트를 만들어 보세요.
눈으로 보고 손으로 따라 쓰고 입으로 대답하며 익힌 내용은 오래 기억됩니다
그런 다음 사진, 도표, 지도, 사료, 용어 해설을 통해 기본 개념을 정리하고, 기출문제를 통해 출제 경향을 확인하세요.
마지막으로 ☆(별) 채우기를 통해 복습하면 한국사 개념 완전 정복 끝!

한국사를 그리다

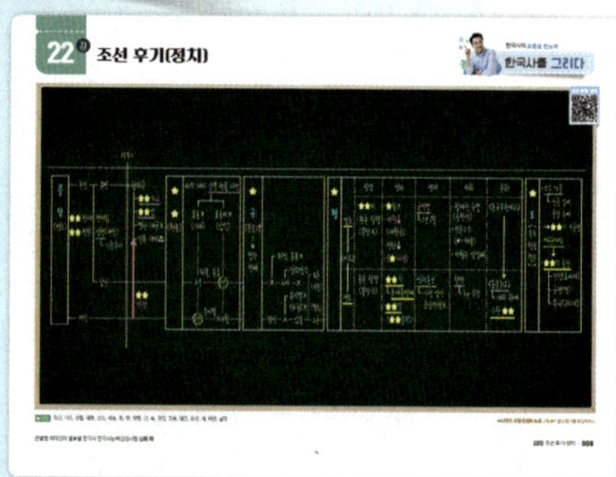

20년 넘게 판서를 연구한
판서의 장인 큰별쌤의 아트 판서!
시대의 흐름이 한눈에 보이는 판서와 함께 내용을 정리하세요.
QR 코드를 통해 해당 강의를 들을 수 있어요.

큰별쌤의 판서 활용 tip

- **졸음방지** ☆(별)은 핵심 키워드! 강의를 들으며 ☆(별)을 채우세요.
- **복습하기** 강의 내용을 떠올리며 ☆(별)을 채워 보세요.

한국사를 쓰다

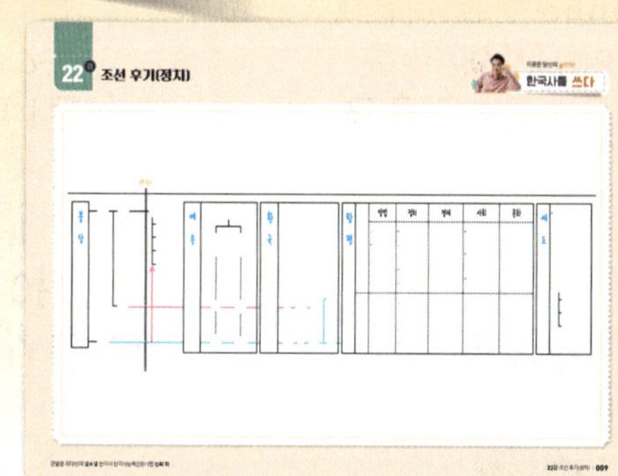

강의를 들으며 판서를 쉽게 그릴 수 있도록 구성하였어요.
아트 판서를 따라 그리며 강의 내용을 생생하게 기억해 보세요.

한국사를 보다

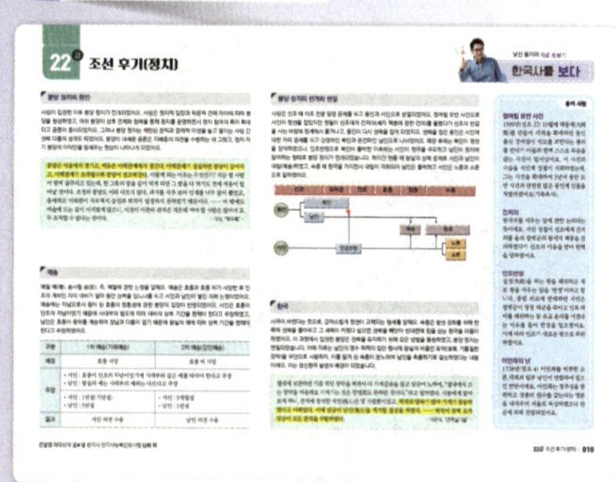

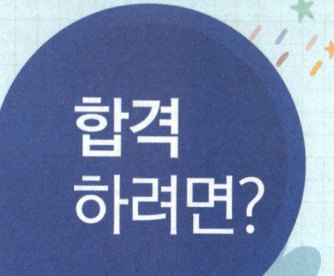

시험에 자주 등장하는 사진, 도표, 지도, 사료를 모아 해설하였어요. 사진과 사료를 보고 어느 시대에 해당하는 것인지 반드시 기억해 두어야 합니다.
또 용어와 개념을 쉽게 풀어 놓았으니 꼼꼼히 읽어 보세요.

한국사를 읽다

큰별쌤의 아트 판서 내용을 표로 정리하였습니다. 이곳에 자신이 더 공부한 내용을 추가해도 좋아요. 정리하는 개념으로 휘리릭~ 읽어 보세요.

한국사를 풀다

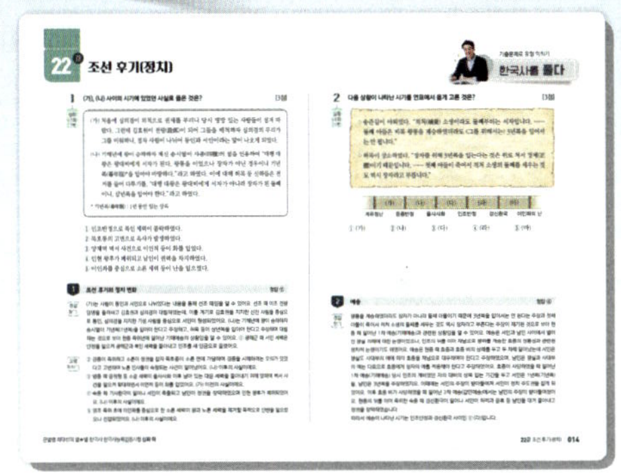

강의 내용에 해당하는 기출문제를 꼼꼼 친절한 해설과 함께 담았습니다. 어떤 유형으로 문제가 나오는지 기출 경향을 확인할 수 있습니다.
읽기만 해도 이해·정리되는 친절한 해설을 담았으니, 해설을 가리고 풀어 본 다음에 해설을 읽으며 아는 내용은 되새기고 부족한 내용은 채워 보세요.

한국사를 채우다

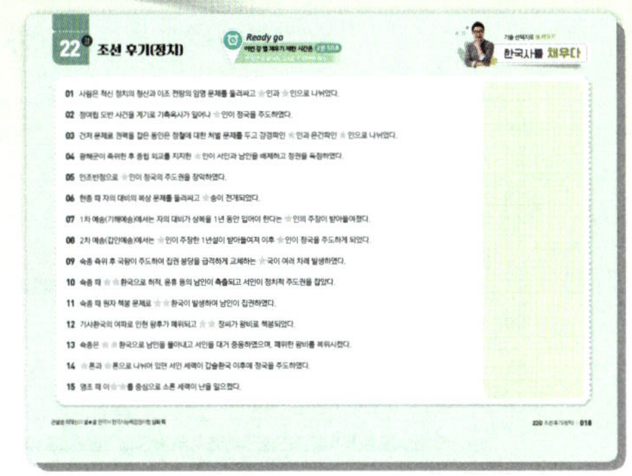

☆(별) 채우기를 하지 않은 자, 재앙이 오리라!
아주아주 중요한 부분입니다. 기출문제에서 선택지로 자주 등장하는 내용으로 구성하였어요.
☆(별)이 들어간 단어가 바로 핵심 키워드입니다.
제한 시간 안에 게임을 하듯 ☆(별) 채우기를 하며 재미있게 복습하세요. 틀린 부분은 꼭! 다시 확인하셔야 해요.

기출 모의고사

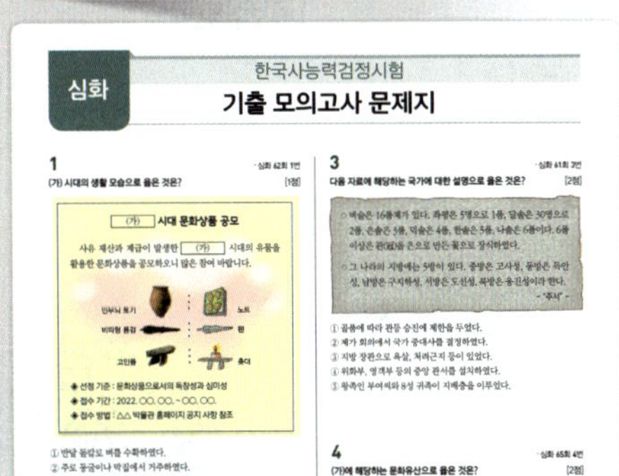

실전에 대비하다

대표 기출문제를 모아 기출 모의고사를 만들었어요.
실전처럼 80분에 문제를 풀면서 실력도 확인하고 시험도 체험해 보세요.

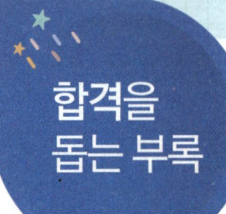

합격을 돕는 부록

나만의 약점 단권화 노트

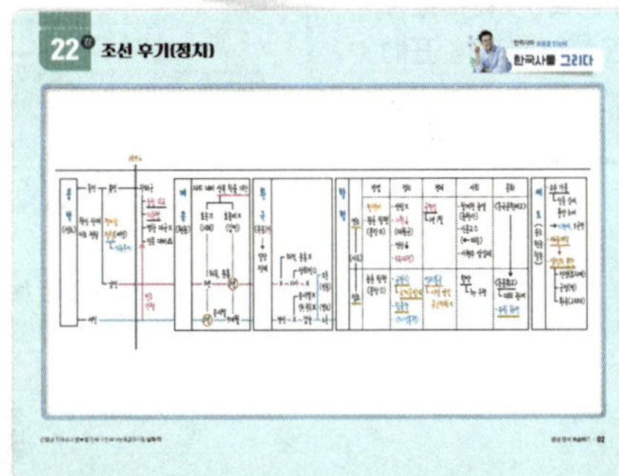

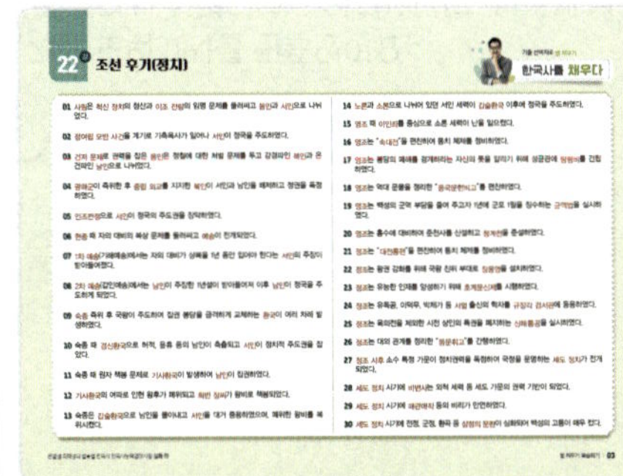

나만의 노하우와 아트 판서의 콜라보! 시험장에 꼭 가지고 가야 할 단 한 권!
자세한 활용법은 유튜브 최태성 1TV에서 확인하세요.

연표

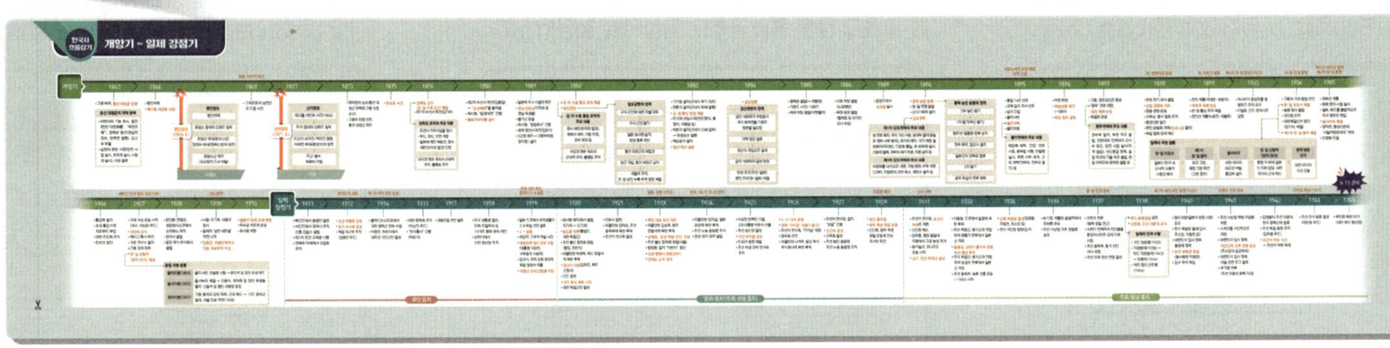

한국사의 흐름을 한눈에 볼 수 있도록 연표를 담았어요. 가지고 다니면서 틈틈이 눈에 익히면 한국사의 흐름이 쉽게 머릿속에 정리됩니다.

이 책의 차례는?

큰별쌤 최태성의 별★별 한국사 한국사능력검정시험 심화 교재는 총 2권으로 구성되어 있습니다.
상권은 선사 시대부터 조선 전기까지(01~21강), 하권은 조선 후기부터 근·현대까지(22~40강), 총 40강입니다.

22강 조선 후기(정치)

강의 바로 보기

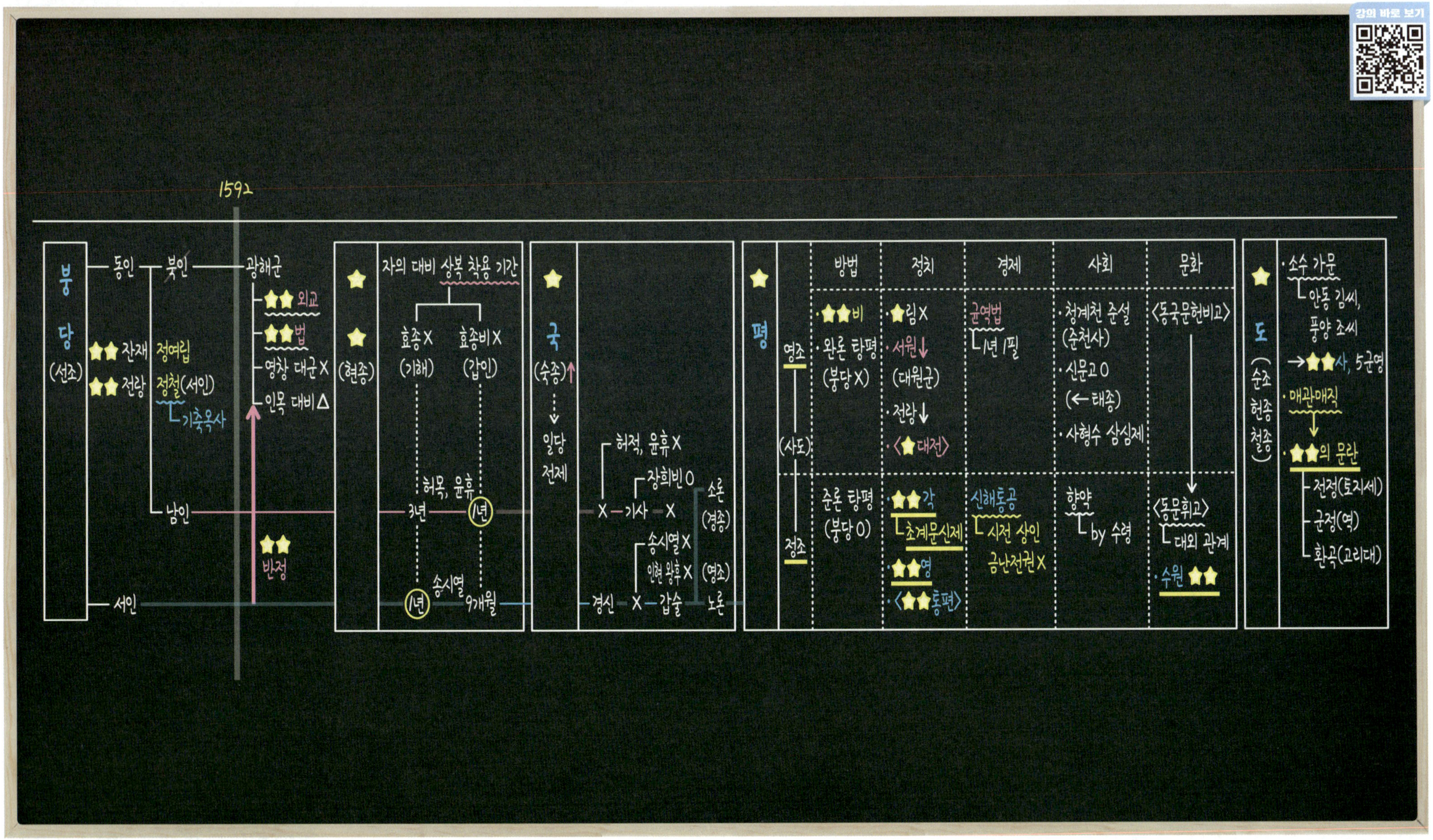

★정답 척신, 이조, 중립, 대동, 인조, 예송, 환, 탕, 탕평, 산, 속, 규장, 장용, 대전, 화성, 세, 비변, 삼정

→ 나만의 약점 단권화 노트 2쪽에서 완성 판서를 확인하세요.

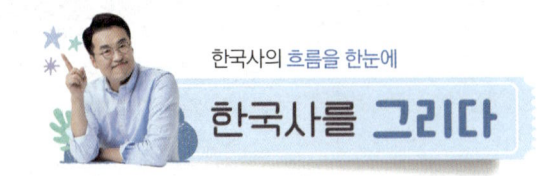

22강 조선 후기(정치)

이곳은 당신의 놀이터!
한국사를 쓰다

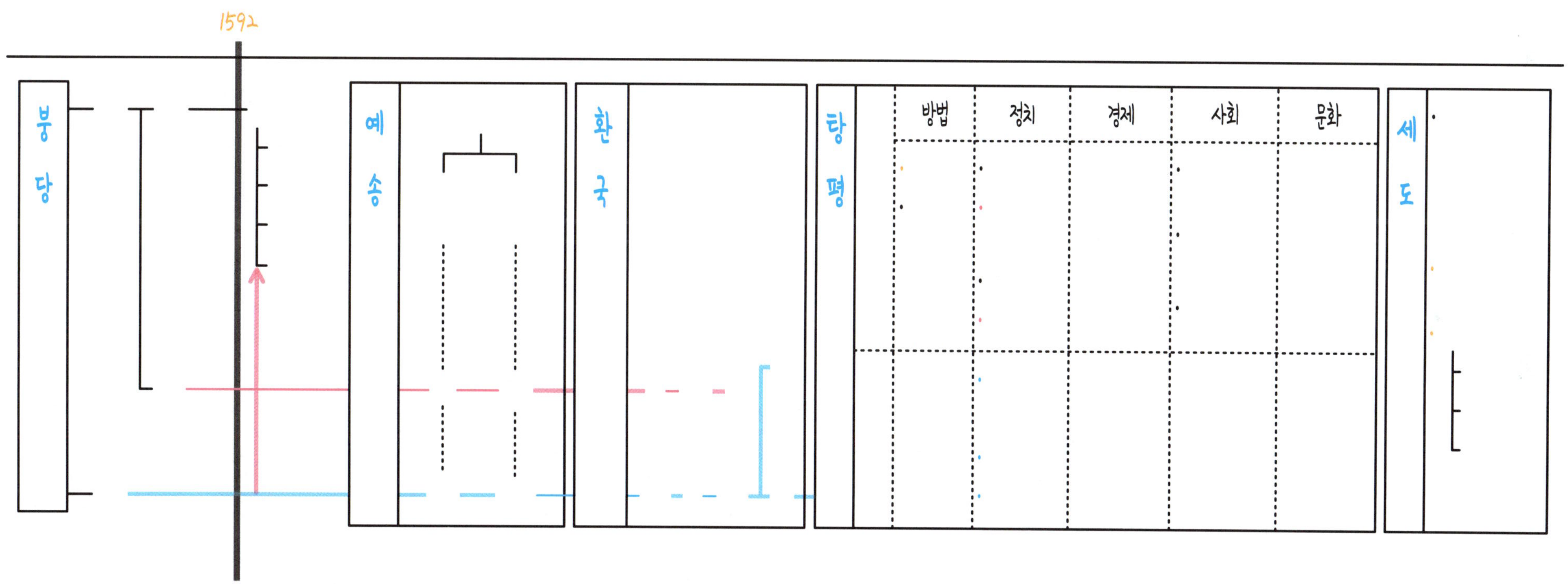

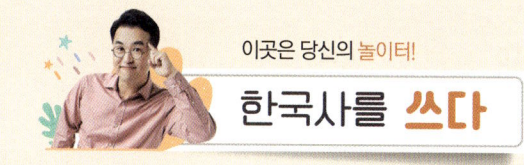

조선 후기(정치)

붕당 정치의 원인

사림이 집권한 이후 붕당 정치가 전개되었어요. 사림은 정치적 입장과 학문적 견해 차이에 따라 붕당을 형성하였고, 여러 붕당이 상호 견제와 협력을 통해 정치를 운영하면서 정치 참여의 폭이 확대되고 공론이 중시되었지요. 그러나 붕당 정치는 제한된 관직과 경제적 이권을 놓고 벌이는 사림 간 권력 다툼의 성격도 띠었어요. 붕당이 내세운 공론은 지배층의 의견을 수렴하는 데 그쳤고, 점차 자기 붕당의 이익만을 앞세우는 현상이 나타나게 되었어요.

> 붕당은 싸움에서 생기고, 싸움은 이해관계에서 생긴다. 이해관계가 절실하면 붕당이 깊어지고, 이해관계가 오래될수록 붕당이 견고해진다. 이렇게 되는 이유는 무엇인가? 지금 열 사람이 함께 굶주리고 있는데, 한 그릇의 밥을 같이 먹게 되면 그 밥을 다 먹기도 전에 싸움이 일어날 것이다. 조정의 붕당도 이와 다르지 않다. 과거를 자주 보아 인재를 너무 많이 뽑았고, 총애하고 미워함이 치우쳐서 승진과 퇴직이 일정하지 못하였기 때문이다. …… 이 밖에도 벼슬에 드는 길이 어지럽게 많으니, 이것이 이른바 관직은 적은데 써야 할 사람은 많아서 모두 조처할 수 없다는 것이다.
>
> – 이익, "곽우록" –

예송

예절 예(禮), 송사할 송(訟). 즉, 예절에 관한 논쟁을 말해요. 예송은 효종과 효종 비가 사망한 후 인조의 계비인 자의 대비가 얼마 동안 상복을 입느냐를 두고 서인과 남인이 벌인 의례 논쟁이었어요. 예송에는 차남으로서 왕이 된 효종의 정통성에 관한 붕당의 입장이 반영되었어요. 서인은 효종이 인조의 차남이었기 때문에 사대부의 법도에 따라 대비의 상복 기간을 정해야 한다고 주장하였고, 남인은 효종이 왕위를 계승하여 장남과 다름이 없기 때문에 왕실의 예에 따라 상복 기간을 정해야 한다고 주장하였어요.

구분	1차 예송(기해예송)	2차 예송(갑인예송)
배경	효종 사망	효종 비 사망
주장	• 서인 : 효종이 인조의 차남이었기에 사대부와 같은 예를 따라야 한다고 주장 • 남인 : 왕실의 예는 사대부의 예와는 다르다고 주장	
	• 서인 : 1년설(기년설) • 남인 : 3년설	• 서인 : 9개월설 • 남인 : 1년설
결과	서인 의견 수용	남인 의견 수용

붕당 정치의 전개와 변질

사림은 선조 때 이조 전랑 임명 문제를 두고 동인과 서인으로 분열되었어요. 정여립 모반 사건으로 서인이 정권을 잡았지만 정철이 선조에게 건저의(세자 책봉에 관한 건의)를 올렸다가 선조의 반감을 사는 바람에 정계에서 쫓겨나고, 동인이 다시 권력을 잡게 되었지요. 권력을 잡은 동인은 서인에 대한 처리 문제를 두고 강경파인 북인과 온건파인 남인으로 나뉘었어요. 왜란 후에는 북인이 정권을 장악하였으나, 인조반정으로 북인이 몰락한 이후에는 서인이 정국을 주도하고 남인이 정치에 참여하는 형태로 붕당 정치가 전개되었습니다. 하지만 현종 때 왕실의 상례 문제로 서인과 남인이 대립(예송)하였고, 숙종 때 환국을 거치면서 대립이 격화되어 남인은 몰락하고 서인은 노론과 소론으로 갈라졌어요.

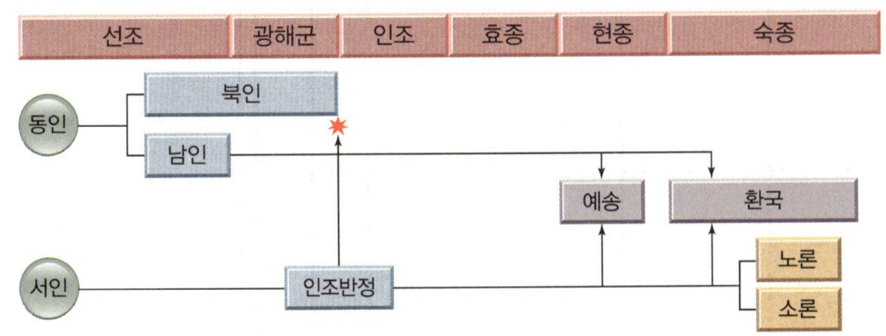

환국

시국이 바뀐다는 뜻으로, 급작스럽게 정권이 교체되는 형세를 말해요. 숙종은 왕권 강화를 위해 한 쪽에 권력을 몰아주고 그 세력이 커졌다 싶으면 권력을 빼앗아 반대편에 힘을 싣는 환국을 되풀이 하였어요. 이 과정에서 집권한 붕당은 권력을 유지하기 위해 갖은 방법을 동원하였고, 붕당 정치는 변질되었습니다. 아래 자료는 남인의 영수 허적이 집안 행사에 왕실의 비품인 유악(油幄, 기름칠한 장막)을 무단으로 사용하자, 이를 알게 된 숙종이 분노하여 남인을 축출하기로 결심하였다는 내용이에요. 이는 경신환국 발생의 배경이 되었습니다.

> 궐내에 보관하던 기름 먹인 장막을 허적이 다 가져갔음을 듣고 임금이 노하여, "궐내에서 쓰는 장막을 마음대로 가져가는 것은 한명회도 못하던 짓이다."라고 말하였다. 시종에게 알아보게 하니, 잔치에 참석한 서인(西人)은 몇 사람뿐이었고, 허적의 당파가 많아 기세가 등등하였다고 아뢰었다. 이에 임금이 남인(南人)을 제거할 결심을 하였다. …… 허적이 잡혀 오자 임금이 모든 관직을 삭탈하였다.
>
> – 이긍익, "연려실기술" –

용어 사전

정여립 모반 사건
1589년(선조 22) 10월에 대동계(大同契)를 만들어 세력을 확대하던 동인 출신 정여립이 역모를 꾀한다는 혐의를 받다가 아들과 함께 스스로 목숨을 끊는 사건이 일어났어요. 이 사건의 수습을 서인계 정철이 지휘하였는데, 그는 사건을 확대하여 3년여 동안 모반 사건과 관련된 많은 동인계 인물을 처벌하였어요(기축옥사).

건저의
왕세자를 세우는 일에 관한 논의라는 뜻이에요. 서인 정철이 선조에게 건저의를 올려 광해군의 왕세자 책봉을 건의하였다가 선조의 미움을 받아 탄핵을 당하였어요.

인조반정
실정(失政)을 하는 왕을 폐위하고 새로 왕을 세우는 일을 '반정'이라고 합니다. 중립 외교에 반대하던 서인은 광해군이 영창 대군을 죽이고 인목 대비를 폐위하는 등 유교 윤리를 어겼다는 이유를 들어 반정을 일으켰어요. 이에 따라 인조가 새로운 왕으로 즉위하였어요.

이인좌의 난
1728년(영조 4) 이인좌를 비롯한 소론 세력과 일부 남인이 연합하여 일으킨 반란이에요. 이인좌는 청주성을 함락하고 경종의 원수를 갚는다는 명분을 내세우며 서울로 북상하였으나 관군에 의해 진압되었어요.

붕당 정치의 변질과 폐해

숙종 때 환국이 되풀이되면서 붕당 정치가 변질되었고, 정권을 잡은 붕당이 상대 붕당에 대해 가혹한 탄압과 보복을 가하면서 성권을 독점하는 일당 전세화가 나타났어요. 집권 세력은 공론보다 자기 당파의 이익을 앞세웠고, 권력을 지속하기 위해 왕위 계승 문제에 개입하여 왕권까지 위협하였지요.

> 조정에서 노론, 소론, 남인의 삼색(三色)이 날이 갈수록 더욱 사이가 나빠져 서로 역적이라는 이름으로 모함하니, 이 영향이 시골에까지 미치게 되어 하나의 싸움터를 만들었다. 그리하여 서로 혼인을 하지 않을 뿐만 아니라, 다른 당색(黨色)끼리는 서로 용납하지 않는 지경에까지 이르렀다. - 이중환, "택리지" -

영조의 탕평 정치

'탕평'은 어느 쪽에도 치우침이 없이 공평하다는 뜻이에요. 탕평 정치는 당파의 대립을 막기 위해 인재를 고루 등용함으로써 정치 세력의 균형을 이루어 정치적 안정을 꾀하고자 한 정치 형태입니다. 극심한 붕당 간 대립 속에서 즉위한 영조는 탕평 교서를 반포하고 앞으로 관리가 될 인재들이 모인 성균관에 탕평비를 건립하여 탕평책에 대한 자신의 의지를 분명히 하였어요.

> 붕당의 폐해가 요즘보다 심한 적이 없었다. 처음에는 학문에 대한 해석이 달라 소란스럽더니, 지금에는 한편 사람을 모조리 반역하는 당으로 몰고 있다. 우리 나라는 사람을 쓰는 방법이 넓지 못한데 요즈음은 모두 같은 당의 사람만 임용한다. 높고 낮은 관리들이 공격을 일삼고 싸움만 계속하고 있으니 이러면 나라가 장차 어떻게 되겠는가? 지금 나의 말은 위로는 종사를 위하고 아래로는 조정을 진정시키려는 것이니, 혹시 이를 의심하거나 기회로 생각하여 상소를 올려 남을 모함한다면 종신토록 금고하여 나라와 함께하지 못할 뜻을 보이겠다. - "영조실록" -

탕평비

> 두루 원만하고 편향되지 않음이 군자의 마음이요, 편향되고 원만하지 못함이 소인의 사사로운 마음이다.
> (周而弗比 乃君子之公心 比而弗周 寔小人之私意)

규장각

'규장'은 임금이 쓴 글이나 글씨를 뜻하는 말이에요. 규장각은 역대 임금의 글이나 글씨 등을 보관하는 왕실의 도서관으로 창덕궁 후원의 주합루에 설치되었어요. 정조는 규장각을 학술 및 정책 연구 기관으로 육성하였으며, 박제가, 유득공, 이덕무 등 서얼 출신의 학자들을 규장각 검서관으로 기용하기도 하였어요.

창덕궁 주합루

초계문신제

과거에 합격하여 등용된 37세 이하 중·하급 관리 중에서 재능 있는 젊은 문신 관리들을 뽑아 규장각에서 재교육하는 제도입니다. 정조가 자신의 권력과 정책을 뒷받침할 인재를 양성하기 위해 마련하였어요.

> 문신으로서 승문원에 배치된 사람들 가운데 참상관(종3품 이하 6품 이상 관리), 참하관(7품 이하 관리)을 막론하고 의정부에서 상의하여 37세 이하로 한하여 뽑아 아뢰게 한다. - "정조실록" -

수원 화성

정조는 아버지 사도 세자(장헌 세자)의 묘를 수원으로 옮기고, 자신의 정치적 이상과 개혁 의지를 실현하고자 신도시 화성을 건설하여 정치·군사·상업 기능을 부여하였어요.

수원 화성 장안문

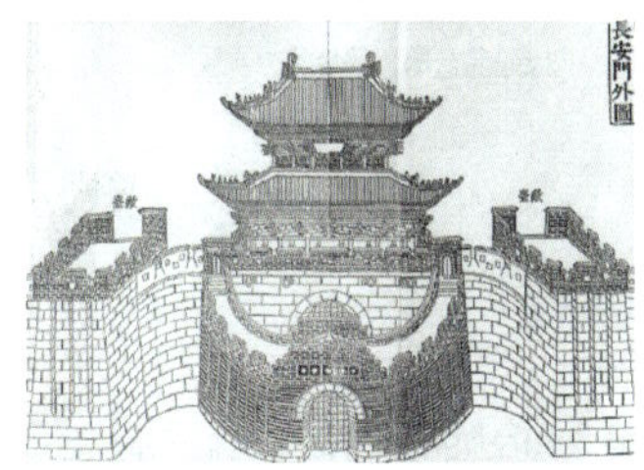

화성성역의궤에 수록된 장안문 외도

용어 사전

완론 탕평
'완(緩)'은 느슨하다는 뜻으로, 영조는 완론 탕평을 펼쳤어요. 영조는 파벌을 없애려 했기 때문에 기본적으로 붕당 자체를 인정하지 않았어요. 그래서 붕당의 옳고 그름을 가리지 않고 신하들 가운데 특정 당에 치우치지 않고 온건한 주장을 펴는 중립적인 인물을 등용하여 탕평책을 전개하였어요.

산림
학문의 경지는 높으나 관직에 나아가지 않고 향촌에서 학문에 정진하며 현실 정치에 목소리를 내는 선비들을 말해요. 이들은 각 붕당의 사상적 지주가 되었습니다.

속대전
"경국대전"의 속편 격인 법전이에요. 영조 때 "경국대전" 반포 이후 공포된 법령 중에서 시행할 법령만을 추려서 편찬하였어요. 우리 실정에 맞는 형법을 추가하고 형량도 가볍게 하였어요.

균역법
영조가 농민의 군역 부담을 줄여 주기 위해 시행한 법이에요. 1년에 2필을 내던 군포를 1필로 줄여 주었어요.

청계천 준설
청계천이 자주 범람하자 영조는 청계천 바닥의 모래나 흙을 파내는 대대적인 준설을 추진하였어요. 이를 통해 영조는 한양의 홍수를 방지하는 한편, 실업자들에게 일자리를 만들어 주고자 하였습니다.

22강 조선 후기(정치)

낯선 용어와 자료 돋보기

한국사를 보다

신해통공

'통공'은 모든 사람에게 통한다는 뜻으로, 독점권의 폐지를 의미합니다. 정조는 신해년(1791)에 통공 조치를 발표하여 시전 상인이 난전(허가를 받지 않고 상업 활동을 하는 상인)을 규제할 수 있도록 나라가 허용한 권리인 금난전권을 폐지하였어요.

> 좌의정 채제공이 왕께 아뢰기를, "평시서*로 하여금 30년 이내에 신설된 시전을 모두 혁파하게 하십시오. 그리고 형조와 한성부에 명하여 육의전 이외에는 금난전권을 행사하지 못하게 하십시오. 그러면 상인들은 자유롭게 매매하는 이익이 있을 것이고 백성은 생활이 궁색하지 않을 것입니다."라고 하였다. 이에 왕이 여러 신하들에게 물으니, 모두 그의 말이 옳다고 하였다.
>
> - "정조실록" -
>
> * 평시서 : 시전과 도량형, 물가 등을 관장하던 관청

세도 정치의 폐단

'세도'는 권세를 마구 휘두르는 것을 말합니다. 정조가 사망한 후 순조, 헌종, 철종의 3대 60여 년 동안 왕실과 혼인 관계를 맺은 몇몇 가문이 비변사를 중심으로 정치권력을 독점하고 권세를 휘두른 세도 정치가 전개되었어요. 세도 정치 시기에 매관매직이 성행하고 탐관오리의 부정부패가 심화되어 백성의 삶이 매우 어려워졌어요.

> • 세력을 휘두르는 대여섯 집안 / 재상자리 대감자리 모두 다 차지하고
> 관찰사 절제사도 완전히 차지하네
> 도승지 부승지는 모두가 이들이며 / 사헌부 사간원도 전부가 이들이라
> 이들이 모두 다 벼슬아치 노릇하며 / 이들이 오로지 소송 판결하네
>
> - 정약용, "여유당전서" -
>
> • 가을에 한 늙은 아전이 대궐에서 돌아와서 처와 자식에게 "요즘 이름 있는 관리들이 모여서 하루 종일 이야기를 하여도 나랏일에 대한 계획이나 백성을 위한 걱정은 전혀 하지 않는다. 오로지 각 고을에서 보내오는 뇌물의 많고 적음과 좋고 나쁨에만 관심을 가지고 어느 고을의 수령이 보낸 물건은 극히 정묘하고 또 어느 수령이 보낸 물건은 매우 넉넉하다고 말한다. 이름 있는 관리들이 말하는 것이 이러하다면 지방에서 거두어들이는 것이 반드시 늘어날 것이다. 나라가 어찌 망하지 않겠는가."라고 한탄하면서 눈물을 흘려 마지않았다.
>
> - 정약용, "목민심서" -

삼정의 문란

토지세를 뜻하는 전정, 군포를 징수하는 군정, 정부가 봄에 농민에게 곡식을 빌려주고 그 이자 수입으로 재정을 충당하는 환곡, 이 세 가지를 삼정이라고 합니다. 19세기 세도 정치 시기에 정치 기강이 극도로 문란해지고 탐관오리의 농민 수탈이 극심해지면서 삼정의 문란이 심화되었어요.

〈삼정의 문란〉

> 오랫동안 체납된 환곡을 탕감하는 것, 대동미의 징수를 정지하거나 연기하는 것, 재해 입은 농지의 조세 징수를 면제하는 것, 이 세 가지는 나라에서는 손실이 있으나 백성에게는 이득이 되지 않는다. …… 오랫동안 체납된 환곡을 징수하는 것을 정지 또는 연기하라는 윤음(綸音)이 내려지는 것을 여러 번 보았으나, 조금의 혜택도 촌민에게는 미치지 않았다.
>
> - 정약용, "경세유표" -

〈환곡의 폐단〉

> 빌려주고 빌리는 건 양쪽 다 원해야지
> 억지로 강제하면 불편해져
> 봄철에 좀먹은 쌀 한 말 받고서
> 가을엔 온전한 쌀 두 말 바치고
> 게다가 좀먹은 쌀값 돈으로 내라 하니
> 온전한 쌀 판 돈을 바칠 수밖에
> 남는 이윤은 교활한 관리 살찌워
> 한 번 벼슬길에 천 마지기 땅이 생기고
> 백성 차지는 고생뿐이어서
> 긁어 가고 벗겨 가고 걸핏하면 매질이라.
>
> - 정약용, "여유당전서" -

〈군정의 문란〉

> 갈밭마을 젊은 아낙 그칠 줄 모르는 통곡 소리
> 관청 문을 향해 슬피 울며 하늘에 호소하네.
> 전쟁터에 간 지아비가 못 돌아오는 수는 있어도
> 남자가 스스로 성기를 잘랐다는 말은 들어본 일이 없다네.
> 시아버지 죽어서 이미 상복을 입었고
> 갓난아이는 아직 배냇물도 마르지 않았는데,
> 삼대가 군적에 실리다니
> 아무리 호소해도 문지기는 호랑이 같고
> 관리가 소리치며 마굿간 소마저 몰아가네.
> 칼을 갈아 방에 들자 자리에는 피가 가득
> 자식 낳아 군액 당한 것 한스러워 그랬다네.
>
> - 정약용의 시, '애절양' -

용어 사전

동국문헌비고
'동국'은 우리나라를 뜻하고, '비고'는 참고하기 위해 갖추어 둔다는 뜻이에요. 정치·경제·법률·문화 등 우리나라의 문물과 제도를 총정리한 일종의 백과사전으로 영조 때 편찬되었어요.

준론 탕평
'준(峻)'은 높고 엄격하다는 뜻이에요. 정조는 준론 탕평, 즉 붕당을 인정하는 대신 옳고 그름을 명백히 가리는 적극적인 방법의 탕평책을 실시하였어요.

장용영
정조가 왕권 강화를 목적으로 설치하여 왕의 호위를 전담하게 한 군사 조직입니다. 당시 집권 세력이 5군영을 장악하고 있었기 때문에 정조는 국왕의 친위 조직인 장용영을 설치하여 자신의 군사 기반을 확보하고자 하였어요.

대전통편
"경국대전"과 "속대전"을 통합하고 보완한 법전이에요. 규장각 검서관인 박제가, 유득공 등이 법전 편찬에 참여하기도 하였어요.

동문휘고
정조 때 정창순 등이 왕명을 받아 외교 문서를 분류, 정리하여 편찬한 외교 문서집이에요. 이후에도 필요에 따라 증보하여 발간하였습니다.

마무리도 빈틈없이
한국사를 읽다

22강 조선 후기(정치)

1 붕당 정치의 전개

선조	척신 정치의 잔재 청산 문제와 이조 전랑 임명 문제를 둘러싸고 사림 분열 → 동인과 서인의 붕당 형성 → 정철 등 서인이 정여립 모반 사건을 빌미로 동인 숙청(기축옥사) → 건저 문제로 정철이 삭탈관직을 당함 → 정권을 잡은 동인이 정철에 대한 처벌을 두고 남인(온건파)과 북인(강경파)으로 분화
광해군	왜란 이후 북인이 서인과 남인을 배제하고 정권 독점
인조	인조반정으로 북인 몰락, 서인이 정권 장악 → 서인이 남인 일부와 연합하여 정국 주도(상호 비판적 공존 관계 형성)

2 붕당 정치의 변질

(1) 예송의 발생(현종)

배경	효종, 효종 비 사망 → 인조의 계비인 자의 대비의 복상 기간을 두고 서인과 남인이 대립 - 서인 : 왕위를 계승하였으나 효종이 인조의 차남이기에 왕실도 "주자가례"를 바탕으로 사대부와 같은 예를 따라야 한다고 주장 - 남인 : "주례", "예기" 등을 근거로 왕실의 예는 사대부의 예와는 다르다고 주장	
전개	1차 예송(기해예송, 1659)	2차 예송(갑인예송, 1674)
	효종 사망	효종 비 사망
	• 서인 : 차남에 해당하는 1년 복상(기년복) 주장 • 남인 : 국왕에 해당하는 3년 복상 주장	• 서인 : 둘째 며느리에 해당하는 9개월 복상 주장 • 남인 : 왕비에 해당하는 1년 복상 주장
결과	서인 의견 수용	남인 의견 수용

(2) 환국의 전개

특징	• 숙종 때 빈번하게 발생, 국왕이 환국 주도 • 상대 붕당의 존재 부정, 가혹한 탄압·보복이 이어짐
경과	• 경신환국(1680) : 허적의 유악(장막) 남용 사건 발생, 서인이 남인의 역모 모의(삼복의 변) 고발 → 서인이 허적과 윤휴 등 남인을 몰아내고 집권, 이후 서인은 남인에 대한 처벌 문제를 둘러싸고 노론(강경파)과 소론(온건파)으로 분화 • 기사환국(1689) : 서인의 우두머리였던 송시열이 희빈 장씨(장희빈) 아들의 원자 책봉을 반대하자 숙종이 송시열을 처형함, 서인 축출 → 남인 집권, 인현 왕후 폐위, 희빈 장씨의 왕비 책봉 • 갑술환국(1694) : 숙종이 인현 왕후를 복위시키고 희빈 장씨를 내쫓음 → 남인 몰락, 서인 집권
영향	일당 전제화 대두, 3사의 언론 기능 변질

3 탕평 정치의 전개

(1) 영조의 개혁 정치 : 완론 탕평 → 노론, 소론의 온건파를 고루 등용, 탕평파 중심의 정국 운영

정치	• 이인좌(소론)의 난 진압, 공론의 주재자인 산림의 존재 부정, 붕당의 근거지인 서원 대폭 정리 • 이조 전랑의 권한 축소, 탕평비 건립(붕당의 폐해 경계)
경제	균역법 실시(1년에 군포 2필 → 1필로 경감) → 농민의 군포 부담 감소
사회	형벌 제도 완화(사형수에 대한 삼심제를 엄격하게 시행, 지나친 형벌 금지), 신문고 제도 부활, 준천사 신설(→ 청계천 준설)
문물 정비	"속대전", "속오례의", "동국문헌비고" 등 편찬

(2) 정조의 개혁 정치 : 준론 탕평 → 당파의 옳고 그름을 명백히 가리는 적극적인 탕평책 실시

정치	• 규장각 육성, 초계문신제 실시 : 국왕의 권력과 개혁 정책의 기반이 됨 • 장용영 설치 : 국왕의 친위 부대(→ 국왕의 군사적 기반 강화), 수원 화성에 외영을 둠 • 수원 화성 건설 : 수원을 정조의 정치적 이상을 실현하는 상징적 도시로 육성
경제	신해통공(육의전을 제외한 시전 상인의 금난전권 폐지) → 자유로운 상업 활동을 어느 정도 보장
사회	• 수령권 강화 : 수령이 군현 단위의 향약을 직접 주관 → 지방 사족의 향촌 지배력 억제, 백성에 대한 국가의 통치력 강화 • 서얼과 노비에 대한 차별 완화(박제가, 유득공 등 서얼 출신 학자를 규장각 검서관으로 등용)
문물 정비	"대전통편", "동문휘고", "탁지지", "무예도보통지" 등 편찬

4 세도 정치의 전개

배경	정조 사후 나이 어린 왕의 즉위로 외척이 권력 장악 → 왕권 약화, 정치 세력 간의 균형 붕괴
전개	• 순조, 헌종, 철종의 3대 60여 년간 전개 • 왕실과 혼인 관계를 맺은 안동 김씨, 풍양 조씨 등 몇몇 특정 가문이 비변사 요직과 5군영을 장악하여 권력 행사
폐단	• 매관매직 등 정치 기강이 극도로 해이해짐, 탐관오리의 수탈 등 부정부패 심화 • 삼정의 문란 - 전정 : 각종 부가세로 법제상 정해진 것보다 훨씬 많은 액수 부과 - 군정 : 군포를 내지 않고 도망한 자의 군포를 이웃이나 친척에게 부과(인징·족징), 어린아이에게 군포 부과(황구첨정), 죽은 사람에게 군포 부과(백골징포) - 환곡 : 규정 이상으로 환곡의 수량 확대, 강제 배당 등

22강 조선 후기(정치)

1 (가), (나) 사이의 시기에 있었던 사실로 옳은 것은? [3점]

심화 63회 23번

> (가) 처음에 심의겸이 외척으로 권세를 부리니 당시 명망 있는 사람들이 섬겨 따랐다. 그런데 김효원이 전랑(銓郞)이 되어 그들을 배척하자 심의겸의 무리가 그를 미워하니, 점차 사림이 나뉘어 동인과 서인이라는 말이 나오게 되었다.
>
> (나) 기해년에 왕이 승하하자 재신 송시열이 사종(四種)의 설을 인용하여 "대행 대왕은 왕대비에게 서자가 된다. 왕통을 이었으나 장자가 아닌 경우이니 기년복(朞年服)*을 입어야 마땅하다."라고 하였다. 이에 대해 허목 등 신하들은 전거를 들어 다투기를, "대행 대왕은 왕대비에게 서자가 아니라 장자가 된 둘째이니, 삼년복을 입어야 한다."라고 하였다.
>
> * 기년복(朞年服) : 1년 동안 입는 상복

① 인조반정으로 북인 세력이 몰락하였다.
② 목호룡의 고변으로 옥사가 발생하였다.
③ 양재역 벽서 사건으로 이언적 등이 화를 입었다.
④ 인현 왕후가 폐위되고 남인이 권력을 차지하였다.
⑤ 이인좌를 중심으로 소론 세력 등이 난을 일으켰다.

2 다음 상황이 나타난 시기를 연표에서 옳게 고른 것은? [3점]

심화 68회 26번

> ○ 송준길이 아뢰었다. "적처(嫡妻) 소생이라도 둘째부터는 서자입니다. …… 둘째 아들은 비록 왕통을 계승하였더라도 (그를 위해서는) 3년복을 입어서는 안 됩니다."
>
> ○ 허목이 상소하였다. "장자를 위해 3년복을 입는다는 것은 위로 쳐서 정체(正體)이기 때문입니다. …… 첫째 아들이 죽어서 적처 소생의 둘째를 세우는 것도 역시 장자라고 부릅니다."

	(가)		(나)		(다)		(라)		(마)	
계유정난		중종반정		을사사화		인조반정		경신환국		이인좌의 난

① (가) ② (나) ③ (다) ④ (라) ⑤ (마)

1 조선 후기의 정치 변화 정답 ①

정답 찾기 (가)는 사림이 동인과 서인으로 나뉘었다는 내용을 통해 선조 때임을 알 수 있어요. 선조 때 이조 전랑 임명을 둘러싸고 김효원과 심의겸이 대립하였는데, 이를 계기로 김효원을 지지한 신진 사림을 중심으로 동인, 심의겸을 지지한 기성 사림을 중심으로 서인이 형성되었어요. (나)는 기해년에 왕이 승하하자 송시열이 기년복(1년복)을 입어야 한다고 주장하고, 허목 등이 삼년복을 입어야 한다고 주장하며 대립하는 것으로 보아 현종 즉위년에 일어난 기해예송의 상황임을 알 수 있어요. ① 광해군 때 서인 세력은 반정을 일으켜 광해군과 북인 세력을 몰아내고 인조를 새 임금으로 올렸어요.

오답 피하기
② 경종이 즉위하고 소론이 정권을 잡자 목호룡이 소론 편에 가담하여 경종을 시해하려는 모의가 있었다고 고변하여 노론 인사들이 숙청되는 사건이 일어났어요. (나) 이후의 사실이에요.
③ 명종 때 윤원형 등 소윤 세력이 을사사화 이후 남아 있는 대윤 세력을 몰아내기 위해 양재역 벽서 사건을 일으켜 확대하면서 이언적 등이 화를 입었어요. (가) 이전의 사실이에요.
④ 숙종 때 기사환국이 일어나 서인이 축출되고 남인이 정권을 장악하였으며 인현 왕후가 폐위되었어요. (나) 이후의 사실이에요.
⑤ 영조 즉위 초에 이인좌를 중심으로 한 소론 세력이 왕과 노론 세력을 제거할 목적으로 반란을 일으켰으나 진압되었어요. (나) 이후의 사실이에요.

2 예송 정답 ④

정답 찾기 왕통을 계승하였더라도 장자가 아니라 둘째 아들이기 때문에 3년복을 입어서는 안 된다는 주장과 첫째 아들이 죽어서 적처 소생의 둘째를 세우는 것도 역시 장자라고 부른다는 주장이 제기된 것으로 보아 현종 때 일어난 1차 예송(기해예송)과 관련된 상황임을 알 수 있어요. 예송은 서인과 남인 사이에서 벌어진 왕실 의례에 대한 논쟁이었으나, 인조의 뒤를 이어 차남으로 왕위를 계승한 효종의 정통성과 관련된 정치적 논쟁이기도 하였어요. 예송은 현종 때 효종과 효종 비의 상례를 두고 두 차례 일어났는데 서인은 왕실도 사대부의 예에 따라 효종을 차남으로 대우하여야 한다고 주장하였으며, 남인은 왕실과 사대부의 예는 다르므로 효종에게 장자의 예를 적용해야 한다고 주장하였어요. 효종이 사망하였을 때 일어난 1차 예송(기해예송) 당시 인조의 계비였던 자의 대비의 상복 입는 기간을 두고 서인은 1년복(기년복)을, 남인은 3년복을 주장하였지요. 이때에는 서인의 주장이 받아들여져 서인이 정치 주도권을 잡게 되었어요. 이후 효종 비가 사망하였을 때 일어난 2차 예송(갑인예송)에서는 남인의 주장이 받아들여졌어요. 현종의 뒤를 이어 즉위한 숙종 때 경신환국이 일어나 서인이 허적과 윤휴 등 남인을 대거 몰아내고 정권을 장악하였습니다.
따라서 예송이 나타난 시기는 인조반정과 경신환국 사이인 ④ (라)입니다.

3 (가) 시기에 있었던 사실로 옳은 것은? [3점]

심화 74회 22번

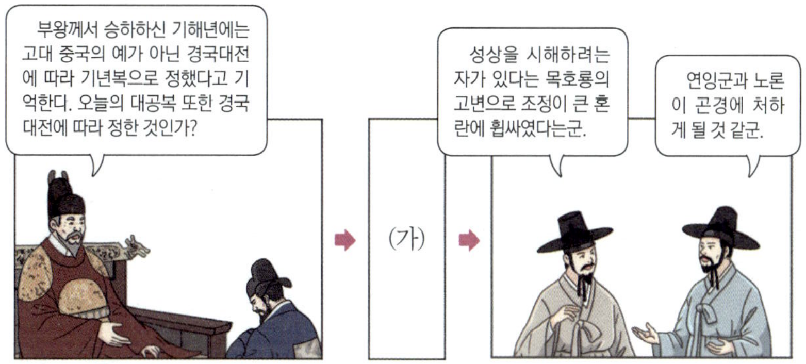

① 인조반정으로 북인 세력이 몰락하였다.
② 기축옥사로 이발 등 동인 세력이 축출되었다.
③ 양재역 벽서 사건으로 이언적 등이 화를 입었다.
④ 인현 왕후가 폐위되고 남인이 권력을 차지하였다.
⑤ 붕당의 폐해를 경계하기 위해 탕평비가 건립되었다.

3 현종~경종 재위 시기의 사실 정답 ④

정답 찾기 첫 번째 그림은 왕이 부왕께서 승하하신 기해년에는 "경국대전"에 따라 기년복으로 정하였는데 오늘의 대공복도 그러한 것인지 묻는 내용으로 보아 현종 재위 시기에 효종 비를 위한 상례를 두고 일어난 갑인예송 상황임을 알 수 있어요. 서인은 효종이 인조의 차남이므로 이에 맞는 예법을 따라야 한다고 주장하였고, 남인은 효종이 차남이긴 하지만 왕위를 계승하였기 때문에 왕실의 예에 따라야 한다고 주장하였어요. 효종이 사망하였을 때 일어난 기해예송(1차 예송)에서는 서인의 주장이, 효종 비가 사망하였을 때 일어난 갑인예송(2차 예송)에서는 남인의 주장이 받아들여졌어요. 두 번째 그림은 목호룡의 고변으로 연잉군과 노론이 곤경에 처하게 될 것이라는 내용을 통해 경종 재위 시기의 상황임을 알 수 있어요. 목호룡은 풍수를 공부한 사람으로 처음에는 노론과 함께 연잉군을 보호하는 편에 있었어요. 그러나 노론 대신들이 실각하고 소론 정권이 들어서자 소론 편에 가담하여 경종을 시해하려는 모의가 있었다고 고변하였어요. 이로 인해 노론 인사들이 숙청되는 사건이 벌어졌어요. 따라서 현종 때 있었던 갑인예송과 경종 때 있었던 목호룡의 고변 사이의 시기에 있었던 사실을 찾으면 됩니다. ④ 숙종 때 후궁 장씨가 낳은 왕자를 원자로 정하는 문제를 계기로 기사환국이 일어났으며, 인현 왕후가 폐위되고 남인이 권력을 차지하였어요.

오답 피하기
① 광해군 때 일어난 인조반정으로 광해군이 왕위에서 쫓겨나고 북인 세력이 몰락하였어요.
② 선조 때 정여립 모반 사건이 계기가 되어 기축옥사가 일어나 이발 등 동인 세력이 축출되었어요.
③ 명종 때 윤원형 등 소윤 세력이 을사사화 이후 남아 있는 대윤 세력을 몰아내기 위해 양재역 벽서 사건을 일으켜 확대하면서 이언적 등이 화를 입었어요.
⑤ 영조 때 붕당 정치의 폐해를 경계하기 위해 성균관 앞에 탕평비가 건립되었어요.

4 (가)~(다)를 일어난 순서대로 옳게 나열한 것은? [3점]

심화 61회 23번

(가) 임금이 궐내에 있던 기름 먹인 장막을 허적이 벌써 가져갔음을 듣고 노하여 이르기를, "궐내에서 쓰는 것을 마음대로 가져가는 것은 한명회도 못하던 짓이다."라고 하였다. …… 임금이 허적의 당파가 많아 기세가 당당하다는 말을 듣고 그들을 제거하고자 결심하였다.

(나) 비망기를 내려, "국운이 안정되어 왕비가 복위하였으니, 백성에게 두 임금이 없는 것은 고금을 통한 의리이다. 장씨의 왕후 지위를 거두고 옛 작호인 희빈을 내려 주되, 세자가 조석으로 문안하는 예는 폐하지 않도록 하라."라고 하였다.

(다) 임금이 말하기를, "송시열은 산림의 영수로서 나라의 형세가 험난한 때에 감히 원자(元子)의 명호를 정한 것이 너무 이르다고 하였으니, 삭탈관작하고 성문 밖으로 내쳐라. 반드시 송시열을 구하려는 자가 있겠지만, 그런 자는 비록 대신이라 하더라도 용서하지 않을 것이다."라고 하였다.

① (가) - (나) - (다)
② (가) - (다) - (나)
③ (나) - (가) - (다)
④ (나) - (다) - (가)
⑤ (다) - (나) - (가)

4 숙종 재위 시기의 환국 정답 ②

정답 찾기
(가) 1680년에 남인 허적이 궐내의 기름 먹인 장막을 마음대로 가져간 사건이 발단이 되어 숙종이 남인을 멀리하고 서인을 요직에 앉혔어요. 그리고 허적의 서자인 허견 등이 역모를 꾀하였다는 고발이 이어져 허적, 윤휴 등 남인이 실각하고 서인이 정권을 장악하게 되었어요. 이를 경신환국이라고 합니다.
(나) 1694년에 기사환국으로 폐위된 인현 왕후가 복위되고 왕후의 지위에 있던 장씨가 다시 희빈으로 강등되었어요. 이 과정에서 서인이 다시 정권을 잡고 남인이 실각하였습니다. 이를 갑술환국이라고 하며, 이때 남인은 완전히 정권에서 밀려나 다시 집권하지 못하였어요.
(다) 숙종은 왕비인 인현 왕후에게 후사가 생기지 않는 상황에서 후궁 장씨가 아들을 낳자 이를 원자로 삼고자 하였어요. 경신환국 이후 집권한 서인은 이에 반대하고 남인은 숙종의 뜻을 지지하였어요. 숙종은 자신의 뜻대로 원자의 명호를 정하고 그 생모인 장씨를 희빈에 책봉하였습니다. 이때 서인의 영수였던 송시열이 임금이 잘못하였다는 상소를 올리자 숙종은 송시열을 삭탈관작하였으며, 서인을 축출하고 남인을 대거 등용하였어요(1689). 이를 기사환국이라고 합니다.
따라서 일어난 순서대로 나열하면 ② (가) 경신환국(1680) → (다) 기사환국(1689) → (나) 갑술환국(1694)입니다.

5 (가) 왕에 대한 설명으로 옳은 것은? [2점]

심화 75회 24번

이 책은 이인좌의 난을 평정한 직후 (가) 의 명으로 송인명 등이 난의 진행 과정과 원인에 대해 여러 자료를 참고해서 편찬한 것입니다. 어제(御製) 서문에는 이인좌의 난이 일어난 원인을 붕당에서 찾고 있으며, 이와 같은 변란의 재발을 막기 위하여 이 책을 편찬한다고 명시되어 있습니다.
감란록

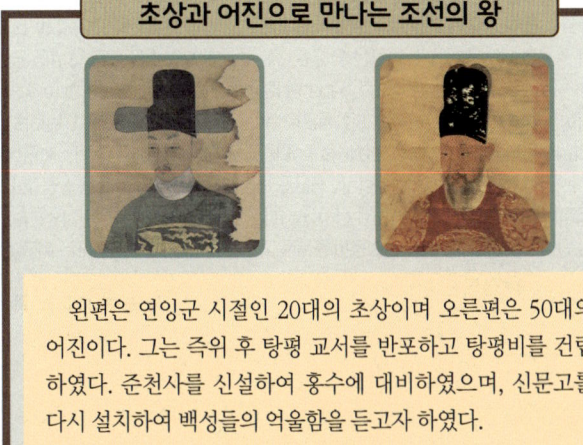

① 경기도에 한하여 대동법을 시행하였다.
② 수도 방어를 위하여 금위영을 창설하였다.
③ 탕평 교서를 반포하고 탕평비를 건립하였다.
④ 문신을 재교육하기 위한 초계문신제를 실시하였다.
⑤ 통치 체제를 정비하기 위해 대전회통을 편찬하였다.

5 영조의 정책 정답 ③

정답 찾기 이인좌의 난을 평정하였으며 이인좌의 난이 일어난 원인을 붕당에서 찾고 있다는 내용을 통해 (가) 왕이 영조임을 알 수 있어요. 영조 즉위 초에 이인좌를 중심으로 한 소론 세력이 왕과 노론 세력을 제거할 목적으로 반란을 일으켰으나 진압되었어요. 영조는 왕세제 시절 노론과 소론 사이의 갈등 속에 붕당 정치의 폐단을 직접 겪었어요. 이에 붕당 정치의 폐해를 경계하기 위해 즉위하자마자 ③ 탕평 교서를 반포하고 자신의 뜻에 동의하는 탕평파를 중심으로 정국을 운영하였어요. 이후 탕평의 의지를 널리 알리기 위해 성균관 앞에 탕평비를 건립하였어요.

오답 피하기
① 광해군은 방납의 폐단을 바로잡기 위해 경기도에서 대동법을 처음 실시하였어요.
② 숙종은 국왕 호위와 수도 방어를 위해 금위영을 창설하였어요.
④ 정조는 젊고 유능한 문신을 선발하여 규장각에서 재교육하는 초계문신제를 실시하였어요.
⑤ 고종 때 흥선 대원군은 "속대전"과 "대전통편" 편찬 이후 추가된 각종 법규를 보완하여 "대전회통"을 편찬하였어요.

6 다음 왕에 대한 설명으로 옳은 것은? [2점]

심화 68회 24번

초상과 어진으로 만나는 조선의 왕

왼편은 연잉군 시절인 20대의 초상이며 오른편은 50대의 어진이다. 그는 즉위 후 탕평 교서를 반포하고 탕평비를 건립하였다. 준천사를 신설하여 홍수에 대비하였으며, 신문고를 다시 설치하여 백성들의 억울함을 듣고자 하였다.

① 통치 체제를 정비하기 위해 대전회통을 편찬하였다.
② 왕권 강화를 위해 친위 부대인 장용영을 설치하였다.
③ 각 궁방과 중앙 관서의 공노비 6만여 명을 해방하였다.
④ 어영청을 중심으로 국방력을 강화하고 북벌을 추진하였다.
⑤ 균역법을 시행하여 백성들의 군역 부담을 줄여 주고자 하였다.

6 영조의 정책 정답 ⑤

정답 찾기 탕평비를 건립하였으며, 준천사를 신설하고 신문고를 다시 설치하였다는 내용을 통해 자료의 왕이 영조임을 알 수 있어요. 영조는 즉위 후 붕당을 없애려는 자신의 뜻에 동의하는 탕평파를 중심으로 정국을 운영하고 탕평 정치에 대한 자신의 의지를 보이기 위해 탕평비를 건립하였어요. 민생 안정에도 힘써 준천사를 신설하고 홍수에 대비하기 위해 청계천을 준설하였으며, 신문고를 다시 설치하고 지나친 형벌을 금지하였어요. 또한, ⑤ 백성들의 군역 부담을 줄여 주기 위해 군포를 1년에 1필만 납부하게 하는 균역법을 시행하였어요.

오답 피하기
① 고종 때 흥선 대원군은 "속대전"과 "대전통편" 편찬 이후 추가된 각종 법규를 보완하여 "대전회통"을 편찬하였어요.
② 정조는 왕권 강화를 위해 친위 부대인 장용영을 설치하고 수원 화성에는 장용영 외영을 두었어요.
③ 순조는 국가 재정을 확충하기 위해 각 궁방과 중앙 관서의 공노비 6만여 명을 해방하였어요.
④ 효종은 어영청을 중심으로 병자호란 때 청에 당한 치욕을 씻기 위한 북벌을 추진하였어요.

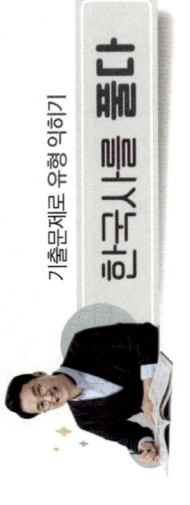

7 다음 시나리오에 등장하는 왕의 재위 시기에 있었던 사실로 옳은 것은? [2점]

심화 70회 24번

#5. 궁궐 안

왕과 신하들이 대화하는 장면

신하1 : 전하, 우리나라의 습속은 예로부터 신분에 따라 등용하는 것이 원칙이었습니다. 서얼들을 적자와 똑같이 대우한다면, 서얼이 적자를 능멸하는 폐단이 열리게 될 것입니다.

왕 : 수많은 서얼들도 나의 신하인데 그들이 제자리를 얻지 못하고 포부도 펴지 못한다면 이 또한 과인의 허물일 것이오. 규장각에 검서관을 두어 이덕무, 박제가, 유득공, 서이수를 등용하려는 내 결심은 변함이 없을 것이니 그리 알고 물러들 가시오.

⋮

① 왕권 강화를 위해 6조 직계제가 시행되었다.
② 거중기 등을 활용하여 수원 화성이 축조되었다.
③ 청과 국경을 정하는 백두산정계비가 건립되었다.
④ 통치 체제를 정비하기 위해 대전회통이 편찬되었다.
⑤ 삼정의 문란을 시정하기 위한 삼정이정청이 설치되었다.

7 정조 재위 시기의 사실 정답 ②

정답 찾기 규장각에 검서관을 두어 이덕무, 박제가, 유득공 등을 등용한다는 내용을 통해 시나리오에 등장하는 왕이 정조임을 알 수 있어요. 조선 시대에 서얼은 양반의 자제임에도 문과 응시 제한 등 차별을 당하였어요. 서얼 차별은 임진왜란 이후 완화되었으며, 서얼은 여러 차례 집단 상소 운동을 벌여 자신들의 관직 진출 제한을 없애 달라고 요구하기도 하였어요. 이러한 노력의 결과 정조 때 이덕무, 박제가, 유득공 등 서얼 출신 학자들이 규장각 검서관에 등용되었어요. ② 정조 때 정약용이 고안한 거중기 등을 활용하여 수원 화성이 축조되었어요.

오답 피하기
① 태종과 세조 때 6조에서 직접 왕에게 업무를 보고하고 지시를 받는 6조 직계제가 시행되었어요.
③ 숙종 때 조선과 청의 관리가 함께 백두산 일대를 답사한 뒤 양국 간 국경을 정하는 백두산정계비를 건립하였어요.
④ 고종 때 흥선 대원군의 주도로 통치 체제를 정비하기 위한 "대전회통"이 편찬되었어요.
⑤ 철종 때 진주 농민 봉기의 수습을 위해 파견된 안핵사 박규수의 건의에 따라 삼정의 문란을 시정하기 위한 삼정이정청이 설치되었어요.

8 (가) 왕이 추진한 정책으로 옳은 것은? [1점]

심화 74회 24번

고문헌으로 보는 한국사

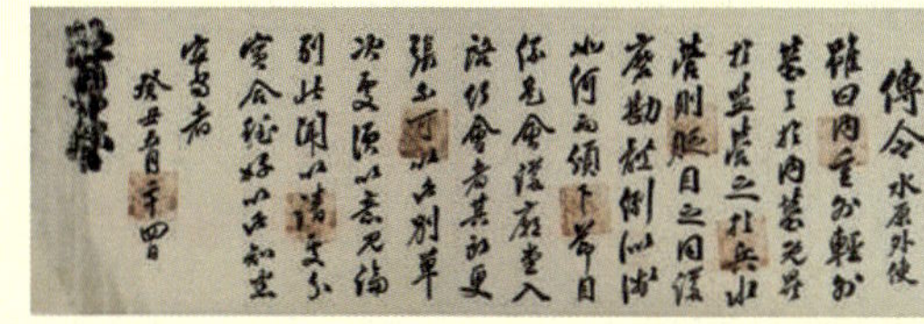

[해설] 이것은 장용영 내영에서 수원외사 번암 채제공에게 보낸 전령(傳令)입니다. 새롭게 마련된 장용영 절목의 문제점을 중앙에 아뢰어 고치도록 권한 내용을 담고 있습니다. 장용영은 (가) 이/가 조직한 친위 부대로 서울에 내영, 수원 화성에 외영을 두어 규장각과 함께 왕권 강화를 목적으로 운영되었습니다.

① 나선 정벌에 조총 부대를 파견하였다.
② 호포제를 시행하여 양반에게도 군포를 징수하였다.
③ 문신을 재교육하기 위한 초계문신제를 실시하였다.
④ 삼정의 문란을 시정하고자 삼정이정청을 설치하였다.
⑤ 각 궁방과 중앙 관서의 공노비 6만여 명을 해방하였다.

8 정조의 정책 정답 ③

정답 찾기 친위 부대로 장용영을 조직하여 서울에 내영, 수원 화성에 외영을 두었다는 내용을 통해 (가) 왕이 정조임을 알 수 있어요. 정조는 영조의 뒤를 이어 적극적인 탕평책을 추진하였어요. 그동안 권력에서 배제되었던 소론과 남인 계열도 고루 등용하였어요. 그리고 자신의 개혁 정책을 뒷받침할 인재를 양성하기 위해 규장각을 설치하고 이곳에서 ③ 젊고 재능 있는 문신들을 재교육하는 초계문신제를 실시하였어요. 또한, 왕권을 뒷받침할 군사적 기반으로 국왕의 친위 부대인 장용영을 창설하고, 자신의 정치적 이상을 실현할 신도시로 수원 화성을 건설하였어요.

오답 피하기
① 효종은 청의 요청에 따라 나선 정벌에 조총 부대를 파견하였어요.
② 고종 때 흥선 대원군은 군정의 폐단을 바로잡기 위해 군포를 호(戶) 단위로 부과하는 호포제를 시행하여 양반에게도 군포를 징수하였어요.
④ 철종은 진주에서 시작된 농민 봉기가 전국으로 확산되는 가운데 봉기의 주요 원인이 된 삼정의 문란을 시정하고자 삼정이정청을 설치하였어요.
⑤ 순조는 국가 재정을 확충하기 위해 각 궁방과 중앙 관서의 공노비 6만여 명을 해방하였어요.

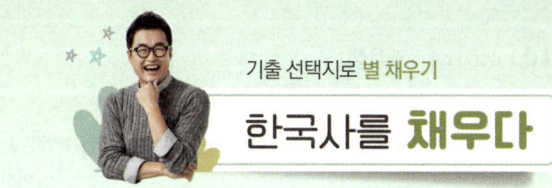

22강 조선 후기(정치)

Ready go
이번 강 별 채우기 제한 시간은 2분 50초
한 문장을 끝까지 또박또박 읽어야 패스!

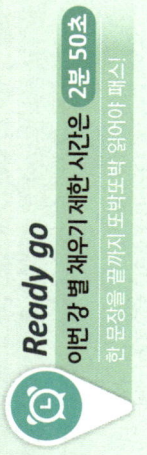

01 사림은 척신 정치의 청산과 이조 전랑의 임명 문제를 둘러싸고 ★인과 ★인으로 나뉘었다.

02 정여립 모반 사건을 계기로 기축옥사가 일어나 ★인이 정국을 주도하였다.

03 건저 문제로 권력을 잡은 동인은 정철에 대한 처벌 문제를 두고 강경파인 ★인과 온건파인 ★인으로 나뉘었다.

04 광해군이 즉위한 후 중립 외교를 지지한 ★인이 서인과 남인을 배제하고 정권을 독점하였다.

05 인조반정으로 ★인이 정국의 주도권을 장악하였다.

06 현종 때 자의 대비의 복상 문제를 둘러싸고 ★송이 전개되었다.

07 1차 예송(기해예송)에서는 자의 대비가 상복을 1년 동안 입어야 한다는 ★인의 주장이 받아들여졌다.

08 2차 예송(갑인예송)에서는 ★인이 주장한 1년설이 받아들여져 이후 ★인이 정국을 주도하게 되었다.

09 숙종 즉위 후 국왕이 주도하여 집권 붕당을 급격하게 교체하는 ★국이 여러 차례 발생하였다.

10 숙종 때 ★★환국으로 허적, 윤휴 등의 남인이 축출되고 서인이 정치적 주도권을 잡았다.

11 숙종 때 원자 책봉 문제로 ★★환국이 발생하여 남인이 집권하였다.

12 기사환국의 여파로 인현 왕후가 폐위되고 ★★ 장씨가 왕비로 책봉되었다.

13 숙종은 ★★환국으로 남인을 몰아내고 서인을 대거 중용하였으며, 폐위한 왕비를 복위시켰다.

14 ★론과 ★론으로 나뉘어 있던 서인 세력이 갑술환국 이후에 정국을 주도하였다.

15 영조 때 이★★를 중심으로 소론 세력이 난을 일으켰다.

16 영조는 "★★전"을 편찬하여 통치 체제를 정비하였다.

17 영조는 붕당의 폐해를 경계하라는 자신의 뜻을 알리기 위해 성균관에 ★★비를 건립하였다.

18 영조는 역대 문물을 정리한 "★★★★비고"를 편찬하였다.

19 영조는 백성의 군역 부담을 줄여 주고자 1년에 군포 1필을 징수하는 ★★법을 실시하였다.

20 ★조는 홍수에 대비하여 준천사를 신설하고 청계천을 준설하였다.

21 정조는 "★★통편"을 편찬하여 통치 체제를 정비하였다.

22 정조는 왕권 강화를 위해 국왕 친위 부대로 ★★영을 설치하였다.

23 정조는 유능한 인재를 양성하기 위해 ★★문신제를 시행하였다.

24 정조는 유득공, 이덕무, 박제가 등 ★얼 출신의 학자를 ★★각 검서관에 등용하였다.

25 정조는 육의전을 제외한 시전 상인의 특권을 폐지하는 신해★★을 실시하였다.

26 정조는 대외 관계를 정리한 "동문★★"를 간행하였다.

27 정조 사후 소수 특정 가문이 정치권력을 독점하여 국정을 운영하는 ★★ 정치가 전개되었다.

28 세도 정치 시기에 ★★사는 외척 세력 등 세도 가문의 권력 기반이 되었다.

29 세도 정치 시기에 ★★매직 등의 비리가 만연하였다.

30 세도 정치 시기에 전정, 군정, 환곡 등 ★★의 문란이 심화되어 백성의 고통이 매우 컸다.

정답

01 동, 서 **02** 서 **03** 북, 남 **04** 북 **05** 서 **06** 예 **07** 서 **08** 남, 남 **09** 환 **10** 경신 **11** 기사 **12** 희빈 **13** 갑술 **14** 노, 소 **15** 인좌 **16** 속대 **17** 탕평 **18** 동국문헌 **19** 균역 **20** 영 **21** 대전 **22** 장용 **23** 초계 **24** 서, 규장 **25** 통공 **26** 휘고 **27** 세도 **28** 비변 **29** 매관 **30** 삼정

23강 조선 후기(조직, 외교)

한국사의 흐름을 한눈에
한국사를 그리다

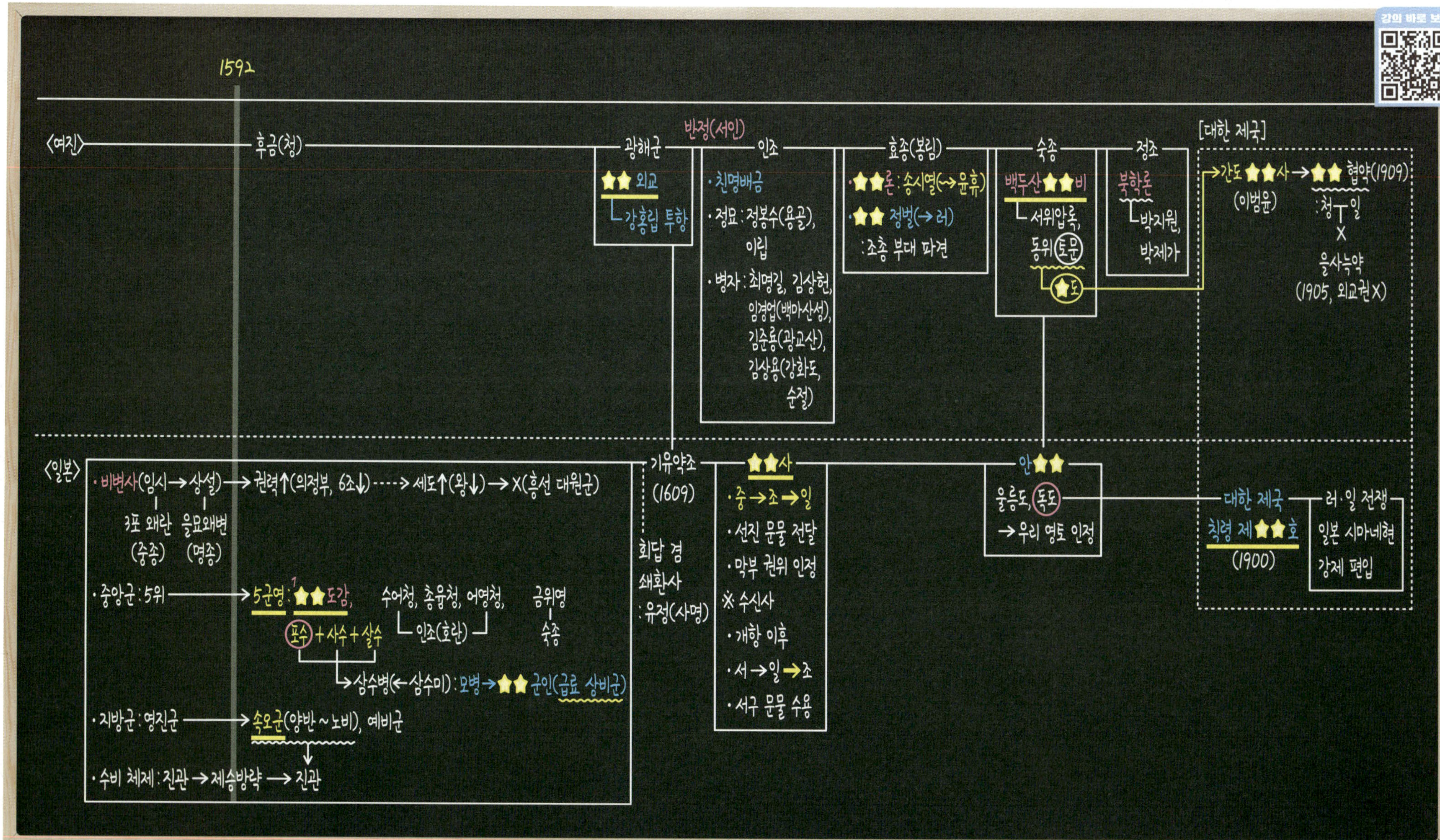

★정답 훈련, 직업, 중립, 북벌, 나선, 정계, 간, 관리, 간도, 통신, 용복, 41

➡ 나만의 약점 단권화 노트 4쪽에서 완성 판서를 확인하세요.

23강 조선 후기(조직, 외교)

이곳은 당신의 놀이터!

한국사를 쓰다

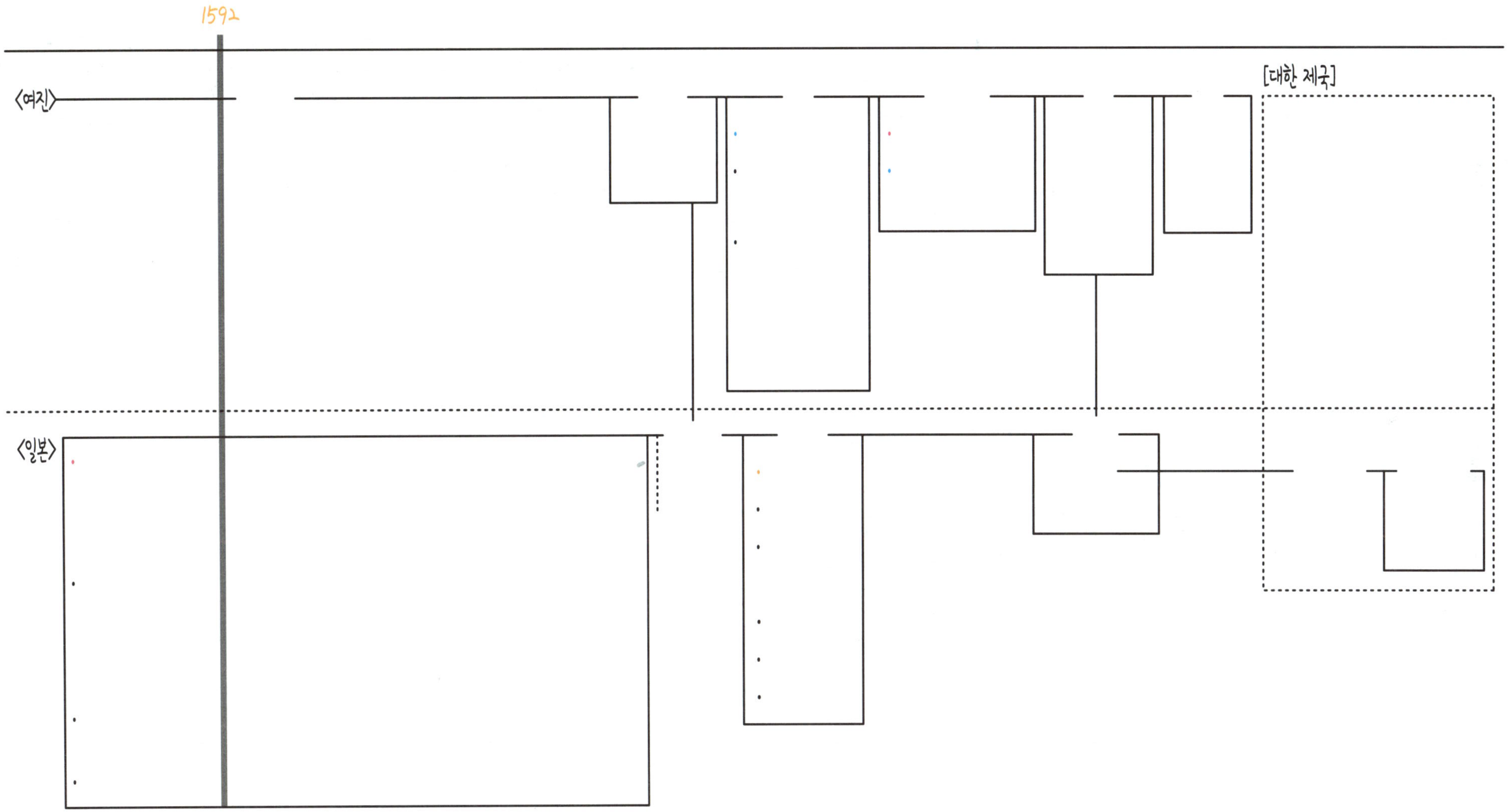

23강 조선 후기(조직, 외교)

낯선 용어와 자료 돋보기

한국사를 보다

5군영

조선 정부는 군사 조직을 강화하고자 중앙군 체제를 5위에서 5군영으로 개편하였어요. 포수·사수·살수의 삼수병으로 편제된 훈련도감이 가장 먼저 설치되었고, 이어 대외 관계와 국내 정세의 변화에 따라 어영청, 총융청, 수어청이 설치되었어요. 마지막으로 숙종 때 금위영이 설치되면서 5군영 체제가 완성되었지요.

명칭	설치 시기	특징
훈련도감	선조	임진왜란 중 설치, 삼수병(포수·사수·살수)으로 구성, 직업적 상비군
어영청	인조	후금의 침입에 대비하여 설치, 한성 수비, 북벌의 중심 군영
총융청		이괄의 난 직후 설치, 북한산성을 중심으로 경기 북부 수비
수어청		남한산성을 중심으로 경기 남부 수비
금위영	숙종	왕궁 수비, 국왕 숙위

북벌론

청을 정벌하자는 주장이에요. 병자호란 이후 청에 당한 수치를 씻고 명에 대한 의리를 지키기 위해 청을 정벌하자는 북벌론이 제기되었어요. 청에 볼모로 끌려갔다가 돌아온 후 즉위한 효종은 송시열, 송준길, 이완 등 서인 세력과 함께 북벌을 계획하여 준비하였어요. 그러나 당시 국제 상황과 조선 내부 문제 등으로 실행에 옮기지는 못하였어요.

- 저 오랑캐(청)는 반드시 망할 날이 있다. …… 여러 신하들이 내가 군대의 일을 하지 않기를 바라는데, 내가 군이 받아들이지 않는 것은 천시(天時)와 인사(人事)에 언제 좋은 기회가 올지 알 수 없기 때문이다. 그래서 정예 포병 10만을 양성하여 자식같이 아껴서 모두 죽음을 두려워하지 않는 용사로 만들고자 한다. 그 후에 저들에 틈이 있기를 기다려 불시에 중국으로 쳐들어가면 중원의 의사와 호걸이 어찌 호응하지 않겠는가?
  - 송시열, "송서습유" -
- 우리나라는 실로 명 신종 황제의 은혜를 입어 임진왜란 때 나라가 이미 폐허가 되었다가 다시 보존되고 백성도 거의 죽었다가 다시 소생하였으니 우리나라 나무 한 그루와 풀 한 포기와 백성의 터럭 하나하나에도 황제의 은혜가 미치는 바 아님이 없습니다. 그렇다면 오늘날 크게 원통해 하는 것이 온 천하에 그 누가 우리와 같겠습니까?
  - 송시열, "송자대전" -

속오군

속오군은 양반에서부터 노비에 이르기까지 모든 신분으로 편성되었어요. 평상시에는 생업에 종사하다가 농한기에 정기적으로 군사 훈련을 받고 유사시에 전투에 동원되었지요. 훈련에 필요한 비용은 스스로 부담하였어요. 그러나 양반이 노비와 함께 편제되는 것을 회피하면서 점차 상민과 노비만 남게 되었어요. 영조 중엽부터 속오군 구성은 점차 천인으로 채워져 "속대전"에 천예군이라 기록되기도 하였어요.

지금 속오군이라는 것은 사노(私奴) 등 천인들로 구차하게 숫자만을 채웠으며, 어린아이와 늙은이들로 대오를 편성하였다. 전립(戰笠, 무관이 쓰던 모자)은 깨지고 전복(戰服)은 다 찢어졌으며, 100년 묵은 칼은 녹슬어 자루만 있고 날은 없으며, 3대를 내려오도록 정비하지 않은 총은 화약을 넣어도 소리가 나지 않는다. 장부에는 산 사람과 죽은 사람의 이름이 서로 섞여 기록되어 있어 훈련 시에는 임시로 사람을 사서 병역에 응하도록 하니 설립한 시초부터 어그러진 것이 이와 같았다.
- 정약용, "목민심서" -

나선 정벌

나선(羅禪)은 러시아(Russia) 또는 러시아인(Russian)을 한자음으로 옮긴 말이에요. 조선은 효종 때 청의 요청에 따라 지금의 러시아와 중국의 국경 부근을 흐르는 헤이룽강 방면으로 조총 부대를 파견하여 큰 전과를 올렸어요.

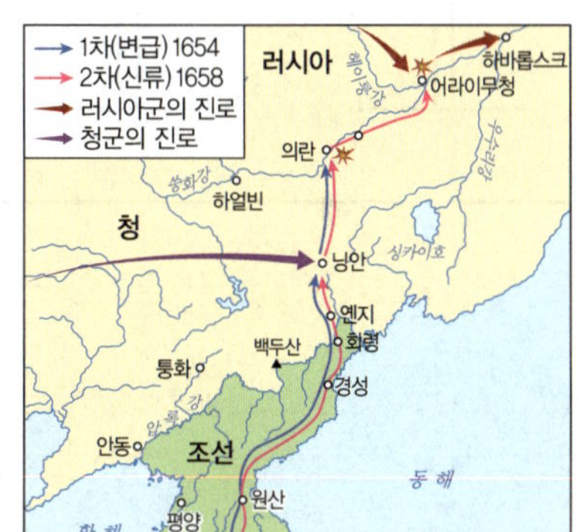

용어 사전

비변사
중종 때 3포 왜란을 계기로 여진과 왜구의 침입에 대비하기 위해 설치한 임시 회의 기구였어요. 이후 명종 때 을묘왜변을 계기로 상설 기구화되었습니다. 임진왜란을 거치면서 권한이 크게 강화되어 국방 문제뿐만 아니라 국정 전반을 다루는 최고 정치 기구로 역할을 하였고, 흥선 대원군이 집권한 후에 혁파되었어요.

삼수병
포수·사수·살수를 이르는 말이며, 포수는 조총, 사수는 활, 살수는 창과 칼을 사용하는 군인이에요.

삼수미
조선 후기 훈련도감 소속의 포수·사수·살수 등 삼수병의 경비를 충당하기 위해 세금으로 거두어들인 쌀을 말해요.

제승방략
'전쟁에 승리하는 전략'이라는 뜻이에요. 제승방략 체제는 16세기 후반 군역제의 문란으로 진관 체제가 무너진 후 실시된 지방 방어 체제로, 변란이 일어났을 때 각 읍의 수령이 군대를 이끌고 지정된 방위 지역으로 가서 중앙에서 파견된 장수의 지휘를 받는 군사 전략이었어요. 임진왜란 초기에 많은 허점이 나타나 효과를 거두지 못하여 다시 진관 체제로 복구되었어요.

북학론

청의 학문과 문물을 배우자는 운동이에요. 중국을 차지한 청은 중국의 전통문화를 장려하면서 서양의 문물까지 받아들여 문화가 크게 발전하였어요. 청에 다녀온 사신들은 청의 새로운 문물을 조선에 소개하였지요. 이 과정에서 유수원, 홍대용, 박제가 등의 실학자는 청을 무조건 배척하지만 말고, 그들의 앞선 문물을 적극적으로 배우고 받아들여 나라를 부강하게 만들자는 북학론을 제기하였어요.

> 모르는 것이 있으면 길 가는 사람이라도 붙들고 물어야 한다. …… 만일 배우려 한다면 중국을 두고 어디에 묻겠는가. 그러나 "지금의 중국을 차지하고 있는 주인은 오랑캐들이다."라고 하면서 배우기를 꺼리며, 중국의 옛 법마저 얕잡아 무시해 버린다. …… 우리는 저들과 비교하여 한 치도 나은 점이 없다. 그럼에도 머리를 깎지 않고 상투를 틀고 있는 것만 가지고 스스로 천하제일이라고 하면서 "지금의 중국은 옛날의 중국이 아니다."라고 하고 …… 중국 고유의 훌륭한 법과 제도마저 배척하고 만다. 그렇다면 장차 어디에서 본받아 행하겠는가.
>
> - 박제가, "북학의" 서문 -

백두산정계비

백두산 인근의 경계, 즉 조선과 청의 국경을 정한 비석이에요. 만주 일대를 둘러싸고 조선과 청 사이에 국경 분쟁이 일어나자 숙종 때 조선과 청의 관리가 백두산 일대를 답사하고 국경을 확정한 뒤 백두산정계비를 세웠어요.

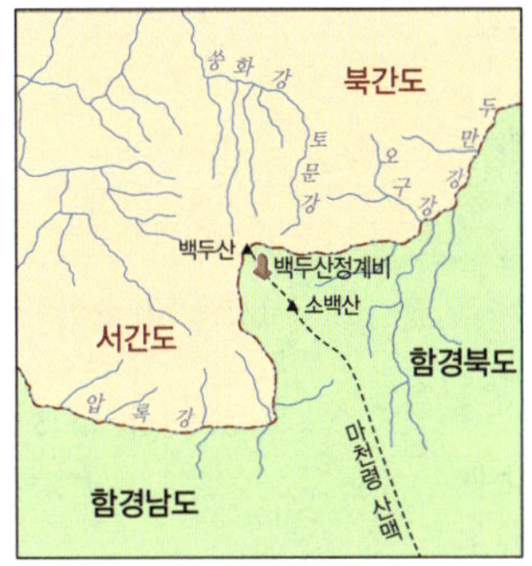

간도와 백두산정계비

백두산정계비

> 오라총관 목극등이 황제의 뜻을 받들어 변경을 답사해 이곳에 와서 살펴보니, 서쪽은 압록이 되고, 동쪽은 토문(土門)이 되므로 분수령 위에 돌에 새겨 기록한다.
>
> - 강희오십일년오월십오일(숙종 38, 1712) -

용어 사전

친명배금
명과는 친하게 지내고 (후)금은 배척하자는 것으로, 인조반정 후 서인 정권이 내세운 외교 정책이에요.

이범윤(1856~1940)
1903년 간도 관리사에 임명되어 간도 지역의 한인을 보호하는 데 힘썼으며, 국권 피탈 후에는 독립운동에 헌신하였어요.

간도 영유권 문제

19세기 후반에 들어 조선인의 간도 이주가 늘어나면서 조선과 청 사이에 간도 귀속을 둘러싼 분쟁이 일어났어요. 조선과 청은 두 차례에 걸쳐 외교 교섭을 하였지만, 청은 백두산정계비에 동쪽 경계로 기록된 토문강이 두만강을 의미한다고 주장하고, 조선은 토문강이 쑹화강(송화강) 지류이므로 간도가 조선의 영토라고 주장하여 두 나라는 팽팽히 맞섰어요. 이후 대한 제국 시기에 정부는 이미 간도 지역에 살고 있는 백성을 보호하기 위해 이범윤을 간도 관리사로 임명하고 간도를 함경도의 행정 구역으로 편입하였어요.

> 고종 40년(1903) 내부 대신 임시 대리 의정부 참정 김규홍이 제의하였다. "북간도는 우리나라와 청나라 사이에 끼인 지역입니다. 지금까지 수백 년 동안 그대로 비어 있었습니다. 수십 년 전부터 북쪽 변경의 고을 백성이 이주하여 농사를 지어먹고 살고 있는 사람이 이제 수만 호에 수십 만 명이나 됩니다. 그런데 청국인으로부터 매우 심한 침해를 받고 있습니다. 수백 년 동안 비어 두었던 땅에 갑자기 조세를 정하는 것은 너무 큰일입니다. 우선은 특별히 보호할 관리를 두어야겠습니다. 간도 백성이 바라는 대로 시찰관 이범윤을 그대로 관리로 임명하여 간도에 머물며 사무를 맡아보게 하십시오. 그들의 생명과 재산을 보호하여, 조정에서 간도 백성을 염려하여 보살펴 주려는 뜻이 있음을 보여 주는 것이 어떻겠습니까?"
>
> - "고종실록" -

간도 협약

간도 지역의 귀속 문제를 두고 조선과 청이 오랫동안 팽팽하게 맞서고 있었는데, 1909년 일제가 간도 협약을 체결하여 남만주 철도 부설권과 푸순 탄광 채굴권을 얻는 대가로 간도를 청에 넘겨주었어요. 당시 대한 제국은 을사늑약으로 외교권을 빼앗긴 상태였던 탓에 제대로 대응할 수 없었지요.

> 제1조 일·청 양국 정부는 도문강(=두만강)을 청국과 한국의 국경으로 하고, 강 원천지에 있는 정계비(定界碑)를 기점으로 하여 석을수(石乙水)를 두 나라의 경계로 한다.
>
> 제4조 도문강 이북 지방의 잡거 구역 안에 있는 개간지에 거주하는 한국인은 청국의 법적 권한에 복종하고 청국 지방관의 재판 관할에 귀속한다.
>
> 제6조 청 정부는 앞으로 지린·창춘 철도를 옌지 남쪽까지 연장하여 한국의 회령에서 한국의 철도와 연결한다.

23강 조선 후기(조직, 외교)

통신사 파견의 의미

일본은 조선의 선진 문화를 받아들이고 막부의 실권자인 쇼군이 바뀔 때마다 그 권위를 인정받기 위해 조선에 사절단 파견을 요청하였어요. 조선은 왜란 이후부터 19세기 초까지 12회에 걸쳐 통신사를 파견하였지요. 통신사 일행은 보통 300~500명 정도였으며, 일본에서는 이들을 국빈으로 대우하였어요. 일본은 통신사 일행을 통해 학문·사상·기술·예술 등 발달된 조선의 문화를 받아들였어요. 통신사가 도착하면 수많은 일본 사람들이 새로운 문화를 배우기 위해 통신사의 숙소에 모여들기도 하였어요. 이처럼 통신사는 단순한 외교 사절의 의미를 넘어 조선의 문화를 일본에 전파하는 역할도 담당하였어요. 통신사와 관련된 기록은 2017년에 '조선 통신사에 관한 기록 - 17~19세기 한·일 간 평화 구축과 문화 교류의 역사'라는 명칭으로 유네스코 세계 기록 유산에 등재되었어요.

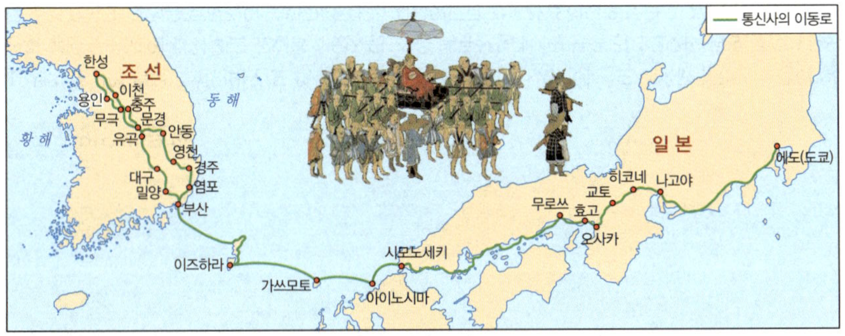

통신사 행렬 모습(부분)과 이동 경로

일본 사람이 우리나라의 시문을 구하여 얻은 자는 귀천현우(貴賤賢愚)를 막론하고 우러러보기를 신선처럼 하고 보배로 여기기를 주옥처럼 하지 않음이 없어, 비록 가마를 메고 말을 모는 천한 사람이라도 조선 사람의 해서(楷書)나 초서(草書)를 두어 글자만 얻으면 모두 손으로 이마를 받치고 감사의 성의를 표시한다.

- 신유한, "해유록" -

삼국접양지도

18세기 후반 일본의 하야시 시헤이가 제작한 지도로, 울릉도와 독도가 조선 영토와 같은 노란색으로 칠해져 있어요.

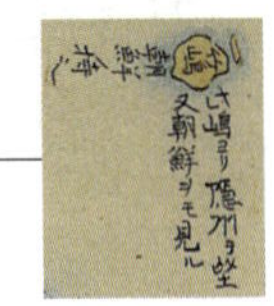

용어 사전

안용복
숙종 때 동래의 어민으로, 일본인이 울릉도와 독도의 근해에서 불법 조업을 하여 피해를 입히자 일본에 건너가 울릉도와 독도가 조선 영토임을 확인받고 돌아왔어요.

칙령
칙서 칙(勅), 하여금 령(令). 국왕이나 황제가 내리는 명령을 말해요. 그 자체로 법의 효력을 가졌어요.

태정관 지령

일본 메이지 시대의 최고 행정 기관인 태정관은 "울릉도와 독도는 일본과 관계없는 곳이다."라는 내용의 지령문을 시마네현에 보냈어요.

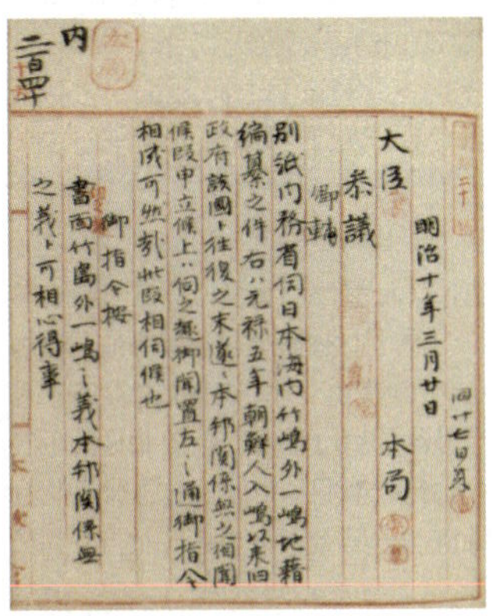
태정관 지령문

품의한 취지의 죽도(울릉도) 외 한 섬(독도)의 건에 대해 본방(일본)과는 관계가 없다는 것을 명심할 것

- 태정관 지령(1877) -

대한 제국 칙령 제41호

대한 제국은 1900년에 칙령 제41호를 반포하여 울릉도를 울도군으로 승격시키고 독도를 관할하게 하는 등 독도에 대한 영유권을 재확인하였어요. 또 칙령 제41호를 관보에 게재하여 독도가 대한 제국의 영토임을 널리 알리고자 하였어요.

제1조 울릉도를 울도라고 개칭하여 강원도에 부속하고 도감을 군수로 개정하여 관제 중에 편입하고 군의 등급은 5등으로 할 것

제2조 군청의 위치는 태하동(台霞洞)으로 정하고 구역은 울릉전도(鬱陵全島)와 죽도(竹島)*·석도(石島)**를 관할할 것

제4조 경비는 5등군으로 마련하되 현재 아전의 정원도 갖추어지지 못하고 제반 업무가 처음 만들어지므로 해당 도(島)가 거두어들인 세금 중에서 잠시 먼저 마련할 것

* 죽도(竹島) : 울릉도 저동 바로 옆의 죽서도
** 석도(石島) : 독도

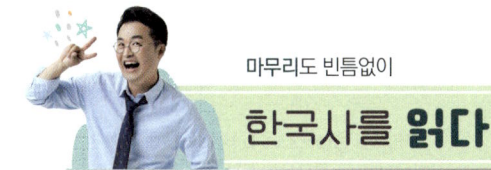

23강 조선 후기(조직, 외교)

마무리도 빈틈없이
한국사를 읽다

1 조선 후기 통치 체제의 변화

기구	임진왜란 이전	임진왜란 이후
비변사	• 삼포 왜란(중종) → 여진과 왜구의 침입에 대비하기 위해 설치한 임시 회의 기구, 국방 문제 논의 • 을묘왜변(명종) → 상설 기구화	• 왜란을 거치면서 기능 강화, 구성원 확대 → 최고 기구의 역할, 의정부와 6조 중심의 행정 체계 유명무실화 • 세도 정치 시기에 세도 가문의 세력 기반이 됨 • 흥선 대원군의 정치 개혁 과정에서 혁파됨
중앙군	5위(의흥위·용양위·호분위·충좌위·충무위)	• 5군영 체제 성립 : 훈련도감(임진왜란 중에 설치, 포수·사수·살수의 삼수병으로 구성, 급료를 받는 상비군이 주축, 직업 군인의 성격), 어영청(인조 때 설치, 한성 수비), 총융청(인조 때 설치, 경기 서북 지역 방어), 수어청(인조 때 설치, 남한산성 수비), 금위영(숙종 때 설치, 국왕 호위·수도 방어) • 훈련도감의 삼수병 양성을 위해 삼수미 징수
지방군	영진군	속오군 : 양반에서 노비에 이르는 모든 신분 계층으로 편성, 평소에는 생업에 종사하고 농한기에 훈련, 전쟁 시 동원
방어 체제	진관 체제(15세기) → 제승방략 체제(16세기) → 진관 복구, 속오군 체제(임진왜란 이후)	

2 청과의 관계

(1) 북벌 정책

북벌론	• 병자호란 이후 청에게 당한 치욕을 씻고 명에 대한 의리를 지키기 위해 청을 정벌하자는 주장 대두 • 효종 때 활발히 전개 → 송시열, 이완 등을 중심으로 추진, 군사력 강화에 힘썼으나 청의 세력이 커지고 효종이 사망하면서 중단됨 • 숙종 때 윤휴, 허적 등 남인을 중심으로 다시 북벌론 제기 → 남인의 실각으로 실행되지 못함
나선 정벌	효종 때 청과 러시아 사이에 국경 분쟁 발생 → 청의 요청에 따라 나선 정벌에 조총 부대를 두 차례 파견, 러시아 군대와 교전

(2) 북학론

북학론	• 18세기 이후 실학자를 중심으로 제기 • 청을 무조건 배척하지 말고, 청의 발달한 기술과 문물(북학)을 받아들여 나라를 부강하게 만들자는 주장
북학파 형성	유수원, 홍대용, 박지원, 박제가 등

(3) 간도 문제

백두산 정계비	• 배경 : 청이 자신들의 본거지였던 만주 일대를 출입 금지 구역으로 정하고 성역화함, 일부 조선인이 두만강 넘어 만주 일대에서 사냥, 인삼 채취 → 국경 분쟁 발생 • 건립(1712) : 숙종 때 조선과 청의 관리가 백두산 일대를 답사하여 국경을 확정하고 백두산정계비 건립 → 서쪽으로는 압록강, 동쪽으로는 토문강을 경계로 기록함
간도 귀속 문제	• 배경 : 19세기 후반부터 간도로 이주하는 조선인 증가, 청 정부가 중국인의 간도 이주와 개간을 이유로 조선인의 간도 철수 요구 • 내용 : 토문강 위치에 대한 이견으로 간도 귀속 분쟁 발생(청은 토문강을 두만강이라고 주장, 조선은 토문강을 쑹화강의 지류라고 주장) • 대응 : 대한 제국 시기에 현지 답사를 통해 우리 영토임을 확인, 간도에 거주하는 한인에 대한 보호 조치, 간도 관리사로 이범윤 임명(1903), 간도를 함경도의 행정 구역으로 편입
간도 협약(1909)	• 일제가 만주의 철도 부설권과 탄광 채굴권을 얻는 조건으로 간도를 청의 영토로 인정 • 대한 제국은 을사늑약으로 일본에 외교권을 빼앗겨 협약 체결 과정에 참여하지 못함

3 일본과의 외교

(1) 일본과의 관계 회복

국교 재개	에도 막부의 국교 재개 요청 → 포로 송환을 위한 회답 겸 쇄환사를 파견(1607)하여 국교 재개 → 부산 두모포에 왜관 설치
기유약조	광해군 때 대마도주와 기유약조 체결(1609) → 무역 재개, 제한된 범위 내에서 무역 허용
통신사 파견	• 막부의 요청으로 대규모 사절 파견(300~500명 규모), 막부의 수장인 쇼군(장군) 접견 • 외교 사절이자 문화 사절의 역할 → 일본 문화 발전에 영향을 줌 • 왜란 이후 19세기 초까지 12차례 파견 • 관련 기록물이 유네스코 세계 기록 유산으로 등재됨

(2) 독도 문제

역사 기록	"세종실록지리지", "동국여지승람" 등에 우리 영토로 기록됨
숙종	• 안용복이 울릉도·독도 지역을 침범하는 일본 어민 축출, 일본으로 건너가 울릉도와 독도가 조선의 영토임을 확인받고 돌아옴 • 조선 정부의 적극적인 울릉도·독도 경영
대한 제국	대한 제국 칙령 제41호(1900) : 울릉도와 독도에 대한 영유권을 분명히 밝힘
일본의 강탈	러·일 전쟁 중 일본이 독도를 일본 영토에 불법 편입(1905)

23강 조선 후기(조직, 외교)

1 밑줄 그은 '이 전란' 이후에 있었던 사실로 옳은 것은? [2점]

심화 74회 21번

이것은 강화 교섭 결렬 이후 일본의 재침으로 시작된 이 전란 당시 흥양(현재 고흥군) 현감 최희량이 작성한 전과 보고서의 일부입니다. 여기에는 흥양에 침입한 일본군을 격퇴한 사실과 새로 제작한 전선(戰船)에 대한 내용 등이 자세히 기록되어 있으며, 삼도수군통제사 이순신의 서명도 있습니다.

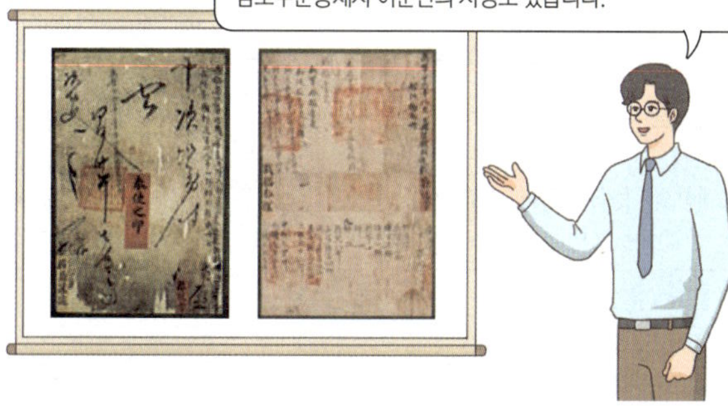

① 신숙주가 일본에 다녀와 해동제국기를 저술하였다.
② 나세 등이 화포를 사용하여 진포에서 왜구를 격퇴하였다.
③ 포로 송환을 목적으로 회답 겸 쇄환사가 일본에 파견되었다.
④ 조선 정부의 교역 제한에 반발하여 사량진 왜변이 일어났다.
⑤ 국방 문제를 논의하기 위한 임시 기구로 비변사가 설치되었다.

1 정유재란 이후의 사실 정답 ③

정답 찾기 강화 교섭 결렬 이후 일본의 재침으로 시작되었다는 내용을 통해 밑줄 그은 '이 전란'이 정유재란임을 알 수 있어요. 임진왜란이 일어나자 조선은 위기를 맞았으나 이순신이 이끄는 수군과 각지에서 일어난 의병의 활약, 명군의 지원으로 전세를 바꾸었어요. 일본은 전세가 불리해지자 명과 휴전 협상을 진행하였어요. 휴전 협상은 3년여에 걸쳐 진행되었으나 결렬되었고, 이어 일본이 다시 조선을 침략하여 정유재란이 일어났어요. ③ 정유재란 이후 조선은 포로 송환을 위해 승려 유정을 회답 겸 쇄환사로 일본에 파견하였어요.

오답 피하기
① 조선 성종 때 신숙주가 일본에 다녀온 경험을 토대로 일본의 정치, 외교, 사회 등을 종합적으로 정리한 "해동제국기"를 저술하였어요.
② 고려 말 우왕 때 나세, 최무선 등이 화포를 사용하여 진포에서 왜구를 격퇴하였어요.
④ 조선 중종 때 사량진 왜변이 일어났어요. 삼포 왜란을 계기로 조선 정부는 삼포를 폐지하였으나 왜인들의 간청으로 임신약조를 체결하여 이전보다 제한을 강화한 교역을 다시 허용하였어요. 이러한 무역 상황이 이어져 불만을 품은 왜인들이 사량진에 침입하여 약탈을 자행하였어요.
⑤ 조선 중종 때 삼포 왜란을 계기로 국방 문제를 논의하기 위한 임시 기구로 비변사가 설치되었어요.

2 (가) 기구에 대한 설명으로 옳은 것은? [2점]

심화 71회 20번

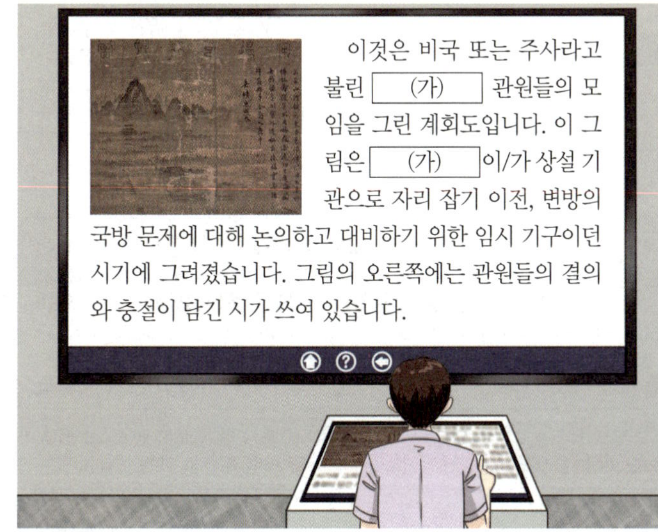

이것은 비국 또는 주사라고 불린 (가) 관원들의 모임을 그린 계회도입니다. 이 그림은 (가) 이/가 상설 기관으로 자리 잡기 이전, 변방의 국방 문제에 대해 논의하고 대비하기 위한 임시 기구이던 시기에 그려졌습니다. 그림의 오른쪽에는 관원들의 결의와 충절이 담긴 시가 쓰여 있습니다.

① 수도의 행정과 치안을 담당하였다.
② 흥선 대원군이 집권한 시기에 혁파되었다.
③ 국왕 직속 사법 기구로 반역죄 등을 다루었다.
④ 5품 이하의 관리 임명에 대한 서경권을 행사하였다.
⑤ 도승지를 수장으로 좌승지, 우승지 등의 관직을 두었다.

2 비변사 정답 ②

정답 찾기 비국 또는 주사라고 불렸으며, 본래 변방의 국방 문제에 대해 논의하고 대비하기 위한 임시 기구였다는 내용을 통해 (가) 기구가 비변사임을 알 수 있어요. 비변사는 중종 때 삼포 왜란을 계기로 국방 문제를 논의하기 위해 임시로 설치되었어요. 이후 명종 때 을묘왜변을 겪으면서 상설 기구가 되었고, 양 난을 거치며 조직이 확대되어 조선 후기에는 국방뿐 아니라 국정 전반을 총괄하는 최고 기구로 발전하였어요. 세도 정치 시기에는 소수 특정 가문이 그 요직을 장악하면서 세도 가문의 세력 기반이 되었어요. ② 고종 즉위 후 흥선 대원군이 집권하면서 비변사를 혁파하고 의정부와 삼군부의 기능을 부활하였어요.

오답 피하기
① 한성부는 수도 한성의 행정과 치안을 담당하였어요.
③ 의금부는 국왕 직속 사법 기구로 반역죄, 강상죄 등의 중죄를 다스렸어요.
④ 사헌부와 사간원의 관리는 대간이라 불리며 5품 이하의 관리 임명에 대한 서경권을 행사하였어요.
⑤ 승정원은 왕명 출납을 담당한 왕의 비서 기관으로 도승지, 좌승지, 우승지 등의 관직을 두었어요.

3 (가)~(다)를 일어난 순서대로 옳게 나열한 것은? [2점]

심화 67회 26번

조선 후기 군사 조직의 정비

(가) 이괄의 난 이후 수도 외곽의 방어를 위해 총융청을 설치하였다.

(나) 포수, 살수, 사수의 삼수병 체제로 구성된 훈련도감을 조직하였다.

(다) 국왕의 호위와 도성 수비 강화를 목적으로 금위영을 창설하였다.

① (가) - (나) - (다)
② (가) - (다) - (나)
③ (나) - (가) - (다)
④ (나) - (다) - (가)
⑤ (다) - (나) - (가)

4 밑줄 그은 '전란' 중에 있었던 사실로 옳은 것은? [2점]

심화 61회 24번

일기로 본 역사

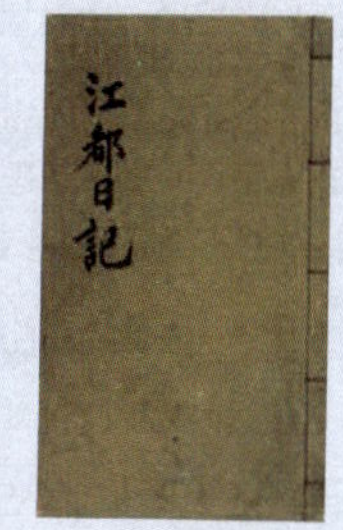

이 책은 조선 시대 문신 어한명이 작성한 강도일기(江都日記)이다. 전란을 피해 봉림 대군과 인평 대군 등이 강화로 이동할 때 당시 경기좌도 수운판관이었던 저자가 왕실을 보호하여 강화 앞바다를 건너게 한 과정을 기록하고 있다. 당시 국왕과 세자는 강화로 가는 길이 막혀 남한산성으로 피란하였다.

① 정문부가 길주에서 의병을 이끌었다.
② 강홍립이 사르후 전투에 참전하였다.
③ 김시민이 진주성에서 적군을 크게 물리쳤다.
④ 임경업이 백마산성에서 적의 침입에 대비하였다.
⑤ 최윤덕이 올라산성에서 이만주 부대를 정벌하였다.

3 조선 후기 군사 조직의 정비 — 정답 ③

정답 찾기

(가) 인조 때 이괄의 난을 겪은 이후 도성 방비를 강화하기 위해 총융청이 설치되었어요(1624).

(나) 선조 때 일어난 임진왜란 중에 포수, 사수, 살수의 삼수병 체제로 구성된 훈련도감이 조직되었어요(1593). 훈련도감은 급료를 받는 상비군이 주축을 이루었어요.

(다) 숙종 때 국왕 호위와 도성 수비 강화를 목적으로 금위영이 창설되었어요(1682). 금위영이 창설되면서 5군영 체제가 완성되었어요.

따라서 일어난 순서대로 나열하면 ③ (나) 훈련도감 조직(선조, 1593) → (가) 총융청 설치(인조, 1624) → (다) 금위영 창설(숙종, 1682)입니다.

4 병자호란 — 정답 ④

정답 찾기

국왕과 세자가 남한산성으로 피란하였다는 내용을 통해 밑줄 그은 '전란'이 병자호란임을 알 수 있어요. 정묘호란 이후 더욱 강성해진 후금은 조선에 군신 관계를 요구해 왔고, 조선 정부는 후금의 요구를 거부하였어요. 후금은 나라의 이름을 '청'으로 바꾸고 조선을 침략하여 병자호란을 일으켰어요. 이때 인조는 남한산성으로 피란하여 45일간 항전하였으나 결국 항복하였어요. ④ 병자호란 때 임경업이 백마산성에서 청군의 침입에 대비하여 방어 태세를 갖추고 있자 청군은 백마산성을 포기하고 한성으로 곧바로 진격하였어요.

오답 피하기

① 임진왜란 때 정문부가 길주 등지에서 의병을 이끌고 일본군을 격파하여 함경도 북부 지역을 되찾았어요.
② 광해군 때 후금과 대립하고 있던 명의 요청에 따라 강홍립이 이끄는 군대가 파견되어 사르후 전투에 참전하였어요.
③ 임진왜란 때 김시민이 이끄는 관군이 의병의 지원을 받아 진주성에서 일본군을 크게 물리쳤어요.
⑤ 세종 때 최윤덕이 올라산성에서 여진의 부족장인 이만주의 부대를 정벌하였어요.

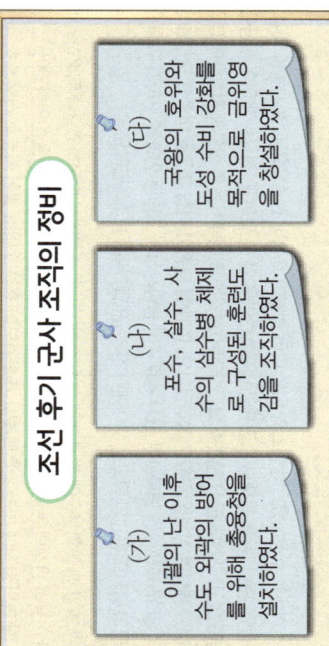

23강 조선 후기(조직, 외교)

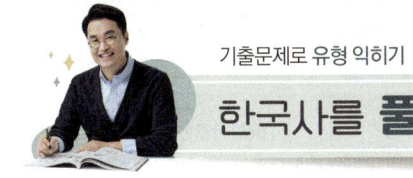

5 심화 75회 23번

(가) 전쟁 중에 있었던 사실로 옳은 것은? [2점]

문학으로 보는 한국사

남한산성 무너진 날 죽었어야 할 몸인데
초수(楚囚)* 되어 아직도 못 돌아간 신하라네
서쪽으로 오며 형 생각에 몇 번이나
눈물 뿌렸던고
동녘을 바라보니 아우 그린 형이 가련하네
……
부부 은정(恩情) 중하기도 한데
만난 지 두 돌도 못 되었네그려
이제는 만 리 밖에 이별하여
백년가약이 헛되구나
길이 멀어 편지도 못 부치고
산이 높아 꿈조차 더디 넘네
나의 살 길 기약할 수 없으니
뱃속의 아이나 잘 보살펴주오

[해설]

이 작품은 송시열이 펴낸 "삼학사전"에 수록된 시로, 오달제가 형과 아내에게 보낸 것입니다. 삼학사는 (가) 때 척화론을 주장하다가 이듬해 심양으로 잡혀가 순절한 홍익한, 윤집, 오달제를 말합니다.

"삼학사전"에는 삼학사의 절개와 비극적 최후가 묘사되어 있습니다. 인조의 뒤를 이어 즉위한 효종은 (가) 의 치욕을 씻기 위해 북벌을 추진하는 한편 순절한 인물을 기리고 그 후손을 등용하는 정책을 펼쳤습니다.

* 초수 : 포로를 뜻함

① 송상현이 동래성에서 항전하였다.
② 김준룡이 광교산 전투에서 승리하였다.
③ 이괄의 반란 세력이 도성을 장악하였다.
④ 강홍립 부대가 사르후 전투에 참전하였다.
⑤ 신류가 조총 부대를 이끌고 흑룡강에서 전투를 벌였다.

5 병자호란 정답 ②

정답 찾기 삼학사가 척화론을 주장하였으며 인조의 뒤를 이어 즉위한 효종이 전쟁으로 당한 치욕을 씻기 위해 북벌을 추진하였다는 내용을 통해 (가) 전쟁이 병자호란임을 알 수 있어요. 정묘호란 이후 후금은 국호를 '청'으로 바꾸었고, 조선에 군신 관계를 요구하였어요. 조선 조정에서는 주화론과 척화론이 대립하였으나 척화론이 우세하여 청의 요구를 거절하였어요. 이에 청 태종이 직접 대군을 이끌고 조선을 침략하여 병자호란이 일어났어요. ② 병자호란 당시 김준룡이 남한산성에 고립된 인조를 구하기 위해 근왕병을 이끌고 지금의 경기도 용인의 광교산 일대에서 청의 군대와 싸워 승리하였어요.

오답 피하기
① 임진왜란 발발 직후 일본군에 맞서 동래 부사 송상현이 동래성에서 항전하였으나 패배하였어요.
③ 인조 때 이괄이 반정의 논공행상에 불만을 품고 반란을 일으켜 한때 도성을 장악하였어요.
④ 광해군 때 명의 요청에 따라 강홍립 부대가 파견되어 후금과 명이 벌인 사르후 전투에 참전하였어요.
⑤ 효종 때 청의 요청에 따라 나선 정벌을 위한 조총 부대가 두 차례 파견되었는데, 두 번째 파견된 신류가 조총 부대를 이끌고 흑룡강에서 러시아군과 전투를 벌였어요.

6 심화 66회 25번

(가)에 들어갈 내용으로 가장 적절한 것은? [2점]

2023년 한국사 교양 강좌

우리 학회는 조선의 역대 왕들에 대해 알아보는 교양 강좌를 운영하고 있습니다. 8월에는 제17대 왕에 대한 강좌를 준비하였으니, 관심 있는 분들의 많은 참여 바랍니다.

■ 강의 주제
[제1강] 청에서의 볼모 생활과 귀국 후 즉위 과정
[제2강] 제주도에 표착한 외국인 하멜과의 만남
[제3강] (가)
[제4강] 나선 정벌과 조총 부대 파병

■ 일시 : 2023년 8월 매주 수요일 16시
■ 장소 : □□대학교 인문대학 대강의실
■ 주최 : △△ 학회

① 어영청의 개편과 북벌 추진
② 위화도 회군과 과전법의 시행
③ 문신 재교육을 위한 초계문신제의 운영
④ 백두산정계비 건립과 청과의 국경 획정
⑤ 기유약조 체결을 통한 일본과의 무역 재개

6 효종의 정책 정답 ①

정답 찾기 청에서 볼모 생활을 하고 귀국 후 즉위하였으며 나선 정벌에 조총 부대를 파병하였다는 내용을 통해 조선 제17대 왕인 효종과 관련된 교양 강좌임을 알 수 있어요. ① 효종은 병자호란 때 청에 당한 치욕을 갚기 위해 어영청을 중심으로 북벌을 추진하였으나 실현하지는 못하였어요.

오답 피하기
② 고려 말에 위화도 회군으로 정권을 장악한 이성계와 일부 신진 사대부는 과전법을 시행하여 신진 관료의 경제적 기반을 마련하고 재정을 확충하였어요.
③ 정조는 젊은 문신을 재교육하는 초계문신제를 운영하여 자신의 정책을 뒷받침할 인재를 양성하였어요.
④ 숙종 때 조선과 청의 관리가 함께 백두산 일대를 답사하여 압록강과 토문강을 경계로 국경을 정하고 백두산정계비를 건립하였어요.
⑤ 광해군은 일본과 기유약조를 체결하여 임진왜란으로 중단된 무역을 재개하였어요.

7 (가) 사절단에 대한 설명으로 옳은 것은? [2점]

심화 72회 22번

그림으로 보는 조선 사절단의 여정

"사로승구도"는 1748년 에도 막부의 요청으로 조선이 일본에 파견한 (가) 이/가 부산에서 에도에 이르는 여정을 담은 작품입니다. 일본의 명승지나 사행 중 겪은 인상적인 광경을 30장면으로 표현하였는데, 위 그림은 사절단이 에도로 들어갈 때 보았던 모습을 그린 것입니다.

① 연행사라는 이름으로 보내졌다.
② 암행어사의 형태로 비밀리에 파견되었다.
③ 민영익, 홍영식, 서광범 등이 참여하였다.
④ 사행을 다녀온 여정을 조천록으로 남겼다.
⑤ 관련 기록물이 세계 기록 유산에 등재되었다.

7 통신사 정답 ⑤

정답 찾기 에도 막부의 요청으로 조선이 일본에 파견하였다는 내용을 통해 (가) 사절단이 통신사임을 알 수 있어요. 임진왜란으로 단절되었던 조선과 일본의 외교는 전란이 끝난 지 10년도 되지 않아 재개되고, 조선은 일본의 요청에 따라 통신사를 파견하였어요. ⑤ 통신사와 관련된 기록물은 '17~19세기 한·일 간 평화 구축과 문화 교류의 역사'라는 이름으로 세계 기록 유산에 등재되었어요.

오답 피하기
① 조선이 청에 파견한 사신을 '연경에 가는 사신'이란 의미로 연행사라고 하였어요.
② 조선 정부는 1881년에 일본의 근대 문물을 시찰하기 위해 조사 시찰단을 파견하였어요. 조사 시찰단은 당시의 개화 반대 여론을 의식하여 암행어사의 형태로 비밀리에 파견되었어요.
③ 조선 정부는 1883년에 미국 공사 부임에 대한 답례로 보빙사를 미국에 파견하였어요. 보빙사의 전권대신에 민영익, 부대신에 홍영식, 종사관에 서광범 등이 임명되었어요.
④ 조선 전기 명에 파견한 사신을 조천사라고 하였어요. 이들은 사행을 다녀온 여정을 기록한 조천록을 남겼어요.

8 (가) 섬에 대한 설명으로 옳지 않은 것은? [1점]

심화 58회 50번

KOREA
1946년 1월에 작성된 연합국 최고 사령부 문서에는 제주도, 울릉도, (가) 이/가 우리 영토로 표시되어 있습니다. (가) 은/는 우리나라 동쪽 끝에 있는 섬입니다.

① 안용복이 일본에 건너가 우리 영토임을 주장하였다.
② 영국군이 러시아를 견제하기 위해 불법 점령하였다.
③ 러·일 전쟁 때 일본이 불법으로 자국 영토로 편입하였다.
④ 대한 제국이 칙령을 통해 울릉 군수가 관할하도록 하였다.
⑤ 1877년 태정관 문서에 일본과는 무관한 지역임이 명시되었다.

8 독도 정답 ②

정답 찾기 우리나라 동쪽 끝에 있는 섬이라는 내용을 통해 (가) 섬이 독도임을 알 수 있어요. 독도는 삼국 시대 이래로 우리 고유의 영토이며, 울릉도와 함께 우산국으로 불렸어요. ② 1885년에 영국군이 러시아의 남하를 견제한다는 구실로 거문도를 불법 점령하였어요.

오답 피하기
① 조선 숙종 때 안용복이 일본에 건너가 독도와 울릉도가 우리 영토임을 확인받고 돌아왔어요.
③ 러·일 전쟁 때 일본은 독도를 불법으로 시마네현에 편입하였어요.
④ 대한 제국은 칙령 제41호를 통해 울릉도를 울도군으로 승격시키고 군수가 독도를 관할하게 하였어요.
⑤ 1877년에 일본 메이지 정부의 최고 행정 기관인 태정관은 울릉도와 독도가 일본과 관계가 없는 곳이라는 내용의 공식 문서를 일본 내무성과 시마네현에 내려보냈어요.

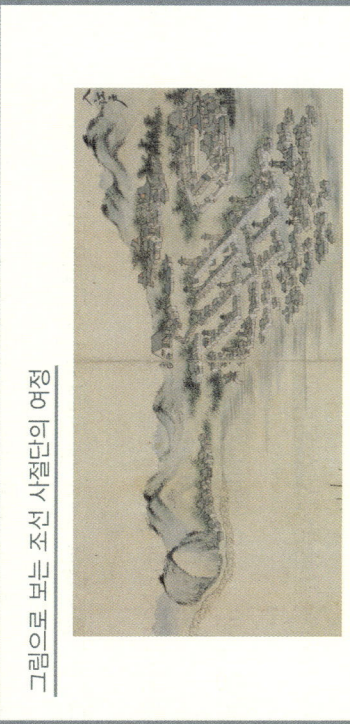

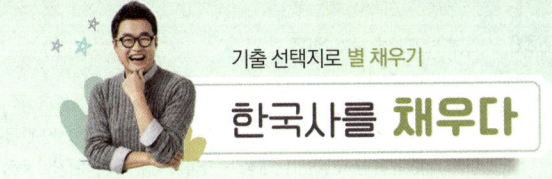

23강 조선 후기(조직, 외교)

Ready go
이번 강 별 채우기 제한 시간은 **2분 30초**
한 문장을 끝까지 또박또박 읽어야 패스!

01 ★★사는 임진왜란을 거치면서 기능과 권한이 확대되어 국정 최고 기구의 역할을 하였다.

02 ★★도감은 포수, 사수, 살수의 삼수병으로 편제되었다.

03 훈련도감은 급료를 받는 ★★군이 주축을 이루었다.

04 ★조는 수도의 방어를 담당하는 어영청을 설치하였다.

05 ★조 때 총융청과 수어청이 설치되어 수도의 외곽을 수비하였다.

06 5군영 중 수도의 방어를 담당하는 어영청을 중심으로 ★벌이 추진되었다.

07 ★종 때 금위영이 설치되면서 5군영 체제가 완성되었다.

08 임진왜란 중에 지방군으로 양반에서 노비까지 모든 신분이 포함된 ★★군이 편성되었다.

09 광해군 때 ★★약조를 체결하여 일본과 무역을 재개하였다.

10 광해군은 후금과 전쟁을 준비하고 있던 명의 요청에 따라 강★★이 이끄는 부대를 지원군으로 파견하였다.

11 ★★호란 당시 용골산성에서 정봉수와 이립이 의병을 이끌고 항전하였다.

12 병자호란 당시 임★★은 백마산성에서 적의 침입에 대비하였다.

13 병자호란 당시 세자빈과 봉림 대군을 호종하여 강화도로 피란한 김★★은 성이 함락되자 순절하였다.

14 병자호란 당시 김준룡은 ★★산 전투에서 승리하였다.

15 효종은 청에 당한 치욕을 갚기 위해 ★벌 운동을 추진하였다.

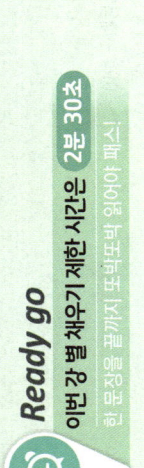

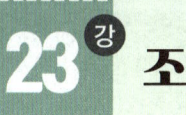

16 효종은 청의 요청에 따라 ★★ 정벌에 조총 부대를 파견하였다.

17 숙종 때 청과의 국경을 정한 ★★★정계비가 건립되었다.

18 백두산정계비문의 '토문강' 위치를 두고 한국과 중국의 의견이 달라 ★도 귀속 문제가 발생하였다.

19 조선 후기에 청의 문물을 받아들이고 배우자는 ★★론이 등장하였는데, 대표적인 학자로 박지원, 박제가 등이 있다.

20 대한 제국은 간도에 거주하는 한인을 보호·관리하기 위해 이★★을 간도 관리사로 임명하여 간도를 관할하게 하였다.

21 임진왜란 후 조선은 에도 막부의 요청에 따라 대규모 외교 사절단인 ★★사를 일본에 파견하였다.

22 ★★사는 19세기 초까지 일본에 파견되어 문화 교류에 큰 역할을 하였다.

23 숙종 때 안★★은 일본으로 건너가 울릉도와 독도가 조선의 영토임을 확인받고 돌아왔다.

24 대한 제국은 칙령 제41호를 통해 ★도가 대한 제국의 관할 영토임을 명시하였다.

25 일본은 ★·★ 전쟁 중에 독도를 불법적으로 편입하였다.

정답

01 비변 **02** 훈련 **03** 상비 **04** 인 **05** 인 **06** 북 **07** 숙 **08** 속오 **09** 기유 **10** 홍립 **11** 정묘 **12** 경업 **13** 상용 **14** 광교 **15** 북 **16** 나선 **17** 백두산 **18** 간 **19** 북학 **20** 범윤 **21** 통신 **22** 통신 **23** 용복 **24** 독 **25** 러, 일

24강 조선 후기(경제)

한국사의 흐름을 한눈에
한국사를 그리다

강의 바로 보기

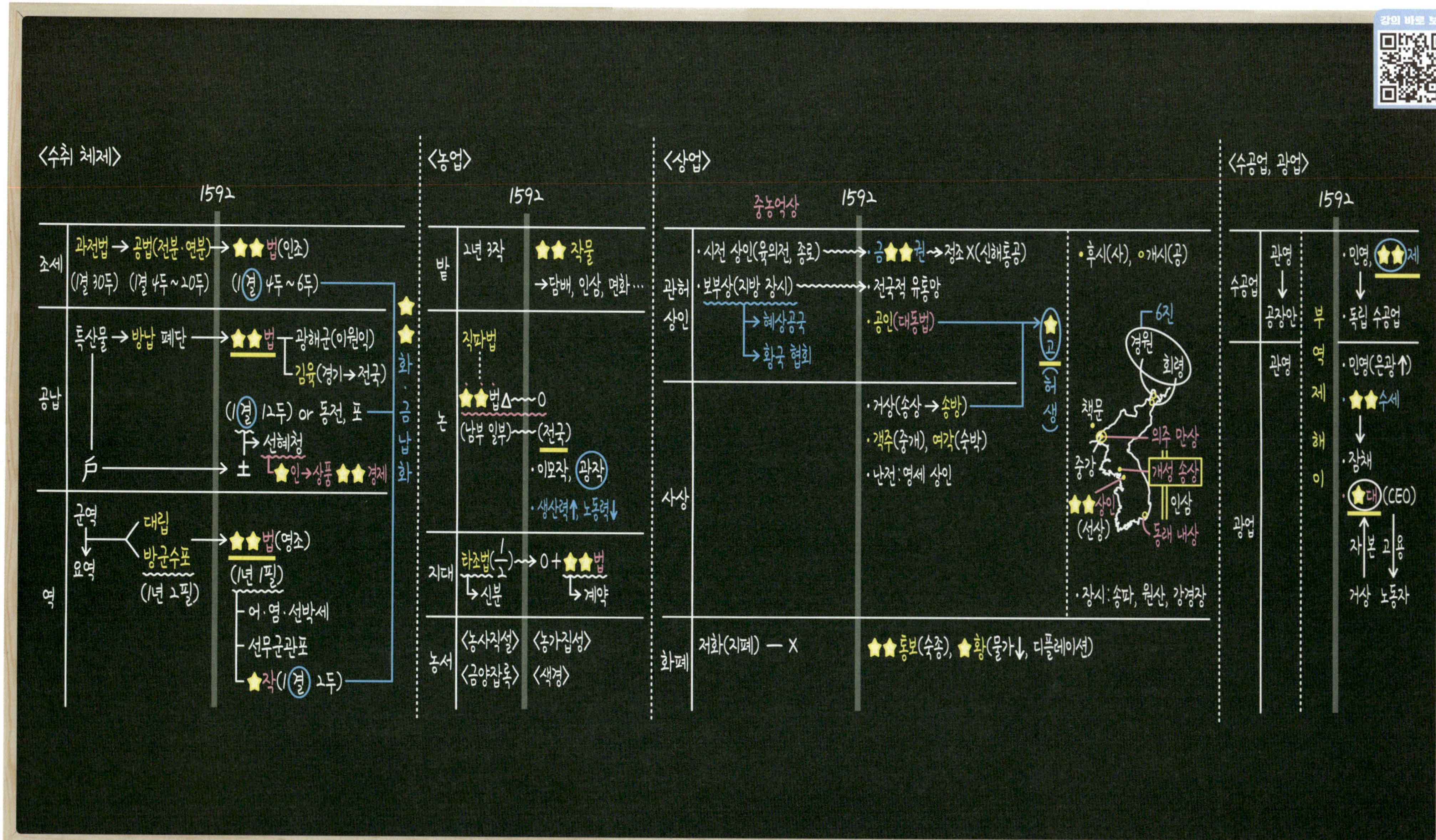

★정답 영정, 대동, 공, 화폐, 균역, 결, 전세, 상품, 이앙, 도조, 난전, 도, 경강, 상평, 전, 선대, 설점, 덕

→ 나만의 약점 단권화 노트 6쪽에서 완성 판서를 확인하세요.

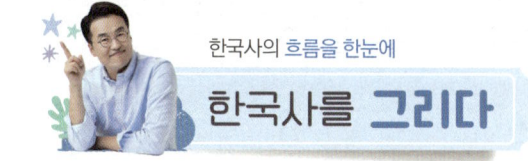

24강 조선 후기(경제)

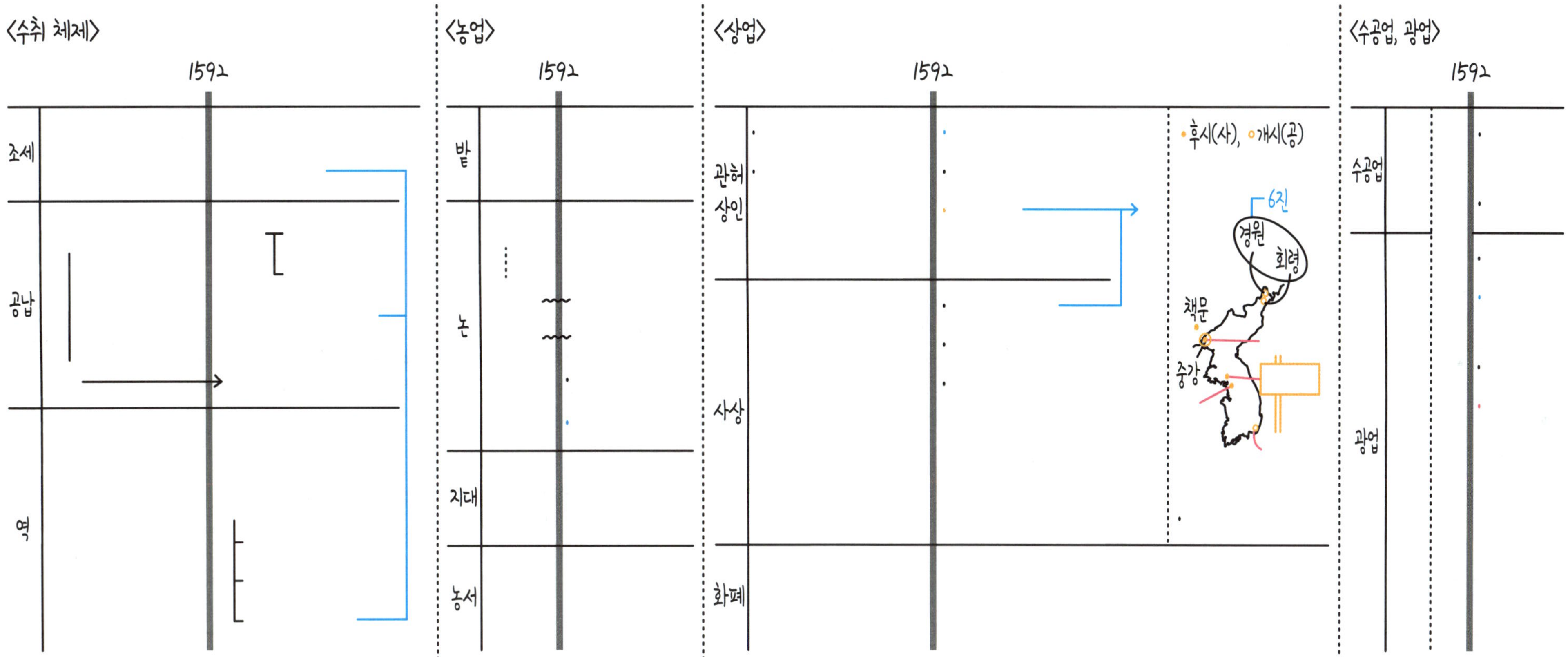
<수취 체제>
1592
조세
공납
역
<농업>
1592
밭
논
지대
농서
<상업>
1592
관허 상인
사상
화폐
후시(사), 개시(공)
6진
경원
회령
책문
중강
<수공업, 광업>
1592
수공업
광업

24강 조선 후기(경제)

낯선 용어와 자료 돋보기
한국사를 보다

대동법

광해군은 방납의 폐단을 바로잡고 백성의 부담을 줄여 주기 위해 경기도에서 처음으로 선혜법이라는 이름으로 대동법을 실시하였어요. 대동법은 각 호(집)마다 토산물을 내던 공납을 소유한 토지 결수를 기준으로 1결당 쌀 12두 또는 면포나 삼베, 동전 등으로 내게 한 제도입니다. 거둔 쌀과 포, 동전 등은 선혜청에서 관리하였지요. 대동법이 실시된 후 관청에서 필요로 하는 물품을 납품하는 공인이 등장하였어요.

• 영의정 이원익이 아뢰기를, "각 고을에서 바치는 공물이 각 관청의 방납인에게 막혀, 물건 하나의 가격이 몇 배 또는 몇 십 배, 몇 백 배로 징수되어 그 폐해가 이미 고질화되었고, 특히 경기도가 심합니다. 지금 별도의 담당 관청을 설치하여 매년 봄·가을에 백성에게서 쌀을 거두는데, 토지 1결마다 두 번에 걸쳐 각각 8두씩 거두어들이게 하고 담당 관청은 수시로 물가 시세를 보아 쌀을 방납인(공인)에게 지급하여 물건을 조달하도록 해야겠습니다."라고 하였다. - "광해군일기" -

• 중종 때 조광조가 공납을 개정하자고 주장하였고, 선조 때 이이가 수미법 시행을 청하였으며, 임진왜란 이후 우의정 유성룡이 미곡을 거두는 것이 편리하다고 주장하였으나 시행되지 못하였다. 선조 41년 좌의정 이원익의 건의로 대동법을 비로소 시행하여 백성의 토지에서 미곡을 거두어 서울로 옮기게 하였는데 경기에서 먼저 시작하고 드디어 선혜청을 설치하였다. 인조 2년에 이원익이 다시 건의하여 강원도에서 시행하게 되었으며, 효종 3년에 우의정 김육의 건의로 충청도에서 시행되었다. …… 숙종 34년(1708)에는 황해도 관찰사 이언경의 상소로 황해도에도 시행되었다. - "만기요람" -

균역법

영조는 군포의 징수와 관련하여 여러 가지 폐단이 발생하고 백성의 부담이 커지자 균역법을 실시하여 군포를 1년에 1필로 줄여 주었어요. 균역법의 시행으로 부족해진 재정은 결작, 선무군관포, 어염세 등을 징수하여 보충하였어요.

• 2필 양역(良役)의 폐단이 나라를 망치는 근저가 된 지 오래되었습니다. …… 급기야 임금께서 재차 궁궐 문에 임하시어 민정을 널리 물으셨지만, 호전(戶錢)·결포(結布)의 주장을 모두 행할 수 없게 되자 마침내 개연히 눈물을 흘리시며, "2필의 양역을 비록 다 혁파할 수는 없지만 1필로 줄이는 이 정책은 행하지 않을 수가 없다."라고 하교하시기에 이르렀습니다. - "영조실록" -

• 임금이 명정전에 나아가 대신들을 불러 양역의 변통에 대한 대책을 물었다. "구전(口錢)은 한 집안에서 거두는 것이니 …… 호포나 결포나 모두 문제가 있기 마련이다. 이제 1필로 감하는 정사로 온전히 돌아가야 할 것이니, 경들은 1필을 감한 대안을 잘 강구하라."고 하였다. - "영조실록" -

용어 사전

영정법
인조 때 풍흉에 관계없이 토지 1결당 쌀 4~6두의 전세를 내게 한 제도입니다. 인조의 이러한 조치는 15세기 말부터 나타난 최저 세율에 따른 징수 관행을 법제화한 것이었어요.

방납
막을 방(防), 바칠 납(納). 공납을 방해한다는 뜻으로, 공납제 운영 과정에서 공물 납부를 대행하여 중간 이익을 얻는 행위를 말합니다. 관청의 관리들이 일반 백성이 공물로 내는 물품을 온갖 트집을 잡아 받지 않고, 상인이나 관리들이 사서 바친 물품만을 받는 경우가 많았어요. 이에 일반 백성은 어쩔 수 없이 돈을 얹어 주고라도 방납업자를 통해 공납을 낼 수밖에 없었지요.

공인
공물을 납품하는 사람이라는 뜻이에요. 즉, 국가에서 필요로 하는 물품을 조달한 상인이에요. 조선 후기에 공인은 사상과 함께 독점적 도매상인 도고로 성장하기도 하였어요.

어염세
어장과 염장에 매기는 세금으로, 원래 왕실 재정으로 들어가던 것을 균역법 실시 후 부족해진 세금을 보충하기 위해 국가 재정으로 돌렸어요.

상품 작물의 재배

조선 후기에는 인삼, 담배, 면화, 약초, 채소 등과 같이 처음부터 팔기 위한 목적으로 농사를 짓는 상품 작물의 재배가 확대되었어요. 일부 농민은 상품 작물을 재배하여 수익을 올리기도 하였어요.

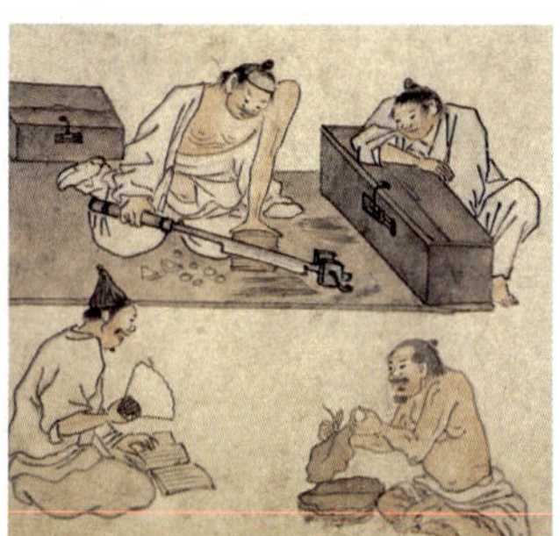

담배 썰기(김홍도)

서울 근교와 각 지방 대도시 주변의 파·마늘·배추·오이밭에서는 10무(4두락)의 땅으로 수만 전(수백 냥)의 수입을 올린다. 서북 지방의 담배, 관북 지방의 삼, 한산의 모시, 전주의 생강, …… 황주의 지황밭은 논농사가 가장 잘 되었을 때의 수입과 비교하더라도 이익이 열 배나 된다. - 정약용, "경세유표" -

모내기법의 발달

조선 후기에는 모내기법(이앙법)이 전국으로 확산되었어요. 모내기법이 널리 퍼지면서 수확량이 크게 늘고, 봄에는 보리를 거두고 가을에는 벼를 거두는 이모작도 가능해졌어요. 또 농법의 개량으로 단위 면적당 들어가는 노동력이 줄어 한 사람이 넓은 토지를 경영하는 광작이 성행하였어요.

• 이른바 이앙법(모내기법)의 이로움이라는 것은 봄보리를 갈아먹고 물을 몰아 모내기를 하여 벼를 수확하니 1년에 두 번 농사지음이 그것이다. - "석천유집" -

• 직파를 하면 곡식의 소출이 적고, 이앙(모내기)을 하면 소출이 배나 된다. 직파를 하면 노동력이 배로 늘고, 이앙을 하면 노동력이 절반으로 준다. …… 호남의 백성은 오로지 이앙을 하고, 직파는 겨우 100분의 1에 불과하다. - "일성록" -

• 이앙법(모내기법)은 본래 그 금령이 지극히 엄한데, 근래 소민(小民)들이 농사를 게을리하고 이익을 탐하여 광작을 하며, 그 형세가 늘어나 지금은 여러 도에 두루 퍼져 있으니 모두 금지하기 어렵다. - "비변사등록" -

농민층의 분화

조선 후기에는 광작과 상품 작물 재배 등을 통해 부농으로 성장한 사람도 있었지만, 광작 확대로 경작지를 잃고 농촌을 떠나 도시에서 상공업에 종사하거나 임노동자로 전락한 농민도 많았어요. 양반 지주들이 머슴을 고용하여 농지를 직접 경영함에 따라 가난한 농민은 소작지조차 얻기 어려웠지요.

- 농사를 짓는 자가 오로지 겸병이나 광작으로 일을 삼고, 또 편리하고 가까운, 좀 더 비옥한 곳만 얻으려 하기 때문에 한 가구에서 경작하는 바가 이미 서너 집이 가히 경작할 토지를 겸병하고 있다. 한 농가가 서너 집이 지을 수 있는 땅을 아울러 빼앗아 서너 집의 궁민(窮民, 생활이 어려운 백성)으로 하여금 경작할 바가 없도록 하는 것이니 …… 형세가 장차 이로 인하여 실업하게 되는 것이다. - "천일록" -
- 놀부는 부모께서 물려주신 그 많은 논과 밭을 저 혼자 차지하고 농사짓기를 일삼는다. 물 좋은 논에 모를 심고, 살진 밭에 면화하기, 자갈밭에 서숙(조) 갈고, 황토밭에 참외 심고, 비탈밭에 담배하기, …… 흥부는 이월 동풍에 가래질하기, 삼사월에 부침질하기, 일등 전답 무논 갈기, 이집 저집 돌아가며 이엉 엮기, 궂은 날에 멍석 말기 ……. 온가지로 다하여도 굶기를 밥 먹듯 하여 살 길이 없는지라. - "흥부전" -

사상의 성장

정조 때 신해통공으로 육의전을 제외한 시전 상인의 금난전권이 폐지되자 사상의 활동이 활발해졌어요. 일부 사상은 전국의 장시를 연결하는 유통망을 가지고 거대한 자본을 축적하였지요. 의주의 만상, 평양의 유상, 개성의 송상, 한강을 기반으로 한 경강상인, 동래의 내상이 대표적인 사상이었어요. 송상은 사개치부법이라는 독자적인 계산법을 사용하였으며, 전국에 송방이라는 지점을 설치하고 인삼을 재배·판매하였어요. 그리고 내상과 만상 사이에서 중계무역을 하거나 직접 대청 무역에 나서기도 하였지요. 경강상인은 한강을 근거지로 운송업에 종사하였고, 만상은 주로 대청 무역, 내상은 주로 대일 무역에 나섰어요.

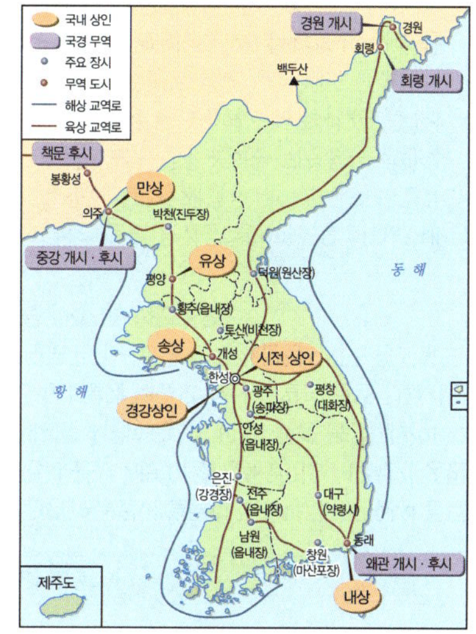

조선 후기의 상업과 무역 활동

보부상

장날의 차이를 이용하여 여러 지역의 장시를 돌아다니며 장사를 하는 행상을 말하며 보상은 봇짐장수, 부상은 등짐장수를 뜻합니다. 보부상은 각지의 장시를 연결하여 하나의 유통망을 형성하는 데 역할을 하였고, 자신들의 이익을 도모하기 위해 보부상단을 조직하기도 하였어요.

보부상

도고

조선 후기에 상품을 매점매석하여 가격 상승과 매매 조작을 노리던 상행위의 한 형태를 말해요. 또는 그러한 상행위를 하던 상인이나 상인 조직을 의미하기도 합니다. 박지원의 소설 "허생전"에 이러한 도고의 모습이 잘 나타나 있어요.

허생은 만금을 얻어 생각하기를 "저 안성은 기(畿)·호(湖)의 어우름이요, 삼남의 어귀렷다." 하고는 이에 머물러 살았다. 그리하여 대추, 밤, 감, 석류, 귤, 유자 등의 과실을 모두 두 배 값으로 사서 저장하였다. 허생이 과실을 몽땅 사들이자 온 나라가 잔치나 제사를 치르지 못하게 되었다. 그런 지 얼마 아니 되어서 두 배 값을 받은 장사꾼들이 도리어 10배의 값을 치르고 되샀다. - "연암집" -

포구에서의 상업

조선 시대에는 도로보다 뱃길을 이용하여 물건을 운반하였기 때문에 포구는 물화를 운송하는 기지 역할을 하였지요. 18세기 이후에 유통 경제가 발달하면서 포구는 새로운 상업의 중심지로 성장하였어요. 포구에서는 배를 이용하여 각 지방의 물품을 운반한 뒤 판매하는 선상이나 객주, 여각 등이 있었어요.

우리나라는 동·서·남의 3면이 모두 바다이므로 배가 통하지 않는 곳이 거의 없다. 배에 물건을 싣고 오가면서 장사하는 장사꾼은 반드시 강과 바다가 이어지는 곳에서 이득을 얻는다. …… 충청도 은진의 강경포는 육지와 바다 사이에 위치하여 바닷가 사람들과 내륙 사람들이 모두 여기에서 서로의 물건을 교역한다. 매년 봄, 여름 …… 큰 배와 작은 배가 밤낮으로 포구에 줄을 서고 있다. - "택리지" -

용어 사전

선무군관포
일부 부유한 상민에게 '선무군관'이라는 칭호를 주고 이들에게 걷은 군포를 말합니다. 매년 군포 1필을 걷었어요.

결작
균역법의 시행으로 줄어든 재정을 보충하기 위해 지주에게 부과한 토지세로, 토지 1결당 2두를 걷었어요.

타조법
타작(수확)할 때 정해진 비율로 소작료를 내는 것을 말해요. 병작반수제라고 해서 수확량의 1/2을 내는 것이 일반적이었어요.

도조법
수확량과 상관없이 미리 정해 놓은 소작료를 지불하는 정액제입니다. 농사가 잘되어 수확량이 늘면 소작농은 큰 이익을 얻지만, 예상치 못하게 흉년이 들면 자칫 더 어려워질 수도 있었어요.

객주
포구 등지에서 상품을 위탁 판매하거나 매매를 중개하는 중간 상인이에요.

여각
포구 등지에서 다른 지역 상인을 대상으로 물건의 매매를 중개하면서 숙박업과 금융업 등을 겸하던 상업 기관이었어요.

24강 조선 후기(경제)

낯선 용어와 자료 돋보기

한국사를 보다

대외 무역의 발달

상업이 발달하자 국경 지대에서는 정부가 열었던 개시(공무역)뿐만 아니라 상인들이 사적으로 연 후시(사무역)가 성행하였어요. 청과의 무역은 중강 개시·중강 후시, 책문 후시 등에서 이루어졌고, 일본과의 무역은 왜관을 중심으로 이루어졌어요. 또 청에서 수입한 물품을 일본에 넘겨주는 중계 무역도 발달하였어요.

- 숙종 26년(1700)(청국) 예부에 청하여 중강 후시를 혁파하였으나 책문 후시는 지금도 행한다. …… 사행이 책문(만주 봉황성 국경 마을)을 출입할 때는 의주 상인과 개성 상인 등이 인삼, 종이 등을 몰래 가지고 인부나 마필 속에 숨겨 물건을 팔고 이익을 꾀하였다. 되돌아올 때는 걸음을 일부러 늦추어 사신을 먼저 책문으로 나가게 하여 거리낄 것이 없게 한 뒤에 저희 마음대로 매매하고 돌아오는데 이것을 책문 후시라 한다. - "만기요람" -
- 일본이 이전에는 스스로 나가사키에서 (중국) 남경과 무역하였으나 지금은 청국이 무역을 금하였다. 그리하여 우리나라에서 백사(白絲)를 얻은 자가 모두 왜관에서 팔았다. 북경에서 은 60냥으로 백사 100근을 구입해서 왜관에 가면, 백사 100근의 가격은 은 160냥이 되었다. - "승정원일기" -

상평통보

'상평'은 상시평준(常時平準)의 줄인 말로, 항상 일정한 가치를 가진 화폐를 유통하려는 정부의 의도와 노력이 반영된 말이에요. 숙종 때 허적, 권대운 등의 주장에 따라 유통되기 시작하여 조선 후기에 널리 쓰였어요.

숙종 4년 1월 을미, 대신과 비변사의 여러 신하들을 접견하고 비로소 돈을 사용하는 일을 정하였다. 돈은 천하에 통행하는 재화인데 오직 우리나라에서는 예부터 누차 행하려고 하였으나 행할 수 없었다. 동전이 토산이 아닌 데다 풍속이 중국과 달라서 막히고 방해되어 행하기 어려운 폐단이 있었기 때문이었다. 이때에 이르러 대신 허적과 권대운 등이 (돈을 유통하게 하자고) 청하였다. 왕이 신하들에게 물으니, 신하들이 모두 그 편리함을 말하였다. 왕이 그대로 따르고, 호조·상평청·진휼청 등에 명하여 상평통보를 주조하되 돈 400문(文)을 은 1냥의 값으로 정하여 시중에 유통하게 하였다. - "숙종실록" -

용어 사전

선대제
먼저 선(先), 지불할 대(貸). 즉, 상인이 수공업자에게 미리 물건값을 대주고 물품을 주문하는 형태입니다.

설점수세제
허가를 받은 민간인에게 광산 개발을 허용하고 세금을 걷는 정책이에요. 조선 초기에는 정부의 통제하에 필요한 만큼만 채굴하는 방식으로 광산이 운영되다가 17세기 중반 효종 때 설점수세제가 시행되었어요.

잠채
민간 자본이 몰래 광산을 채굴하는 것을 말해요. 조선 후기에 광산 개발로 많은 이익을 얻을 수 있게 되자, 민간 자본이 몰래 광산을 개발하는 잠채가 성행하였어요. 이 과정에서 관청과 결탁이 나타나기도 하였어요.

덕대
광산의 주인과 계약을 맺고 광산을 전문적으로 경영하는 사람을 말합니다. 이들은 광산 일부를 떼어 맡아 노동자를 고용하고 광산의 채굴을 지휘하였어요.

전황

돈을 가진 사람이 재산을 모으기 위해 화폐를 쌓아 놓고 돌게 하지 않아 시중에 화폐가 부족해지는 현상을 말해요. 전황으로 화폐 가치가 올라가고 물가가 하락하는 문제가 발생하였어요.

- 서울의 재력 있는 관청과 지방의 영진(營鎭) 등은 돈을 많이 저축하고 있다. 돈이 국가 창고에 쌓인 채 아래로 유통되지 못하여 귀해지고 있는 것이다. - "우서" -
- 종전에 주조한 돈을 결코 작년과 금년에 다 써버렸을 리가 없습니다. 신의 생각에는 아마도 부유한 상인들이 이때를 틈타 쌓아 두고 이익을 취하려는 것으로 보이는데, 그 폐단을 바로잡을 방책이 없습니다. - "비변사등록" -

민영 수공업의 발달

조선 후기에는 관영 수공업이 쇠퇴하고 민영 수공업이 발달하였어요. 대동법 실시 이후 제품의 수요가 늘어 수공업 생산이 활발해졌지요. 민간 수공업자는 작업장과 자본 규모가 작았기 때문에 선대제 수공업 형태로 제품을 생산하기도 하였어요. 18세기 후반에는 독자적으로 제품을 생산하고 판매하는 독립 수공업자가 등장하였습니다.

3월에 삼씨 뿌려 7월에 삼을 쪄서
닷새 동안 실 잇고 이어 열흘 동안 씻고 씻어
가는 손에 북을 들고 가는 베 짜냈더니
잠자리 날개 같아 한줌 안에 담뿍 들 듯
아깝게도 저 모시, 남쪽 장사치에 다 주고
베 값이라 미리 받은 돈은 관청 빚에 다 털렸는데
베 짜는 저 아가씬 언제 보나 석새 삼베
그나마 너무 짧아 정강이도 채 못 가리누나 - "이계집" -

민영 광산의 발달

조선 후기에는 민영 수공업이 발달하고 청과의 무역에서 은의 수요가 늘어나면서 광산 개발이 활발해졌어요. 17세기 중반 정부가 설점수세제를 시행하면서 민간에 의한 광산 개발이 촉진되었지요. 18세기 말에 대규모 광산 개발은 경영 전문가인 덕대가 상인 물주로부터 자금을 받아 채굴업자와 노동자를 고용하는 형태로 운영되기도 하였어요.

조정에서 은이 나는 곳에 은점을 설치하도록 허가만 내주면 돈 많은 장사꾼은 각자 재물을 내어 일꾼을 모집할 것입니다. 땅이 없어 농사짓지 못하는 백성들은 점민이 되기를 원하게 될 것입니다. 그곳에 모여 살며 은을 캐어 호조와 각 영, 고을에 세를 바치고, 남는 대로 물주에게 돌릴 것입니다. 땅 없는 백성들도 그것에 의지해서 살아나갈 수 있으니 공사 간에 유익한 일입니다. - 우정규, "경제야언" -

24강 조선 후기(경제)

마무리도 빈틈없이

한국사를 읽다

1 수취 체제의 개편

조세(영정법)	배경	양 난 이후 농경지 황폐화, 전세 제도의 문란
	내용	인조 때 실시, 풍흉에 관계없이 전세를 토지 1결당 쌀 4~6두로 고정
	결과	전세 이외에 각종 수수료와 운송비 부과 등으로 농민의 부담 증가
공납(대동법)	배경	방납의 폐단으로 농민 부담 증가
	내용	• 광해군 때 경기도에서 처음 실시(선혜청 설치), 숙종 때 평안도와 함경도를 제외한 전국에 확대 실시 • 각 호(戶)에 부과하던 토산물을 토지 결수에 따라 1결당 쌀 12두로 대체, 지역에 따라 삼베·면포·동전 등으로도 징수
	결과	농민의 부담 감소, 공인 등장(관청에 물품 조달) → 상품 화폐 경제의 발달 촉진
역(균역법)	배경	이중 삼중의 군포 부과, 신분제 해이 등으로 면역자 증가 → 농민의 군포 부담 증가
	내용	• 영조 때 실시, 1년에 군포 1필로 줄여 줌 • 줄어든 군포 수입은 결작, 어염세, 선박세, 선무군관포 등으로 충당
	결과	농민의 부담 일시적 감소, 군포 징수 과정에서 폐단 지속

2 농촌 경제의 변화

농업 생산력 증대	이앙법(모내기법) 확대, 농기구와 시비법 개량, 새로운 농법 시도(견종법 등) → 수확량 증가, 노동력 절감, 벼와 보리의 이모작 확산
농업 경영의 변화	광작 확산, 구황 작물 전래(고구마, 감자 등), 상품 작물 재배(담배, 면화, 고추, 인삼 등) → 일부 농민이 부농으로 성장, 많은 농민이 품팔이·도시의 영세 상인·임노동자 등으로 전락
지대의 변화	타조법(정율 지대)이 일반적이었으나 일부 지역에서 도조법(정액 지대) 등장

3 상업의 발달

사상의 성장	• 서울의 이현(동대문 부근), 칠패(남대문 부근) 등지에서 활동 → 시전의 상권 잠식 • 금난전권 폐지(신해통공)로 상업 활동이 자유로워짐 → 서울을 비롯한 각지에서 활발히 활동, 각 지방의 장시 연결, 각지에 지점을 두어 상권을 확장하기도 함 • 대표적 사상 : 경강상인(한강), 송상(개성, 전국에 송방 설치, 사개치부법), 만상(의주), 유상(평양), 내상(동래) 등 • 일부 사상은 공인과 함께 도고로 성장
장시	• 광주 송파장, 은진 강경장, 덕원 원산장, 창원 마산포장 등 18세기 중반에 전국적으로 천여 개의 장시가 개설됨 • 보부상이 여러 장시를 돌며 물품 판매(→ 각 장시를 하나의 유통망으로 연계), 자신들의 이익을 도모하기 위해 보부상단 조직
포구 상업	• 18세기 이후 상업의 중심지로 성장 • 선상 : 선박을 이용하여 각 지방의 물품을 운송한 뒤 포구에서 판매 → 전국 각지의 포구를 하나의 유통망으로 연결, 경강상인이 대표적 • 객주·여각 : 포구에서 선상의 상품 매매 중개·운송·보관, 숙박·금융업에 종사
대외 무역	• 국내 상업이 발달함에 따라 대외 무역 발전 → 17세기 중반 이후 국경 지대에서 공무역인 개시 무역과 사무역인 후시 무역 발달 • 청과의 무역 : 중강 개시·후시, 책문 후시 등에서 공무역과 사무역 전개, 수출품(은, 종이, 무명, 인삼 등), 수입품(비단, 약재, 문방구 등) • 일본과의 무역 : 왜관에서 무역이 이루어짐, 인삼·쌀·무명 등 수출, 은·구리·황·후추 등 수입, 일본에서 들여온 은을 다시 청으로 수출 • 상인의 성장 : 만상(대청 무역), 내상(대일 무역), 송상(청과 일본을 연결하는 중계 무역)

4 화폐 경제의 발달

화폐 유통	• 배경 : 상공업 발달, 대동법 실시 이후 조세와 지대의 금납화 • 유통 : 숙종 이후 상평통보가 전국적으로 유통, 대규모 거래에서 신용 화폐(환, 어음) 사용
전황 발생	지주나 대상인이 화폐를 고리대나 재산 축적의 수단으로 이용 → 유통 화폐가 부족해지는 전황 발생

5 수공업과 광업의 발달

수공업	• 대동법의 실시로 수공업 생산 촉진 → 국가에 장인세를 납부하고 자유롭게 생산하는 수공업자 증가 → 민영 수공업 발달 • 선대제 성행 : 공인과 대상인에게서 자금과 원료를 미리 받아 제품 생산 → 수공업자가 상인 자본에 예속됨 • 18세기 후반에 장인 등록제 폐지, 독자적으로 상품을 생산·판매하는 독립 수공업자 등장 • 점촌 형성 : 각종 장인들이 집단적으로 거주하며 물품을 생산하는 마을 형성
광업	• 조선 초기에는 정부가 독점적으로 채굴 → 17세기 중반 이후 정부가 민간인에게 광산 채굴을 허용하고 세금을 징수(설점수세제)하여 광산 개발 촉진 • 민영 수공업의 발달로 수공업의 원료가 되는 광산물 수요 증가, 청과의 무역 확대로 은 수요 증가 → 광산 개발 활발, 잠채도 성행 • 덕대의 등장 : 경영 전문가인 덕대가 상인 물주의 자본으로 채굴업자, 채굴 노동자, 제련 노동자를 고용하여 광산 경영 → 자본과 경영이 분리되는 근대적 생산 방식 등장

24강 조선 후기(경제)

1 심화 70회 23번

밑줄 그은 '제도'에 대한 설명으로 옳은 것을 〈보기〉에서 고른 것은? [2점]

이원익의 건의로 경기도에서 시행되는 수취 제도에 대해 설명해 주세요.
이번에 시행되는 제도는 지방의 특산물을 징수하면서 나타난 방납의 폐단을 막아 백성들의 부담을 줄여 주기 위한 것입니다. 공물을 현물 대신 토지의 결수에 따라 쌀로 납부합니다.

보기
ㄱ. 선혜청에서 관련 업무를 담당하였다.
ㄴ. 재정을 보충하기 위해 지주에게 결작을 부과하였다.
ㄷ. 관청에 물품을 조달하는 공인이 등장하는 배경이 되었다.
ㄹ. 어장세, 선박세 등이 국가 재정으로 귀속되는 결과를 가져왔다.

① ㄱ, ㄴ ② ㄱ, ㄷ ③ ㄴ, ㄷ
④ ㄴ, ㄹ ⑤ ㄷ, ㄹ

2 심화 62회 23번

다음 상인이 등장한 배경으로 가장 적절한 것은? [1점]

우리 역사 속 직업의 세계
나의 직업은 무엇일까요?
■ 직업 소개
선혜청 등에서 공가(貢價)를 받아 필요한 물품을 마련하여 궁궐과 관청에 납품하는 상인
■ 요구 능력
물품을 대량으로 구입하여 기일에 맞춰 조달할 수 있는 능력
정답 ○○

(앞면) (뒷면)

① 관수관급제가 시행되었다.
② 금속 화폐인 건원중보가 주조되었다.
③ 근대적 상회사인 대동 상회가 설립되었다.
④ 공납의 폐단을 시정하기 위해 대동법이 실시되었다.
⑤ 육의전을 제외한 시전 상인의 금난전권이 폐지되었다.

1 대동법 정답 ②

정답 찾기 방납의 폐단을 막기 위한 것이며, 공물을 현물 대신 토지의 결수에 따라 쌀로 납부한다는 내용을 통해 밑줄 그은 '제도'가 대동법임을 알 수 있어요. ㄱ. 대동법은 처음에 선혜법이라는 이름으로 시행되었으며, 관련 업무를 처리할 관청으로 선혜청이 설치되었어요. 선혜청에서는 대동법 시행으로 거둔 쌀과 동전, 베 등의 출납을 관장하였어요. ㄷ. 대동법이 시행되면서 왕실이나 관청에 필요한 물품을 조달하는 공인이 등장하였어요. 공인의 활동으로 상품 화폐 경제가 촉진되었어요.

오답 피하기 ㄴ. 균역법의 시행으로 부족해진 재정을 보충하기 위해 지주에게 토지 1결당 쌀 2두의 결작을 부과하고, ㄹ. 어장세, 선박세 등 왕실의 수입이었던 세금을 국가 재정에 귀속시켰어요.

2 공인의 등장 배경 정답 ④

정답 찾기 선혜청에서 공가를 받아 필요한 물품을 마련하여 궁궐과 관청에 납품하였다는 내용을 통해 자료의 상인이 공인임을 알 수 있어요. ④ 광해군 때 공납의 폐단을 시정하기 위해 선혜법이라는 이름으로 경기도에서 대동법이 처음 시행되었어요. 대동법은 공납을 가호가 아닌 소유한 토지 결수를 기준으로 부과하여 현물 대신 쌀이나 베, 동전 등으로 내게 한 제도였어요. 대동법이 시행되면서 궁궐이나 관청에서 필요로 하는 물품을 조달하는 상인인 공인이 등장하였으며, 공인의 활동은 상품 화폐 경제가 발달하는 데 영향을 끼쳤어요.

오답 피하기
① 조선 성종 때 수조권을 가진 관리가 이를 남용하여 과도하게 수취하는 문제를 해결하기 위해 지방 관청에서 전세를 거둔 뒤 관리에게 지급하는 관수관급제가 시행되었어요.
② 고려 성종 때 금속 화폐인 건원중보가 주조되었으나 널리 사용되지는 못하였어요.
③ 조선 고종 때 외국 상인의 상권 침탈에 맞서 근대적 상회사인 대동 상회가 설립되었어요.
⑤ 조선 정조 때 신해통공이 단행되어 육의전을 제외한 시전 상인의 금난전권이 폐지되었어요.

3 다음 자료를 활용한 탐구 주제로 가장 적절한 것은? [2점]

심화 73회 28번

> 선무군관 직책을 특별히 설치하고 서북을 제외한 6도에서 벼슬이 없는 자들 중 선정한다. 사족이 아니거나 음서를 받지 않은 자들, 군보(軍保) 역할에 그치기에는 아까운 자들을 대상으로 한다. 평시에는 입번(立番)과 훈련을 면해주고 다만 베 1필을 받는데, 유사시에는 관할 수령이 지도하여 방비에 임하도록 한다.

① 토산물을 쌀, 동전 등으로 납부하게 한 원인
② 균역법 실시로 인한 세입 감소분의 보충 방안
③ 시전 상인의 특권을 축소한 신해통공 단행 배경
④ 전세를 풍흉에 따라 9등급으로 차등 부과한 이유
⑤ 설점수세제를 시행하여 민간의 광산 개발을 허용한 목적

3 균역법 정답 ②

정답 찾기 선무군관 직책을 특별히 설치하고 평시에는 입번과 훈련을 면해주고 다만 베 1필을 받는다는 내용을 통해 선무군관포와 관련된 자료임을 알 수 있어요. 임진왜란 이후 납속이나 공명첩을 이용하여 신분이 상승한 이들이 늘어나면서 재정 기반인 상민의 수가 줄고 농민에게 이중 삼중으로 군포를 부과하는 사례가 많아졌어요. 또한, 어린아이에게 군포를 징수하는 황구첨정, 죽은 사람에게 군포를 거두어 가는 백골징포 등의 폐해가 빈번하게 일어났어요. 이에 영조는 농민의 군역 부담을 줄여 주기 위해 1년에 군포를 1필만 내도록 조정한 균역법을 제정하였어요. ② 균역법 실시로 부족해진 재정을 보충하기 위해 일부 부유한 상민에게 선무군관이라는 직책을 주고 1년에 베 1필씩 군포를 거두었어요. 또한, 어염세, 선박세 등을 국가 재정으로 귀속시켰어요.

오답 피하기
① 방납의 폐해가 심해지자 광해군 때 공납을 토산물 대신 토지 결수에 따라 쌀이나 베, 동전 등으로 납부하게 하는 대동법이 처음 실시되었어요.
③ 조선 후기에 상업이 발달하면서 난전이 성행하는 가운데 독점적 권한을 가진 시전 상인의 횡포로 물가가 오르자 정조는 육의전을 제외한 시전 상인의 금난전권을 폐지하는 신해통공을 단행하였어요.
④ 세종은 전세를 효율적으로 수취하기 위해 풍흉에 따라 전세를 9등급으로 차등 부과하는 연분9등법을 실시하였어요.
⑤ 조선 후기에 민영 수공업이 발달함에 따라 수공업의 원료인 광산물 수요가 늘자 정부는 민간의 광산 개발을 허용하고 그 대신 세금을 부과하는 설점수세제를 시행하였어요.

4 밑줄 그은 '이 시기'의 경제 상황으로 옳은 것은? [1점]

심화 74회 27번

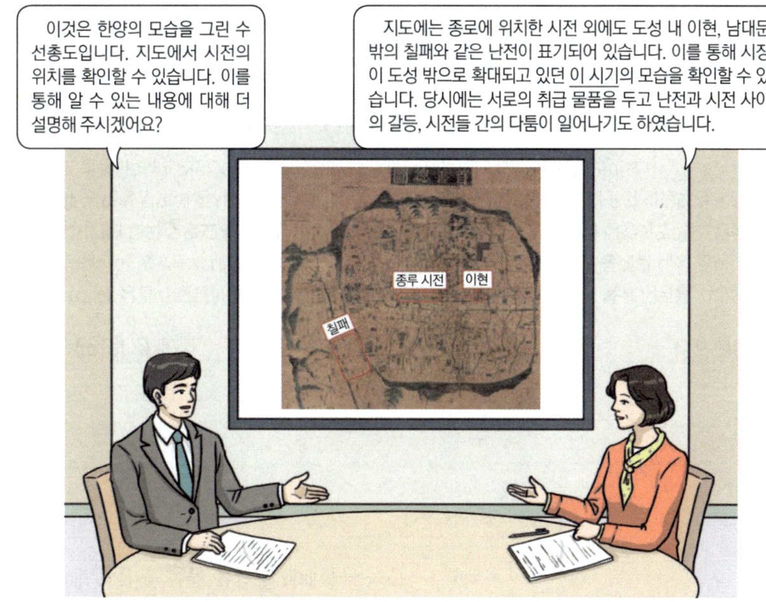

이것은 한양의 모습을 그린 수선총도입니다. 지도에서 시전의 위치를 확인할 수 있습니다. 이를 통해 알 수 있는 내용에 대해 더 설명해 주시겠어요?
지도에는 종로에 위치한 시전 외에도 도성 내 이현, 남대문 밖의 칠패와 같은 난전이 표기되어 있습니다. 이를 통해 시장이 도성 밖으로 확대되고 있던 이 시기의 모습을 확인할 수 있습니다. 당시에는 서로의 취급 물품을 두고 난전과 시전 사이의 갈등, 시전들 간의 다툼이 일어나기도 하였습니다.
종루 시전
이현
칠패

① 백성에게 정전이 지급되었다.
② 초량 왜관을 통해 일본과 교역하였다.
③ 주전도감에서 해동통보가 발행되었다.
④ 벽란도가 국제 무역항으로 번성하였다.
⑤ 시장을 관리하기 위한 동시전이 설치되었다.

4 조선 후기의 경제 상황 정답 ②

정답 찾기 도성 내 이현, 남대문 밖의 칠패와 같은 난전이 표기되어 있으며, 시장이 도성 밖으로 확대되었다는 내용을 통해 밑줄 그은 '이 시기'가 조선 후기임을 알 수 있어요. 조선 후기에 상업이 발달하고 사상의 활동이 활발해지면서 난전이 형성되어 시전 상인의 상권을 위협하였어요. 난전의 확대에 시전 상인이 반발하자 정부는 시전 상인에게 난전을 단속할 수 있는 권리, 즉 금난전권을 주었어요. 그러나 시전 상인과 난전 사이의 갈등이 심해지고 시전 상인이 금난전권을 통해 상권을 독점하여 폐해가 발생하자 정조는 신해통공을 실시하여 육의전을 제외한 시전 상인의 금난전권을 철폐하였어요. ② 조선 후기에 부산 초량에 왜관을 설치하고 이를 통해 일본과 교역하였어요.

오답 피하기
① 신라 성덕왕 때 국가의 토지 지배권 강화를 목적으로 백성에게 정전이 지급되었어요.
③ 고려 숙종 때 설치된 화폐 주조 기관인 주전도감에서 은병(활구), 해동통보 등의 화폐가 발행되었어요.
④ 고려 시대에 예성강 하구의 벽란도가 국제 무역항으로 번성하였어요.
⑤ 신라 지증왕 때 수도 금성(경주)에 시장인 동시와 이를 감독하기 위한 관청인 동시전이 설치되었어요.

24강 조선 후기(경제)

5 다음 상황이 나타난 시기의 경제 모습으로 옳지 않은 것은? [2점]

심화 75회 26번

> 비가 내리자 왕이 특별히 화성부에 이르기를, "흉년이 들었을 때 기근을 구제하는 데 서쪽 지방의 토란이나 남쪽 지방의 고구마보다 월등히 나은 것은 메밀이다. 내가 이 때문에 모내기의 시기를 놓치게 되면 반드시 메밀을 대신 파종하도록 권장하는 것이다."라고 하였다.

① 염포의 왜관을 통해 일본과 교역하였다.
② 상평통보를 발행하여 화폐로 사용하였다.
③ 관청에 물품을 조달하는 공인이 활동하였다.
④ 송상, 만상이 대청 무역으로 부를 축적하였다.
⑤ 덕대가 물주에게 자금을 받아 광산을 경영하였다.

6 다음 상황이 나타난 시기에 볼 수 있는 모습으로 적절하지 않은 것은? [1점]

심화 70회 25번

> 김화진 등이 아뢰기를, "…… 만상과 송상이 함께 수많은 가죽을 마음대로 밀무역을 합니다. 수달 가죽은 금지 품목 가운데 하나인데 변경을 지키는 관리들이 대수롭지 않게 여겨 1년, 2년이 되면 곧 일상적인 물건과 같아지니 …… 이후로는 한결같이 법전에 의거하여 금지 조항을 거듭 자세히 밝혀서 송상과 만상에게 법을 범해서는 안 되며, 범하는 사람이 있으면 일일이 적발하여 법에 따라 엄격하게 처벌한다는 것을 분명히 알게 해야 합니다. 아울러 살피지 못한 변방의 관리들도 드러나는 대로 무겁게 다스린다는 뜻을 분명히 알게 해야 합니다. ……"라고 하니, 임금이 그리하라 하였다.

① 채굴 노동자를 고용하는 덕대
② 벽란도에서 교역하는 송의 상인
③ 상평통보로 물건을 거래하는 보부상
④ 포구에서 물품의 매매를 중개하는 여각
⑤ 담배, 인삼 등 상품 작물을 재배하는 농민

5 조선 후기의 경제 — 정답 ①

정답 찾기 고구마가 재배되고 있는 것으로 보아 자료의 상황이 나타난 시기가 조선 후기임을 알 수 있어요. 조선 후기에 감자, 고구마 등의 작물이 전래되어 구황 작물로 널리 재배되었고, 남부 일부 지역에서 시행되던 모내기법이 전국적으로 확대되었어요. 모내기법은 당시 농업 생산력을 증대하는 효과를 가져왔지만, 논에 물을 대는 시기에 가뭄이 들면 큰 피해를 입는 취약점이 있었어요. 따라서 모내기법 보급과 함께 수리 시설의 중요성이 커져 저수지, 보가 새로 만들어지는 등 수리 시설이 확대되었어요. ① 염포는 조선 세종 때 일본인에게 교역을 허락하여 왕래할 수 있도록 개항한 3포 가운데 하나입니다. 부산포, 제포와 함께 개항되었으나 중종 때 폐쇄되었어요.

오답 피하기
② 조선 후기에 상공업이 발달하고 대동법 실시 등으로 화폐 유통이 확대되어 상평통보가 널리 사용되었어요.
③ 조선 후기에 대동법이 시행되면서 관청에서 필요로 하는 물품을 조달하는 공인이 활동하였어요. 공인의 활동은 상공업의 발달을 촉진하였어요.
④ 조선 후기에 개성의 송상, 의주의 만상이 대청 무역으로 부를 축적하였어요.
⑤ 조선 후기에 덕대로 불린 광산 전문 경영인이 물주로부터 자금을 받아 채굴업자와 노동자를 고용하여 광산을 경영하는 형태가 발달하였어요.

6 조선 후기의 경제 — 정답 ②

정답 찾기 조선 후기에 상업이 발달하면서 사상이 활발하게 활동하였어요. 사상 중에는 특정 지역을 기반으로 활동하는 상인이 있었는데 대표적으로 의주의 만상, 개성의 송상, 평양의 유상, 동래의 내상 등이 있었어요. 이 시기에 대외 무역도 활발하게 이루어져 국경 지역에서 사무역인 후시가 성행하였어요. 만상과 송상은 주로 대청 무역에 종사하여 부를 축적하였어요. ② 고려 시대에 예성강 하구의 벽란도가 국제 무역항으로 번성하여 송, 거란, 여진, 일본 상인뿐 아니라 아라비아 상인도 왕래하였어요.

오답 피하기
① 조선 후기에 민간의 광산 개발이 활발해지면서 물주에게서 자금을 받아 광산을 전문적으로 경영하는 덕대가 등장하였어요.
③ 조선 후기에 상업이 발달하면서 화폐 유통이 확대되어 상평통보가 널리 사용되었어요. 이 시기에 여러 장시를 돌며 물품을 판매하는 보부상이 상평통보로 물건을 거래하였어요.
④ 조선 후기에 포구에서 객주, 여각 등이 물품 매매 중개·금융·숙박 등의 영업을 하였어요.
⑤ 조선 후기에 담배, 인삼, 면화, 고추 등이 시장에 내다 팔기 위한 상품 작물로 재배되었어요.

7 다음 자료를 활용한 탐구 활동으로 가장 적절한 것은? [2점]

심화 71회 23번

> 좌의정 채제공이 왕에게 아뢰었다. "빈둥거리는 무뢰배가 삼삼오오 떼를 지어 스스로 상점을 개설하고 일용품을 거래하는 일이 많아졌습니다. 그들은 큰 물건에서 작은 물건까지 싼값에 억지로 사들이기 일쑤입니다. 혹 물건 주인이 말을 듣지 않으면 난전(亂廛)으로 몰아서 결박하여 형조와 한성부로 끌고 가 혹독한 형벌을 당하도록 합니다. 이 때문에 물건 주인은 본전에서 밑지더라도 어쩔 수 없이 팔고 갑니다. 그리고 무뢰배들은 제각기 가게를 벌여놓고 배나 되는 값을 받습니다. 어쩔 수 없이 사야 하는 사람은 그 가게 외에서는 물건을 구할 수 없기 때문에, 물건 값이 날마다 치솟고 있습니다."

① 계해약조의 체결 과정을 확인한다.
② 오가작통법의 실시 목적을 파악한다.
③ 신해통공을 단행하게 된 배경을 조사한다.
④ 토지 소유자에게 결작을 부과한 이유를 살펴본다.
⑤ 풍흉에 따라 전세를 차등 부과하는 기준을 알아본다.

8 다음 자료에 나타난 시기에 볼 수 있는 모습으로 적절한 것은? [2점]

심화 64회 20번

> 비변사에서 아뢰기를 "…… 우리나라는 물력(物力)이 부족하여 요역이 매우 무겁습니다. 매번 나라의 힘으로 채굴한다면, 노동과 비용이 많이 들어갑니다. 채은관(採銀官)에게 명해 광산을 개발한 이후 백성을 모집하여 [채굴할 것을] 허락하고 그로 하여금 세를 거두도록 하되 그 세금의 많고 적음은 [채은관이] 적당히 헤아려 정하게 한다면 관에서 힘을 들이지 않아도 세입이 저절로 많아질 것입니다. ……"라고 하니, 왕이 아뢴 대로 하라고 답하였다.

① 주자감에서 공부하는 학생
② 초조대장경 조판을 지켜보는 승려
③ 빈공과를 준비하는 6두품 출신 유학생
④ 과전법에 따라 수조권을 지급받는 관리
⑤ 고추, 담배 등을 상품 작물로 재배하는 농민

7 조선 후기의 경제 정답 ③

정답 찾기 난전으로 몰아서 형벌을 당하도록 하였다는 내용을 통해 금난전권의 폐해를 지적하는 자료임을 알 수 있어요. 조선 후기에 상업의 발달로 허가받지 않은 상인의 활동도 활발해져 난전이 성행하였어요. 시전 상인은 금난전권을 행사하여 난전의 상업 활동을 규제하였는데, 이를 남용하면서 소상인의 성장이 억제되고 상품 거래의 독점으로 물가가 크게 오르는 등 폐해가 발생하였어요. 이에 정조는 채제공의 건의에 따라 ③ 육의전을 제외한 시전 상인의 금난전권을 폐지하는 신해통공을 단행하였어요.

오답 피하기
① 세종 때 일본과의 교역 규모를 규정한 계해약조가 체결되었어요.
② 조선 시대에 향촌 주민을 효율적으로 지배하고 농민이 토지에서 이탈하는 것을 막기 위해 이웃하고 있는 다섯 집을 하나의 통으로 묶어 관리하는 오가작통법이 실시되었어요.
④ 영조 때 균역법의 실시로 군포 수입이 줄어들자 부족한 재정을 보충하기 위해 토지 소유자에게 결작이 부과되었어요.
⑤ 세종 때 전세를 효율적으로 수취하기 위해 풍흉에 따라 9등급으로 나누어 토지 1결당 최고 20두에서 최하 4두를 부과하는 연분9등법이 실시되었어요.

8 조선 후기의 사회 모습 정답 ⑤

정답 찾기 비변사에서 백성을 모집하여 채굴하는 것을 허락하고 세금을 거두도록 할 것을 왕에게 건의하는 것으로 보아 자료에 나타난 시기가 조선 후기임을 알 수 있어요. 17세기 중반 이후 민간의 광산 채굴을 허용하고 그에 대한 세금을 거두는 방식의 설점수세제가 시행되면서 민간의 광산 개발이 활기를 띠었어요. ⑤ 조선 후기에는 고추, 담배 등이 시장에 내다 팔기 위한 상품 작물로 재배되었어요.

오답 피하기
① 주자감은 발해의 최고 교육 기관으로 유학 교육을 실시하였어요.
② 고려 시대에 부처의 힘을 빌려 거란의 침입을 물리치려는 소망을 담아 초조대장경이 조판되었어요.
③ 빈공과는 당에서 외국인을 대상으로 실시한 과거 제도입니다. 신라 말에 골품제의 한계를 느낀 6두품의 당 유학이 늘어났는데, 이들은 빈공과에 응시하여 당의 관리가 되어 출세를 도모하기도 하였어요.
④ 고려 말~조선 초까지 관리는 과전법에 따라 관직 복무에 대한 대가로 수조권을 지급받았어요. 세조 때 현직 관리에게만 수조권을 지급하는 직전법이 시행되었으며, 16세기 중반에 수조권 지급 제도는 소멸되었어요.

24강 조선 후기(경제)

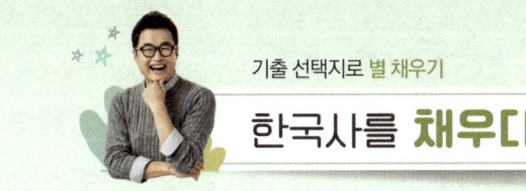

Ready go
이번 강 별 채우기 제한 시간은 **2분 30초**
한 문장을 끝까지 또박또박 읽어야 패스!

기출 선택지로 별 채우기
한국사를 채우다

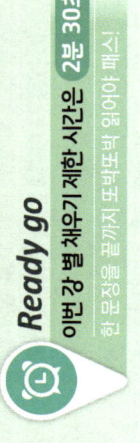

01 인조는 풍흉과 관계없이 전세를 토지 1결당 쌀 4~6두로 고정하는 ★★법을 실시하였다.

02 광해군은 공납을 개혁하여 현물 대신 소유한 토지 결수에 따라 쌀, 면포, 동전 등을 내게 하는 ★★법을 경기도에서 처음 시행하였다.

03 대동법이 실시되면서 관청에 필요한 물품을 조달하는 ★인이 등장하였다.

04 영조는 농민의 군포 부담을 줄여 주기 위해 1년에 군포를 1필만 징수하는 ★★법을 실시하였다.

05 균역법 시행으로 부족해진 재정을 보충하기 위해 지주에게 토지 1결당 쌀 2두의 ★★을 부과하였다.

06 균역법 시행으로 부족해진 재정을 보충하기 위해 ★★군관포를 징수하였다.

07 ★★법 시행으로 부족해진 재정을 보충하기 위해 어염세, 선박세를 국가 재정에 귀속시켰다.

08 조선 후기에 시장에 내다 팔기 위한 ★품 작물로 담배와 면화 등이 재배되었다.

09 조선 후기에 기근이 심할 때 주식 대신 먹을 수 있는 감자, 고구마 등의 구★ 작물이 재배되었다.

10 조선 후기에 모내기법이 확산되면서 벼와 보리의 ★★작이 가능해졌다.

11 조선 후기에 수확량과 상관없이 미리 지대의 액수를 정하여 납부하는 ★★법이 확산되었다.

12 정조는 육의전을 제외한 시전 상인이 가진 금난전권을 폐지하는 신해★★을 실시하였다.

13 조선 후기에 각지의 장시를 돌아다니며 상업 활동을 하는 ★★상에 의해 전국의 장시가 하나의 유통망으로 연결되었다.

14 조선 후기에 포구나 큰 규모의 장시에서 ★주와 ★각이 물품 매매 중개, 금융·숙박업 등에 종사하였다.

15 조선 후기에 독점적 도매상인인 ★고가 활동하였다.

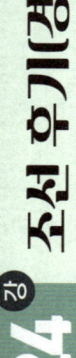

16 조선 후기에 ★★통보가 널리 유통되었다.

17 조선 후기에는 국경 지대에서 공무역인 ★시 무역과 사무역인 ★시 무역이 이루어졌다.

18 개성의 ★상과 의주의 ★상은 청과의 무역으로 부를 축적하였다.

19 만상은 책문 후시를 통해 대★ 무역을 주도하였다.

20 ★★을 중심으로 활동한 송상은 전국에 ★방이라는 지점을 설치하였다.

21 ★★상인은 한강을 근거지로 운송업에 종사하였고, 이를 바탕으로 거상으로 성장하였다.

22 조선 후기에 왜관을 중심으로 이루어진 대일 무역에서 동래 상인인 ★상의 활약이 두드러졌다.

23 조선 후기에 공인이나 상인이 수공업자에게 미리 대금을 주고 물건을 주문하는 ★★제가 유행하였다.

24 조선 후기에 정부는 ★★수세제를 시행하여 민간의 광산 개발을 허용하고 세금을 거두었다.

25 조선 후기에 물주에게서 자금을 받아 광산을 전문적으로 경영하는 ★대가 등장하였다.

정답

01 영정 02 대동 03 공 04 균역 05 결작 06 선무 07 균역 08 상 09 황 10 이모 11 도조 12 통공 13 보부 14 객, 여 15 도 16 상평 17 개, 후 18 송, 만 19 청 20 개성, 송 21 경강 22 내 23 선대 24 설점 25 덕

25강 조선 후기(사회)

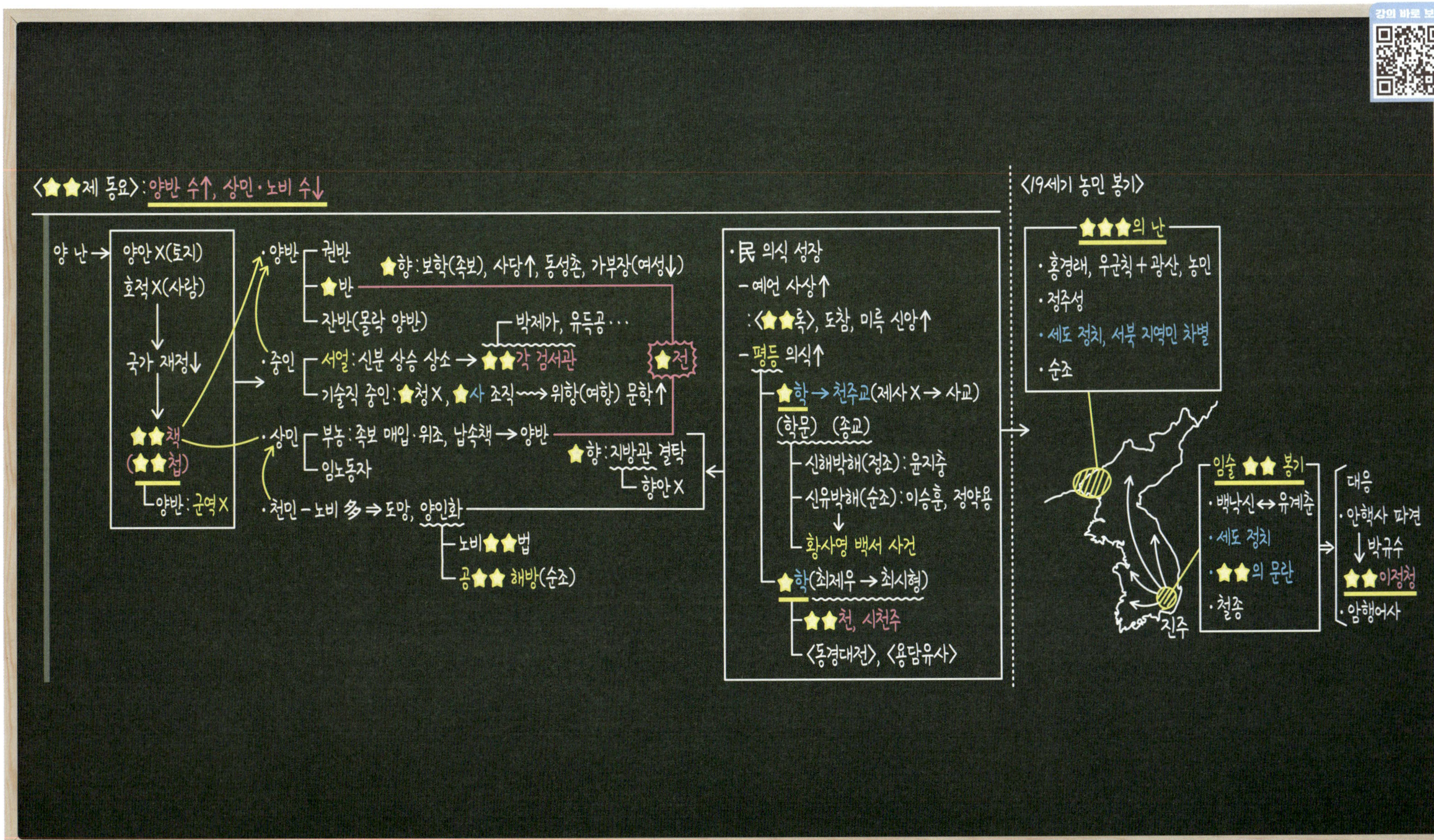

★정답 신분, 납속, 공명, 향, 규장, 소, 시, 구, 신, 향, 종모, 노비, 정감, 서, 동, 인내, 홍경래, 농민, 삼정, 삼정

➡ 나만의 약점 단권화 노트 8쪽에서 완성 판서를 확인하세요.

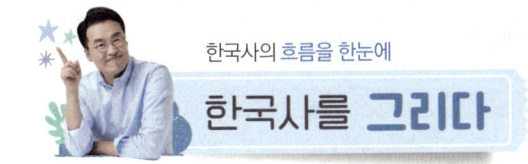

이곳은 당신의 놀이터!
한국사를 쓰다

<신분제 동요>

<19세기 농민 봉기>

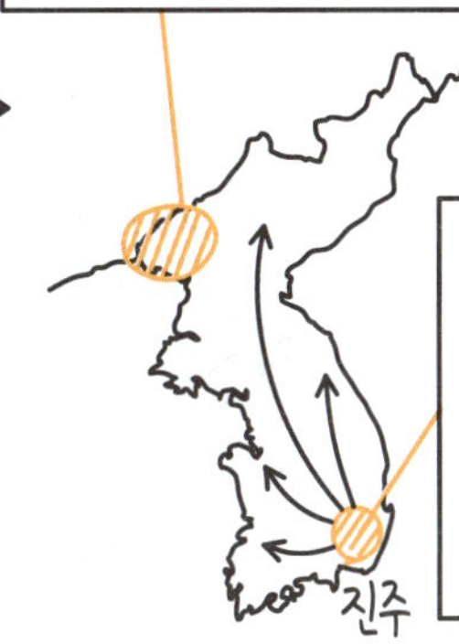

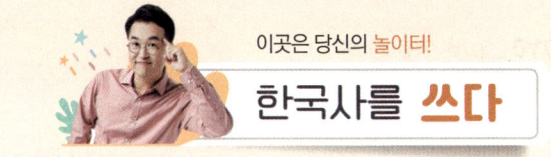

25강 조선 후기(사회)

낯선 용어와 자료 돋보기

한국사를 보다

조선 후기 신분제의 동요

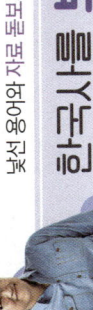

양 난 이후 사회·경제적인 변화가 나타나고 붕당 정치가 변질되면서 양반층이 권반·향반·잔반으로 분화하였어요. 그뿐만 아니라 납속책이나 공명첩 구입, 족보 위조와 매입 등을 통해 부농층이 양반으로 신분이 상승하는 경우가 늘어나 양반 중심의 신분 질서가 동요하였어요.

- 세상의 도리가 무너져 돈 있고 힘 있는 백성이 군역을 피하고자 간사한 아전, 임장(任掌, 호적을 담당하는 하급 임시직)과 한통속이 되어 뇌물을 쓰고 호적을 위조하여 유학(幼學)이라고 거짓으로 올리고 면역하거나 다른 고을로 옮겨 가서 스스로 양반 행세를 한다. 호적이 밝지 못하고 명분의 문란함이 지금보다 심한 적이 없다. - "일성록" -
- 옷차림은 신분의 귀천을 나타내는 것이다. 그런데 어찌된 까닭인지 근래 이것이 문란해져 상민·천민들이 갓을 쓰고 도포를 입는 것을 마치 조정의 관리나 선비와 같이 한다. 진실로 한심스럽기 짝이 없다. 심지어 시전 상인이나 군역을 지는 상민까지도 서로 양반이라 부른다. - "일성록" -
- 근래 아전의 풍속이 나날이 변하여 하찮은 아전이 길에서 양반을 만나도 절을 하지 않으려 한다. 아전의 아들·손자로서 아전의 역을 맡지 않은 자가 고을 안의 양반을 대할 때 맞먹듯이 너 나하며, 자(字)를 부르고 예의를 차리지 않는다. - 정약용, "목민심서" -
- 정선 고을에 한 양반이 살고 있었다. 그는 어질고 글 읽기를 매우 좋아하였다. …… 하지만 몹시 가난하여 환곡을 타 먹은 지 여러 해가 되어 천 섬의 빚을 지게 되어 옥에 갇히게 되었다. …… 때마침 그 동네의 부자가 이 소문을 듣고 가족끼리 비밀 회의를 열어 말하였다. "이제 저 양반이 환곡을 갚을 길이 없어서 곤란한 모양이니 그 양반 자리를 더 유지할 수 없을 것이다. 이 기회에 내가 양반 신분을 사서 가지는 것이 어떨까?" - 박지원, "양반전" -

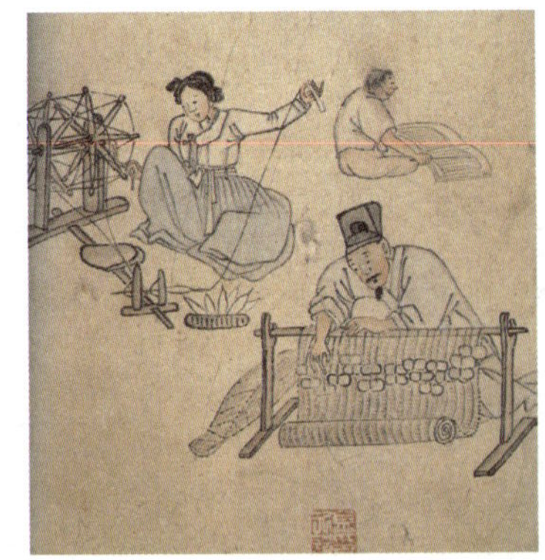

자리 짜기(김홍도)

공명첩

빌 공(空), 이름 명(名), 문서 첩(帖). 즉, 이름 적는 곳이 비어 있는 관직 임명장이에요. 조선 정부가 왜란 중에 재정 부족 문제를 해결하기 위해 발급하기 시작하였어요. 이후 부유한 상민의 신분 상승에 이용되었지요.

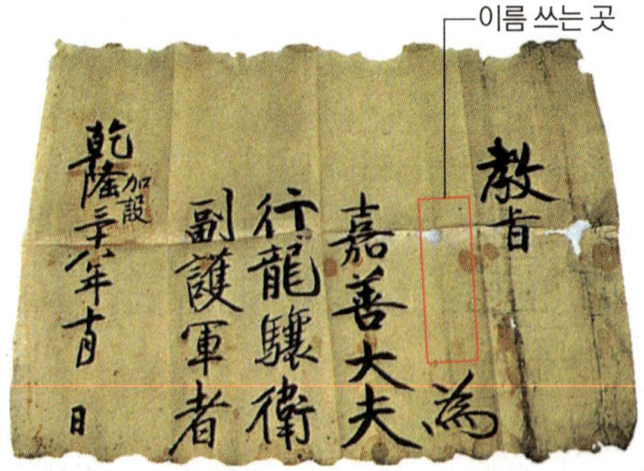

서얼의 신분 상승 운동

서얼은 서자와 얼자를 아울러 이르는 말로 서자는 양인 첩의 자식, 얼자는 천민 첩의 자식을 말합니다. 이들은 양반의 자식이지만 양반 계층에 속하지 못하였고, 문과 응시에도 제한을 받았어요. 서얼에 대한 차별은 왜란 이후 완화되기 시작하였으며, 서얼은 여러 차례 집단 상소 운동을 벌여 관직 진출의 제한을 없애 달라고 요구하였어요. 이러한 노력으로 정조 때 서얼 출신의 유득공, 박제가, 이덕무 등이 규장각 검서관에 등용되기도 하였지요.

- 이조가 아뢰기를 "지난 을축년에 이원익이 정승으로 있을 때, …… 서얼에게 벼슬길을 열어 주도록 청하였습니다. 양첩한테서 태어난 사람은 손자 대에 가서 과거 시험을 볼 수 있도록 허락하고, 천첩한테서 태어난 사람은 증손 대에 가서 과거 시험을 볼 수 있도록 하는 한편, 요직은 허락하되 청직은 허용하지 않는 것으로 임금의 재가를 받았습니다. …… 정해진 법에 이른바 '요직을 허락한다.'는 것은 바로 호조, 형조, 공조의 3낭관과 각사 등의 관직입니다. 지금부터는 전교하신 대로 재능에 따라 관직 후보자를 추천하도록 하소서."라고 하였다. - "인조실록" -
- 우리나라에서 서얼을 현직(顯職)에 서용하지 말자는 의논은 처음 서선에게서 나왔는데, 그 뒤로 가면 갈수록 한마디 한마디가 더욱 심각해져 마침내 자손까지 영원히 금고(禁錮)하기에 이르렀습니다. …… 따라서 부자(父子)의 은혜도 군신(君臣)의 의리도 없으니, 윤리를 해치고 어기는 것으로 이보다 심한 것이 없습니다. - "영조실록" -

용어 사전

납속책
조선 시대에 국가 재정이나 구호 대책을 보조하기 위해 마련된 정책이에요. 곡식이나 돈을 내면 그 대가로 관직을 주거나 역을 면제해 주었어요.

권반, 향반, 잔반
권반은 권력을 잡은 양반, 향반은 벼슬에 오르지는 못하였지만 그나마 향촌 사회에서 겨우 위세를 유지하는 양반, 잔반은 정치적으로 정계에서 소외되고 경제적으로도 몰락한 양반을 말해요.

기술직 중인의 소청 운동

'소청'은 임금에게 상소하여 청한다는 뜻이에요. 조선 후기에 기술직 중인은 관직 진출의 제한을 없애 달라는 대규모 소청 운동을 전개하였으나 성과를 거두지는 못하였어요.

> 우리는 본래 모두 사대부였는데 혹은 의(醫)에 들어가고 또는 역(譯)에 들어가 7, 8대 또는 10여 대를 대대로 세습하니 사람들이 중촌고족(中村古族)이라 일컫게 되었다. …… 우리와 서얼을 가로막는 것은 우리나라의 편벽된 일로 이제 몇 백 년이 되었다. …… 이제 바야흐로 의논을 모아 글을 써서 원통함을 호소하고자 먼저 통문을 띄우나니 이달 29일 마동에 있는 홍현보의 집에 모여 상의코자 한다. - "상원과방" -

시사

시사(詩社)는 시를 짓는 등 문학 활동을 하는 모임이에요. 조선 후기에는 중인도 시사를 조직하는 등 양반 못지않게 풍류를 즐겼어요. 양반 사대부의 전유물이었던 문학 활동을 중인 이하 신분층도 누리면서 위항 문학이 발달하게 되었어요.

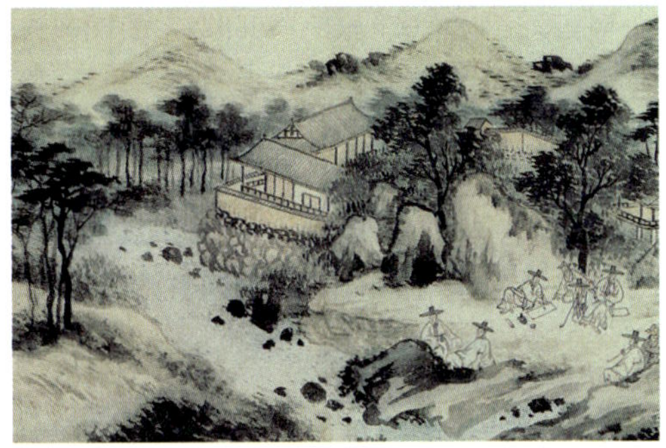

금란계첩

향전

향촌 사회의 권력을 장악하기 위해 새롭게 양반으로 성장한 부농층인 신향과 지방의 전통 사족인 구향 간에 벌어진 다툼이에요. 이 과정에서 수령이 사족을 견제하고 신향을 지원하였어요. 하지만 신향 세력이 향촌 사회를 완전히 장악하지는 못하여 오히려 수령의 권한이 강화되었어요.

> 영덕의 구향(舊鄕)은 사족으로 모두 남인이며, 이른바 신향(新鄕)은 모두 서리와 품관의 자손으로 자칭 서인이라고 하는 자들이다. 근래 신향이 향교를 주관하면서 구향과 마찰을 빚었다. 주자의 영정이 비에 손상되자 신향배들은 구향이 죄를 물을까 걱정하여, 남인에게 죄를 전가할 계획을 세우고는 주자와 송시열의 초상을 숨기고, "남인이 송시열의 영정을 봉안하는 것을 꺼려 야음을 틈타 영정을 훔쳐 갔다."라고 하였다. - "승정원일기" -

노비의 신분 상승

조선 후기에 노비 제도가 점차 무너졌어요. 노비들이 도망, 군공, 납속 등으로 신분을 상승하는가 하면 정부가 양인의 수를 늘리기 위해 노비종모법을 시행하였고, 1801년에는 6만 6천여 명의 공노비를 해방하였어요.

> 임금이 백성을 대할 때는 귀천이 없고 내외 없이 고루 균등하게 적자(赤子)로 여겨야 하는데, '노(奴)'라고 하고 '비(婢)'라고 하여 구분하는 것이 어찌 똑같이 동포로 여기는 뜻이겠는가. 내노비(內奴婢) 36,974명과 시노비(寺奴婢) 29,093명을 모두 양민으로 삼도록 허락하고, 승정원에 명령을 내려 노비 문서를 거두어 돈화문 밖에서 불태우도록 하라. - "순조실록" -

정감록

조선 후기에 사회 불안이 심화되자, 이씨 왕조가 망하고 정씨 왕조가 계룡산에서 세워질 것이라는 내용이 담긴 "정감록"이 유행하였어요. "정감록"에서는 백성을 구원하고 새로운 세상을 열어 준다는 '진인(眞人)'의 출현을 예고하였지요. 조선 후기에는 이와 같이 길흉화복을 미리 예언하여 적은 기록인 비기·도참서가 유행하였고, 미륵이 나타나 세상을 구제한다는 미륵 신앙도 확산되었어요.

> 근래 부세가 무겁고 관리가 탐학하여 백성이 편인히 살 수 없어서 모두가 난리가 나기를 바라고 있다. 이 때문에 요망스러운 말들이 동쪽에서 부르짖고 서쪽에서 화답하니, 이들을 법률에 따라 죽인다면 백성으로서 살아남을 자가 한 사람도 없을 것이다. - 정약용, "목민심서" -

동학

동학은 최제우가 서학에 반대하여 창시한 종교입니다. 최제우는 사람마다 마음속에 한울님을 모시고 있다는 시천주와 '사람이 곧 한울'이라는 인내천을 내세워 인간 평등을 중시하였어요. 고종 즉위 초에 최제우가 혹세무민하였다는 죄목으로 처형된 후 2대 교주 최시형은 "동경대전", "용담유사" 등을 펴내고 교단을 정비하여 꾸준히 교세를 확장하였어요.

> 사람이 곧 하늘이라. 하늘의 마음이 곧 사람의 마음이다. 그러므로 사람은 평등하며 차별이 없으니, 사람이 마음대로 귀천을 나눔은 하늘을 거스르는 것이다. 우리 도인은 차별을 없애고 선사의 뜻을 받들어 생활하기를 바라노라. - 최시형의 최초 설법 -

용어 사전

보학
성리학의 발달로 나타난 종족의 족보에 관한 지식이나 학문을 말해요. 각 가문은 어떻게 발달하였고, 가계도는 어떻게 되며, 주요 계파에 누가 있는지 등을 외우게 하였어요. 이를 통해 누가 진짜 양반의 자격이 있는지를 구별하였지요.

향안
지방에 거주하는 사족, 즉 양반의 이름이 적힌 문서입니다. 향안에 이름이 오른 사람만 사족으로 인정받을 수 있었기 때문에 향안은 양반의 신분적 권위를 뒷받침하는 역할을 하였어요.

임노동자
자신의 노동력을 제공하고 그 대가로 임금을 받는 노동자를 말해요.

노비종모법
이전에는 일천즉천, 즉 부모 중 한 사람이라도 천민이면 자식 역시 천민이 되었으나, 영조 때 노비종모법이 정착되면서 어머니의 신분에 따라 자식의 신분이 결정되었어요.

최제우
경주 출신의 몰락 양반이며, 유교·불교·도교의 교리를 절충하고 민간 신앙의 요소를 포함하여 동학을 창시하였어요.

25강 조선 후기(사회)

낯선 용어와 자료 돋보기

한국사를 보다

천주교의 수용과 전파

천주교는 17세기에 서양 학문의 하나로 전래되어 서학이라고도 불렸어요. 그러다가 18세기 후반부터 신앙으로 수용되었지요. 인간 평등을 강조하고 내세의 영생을 내세운 교리로 점차 민간에 확산되었으나 유교적 제사 의식을 거부하고 양반 중심의 신분 질서를 부정하여 정부의 탄압을 받았어요.

〈천주교의 제사 의식 거부〉
죽은 사람 앞에 술과 음식을 차려 놓는 것은 천주교에서 금하는 바입니다. 살아 있을 동안에도 영혼이 술과 밥을 받아먹을 수 없거늘, 하물며 죽은 뒤의 영혼은 어떻게 하겠습니까? …… 사람의 자식이 되어 어찌 허위와 가식의 예로써 돌아가신 부모님을 섬기겠습니까?

- "상재상서" -

〈천주교의 제사 의식 거부에 대한 조선 정부의 입장〉
서양의 간특한 설이 언제부터 나왔으며 누구를 통해 전해진 것인지 모르겠으나 …… 제사를 폐지하는 것으로도 부족해서 위패를 불태우고 조문을 거절하는 것으로도 그치지 않고 그 부모의 시신을 내버렸으니, 그 죄악을 따져 보자면 어찌 하루라도 이 하늘과 땅 사이에 그대로 용납해 둘 수 있겠습니까.

- "정조실록" -

진주 농민 봉기

1862년 진주에서 유계춘을 중심으로 경상 우병사 백낙신의 부정부패에 항의하는 농민 봉기가 일어났어요. 농민들은 관아를 습격하여 한때 진주성을 점령하기도 하였어요. 이후 삼남 지방을 중심으로 농민 봉기가 퍼지고, 이어 전국적으로 확산되었어요. 1862년이 임술년이라 이때의 농민 봉기를 임술 농민 봉기라고 합니다.

임술년(1862) 2월 19일 진주민 수만 명이 머리에 흰 수건을 두르고 손에는 나무 몽둥이를 들고 무리를 지어 진주 읍내에 모여 서리들의 가옥 수십 호를 불사르고 부수어서, 그 움직임이 결코 가볍지 않았다. 병사(백낙신)가 해산시키고자 하여 장시에 나가니 흰 수건을 두른 백성들이 땅 위에서 그를 빙 둘러싸고 백성의 재물을 횡령한 조목, 아전들이 세금을 포탈하고 강제로 징수한 일들을 눈앞에서 여러 번 문책하였는데 그 능멸하고 핍박함이 조금도 거리낌이 없었다. 그리고 분을 풀고자 병영으로 병사를 잡아 들어가서는 이방 권준범과 포리 김희순을 곤장으로 10여 대를 힘껏 때리고는 여러 백성이 두 아전을 그대로 불 속에 던져 태워 버려 재도 남지 않았다.

- "임술록" -

홍경래의 난

홍경래의 난은 1811년 세도 정치 시기에 서북 지역(평안도)에 대한 차별과 지배층의 수탈에 항거하여 일어난 대규모 농민 봉기입니다. 몰락 양반이었던 홍경래 등이 영세 농민과 광산 노동자, 품팔이꾼, 소상인 등 다양한 계층을 규합하여 봉기하였어요. 이들은 한때 가산, 선천, 정주 등 청천강 이북의 여러 고을을 점령하였으나 관군에게 패배하여 5개월 만에 진압되었지요. 홍경래의 난은 실패하였으나, 이후에 일어난 농민 봉기에 영향을 끼쳤어요.

평서대원수는 급히 격문을 띄우노니 관서의 부로자제(父老子弟)와 공사천민(公私賤民)은 모두 이 격문을 들으라. …… 조정에서는 관서를 버림이 분토(糞土)와 다름없다. 심지어 권세 있는 집의 노비들도 서토의 사람을 보면 반드시 '평안도 놈'이라고 말한다. 어찌 억울하고 원통하지 않은 자 있겠는가. …… 지금 임금이 나이가 어려 권세 있는 간신배가 그 세를 날로 떨치고, 김조순·박종경의 무리가 국가 권력을 오로지 가지고 노니, 어진 하늘이 재앙을 내린다. …… 이제 격문을 띄워 먼저 여러 고을의 군후(君侯)에게 알리노니, 절대로 동요하지 말고 성문을 활짝 열어 우리 군대를 맞으라.

- "패림" -

19세기의 농민 봉기

19세기 삼정의 문란과 지배층의 수탈로 피폐해진 백성이 전국 각지에서 봉기를 일으켰어요. 대표적으로 19세기 초 평안도에서 일어난 홍경래의 난과 19세기 후반 진주 지방의 봉기를 시작으로 전국 각지에서 농민 봉기가 일어난, 임술 농민 봉기가 있습니다. 임술 농민 봉기에 당황한 정부는 봉기를 수습하고 삼정의 문란을 바로잡고자 암행어사를 파견하고 삼정이정청을 설치하였으나, 농민 봉기의 근본적인 원인을 해결하지는 못하였어요. 진주 농민 봉기 당시에 민심 수습과 진상 파악을 위해 박규수가 안핵사로 파견되기도 하였어요.

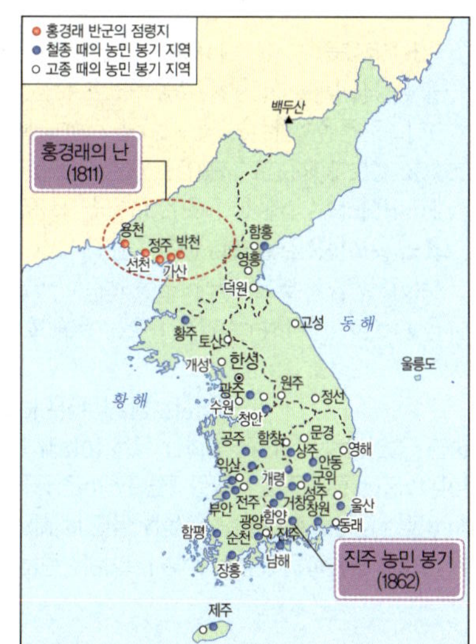

용어 사전

안핵사
조선 후기에 중앙 정부가 지방에서 사건이 발생하였을 때 사태 수습과 처리를 위해 파견한 임시 벼슬이에요.

삼정이정청
삼정의 문란을 바로잡기 위해 설치한 임시 기구입니다. 여러 의견을 검토하여 "삼정이정절목"을 반포하고 삼정 문제에 대한 개혁안을 제시하였지만 성과를 얻지 못한 채 폐지되었어요.

25강 조선 후기(사회)

마무리도 빈틈없이
한국사를 읽다

1 신분 제도의 변화

(1) 신분제의 동요

배경	• 왜란과 호란의 영향으로 양안(토지 대장)과 호적 소실, 국가 재정 감소 → 재정 확충을 위해 납속책 시행, 공명첩 발급 • 상품 화폐 경제의 발달 → 부유한 상민층은 납속, 공명첩 매입, 족보 위조·매매 등으로 신분 상승
결과	양반의 수 증가, 상민과 노비의 수 감소 → 양반 중심의 신분 질서 동요

(2) 양반층과 농민층의 분화

양반층의 분화	붕당 정치의 변질로 양반이 권반, 향반, 잔반으로 분화
농민층의 분화	• 광작과 상품 작물 재배 등으로 큰 이익을 얻은 일부 농민이 부농층으로 성장 • 많은 농민이 토지를 잃고 품팔이꾼이나 도시의 영세 상인, 임노동자로 전락

(3) 중인층의 신분 상승 운동

서얼	• 양반의 자손이지만 차별 받음, 왜란 이후 차별 완화, 납속·공명첩으로 관직 진출 • 관직 진출 제한의 철폐를 요구하는 집단 상소 운동 전개 → 정조 때 규장각 검서관으로 등용되기도 함(유득공, 박제가, 이덕무 등)
중인	• 상업과 무역 활동으로 경제력 축적, 역관 등으로 활동하며 청의 문물을 적극적으로 수용 • 기술직 중인이 철종 때 관직 진출 제한을 없애 달라는 대규모 소청 운동 전개 → 실패 • 시를 짓고 즐기는 문학 활동 모임인 시사 조직(→ 위항 문학 발달)

(4) 노비의 신분 상승

노비 감소	군공과 납속을 통한 신분 상승, 도망 노비의 증가
정부 정책 변화	• 노비종모법 실시 : 아버지가 노비라도 어머니가 양인이면 자식은 양인으로 삼음 • 공노비 해방(순조, 1801) : 군역 대상자 확보와 재정 보충을 위해 각 궁방과 중앙 관서의 공노비를 해방

2 향촌 질서의 변화

배경	부농층의 성장, 몰락 양반의 증가 → 양반의 권위 약화
양반의 지위 유지 노력	• 촌락 단위로 동약 실시, 동성 마을 형성, 서원·사우 설립 • 보학(족보 연구) 발달, 부계 중심의 가족 제도 강화
향전 발생	• 새롭게 성장한 부농층(신향)과 지방 사족(구향) 간의 대립 • 수령 중심의 관권과 결탁한 신향이 향촌 사회의 지배권에 도전(향안 등재, 향회에 참여, 향임직 진출 등으로 향촌 사회에서 영향력 확대) → 사족의 향촌 지배권 점차 약화
관권의 강화	사족의 세력 약화, 신향 세력이 향촌 사회를 완전히 장악하지 못함 → 수령과 향리의 권한 강화, 향회는 수령의 세금 부과 자문 기구로 변질

3 사회 변혁의 움직임

(1) 예언 사상의 대두

배경	양반 중심의 지배 체제 동요, 탐관오리의 횡포, 이양선 출몰 등으로 위기의식과 사회 불안감 고조
내용	"정감록"과 도참(말세 도래, 왕조 교체) 등의 예언 사상 유행, 미륵 신앙 확산

(2) 천주교의 전래와 동학의 발생

천주교	• 17세기경 중국을 왕래하던 사신들에 의해 서학으로 전래됨 → 18세기 후반에 남인 계열의 일부 실학자들이 신앙으로 수용 • 인간 평등, 내세 사상 등을 내세워 하층민과 부녀자 사이에서 빠르게 확산됨 • 조상에 대한 제사 의식 거부, 평등사상 강조로 정부의 탄압을 받음[신해박해(정조, 1791, 윤지충·권상연 처형), 신유박해(순조, 1801, 이승훈·정약용 등 처벌 → 황사영 백서 사건)]
동학	• 경주 출신 최제우에 의해 창시(1860), 유교·불교·도교와 민간 신앙 요소의 결합, 서학에 대항한다는 의미로 동학이라고 이름 붙임, 시천주·인내천 사상 강조, 양반 중심의 신분 질서 부정 • 인간 평등을 강조하여 교세가 빠르게 확장되자 혹세무민의 죄목으로 교조 최제우가 처형됨 • 2대 교주인 최시형이 경전 간행("동경대전", "용담유사"), 포접제 정비(포와 접으로 교도 조직화) → 교세 확장

(3) 농민의 저항

배경	• 삼정의 문란, 탐관오리의 수탈 → 농촌 사회 피폐, 농민의 사회의식 성장 • 벽서, 괘서 등 소극적 저항 → 대규모 농민 봉기로 발전
홍경래의 난(1811)	평안도에서 홍경래가 우군칙 등과 함께 주도, 영세 농민·중소 상인·광산 노동자 등 참여, 서북 지역에 대한 차별과 지배층의 수탈에 항거 → 한때 가산, 선천, 정주 등 청천강 이북의 여러 고을 점령, 정주성에서 관군에게 패하여 진압됨
임술 농민 봉기(1862)	진주에서 유계춘을 중심으로 경상 우병사 백낙신의 부정부패에 항의하는 농민 봉기가 일어남(진주 농민 봉기 → 박규수가 안핵사로 파견), 삼정의 문란과 탐관오리의 부정부패 시정을 요구하는 농민 봉기가 전국 각지에서 일어남 → 정부의 삼정 개혁 약속, 암행어사 파견, 삼정이정청 설치

25강 조선 후기(사회)

1 밑줄 그은 '이 시기'에 볼 수 있는 모습으로 적절하지 않은 것은? [1점]

심화 73회 30번

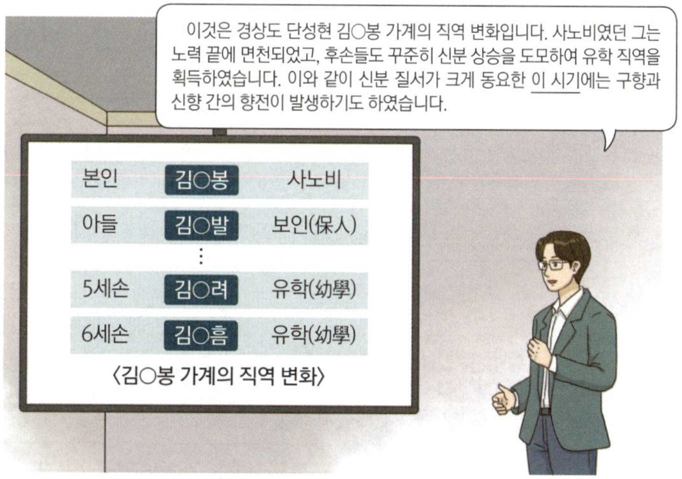

이것은 경상도 단성현 김○봉 가계의 직역 변화입니다. 사노비였던 그는 노력 끝에 면천되었고, 후손들도 꾸준히 신분 상승을 도모하여 유학 직역을 획득하였습니다. 이와 같이 신분 질서가 크게 동요한 이 시기에는 구향과 신향 간의 향전이 발생하기도 하였습니다.
본인 김○봉 사노비
아들 김○발 보인(保人)
⋮
5세손 김○려 유학(幼學)
6세손 김○흠 유학(幼學)
〈김○봉 가계의 직역 변화〉

① 빈민을 구휼하는 제위보의 관리
② 시사(詩社)에서 시를 낭송하는 중인
③ 상평통보로 물건을 거래하는 보부상
④ 세책가에서 홍길동전을 빌리는 부녀자
⑤ 송파장에서 산대놀이 공연을 하는 광대

1 조선 후기의 사회 모습 정답 ①

정답 찾기 신분 질서가 크게 동요하고 구향과 신향 간의 향전이 발생하였다는 내용을 통해 밑줄 그은 '이 시기'가 조선 후기임을 알 수 있어요. 조선 후기의 사회·경제적 변동 속에서 양반 중심의 신분 질서가 동요하고 향촌 지배 질서에도 변화가 나타났어요. 향촌 사회에서 사족(구향)이 가졌던 영향력은 점차 약해진 반면, 재산을 모아 신분을 상승시킨 새로운 계층(신향)이 등장해 사족들의 향촌 지배권에 도전하여 갈등과 다툼이 벌어졌어요. ① 고려 시대에 빈민 구호 및 질병 치료를 위해 기금을 모아 그 이자로 사업을 하는 재단 형식의 제위보가 운영되었어요.

오답 피하기
② 조선 후기에 중인도 시를 짓고 즐기는 문학 모임인 시사를 조직하여 활동하였어요.
③ 조선 후기에 상업이 발달하면서 화폐 유통이 확대되어 상평통보가 널리 사용되었어요.
④ 조선 후기에 "홍길동전", "춘향전" 등 한글 소설이 유행하면서 돈을 받고 책을 빌려주는 세책가가 성행하였어요.
⑤ 조선 후기에 송파장, 강경장, 원산장 등 전국적으로 장시가 발달하였으며, 사람이 많이 모이는 곳에서 탈놀이 등의 공연이 벌어졌어요. 송파 산대놀이는 서울과 경기 지방에서 성행한 탈놀이입니다.

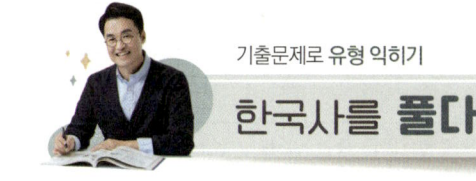

2 (가) 사건에 대한 설명으로 옳은 것은? [3점]

심화 74회 25번

배론성지 전경 옹기 저장고로 위장했던 토굴

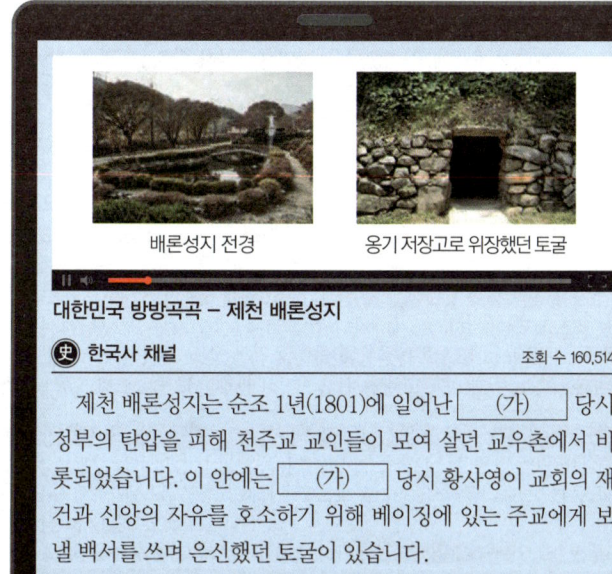

대한민국 방방곡곡 – 제천 배론성지

史 한국사 채널 조회 수 160,514

제천 배론성지는 순조 1년(1801)에 일어난 (가) 당시 정부의 탄압을 피해 천주교 교인들이 모여 살던 교우촌에서 비롯되었습니다. 이 안에는 (가) 당시 황사영이 교회의 재건과 신앙의 자유를 호소하기 위해 베이징에 있는 주교에게 보낼 백서를 쓰며 은신했던 토굴이 있습니다.

① 한성 조약이 체결되는 결과를 가져왔다.
② 정부의 요청으로 출병한 청군이 진압하였다.
③ 사태의 수습을 위해 박규수가 안핵사로 파견되었다.
④ 이필제가 영해 지역에서 난을 일으키는 계기가 되었다.
⑤ 전개 과정에서 이승훈, 정약용 등이 연루되어 처벌되었다.

2 신유박해 정답 ⑤

정답 찾기 순조 1년(1801)에 일어났으며, 황사영이 교회의 재건과 신앙의 자유를 호소하기 위해 베이징에 있는 주교에게 보낼 백서를 썼다는 내용을 통해 (가) 사건이 황사영 백서 사건의 배경이 된 신유박해임을 알 수 있어요. ⑤ 이승훈은 신유박해 때 체포되어 처형되었고, 정약용은 신유박해에 연루되어 유배를 갔어요.

오답 피하기
① 갑신정변 후 조선 정부는 일본과 한성 조약을 체결하였어요.
② 임오군란, 갑신정변 등이 조선 정부의 요청으로 출병한 청군에 의해 진압되었어요.
③ 철종 때 진주 농민 봉기가 일어나자 사태 수습을 위해 박규수가 안핵사로 파견되었어요.
④ 1860년대 후반 동학이 재건되자 동학교도 이필제가 교조 최제우의 원한을 풀기 위해 영해 지역에서 난을 일으켰는데, 이는 동학 최초의 교조 신원 운동이었어요.

3 (가) 종교에 대한 설명으로 옳은 것은? [1점]

심화 66회 32번

역사 돋보기 (가) 의 교세를 확장한 해월 최시형

해월 선생은 제자들에게 '최보따리'라고도 불렸다. 포교를 위해 잠행을 하면서 보따리를 자주 쌌기 때문에 붙여진 별명이다. 교조 최제우의 처형으로 위축되었던 (가) 의 교세는 2대 교주였던 그의 노력으로 크게 확장되었다. 그는 1897년 손병희에게 도통을 전수하였고 1898년 체포되어 재판을 받고 처형되었다. 그에게 사형을 선고한 판사 중에는 고부 학정의 원흉 조병갑이 있었다.

① 동경대전을 경전으로 삼았다.
② 항일 무장 단체인 중광단을 결성하였다.
③ 박중빈을 중심으로 새 생활 운동을 펼쳤다.
④ 배재 학당을 세워 신학문 보급에 앞장섰다.
⑤ 프랑스와의 조약을 통해 포교가 허용되었다.

4 다음 가상 대화가 이루어진 시기의 사회 모습으로 가장 적절한 것은? [1점]

심화 69회 28번

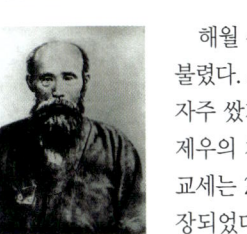

① 빈민 구제를 위해 흑창이 설치되었다.
② 원종과 애노가 사벌주에서 봉기하였다.
③ 홍건적의 침입으로 개경이 함락되었다.
④ 지배층을 중심으로 변발과 호복이 유행하였다.
⑤ 안동 김씨 등의 세도 정치로 매관매직이 성행하였다.

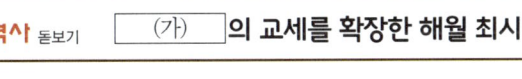

3 동학 정답 ①

정답 찾기 교조 최제우의 처형으로 위축되었던 교세가 2대 교주 최시형의 노력으로 크게 확장되었다는 내용을 통해 (가) 종교가 동학임을 알 수 있어요. 동학은 최제우가 서학(천주교)에 맞서 창시한 종교로, 마음속에 한울님을 모시는 시천주와 '사람이 곧 한울(하늘)'이라는 인내천을 강조하였어요. 조선 정부는 동학이 사회 질서를 어지럽힌다는 이유를 들어 교조 최제우를 처형하였어요. 최제우의 뒤를 이어 최시형이 교주가 되었고, 그의 노력으로 동학의 교세는 크게 확장되었어요. 최시형은 교조 최제우의 억울함을 풀어 달라는 교조 신원 운동을 전개하기도 하였어요. ① 동학은 최제우가 짓고 최시형이 펴낸 "동경대전"과 "용담유사"를 기본 경전으로 삼았어요.

오답 피하기
② 대종교는 만주에서 항일 무장 단체인 중광단을 결성하였어요. 이후 중광단은 북로 군정서로 발전하였어요.
③ 박중빈이 창시한 원불교는 허례 폐지, 저축 장려 등의 새 생활 운동을 전개하였어요.
④ 개신교 선교사인 아펜젤러는 배재 학당을 세워 신학문 보급에 앞장섰어요.
⑤ 1886년에 조·프 수호 통상 조약이 체결되면서 천주교 포교가 허용되었어요.

4 세도 정치기의 사회 모습 정답 ⑤

정답 찾기 경상 우병사 백낙신의 탐학과 향리들의 횡포에 맞서 유계춘의 주도로 진주에서 백성들이 난을 일으켰다는 내용을 통해 진주 농민 봉기에 관한 가상 대화임을 알 수 있어요. ⑤ 정조가 죽고 어린 순조가 즉위하면서 안동 김씨 등 몇몇 외척 세력이 권력을 독점하는 세도 정치가 시작되어 철종 때까지 이어졌어요. 이 시기에 국가 기강이 해이해져 탐관오리의 수탈과 삼정의 문란이 극심하였어요. 이에 농민들이 사회 개혁을 요구하며 봉기하였는데 순조 때 일어난 홍경래의 난과 철종 때 일어난 진주 농민 봉기가 대표적이에요.

오답 피하기
① 고려 태조 왕건은 민생 안정을 위해 빈민 구제 기관인 흑창을 설치하였어요.
② 신라 말 진성 여왕 때 귀족들의 농민 수탈이 극에 달하여 사벌주에서 일어난 원종과 애노의 난을 시작으로 농민 봉기가 전국 각지에서 일어났어요.
③ 고려 공민왕 때 홍건적의 침입으로 개경이 함락되고 공민왕이 안동까지 피란하였어요.
④ 원 간섭기에 고려에서는 지배층을 중심으로 변발과 호복 등 몽골식 복장이 유행하였어요.

25강 조선 후기(사회)

5 (가), (나) 사이의 시기에 있었던 사실로 옳은 것은? [2점]

심화 53회 28번

(가) 평안 감사가 "이달 19일에 관군이 정주성을 수복하고 두목 홍경래 등을 죽이거나 사로잡았습니다."라고 임금께 보고하였다.

(나) 경상도 안핵사 박규수는 "이번 진주의 백성들이 난을 일으킨 것은 오로지 전 우병사 백낙신이 탐욕을 부려 포학스럽게 행동한 까닭에서 연유한 것이었습니다."라고 임금께 보고하였다.

① 최제우가 동학을 창시하였다.
② 정약종 등이 희생된 신유박해가 일어났다.
③ 오페르트가 남연군 묘 도굴을 시도하였다.
④ 공신 책봉 문제로 이괄이 반란을 일으켰다.
⑤ 이인좌를 중심으로 소론 세력 등이 난을 일으켰다.

5 조선 후기의 사회 상황 정답 ①

정답 찾기 (가)는 관군이 정주성을 수복하고 두목 홍경래 등을 죽이거나 사로잡았다는 내용을 통해 홍경래의 난이 진압된 상황과 관련 있음을 알 수 있어요. 1811년에 평안도 지역 주민에 대한 차별과 세도 가문을 비롯한 지배층의 수탈에 항거하여 일어난 홍경래의 난은 정주성 전투에서 관군에게 패하면서 5개월 만에 진압되었어요. (나)는 안핵사 박규수가 진주에서 일어난 백성들의 봉기가 백낙신의 탐욕에서 연유하였다고 보고하는 내용을 통해 1862년에 진주 농민 봉기에서 시작된 임술 농민 봉기의 상황임을 알 수 있어요. ① 1860년에 경주의 몰락 양반 최제우가 유교, 불교, 도교를 바탕으로 민간 신앙의 요소까지 포함하여 새로운 종교인 동학을 창시하였어요.

오답 피하기
② 나이 어린 순조가 즉위하자 수렴청정에 나선 대왕대비 정순 왕후가 1801년에 천주교를 금지하는 명령을 내리고 천주교도를 탄압하는 신유박해를 일으켰어요. 이때 이승훈, 정약종 등이 희생되었어요. (가) 이전의 사실이에요.
③ 1868년에 독일 상인 오페르트가 통상 협상에 이용하기 위해 흥선 대원군의 아버지인 남연군의 묘를 도굴하려다가 실패하였어요. (나) 이후의 사실이에요.
④ 인조반정에서 공을 세운 이괄이 자신의 공로가 낮게 평가된 것에 불만을 품고 1624년에 반란을 일으켰어요. (가) 이전의 사실이에요.
⑤ 1728년에 이인좌를 중심으로 한 소론 세력 등이 영조와 노론 세력을 제거할 목적으로 반란을 일으켰어요. (가) 이전의 사실이에요.

6 밑줄 그은 '이 시기'에 있었던 사실로 옳은 것은? [2점]

심화 71회 27번

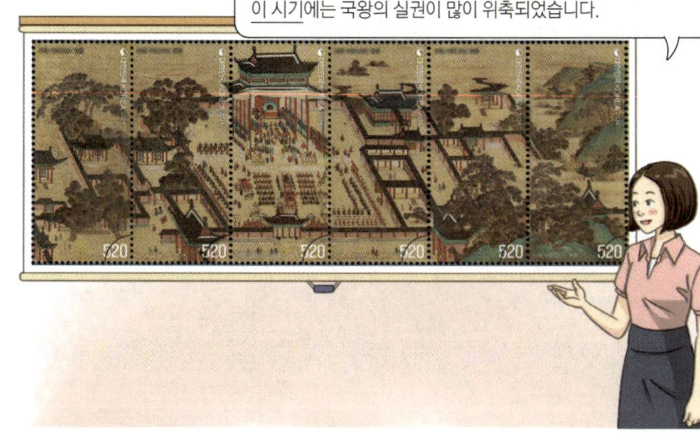

이 우표 속 그림은 국왕의 혼인을 축하하기 위해 거행된 진하례 모습을 그린 궁중 행사도입니다. 그림에 보이는 왕실 행사의 화려함과는 달리 안동 김씨 등 외척 세력이 세 왕에 걸쳐 60여 년 동안 권력을 잡은 이 시기에는 국왕의 실권이 많이 위축되었습니다.
520
520
520
520
520
520

① 어영청을 중심으로 북벌이 추진되었다.
② 윤지충 등이 처형된 신해박해가 일어났다.
③ 이필제가 영해 지역을 중심으로 난을 일으켰다.
④ 경복궁 중건 비용 마련을 위해 당백전이 발행되었다.
⑤ 삼정의 문란을 해결하기 위해 삼정이정청이 설치되었다.

6 세도 정치 시기의 사실 정답 ⑤

정답 찾기 안동 김씨 등 외척 세력이 세 왕에 걸쳐 60여 년 동안 권력을 잡았으며, 국왕의 실권이 많이 위축되었다는 내용을 통해 밑줄 그은 '이 시기'가 19세기 세도 정치 시기임을 알 수 있어요. 정조가 죽고 순조가 어린 나이로 즉위하면서 안동 김씨 등 왕실 외척을 비롯한 소수 특정 가문이 비변사를 중심으로 권력을 독점하여 왕권이 위축되었어요. 이러한 상황은 순조, 헌종, 철종에 걸쳐 60여 년간 이어졌습니다. 철종 때 세도 정치의 폐해가 극에 달하여 진주 농민 봉기를 시작으로 전국 각지에서 농민들이 일어나 저항하였어요. 이러한 가운데 진주 농민 봉기의 수습을 위해 파견된 안핵사 박규수의 건의에 따라 봉기의 주요 원인인 ⑤ 삼정의 문란을 해결하기 위해 삼정이정청이 설치되었어요.

오답 피하기
① 효종 때 어영청을 중심으로 청을 정벌하자는 북벌이 추진되었으나 실현하지는 못하였어요.
② 정조 때 천주교도 윤지충과 권상연이 유교식 제사를 지내지 않고 신주를 불태워 관에 고발되었어요. 이들은 배교를 강요받았으나 신앙을 고수하다가 처형되었어요. 이를 신해박해(1791)라고 합니다.
③ 고종 때 동학교도 이필제가 교조 최제우의 원한을 풀기 위해 영해에서 난을 일으켰어요.
④ 고종 때 집권한 흥선 대원군은 경복궁 중건 비용을 마련하기 위해 당백전을 발행하였어요.

7 다음 대화에 나타난 사건에 대한 설명으로 옳은 것은? [1점]

심화 59회 28번

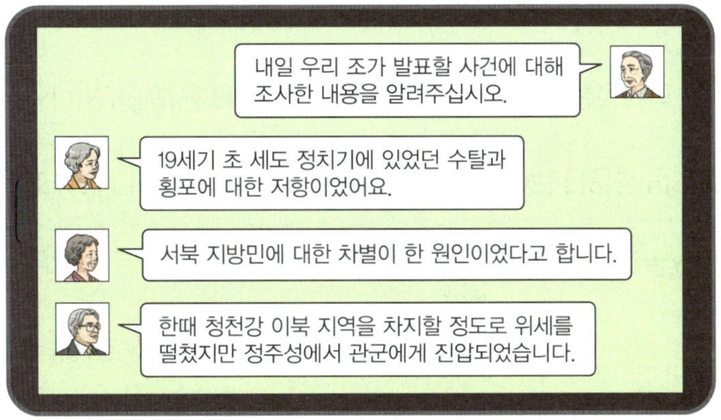

내일 우리 조가 발표할 사건에 대해 조사한 내용을 알려주십시오.
19세기 초 세도 정치기에 있었던 수탈과 횡포에 대한 저항이었어요.
서북 지방민에 대한 차별이 한 원인이었다고 합니다.
한때 청천강 이북 지역을 차지할 정도로 위세를 떨쳤지만 정주성에서 관군에게 진압되었습니다.

① 홍경래, 우군칙 등이 주도하였다.
② 청군이 파병되는 결과를 가져왔다.
③ 제물포 조약이 체결되는 배경이 되었다.
④ 보국안민, 제폭구민을 기치로 내걸었다.
⑤ 박규수가 안핵사로 파견되는 계기가 되었다.

7 홍경래의 난 정답 ①

정답 찾기 세도 정치기에 있었던 수탈과 횡포에 대한 저항이었으며 서북 지방민에 대한 차별이 한 원인이었다는 내용을 통해 대화에 나타난 사건이 홍경래의 난임을 알 수 있어요. 세도 정치가 시작된 순조 때 서북 지방민에 대한 차별과 지배층의 수탈에 항거하여 ① 홍경래가 우군칙 등과 함께 신흥 상공업자, 영세 농민, 광산 노동자 등 다양한 계층을 모아 평안도 가산에서 봉기를 일으켰어요. 봉기 세력은 한때 가산, 선천, 정주 등 청천강 이북 지역을 점령하였으나 정주성에서 관군에게 진압되었어요.

오답 피하기
② 임오군란, 동학 농민 운동 때 조선 정부의 요청으로 청군이 파병되었어요.
③ 임오군란이 진압된 후 조선 정부는 일본과 제물포 조약을 체결하여 일본 공사관 경비를 위한 일본군의 주둔을 허용하였어요.
④ 동학 농민 운동 때 농민군은 백산에서 봉기하면서 보국안민, 제폭구민을 기치로 내걸었어요.
⑤ 조선 정부는 진주 농민 봉기가 일어나자 사태 수습을 위해 박규수를 안핵사로 파견하였어요.

8 (가) 왕의 재위 시기에 있었던 사실로 옳은 것은? [2점]

심화 73회 27번

(가) 어진

이 그림은 (가)의 초상화로, 조선 시대에 그려진 현존하는 어진 가운데 군복을 입고 있는 유일한 사례이다. 강화 도령으로 불렸던 그는 안동 김씨인 순원 왕후의 명으로 왕위에 올랐지만, 임술 농민 봉기가 일어나는 등 혼란한 상황 속에서 승하하였다. 6 · 25 전쟁 때 화재로 어진의 일부가 소실되었다.

① 윤지충 등이 처형된 신해박해가 일어났다.
② 오페르트가 남연군 묘 도굴을 시도하였다.
③ 국왕의 친위 부대인 장용영이 창설되었다.
④ 경신환국 등 여러 차례 환국이 발생하였다.
⑤ 박규수의 건의로 삼정이정청이 설치되었다.

8 철종 재위 시기의 사실 정답 ⑤

정답 찾기 임술 농민 봉기가 일어났다는 내용을 통해 (가) 왕이 철종임을 알 수 있어요. 정조가 죽은 이후 소수의 외척 가문이 권력을 독점하는 세도 정치가 전개되었어요. 세도 정치는 순조에서 철종 때까지 이어졌으며, 이 시기에 국가 기강이 해이해지면서 탐관오리의 횡포와 삼정의 문란이 극심하였어요. 이에 분노한 농민들이 사회 개혁을 요구하며 봉기하였는데, 철종 때 일어난 진주 농민 봉기를 비롯한 임술 농민 봉기는 대표적인 세도 정치 시기의 농민 봉기입니다. ⑤ 철종 때인 임술년(1862)에 일어난 진주 농민 봉기의 수습을 위해 파견된 안핵사 박규수의 건의로 삼정의 문란을 해결하기 위한 삼정이정청이 설치되었어요.

오답 피하기
① 정조 때 천주교도 윤지충과 권상연이 유교식 제사를 지내지 않고 신주를 불태워 관에 고발되었어요. 이들은 혹독한 고문을 당하며 배교를 강요받았으나 신앙을 고수하다가 처형되었어요. 이를 신해박해(1791)라고 합니다.
② 고종 때인 1868년에 독일 상인 오페르트가 흥선 대원군의 아버지 남연군의 묘를 도굴하여 통상 협상에 이용하려고 하였으나 도굴에 실패하였어요.
③ 정조 때 왕권 강화를 위해 국왕의 친위 부대인 장용영이 창설되었어요.
④ 숙종 때 경신환국, 기사환국, 갑술환국 등 여러 차례 환국이 발생하였어요.

25강 조선 후기(사회)

Ready go
이번 강 별 채우기 제한 시간은 2분 30초
한 문장을 끝까지 또박또박 읽어야 패스!

01 조선 후기에 부를 축적한 상민층은 ★속과 ★★첩을 이용하여 신분 상승을 꾀하였다.

02 조선 후기에 부농층은 ★보를 사거나 위조하는 방법으로 양반 신분을 얻기도 하였다.

03 조선 후기에 공명첩 매입, 족보 위조 등으로 ★반의 수가 증가하였다.

04 조선 후기에 ★얼은 수차례 통청 운동을 전개하였으며, 정조 때 ★★각 검서관에 등용되기도 하였다.

05 조선 후기에 기술직 ★인은 관직 진출의 제한을 없애 달라는 대규모 ★청 운동을 전개하였다.

06 조선 후기에 중인도 ★★를 조직하여 위항 문학 활동을 하였다.

07 순조는 군역 대상자를 확보하고 재정을 보충하기 위해 ★★비를 해방하였다.

08 조선 후기에는 "★★록", ★참 등을 이용한 예언 사상이 널리 유행하였다.

09 청에 다녀온 사신들에 의해 ★★교가 서학으로 소개되었다.

10 정조 때 윤지충 등이 처형된 ★★박해가 일어났다.

11 순조 때 신유박해로 수많은 ★★교도가 처형되었다.

12 ★★박해 당시 이승훈, 정약종 등이 처형되고, 정약용 등 일부 연루자는 유배되었다.

13 ★★교는 조상에 대한 제사를 거부하여 조선 정부로부터 탄압을 받았다.

14 신유박해 당시 피신해 있던 황★★이 외국 군대의 출병을 요청하는 백서를 작성하였다.

15 동학은 최★★에 의해 창시되었으며 인내천 사상을 내세워 인간 ★★을 주장하였다.

16 ★학은 유·불·선을 바탕으로 민간 신앙의 요소까지 포함하였다.

17 동학은 마음속에 한울님을 모시는 ★★주를 강조하였다.

18 동학에서는 "★★대전"과 "★★유사"를 경전으로 삼았다.

19 순조 때 지배층의 수탈과 서북 지역에 대한 차별에 반발하여 홍★★가 난을 일으켰다.

20 홍★★가 난을 일으켜 한때 청천강 이북 지역의 가산, 선천, 정주 등을 점령하였다.

21 1862년 경상 우병사 백낙신의 탐학이 발단이 되어 ★★에서 농민들이 봉기하였다.

22 경상 우병사의 수탈에 견디다 못한 진주 농민들이 유★★을 중심으로 봉기하여 한때 진주성을 점령하기도 하였다.

23 조선 정부는 진주 농민 봉기를 수습하기 위해 박★★를 안핵사로 파견하였다.

24 조선 정부는 삼정의 문란을 바로잡기 위해 박규수의 건의를 받아들여 삼정★★★을 설치하였다.

정답

01 납, 공명 **02** 족 **03** 양 **04** 서, 규장 **05** 중, 소 **06** 시사 **07** 공노 **08** 정감, 도 **09** 천주 **10** 신해 **11** 천주 **12** 신유 **13** 천주 **14** 사영 **15** 제우, 평등 **16** 동 **17** 시천 **18** 동경, 용담 **19** 경래 **20** 경래 **21** 진주 **22** 계춘 **23** 규수 **24** 이정청

26강 조선 후기(문화 1)

한국사의 흐름을 한눈에 **한국사를 그리다**

강의 바로 보기

〈NEW 성리학〉
= 사문난적
- 윤휴(남인): 북벌, 예송, 경신환국 X
- 박세당(소론): 〈사변록〉, 〈색경〉

〈★★학〉
- 실천, 지행합일
- 정제두 ⇒ 강화학파

〈★학〉 – 실사구시, 민족·자주적 ⇒ 국학 ⟿

구분	★★학파(경세치용 학파)	★★학파(이용후생 학파, (북)학파) → 청
주장	★★분배 → 자영농 육성	토지 생산력↑, 상공업↑, ★ 문물 수용
인물	· 유형원 〈반계수록〉 → ★★론(신분 차이 O) · 이익 〈성호사설〉 → ★★론(영업전) [매매 X / 매매 O] → 6좀 ┌ 양반, 과거, 노비 └ 승려, 미신, 게으름 · 정약용 〈경세유표〉, 〈흠흠신서〉, 〈목민심서〉 → ★★론: 공동 소유·공동 경작 → 노동량에 따라 분배 → ★★제: 1 2 3 / 4 5 / 6 7 8 → 공동 경작	· 유수원 〈우서〉 → 사농공상 X ⟿ 직업적 평등 · 홍★★ 〈임하경륜〉, 〈의산문답〉 → 문벌제도 X → 혼천의, 지전설, 무한 우주론 · 박★★ 〈열하일기〉 → 수레, 선박, 화폐 O · 박★★ 〈북학의〉 → 수레, 선박 → ★★론

〈★학〉

구분		내용
역사 (★★적 활용)		· 안정복 〈동사강목〉: 정통성 ┐ 고조선~고려 · 한치윤 〈해동역사〉: 외국 문헌 인용 ┘ · 김정희 〈금석과안록〉: 북한산비 → ★★왕 순수비, 추사체, 세한도(제주) · 이종휘 〈동사〉: 고★★ ┐ 만주로 시야 확대 · 유득공 〈★★고〉: 남북국 ┘ · 이긍익 〈연려실기술〉: 조선사
지리	지리서	· 역사: 한백겸 〈동국지리지〉, 정약용 〈아방강역고〉 · 인문: 이중환 〈★★지〉, 최한기 〈지구전요〉
지리	지도	· 정상기 〈동국지도〉: 최초로 100리 척 사용 · 김정호 〈★★★지도〉: 목판, 지도첩(22첩), 10리마다 눈금 표시
백과사전		· 이수광 〈지봉유설〉, 이익 〈성호사설〉, 서유구 〈임원경제지〉 · 〈동국문헌비고〉: 영조~정조
한글		신경준 〈훈민정음운해〉

★정답 양명, 실, 중농, 토지, 균전, 한전, 여전, 정전, 중상, 청, 대용, 지원, 제가, 소비, 국, 진흥, 구려, 발해, 택리, 대동여, 상업

→ 나만의 약점 단권화 노트 10쪽에서 완성 판서를 확인하세요.

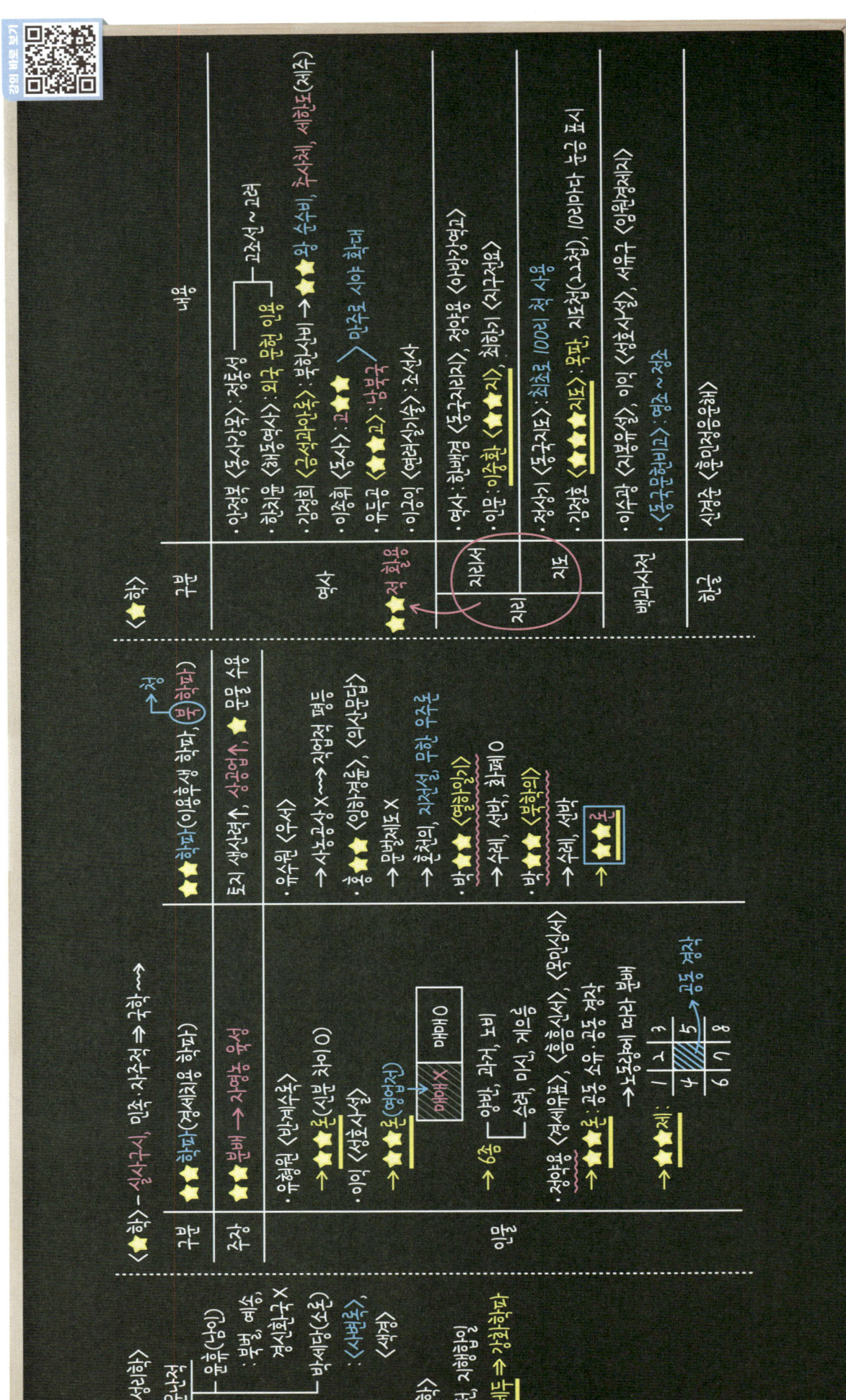

26강 조선 후기(문화 1)

〈NEW 성리학〉

〈양명학〉

〈실학〉

구분		
주장		
인물	· · ·	· · · ·

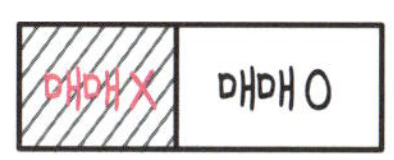

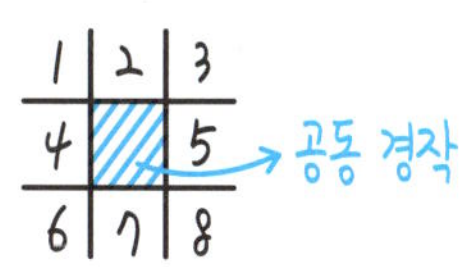

〈국학〉

구분		내용
역사		· · · · · ·
지리	지리서	· ·
	지도	· ·
백과사전		· ·
한글		

26강 조선 후기(문화 1)

낯선 용어와 자료 돋보기

한국사를 보다

성리학의 절대화에 대한 반발

인조반정 이후 송시열을 비롯한 서인은 양반 중심의 지배 체제를 강화하기 위해 성리학적 질서를 절대적 가치로 내세웠어요. 이에 윤휴와 박세당은 성리학의 절대화 경향에 반발하여 각각 "독서기"와 "사변록"을 저술하였어요. 이들은 유교 경전에 대한 독자적 해석을 시도하였다는 점 때문에 노론에게 사문난적으로 몰리기도 하였어요.

〈윤휴의 독자적인 경전 해석〉
내가 저술한 의도는 주자의 해석과 다른 이설(異說)을 제기하려는 것보다 의문점을 몇 가지 기록하였을 뿐이다. 만약 내가 주자 당시에 태어나 제자의 예를 갖추었더라도 …… 반드시 반복하여 질문하고 생각해서 분명하게 이해하기를 기대하였을 것이다. …… 근래에 송영보(송시열)가 이단이라고 배척하였다. 송시열의 학문은 전혀 의심을 내지 않고, 주자의 가르침이라면 덮어놓고 의론(議論)을 용납하지 않으니, 비록 존신하다 하더라도 이 어찌 실제로 체득하였다고 할 수 있겠는가?
- 윤휴, "도학원류속" -

〈송시열의 박세당 비판〉
박세당은 윤증의 당이다. …… 주자의 "사서집주"를 공격하고, 심지어 "중용"에서는 멋대로 장구(章句)를 고쳤으니, …… 주자의 도는 해가 하늘에 떠 있는 것과 같으니 비록 그 같은 자 1만 명이 나와서 헐뜯는다 해도 어찌 털끝만큼인들 그 빛을 흐리게 할 수 있겠습니까. …… 주상(숙종)이 "박세당이 성현을 모독하고 선정을 헐뜯음이 이런 지경에 이르렀으니, 사문(斯文)에 관계되므로 결코 내버려 두기 어려운 일이다."라고 하였다.
- 송시열, "송자대전" -

양명학의 성격

양명학은 명의 왕수인에 의해 성립되었으며, 참지식이란 반드시 실행이 따라야 한다는 '지행합일(知行合一)', 사람마다 타고난 마음의 본체인 양지(良知)를 실천하는 '치양지(致良知)'를 강조한 학문이에요. 조선에서는 일부 소론 학자에 의해 명맥을 이어 가던 양명학이 18세기 정제두에 의해 본격적으로 연구되었어요. 정제두는 성리학의 절대화를 비판하며 실천을 중시하였고, 강화도를 중심으로 강화학파를 형성하였어요.

- 앎과 행함은 본래 하나인 것이다. 앎과 행함을 나누는 사람은 평범한 사람이며, 앎과 행함을 하나로 하는 사람은 어질고 지혜로운 사람이다.
- 본래 사람의 생리 속에는 밝게 깨닫는 능력이 있기 때문에 스스로 두루 잘 통해서 어둡지 않게 된다. 따라서 불쌍히 여길 줄 알고 부끄러워하거나 미워할 줄 알며 사양할 줄 알고 옳고 그름을 가릴 줄 아는 것 가운데, 어느 한 가지도 못하는 것이 없다. 이것이 본래 가지고 있는 덕이며 이른바 양지(良知)라고 하는 것이니, 또한 인(仁)이라고도 한다.
- 이미 양지(良知)라고 말하면 앎 속에 행함이 있고 행함 속에 앎이 있으니, 선후(先後)로 나눌 수는 없다.
- 정제두, "하곡집" -

용어 사전

사문난적(斯文亂賊)
유학의 도리를 어지럽히고 세상에 어긋나는 행동을 하는 사람을 이르는 말이에요.

실학
조선 후기에 등장한 유학의 새로운 학풍으로 실용, 즉 실생활의 유익함을 중시한 학문이에요. 실학은 농업 중심의 개혁론, 상공업 중심의 개혁론과 국학 연구를 중심으로 확산되었어요.

실사구시
사실을 얻는 것에 힘쓰고 항상 참 옳음을 구한다는 뜻으로, 사실에 토대를 두어 진리를 탐구하려는 학풍이에요.

연행록
연행록은 청을 다녀온 사신이나 그 수행원이 남긴 기록을 말합니다. 대표적으로 박지원의 "열하일기"와 홍대용의 "을병연행록"이 있어요. 조선 전기 명에 파견된 사신들이 남긴 기행문은 조천록이라고 합니다.

유형원의 균전론

유형원이 "반계수록"에서 주장한 토지 개혁론으로, 모든 토지를 국유화하고 신분에 따라 재분배할 것을 주장하였어요. 이를 통해 일부에게 토지가 집중되는 것을 막고 자영농을 육성하고자 하였어요.

토지 경영이 바로잡히면 모든 일이 제대로 될 것이다. 백성은 일정한 직업을 갖게 되고 군사 행정에는 도피자를 찾는 폐단이 없어지며, 귀천상하가 모두 자기 직책을 갖게 될 것이므로 민심이 안정되고 풍속이 도타워질 것이다. …… 농부 한 사람당 1경의 토지를 받고 법에 따라 조세를 내며 토지 4경마다 군인 1명을 내게 한다. 사대부로서 처음 학교에 입학한 자(외사생)는 2경의 토지를 받고, 내사에 들어간 자(내사생)는 4경을 받되 병역을 면제한다. 현직 관리로서 9품 이상에서 7품에 이르기까지는 6경을 받는다. …… 모든 병역 의무는 면제하여 현직에 근무할 때는 별도로 녹을 받는다. …… 토지를 받은 자가 죽으면 반납한다.
- "반계수록" -

이익의 사상

이익은 토지 개혁 방안으로 한전론을 주장하였는데, 먹고사는 데 필요한 최소한의 토지를 영업전으로 설정하여 매매를 금지한다는 내용이에요. 또한, 그는 "성호사설"에서 나라를 좀먹는 6가지 폐단(노비 제도, 과거제, 양반 문벌제도, 사치와 미신, 승려, 게으름)에 대해 지적하였어요.

- 국가는 마땅히 한 집의 생활에 맞추어 재산을 계산하여 토지 몇 부를 한 집의 영업전으로 하여 당의 제도처럼 한다. 땅이 많은 자는 빼앗아 줄이지 않고 모자라는 자도 더 주지 않는다. 돈이 있어 사고자 하는 자는 무한정 허락한다. …… 오직 영업전 몇 부 안에서 사고파는 것만을 철저히 살핀다.
- "곽우록" -
- 사람 중에 간사하고 함부로 하는 자가 없다면 천하가 왜 다스려지지 않겠는가? 간사하고 함부로 하는 것은 재물이 모자라는 데에서 생기고 재물이 모자라는 것은 농사에 힘쓰지 않는 데에서 생긴다. 농사에 힘쓰지 않는 자 중에 그 좀이 여섯 종류가 있는데, 장사꾼은 그중에 들어 있지 않다. 첫째가 노비(奴婢)요, 둘째가 과업(科業)이요, 셋째가 벌열(閥閱)이요, 넷째가 기교(技巧)요, 다섯째가 승니(僧尼)요, 여섯째가 게으름뱅이이다.
- "성호사설" -

정약용의 여전론·정전제

정약용은 마을 단위로 공동 소유한 토지를 공동 경작하고, 생산물은 노동량에 따라 분배하자는 여전론을 주장하였어요. 이후 실현이 어려운 여전론 대신 우물 정(井)자 모양으로 토지를 나누고, 가운데 부분은 공전으로 삼아 공전에서 나온 생산물을 조세로 납부하고 나머지는 농민에게 분배하자는 정전제를 주장하였어요.

> 농사를 짓는 사람에게는 토지를 갖게 하고 농사를 짓지 않는 사람에게는 토지를 갖지 못하게 하려면 여전제를 실시해야 한다. …… 1여(閭)에는 여장을 두며, 무릇 1여의 토지는 여민이 공동으로 경작하도록 하고, 내 땅 네 땅의 구별을 없게 하며, 오직 여장의 명령에만 따른다. 여민들이 농경하는 경우 여장은 매일 개개인의 노동량을 장부에 기록해 두었다가 가을이 되면 오곡의 수확물을 모두 여장의 집에 가져온 다음 분배한다. 이때 국가에 바치는 세를 먼저 제하고, 다음에는 여장의 봉급을 제하며, 그 나머지를 가지고 장부에 의거하여 노동량에 따라 여민에게 분배한다.
>
> \- "여유당전서" -

유수원의 사상

유수원은 "우서"에서 이미 고착화된 문벌을 타파하고 상공업을 진흥하기 위해서는 사농공상의 직업적 평등과 전문화가 이루어져야 한다고 주장하였어요.

> - 이미 문벌에 따라 사람을 기용하니, 사람이면 모두 오장(五臟)과 칠규(七竅)가 있는데 어느 어리석은 사람이 양반이나 중인이 되려고 하지 않고, 군보(軍保)의 천역(賤役)을 즐겨 지려 하겠는가? 실 한 가닥이나 쌀 한 톨을 납부하더라도 역명을 붙이니 사람들이 반드시 부끄럽게 여긴다.
> - 지금 양반이 명분상으로 상공업에 종사하는 것을 부끄러워하지만 그들의 비루한 행동은 상공업자보다 심한 자가 많다. 학문이 없어도 세력만 있으면 부정하게 과거에 합격하고, 그렇지 않으면 음직(蔭職)을 바라거나 혹은 공물의 방납과 고리대를 하거나 노비를 빼앗기 위한 소송이나 벌여서 생활을 영위하거나 또 그렇지 않으면 억지로 수령의 자리를 얻어 토색질을 하고 전지와 노비를 많이 차지해야만 가계를 이룰 수 있으니 이것이 모두 비리가 아닐 수 없다. …… 상공업은 말업(末業)이라 하지만 본래 부정하거나 비루한 일이 아니다. 그것은 스스로 재간 없고 덕망 없음을 안 사람이 관직에 나가지 않고 스스로의 노력으로 물품의 교역에 종사하며, 남에게서 얻지 않고 자기의 힘으로 먹고사는데 그것이 어찌 천하거나 더러운 일이겠는가?
>
> \- "우서" -

홍대용의 지전설

홍대용은 지구가 회전한다는 지전설과 함께 무한 우주론을 주장하였는데, 이는 중국 중심의 세계관을 비판하는 근거가 되었어요.

> - 대저 땅덩이는 하루 동안 한 바퀴를 도는데, 땅 둘레는 9만 리이고 하루는 12시(時)이다. 9만 리 넓은 둘레를 12시간에 도니 천둥이나 번개, 포탄보다 더 빠른 셈이다. …… 서양 어떤 지역은 지혜와 기술이 정밀하고 소상하여 측량에 있어서 해박하고 자세하니, 지구가 둥글다는 설은 다시 의심할 여지도 없다.
> - 중국은 서양에 대해서 경도의 차이가 1백 80도에 이르는데, 중국 사람은 중국을 정계(正界)로 삼고 서양을 도계(倒界)로 삼으며, 서양 사람은 서양을 정계로 삼고 중국을 도계로 삼는다. 그러나 실제에 있어서는 하늘을 이고 땅을 밟는 사람은 지역에 따라 모두 그러하니, 횡(橫)이나 도(倒)할 것 없이 다 정계다.
>
> \- "의산문답" -

박지원의 "열하일기"

'열하'는 청 건륭제의 별궁이 있던 지역이에요. 박지원은 건륭제의 생일을 축하하기 위해 파견된 연행사를 따라 그곳에 다녀오게 되었는데, "열하일기"는 박지원이 대제국으로 발전한 청의 실상을 직접 목격하고 기록한 여행기입니다.

> 오늘날 사람들이 진실로 오랑캐를 몰아내려면 중화의 유법을 모두 배워서 우리나라 풍속의 우둔함을 먼저 고치는 것이 더 중요하다. …… 타인이 10가지를 하면 우리는 100가지를 하여 먼저 우리 백성을 이롭게 하고 우리 백성들로 하여금 무기를 만들어서 넉넉히 저들의 견고한 갑옷과 날카로운 병기를 격파할 수 있게 한 다음에야 중국에는 볼만한 것이 없다 하여도 좋을 것이다.
>
> \- "열하일기" -

박제가의 소비론

박제가는 "북학의"에서 소비 촉진을 통한 생산력의 증대가 필요하다고 주장하고 수레와 선박의 이용을 강조하였어요.

> 중국이 사치로 망한다고 할 것 같으면 우리나라는 반드시 검소함 탓에 쇠퇴할 것이다. …… 비유하건대, 재물은 대체로 우물과 같다. 퍼내면 차고, 버려두면 말라 버린다. 그러므로 비단옷을 입지 않아서 나라에 비단 짜는 사람이 없게 되면 여자들의 길쌈이 쇠퇴하고, 쭈그러진 그릇을 싫어하지 않고 기교를 숭상하지 않아서 공장(工匠 : 수공업자)이 도야(陶冶 : 기술을 익힘)하는 일이 없게 되면 기예가 망하게 되며, 농사가 황폐해져서 그 법을 잃게 되므로, 사농공상의 사민이 모두 곤궁하여 서로 구제할 수 없게 된다.
>
> \- "북학의" -

용어 사전

경세치용
학문은 세상을 다스리는 데 쓸모가 있어야 한다는 뜻이에요. 토지 제도를 개혁하여 자영농을 육성해야 한다고 주장한 중농학파를 경세치용 학파라고도 합니다.

이용후생
사용하기에 편리하고 백성의 생활을 풍요롭게 하는 것을 말해요. 적극적인 상공업 진흥과 기술 혁신을 통해 부국강병을 이루고자 하는 중상학파를 이용후생 학파라고도 합니다. 이들은 청의 선진 문물을 배우는 데 적극적이었기 때문에 북학파라고도 합니다.

낯선 용어와 자료 돋보기

한국사를 보다

국학의 발달

조선 후기에 실학의 발달로 민족의 전통과 현실에 대한 관심이 높아져 우리의 역사, 지리, 언어 등을 연구하는 국학이 발달하였어요.

역사	동사강목	안정복이 지은 역사서로, 단군 조선~고려까지의 역사를 체계화하여 우리 역사의 정통성을 확립하고자 하였어요.
	해동역사	한치윤이 국내외 500여 종의 자료를 참고하여 고조선에서 고려까지의 역사를 실증적으로 서술하였어요.
	금석과안록	김정희가 진흥왕 순수비 가운데 황초령비와 북한산비의 두 비문을 판독·해설하여 고증한 책이에요.
	동사	이종휘가 지은 역사서로, 고구려의 역사가 기록되어 있어요.
	발해고	유득공은 "발해고"를 통해 발해의 역사를 우리 역사의 일부로 편입하였으며, '남북국'이라는 용어를 처음으로 사용하였어요.
	연려실기술	이긍익이 지은 역사서로, 조선의 정치와 문화를 정리하였어요. '연려실'은 이긍익의 호입니다.
지리서	동국지리지	한백겸이 지은 역사 지리서로, '동국'은 우리나라를 말해요.
	아방강역고	'아방'은 우리나라라는 뜻으로, 정약용이 편찬한 우리나라 강역에 관한 역사 지리서입니다.
	택리지	이중환이 지은 인문 지리서로, 각 지방의 자연환경, 인물, 풍속 등이 수록되어 있어요.
	지구전요	최한기가 지은 세계 지리서로, 우주계의 천체·기상과 지구상의 자연·인문 지리를 서술하였어요.
지도	동국지도	정상기가 제작한 지도로, 최초로 100리 척을 사용하였어요.
	대동여지도	김정호가 제작한 한반도 지도로, 전국을 22첩으로 구성하였어요. 산맥, 하천, 포구, 도로망 등이 자세히 표시되어 있으며, 목판으로 제작하여 대량으로 찍어 낼 수 있었어요.
한글	훈민정음 운해	신경준이 우리말의 음운을 연구한 책으로, 훈민정음의 발음 원리를 과학적으로 규명하였어요.

김정희의 "금석과안록"

김정희는 연경에서 만난 청의 유학자들과 교류하며 경학, 금석학, 서화 등에 많은 영향을 받았어요. 귀국 후에 금석학 연구에 몰두하였고, 금석 자료를 찾고 보호하는 데 많은 노력을 기울였어요. 그 결과 함흥의 황초령비와 서울의 북한산비가 진흥왕 순수비라는 사실을 밝혀내고 비문의 내용을 판독하고 해설한 것을 "금석과안록"으로 남겼어요.

> 가경(嘉慶) 병자년 가을에 내가 김경연과 함께 승가사에서 노닐다가 이 비를 보게 되었다. …… 탁본한 결과 비석의 몸체는 황초령비와 서로 흡사하였고, 제1행 진흥(眞興)의 진(眞) 자는 약간 민멸(泯滅)되었으나 여러 차례 탁본해서 보니, 진(眞) 자임에 의심할 여지가 없었다. 그래서 마침내 이를 진흥왕의 고비(古碑)로 단정하고 보니, 1200년이 지난 고적(古蹟)이 일조에 크게 밝혀져서 무학비(無學碑)라고 하는 황당무계한 설이 변파(辨破)되었다. 금석학이 세상에 도움이 되는 것이 바로 이와 같은 것이다. - "완당집" -

김정호의 대동여지도

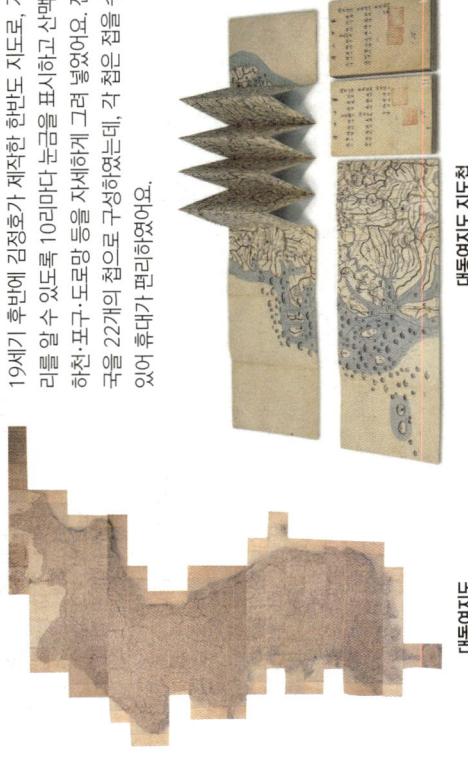

19세기 후반에 김정호가 제작한 한반도 지도로, 거리를 알 수 있도록 10리마다 눈금을 표시하고 산맥·하천·포구·도로망 등을 자세하게 그려 넣었어요. 전국을 22개의 첩으로 구성하였는데, 각 첩은 접을 수 있어 휴대가 편리하였어요.

대동여지도

대동여지도 지도첩

용어 사전

지봉유설
이수광이 세 차례에 걸쳐 중국에 사신으로 다녀온 경험을 바탕으로 편찬한 일종의 백과사전으로, '지봉'은 이수광의 호입니다.

임원경제지
서유구가 국내의 여러 농업 서적과 중국의 문헌 등을 참조하여 만든 농업 위주의 백과사전입니다.

26강 조선 후기(문화 1)

마무리도 빈틈없이 **한국사를 읽다**

1 조선 후기 성리학의 변화

변화	• 의례를 중시한 예학 발달(김장생이 "가례집람" 저술) • 송시열을 비롯한 서인 주도로 성리학의 절대화·교조화	
반발	• 윤휴 : "독서기" 저술 • 박세당 : "사변록" 저술	유교 경전의 재해석 시도 → 노론에 의해 사문난적으로 몰림
한계	17세기 이후에 나타난 사회·경제적 변화 외면 → 현실 문제의 해결 능력 상실	

2 양명학의 수용

발전	성리학이 절대화되는 가운데 일부 소론 학자들이 양명학 연구 → 18세기 정제두에 의해 체계화됨, 강화학파 형성
특징	앎은 행함을 통해서 성립한다는 지행합일과 치양지의 실천성 강조

3 실학의 발달

(1) 실학의 등장

배경	• 성리학이 조선 후기 사회 모순에 대한 해결책을 제시하지 못함 • 17~18세기 현실 문제의 해결 방안을 구상하는 과정에서 대두
특징	• 농업 중심의 개혁론, 상공업 중심의 개혁론, 국학 연구 등으로 발전 • 민생 안정과 부국강병 추구, 사회 개혁론 제시, 실증적·민족적·근대 지향적 성격

(2) 농업 중심의 개혁론(중농학파, 경세치용 학파) : 자영농 육성

유형원	• "반계수록" 저술 • 균전론 : 모든 토지를 국유화하고 신분에 따라 토지를 차등 분배할 것을 주장
이익	• "성호사설"·"곽우록" 저술 • 한전론 : 한 가정의 생계에 필요한 최소한의 땅을 영업전으로 설정, 토지 매매의 제한 주장 • 노비 제도, 과거제, 양반 문벌제도, 사치와 미신, 승려, 게으름을 나라를 좀먹는 여섯 가지 폐단('6가지 좀')으로 지적 • 폐전론 : 농민 생활의 안정을 위해 화폐 사용 반대
정약용	• "경세유표"·"목민심서"·"흠흠신서" 저술, 실학을 집대성함 • '전론'에서 여전론 제안(토지의 공동 소유 및 공동 경작, 노동량에 따른 수확물 분배 주장), 후에 현실성을 고려한 정전제 제시

(3) 상공업 중심의 개혁론(중상학파, 이용후생 학파, 북학파) : 상공업 진흥, 청 문물 수용

유수원	• "우서" 저술 • 상공업의 진흥과 기술 혁신 강조, 사농공상의 직업적 평등과 전문화 주장
홍대용	• "임하경륜"·"의산문답"·"담헌서"·"을병연행록" 저술, 혼천의 제작(천체의 운행과 위치 측정) • 지전설, 무한 우주론 주장 → 중국 중심의 세계관 극복 • 기술 혁신, 문벌제도 철폐, 성리학 극복 등 주장
박지원	• "열하일기" 저술 • "양반전"·"허생전"·"호질" 등 한문 소설 저술 → 체면에만 얽매인 양반들을 풍자 • 수레와 선박 이용 강조, 화폐 유통의 필요성 주장, 양반 문벌제도의 비생산성 비판
박제가	• "북학의" 저술(재물을 우물에 비유하여 생산력 증대를 위해 절약보다 소비 권장) • 청 문물의 수용, 수레와 선박 이용 등 주장

4 국학의 발달

역사	• 안정복의 "동사강목" : 단군 조선~고려의 역사 서술, 우리 역사의 독자적 정통론 주장 • 한치윤의 "해동역사" : 국내외 500여 종의 자료를 참고하여 고조선~고려의 역사를 실증적으로 서술 • 김정희의 "금석과안록" : 황초령비와 북한산비의 비문을 판독·해설하여 진흥왕 순수비임을 밝힘 • 이종휘의 "동사" : 고대사 연구의 시야를 만주로 확대 • 유득공의 "발해고" : 발해의 역사를 우리 역사의 일부로 편입, '남북국'이라는 용어를 처음 사용 • 이긍익의 "연려실기술" : 실증적·객관적 서술로 조선의 정치와 문화 정리, 기사본말체로 서술
지리서	• 이중환의 "택리지" : 각 지방의 자연환경, 인물, 풍속 등을 기록한 인문 지리서 • 한백겸의 "동국지리지" : 역사 지리서, 삼한의 위치와 고대 지명을 새롭게 고증 • 정약용의 "아방강역고" : 우리나라 강역에 관한 역사 지리서
지도	• 정상기의 동국지도 : 최초로 100리 척 사용 • 김정호의 대동여지도 : 산맥·하천·포구·도로망 등을 자세히 표현, 10리마다 눈금 표시, 목판으로 만들어져 대량 인쇄 가능
백과사전	• 이수광의 "지봉유설" : 우리나라 백과사전의 시초, "천주실의"를 조선에 소개 • 18~19세기 : 이익의 "성호사설", 이덕무의 "청장관전서", 서유구의 "임원경제지", 이규경의 "오주연문장전산고" 등 • "동국문헌비고" : 영조 때 국가적 사업으로 우리나라의 역대 문물 정리 • 정약전의 "자산어보" : 흑산도 연해의 수산 생물을 조사하여 정리한 어류학서
한글	• 신경준의 "훈민정음운해" : 훈민정음의 발음 원리를 과학적으로 규명 • 유희의 "언문지" : 우리말 음운 연구 • 이의봉의 "고금석림" : 우리 방언과 해외 언어 정리

26강 조선 후기(문화 1)

1 (가)에 들어갈 내용으로 옳은 것은? [2점]

심화 50회 25번

① 청으로부터 시헌력 도입을 건의했어.
② 기기도설을 참고하여 거중기를 설계했어.
③ 무오사화의 발단이 된 조의제문을 작성했어.
④ 천체의 운행과 위치를 측정하는 혼천의를 제작했어.
⑤ 유학 경전을 주자와 달리 해석한 사변록을 저술했어.

1 박세당 정답 ⑤

정답 찾기 "색경"을 편찬하였으며, 노론에 의해 사문난적으로 몰렸다는 내용을 통해 박세당에 관한 대화임을 알 수 있어요. 박세당은 조선 후기의 학자로 실리를 추구하였으며 민생 안정을 위한 개혁을 주장하였어요. 또한, ⑤ "사변록"에서 유학 경전을 주자와 달리 해석하였는데, 이러한 이유로 성리학(주자학)을 신봉하는 송시열 등 노론에 의해 '사문난적'으로 몰려 당시 학계에서 배척되었어요.

오답 피하기
① 김육은 청에서 사용하는 시헌력을 도입하자고 효종에게 건의하였어요.
② 정약용은 "기기도설"을 참고하여 거중기를 제작하고 이를 수원 화성 축조에 이용하였어요.
③ 김종직은 세조의 왕위 찬탈을 풍자한 '조의제문'을 작성하였어요. 연산군 때 김일손이 김종직의 '조의제문'을 사초에 실은 것이 빌미가 되어 무오사화가 일어났어요.
④ 이천, 장영실, 홍대용 등이 천문 관측 기구인 혼천의를 제작·개량하였어요.

2 다음 가상 인터뷰의 주인공에 대한 설명으로 옳은 것은? [2점]

심화 65회 27번

성호사설에서 6가지 좀의 하나로 과업을 말씀하셨는데요, 어떤 점이 문제인가요?
요즈음 과거를 준비하는 유생들은 부모 형제와 생업도 팽개치고 종일토록 글공부만 하고 있으니, 이는 인간의 본성을 망치는 재주일 뿐입니다. 다행히 급제라도 하면 교만하고 사치스러워져, 끝없이 백성의 것을 빼앗아 그 욕심을 채웁니다. 때문에 나라를 좀먹는 존재로 표현했습니다.

① 마과회통에서 홍역에 대한 지식을 정리하였다.
② 의산문답에서 중국 중심의 세계관을 비판하였다.
③ 발해고에서 남북국이라는 용어를 처음 사용하였다.
④ 곽우록에서 토지 매매를 제한하는 한전론을 제시하였다.
⑤ 금석과안록에서 북한산비가 진흥왕 순수비임을 고증하였다.

2 이익 정답 ④

정답 찾기 "성호사설"에서 과업(과거제)을 나라를 좀먹는 존재로 표현하였다는 내용을 통해 가상 인터뷰의 주인공이 이익임을 알 수 있어요. 조선 후기 실학자 이익은 자신의 저서 "성호사설"에서 노비제, 과거제, 양반 문벌, 사치와 미신, 승려, 게으름을 나라를 좀먹는 6가지 폐단으로 지적하였어요. '성호'는 이익의 호입니다. ④ 이익은 "곽우록"에서 생계에 필요한 최소한의 토지를 영업전으로 정하고 영업전의 매매를 제한하는 방식의 한전론을 토지 개혁안으로 제시하였어요.

오답 피하기
① 정약용은 홍역에 관한 국내외 자료를 종합하여 "마과회통"을 저술하였어요.
② 홍대용은 "의산문답"에서 어느 곳이든 세계의 중심이 될 수 있다고 주장하며 중국 중심의 세계관을 비판하였어요.
③ 유득공은 "발해고"에서 발해의 역사를 다루고 신라와 발해를 지칭하여 '남북국'이라는 용어를 처음 사용하였어요.
⑤ 김정희는 "금석과안록"을 저술하여 황초령비와 북한산비가 진흥왕 순수비임을 고증하였어요.

3 (가), (나) 인물에 대한 설명으로 옳은 것은? [2점]

심화 67회 25번

① (가) - 100리 척을 사용하여 동국지도를 제작하였다.
② (가) - 곽우록에서 토지 매매를 제한하는 한전론을 제시하였다.
③ (나) - 의산문답에서 중국 중심의 세계관을 비판하였다.
④ (나) - 여전론을 통해 마을 단위의 공동 경작을 주장하였다.
⑤ (가), (나) - 양명학을 연구하여 강화학파를 형성하였다.

3 조선 후기 실학의 발달 정답 ④

정답 찾기 "북학의"를 저술하고 소비 촉진을 통한 생산력 증대를 주장한 (가) 인물은 박제가이며, "경세유표"를 저술한 (나) 인물은 정약용이에요. 박제가는 조선 후기의 실학자로 상공업 중심의 개혁론을 강조하였어요. 서얼 출신으로 규장각 검서관에 발탁되었으며, 청에 다녀와 그곳에서 보고 들은 내용을 담아 "북학의"를 저술하였어요. 정약용은 조선 후기에 농업 중심의 개혁론을 주장한 실학자입니다. 정조가 죽은 후 오랫동안 유배 생활을 하면서 "경세유표", "목민심서", "흠흠신서" 등을 저술하였어요. 또한, ④ 토지의 공동 소유 및 공동 경작과 노동량에 따른 수확물의 분배를 주장한 여전론을 제안하였으며, 후에 현실성을 고려하여 정전제를 주장하였어요.

오답 피하기
① 정상기는 최초로 100리 척을 사용하여 동국지도를 제작하였어요.
② 이익은 "곽우록"에서 생계에 필요한 최소한의 토지를 영업전으로 정하고, 이 토지의 매매를 제한하는 방식의 한전론을 제시하였어요.
③ 홍대용은 "의산문답"에서 무한 우주론과 지전설을 주장하며 중국 중심의 세계관을 비판하였어요.
⑤ 정제두는 양명학을 체계적으로 연구하였으며, 강화도에서 강화학파를 형성하였어요.

4 다음 인물에 대한 설명으로 옳은 것은? [3점]

심화 66회 24번

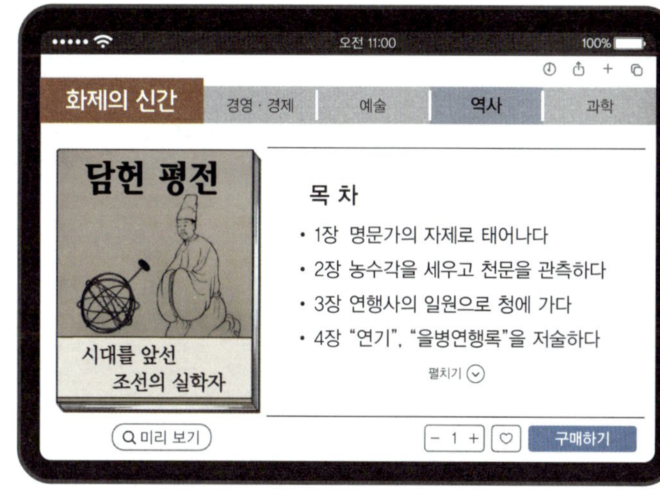

① 지봉유설에서 천주실의를 소개하였다.
② 의산문답에서 무한 우주론을 주장하였다.
③ 양반전을 지어 양반의 허례와 무능을 풍자하였다.
④ 북학의를 저술하여 청의 문물 수용을 강조하였다.
⑤ 동의수세보원을 편찬하여 사상 의학을 정립하였다.

4 홍대용 정답 ②

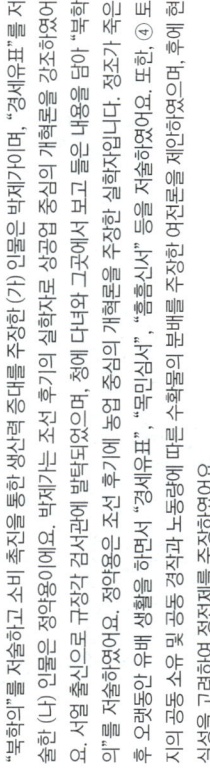

정답 찾기 '담헌'이라는 호와 '혼천의' 그림, "을병연행록"을 저술하였다는 내용을 통해 자료의 인물이 홍대용임을 알 수 있어요. '담헌'이라는 당호로 널리 알려진 홍대용은 조선 후기에 상공업 중심의 개혁론을 주장한 실학자입니다. 연행사의 일원으로 청에 가 머무르면서 서양 문물을 접하고 서양 과학을 경험하여 그 영향을 많이 받았어요. 천체 운동을 관측하는 기구인 혼천의를 제작하였으며, ② "의산문답"에서 무한 우주론을 주장하며 중국 중심의 세계관을 비판하였어요.

오답 피하기
① 이수광은 일종의 백과사전인 "지봉유설"을 저술하여 천주교 교리서인 "천주실의"를 소개하였어요.
③ 박지원은 "양반전", "허생전" 등을 저술하여 양반의 허례와 무능을 풍자하였어요.
④ 박제가는 "북학의"를 저술하여 청의 문물 수용을 강조하였으며 절약보다 적절한 소비를 권장하였어요.
⑤ 이제마는 "동의수세보원"을 편찬하여 같은 병이라도 사람의 체질에 맞게 처방해야 한다는 사상 의학을 정립하였어요.

26강 조선 후기(문화 1)

5 (가) 인물에 대한 설명으로 옳은 것은? [2점]

심화 70회 26번

우리 모둠은 열하일기에서 상공업 진흥과 청의 문물 수용을 주장한 (가) 에 대해 발표하려고 합니다.
모둠별 주제 탐구
조선 후기 실학자의 활동
1모둠 지전설과 무한 우주론을 주장한 홍대용
2모둠 성호사설에서 개혁안을 제시한 이익
3모둠 화폐 유통의 필요성을 주장한 (가)

① 북한산비가 진흥왕 순수비임을 고증하였다.
② 청으로부터 시헌력을 도입하자고 건의하였다.
③ 우서에서 사농공상의 직업적 평등을 주장하였다.
④ 양반전을 지어 양반의 허례와 무능을 풍자하였다.
⑤ 10리마다 눈금을 표시한 대동여지도를 완성하였다.

6 (가) 인물에 대한 설명으로 옳은 것은? [2점]

심화 69회 27번

이것은 청의 화가 나빙이 그린 (가) 의 초상으로, 이별의 아쉬움을 표현한 시가 함께 있습니다. (가) 은/는 연행사의 일원으로 여러 차례 청에 가서 그곳의 문인들과 폭넓게 교유하였습니다. 이 과정에서 북학의를 저술하여 청의 문물을 적극적으로 수용할 것을 주장하였습니다.
특별전
국경을 넘어선 우정

① 세계 지리서인 지구전요를 저술하였다.
② 의산문답에서 무한 우주론을 주장하였다.
③ 기기도설을 참고하여 거중기를 설계하였다.
④ 서자 출신으로 규장각 검서관에 기용되었다.
⑤ 양반전을 지어 양반의 허례와 무능을 풍자하였다.

5 박지원 정답 ④

정답 찾기 "열하일기"에서 상공업 진흥과 청의 문물 수용을 주장하였다는 내용을 통해 (가) 인물이 박지원임을 알 수 있어요. 박지원은 조선 후기에 상공업 중심의 개혁을 주장한 실학자였으며, 청의 선진적인 문물을 경험하고 돌아와 "열하일기"를 집필하였어요. 여기에서 그는 수레와 선박의 이용 등을 강조하였어요. 또한, ④ "양반전", "허생전", "호질" 등의 한문 소설을 지어 양반의 허례와 무능을 풍자하였어요.

오답 피하기
① 김정희는 "금석과안록"에서 북한산비가 진흥왕 순수비임을 고증하였어요.
② 김육은 청에서 사용하는 시헌력의 도입을 효종에게 건의하였어요.
③ 유수원은 "우서"에서 상공업 진흥을 위한 사농공상의 직업적 평등과 전문화를 주장하였어요.
⑤ 김정호는 10리마다 눈금을 표시한 대동여지도를 제작하였어요. 대동여지도는 목판으로 만들어져 대량 인쇄가 가능하였어요.

6 박제가 정답 ④

정답 찾기 "북학의"를 저술하였다는 내용을 통해 (가) 인물이 박제가임을 알 수 있어요. 박제가는 상공업 중심의 개혁론을 주장한 북학파 실학자입니다. 정조 때 채제공을 따라 청에 가서 청의 발달한 문물을 경험하고 돌아온 뒤 보고 들은 것을 정리하여 "북학의"를 저술하였어요. ④ 정조 때 서얼 출신인 박제가, 유득공, 이덕무 등이 규장각 검서관에 기용되었어요.

오답 피하기
① 최한기는 서양의 과학 기술과 천문·지구 등에 관한 내용을 정리한 "지구전요"를 저술하였어요.
② 홍대용은 "의산문답"에서 무한 우주론을 주장하며 중국 중심의 세계관을 비판하였어요.
③ 정약용은 "기기도설"을 참고하여 거중기를 제작해 이를 수원 화성 축조에 활용하였어요.
⑤ 박지원은 "양반전", "호질" 등의 한문 소설을 지어 양반의 허례와 무능을 풍자하였어요.

7 밑줄 그은 '이 인물'에 대한 설명으로 옳은 것은? [2점]

심화 71회 25번

이것은 이 인물이 제주도 유배지에서 부인에게 보낸 한글 편지입니다. 편지에는 유배 생활의 곤궁함과 함께 위독한 부인에 대한 걱정과 그리움이 담겨 있습니다. 독창적인 서체로 유명한 이 인물은 유배지에서 세한도를 그리기도 하였습니다.

① 기대승과 사단칠정 논쟁을 전개하였다.
② 북한산비가 진흥왕 순수비임을 고증하였다.
③ 양명학을 연구하여 강화학파를 형성하였다.
④ 청으로부터 시헌력을 도입하자고 건의하였다.
⑤ 열하일기에서 수레와 선박의 사용을 강조하였다.

8 (가)에 대한 설명으로 옳은 것은? [3점]

심화 54회 28번

이번 경매 물건은 김정호가 당시 조선의 지도 제작 기술을 집대성하여 만든 (가) 입니다. 10리마다 눈금을 표시하여 거리를 알 수 있게 하였고, 개개의 산보다 산줄기를 표시하는 데 역점을 두었습니다. 또한, 군현별로 다른 색이 칠해진 채색본으로는 국내에 유일하게 남아 있는 것입니다.
OO월 경매

① 최초로 100리 척이 적용되었다.
② 전체 22첩의 목판본으로 되어 있다.
③ 우리나라에서 제작된 현존 최고(最古)의 지도이다.
④ 각 지방의 연혁, 산천, 풍속 등이 자세히 나타나 있다.
⑤ 전국의 지리 정보에 주요 인물과 역사적 사실을 병기하였다.

7 김정희 정답 ②

정답 찾기 제주도에서 유배 생활을 하였으며, 독창적인 서체로 유명하고 세한도를 그렸다는 내용을 통해 밑줄 그은 '이 인물'이 김정희임을 알 수 있어요. '추사체'라는 독특한 서체를 만든 김정희는 예술적 능력도 뛰어나 세한도 등의 그림을 남겼어요. 세한도는 제주도에 유배를 가 있던 자신을 잊지 않고 귀한 책을 보내 준 제자 이상적에게 답례로 그려 준 그림입니다. 또한, 김정희는 금석학에도 조예가 깊어 "금석과안록"에서 ② 북한산비가 진흥왕 순수비임을 처음으로 고증하였어요.

오답 피하기
① 이황은 기대승과 사단칠정에 대한 논쟁을 벌이고 기대승의 의견을 받아들여 자신의 견해를 수정하기도 하였어요.
③ 정제두는 양명학을 체계적으로 연구하였으며, 강화도에서 후진 양성에 힘을 기울여 강화학파를 형성하였어요.
④ 김육은 청에서 사용하는 시헌력의 도입을 효종에게 건의하였어요.
⑤ 박지원은 청에 다녀온 후 청에서 보고 들은 내용을 기록한 "열하일기"에서 수레와 선박의 사용을 강조하였어요.

8 대동여지도 정답 ②

정답 찾기 김정호가 제작하였으며 10리마다 눈금을 표시하여 거리를 알 수 있게 한 지도는 대동여지도입니다. 산맥, 하천, 포구, 도로망 등이 자세하게 표시된 대동여지도는 ② 전체 22첩의 목판본으로 되어 있어 대량 인쇄가 가능하였어요.

오답 피하기
① 정상기는 최초로 100리 척을 적용한 동국지도를 제작하였어요.
③ 우리나라에서 제작된 현존하는 고지도 가운데 가장 오래된 것은 조선 태종 때 만들어진 세계 지도인 혼일강리역대국도지도입니다.
④ 이중환의 "택리지"는 각 지방의 연혁, 산천, 풍속 등을 자세하게 수록한 인문 지리서입니다.
⑤ 17세기 후반에 김수홍이 제작한 조선팔도고금총람도는 전국의 지리 정보에 주요 인물과 역사적 사실을 함께 적어 놓은 지도입니다.

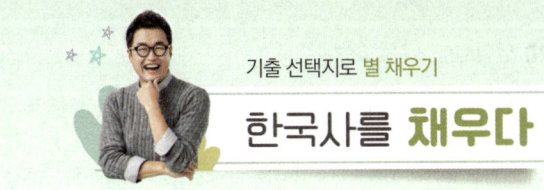

26강 조선 후기(문화 1)

Ready go
이번 강 별 채우기 제한 시간은 2분 40초
한 문장을 끝까지 또박또박 읽어야 패스!

기출 선택지로 별 채우기
한국사를 채우다

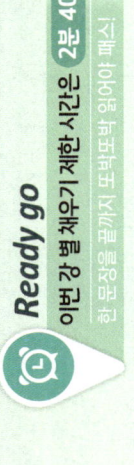

01 김★★은 "가례집람"을 저술하여 예학을 조선의 현실에 맞게 정리하였다.

02 박★★은 "사변록"에서 유교 경전에 대한 독자적 해석을 시도하였다.

03 명대 왕수인이 정립한 ★★학은 성리학의 교조화를 비판하며 지행합일의 실천성을 강조하였다.

04 정★★는 양명학을 연구하여 강화학파 형성의 기초를 마련하였다.

05 유형원은 "반계수록"에서 신분에 따라 토지를 차등 분배하는 ★★론을 주장하였다.

06 이익은 "곽우록"과 "성호사설"에서 ★★전을 설정하여 그 토지의 매매를 제한하는 방식의 ★★론을 제시하였다.

07 정★★은 "경세유표", "목민심서" 등의 저서를 통해 국가 제도의 개혁 방향을 제시하였다.

08 정약용은 ★★론을 통해 토지의 공동 소유와 공동 경작을 주장하였다.

09 유★★은 "우서"에서 사농공상의 직업적 평등과 전문화를 주장하였다.

10 홍대용은 "★★문답"에서 ★전설과 무한 우주론을 주장하며 중국 중심의 세계관을 비판하였다.

11 박지원은 연행사를 따라 청에 다녀온 후 "★★일기"를 집필하였다.

12 박지원은 ★레와 ★박의 이용 및 ★폐 유통의 필요성을 강조하였다.

13 박★★은 "양반전"을 지어 양반의 무능과 허례를 풍자하였다.

14 박제가는 "★★의"를 저술하여 ★ 문물의 수용을 강조하고 수레와 배의 이용을 권장하였다.

15 박제가는 "북학의"에서 재물을 우물에 비유하여 생산력 증대를 위해 절약보다 ★★를 권장하였다.

16 박제가, 유득공은 서얼 출신으로 ☆☆각 검서관에 등용되었다.

17 김정희는 "금석과안록"에서 황초령비와 북한산비가 신라 진흥왕 ☆☆비임을 고증하였다.

18 한치윤은 외국 문헌을 이용하여 고조선부터 고려까지의 역사를 서술한 "☆☆역사"를 편찬하였다.

19 이종휘는 고대사 연구의 시야를 만주로 확대하여 "☆사"를 편찬하였다.

20 유득공은 "☆☆고"에서 '남북국'이라는 용어를 처음으로 사용하였다.

21 한백겸은 "☆☆지리지"를 저술하여 삼한의 위치를 고증하였다.

22 정약용은 우리나라의 역사 지리를 정리한 "☆☆강역고"를 저술하였다.

23 이중환은 현지 답사를 바탕으로 인문 지리서인 "☆☆지"를 저술하였다.

24 정상기는 최초로 100리 척을 사용하여 ☆☆지도를 제작하였다.

25 김정호는 산맥, 하천, 포구, 도로망 등을 자세히 표시한 ☆☆☆지도를 완성하였다.

26 영조 때 역대 문물을 정리한 "☆☆☆☆비고"가 편찬되었다.

27 정약전은 유배지인 흑산도 연해의 수산 생물을 조사하여 "☆☆어보"를 저술하였다.

정답

01 장생 **02** 세당 **03** 양명 **04** 제두 **05** 균전 **06** 영업, 한전 **07** 약용 **08** 여전 **09** 수원 **10** 의산, 지 **11** 열하 **12** 수, 선, 화 **13** 지원 **14** 북학, 청 **15** 소비 **16** 규장 **17** 순수 **18** 해동 **19** 동 **20** 발해 **21** 동국 **22** 아방 **23** 택리 **24** 동국 **25** 대동여 **26** 동국문헌 **27** 자산

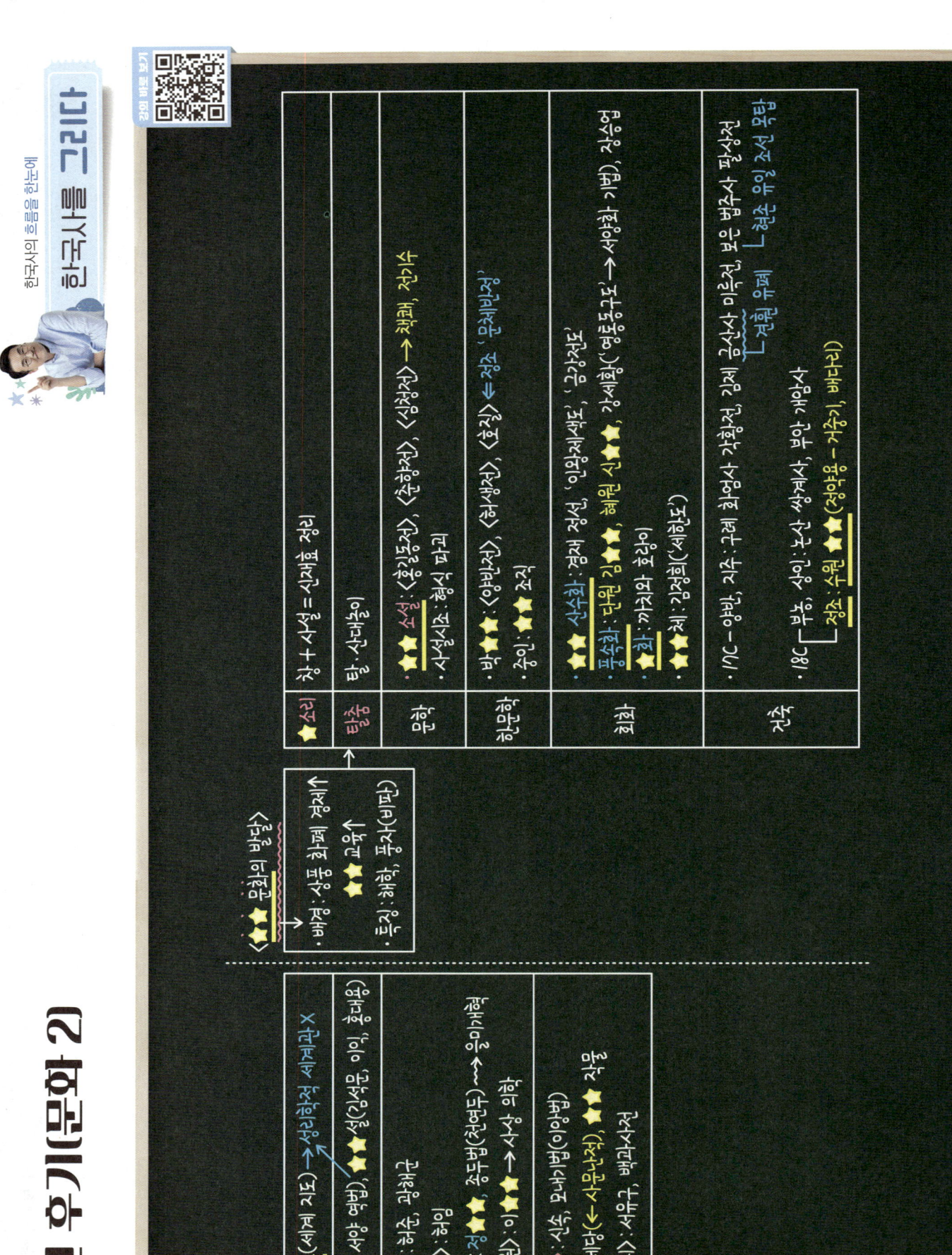

27강 조선 후기(문화 2)

한국사의 흐름을 한눈에 **한국사를 그리다**

강의 바로 보기

〈과학 기술의 발달〉

서양 문물	★★만국전도(세계 지도) → 성리학적 세계관 X
천문학	★★력(김육, 서양 역법), ★★설(김석문, 이익, 홍대용)
의학	· 〈★★보감〉: 허준, 광해군 · 〈침구경험방〉: 허임 · 〈마과회통〉: 정★★, 종두법(천연두) ⇝ 을미개혁 · 〈동의수세보원〉: 이★★ → 사상 의학
농서	· 〈농가★★〉: 신속, 모내기법(이앙법) · 〈색경〉: 박세당(← 사문난적), ★★ 작물 · 〈★★경제지〉: 서유구, 백과사전

〈★★ 문화의 발달〉

· 배경: 상품 화폐 경제↑ ★★ 교육↑

· 특징: 해학, 풍자(비판)

★소리	창 + 사설 = 신재효 정리
탈춤	탈·산대놀이
문학	· ★★ 소설: 〈홍길동전〉, 〈춘향전〉, 〈심청전〉 → 책쾌, 전기수 · 사설시조: 형식 파괴
한문학	· 박★★: 〈양반전〉, 〈허생전〉, 〈호질〉 ⇐ 정조 '문체반정' · 중인: ★★ 조직
회화	· ★★ 산수화: 겸재 정선, '인왕제색도', '금강전도' · 풍속화: 단원 김★★, 혜원 신★★, 강세황('영통동구도' → 서양화 기법), 장승업 · ★화: 까치와 호랑이 · ★★체: 김정희('세한도')
건축	· 17C – 양반, 지주: 구례 화엄사 각황전, 김제 금산사 미륵전, 보은 법주사 팔상전 (금산사 └ 견훤 유폐, 법주사 팔상전 └ 현존 유일 조선 목탑) · 18C ┌ 부농, 상인: 논산 쌍계사, 부안 개암사 └ 정조: 수원 ★★(정약용 – 거중기, 배다리)

★정답 곤여, 시헌, 지전, 동의, 약용, 제마, 집성, 상품, 임원, 서민, 서당, 판, 한글, 지원, 시사, 진경, 홍도, 윤복, 민, 추사, 화성

→ 나만의 약점 단권화 노트 12쪽에서 완성 판서를 확인하세요.

27강 조선 후기(문화 2)

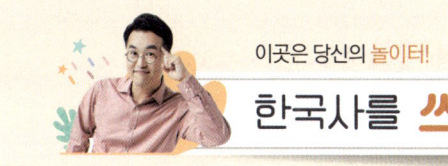

〈과학 기술의 발달〉

서양 문물	
천문학	
의학	· · · ·
농서	· · ·

〈서민 문화의 발달〉

· ·

→

판소리	
탈춤	
문학	· ·
한문학	· ·
회화	· · · ·
건축	· ·

27강 조선 후기(문화 2)

곤여만국전도

서양 선교사인 마테오 리치가 중국 베이징에서 제작한 세계 지도로, 조선 후기에 우리나라에 전해졌어요. 조선 초 태종 때 제작된 혼일강리역대국도지도에는 중국이 지도 가운데 커다랗게 그려져 있었지만, 곤여만국전도에 그려진 중국의 크기는 현재의 세계 지도와 거의 유사합니다. 곤여만국전도는 조선인의 세계관 확대에 크게 영향을 주었어요.

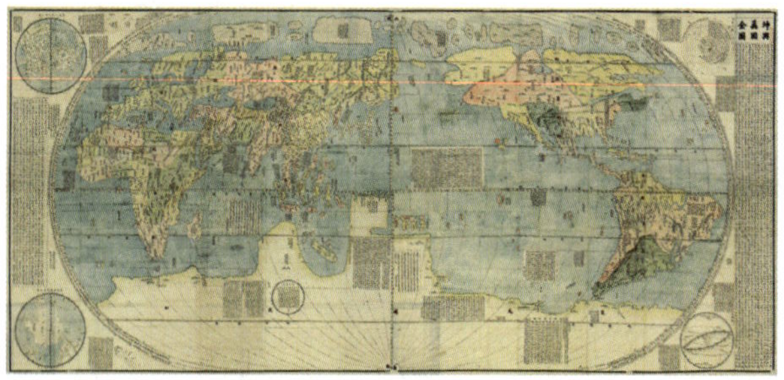
곤여만국전도

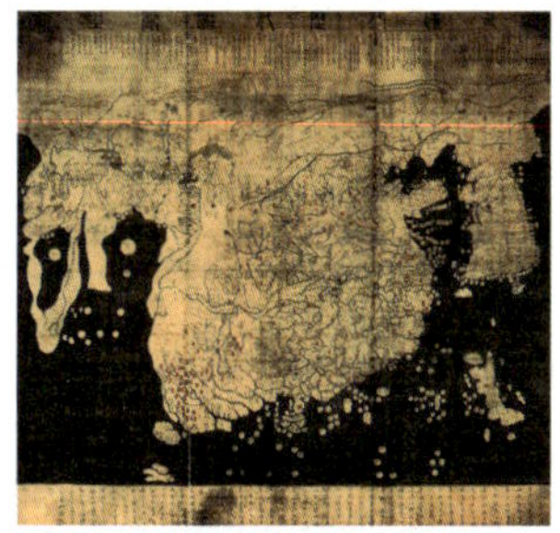
혼일강리역대국도지도

동의수세보원

이제마가 지은 사상 의학서입니다. 사상 의학이란 사람의 체질을 태양인, 태음인, 소양인, 소음인 네 가지 유형으로 나누어 같은 병이라도 각각의 체질에 맞게 처방해야 한다는 이론이에요.

사람이 날 때 타고난 장기(臟器)의 이치가 서로 같지 않은 것이 네 가지가 있다. 폐가 크고 간이 작은 사람을 태양인이라고 하고, 간이 크고 폐가 작은 사람을 태음인이라 한다. 지라*가 크고 콩팥이 작은 사람을 소양인이라 하고 콩팥이 크고 지라가 작은 사람을 소음인이라 한다.

- 이제마, "동의수세보원" -

* 지라 : 혈액 속의 세균을 죽이고 오래된 적혈구를 파괴하는 장기

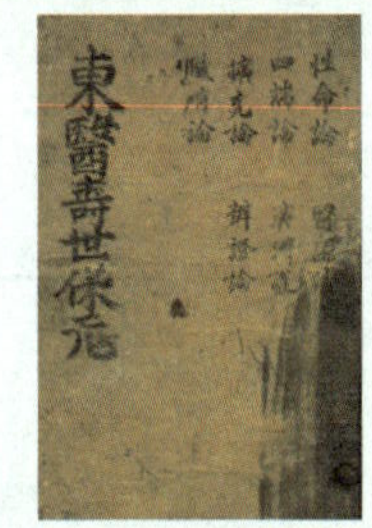

진경 산수화

'실제 경치를 소재로 한 산수화'라는 뜻이에요. 관념적 이상 세계를 그린 중국의 산수화를 모방한 것이 아닌 우리나라의 경치를 직접 보고 그린 그림입니다. 대표적인 작품으로 겸재 정선이 그린 인왕제색도, 금강전도가 있어요.

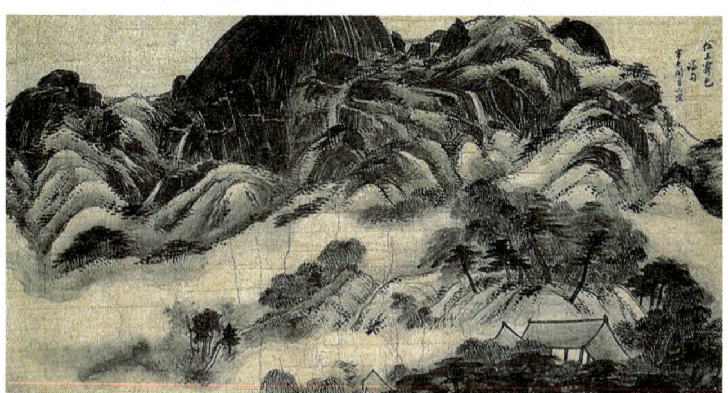
인왕제색도

금강전도

영통동구도

강세황의 화첩인 "송도기행첩"에 실린 작품 중 하나로, 서양 화법인 음영법과 원근법을 사용하여 영통동으로 향하는 길목 풍경을 그린 그림이에요.

용어 사전

시헌력
태음력에 태양력의 원리를 적용하여 24절기와 하루의 시각을 정밀하게 계산하여 만든 역법으로, 독일의 선교사 아담 샬 등이 중국에 머물며 만들었어요. 조선은 인조 때 김육의 건의로 도입하여 효종 때부터 사용하였어요.

동의보감
'우리 의학의 보배로운 거울'이라는 뜻이에요. 왜란 후 백성들이 질병으로 고통을 받자 허준이 자신의 치료 경험 및 중국과 우리나라의 여러 의학서를 연구하여 집대성한 의학 서적이에요. 우리 전통 한의학을 체계적으로 정리하여 의료 지식을 널리 보급하는 데 기여하였어요. 중국과 일본에서도 간행되었으며, 의학 서적으로는 최초로 유네스코 세계 기록 유산으로 등재되었어요.

침구경험방
허임이 자신의 경험을 바탕으로 침을 놓는 방법을 정리한 의학 서적이에요.

마과회통
정약용이 지은 마진, 즉 홍역 치료에 관한 의학 서적이에요. "마과회통"의 부록으로 실린 '종두심법요지'에는 천연두 예방법인 종두법에 관한 내용이 기록되어 있어요.

풍속화

조선 후기에는 당시 사람들의 생활 모습을 담은 풍속화가 유행하였어요. 대표적인 작가로 김홍도와 신윤복이 있지요. 김홍도는 서민의 일상생활 모습을 소탈하고 익살스럽게 표현하였고, 신윤복은 양반의 풍류, 남녀 간의 애정을 감각적·해학적으로 묘사하였어요.

무동(김홍도)

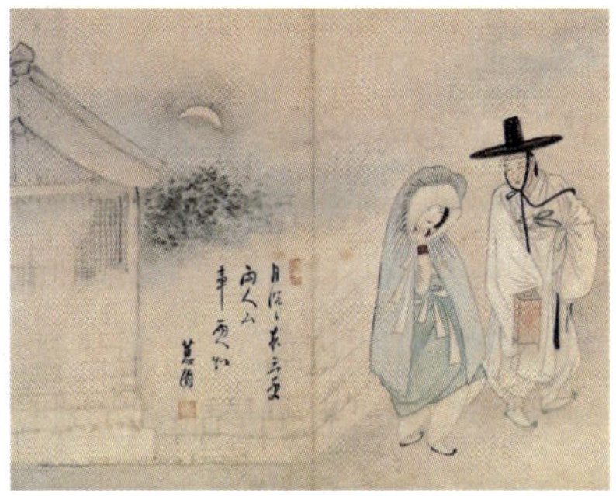
월하정인(신윤복)

추사체와 세한도

김정희는 여러 서체를 연구하여 자신만의 독창적 글씨체인 추사체를 창안하였어요. 한편, 김정희가 제주도로 유배되어 새로운 서적을 접할 수 없는 상황에 처하였을 때 제자인 이상적이 매번 잊지 않고 새로운 책을 구하여 김정희에게 보내 주었는데, 김정희는 이렇게 변함없는 의리를 지켜 준 이상적에게 고마운 마음을 담아 세한도를 그려 주었어요.

추사체

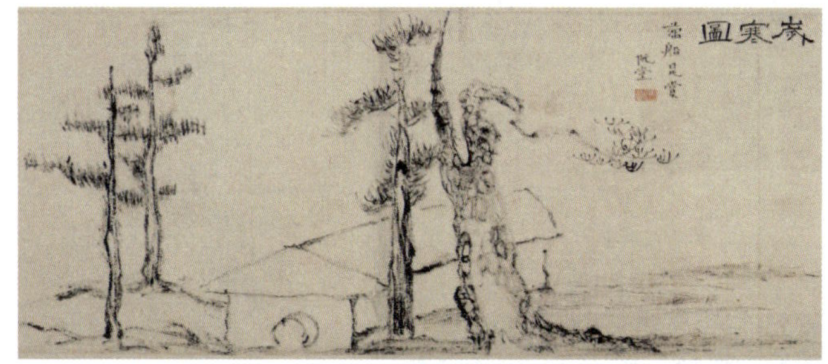
세한도

민화

생활 공간을 장식하거나 복을 빌기 위해 그린 그림이에요. 특히 무병장수의 기원을 담은 까치와 호랑이 그림이 유명합니다.

까치와 호랑이

조선 후기의 사원 건축

조선 후기에는 규모가 큰 사원 건축물이 많이 지어졌어요. 17세기에는 양반 지주층의 지원으로 구례 화엄사 각황전, 김제 금산사 미륵전, 보은 법주사 팔상전 등 규모가 큰 건물이 지어졌고, 18세기에는 부농층과 상인의 지원을 받아 논산 쌍계사, 부안 개암사 등의 사원이 세워졌어요.

구례 화엄사 각황전

김제 금산사 미륵전

보은 법주사 팔상전

부안 개암사 대웅보전

용어 사전

농가집성
신속이 엮은 것으로, 이전에 편찬된 농업 서적을 모아 시대에 맞게 수정하고 보완한 책이에요. 특히 모내기법을 자세히 소개하였어요.

색경
농사 색(穡), 경서 경(經). 즉, 농사에 관한 경서라는 뜻이에요. 박세당이 지은 것으로, 인삼이나 담배 등 상품 작물의 재배법이 자세히 소개되어 있어요.

홍길동전
허균이 지었다고 전하는 우리나라 최초의 한글 소설로, 서얼에 대한 차별 철폐와 탐관오리의 응징을 주장하는 등 당시의 현실을 날카롭게 비판하였어요.

허생전
박지원이 지은 한문 소설이에요. 박지원은 허생이라는 주인공을 통해 조선 후기의 허약한 국가 경제를 비판하고 양반 사회의 허구성을 지적하였어요.

전기수
조선 후기에 소설이 유행하면서 사람들이 많이 모이는 곳에서 돈을 받고 전문적으로 이야기책을 읽어 주는 전기수가 등장하였어요.

사설시조
평시조가 일정한 형식을 갖춘 데 반해 사설시조는 비교적 자유로운 형태를 가진 시조였어요. 조선 후기에 서민 문학이 발달하면서 등장하였고, 주제도 일상생활을 다루는 경우가 많았어요.

낯선 용어와 자료 돋보기
한국사를 보다

27강 조선 후기(문화 2)

수원 화성

수원 화성은 정조 때 당시의 모든 기술을 총동원해서 만든 성곽 건축물이에요. 화성의 설계를 맡은 정약용은 거중기를 고안하여 축성 작업에 이용하였어요. 이보다 앞서 정조의 수원 행차를 돕기 위해 한강에 배다리를 만들기도 하였어요.

화서문

장안문

화홍문

서노대

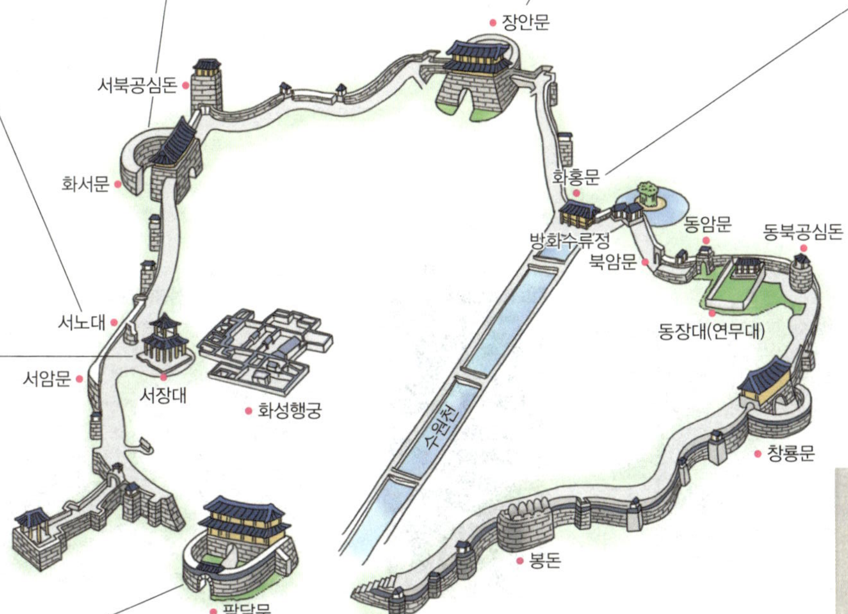

동북공심돈

서장대

팔달문

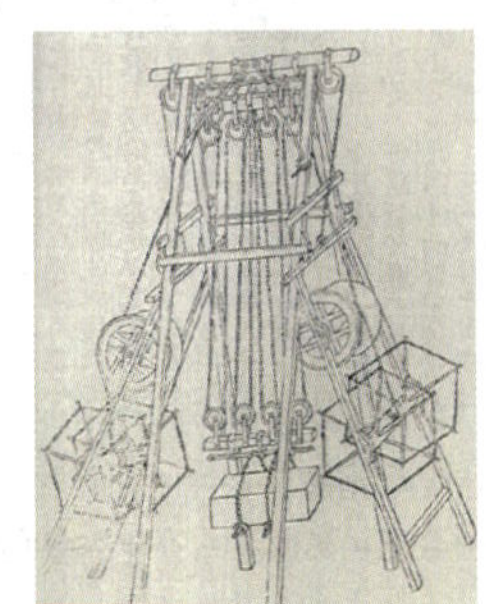
거중기

배다리

용어 사전

보은 법주사 팔상전
임진왜란 때 소실되었다가 인조 때 다시 조성된 대표적인 조선 후기 건축물입니다. 현존하는 유일의 조선 시대 목조탑으로 내부에 석가모니의 생애를 여덟 장면으로 표현한 팔상도가 걸려 있어요.

거중기
무거운 물건을 들어 올릴 때 사용하는 기계로, 조선 정조 때 정약용이 서양 기술을 소개한 중국의 "기기도설"을 참고하여 제작하였어요. 도르래의 원리를 이용하여 작은 힘으로도 무거운 물건을 들어 올릴 수 있었어요.

배다리
배를 일정한 간격으로 늘어놓고 그 위에 널빤지를 깔아서 만든 다리를 말해요. 정조의 화성 행차 때 정약용이 한강에 배다리를 설치하여 정조가 한강을 안전하게 건널 수 있도록 하였어요.

27강 조선 후기(문화 2)

마무리도 빈틈없이 한국사를 읽다

1 서양 문물의 수용과 과학 기술의 발달

(1) 서양 문물의 수용

경로	주로 중국을 왕래하던 사신에 의해 전래
전래 물품	• 선조 때 세계 지도인 곤여만국전도 전래 → 조선인의 세계관 확대에 영향 • 인조 때 정두원이 화포, 천리경, 자명종 등을 들여옴

(2) 과학 기술의 발달

천문학	• 지전설 : 김석문, 홍대용 등이 주장 → 성리학적 세계관 비판, 근대적 우주관 형성 • 무한 우주론(홍대용) : 우주의 끝은 알 수 없으며, 지구가 우주의 중심이 아니라 무수한 별 가운데 하나라고 주장
역법	효종 때 김육 등의 노력으로 청에서 사용되던 시헌력 도입
의학	• 허준의 "동의보감" : 우리의 전통 한의학을 체계적으로 정리, 의료 지식을 널리 보급하는 데 크게 공헌, 중국과 일본에서도 간행 • 허임의 "침구경험방" : 침구술 집대성 • 정약용의 "마과회통" : 홍역에 관한 국내외 의서를 종합하여 편찬 • 이제마의 "동의수세보원" : 사람의 체질을 연구하여 사상 의학 확립, 체질에 따라 달리 처방해야 한다고 주장
농서	• 신속의 "농가집성" : 모내기법(이앙법)과 그 밖의 농법 소개 → 모내기법 보급에 공헌 • 박세당의 "색경" : 채소, 과수, 화초의 재배법 등 소개 • 홍만선의 "산림경제" : 농업과 일상생활에 관한 사항을 소백과사전식으로 기술 • 서유구의 "임원경제지" : 농촌 생활을 위한 백과사전, 경영 방법의 개선, 농업 기술 혁신 방안 제시
기술	정약용 : 한강에 배다리 설계, 거중기 제작(중국의 "기기도설" 참고, 수원 화성 건설에 이용 → 공사 기간 단축, 공사비 절감)

2 조선 후기 문화의 새 경향

(1) 서민 문화의 발달

배경	• 상공업 발달, 농업 생산력 증대 → 서민의 경제적 지위 향상 • 서당 교육의 보급 → 서민의 의식 수준이 높아짐
특징	• 인간의 감정을 솔직하게 표현 • 해학과 풍자 → 사회 비판
판소리	• 이야기를 노래와 사설로 엮어 표현, 서민 문화의 중심, 솔직한 감정 표현 • 19세기 후반에 신재효가 여섯 마당으로 정리(춘향가, 심청가, 흥부가, 적벽가, 수궁가만 전해짐)
탈놀이(탈춤)	• 향촌에서 마을 굿의 일부로 공연, 산대놀이가 민중 오락으로 정착 • 도시의 상인이나 중간층의 지원으로 성행 • 황해도의 봉산 탈춤, 안동의 하회 탈춤, 양주의 별산대놀이 등이 유명 • 양반과 승려의 위선적 모습이나 사회의 부정과 비리를 해학적으로 풍자
한글 소설	• "홍길동전" : 최초의 한글 소설로 알려짐, 서얼에 대한 차별 철폐와 탐관오리의 응징 주장 • "춘향전" : 탐관오리와 신분 질서에 대한 비판, 신분 차별의 부당함 주장 • "토끼전", "심청전", "장화홍련전", "사씨남정기", "박씨전" 등이 서민들 사이에 유행 • 책을 판매하는 책쾌, 소설을 읽어 주는 전기수, 책 대여점인 세책가 등장
사설시조	자유로운 형식으로 감정을 솔직하게 표현(남녀 간의 사랑, 사회 현실에 대한 비판 등)

(2) 한문학의 발달과 시사 활발

한문학	• 박지원 : "양반전", "허생전", "호질" 등 한문 소설 저술 → 위선적인 양반의 모습 풍자 • 정약용 : 애절양 등 한시 창작 → 탐관오리와 부패한 사회의 모습 고발
시사 활발	중인층도 시사 조직 → 창작 활동, 역대 시인들의 시를 모아 시집 발간, 위항 문학 발달

(3) 예술의 새 경향

회화	• 진경 산수화 : 정선이 개척, 우리 자연을 사실적으로 표현 → 정선의 인왕제색도, 금강전도 등 • 풍속화 - 단원 김홍도 : 서민의 일상적인 모습을 소탈하고 익살스럽게 표현 → 서당, 씨름, 밭갈이, 추수 등 - 혜원 신윤복 : 양반의 풍류, 남녀 간의 애정을 감각적·해학적으로 묘사 → 단오풍정, 유곽쟁웅 등 - 오원 장승업 : 산수, 인물, 영모(새, 짐승을 그린 그림) 등 다양한 소재에서 뛰어난 기량 발휘 → 호취도, 방황학산초추강도 등 - 긍재 김득신 : 김홍도의 화풍 계승, 현실감 있는 상황 묘사 → 파적도, 노상알현도 등 • 서양 화풍의 도입 : 강세황(서양 수채화 기법을 동양화와 접목, 원근법 도입) → 영통동구도 • 민화 : 작자 미상, 민중의 소망과 기원을 담음, 생활 공간 장식에 활용 → 까치와 호랑이, 문자도 등
서예	김정희 → 추사체 창안
공예	청화 백자 유행 : 회회청 또는 토청 등의 코발트 안료를 사용하여 푸른색으로 그림을 그려 넣은 자기
건축	• 17세기 : 서원 건축 활발(안동의 병산 서원, 괴산의 화양 서원 등), 규모가 큰 다층 건축물 건립(구례 화엄사 각황전, 김제 금산사 미륵전, 보은 법주사 팔상전 → 양반 지주층의 경제적 성장 반영) • 18세기 : 논산 쌍계사·부안 개암사(부농층과 상인의 지원), 수원 화성 • 19세기 : 경복궁 근정전·경회루 재건(왕실의 권위 회복 목적)

27강 조선 후기(문화 2)

1 다음 가상 인터뷰의 주인공에 대한 설명으로 옳은 것은? [3점]

심화 49회 26번

수원 화성 건설을 위해 설계한 거중기에 대해 설명해 주십시오.
공사에 참여한 백성의 어려움을 덜어 주고자 기기도설에 실린 도르래의 원리를 활용하였습니다. 전하께서는 거중기의 사용으로 4만 냥의 비용을 절약했다고 말씀하셨습니다.

① 북학의에서 절약보다 소비를 권장하였다.
② 의산문답에서 중국 중심의 세계관을 비판하였다.
③ 우서에서 사농공상의 직업적 평등을 주장하였다.
④ 마과회통에서 홍역에 대한 의학 지식을 정리하였다.
⑤ 금석과안록에서 북한산비가 진흥왕 순수비임을 고증하였다.

1 정약용 정답 ④

정답 찾기 수원 화성 건설을 위해 거중기를 설계하여 사용하였다는 내용을 통해 가상 인터뷰의 주인공이 정약용임을 알 수 있어요. 실학을 집대성한 정약용은 농업 중심의 개혁론으로 토지의 공동 소유 및 공동 경작, 노동량에 따른 수확물의 분배를 주장한 여전론을 제안하였어요. 과학 기술에도 관심이 컸던 정약용은 "기기도설"을 참고하여 거중기를 만들어 수원 화성을 축조하는 데 활용하였고, 화성 행차 때 정조가 한강을 안전하게 건널 수 있도록 배다리를 설치하였어요. 또한, ④ "마과회통"에서 홍역의 증상과 치료법 등의 의학 지식을 정리하였어요.

오답 피하기
① 박제가는 "북학의"에서 생산력 증대를 위해 절약보다 소비를 권장하였어요.
② 홍대용은 "의산문답"에서 어느 곳이든 세계의 중심이 될 수 있다고 주장하며 중국 중심의 세계관을 비판하였어요.
③ 유수원은 "우서"에서 상공업을 진흥하기 위해서는 사농공상의 직업적 평등과 전문화가 이루어져야 한다고 주장하였어요.
⑤ 김정희는 "금석과안록"에서 황초령비와 북한산비가 진흥왕 순수비임을 고증하였어요.

2 밑줄 그은 '시기'의 문화에 대한 설명으로 옳지 않은 것은? [1점]

심화 64회 25번

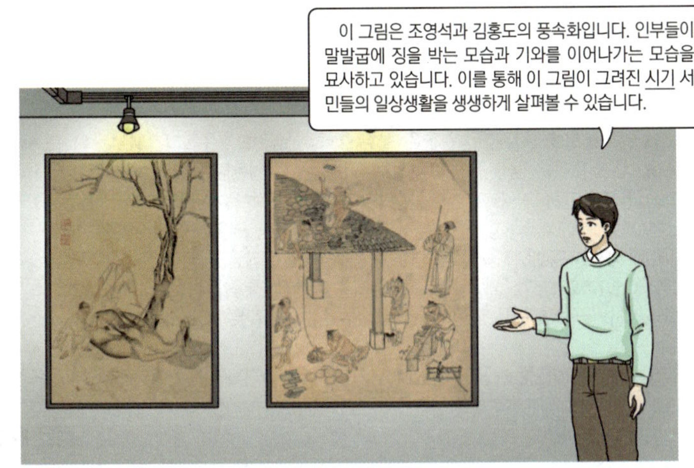

이 그림은 조영석과 김홍도의 풍속화입니다. 인부들이 말발굽에 징을 박는 모습과 기와를 이어나가는 모습을 묘사하고 있습니다. 이를 통해 이 그림이 그려진 시기 서민들의 일상생활을 생생하게 살펴볼 수 있습니다.

① 금강전도 등 진경 산수화가 그려졌다.
② 새로운 역법으로 수시력이 도입되었다.
③ 양반 사회를 풍자한 탈춤이 성행하였다.
④ 춘향가, 흥보가 등의 판소리가 유행하였다.
⑤ 홍길동전, 박씨전 등의 한글 소설이 널리 읽혔다.

2 조선 후기의 문화 정답 ②

정답 찾기 김홍도는 조선 후기에 활동한 대표적인 풍속화가로, 서민의 일상생활을 생동감 있게 담은 풍속화를 비롯하여 산수화, 기록화, 초상화 등 다양한 분야에서 뛰어난 작품을 남겼어요. ② 원의 역법인 수시력은 고려 후기에 도입되었으며, 조선 세종 때 수시력과 아라비아의 회회력을 참고하여 한양을 기준으로 천체 운동을 계산한 역법서인 "칠정산"이 편찬되었어요.

오답 피하기
① 조선 후기에 우리나라의 경치를 직접 보고 사실적으로 그린 진경 산수화가 등장하였어요. 겸재 정선은 진경 산수화를 그린 대표적인 화가로 금강전도, 인왕제색도 등을 남겼어요.
③ 조선 후기에 양반의 위선적 모습이나 사회의 부정과 비리를 해학적으로 풍자한 탈춤이 성행하였어요.
④ 조선 후기에 춘향가, 흥보가 등 노래와 사설로 이야기를 표현하는 판소리가 유행하였어요.
⑤ 조선 후기에 "홍길동전", "박씨전" 등의 한글 소설이 서민층을 중심으로 널리 읽혔어요.

3 밑줄 그은 '이 시기'에 볼 수 있는 모습으로 적절하지 않은 것은? [1점]

심화 74회 26번

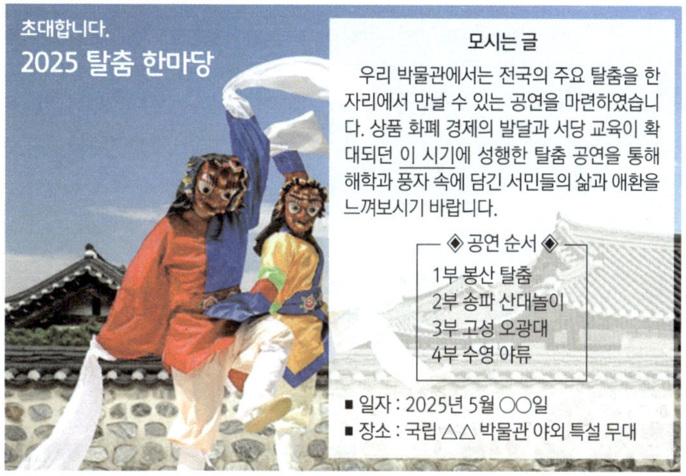

초대합니다.
2025 탈춤 한마당

우리 박물관에서는 전국의 주요 탈춤을 한 자리에서 만날 수 있는 공연을 마련하였습니다. 상품 화폐 경제의 발달과 서당 교육이 확대되던 이 시기에 성행한 탈춤 공연을 통해 해학과 풍자 속에 담긴 서민들의 삶과 애환을 느껴보시기 바랍니다.

1부 봉산 탈춤
2부 송파 산대놀이
3부 고성 오광대
4부 수영 야류
■ 일자 : 2025년 5월 ○○일
■ 장소 : 국립 △△ 박물관 야외 특설 무대

① 판소리 흥보가를 구경하는 농민
② 주자소에서 계미자를 만드는 장인
③ 옥계 시사에서 시를 낭송하는 중인
④ 세책가에서 춘향전을 빌리는 부녀자
⑤ 호랑이를 소재로 민화를 그리는 화가

4 (가) 인물의 작품으로 옳은 것은? [1점]

심화 73회 26번

이곳 철원 삼부연 폭포는 겸재 (가) 이/가 그린 그림으로도 유명합니다. 우리 산천의 아름다움을 사실적으로 표현한 진경 산수화를 실제 모습과 함께 감상해 보세요.

①

②

③

④

⑤

3 조선 후기의 사회 모습 정답 ②

정답 찾기 상품 화폐 경제가 발달하고 서당 교육이 확대되었으며, 탈춤 공연이 성행하였다는 내용을 통해 밑줄 그은 '이 시기'가 조선 후기임을 알 수 있어요. 조선 후기에 상품 화폐 경제가 발달하면서 서민의 경제적 지위가 향상되었으며, 서당 교육이 확대되어 서민의 의식 수준도 높아졌어요. 이는 서민 문화가 발달하는 배경이 되었어요. ② 조선 전기 태종 때 주자소가 설치되어 금속 활자인 계미자가 제작되었어요.

오답 피하기
① 조선 후기에 춘향가, 흥보가 등 노래와 사설로 이야기를 표현하는 판소리가 유행하였어요.
③ 조선 후기에 중인도 양반처럼 시사를 조직하여 문학 활동을 하였어요.
④ 조선 후기에 "춘향전", "홍길동전" 등 한글 소설이 널리 읽혔으며, 돈을 받고 책을 빌려주는 세책가가 성행하였어요.
⑤ 조선 후기에 호랑이, 까치, 해, 달 등을 소재로 하여 건강과 장수 등을 바라는 민중의 소박한 기원을 담은 민화가 유행하였어요.

4 정선의 작품 정답 ①

정답 찾기 '겸재'라는 호와 진경 산수화를 그렸다는 내용을 통해 (가) 인물이 정선임을 알 수 있어요. 조선 후기에 우리 산천을 소재로 하여 사실적으로 그린 진경 산수화가 등장하였어요. 겸재 정선은 진경 산수화를 그린 대표적인 화가로 ① 금강전도, 인왕제색도 등의 작품을 남겼어요.

오답 피하기 ② 김홍도가 그린 산수 인물도(애내일성), ③ 신윤복이 그린 월하정인, ④ 강세황이 그린 영통동구도, ⑤ 안견이 그린 몽유도원도입니다.

27강 조선 후기(문화 2)

5 (가) 인물의 작품으로 옳은 것은? [1점]

심화 70회 27번

이 작품은 조선 후기 대표적 풍속화가인 단원 (가) 이/가 나귀를 타고 유람하는 나그네의 시점으로 그린 행려풍속도병입니다. 8폭 병풍에는 계절에 따라 변해가는 산수와 대장간, 나루터 등 다양한 세상살이의 모습이 생동감 있게 표현되어 있습니다. 각 폭의 그림 위쪽에는 그의 스승인 강세황의 그림평이 적혀 있습니다.

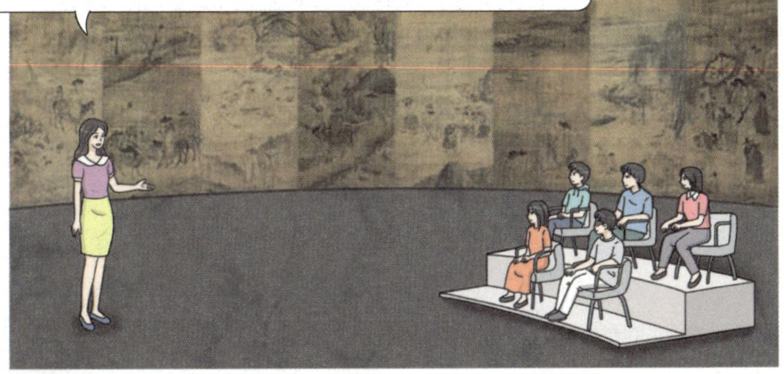

① 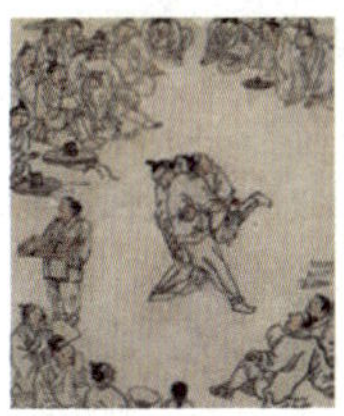
② 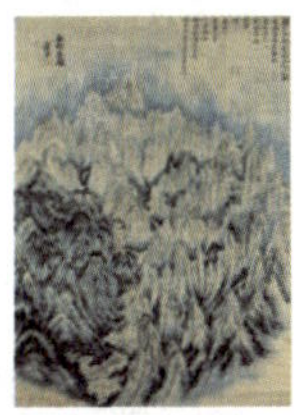
③ 
④ 
⑤ 

6 다음 기사에 보도된 문화유산으로 옳은 것은? [2점]

심화 56회 33번

□□신문

제△△호 2020년 ○○월 ○○일

국민의 품에 안긴 조선 후기 명화

추사 김정희의 대표작이 소장자의 뜻에 따라 ○○박물관에 기증되었다. 그동안 기탁 형태로 관리되었으나 온전히 국가에 귀속된 것이다. 이 작품은 김정희가 제주도 유배 중일 때 사제의 의리를 변함없이 지킨 제자 이상적에게 그려준 것으로, 시서화(詩書畫)의 일치를 추구하였던 조선 시대 문인화의 진수를 보여 준다.

① 
② 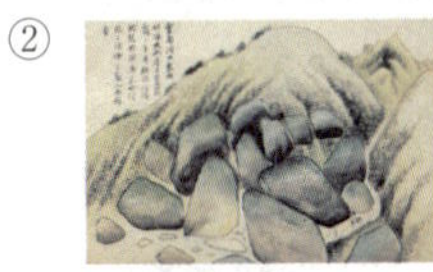
③ 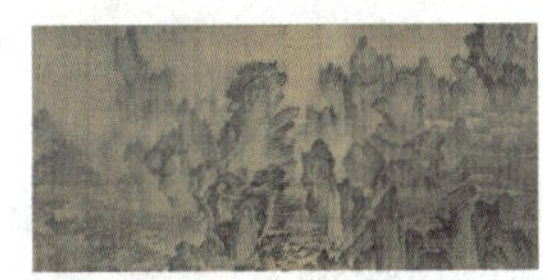
④ 
⑤ 

5 김홍도의 작품 정답 ①

정답 찾기 조선 후기의 대표적 풍속화가이며 '단원'이라는 호를 사용한 것으로 보아 (가) 인물이 김홍도임을 알 수 있어요. 김홍도는 서민의 일상생활을 소탈하고 익살스럽게 표현한 풍속화를 비롯하여 산수화, 인물화 등 다양한 분야에서 뛰어난 작품을 남겼어요. ① 김홍도가 그린 씨름입니다.

오답 피하기 ② 정선이 그린 금강전도, ③ 김득신이 그린 파적도, ④ 신윤복이 그린 월하정인, ⑤ 강세황이 그린 영통동구도입니다.

6 세한도 정답 ④

정답 찾기 추사 김정희는 제주도에 유배된 자신을 잊지 않고 귀한 책을 보내 준 제자 이상적에게 답례로 ④ 세한도를 그려 선물하였어요. 세한도는 이상적의 인품을 날씨가 추워진 뒤에 제일 늦게 낙엽이 지는 소나무와 잣나무의 지조에 비유하여 그린 그림이에요.

오답 피하기 ① 정선이 그린 인왕제색도, ② 강세황이 그린 영통동구도, ③ 안견이 그린 몽유도원도, ⑤ 신윤복이 그린 월하정인이에요.

7 (가)에 해당하는 문화유산으로 옳은 것은? [1점]

심화 55회 27번

#조선 시대 #불교 건축 #부처의 생애

정유재란으로 소실되었다가 인조 때 중건되었다고 해.

① 
법주사 팔상전

② 
화엄사 각황전

③ 
금산사 미륵전

④ 
무량사 극락전

⑤ 
마곡사 대웅보전

7 보은 법주사 팔상전 정답 ①

정답 찾기 충청북도 보은군에 있는 국보이며, 현존하는 유일한 조선 시대 목탑이라는 내용을 통해 (가) 문화유산이 ① 보은 법주사 팔상전임을 알 수 있어요. 보은 법주사 팔상전은 지금까지 남아 있는 유일한 조선 시대 목탑이며 우리나라 탑 중에서 가장 높습니다.

오답 피하기
② 구례 화엄사 각황전은 조선 후기에 지어진 중층 건물로, 현존하는 중층의 불전 중에서 가장 큰 규모입니다.
③ 김제 금산사 미륵전은 조선 후기에 지어진 3층 건물이지만, 거대한 미륵 삼존불 입상을 봉안하기 위해 내부는 3층까지 튼 통층으로 만들어졌어요.
④ 부여 무량사 극락전은 조선 중기에 지어진 중층 건물로, 내부는 통층으로 만들어졌어요.
⑤ 공주 마곡사 대웅보전은 조선 후기에 지어진 중층 건물로, 내부가 거의 원형 그대로 보존되어 있어요.

8 (가) 문화유산에 대한 설명으로 옳은 것을 〈보기〉에서 고른 것은? [2점]

심화 62회 27번

정조가 정치적 이상을 담아 축조한 (가) 안의 모습이 참 예쁘네!
정조가 행차할 때 머물렀던 행궁과 장용영 군사를 지휘했던 서장대도 보여.

보기
ㄱ. 고종이 아관 파천 이후 환궁한 곳이다.
ㄴ. 포루, 공심돈 등 방어 시설을 갖추었다.
ㄷ. 당백전을 발행하여 건설 비용에 충당하였다.
ㄹ. 정약용이 고안한 거중기 등을 이용하여 축조되었다.

① ㄱ, ㄴ ② ㄱ, ㄷ ③ ㄴ, ㄷ
④ ㄴ, ㄹ ⑤ ㄷ, ㄹ

8 수원 화성 정답 ④

정답 찾기 정조가 정치적 이상을 담아 축조하였다는 내용을 통해 (가) 문화유산이 수원 화성임을 알 수 있어요. 정조는 자신의 정치적 이상과 개혁 의지를 실현하고자 수원에 화성을 건설하고 정치·군사·상업 기능을 부여하였어요. 그리고 왕권 강화를 위해 국왕의 친위 부대로 창설한 장용영의 외영을 이곳에 두었어요.
ㄴ. 수원 화성에는 방어를 위해 포진지인 포루와 공심돈이 설치되었어요. 동북포루, 동포루, 북서포루, 서포루, 남포루의 5개 포루와 서북공심돈, 남공심돈, 동북공심돈의 3개 공심돈이 설치되었어요. ㄹ. 수원 화성 건설 당시 정약용이 "기기도설"을 참고하여 만든 거중기를 공사에 활용하였어요.

오답 피하기
ㄱ. 고종은 아관 파천 이후 경운궁(지금의 덕수궁)으로 환궁하였어요.
ㄷ. 고종 때 흥선 대원군이 경복궁을 중건하면서 건설 비용을 보충하기 위해 당백전을 발행하였어요.

27강 조선 후기(문화 2)

Ready go
이번 강 별 채우기 제한 시간은 2분 30초
한 문장을 끝까지 또박또박 읽어야 패스!

기출 선택지로 별 채우기
한국사를 채우다

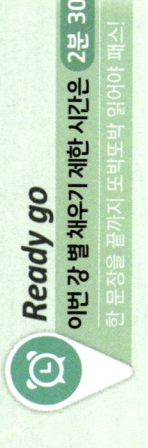

01 선조 때 마테오 리치가 만든 세계 지도인 ★★★★전도가 전래되었다.

02 조선 후기의 실학자 홍★★은 지전설을 주장하여 중국 중심의 세계관을 비판하였다.

03 조선 후기 김육의 건의에 따라 청으로부터 서양의 역법인 ★★력을 도입하였다.

04 광해군 때 전통 한의학을 정리한 허준의 "★★보감"이 완성되었다.

05 정★★은 "마과회통"에서 홍역에 대한 의학 지식을 정리하였다.

06 이★★는 "동의수세보원"을 저술하여 사상 의학을 확립하였다.

07 신속은 "★★집성"에서 모내기법 등을 자세히 소개하였다.

08 서유구는 농업 기술의 혁신 방안을 제시한 "★★경제지"를 저술하였다.

09 박세당은 "★경"을 저술하여 인삼, 담배 등의 상품 작물 재배법을 소개하였다.

10 조선 후기에는 상품 화폐 경제의 발달과 서당 교육의 보급을 배경으로 ★★ 문화가 발달하였다.

11 조선 후기에 노래와 사설로 줄거리를 풀어 가는 판★★가 유행하였다.

12 조선 후기에 양반에 대한 풍자와 해학을 담은 ★춤이 유행하였다.

13 조선 후기에 "홍길동전", "춘향전" 등의 ★★ 소설이 등장하여 서민들 사이에 유행하였다.

14 조선 후기에 형식에 구애받지 않고 감정을 솔직하게 표현한 ★★시조가 유행하였다.

15 조선 후기에 우리나라 산천을 소재로 삼아 사실적으로 그리는 ★★ 산수화가 유행하였다.

16 진경 산수화를 개척한 정선은 ★★제색도, ★★전도 등의 작품을 남겼다.

17 조선 후기에 서민의 일상적인 생활 모습을 그린 ★★화가 유행하였다.

18 조선 후기의 풍속화가 김★★은 파적도 등의 작품을 남겼다.

19 조선 후기의 풍속화가 혜원 ★★★은 월하정인, 단오풍정 등의 작품을 남겼다.

20 조선 후기의 풍속화가 단원 ★★★는 서당, 무동, 타작 등의 작품을 남겼다.

21 조선 후기에 건강과 장수 등을 바라는 민중의 소박한 소망과 기원을 표현한 ★화가 유행하였다.

22 조선 후기에 회회청 또는 토청 등의 코발트 안료를 사용한 ★★ 백자가 널리 보급되었다.

23 17세기에 양반과 지주층의 후원으로 구례 화엄사 ★★전, 김제 금산사 미륵전, 보은 법주사 ★★전 등의 불교 건축물이 지어졌다.

24 정조 때 정약용이 거중기를 제작하여 수원 ★★ 축조에 이용하였다.

정답

01 곤여만국 **02** 대용 **03** 시헌 **04** 동의 **05** 약용 **06** 제마 **07** 농가 **08** 임원 **09** 색 **10** 서민 **11** 소리 **12** 탈 **13** 한글 **14** 사설 **15** 진경 **16** 인왕, 금강 **17** 풍속 **18** 득신 **19** 신윤복 **20** 김홍도 **21** 민 **22** 청화 **23** 각황, 팔상 **24** 화성

28강 개항기(흥선 대원군)

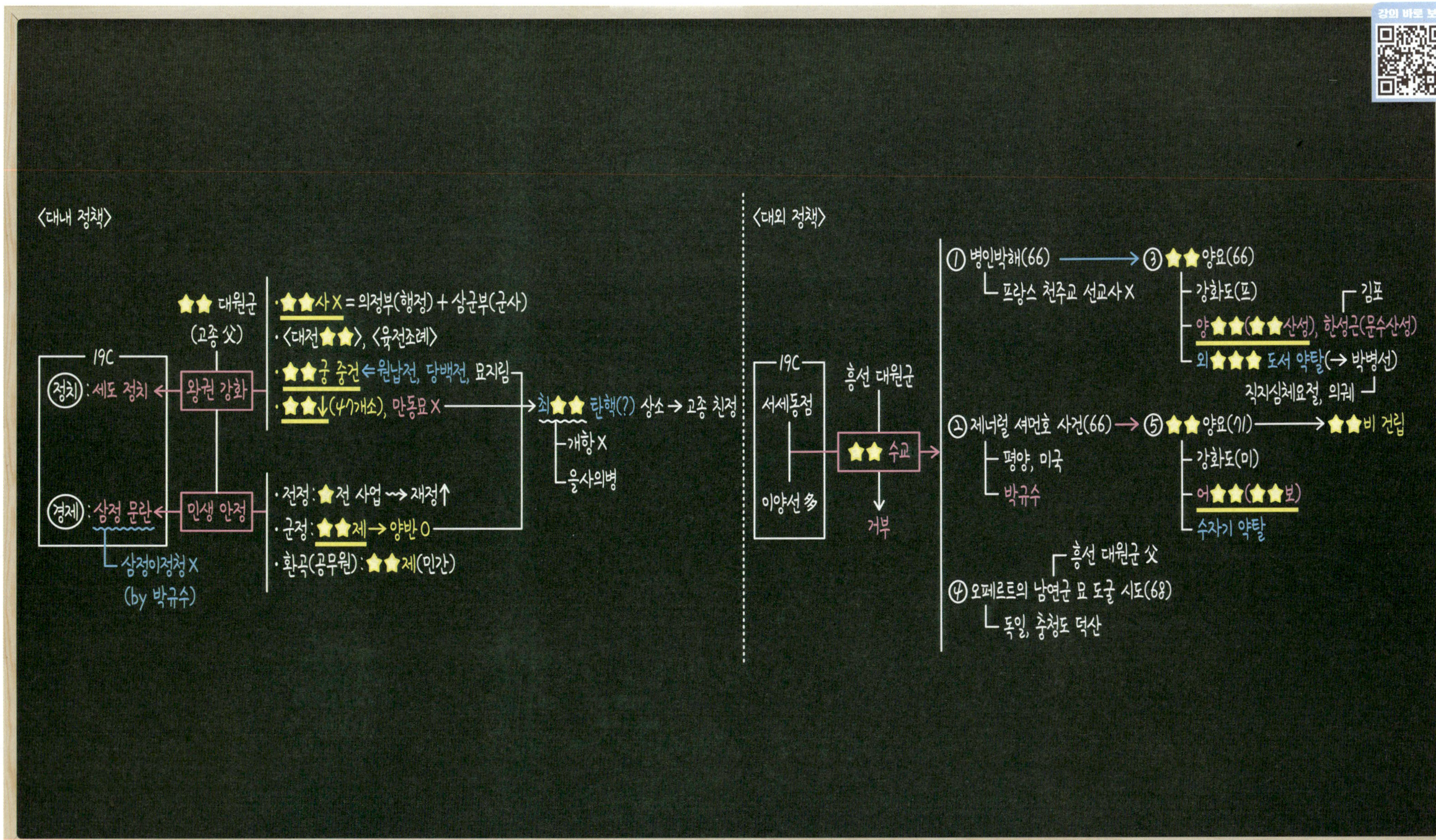

★정답 흥선, 비변, 회통, 경복, 서원, 양, 호포, 사창, 익현, 통상, 병인, 헌수, 정족, 규장각, 신미, 재연, 광성, 척화

→ 나만의 약점 단권화 노트 14쪽에서 완성 판서를 확인하세요.

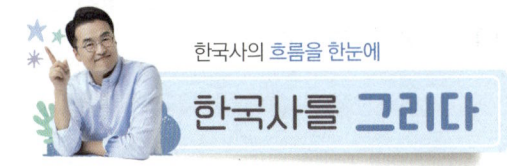

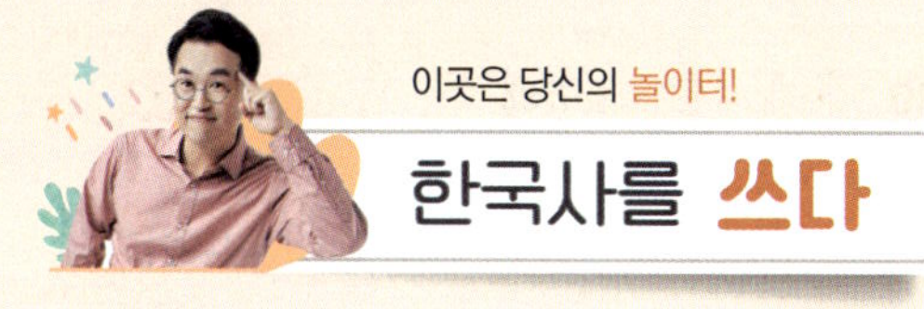

28강 개항기(흥선 대원군)

〈대내 정책〉

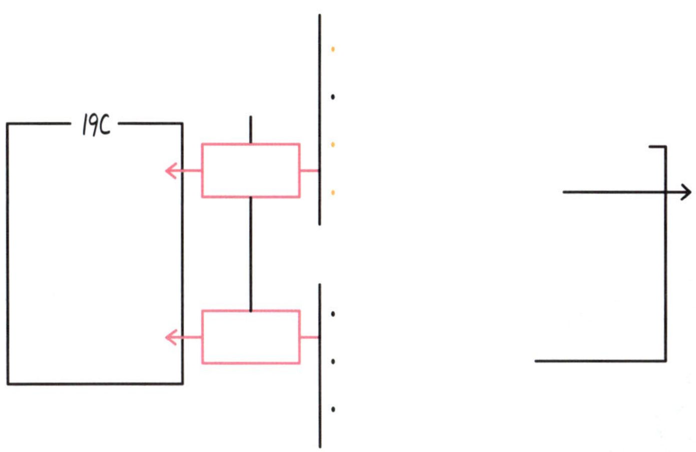

〈대외 정책〉

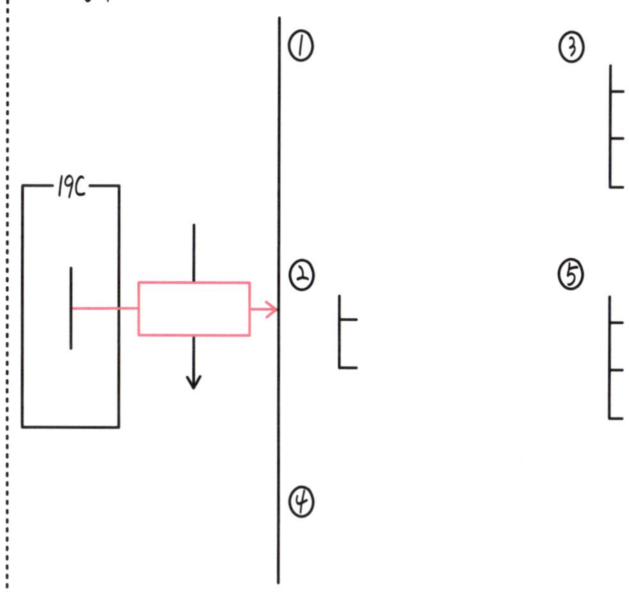

28강 개항기(흥선 대원군)

낯선 용어와 자료 돋보기

한국사를 보다

경복궁 중건

흥선 대원군은 왕실의 권위와 위엄을 되찾기 위해 임진왜란 때 불탄 후 방치되어 있던 경복궁을 중건하였어요. 경복궁 중건에 필요한 비용을 마련하기 위해 원납전을 강제로 징수하고 고액 화폐인 당백전을 발행하였지요. 또한, 공사에 필요한 목재를 조달하기 위해 양반들의 묘지림을 벌목하고 백성의 노동력을 징발하였어요. 이 때문에 양반과 백성들 모두가 불만을 가졌어요.

〈경복궁 타령〉
남문을 열고 파루를 치니 계명산천이 밝아온다.
을축 사월 갑자일에 경복궁을 이루었네.
도편수 거동 봐라. 먹통 들고선 갈팡질팡한다.
우광쿵쾅 소리가 웬 소리냐.
경복궁 짓는 데 회방아 찧는 소리다.
조선 팔도 유명한 돌은 경복궁 짓는 데 주춧돌감이로다.
우리나라 좋은 나무는 경복궁 중건에 다 들어간다.

경복궁 근정전

서원 철폐

흥선 대원군은 서원의 폐단이 날로 심해지자 전국 600여 개의 서원 중 47개소만 남기고 모두 철폐하였어요. 당시 서원은 면세·면역의 혜택을 누리며 백성을 수탈하여 원성을 샀어요.

대원군이 명령을 내려 나라 안 서원을 모두 허물고 서원 유생들을 쫓아 버리도록 하였다. …… 대원군이 크게 노하여 말하기를, "진실로 백성에게 해가 되는 것이 있으면, 비록 공자가 다시 살아난다 하더라도 나는 용서하지 않겠다. 하물며 서원은 우리나라에서 선유(先儒)를 제사하는 곳인데 지금은 도둑의 소굴로 되었음에랴."라고 하였다. 그러고서 형조와 한성부 병사들을 풀어서 대궐 문 앞에서 호소하려는 선비들을 강 건너로 몰아내 버렸다.
- 박제형, "근세조선정감" -

용어 사전

흥선 대원군
1863년 철종이 후계자 없이 죽고 12세의 어린 나이로 고종이 즉위하자 고종의 아버지인 흥선 대원군이 정치적 실권을 잡았어요. 이후 흥선 대원군은 왕권 강화와 민생 안정을 위한 개혁을 추진하였어요.

삼군부
조선 초기에 군사 업무를 총괄하던 관청이에요. 흥선 대원군이 비변사를 사실상 폐지하고 삼군부의 기능을 되살려 군사 업무를 전담하게 하였어요.

대전회통
"속대전"과 "대전통편" 이후 추가된 각종 법규 등을 모아서 보완하고 체계적으로 정리한 조선 시대의 마지막 통일 법전이에요.

육전조례
6조 각 관아의 사무 처리에 필요한 행정 법규와 사례를 정리한 행정 법전이에요.

만동묘

임진왜란 때 조선을 도와준 명의 황제 신종을 제사 지내기 위해 숙종 때 지은 사당으로 충청북도 괴산에 있어요. 만동묘는 국가로부터 많은 혜택을 받았으며, 유생들의 회합 장소가 되어 그 폐단이 서원보다 심하였어요. 흥선 대원군은 대보단에서 명 황제의 제사를 지내므로 따로 제사를 지낼 필요가 없다는 이유를 들어 만동묘를 철폐하였어요.

복원 전의 만동묘 터

호포제

군정의 폐단을 해결하기 위해 가구(호) 단위로 군포를 거둔 제도입니다. 흥선 대원군은 호포제를 실시하여 양반과 상민의 구별 없이 호 단위로 군포를 징수하였어요. 양반은 군포를 내지 않는 것이 그들만의 특권이라 여기고 있었기 때문에 호포제 실시에 크게 반발하였어요.

나라의 제도로서 인정(人丁)에 대한 세를 신포(身布)라고 하였는데, 충신과 공신의 자손에게는 모두 신포가 면제되었다. 이 법이 시행된 지도 이미 오래됨에 턱없이 면제된 자가 매우 많았다. 근래에 와서 무릇 사족이란 자는 모두 신포를 바치지 않고 있고, 그 모자라는 액수를 평민에게 부과하여 보충하고 있었다. 대원군은 액수를 수정하고자 동포(洞布)라는 법을 만들었다. 가령 한 동리에 200호가 있으면 매호에 더부살이 호가 약간씩 있는 것을 정밀하게 밝혀내 계산하고, 신포를 부과하여 고르게 징수하였다. 이 때문에 예전에는 면제되던 자라도 신포를 바치지 않을 수 없게 되었다. 조정의 관리들이 이 법의 시행을 반대하였으나 대원군은 이를 듣지 않고 시행하였다.
- 박제형, "근세조선정감" -

사창제

흥선 대원군은 환곡의 폐단이 심해지자 마을 단위로 사창을 설치하고, 그 마을 안에서 덕망 있고 부유한 사람을 뽑아 자율적으로 운영하도록 하였어요.

> 빌려주고 빌리는 건 양쪽 다 원해야지 억지로 강제하면 불편이 오네.
> 온 땅을 통틀어도 고개만 저을 뿐 빌리겠단 사람은 하나도 없네.
> 봄철에 벌레 먹은 쌀 한 말 받고서 가을에 온전한 쌀 두 말 바치고,
> 게다가 벌레 먹은 쌀값 돈으로 내라 하니 온전한 쌀을 팔아 바칠 수밖에.
> 남는 이윤은 교활한 관리들만 살찌워 한갓 내 시조차 밭이 천 두락이라.
>
> - 정약용, "여유당전서" -

최익현의 상소

고종이 친정(親政)이 가능함에도 흥선 대원군이 계속 실권을 쥐고 있자, 최익현은 흥선 대원군의 정치를 비판하며 흥선 대원군이 정치에서 물러날 것을 촉구하는 내용의 상소를 올렸어요. 이를 계기로 10년 동안 집권한 흥선 대원군이 물러나고 고종의 친정이 이루어지게 되었어요.

> 이 몇 가지 문제는 실로 전하께서 어려서 아직 정사를 도맡아 보지 않고 계시던 시기에 생긴 일입니다. …… 지금부터 임금의 권한을 발휘하시고, 침식을 잊을 정도로 생각하시며 부지런히 일하셔야 할 것입니다. …… 친친(親親)* 의 반열에 속하는 사람은 다만 그 지위를 높이고 녹봉을 후하게 줄 뿐이며, 나라의 정사에는 관여하지 못하게 하셔야 할 것입니다.
>
> - 호조 참판 최익현의 상소 -
>
> * 친친(親親) : 부모와 자식 간의 친밀한 관계를 말함

이양선

'모양이 다른 배'라는 뜻으로, 조선 후기에 통상을 요구하며 우리나라 연해에 나타난 서양의 철선을 말해요. 이양선이 자주 출몰하고, 청과 서양 열강 간에 벌어진 아편 전쟁에서 청이 패배하였다는 소식이 전해지자 조선 내부에서 위기의식이 높아졌어요.

이양선의 출몰

이양선

병인박해

흥선 대원군은 19세기 후반 러시아의 남하에 대한 불안감이 확산하는 상황에서 천주교도인 남종삼 등의 제안에 따라 프랑스를 끌어들여 남하하는 러시아를 견제하려고 하였으나 실패하였어요. 이러한 가운데 천주교 금지 여론이 거세지자 흥선 대원군은 프랑스 선교사 9명과 남종삼, 홍봉주를 비롯한 수많은 천주교 신자를 처형한 병인박해를 일으켰어요.

> 의금부에서 "죄인 남종삼과 홍봉주 등의 결안(決案)은 다음과 같습니다. 남종삼의 결안에, …… 러시아에 변란이 있을 것이라는 말과 프랑스와 조약을 맺을 계책이 있다고 한 것으로 말하면, 애당초 명백하게 근거할 만한 단서도 없는 말을 만들어내 사람들을 현혹시켰습니다. 감히 나라를 팔아먹고자 몰래 외적을 끌어들일 음모를 하였으니, 그 죄는 만 번을 죽여도 오히려 가볍습니다. 죄인이 자백하였습니다. ……"라고 아뢰었다. - "고종실록" -

병인양요

병인박해를 구실로 프랑스 함대가 강화도를 공격하였으나 한성근 부대가 문수산성에서, 양헌수 부대가 정족산성에서 프랑스군을 물리쳤어요.

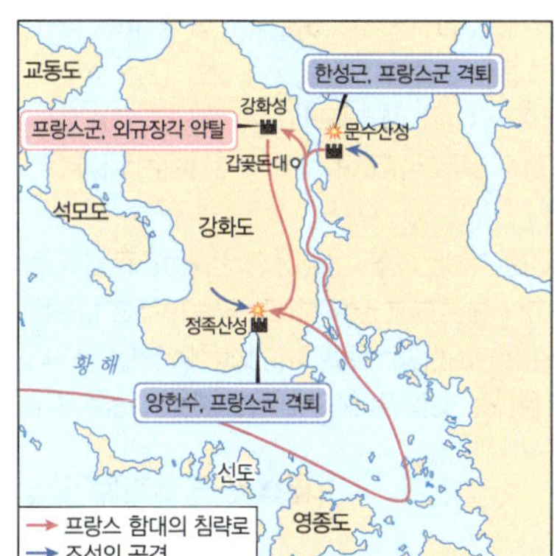

병인양요의 전개

정족산성

용어 사전

원납전
'스스로 원하여 바치는 돈'이라는 뜻이에요. 하지만 흥선 대원군은 경복궁 중건에 필요한 막대한 비용을 마련하기 위해 강제로 거두어들였어요.

당백전
'상평통보 100개와 맞먹는 돈'이라는 뜻의 고액 화폐로, 흥선 대원군이 경복궁 중건 비용을 충당하고 고액 거래의 편의를 위해 발행하였어요. 실질 가치는 100배가 아닌 5~6배 정도였어요. 짧은 기간에 이러한 고액 화폐가 남발되면서 화폐 가치가 하락하고 물가가 폭등하는 등 경제가 혼란에 빠졌어요.

양전 사업
흥선 대원군은 전정의 문란을 바로잡기 위해 양전 사업을 실시하여 토지 대장을 정리하고 숨겨진 토지(은결)를 찾아내 세금을 부과하였어요.

서세동점
서양이 동양을 지배한다는 뜻으로, 밀려드는 외세와 열강을 이르는 말이에요. 서쪽(서양)의 세력이 차차 동쪽(동양)으로 침투·확대되고 있음을 의미합니다.

28강 개항기(흥선 대원군)

낯선 용어와 자료 돋보기
한국사를 보다

외규장각

'바깥에 있는 규장각'이라는 뜻으로, 왕실 서적의 안전한 관리를 목적으로 왕실의 피난처로 여겨진 강화도에 세운 규장각의 부속 도서관이에요. 병인양요 때 프랑스군이 철수하면서 외규장각을 불태우고 의궤 등 수많은 외규장각 도서를 약탈해 갔어요. 이때 약탈된 외규장각 도서는 프랑스 국립 도서관에 보관되어 있다가 2011년에 영구 임대 형식으로 반환되었어요.

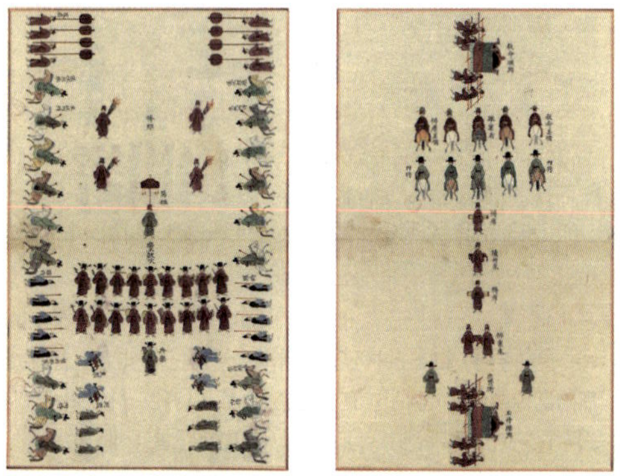
영조정순후 가례도감의궤

신미양요

미국은 1866년에 있었던 제너럴 셔먼호 사건을 구실로 조선에 배상금 지불과 개항을 요구하였으나 거절당하였어요. 이에 미국은 군함을 파견하여 강화도를 침략하고 초지진과 덕진진을 함락하였지요. 어재연이 이끄는 조선의 수비대는 광성보에서 끝까지 항전하였으나 결국 패하여 장수의 깃발인 수(帥)자기를 빼앗겼어요. 이후에도 미국은 군사적 압박을 이어갔고, 이에 맞선 조선군의 저항도 계속되었어요. 결국 조선을 개항시키는 것이 쉽지 않다고 판단한 미군은 강화도에서 물러났어요.

신미양요의 전개

어재연 장군 수자기

오페르트 도굴 사건

독일 상인 오페르트는 조선에 두 차례 통상을 요구하였으나 모두 거절당하였어요. 그러자 충청도 덕산(현재의 예산)에 있는 흥선 대원군의 아버지 남연군의 묘를 도굴하여 그 유해를 이용해 흥선 대원군과 교섭하려는 계획을 세우고 도굴을 시도하였으나 실패하였습니다. 이 사건으로 서양 세력에 대한 조선인의 반감은 커졌고, 흥선 대원군의 통상 수교 거부 의지는 더욱 확고해졌어요.

> 너희 나라와 우리나라 사이에는 원래 왕래도 없었고 은혜를 입거나 원수를 진 일도 없다. 이번 덕산 묘지에서 저지른 사건은 사람으로서 차마 할 수 없는 일이다. …… 따라서 우리나라 신하와 백성들은 있는 힘을 다하여 한마음으로 너희와 같은 하늘을 이고 살 수 없다는 것을 다짐할 뿐이다.
>
> \- 영종진 첨사 신효철의 서신 -

남연군의 묘

척화비

흥선 대원군은 신미양요 후 전국 각지에 척화비를 세워 서양과의 통상 수교 거부의 의지를 널리 알렸어요.

> 洋夷侵犯 非戰則和 主和賣國
> 양이침범 비전즉화 주화매국
>
> 서양 오랑캐가 침범하는데 싸우지 않으면 화친하는 것이요, 화친을 주장함은 나라를 팔아먹는 짓이다.

용어 사전

통상 수교 거부 정책
'통상'은 나라와 나라 사이에 서로 물건을 파는 것이고, '수교'는 외교 관계를 맺는 것이에요. 따라서 통상 수교 거부 정책은 외국과 무역을 하지 않고 외교 관계도 맺지 않겠다는 정책을 말해요.

박규수
연암 박지원의 손자로, 진주 농민 봉기 당시 안핵사로 파견되어 사건의 수습을 위해 힘썼으며, 1866년 평안감사로 있을 때에는 대동강까지 들어와 소란을 피우던 제너럴 셔먼호를 평양 관민과 함께 불살라 침몰시켰어요. 박규수는 1875년 운요호 사건 이후 일본과의 수교를 주장하기도 하였어요.

수자기
장군의 깃발을 말하며 누런 바탕에 검은색 '帥(수)' 자가 쓰여 있어요. 신미양요 당시 미국이 어재연 장군의 수자기를 전리품으로 가져갔다가 2007년에 장기 대여 형식으로 돌려주었어요. 이후 미 해군의 요청으로 2024년 다시 미국에 반환하였어요.

28강 개항기(흥선 대원군)

1 흥선 대원군의 개혁 정치

(1) 19세기 조선의 정세

대내	• 세도 정치로 정치 기강이 해이해져 삼정의 문란 심화 → 전국적으로 농민 봉기 발생 • 동학과 천주교 등 새로운 사상 출현, 확산
대외	• 이양선의 출몰 : 서양 선박이 조선 연해에 자주 나타나 통상 요구 • 중국과 일본이 서양 열강의 압력에 굴복하여 개항 • 러시아의 연해주 차지 → 러시아와 직접 국경을 접하게 됨

(2) 흥선 대원군의 개혁 정책

① 왕권 강화

인사 정책	세도 정치를 펴던 안동 김씨 세력 축출, 당파와 신분을 가리지 않고 인재를 고루 등용
정치 기구 개혁	왕권을 제약하던 비변사의 기능 축소·폐지 → 의정부와 삼군부의 기능 부활(정치와 군사를 나누어 맡게 함)
법령 정비	"대전회통", "육전조례" 편찬 → 통치 체제 재정비
국방 강화	훈련도감의 군사력 증강, 수군 강화, 중국을 통해 서양의 화포 기술 도입
경복궁 중건	• 목적 : 왕실의 권위와 위엄 회복 • 과정 : 공사비 충당을 위해 원납전 강제 징수·고액 화폐인 당백전 발행, 양반 소유의 묘지림을 베어 경복궁의 목재로 사용, 백성의 노동력 동원 • 결과 : 양반과 백성의 불만 고조, 당백전 남발로 물가 폭등
서원 철폐	• 목적 : 왕권 강화, 국가 재정 확충, 민생 안정 • 과정 : 만동묘 철폐, 전국의 서원을 47개소만 남기고 모두 철폐, 서원에 지급되었던 토지와 노비 몰수 • 결과 : 양반 유생층의 반발 → 흥선 대원군 퇴진의 배경으로 작용

② 민생 안정 노력(삼정의 문란 시정)

전정 개혁	• 양전 사업 실시 → 토지 대장에 오르지 않은 은결을 찾아 조세 부과 • 양반과 지주의 불법적 토지 겸병 금지
군정 개혁	호포제 실시(양반에게도 군포 징수) → 양반층의 반발 초래
환곡 개혁	사창제로 전환 → 리(里) 단위로 사창 설치, 향촌에서 덕망 있고 경제적으로 여유로운 사람을 뽑아 사창을 맡겨 자치적으로 운영하게 함

③ 평가

의의	왕권 강화와 민생 안정에 기여
한계	전통 체제 유지와 전제 왕권 강화를 목표로 한 복고적인 개혁 정치

2 통상 수교 거부 정책과 양요

(1) 통상 수교 거부 정책

병인박해 (1866)	천주교의 확산, 프랑스 선교사 입국 → 흥선 대원군이 프랑스를 끌어들여 남하하는 러시아를 견제하고자 함 → 프랑스와의 교섭 실패, 천주교 금지 요구 여론이 거세짐 → 흥선 대원군이 프랑스 선교사 9명과 8천여 명의 천주교도 처형
제너럴 셔먼호 사건 (1866)	• 원인 : 무장을 갖춘 미국의 상선 제너럴 셔먼호가 대동강을 거슬러 평양까지 들어와 통상 요구 • 전개 : 조선 정부의 통상 요구 거부 → 미국 선원들이 관리 납치, 약탈 등 횡포를 부림 → 평안감사 박규수의 지휘 아래 평양 관민이 제너럴 셔먼호를 불태워 침몰시킴
오페르트 도굴 사건 (1868)	• 원인 : 독일 상인 오페르트의 통상 요구 → 조선 정부의 거절 • 경과 : 오페르트가 무장한 선원을 데리고 흥선 대원군의 아버지인 남연군의 묘 도굴 시도 → 도굴 실패 • 결과 : 조선에서 서양 세력에 대한 반감이 더욱 커짐, 흥선 대원군이 서양 세력에 대해 더욱 강경한 태도를 갖게 됨

(2) 서양 열강의 침입과 대응

병인양요 (1866)	• 배경 : 프랑스가 병인박해를 구실로 군함을 보내 조선 침략 • 전개 : 프랑스군(로즈 제독 함대)이 선전 포고도 없이 강화도를 공격하여 점령, 약탈과 살인 자행 → 문수산성(한성근 부대), 정족산성(양헌수 부대)에서 조선군 항전 → 프랑스군 철수, 프랑스군이 퇴각하면서 외규장각 도서와 각종 문화재 약탈
신미양요 (1871)	• 배경 : 미국이 제너럴 셔먼호 사건을 구실로 조선에 배상금 지불과 통상 조약 체결 요구 → 조선 정부의 거부 • 전개 : 미군(로저스 제독 함대)이 초지진, 덕진진 점령 → 어재연이 이끄는 조선 수비대가 광성보에서 항전하였으나 패배(미군이 어재연 장군의 수자기 탈취) → 계속되는 조선군의 항전 → 미군 철수
척화비 건립 (1871)	• 건립 : 흥선 대원군이 신미양요 후 전국 각지에 세움 • 목적 : 서양과의 통상 수교 거부 의지를 널리 알리고자 함 • 내용 : 洋夷侵犯 非戰則和 主和賣國(양이침범 비전즉화 주화매국, "서양 오랑캐가 침범하는데도 싸우지 않으면 화친하는 것이요, 화친을 주장하는 것은 나라를 팔아먹는 것이다.")

28강 개항기(흥선 대원군)

1 밑줄 그은 '중건' 시기에 있었던 사실로 옳은 것을 〈보기〉에서 고른 것은? [2점]

심화 55회 29번

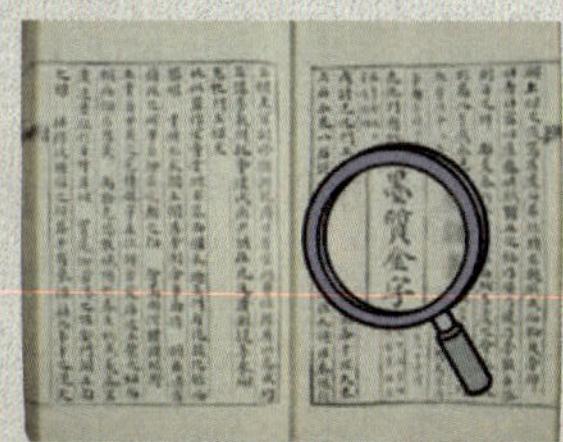

경복궁 영건일기는 한성부 주부 원세철이 경복궁 중건의 시작부터 끝날 때까지의 상황을 매일 기록한 것이다. 이 일기에 광화문 현판이 검은색 바탕에 금색 글자였음을 알려 주는 '묵질금자(墨質金字)'가 적혀 있어 광화문 현판의 옛 모습을 고증하는 근거가 되었다.

보기

ㄱ. 비변사가 설치되었다.
ㄴ. 사창제가 실시되었다.
ㄷ. 원납전이 징수되었다.
ㄹ. 대전통편이 편찬되었다.

① ㄱ, ㄴ ② ㄱ, ㄷ ③ ㄴ, ㄷ
④ ㄴ, ㄹ ⑤ ㄷ, ㄹ

2 (가) 법전이 편찬된 시기에 볼 수 있는 모습으로 가장 적절한 것은? [3점]

심화 53회 29번

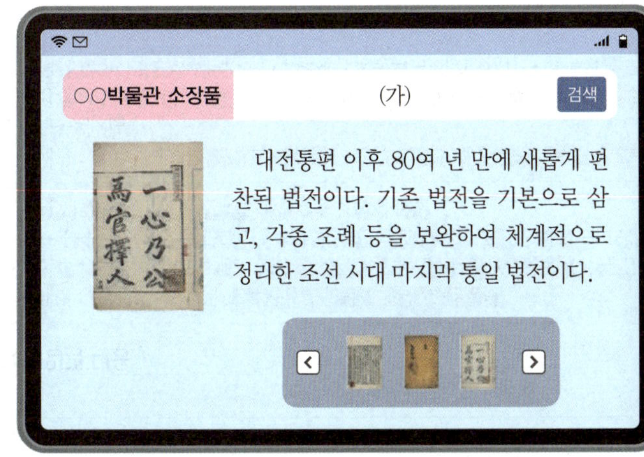

○○박물관 소장품
(가)
검색
대전통편 이후 80여 년 만에 새롭게 편찬된 법전이다. 기존 법전을 기본으로 삼고, 각종 조례 등을 보완하여 체계적으로 정리한 조선 시대 마지막 통일 법전이다.

① 동의보감을 집필하는 의관
② 만동묘 복구를 건의하는 유생
③ 훈민정음을 연구하는 집현전 학자
④ 계해약조의 초안을 작성하는 관리
⑤ 성균관에 탕평비 건립을 명하는 국왕

1 흥선 대원군 집권 시기의 사실 정답 ③

정답 찾기 어린 나이로 왕이 된 고종을 대신하여 왕의 아버지인 흥선 대원군이 집권한 시기에 왕실의 위엄을 회복하고자 경복궁 중건 사업이 추진되었어요. 따라서 흥선 대원군이 집권한 시기에 있었던 사실을 찾으면 됩니다. 흥선 대원군은 세도 정치로 문란해진 정치 질서를 바로잡고 왕권을 강화하기 위해 비변사를 혁파하고 의정부와 삼군부를 부활하는 등의 정치 개혁을 추진하였어요. 이러한 가운데 실추된 왕실의 권위를 바로 세우기 위해 경복궁 중건 사업을 추진하고 ㄷ. 원납전 징수, 당백전 발행 등을 통해 중건에 필요한 비용을 마련하였어요. 또한, 흥선 대원군은 철종 말년부터 거세게 일어난 농민 봉기의 혼란 상황을 해결하고 봉기의 주요 원인이었던 삼정의 문란을 바로잡고자 호포제, ㄴ. 사창제 등을 실시하였어요. 이를 통해 농민의 생활을 안정시키고 재정을 확충하고자 하였어요.

오답 피하기 ㄱ. 중종 때 외적의 침입에 대비하여 임시 기구로 비변사가 처음 설치되었어요.
ㄹ. 정조 때 "경국대전"과 "속대전"을 통합·보완하여 "대전통편"이 편찬되었어요.

2 흥선 대원군 집권 시기의 사실 정답 ②

정답 찾기 "대전통편" 이후 80여 년 만에 새로 편찬된 조선 시대 마지막 통일 법전은 고종 때 편찬된 "대전회통"이에요. 나이 어린 고종이 즉위하자 국왕의 생부로서 왕 대신 국정을 운영한 흥선 대원군은 "대전통편" 편찬 이후 추가된 각종 법규를 모아서 보완하고 정리하여 "대전회통"을 편찬하였어요(1865). 따라서 고종의 친정이 이루어지기 전, 흥선 대원군의 집권 시기에 볼 수 있는 모습을 찾으면 됩니다. ② 흥선 대원군이 명의 신종을 제사 지내는 만동묘를 철폐하자 유생들이 반발하며 만동묘 복구를 주장하였으나 받아들여지지 않았어요. 흥선 대원군이 권좌에서 물러난 후 고종은 만동묘를 복구하였어요.

오답 피하기 ① 선조 때 의관 허준 등이 편찬을 시작한 "동의보감"은 광해군 때 완성되었어요.
③ 세종은 집현전의 학자들과 함께 우리 고유의 문자인 훈민정음을 창제하고 반포하였어요. 집현전은 세조 때 폐지되었어요.
④ 세종 때 대마도주와 세견선의 입항 규모 등 무역에 관한 규정을 정리한 계해약조가 체결되었어요.
⑤ 영조는 붕당 정치의 폐해를 극복하고 편당을 가르는 것을 경계하기 위해 성균관에 탕평비를 건립하였어요.

3 다음 상황이 나타난 시기를 연표에서 옳게 고른 것은? [2점]

심화 59회 30번

> 북경 주재 프랑스 공사가 청에 보내온 문서에 의하면, "조선에서 프랑스 주교 2명 및 선교사 9명과 조선의 많은 천주교 신자가 처형되었다. 이에 제독에게 요청하여 며칠 안으로 군대를 일으키도록 할 것이다."라고 되어 있습니다.

1863		1868		1871		1875		1882		1886
고종 즉위	(가)	오페르트 도굴 사건	(나)	신미양요	(다)	운요호 사건	(라)	조·미 수호 통상 조약	(마)	조·프 수호 통상 조약

① (가) ② (나) ③ (다) ④ (라) ⑤ (마)

4 (가) 사건에 대한 설명으로 옳은 것은? [1점]

심화 69회 29번

오전 11:40

대한민국 방방곡곡 – 전등사

한국사 채널 조회 수 82,461

> 전등사는 강화도 정족산성 안에 위치한 사찰로 대웅전, 약사전 등 많은 문화유산을 보유하고 있다. 사찰 내에는 조선왕조실록을 보관하였던 정족산 사고가 복원되어 있다. 뿐만 아니라 [(가)] 때 프랑스군을 물리친 양헌수 장군의 승전비도 있다.

① 운요호 사건을 빌미로 일어났다.
② 왕이 공산성으로 피란하는 계기가 되었다.
③ 전개 과정에서 외규장각 도서가 약탈당하였다.
④ 사태 수습을 위해 이용태가 안핵사로 파견되었다.
⑤ 황사영이 외국 군대의 출병을 요청하는 원인이 되었다.

3 병인박해와 병인양요 정답 ①

정답 찾기 조선에서 프랑스 주교와 선교사, 조선의 많은 천주교 신자들이 처형되었다는 내용을 통해 병인박해가 일어났음을 알 수 있어요. 또한, 병인박해를 구실로 프랑스군이 조선을 공격할 것임을 청에 알리는 것으로 보아 병인양요 직전 상황임을 알 수 있어요. 어린 나이에 고종이 즉위하면서 국왕의 생부인 흥선 대원군이 대신 국정을 운영하였어요. 흥선 대원군은 왕권 강화와 민생 안정을 위한 개혁 정책을 추진하는 한편, 대외적으로 러시아의 남하를 견제하기 위해 프랑스 세력을 이용하려는 노력을 기울였어요. 하지만 계획은 실패하고 천주교 금지 여론이 거세지자 흥선 대원군은 1866년에 프랑스인 주교와 선교사 그리고 수많은 조선인 천주교 신자들을 처형한 병인박해를 일으켰어요. 이 소식을 접한 프랑스는 당시 중국에 머물고 있던 프랑스 함대를 보내 조선의 강화도를 공격한 병인양요를 일으켰어요. 이때 한성근 부대와 양헌수 부대가 문수산성과 정족산성에서 프랑스군을 물리쳤습니다. 1868년에는 조선 정부에 여러 차례 통상을 요구하였으나 거절당한 독일 상인 오페르트가 협상에 이용하기 위해 흥선 대원군의 아버지인 남연군의 묘를 도굴하려다가 실패한 사건이 있었어요.
따라서 자료의 상황이 나타난 시기는 고종 즉위와 오페르트 도굴 사건 사이인 ① (가)입니다.

4 병인양요 정답 ③

정답 찾기 '강화도 정족산성 안', '프랑스군을 물리친 양헌수 장군의 승전비'를 통해 (가) 사건이 병인양요임을 알 수 있어요. 1866년에 일어난 병인박해 때 프랑스 선교사가 처형된 것을 빌미로 같은 해에 프랑스군이 강화도를 침략하여 병인양요가 일어났어요. 병인양요 당시 한성근 부대가 문수산성에서, 양헌수 부대가 정족산성에서 항전하여 프랑스군을 물리쳤어요. 프랑스군은 퇴각하면서 ③ 강화도 외규장각에 보관되어 있던 도서와 각종 문화유산을 약탈해 갔어요.

오답 피하기
① 일본이 일으킨 운요호 사건을 계기로 조선은 일본과 강화도 조약을 체결하였어요.
② 이괄의 난이 일어나자 인조는 한성을 떠나 공산성으로 피란하였어요.
④ 고부 농민 봉기가 일어나자 조선 정부가 사태 수습에 나서 이용태가 안핵사로 파견되었어요.
⑤ 순조 때 신유박해(1801)가 일어나자 천주교도 황사영이 신앙의 자유를 얻기 위해 외국 군대의 출병을 요청하는 편지를 작성하여 중국 베이징 교구의 주교에게 전달하려고 하였어요.

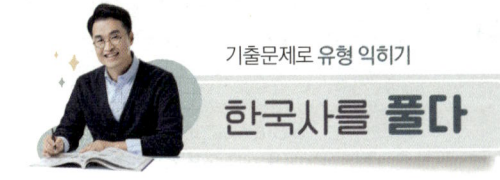

5 (가), (나) 사이의 시기에 있었던 사실로 옳은 것은? [3점]

심화 70회 28번

(가) 순무영에서 정족산성 수성장 양헌수가 보내온 보고에 의하면, "…… 우리 군사가 잠입한 사실을 적들이 알지 못하였습니다. 오늘 저들은 우리가 지키고 있는 성을 점령할 계책으로 그 우두머리가 말을 타고 나귀를 끌고 짐바리와 술과 음식을 가지고 동문과 남문으로 나누어 들어왔습니다. 이때 우리 군사들이 좌우에 매복하였다가 일제히 총탄을 퍼부었습니다. ……"라고 하였습니다.

(나) 4월 24일에 계속해서 올린 강화 진무사 정기원의 치계에, "미국 배가 다시 항구로 들어와서 광성진을 습격하여 함락하였는데, 중군 어재연이 힘껏 싸우다가 목숨을 바쳤고, 사망한 군사가 매우 많습니다. 적병은 초지포 부근에 주둔하였습니다. 장수 이렴이 밤을 이용하여 습격해서야 그들을 퇴각시켰습니다."라고 하였습니다.

① 일본 군함 운요호가 영종도를 공격하였다.
② 오페르트가 남연군 묘의 도굴을 시도하였다.
③ 마젠창과 묄렌도르프가 고문으로 파견되었다.
④ 영국군이 러시아를 견제하기 위해 거문도를 점령하였다.
⑤ 황사영이 외국 군대의 출병을 요청하는 백서를 작성하였다.

5 서구 열강의 침략적 접근 정답 ②

정답 찾기 (가)는 양헌수가 정족산성에서 적을 공격하였다는 내용을 통해 1866년에 일어난 병인양요 상황임을 알 수 있어요. (나)는 미국 배가 광성진을 습격하여 함락하고, 항전하던 어재연이 전사하였다는 내용을 통해 1871년에 일어난 신미양요 상황임을 알 수 있어요. ② 1868년 독일 상인 오페르트가 통상 협상에 이용하기 위해 흥선 대원군의 아버지인 남연군의 묘를 도굴하려다가 실패하였어요.

오답 피하기
① 1875년에 일본 군함 운요호가 허가 없이 강화도에 접근하자 조선 수비대가 경고 포격을 가하였어요. 그러자 운요호는 초지진을 포격하고 이어 영종도를 공격하였어요. (나) 이후의 사실이에요.
③ 1882년 임오군란 이후 청은 마젠창(마건상)과 묄렌도르프를 고문으로 파견하여 조선에 대한 내정 간섭을 본격화하였어요. (나) 이후의 사실이에요.
④ 1885년에 영국이 러시아의 남하를 견제한다는 구실로 거문도를 불법으로 점령하였어요. (나) 이후의 사실이에요.
⑤ 1801년에 신유박해가 일어나자 천주교도 황사영이 신앙의 자유를 얻기 위해 외국 군대의 출병을 요청하는 백서를 작성하여 중국 베이징 교구의 주교에게 전달하려고 하다가 발각되었어요. (가) 이전의 사실이에요.

6 다음 장면에 나타난 사건이 끼친 영향으로 가장 적절한 것은? [2점]

심화 66회 28번

평양부 방수성 앞 물가에 큰 이양선 한 척이 머무르다가 끝내 물러가지 않으며 상선을 약탈하고 총을 쏴 백성들을 살상하였습니다. 이에 평안 감사 박규수가 관민을 이끌고 공격하여 불태웠다고 합니다.

① 이용태가 안핵사로 파견되었다.
② 이원익이 대동법 시행을 건의하였다.
③ 정약종 등이 희생된 신유박해가 일어났다.
④ 로저스 제독이 이끄는 미군이 강화도에 침입하였다.
⑤ 황사영이 외국 군대의 출병을 요청하는 백서를 작성하였다.

6 제너럴 셔먼호 사건의 영향 정답 ④

정답 찾기 평안 감사 박규수가 관민을 이끌고 살인과 약탈을 자행하는 이양선을 공격하여 불태웠다는 내용을 통해 자료에 나타난 사건이 제너럴 셔먼호 사건임을 알 수 있어요. 1866년에 미국 상선 제너럴 셔먼호가 대동강을 거슬러 평양까지 들어와 조선 정부에 통상을 요구하였어요. 통상 요구가 받아들여지지 않자 제너럴 셔먼호의 선원들은 관리를 납치하고 민간인을 살해하는 등 만행을 저질렀어요. 이에 평안 감사 박규수의 지휘 아래 평양 관민이 제너럴 셔먼호를 불태워 침몰시켰어요. ④ 1871년에 로저스 제독이 이끄는 미군이 제너럴 셔먼호 사건을 빌미로 강화도에 침입한 신미양요가 일어났어요.

오답 피하기
① 고부 농민 봉기가 일어나자 조선 정부는 사태 수습을 위해 이용태를 안핵사로 파견하였어요.
② 광해군 때 방납의 폐단을 바로잡기 위해 이원익이 대동법 시행을 건의하였어요. 이원익의 건의로 경기도 지역에서 대동법이 처음 실시되었어요.
③ 순조가 즉위하면서 권력을 잡은 노론 강경파가 남인 시파 등 반대 세력을 꺾기 위해 신유박해를 일으켜 정약종 등 수많은 천주교 신자를 처형하였어요.
⑤ 신유박해가 일어나자 천주교 신자인 황사영이 신앙의 자유를 얻기 위해 중국 베이징 교구의 주교에게 외국 군대의 출병을 요청하는 백서를 보내려고 하다가 발각되었어요.

7 (가) 사건에 대한 설명으로 옳은 것은? [1점]

심화 67회 29번

이 척화비는 자연석에 비문을 새긴 것이 특징입니다. 척화비는 제너럴 셔먼호 사건을 구실로 일어난 (가) 이후 전국 각지에 세워졌습니다. 이를 통해 서양 세력과의 통상 수교를 거부한 역사의 한 장면을 엿볼 수 있습니다.

① 청군의 개입으로 종결되었다.
② 외규장각 도서가 약탈되는 결과를 가져왔다.
③ 에도 막부에 통신사가 파견되는 계기가 되었다.
④ 사태 수습을 위해 박규수가 안핵사로 파견되었다.
⑤ 전개 과정에서 어재연 부대가 광성보에서 항전하였다.

7 신미양요 정답 ⑤

정답 찾기 제너럴 셔먼호 사건을 구실로 일어났다는 내용을 통해 (가) 사건이 신미양요임을 알 수 있어요. 1866년에 미국 상선 제너럴 셔먼호가 대동강을 거슬러 평양까지 들어와 통상을 요구하며 살인과 약탈을 자행하자 평안 감사 박규수의 지휘 아래 평양 관민이 제너럴 셔먼호를 불태워 침몰시켰어요. 이를 구실로 로저스 제독이 이끄는 미국 함대가 1871년 강화도를 침략하여 신미양요가 일어났어요. 신미양요 당시 ⑤ 어재연이 이끄는 부대가 광성보에서 미군에 항전하였으나 패배하였어요. 신미양요 직후 흥선 대원군은 서양과의 통상 수교 거부 의지를 널리 알리기 위해 전국 각지에 척화비를 세웠어요.

오답 피하기
① 청군의 개입으로 종결된 사건으로 임오군란, 갑신정변 등이 있어요.
② 병인양요 때 프랑스군이 퇴각하면서 강화도 외규장각에 보관되어 있던 도서를 약탈해 갔어요.
③ 임진왜란으로 조선과 일본의 국교가 단절되었으나 광해군 때 기유약조를 체결하고 교역을 재개하였어요. 이후 에도 막부의 요청으로 통신사도 파견되었어요.
④ 철종 때 진주 농민 봉기가 일어나자 사태 수습을 위해 박규수가 안핵사로 파견되었어요.

8 (가) 사건 이후에 일어난 사실로 옳은 것은? [1점]

심화 71회 28번

3년 전 우리나라에서 전시한 어재연 장군의 수자기를 찍은 사진이야. 어재연 장군은 미군이 강화도를 침략한 (가) 당시 광성보에서 항전하였어.
○○○님, 3년 전 올린 게시물에서 어떤 일이 있었는지 확인해 보세요.
3년 전
어재연 장군 수자기!
조선 군인의 결의가 느껴진다.
#강화 역사 박물관
공유하기
맞아. 이 수자기는 그때 빼앗겼다가 많은 노력 끝에 대여 형식으로 들어와 실물을 볼 수 있었지. 안타깝게도 지금은 미국으로 다시 돌아가 언제 돌아올 수 있을지 모른다고 해.

① 의궤를 비롯한 외규장각 도서가 약탈당하였다.
② 홍경래 등이 난을 일으켜 정주성을 점령하였다.
③ 종로를 비롯한 전국 각지에 척화비가 건립되었다.
④ 제너럴 셔먼호가 대동강 유역에서 통상을 요구하였다.
⑤ 황사영이 외국 군대의 출병을 요청하는 백서를 작성하였다.

8 신미양요 이후의 사실 정답 ③

정답 찾기 어재연 장군이 강화도를 침략한 미군에 맞서 광성보에서 항전하였다는 내용을 통해 (가) 사건이 신미양요임을 알 수 있어요. 1866년에 일어난 제너럴 셔먼호 사건을 구실로 1871년에 미군이 강화도를 침략한 신미양요가 일어났어요. 신미양요 당시 미군이 초지진, 덕진진을 함락하고 광성보를 공격해 오자 어재연이 이끄는 조선 수비대가 맞서 싸웠으나 전력의 열세로 패배하였어요. 신미양요 이후 흥선 대원군은 서양 세력과의 통상 수교 거부 의지를 널리 알리기 위해 ③ 종로를 비롯한 전국 각지에 척화비를 건립하였어요.

오답 피하기
① 1866년 병인양요 당시 프랑스군이 철수하면서 의궤를 비롯한 외규장각 도서를 약탈해 갔어요.
② 순조 때인 1811년에 지배층의 수탈과 서북 지역에 대한 차별에 반발하여 홍경래 등이 난을 일으켜 정주성을 점령하였으나 관군에 의해 진압되었어요.
④ 1866년에 미국 상선 제너럴 셔먼호가 대동강을 거슬러 올라와 통상을 요구하며 횡포를 부리자 평안 감사 박규수의 지휘 아래 평양 관민이 제너럴 셔먼호를 불태워 침몰시켰어요.
⑤ 순조 때인 1801년에 신유박해가 일어나자 천주교도 황사영이 신앙의 자유를 얻기 위해 중국 베이징 교구의 주교에게 군대의 출병을 요청하는 백서를 작성하여 비밀리에 보내려다가 발각되었어요.

28강 개항기(흥선 대원군)

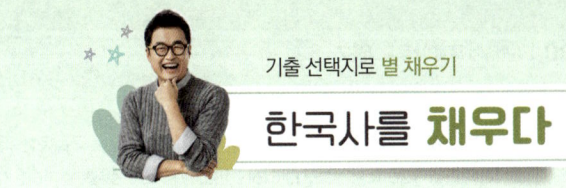

Ready go

이번 강 별 채우기 제한 시간은 **2분 10초**

한 문장을 끝까지 또박또박 읽어야 패스!

기출 선택지로 별 채우기

한국사를 채우다

01 흥선 대원군은 ★★부를 부활시켜 군국 기무를 전담하게 하였다.

02 흥선 대원군은 ★★사를 혁파하고 의정부의 기능을 부활시켰다.

03 흥선 대원군은 "대전★★"을 편찬하여 통치 체제를 정비하였다.

04 흥선 대원군은 왕실의 권위를 세우고자 ★★궁을 중건하였다.

05 흥선 대원군은 경복궁 중건을 위해 ★★전을 강제로 징수하였다.

06 흥선 대원군은 경복궁 중건에 필요한 비용 마련 등 재정 문제를 해결하기 위해 ★★전을 주조하였다.

07 흥선 대원군은 전국의 ★원을 47개소만 남기고 모두 철폐하였다.

08 흥선 대원군은 양반에게도 군포를 징수하는 ★★제를 실시하였다.

09 흥선 대원군은 환곡의 폐단을 바로잡고자 ★★제를 실시하였다.

10 최★★은 고종의 친정을 요구하는 상소를 올려 흥선 대원군의 퇴진을 이끌어 냈다.

11 1866년에 프랑스인 선교사와 천주교 신자들이 처형된 ★★박해가 일어났다.

12 1866년에 박규수와 평양 관민이 대동강으로 침입한 ★★★ 셔먼호를 불태워 침몰시켰다.

13 병인박해를 구실로 ★★★군이 강화도를 침략한 병인양요가 일어났다.

14 병인양요 당시 양★★ 부대가 ★★산성에서 프랑스군을 격퇴하였다.

15 병인양요 당시 프랑스군에 의해 외★★★ 도서가 약탈당하는 피해를 입었다.

16 1868년에 독일 상인 오★★★가 남연군 묘 도굴을 시도하였다.

17 1871년에 제너럴 셔먼호 사건을 구실로 미군이 ★★도를 침략하였다.

18 신미양요 당시 어★★ 장군이 이끄는 부대가 광성보에서 항전하였다.

19 신미양요 당시 어재연이 지키던 광성보가 함락되어 조선군의 '★'자기를 미군에 빼앗겼다.

20 흥선 대원군은 신미양요 후 통상 수교 거부 의지를 널리 알리는 ★★비를 종로와 전국 각지에 건립하였다.

정답

01 삼군 **02** 비변 **03** 회통 **04** 경복 **05** 원납 **06** 당백 **07** 서 **08** 호포 **09** 사창 **10** 익현 **11** 병인 **12** 제너럴 **13** 프랑스 **14** 헌수, 정족 **15** 규장각 **16** 페르트 **17** 강화 **18** 재연 **19** 수 **20** 척화

29강 개항기(개항 ~ 갑신정변)

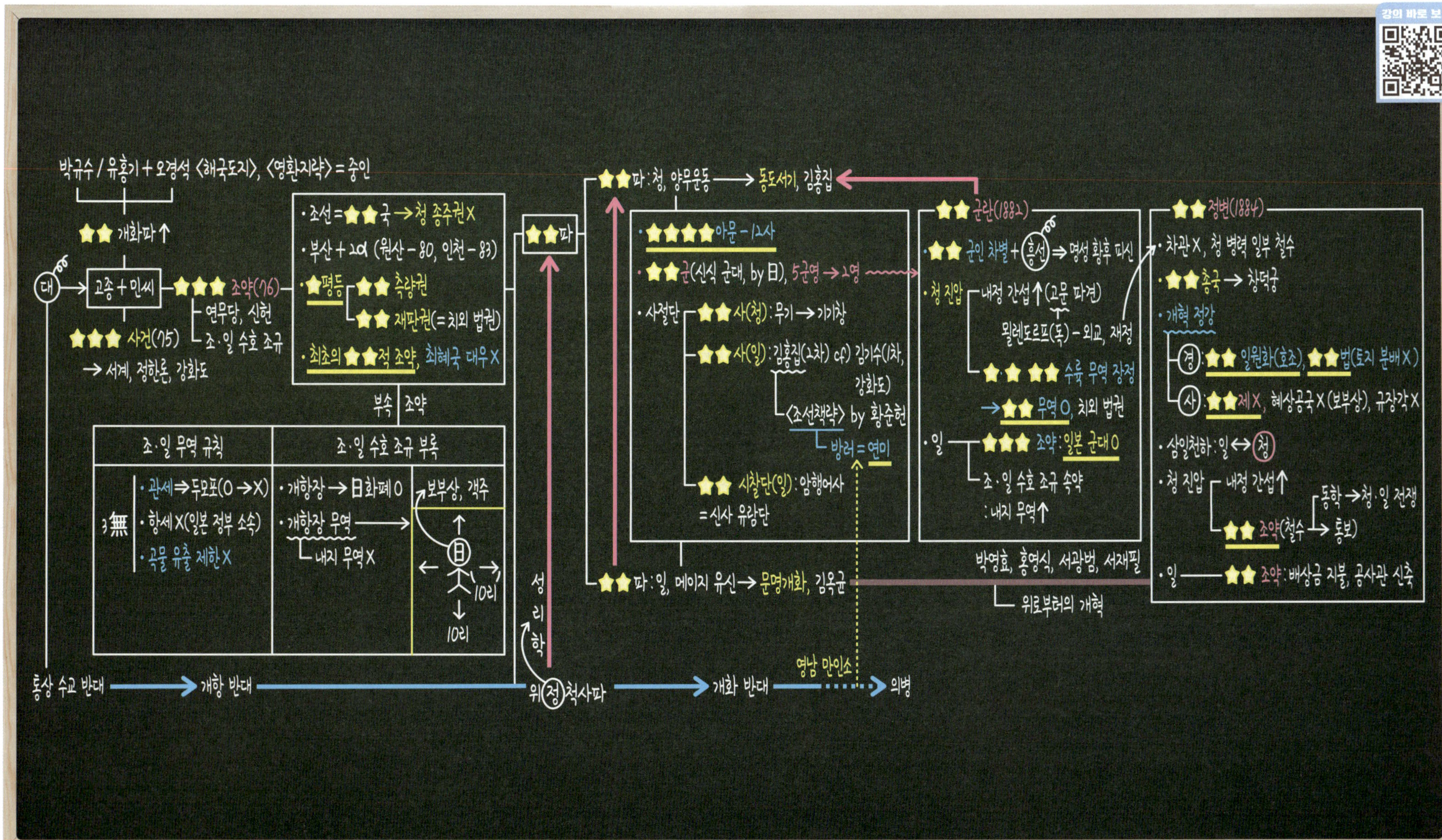

★정답 통상, 운요호, 강화도, 자주, 불, 해안, 영사, 근대, 개화, 온건, 급진, 통리기무, 별기, 영선, 수신, 조사, 임오, 구식, 조·청 상민, 내지, 제물포, 갑신, 우정, 재정, 지조, 신분, 톈진, 한성

➡ 나만의 약점 단권화 노트 16쪽에서 완성 판서를 확인하세요.

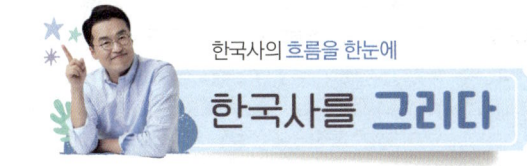

개항기(개항 ~ 갑신정변)

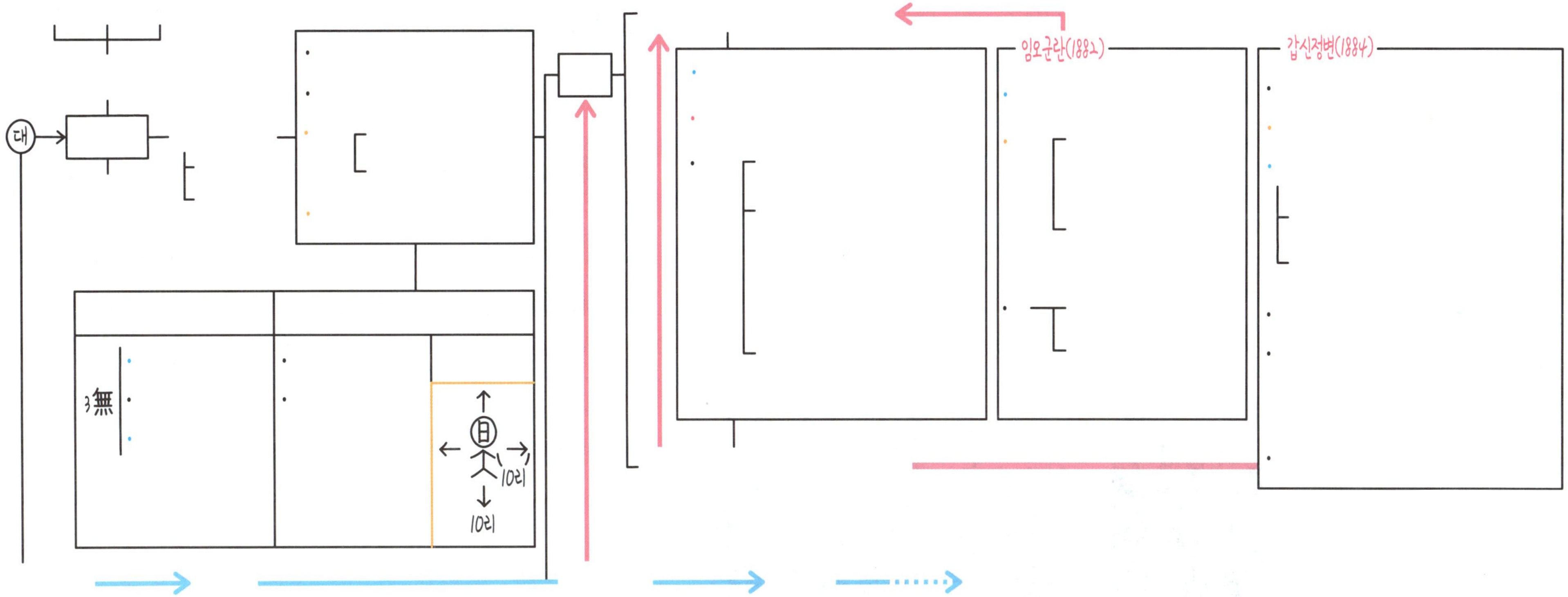

29강 개항기(개항 ~ 갑신정변)

강화도 조약(조·일 수호 조규) 및 부속 조약

흥선 대원군이 물러나고 고종이 직접 정치에 나서면서 조선의 통상 수교 거부 정책이 완화되자 일본은 조선에 문호 개방을 요구하기 위해 운요호 사건을 일으켰어요. 이를 계기로 조선은 일본과 조·일 수호 조규, 즉 강화도 조약을 체결하였지요. 강화도 조약은 우리나라가 맺은 최초의 근대적 조약이면서 일본에게 조선 연해에 대한 측량권과 영사 재판권(치외 법권)을 허용한 불평등 조약이었어요. 이어 체결된 부속 조약으로 조선에서 일본 화폐의 유통과 일본으로의 양곡 반출이 허용되었어요. 또한, 일본 수출 상품에 대한 관세 규정이 빠져 있어 조선은 일본의 경제 침략에 무방비로 노출되었습니다.

〈조·일 수호 조규(강화도 조약)〉
제1관 조선국은 자주국으로 일본국과 동등한 권리를 가진다.
제2관 일본 정부는 지금으로부터 15개월 후 조선 한성에 수시로 사신을 파견한다.
제4관 조선 정부는 종전의 부산 외에 제5관에서 제시하는 항구를 개항하여 일본인들이 오가며 통상하게 한다.
제5관 경기, 충청, 전라, 경상, 함경 5도의 연해 중에서 통상하기 편리한 항구 두 곳을 골라 개항한다. - 원산, 인천 개항
제7관 일본국 항해자들이 수시로 조선국 해안을 측량하여 도면을 만들어서 양국의 배와 사람들이 위험한 곳을 피하고 안전히 항해할 수 있도록 한다. - 해안 측량권 인정
제10관 일본인이 조선국이 지정한 각 항구에서 머무르는 동안 죄를 범한 것이 조선국 인민과 관계되는 사건일 때에는 모두 일본 관원이 심판한다. - 영사 재판권(치외 법권) 인정
〈조·일 수호 조규 부록〉
제7관 일본인은 본국에서 통용되는 화폐로 조선국 인민이 보유하고 있는 물자와 교환할 수 있다.
〈조·일 무역 규칙〉
제6칙 조선국 항구에 머무르는 일본인은 쌀과 잡곡을 수출, 수입할 수 있다.
제7칙 일본국 정부에 소속된 모든 선박은 항세를 납부하지 않는다.

운요호

강화도 조약 체결 장면

별기군

'특별한 재주를 배우는 군대'라는 뜻으로, 신식 무기를 지급받고 근대식 군사 훈련을 받았어요. 일본인 교관에게 훈련을 받아 왜별기라고도 불렸어요.

조선책략

청의 외교관 황준헌이 조선이 외교적으로 나아가야 할 방향에 대해 서술한 책으로, 조선이 러시아의 남하를 막기 위해서는 청, 일본, 미국과 연대해야 한다는 내용이 담겨 있었어요. 제2차 수신사로 파견된 김홍집이 귀국길에 가져와 고종에게 바쳤어요.

조선이라는 땅덩어리는 실로 아시아의 요충에 자리 잡고 있어서 형세가 반드시 싸우는 곳이 되니, 조선이 위태로우면 중동(中東)의 형세가 날로 급해질 것이다. 따라서 러시아가 땅을 공략하고자 하면 반드시 조선으로부터 시작할 것이다. …… 그렇다면 오늘날 조선이 세워야 할 책략은 러시아를 막는 일보다 더 급한 것이 없을 것이다. 러시아를 막을 수 있는 책략은 무엇인가? 중국과 친하고(親中國), 일본과 맺고(結日本), 미국과 이어짐(聯美國)으로써 자강을 도모하는 길뿐이다. - 황준헌, "조선책략" -

용어 사전

통상 개화파
외국에 문호를 개방하고 그들의 기술을 적극 받아들여 부국강병을 이루어야 한다고 주장하였어요. 박규수, 오경석, 유홍기 등이 대표적인 인물이에요.

운요호 사건
1875년 일본 군함 운요호가 허가 없이 강화도에 접근하자 강화 수비대가 경고 포격을 가하였어요. 이를 구실로 일본군이 영종도에 상륙하여 무력 충돌이 일어났어요. 이를 운요호 사건이라고 합니다.

해안 측량권
강화도 조약에 명시된 것으로, 이에 따라 일본은 조선의 해안을 측량할 수 있게 되었어요. 이는 영사 재판권(치외 법권)과 더불어 조선의 주권을 침해한 권한으로, 강화도 조약의 불평등성을 보여 주는 것입니다.

영사 재판권(치외 법권)
다른 나라에 머무르는 자기 나라 국민에 대해 자기 나라 법률을 적용하여 자국에서 파견한 영사나 기타 관리가 재판할 수 있는 권리를 말합니다.

양무운동
중국의 전통적인 제도를 바탕으로 서양의 기술을 받아들이자(중체서용)는 원칙에 따라 청에서 추진된 근대화 운동이에요. 근대적 시설과 무기 확충에 힘썼으나 큰 성과를 거두지는 못하였어요.

위정척사파의 주장

위정척사(衛正斥邪)는 바른 것을 지키고 사악한 것은 배척하자는 주장인데, 여기서 바른 것은 성리학, 사악한 것은 서양 문물을 의미합니다. 위정척사파는 1860년대 서구 열강의 통상 요구에 대해 통상 반대를 주장하였고, 1870년대 강화도 조약 체결을 전후해서는 왜양일체론 등을 내세워 개항에 반대하였어요.

〈통상 반대〉
- 지금 국론이 두 가지 주장으로 맞서 있습니다. 서양의 적을 공격하면 나라 안의 전통이 보전되고, 서양의 적과 화친한다면 인류가 금수의 지경에 빠질 것입니다.
- 양이의 화가 오늘에 이르러 홍수나 맹수의 해로움보다도 더 심합니다. …… 안으로 관리들로 하여금 사학(邪學)의 무리를 잡아 베게 하시고 밖으로 장병들로 하여금 바다를 건너오는 적을 정벌하게 하소서. - 이항로, "화서집" -

〈개항 반대〉
저들이 비록 왜인이라고 하지만 본질적으로 서양 오랑캐와 다를 것이 없습니다. 강화가 이루어지면 사악한 서적과 천주교가 다시 들어와 사악한 기운이 온 나라를 덮게 될 것입니다. - 최익현, "면암집" -

영남 만인소

영남 지역의 유생 1만여 명은 이만손을 중심으로 집단 상소인 영남 만인소를 올려, 정부의 개화 정책과 미국과의 수교에 반대하고 "조선책략"을 유포한 김홍집의 처벌을 요구하였어요.

신들은 모두 멀리 떨어진 영남에 있는 까닭에 …… 유신(維新)의 정치를 도운 적이 없습니다. …… 그러나 수신사 김홍집이 가져온 황준헌의 조선책략이 유포된 것을 보고, 저도 모르게 머리카락이 곤두서고 가슴이 떨리며 이어 통곡하면서 눈물을 흘렸습니다. …… 중국은 우리가 신하로서 섬기는 나라로, 신의를 지켜 속방이 되어 온 지 2백 년이 되었습니다. 이제 무엇을 더 친할 것이 있겠습니까? …… 일본은 우리에게 매여 있던 나라입니다. 3포 왜란이나 임진왜란 때의 숙원이 아직 풀리지 않고 있는데, 만일 그들이 우리가 허술한 것을 알고 공격하면 장차 이를 어떻게 막겠습니까? …… 미국은 우리가 본래 모르던 나라입니다. 공연히 타인의 권유로 불러들였다가 그들이 우리의 허점을 보고 어려운 청을 강요하면 장차 이에 어떻게 대응할 것입니까? …… 러시아는 본래 우리와 혐의가 없는 나라입니다. 그런데도 공연히 남의 이간질하는 말을 믿고서 틈이 생기게 된다면 우리의 위엄이 손상될 뿐만 아니라, 헛소문이 먼저 퍼져서 이를 구실로 침략해 온다면 장차 이를 어떻게 막을 것입니까? - 영남 만인소, "일성록" -

임오군란

구식 군인들은 신식 군대인 별기군에 비해 처우가 매우 열악하였어요. 이러한 가운데 13개월 만에 월급으로 지급된 쌀에 모래와 겨가 섞여 있자 이에 분개한 구식 군인들이 선혜청을 공격하여 난을 일으켰어요. 구식 군인들은 흥선 대원군에게 도움을 요청하였고, 민씨 일파와 경기 감영, 일본 공사관 등의 관공서를 습격하였습니다. 이 과정에서 민씨 일파의 배후로 지목된 왕비(명성 황후)는 장호원으로 피신하였고, 고종이 흥선 대원군에게 사태 수습을 맡기면서 흥선 대원군이 다시 정권을 잡게 되었습니다. 그러나 민씨 일파의 요청으로 파견된 청군에 의해 난은 진압되었고, 군란의 책임자로 몰린 흥선 대원군은 청으로 납치되었어요.

난병이 창덕궁에 밀어닥쳤는데, 수문장 등이 이들을 막아 내지 못하여 궐내에 난입하였다. 왕은 급히 대원군의 입궐을 명하였다. 대원군은 곧 무위대장을 동반하여 입궐하였다. …… 서상조가 아뢰기를, "근래 듣자니 중전께서 변란에 대처하시어 누추한 곳에 은신해 계신다고 하니, 수소문하여 의장(儀裝)을 갖추고 예법에 따라 왕후의 자리로 맞아들이소서." 하니, 왕이 "널리 찾아서 맞아들이는 일을 늦추어서는 안 되겠다."라고 하였다. - 황현, "매천야록" -

조·청 상민 수륙 무역 장정

'청 상인이 조선의 육지와 바다에서 무역할 수 있도록 한 장정'이라는 뜻으로, 임오군란 직후 조선과 청 사이에 체결되었어요. 이에 따라 청은 치외 법권을 가졌고, 청 상인은 한성에서 점포를 개설하고 허가를 받아 내륙 시장에 진출할 수 있게 되었어요.

이번에 제정한 수륙 무역 장정은 중국이 속방을 우대하는 뜻이며, 각 국가 간의 일체 동등한 혜택을 받는 예와는 다르다.

제1조 청의 상무위원을 서울에 파견하고 조선 대관을 톈진에 파견한다. 청의 북양 대신과 조선 국왕은 대등한 지위를 가진다.

제2조 조선에서 청의 상무위원이 치외 법권을 행사한다.

제4조 청의 상인은 한성과 양화진에서 영업소를 열 수 있도록 하되 내지 행상을 금한다. 다만, 내지 행상이 필요할 경우 지방관의 허가서를 받아야 한다.

제7조 청 선박의 항로 개설권, 청 병선의 조선 연해 내왕권 및 조선 국방 담당권을 허용한다.

제물포 조약

임오군란 이후 조선과 일본이 제물포에서 맺은 조약으로, 조선은 일본의 압력에 굴복하여 배상금 지불과 일본 공사관 경비를 위한 일본군 주둔을 허용하였어요.

제1조 지금부터 20일을 기한으로 조선국은 흉도들을 체포하여 그 수괴를 엄중히 심문하여 중죄에 처한다. …… 기한 내에 체포하지 못할 경우 응당 일본국에서 처리한다.

제3조 조선 정부는 일본인 조난자 및 그 유족에게 5만 원의 보상금을 지급한다.

제4조 흉도들의 포악한 행동으로 인하여 일본국이 입은 손해와 공사를 호위한 육해군의 비용 중에서 50만 원을 조선국에서 보충한다. 매년 10만 원씩 지급하여 5개년에 걸쳐 청산한다.

제5조 일본 공사관에 군사 약간을 두어 경비를 서게 한다. 병영을 설치하거나 고치는 일은 조선국이 맡는다.

용어 사전

동도서기론
동양의 도(道), 즉 우리의 전통적인 제도와 사상은 지키면서 제한된 범위 내에서 서양의 과학 기술을 받아들이자는 주장이에요. 온건 개화파는 청의 양무운동을 본받아 동도서기론에 따른 점진적 개혁을 추구하였어요.

통리기무아문
국내외의 군국 기무, 즉 군사 업무와 일반 국정을 총괄하던 관청이에요. 개항 후 대외 관계 변화에 대응하기 위해 설치되었지만, 국가의 중요한 업무 전반을 관장하였다고 볼 수 있어요.

영선사
신식 무기 제조법과 군사 훈련법을 배우기 위해 청에 파견된 유학생을 인솔한 사절단을 말해요. 영선사 일행은 귀국 후 조선 최초의 근대 무기 제조 공장인 기기창 설립을 추진하였어요.

수신사
강화도 조약 체결 후 일본으로 파견된 외교 사절단으로, 제1차에는 김기수, 제2차에는 김홍집이 파견되었어요.

조사 시찰단
'조선의 선비 중 시찰을 목적으로 조직된 단체'라는 뜻이에요. 이들은 개화에 반대하는 위정척사 운동이 확산되는 가운데 일본의 사정을 살피고 개화 정책에 대한 정보를 얻기 위해 비밀리에 파견되었어요.

29강 개항기(개항 ~ 갑신정변)

우정총국

'우편 행정을 총괄하는 관청'이라는 뜻으로, 근대적 우편 업무를 담당한 우리 나라 최초의 우체국이에요.

한성 조약

갑신정변의 뒤처리를 위해 조선과 일본이 맺은 조약이에요. 조선이 일본인이 희생되고 공사관이 불탄 것에 대한 배상금을 지불하고 일본 공사관 신축 비용을 부담한다는 내용이 포함되어 있어요.

제1조 조선국은 일본에 국서를 보내 사의를 표한다.
제2조 이번에 피해를 입은 일본국 인민의 유가족과 부상자를 돌보아 주고, 아울러 상인들의 화물이 훼손·약탈된 것을 보상하여 조선국은 11만 원을 지불한다.
제4조 일본 공사관을 새로운 곳으로 옮겨 신축해야 하므로 조선국은 부지와 건물을 내주어 공사관 및 영사관으로 사용할 수 있도록 한다. 그것을 수축이나 증축할 경우 조선국이 다시 2만 원을 지불하여 공사비로 충당하게 한다.

개화당 정부의 개혁 정강

급진 개화파는 갑신정변을 일으켜 당시 권력을 잡고 있던 민씨 고관들을 처단하고 개화당 정부를 세워 청과의 사대 관계 청산, 인민 평등권 제정, 지조법 개혁, 호조로 재정 일원화 등의 내용을 담은 개혁 정강을 발표하였어요.

제1조 청에 잡혀간 흥선 대원군을 조속히 귀국하게 하고 청에 대한 조공의 허례를 폐지한다.
제2조 문벌을 폐지하여 백성의 평등권을 제정하고 재능에 따라 인재를 등용한다.
제3조 전국의 지조법을 개혁하고 간악한 관리를 근절하며 빈민을 구제하고 국가 재정을 충실히 한다.
제9조 혜상공국을 폐지한다.
제12조 모든 국가 재정은 호조에서 관할하고 그 밖의 재정 관청은 금지한다.

갑신정변의 주역들

갑신정변 진행도

급진 개화파가 우정총국 개국 축하연을 기회로 정변을 일으킴
↓
민씨 정권의 주요 인사 처단
↓
개화당 정부 수립
↓
개혁 정강 발표
↓
청군의 개입으로 3일 만에 실패
↓
김옥균, 박영효, 서광범, 서재필 등 급진 개화파 인사들이 일본으로 망명

갑신정변의 전개

용어 사전

메이지 유신
'유신'은 낡은 것을 고쳐 새롭게 한다는 뜻으로, 1868년 일본에서 추진된 근대 개혁이에요. 급진 개화파는 일본의 메이지 유신을 본받아 서양의 근대 기술뿐만 아니라 사상과 제도까지 받아들여야 한다고 주장하였어요.

문명개화론
동아시아의 낡은 전통과 사상을 버리고 새로운 서양의 문화와 사상을 적극적으로 수용하자는 것으로, 일본의 개화사상가인 후쿠자와 유키치로부터 비롯되었어요.

톈진 조약
갑신정변 때 청과 일본이 충돌한 문제를 해결하기 위해 청의 이홍장과 일본의 이토 히로부미가 체결한 조약이에요. 청과 일본은 조선에서 양국의 군대를 철수하고 앞으로 조선에 군대를 파병할 때는 미리 상대국에 통보하기로 하였어요.

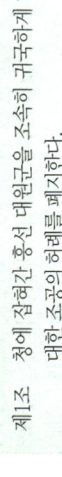

마무리도 빈틈없이
한국사를 **읽다**

29강 개항기(개항 ~ 갑신정변)

1 강화도 조약(조·일 수호 조규, 1876)

배경	• 흥선 대원군의 하야(1873), 고종의 친정, 통상 개화론 대두(박규수, 유홍기, 오경석 등) • 조선 정부가 일본이 보낸 서계(외교 문서)의 접수 거부 → 일본에서 정한론(조선 침략론) 대두 → 운요호 사건 발생(1875) → 조약 체결(조선 접견대관 신헌 - 일본 전권변리대신 구로다 기요타카)
내용	• 조선이 자주국임을 명시 → 일본이 조선에 대한 청의 종주권을 배제하고자 함 • 부산 외 2개 항구(원산, 인천) 개항, 일본에 해안 측량권과 영사 재판권(치외 법권) 인정 → 일본이 침략하는 데 발판이 됨
성격	조선이 외국과 맺은 최초의 근대적 조약, 일본에 일방적으로 유리한 불평등 조약
부속 조약	• 조·일 수호 조규 부록(1876) : 개항장에서 일본인의 활동 범위를 사방 10리로 설정, 개항장에서 일본 화폐의 유통 허용 • 조·일 무역 규칙(1876) : 일본 상품에 대한 관세가 설정되지 않음(→ 두모포 수세 사건), 양곡의 수출입 허용(수출입량 제한 규정을 두지 못함)

2 정부의 개화 정책 추진

(1) 개화파의 형성

통상 개화론 대두	박규수, 오경석("해국도지", "영환지략" 소개), 유홍기 등이 외국과의 통상과 서양 과학 기술의 수용 주장
개화파 형성	김옥균, 박영효, 홍영식 등 양반 자제를 중심으로 형성 → 정부의 개화 정책에 적극 참여

(2) 개화 정책 추진

제도 개혁		• 통리기무아문 설치(개화 정책 총괄, 1880), 그 아래에 실무를 담당하는 12사 설치 • 구식 군대인 5군영을 2영(무위영, 장어영)으로 개편, 신식 군대인 별기군 창설(일본인 교관 초빙)
사절단 파견	수신사	• 강화도 조약 체결 후 일본에 1차 수신사(김기수, 1876), 2차 수신사(김홍집, 1880), 3차 수신사(박영효, 1882) 파견 • 2차 수신사로 파견된 김홍집이 "조선책략"을 가지고 귀국
	조사 시찰단	박정양, 어윤중, 홍영식 등이 비밀리에 일본에 파견됨(1881) → 일본 정부의 각 기관과 산업·군사 시설 시찰, 귀국 후 보고서 작성·제출
	영선사	• 청의 톈진 기기국에 영선사 김윤식을 대표로 하여 유학생과 기술자들 파견(1881) → 근대식 무기 제조 기술과 군사 훈련법 습득 → 1년 만에 귀국 • 귀국 후 근대식 무기 제조 공장인 기기창 설립 주도
	보빙사	조·미 수호 통상 조약 체결 후 미국에 파견(1883), 민영익·홍영식·서광범 등으로 구성

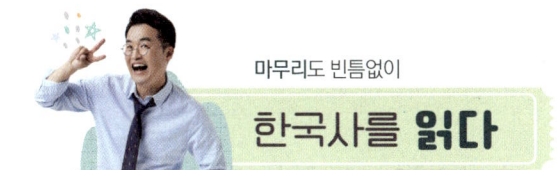

3 개화 정책에 대한 반발

(1) 위정척사 운동

시기	배경	활동 내용	대표 인물
1860년대	서양 열강의 통상 요구	통상 반대	이항로, 기정진(척화주전론 주장)
1870년대	강화도 조약 체결	개항 반대	최익현(왜양일체론 주장)
1880년대	"조선책략" 유포, 서양 열강과 수교, 정부의 개화 정책 추진	개화 정책 반대, 미국과의 수교 반대	이만손(영남 만인소)

(2) 임오군란

배경	구식 군인에 대한 차별 대우, 일본의 경제 침탈로 서민 생활 악화(곡물 반출로 쌀값 폭등)
전개	구식 군인의 봉기(1882), 도시 하층민의 합세 → 일본 공사관과 궁궐 습격, 명성 황후가 장호원으로 피신 → 흥선 대원군 재집권, 민씨 일파가 청에 파병 요청 → 청군의 군란 진압, 청군이 흥선 대원군을 청으로 납치 → 민씨 세력 재집권
결과	• 청의 내정 간섭 : 군대 주둔, 고문 파견(내정 고문 - 마건상, 외교 고문 - 묄렌도르프) • 조·청 상민 수륙 무역 장정 체결 : 청의 치외 법권 인정, 허가받은 청 상인의 내륙 진출 허용 • 일본과 제물포 조약 체결 : 일본에 배상금 지불, 일본 공사관 경비를 위한 일본군 주둔 인정

4 갑신정변

개화파의 분화	온건파	김홍집, 김윤식, 어윤중 등 → 동도서기론 주장, 청의 양무운동을 본받음
	급진파	김옥균, 박영효, 서광범, 홍영식 등 → 문명개화론 주장, 일본의 메이지 유신을 본받음
갑신정변	전개	급진 개화파가 우정총국 개국 축하연을 이용하여 정변을 일으킴(1884) → 개화당 정부 수립, 개혁 정강 발표 → 청군 개입, 일본군 철수 → 3일 만에 실패로 끝남(삼일천하), 김옥균·박영효 등 주동자들이 일본으로 망명
	개혁 정강	정치(흥선 대원군 송환 요구, 청과의 사대 관계 청산), 경제(호조로 재정 일원화, 지조법 개혁, 혜상공국 혁파), 사회(문벌 폐지, 인민 평등권 확립, 능력에 따른 인재 등용)
	결과	• 한성 조약(조선-일본) : 조선이 일본 공사관의 신축 비용 부담, 배상금 지불 등을 약속 • 톈진 조약(청-일본) : 청·일 양국 군대의 공동 철수, 향후 조선 파병 시 상호 통보 규정
	의의와 한계	• 근대 국민 국가 건설을 위한 최초의 정치적 개혁 운동 • 일본의 군사적 지원에 의존, 소수 지식인 중심, 민중의 지지를 받지 못함

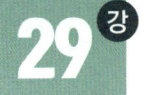

29강 개항기(개항 ~ 갑신정변)

1 다음 대화가 오갔던 회담 결과 체결된 조약에 대한 설명으로 옳은 것은? [2점]

심화 68회 30번

운요호가 작년에 귀국 경내를 통과하다가 포격을 받았으니, 귀국이 교린의 우의를 저버린 것입니다.
운요호는 국적과 이유를 밝히지 않고 곧장 우리가 수비하는 곳으로 진입해 왔으니, 변방 수비병의 발포는 부득이한 것이었소.
일본 전권변리대신 구로다 기요타카
조선 접견대관 신헌

① 천주교 포교가 허용되었다.
② 갑신정변의 영향으로 체결되었다.
③ 일본 측의 해안 측량권이 인정되었다.
④ 통신사가 처음 파견되는 계기가 되었다.
⑤ 외국 상인의 내지 통상권을 최초로 규정하였다.

2 (가), (나) 문서가 작성된 사이의 시기에 있었던 사실로 옳은 것은? [2점]

심화 50회 27번

> (가) 저들이 비록 왜인이라고는 하나 실은 양적(洋賊)입니다. 화친이 한번 이루어지면 사학(邪學)의 서책과 천주의 초상이 교역하는 속에 섞여 들어오게 되고, 조금 지나면 전도사와 신도가 전수하여 사학이 온 나라에 두루 가득 차게 될 것입니다. - 지부복궐척화의소 -
>
> (나) 지금 조정에서는 어찌 백해무익한 일을 하여 러시아가 없는 마음을 먹게 하고, 미국이 의도하지 않았던 일을 만들어 오랑캐를 끌어들이려 하십니까? 저 황준헌이라는 자는 스스로 중국에서 태어났다고 하면서도, 일본을 위해 말하고 예수를 좋은 신이라 하며, 난적의 앞잡이가 되어 스스로 짐승과 같은 무리가 되었습니다. 고금천하에 어찌 이런 이치가 있겠습니까? - 영남 만인소 -

① 김기수가 수신사로 일본에 파견되었다.
② 영국이 거문도를 불법으로 점령하였다.
③ 평양 관민이 제너럴 셔먼호를 불태웠다.
④ 거중 조정 조항을 포함한 조약이 체결되었다.
⑤ 양헌수 부대가 정족산성에서 프랑스군을 격퇴하였다.

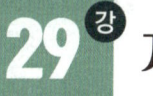

1 강화도 조약 정답 ③

정답 찾기 일본의 구로다 기요타카와 조선의 신헌이 운요호 문제를 두고 대화를 하고 있는 것으로 보아 운요호 사건에 관한 대화임을 알 수 있어요. 1875년에 일본의 군함 운요호가 허락 없이 강화도로 접근하자 경고 포격을 가한 조선군과 일본군 사이에 충돌이 일어났고, 운요호는 보복에 나서 영종도를 공격하였어요(운요호 사건). 이 사건을 계기로 조선은 1876년에 일본과 강화도 조약을 체결하였어요. 강화도 조약은 우리나라 최초의 근대적 조약이었으나, ③ 일본에 해안 측량권, 영사 재판권 등을 인정한 불평등 조약이었어요.

오답 피하기
① 1886년에 조·프 수호 통상 조약이 체결되면서 천주교 포교가 허용되었어요.
② 갑신정변의 영향으로 조선과 일본은 한성 조약을 체결하였어요. 그 결과 조선은 일본에 공사관 공사 비용과 배상금을 지불하였어요.
④ 통신사는 조선 전기부터 일본에 보낸 공식 사절단이에요. 강화도 조약 체결 이후 조선은 일본의 근대 문물을 시찰하기 위해 수신사를 파견하였어요.
⑤ 임오군란 이후 체결된 조·청 상민 수륙 무역 장정에서 최초로 외국 상인의 내지 통상권을 규정하였어요.

2 개화 정책의 추진 정답 ①

정답 찾기 (가)는 최익현이 1876년 강화도 조약 체결 직전에 개항에 반대하여 올린 상소입니다. (나)는 제2차 수신사로 일본에 파견된 김홍집이 귀국길에 청의 외교관 황준헌이 쓴 "조선책략"을 들여온 이후 미국과 수교하려는 정부의 움직임에 반대하여 1881년에 이만손을 비롯한 영남 유생들이 올린 상소입니다. ① 1876년 강화도 조약 체결 직후 김기수가 제1차 수신사로 일본에 파견되었어요.

오답 피하기
② 1885년에 영국이 러시아의 남하를 견제한다는 구실로 거문도를 불법으로 점령하였어요. (나) 이후의 사실이에요.
③ 1866년에 대동강을 거슬러 평양에 들어온 미국 상선 제너럴 셔먼호 선원들이 통상을 요구하며 관리를 납치하고 민간인을 죽이는 등 만행을 저지르자 평양 관민이 배를 불태워 침몰시켰어요. (가) 이전의 사실이에요.
④ 거중 조정 조항은 조약 체결의 상대 국가가 제3국과 분쟁에 처했을 때 중재에 나설 것을 약속한 것으로, 1882년에 체결된 조·미 수호 통상 조약에 포함되었어요. (나) 이후의 사실이에요.
⑤ 1866년 병인양요 때 양헌수 부대가 강화도 정족산성에서 프랑스군을 격퇴하였어요. (가) 이전의 사실이에요.

3 (가), (나) 사이의 시기에 있었던 사실로 옳은 것은? [3점]

심화 54회 32번

> (가) 수신사 김기수가 나와 엎드리니 왕이 말하였다. "전선, 화륜과 농기계에 관하여 들은 것은 없는가? 저 나라에서 이 세 가지 일을 제일 급하게 힘쓰고 있다고 하는데, 그러하던가?" 김기수가 "과연 그러하였습니다."라고 아뢰었다.
>
> (나) 어윤중이 동래부 암행어사로 임명되어 왕에게서 받은 봉해진 서신을 열어보니, "일본 조정의 논의와 정국의 형세, 풍속·인물·교빙·통상 등의 대략을 염탐하는 것이 좋겠다. 그러니 너는 일본으로 건너가 크고 작은 일들을 보고 듣되 시간에 구애받지 말고 낱낱이 탐지해서 별도의 문서로 조용히 보고하라."라는 내용이었다.

① 미국에 보빙사가 파견되었다.
② 통리기무아문과 12사가 설치되었다.
③ 운요호가 강화도와 영종도를 무단 침입하였다.
④ 교원 양성을 위해 한성 사범 학교가 설립되었다.
⑤ 프랑스와 조약을 체결하여 천주교 포교가 허용되었다.

4 (가) 기구를 통해 추진된 정책으로 옳은 것은? [2점]

심화 71회 32번

이곳은 기기창 건물 중 하나인 번사창입니다. 강화도 조약 체결 이후 정부는 국내외 정세에 대응하고 개화 정책을 총괄하기 위한 기구로 (가) 을/를 설치하였습니다. 이 기구의 건의로 청에 파견한 영선사 일행에 유학생을 포함시켜 근대 문물을 배워 오도록 하였습니다. 이러한 노력의 영향으로 설치된 근대적 무기 공장이 바로 기기창이었습니다.

① 별기군을 창설하였다.
② 원수부를 설치하였다.
③ 대전통편을 편찬하였다.
④ 신문지법을 공포하였다.
⑤ 서당 규칙을 제정하였다.

3 개화 정책의 추진 — 정답 ②

정답 찾기 (가)는 수신사 김기수가 나와 신문물에 관해 묻는 왕에게 답하는 내용으로 보아 강화도 조약 체결 직후 일본에 파견된 제1차 수신사가 돌아와 보고하는 상황임을 알 수 있어요. (나)는 어윤중이 동래부 암행어사로 임명되어 일본에 건너가 정국의 형세와 문물 등을 보고 오라는 왕의 비밀 서신을 받았다는 내용을 통해 1881년에 있었던 조사 시찰단 파견 상황임을 알 수 있어요. 개항 이후 조선 정부는 근대화를 위한 정보 수집과 개화 정책 추진에 나섰어요. 1876년 강화도 조약 체결 직후 일본에 수신사로 김기수를 파견하여 근대 시설을 시찰하게 하였고, 1880년에 ② 개화 정책을 총괄하기 위한 기구로 통리기무아문을 설치하고 그 아래 실무를 담당하는 12사를 두었어요. 1881년에는 근대 문물을 살펴보기 위해 일본에 조사 시찰단, 청에 영선사를 파견하였어요.

오답 피하기
① 조·미 수호 통상 조약 체결 후 1883년에 미국 공사의 부임에 대한 답례 형식으로 미국에 보빙사가 파견되었어요. (나) 이후의 사실이에요.
③ 1875년에 일본 군함 운요호가 강화도와 영종도에 무단 침입하자 강화의 조선군 수비대가 대응하였어요. 일본은 이를 빌미로 조선에 강화도 조약 체결을 요구하였어요. (가) 이전의 사실이에요.
④ 1895년 제2차 갑오개혁 추진 과정에서 교육 입국 조서가 반포되었고, 이에 기반하여 교원 양성을 위한 한성 사범 학교가 설립되었어요. (나) 이후의 사실이에요.
⑤ 1886년에 조·프 수호 통상 조약이 체결되어 천주교 포교가 허용되었어요. (나) 이후의 사실이에요.

4 통리기무아문 — 정답 ①

정답 찾기 강화도 조약 체결 이후 정부가 개화 정책을 총괄하기 위해 설치하였다는 내용을 통해 (가) 기구가 통리기무아문임을 알 수 있어요. 개항 후 조선 정부는 변화하는 국내외 정세에 대응하고 개화 정책을 총괄하기 위해 1880년에 통리기무아문을 설치하고 소속 부서로 외교 업무를 담당하는 교린사, 군사에 관한 일을 관장하는 군무사 등의 12사를 두었어요. 통리기무아문은 기존 5군영의 군사 조직을 무위영과 장어영의 2영으로 축소하고, ① 신식 군대인 별기군을 창설하였어요.

오답 피하기
② 대한 제국 정부는 황제 직속의 군 통수 기관인 원수부를 설치하여 황제권을 강화하였어요.
③ 정조는 통치 체제를 정비하기 위해 "경국대전"과 "속대전" 등을 통합·보완하여 "대전통편"을 편찬하였어요.
④ 일제는 신문의 창간과 발행 등을 관리하여 한국의 언론을 탄압·통제하기 위해 대한 제국 정부를 압박하여 1907년에 신문지법을 공포하게 하였어요.
⑤ 일제는 재래의 서당에 근대적 교육을 추가한 개량 서당이 확산되자 1918년에 서당 규칙을 제정하여 이를 탄압하였어요.

29강 개항기(개항 ~ 갑신정변)

5 다음 자료에 나타난 사건에 대한 설명으로 옳은 것은? [2점]

심화 61회 33번

> 발신 : 조선 주재 공사 하나부사 요시모토(花房義質)
> 수신 : 외무경 이노우에 가오루(井上馨)
>
> 이달 23일 오후 5시 성난 군중 수백 명이 갑자기 공사관을 습격하여 돌을 던지고 총을 쏘며 방화함. 전력으로 방어한 지 7시간이 지났지만 원병이 오지 않았음. 한쪽을 돌파하여 왕궁으로 가려 해도 성문이 열리지 않았음. …… 성난 군중이 왕궁 및 민태호와 민겸호의 집도 습격했다고 들었음. …… 교관 호리모토 외 8명의 생사는 알 수 없음.

① 전주 화약이 체결되는 계기가 되었다.
② 입헌 군주제 수립을 목표로 전개되었다.
③ 김기수가 수신사로 파견되는 결과를 가져왔다.
④ 구식 군인에 대한 차별 대우가 발단이 되어 일어났다.
⑤ 3일 만에 실패로 끝나 주동자들이 해외로 망명하였다.

6 다음 자료에 나타난 사건의 영향으로 가장 적절한 것은? [2점]

심화 69회 30번

> 이때 세금을 부과하는 직책의 신하들이 재물을 거두어들여 자기 배만 채우면서 각영(各營)에 소속된 군인들의 봉급은 몇 달 동안 나누어 주지 않았다. 그리하여 훈국(訓局)의 군사가 맨 먼저 난을 일으키고, 각영의 군사가 잇달아 일어났다. 이들은 이최응, 민겸호, 김보현, 민창식을 죽였고 또 중전을 시해하려 하였다. 중전은 장호원으로 피하였다.

① 강화도 조약이 체결되었다.
② 김기수가 수신사로 일본에 파견되었다.
③ 종로와 전국 각지에 척화비가 세워졌다.
④ 일본 공사관 경비 명목으로 일본군이 주둔하였다.
⑤ 통리기무아문을 설치하고 그 아래에 12사를 두었다.

5 임오군란 — 정답 ④

정답 찾기 성난 군중 수백 명이 일본 공사관과 왕궁 및 민태호와 민겸호의 집을 습격하였다는 내용을 통해 자료에 나타난 사건이 임오군란임을 알 수 있어요. 조선 정부는 개항 후에 개화 정책을 추진하면서 신식 군대인 별기군을 창설하였어요. 별기군은 일본인 교관을 초빙해 훈련하였으며 구식 군인보다 좋은 대우를 받았어요. ④ 이러한 차별 대우에 불만을 품고 있던 구식 군인들은 13개월 만에 급료로 받은 쌀에 겨와 모래가 섞여 있고 그 양도 모자라자 이에 분노하여 봉기하였어요. 한 달여간 이어진 군란은 민씨 세력의 요청으로 조선에 들어온 청군에 의해 진압되었어요.

오답 피하기
① 동학 농민군은 전주성을 점령한 뒤 청과 일본의 군대가 조선에 상륙하자 정부와 전주 화약을 체결하였어요.
② 갑신정변 당시 급진 개화파는 입헌 군주제를 모방한 근대 국가를 수립하고자 하였으며, 독립 협회도 정치 체제를 입헌 군주제로 개편하고자 하였어요.
③ 강화도 조약 체결 직후 김기수가 수신사로 일본에 파견되었어요.
⑤ 갑신정변은 청군의 개입으로 3일 만에 실패하고 주동자들은 해외로 망명하였어요.

6 임오군란의 영향 — 정답 ④

정답 찾기 몇 달 동안 봉급이 지급되지 않아 군인들이 난을 일으켰으며, 중전이 장호원으로 피신하였다는 내용을 통해 자료에 나타난 사건이 1882년에 일어난 임오군란임을 알 수 있어요. 신식 군대인 별기군이 창설된 이후 차별 대우를 받던 구식 군인들이 군란을 일으켜 선혜청을 공격하고 일본인 교관을 살해하였어요. 또한, 정부 고관의 집과 일본 공사관 등을 습격하고 정부 대신을 살해하였어요. 이런 가운데 민씨 정권의 최고 권력자였던 명성 황후가 군란을 피해 궁궐을 빠져나와 장호원으로 피신하였어요. 고종이 정권에서 물러나 있던 흥선 대원군에게 사태 수습을 맡겼고, 흥선 대원군은 재집권하여 별기군을 없애고 개화 정책을 중단하였어요. 한편, 민씨 정권이 청에 파병을 요청하여 조선에 들어온 청군에 의해 군란이 진압되었어요. 임오군란 이후 조선은 일본과 제물포 조약을 체결하여 일본에 배상금을 지불하고, ④ 일본 공사관 경비를 위한 일본군의 주둔을 허용하였어요.

오답 피하기
① 운요호 사건을 계기로 강화도 조약이 체결되었어요.
② 강화도 조약 체결 직후 김기수가 수신사로 일본에 파견되었어요.
③ 신미양요 이후 흥선 대원군은 종로와 전국 각지에 서양 세력과의 통상 수교 거부 의지를 담은 척화비를 세웠어요.
⑤ 1880년에 조선 정부는 개화 정책을 총괄하는 기구로 통리기무아문을 설치하고 그 아래에 실무를 담당하는 12사를 두었어요.

7 (가)에 대한 설명으로 옳은 것은? [2점]

심화 70회 30번

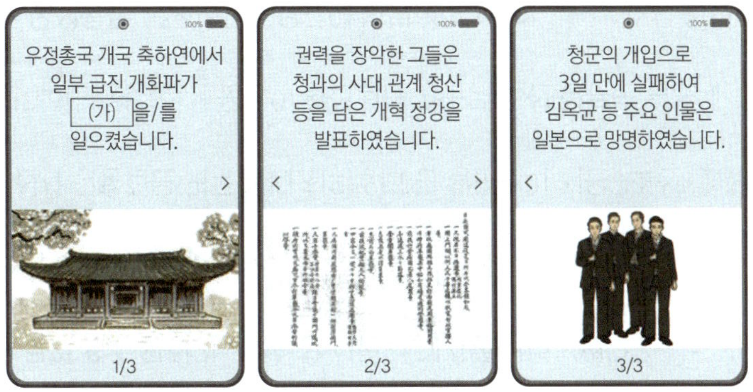
우정총국 개국 축하연에서 일부 급진 개화파가 (가) 을/를 일으켰습니다.
1/3
권력을 장악한 그들은 청과의 사대 관계 청산 등을 담은 개혁 정강을 발표하였습니다.
2/3
청군의 개입으로 3일 만에 실패하여 김옥균 등 주요 인물은 일본으로 망명하였습니다.
3/3

① 전개 과정에서 집강소가 설치되었다.
② 수신사가 파견되는 데 영향을 주었다.
③ 한성 조약이 체결되는 결과를 가져왔다.
④ 사태 수습을 위해 박규수가 안핵사로 파견되었다.
⑤ 구식 군인에 대한 차별 대우가 발단이 되어 일어났다.

8 (가) 사건에 대한 설명으로 옳은 것은? [2점]

심화 75회 28번

> 김옥균 등은 청이 우리 자주권을 침해하는 데 분노하여 일본 공사와 (가) 을/를 일으켜 '일본당'으로 지목되었다. (가) 이/가 실패하자 온 나라가 그를 역적이라 하였다. 나는 조정에 몸을 담고 있어 그를 토벌하여 죽여야 한다는 것 외에 다른 목소리를 낼 수 없었다. 그러나 김옥균과 나의 마음은 그 뜻이 다른 데 있는 것이 아니라 나라를 사랑하는 데서 나온 것이었다.
>
> - "속음청사" -

① 개혁 추진 기구로 교정청이 설치되었다.
② 전개 과정에서 홍범 14조가 반포되었다.
③ 통리기무아문이 신설되는 배경이 되었다.
④ 김기수가 수신사로 파견되는 결과를 가져왔다.
⑤ 청·일 간에 톈진 조약이 체결되는 계기가 되었다.

7 갑신정변 정답 ③

정답 찾기 우정총국 개국 축하연에서 일부 급진 개화파가 일으켰으며, 이들이 권력을 장악하고 개혁 정강을 발표하였으나 결국 청군의 개입으로 3일 만에 실패하였다는 내용을 통해 (가)가 갑신정변임을 알 수 있어요. 김옥균, 서광범, 박영효, 서재필 등 급진 개화파는 우정총국 개국 축하연을 이용하여 정변을 일으키고 개화당 정부를 수립하였어요. 개화당 정부는 청과의 사대 관계 청산, 호조로의 재정 일원화, 지조법 개혁, 인민 평등권 확립, 능력에 따른 인재 등용 등의 내용을 담은 개혁 정강을 발표하고 개혁을 추진하려 하였어요. 그러나 청군의 개입으로 정변은 3일 만에 실패하였어요. ③ 갑신정변 이후 일본은 갑신정변의 책임을 조선에 떠넘기고 배상금 지불과 일본 공사관 신축 비용 부담 등을 요구한 한성 조약의 체결을 강요하였어요.

오답 피하기
① 동학 농민 운동 당시 동학 농민군은 조선 정부와 전주 화약을 체결한 후 전라도 각지에 집강소를 설치하고 폐정 개혁안을 실천하였어요.
② 강화도 조약 체결 이후 조선 정부는 일본의 근대 시설을 시찰하기 위해 수신사를 파견하였어요.
④ 진주 농민 봉기가 일어나자 조선 정부는 사태 수습을 위해 박규수를 안핵사로 파견하였어요.
⑤ 1882년에 구식 군인들이 신식 군대인 별기군과의 차별 대우에 반발하여 임오군란을 일으켰어요.

8 갑신정변 정답 ⑤

정답 찾기 김옥균 등이 청의 자주권 침해에 분노하여 일본 공사와 함께 일으켰다는 내용을 통해 (가) 사건이 갑신정변임을 알 수 있어요. 김옥균, 박영효 등 급진 개화파는 일본의 메이지 유신을 본받아 급진적인 개혁을 추진하려 하였어요. 이들은 일본 공사의 지원을 약속받고 우정총국 개국 축하연을 기회로 1884년에 갑신정변을 일으켰어요. 급진 개화파는 개화당 정부를 구성하고 청과의 사대 관계 청산, 호조로의 재정 일원화, 문벌 폐지, 능력에 따른 인재 등용 등을 담은 개혁 정강을 발표하였어요. 하지만 청군이 개입하자 일본군이 약속을 어기고 곧바로 철수하면서 정변은 3일 만에 실패로 끝났어요. ⑤ 갑신정변 후 청과 일본은 조선에서 양국 군대를 공동 철수하고 이후 조선에 파병할 때에는 서로 미리 통보할 것을 약속한 톈진 조약을 체결하였어요.

오답 피하기
① 조선 정부는 동학 농민군과 전주 화약을 체결한 후 개혁 추진 기구로 교정청을 설치하였어요. 교정청은 군국기무처가 설치되면서 폐지되었어요.
② 제2차 갑오개혁 시기에 고종은 국정 개혁의 기본 방향을 제시한 홍범 14조를 반포하였어요.
③ 조선 정부는 1880년에 개화 정책을 총괄하는 기구로 통리기무아문을 설치하고 그 아래에 12사를 두었어요.
④ 1876년 강화도 조약 체결 직후 김기수가 수신사로 일본에 파견되었어요.

29강 개항기(개항 ~ 갑신정변)

Ready go
이번 강 별 채우기 제한 시간은 2분 30초
한 문장을 끝까지 또박또박 읽어야 패스!

기출 선택지로 별 채우기
한국사를 **채우다**

01 1875년 일본의 군함 ★★호가 강화도에 접근하여 무력시위를 벌였다.

02 운요호 사건을 계기로 우리나라 최초의 근대적 조약인 ★★★ 조약이 체결되었다.

03 강화도 조약은 ★산, 원산, ★천에 개항장이 설치되는 결과를 가져왔다.

04 강화도 조약은 조선이 일본에 해안 측량권과 영사 재판권(치외 법권) 등을 인정한 불★★ 조약이었다.

05 조·일 무역 규칙에는 일본 상품에 ★세를 부과하는 규정이 없었다.

06 조·일 수호 조규 부록에서 일본인의 거류지를 10리로 제한하고 ★★장에서 일본 화폐의 유통을 허용하였다.

07 개항 이후 정부는 개화 정책을 담당하는 ★★★★아문을 설치하였다.

08 통리기무아문은 소속 부서로 교린사, 군무사, 통상사 등의 ★★사를 두었다.

09 조선 정부는 개화 정책의 일환으로 5군영을 ★영으로 축소하고 ★★군을 창설하였다.

10 조선 정부는 청에 ★★사를 파견하여 근대식 무기 제조 기술과 군사 훈련법을 배워 오게 하였다.

11 영선사는 무기 제조 공장인 ★★창 설립의 계기를 마련하였다.

12 강화도 조약 체결 직후 김기수가 ★★사로 일본에 파견되었다.

13 제2차 수신사 김홍집은 귀국할 때 청의 외교관 황준헌이 지은 "조선★★"을 가지고 들어왔다.

14 개화에 반대하는 위정척사 운동이 확산되는 가운데 조선 정부는 일본에 ★★ 시찰단을 비밀리에 파견하였다.

15 이만손 등 유생들은 "조선책략" 유포에 반발하여 ★★ ★★소를 올렸다.

16 별기군 창설 이후 구식 군인에 대한 차별 대우가 발단이 되어 ★★군란이 일어났다.

17 임오군란이 ★군에 의해 진압되면서 ★의 내정 간섭이 본격화되었다.

18 임오군란 후 체결된 조·청 상민 ★★ 무역 장정을 통해 청 상인의 내지 통상이 가능해졌다.

19 임오군란 후 일본 공사관 경비를 위한 일본군 주둔을 인정한 ★★포 조약이 체결되었다.

20 김옥균 등 급진 개화파가 ★★총국 개국 축하연을 기회로 삼아 갑신정변을 일으켰다.

21 개화당 정부는 ★조로의 재정 일원화, 문벌 폐지, 인민 ★★권 확립 등을 주요 내용으로 하는 개혁안을 발표하였다.

22 갑신정변은 ★의 군사 개입으로 3일 만에 실패하고 주동자들은 해외로 망명하였다.

23 갑신정변 수습을 위해 조선과 일본이 ★성 조약을 체결하였다.

24 갑신정변 후 청과 일본은 ★진 조약을 체결하고 조선에서 군대를 철수시켰다.

정답

01 운요 **02** 강화도 **03** 부, 인 **04** 평등 **05** 관 **06** 개항 **07** 통리기무 **08** 12 **09** 2, 별기 **10** 영선 **11** 기기 **12** 수신 **13** 책략 **14** 조사 **15** 영남 만인 **16** 임오 **17** 청, 청 **18** 수륙 **19** 제물 **20** 우정 **21** 호, 평등 **22** 청 **23** 한 **24** 텐

30강 개항기(동학 농민 운동 ~ 대한 제국)

강의 바로 보기

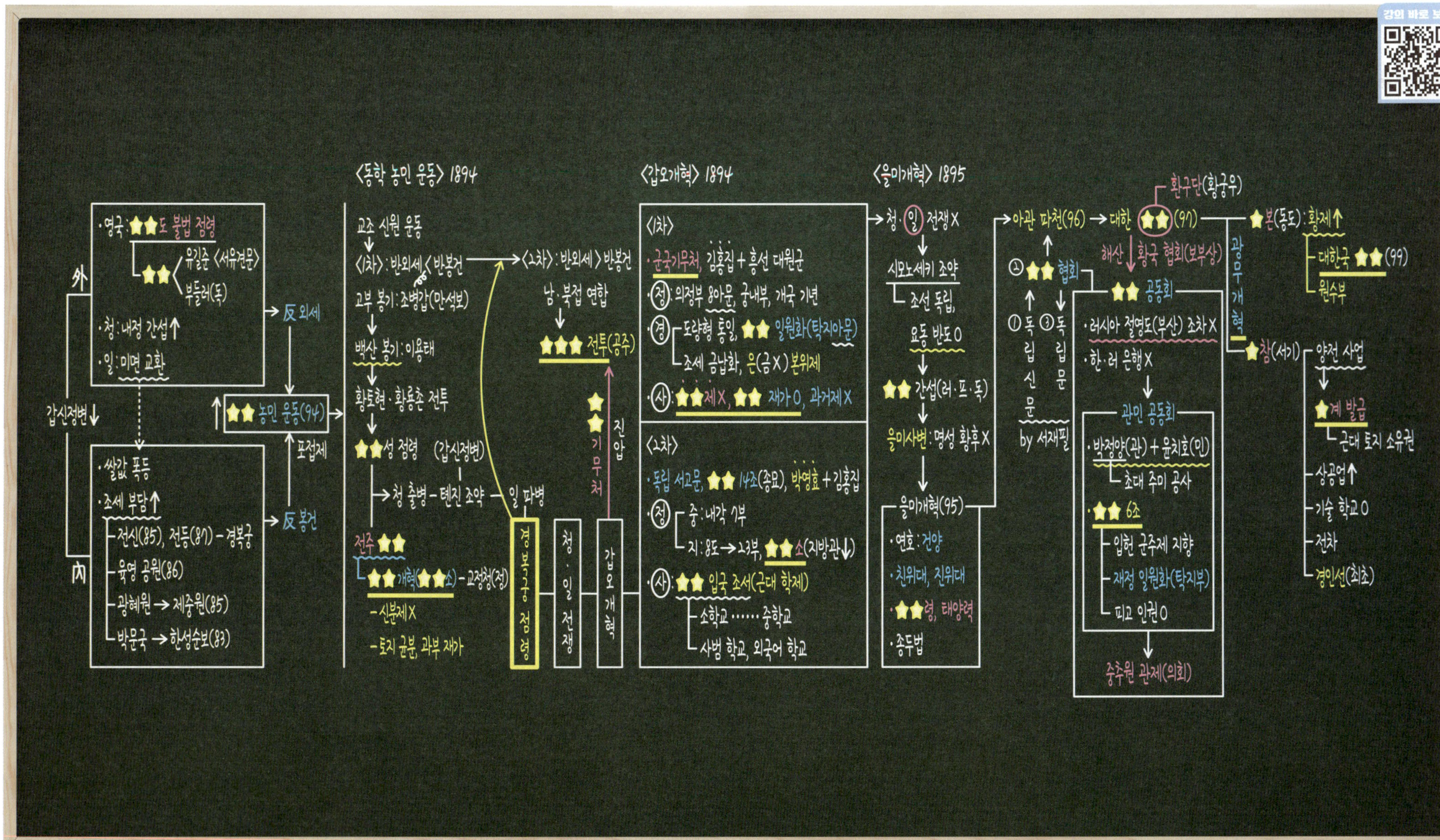

★정답 거문, 중립, 동학, 전주, 화약, 폐정, 집강, 우금치, 군국, 재정, 신분, 과부, 홍범, 재판, 교육, 삼국, 단발, 독립, 제국, 만민, 헌의, 구, 신, 국제, 지

→ 나만의 약점 단권화 노트 18쪽에서 완성 판서를 확인하세요.

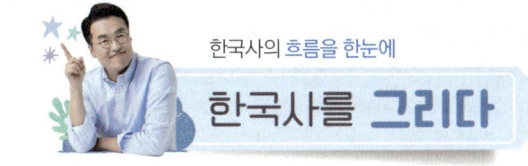

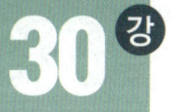

30강 개항기(동학 농민 운동 ~ 대한 제국)

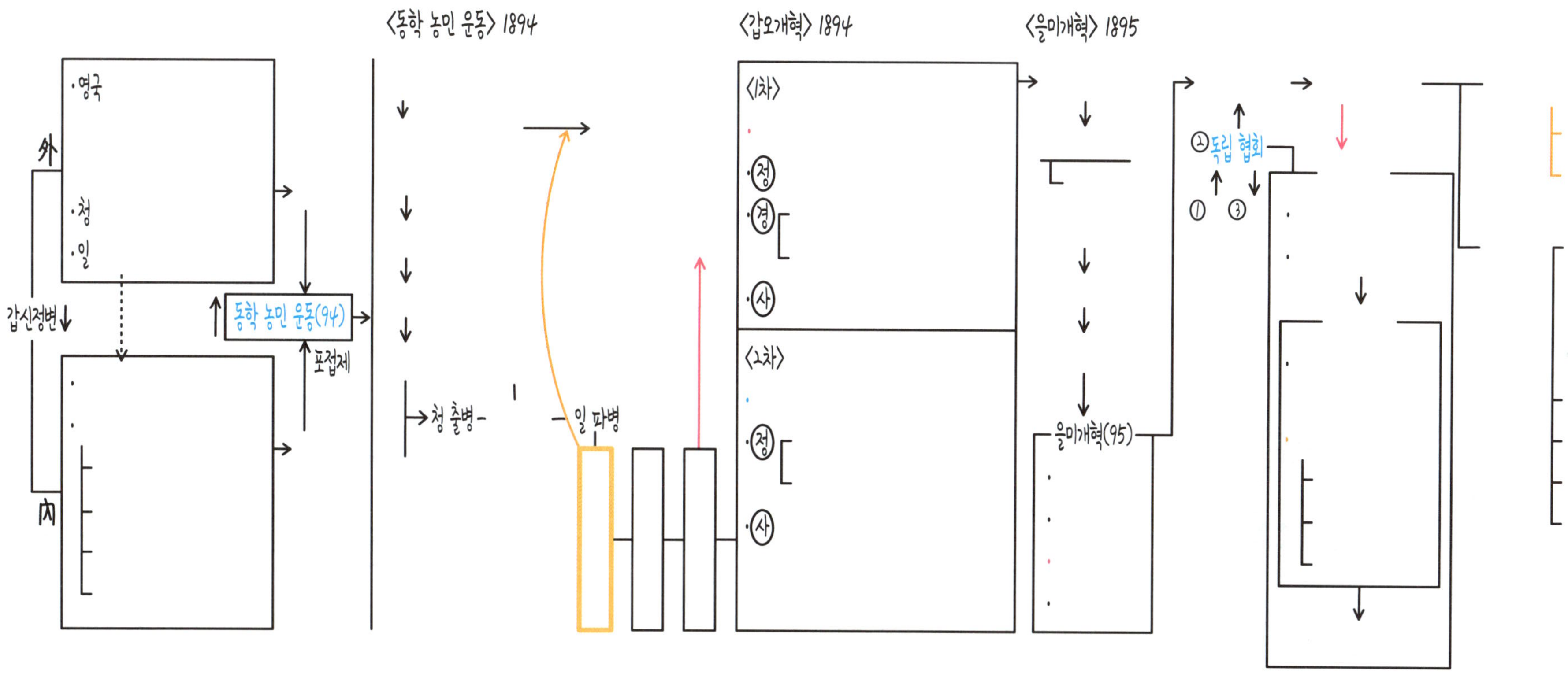

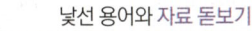

30강 개항기(동학 농민 운동 ~ 대한 제국)

낯선 용어와 자료 돋보기

한국사를 보다

영국의 거문도 불법 점령(거문도 사건)

영국은 러시아의 남하를 막는다는 구실로 1885년부터 약 2년 동안 거문도를 불법으로 점령하였어요. 청의 중재로 러시아로부터 조선을 침략하지 않는다는 약속을 받아 낸 후에야 영국은 거문도에서 군대를 철수시켰어요(1887).

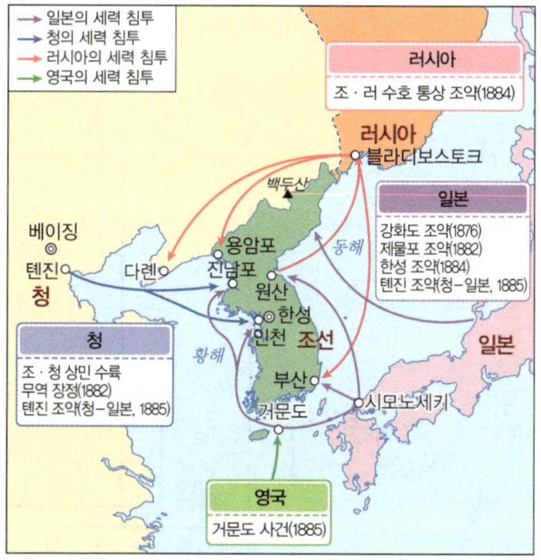

한반도를 둘러싼 열강의 대립

동학 농민군의 제1차 봉기

고부 농민 봉기의 사태 수습을 위해 파견된 안핵사 이용태가 농민 봉기 가담자들을 동학교도로 몰아 가혹하게 처벌하자 농민의 불만이 다시 폭발하였어요. 이에 제1차 봉기의 실질적인 시작이라 할 수 있는 무장, 백산 봉기가 일어났지요. 동학 농민군은 황토현 전투와 황룡촌 전투에서 정부군을 크게 격파한 후 전주성을 점령하였어요.

조선 중립화론

조선을 둘러싸고 열강의 대립이 격화되자 조선 주재 독일 외교관인 부들러가 조선 중립화 안을 조선 정부에 건의하였어요. 미국 유학에서 돌아온 개화파 유길준도 조선 중립화론을 구상하였지만 정책에 반영되지는 않았어요.

> 우리나라가 아시아의 중립국이 된다면 실로 러시아를 방어하는 큰 기틀이고, 또한 아시아의 여러 대국이 서로 보전하는 정략도 될 것이다. 오직 중립만이 우리나라를 지키는 방책인데, 우리 스스로가 제창할 수도 없으니 중국에 청하도록 하자. 아시아와 관계있는 여러 나라가 회합하여 조선의 중립을 확인받는 것이다. 이것은 비단 우리나라만을 위한 것이 아니라 중국의 이익도 될 것이고 여러 나라가 서로 보전하는 대책도 될 것이니 무엇이 두려워서 하지 않겠는가.
>
> - 유길준, '중립론' -

유길준

집강소

잡을 집(執), 근본 강(綱). 즉, 근본을 바로잡는 기관이라는 뜻으로, 동학 농민군이 치안과 행정을 담당하면서 폐정 개혁을 실천하기 위해 설치한 개혁 기구입니다. 동학 농민군이 전주성을 점령하자 조선 정부는 청에 원병을 요청하였어요. 이에 청군이 아산만을 통해 상륙하였고, 일본도 거류민 보호를 구실로 조선에 출병하였지요. 외세 개입에 따른 사태 악화를 우려한 정부와 동학 농민군은 서둘러 전주 화약을 체결하였고, 이후 동학 농민군은 전라도 지역에 집강소를 설치하여 폐정 개혁을 실천해 나갔어요.

> 본 감사는 …… 지금 너희들이 병기를 반납하는 것을 보고, 또한 못된 사람들이 소요하는 것을 몹시 미워하고 엄금하는 것을 보니, 너희들의 선량한 마음을 믿을 수 있다. …… 너희들이 각기 그 고을에서 성실하고 뜻이 있는 자를 뽑아 집강으로 삼되 적격하지 않은 자에게 집강을 맡겨 폐단이 발생하는 일이 없도록 해야 할 것이다.

> 〈폐정 개혁안의 주요 내용〉
> 1. 전운소를 혁파하고 이전과 같이 각 읍에서 조세를 상납하게 할 것
> 2. 탐관오리를 징계하고 쫓아낼 것
> 3. 각종 항목의 결세액은 평균 분배하되 마구 걷지 말 것
> 9. 각국 상인은 항구에서만 매매하게 하되, 한성에 점포를 열거나 각지에서 임의로 행상하지 못하게 할 것
> 10. 보부상의 폐단이 많으니 혁파할 것
> 11. 대원군이 국정에 간여하면 백성의 마음이 돌아올 수 있을 것
>
> - 정교, "대한계년사" -

용어 사전

미면 교환
일본이 서양으로부터 들여온 면직물을 조선에 가져와 쌀과 교환해 가는 방식을 말합니다. 이 때문에 면제품을 만드는 국내 수공업자가 몰락하였고, 일본 상인이 싼값에 쌀을 대량으로 구매함에 따라 곡물 가격이 폭등하였어요.

도량형
길이(도), 부피(량), 무게(형) 따위의 단위를 재는 법이에요.

은 본위제
'본위'는 중심이 되는 기준을 뜻해요. 즉, 은 본위제는 은을 화폐 교환 가치의 기준으로 삼는 제도를 말합니다.

을미사변
조선 정부가 러시아를 통해 일본을 견제하려 하자, 일본은 이러한 움직임의 배후에 명성 황후가 있다고 보고 일본 군대 등을 경복궁에 난입시켜 황후를 시해하는 만행을 저질렀어요.

단발령
끊을 단(斷), 머리털 발(髮). 즉, 강제로 상투를 자르도록 한 명령이에요. 정부는 위생에 이롭고 작업에 편리하다는 이유를 내세워 단발령을 강행하였어요. 양반 유생층은 물론 일반 백성도 거세게 반발하였고, 이는 의병 투쟁으로 이어졌어요(을미의병).

동학 농민군의 제2차 봉기

전주 화약 체결 이후 조선 정부는 청과 일본에 군대의 철수를 요구하였어요. 그러나 일본은 조선의 철병 요구를 무시하고 경복궁을 무력으로 점령하여 조선의 내정에 개입하였어요. 그리고 청·일 전쟁도 도발하였지요. 이에 동학 농민군은 일본군 타도라는 반침략의 기치를 내세워 다시 봉기하였어요(제2차 봉기).

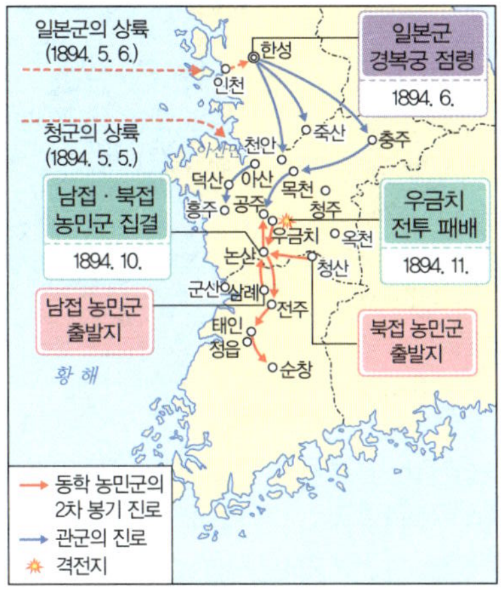

군국기무처의 주요 개혁 내용(제1차 갑오개혁)

제1차 갑오개혁은 군국기무처의 주도로 이루어졌으며, 갑신정변에서 제기된 개혁 정강이나 동학 농민군의 요구가 일부 반영되었어요.

〈제1차 갑오개혁 때의 개혁 법령〉
- 문벌과 양반, 상민 등의 계급을 타파하고 인재는 귀천에 구애 없이 등용한다.
- 연좌법을 폐지하여 죄인 자신 이외에는 처벌하지 않는다.
- 남자 20세, 여자 16세 이하의 조혼을 금지한다.
- 과부의 재혼은 귀천을 따지지 않고 자유에 맡긴다.
- 공사 노비법을 혁파하고 인신매매를 금지한다.
- 퇴직 관리의 상업 활동은 자유의사에 맡긴다.
- 각 도의 조세는 화폐로 내게 한다.

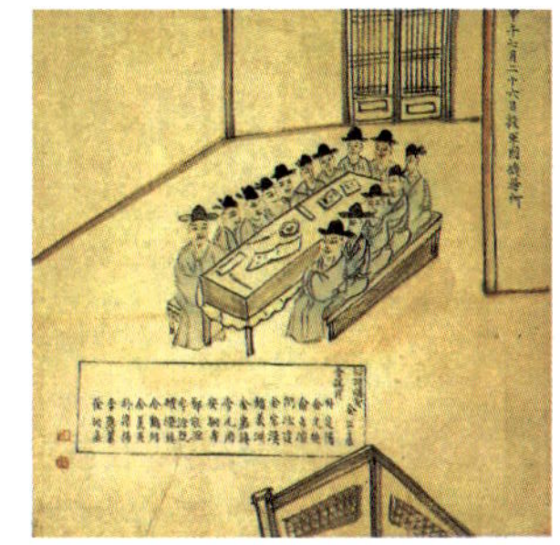

군국기무처 회의 모습

홍범 14조(제2차 갑오개혁)

청·일 전쟁에서 승기를 잡은 일본은 조선의 내정에 적극 간섭하기 시작하였어요. 먼저 개혁에 소극적인 흥선 대원군을 물러나게 하고, 일본에 망명 중이던 박영효와 서광범을 불러들여 김홍집·박영효의 연립 내각을 출범시켰어요. 이어 군국기무처가 폐지되었고, 연립 내각은 제2차 갑오개혁을 추진하였지요. 이때 고종은 종묘에 나가 조상에게 서고문을 바치는 형식으로 국정 개혁의 기본 방향을 밝힌 홍범 14조를 반포하였어요.

1. 청에 의존하는 생각을 버리고 자주독립의 기초를 세운다.
4. 왕실 사무와 국정 사무를 분리하여 서로 혼동하지 않는다.
6. 납세는 법으로 정하고 함부로 세금을 거두지 않는다.
7. 조세의 징수와 경비 지출은 모두 탁지아문에서 관할한다.
11. 총명한 젊은이들을 파견하여 외국의 학술과 기예를 익히고 오게 한다.
13. 민법, 형법을 제정하여 국민의 생명과 재산을 보전한다.
14. 문벌을 가리지 않고 인재 등용의 길을 넓힌다.

- "고종실록" -

교육 입국 조서

제2차 갑오개혁을 추진하는 과정에서 고종이 반포하였어요. 교육 입국 조서 반포 후 정부는 한성 사범 학교 관제, 소학교 관제, 외국어 학교 관제 등을 제정하여 근대적 교육 제도를 마련하였어요.

〈교육 입국 조서 요약〉
- 교육은 국가 보존의 근본이다.
- 신교육은 과학적 지식과 신학문, 실용을 추구하는 데 있다.
- 교육의 3대 강령으로서 덕육·체육·지육이 있다.
- 교육 입국의 정신을 들어 학교를 많이 설립하고 인재를 길러 내는 것이 곧 국가 중흥과 국가 보전에 직결된다.

시모노세키 조약, 삼국 간섭

갑오개혁이 진행되는 가운데 청·일 전쟁에서 승리한 일본은 청과 시모노세키 조약을 맺어 랴오둥반도를 넘겨받았어요. 그러나 일본의 세력 확장이 자신들의 남하 정책에 방해될 것을 염려한 러시아가 프랑스와 독일을 끌어들여 일본에게 랴오둥반도를 청에 돌려주라고 압력을 가하였습니다. 결국 일본은 삼국 간섭에 굴복하여 랴오둥반도를 반환하였어요.

〈시모노세키 조약〉

제1조 청국은 조선국이 완전한 자주독립국임을 인정한다.

제2조 청국은 랴오둥(요동)반도와 타이완 및 펑후섬 등을 일본에 할양한다.

제4조 청국은 일본에 배상금 2억 냥을 지불한다.

용어 사전

태양력
지구가 태양의 둘레를 한 바퀴 도는 데 걸리는 시간을 1년으로 정한 역법이에요. 지금 우리가 사용하는 양력이지요.

만민 공동회
만백성이 함께하는 모임이라는 뜻이에요. 독립 협회가 자주독립 수호와 자유 민권 신장을 위해 개최하였어요. 우리나라 역사상 최초로 민중과 함께 한 정치 집회라고 할 수 있어요.

관민 공동회
만민 공동회에 내각의 대신들, 즉 정부 관료들이 참여한 집회를 말해요.

중추원 관제
독립 협회는 국왕의 자문 기구인 중추원이 의회와 같은 기능을 수행할 수 있도록 정부와 협상을 벌여 새로운 중추원 관제를 반포하게 하였어요. 이에 따르면, 중추원은 관선 25명(황제가 임명), 민선 25명(독립 협회에서 선거로 선출)의 의원으로 구성되며, 법률 및 칙령의 개정과 폐지, 의정부가 국왕에게 건의하는 사항 등을 심사·결정하는 권한을 가졌어요.

30강 개항기(동학 농민 운동 ~ 대한 제국)

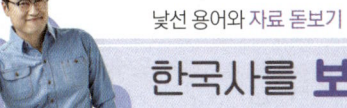

낯선 용어와 자료 돋보기
한국사를 **보다**

독립 협회

미국에서 귀국해 독립신문을 창간한 서재필과 개화 지식인 및 개혁적 관료들이 민중 계몽을 통한 근대화와 자주독립 수호를 위해 조직한 단체로, 우리나라 최초의 시민단체라고 할 수 있어요. 독립 협회는 청의 사신을 맞이하던 영은문이 헐린 자리 부근에 독립문을 세워 독립과 자주의 의지를 드러냈으며, 독립신문을 배포하여 민권 의식 향상을 위해 노력하였어요.

독립신문

독립문

헌의 6조

관민 공동회에서 독립 협회와 정부 대신들이 결의한 시국 개혁안이에요. 고종은 이 개혁안을 받아들여 시행할 것을 약속하고 중추원을 의회식으로 개편하는 새로운 중추원 관제를 반포하였어요.

1. 외국인에게 의지하지 않고 관민이 합심하여 전제 황권을 견고하게 할 것
2. 외국과의 이권에 관한 계약과 조약은 각 부 대신 및 중추원 의장이 합동으로 서명하여 시행할 것
3. 국가 재정은 모두 탁지부에서 관리하고, 예산·결산을 인민에게 공포할 것
4. 중대한 범죄는 공개 재판하되, 피고에게 철저히 설명하여 죄를 스스로 인정한 이후에 시행할 것
5. 칙임관(최고위 관료층)을 임명할 때에는 황제가 정부에 그 뜻을 물어서 과반수의 의견에 따를 것
6. (갑오개혁 이후 제정된) 장정을 반드시 지킬 것

대한 제국의 수립

환구단은 천자가 하늘에 제사를 지내는 곳으로, 고종은 우리나라가 자주독립국임을 널리 알리기 위해 환구단에서 황제 즉위식을 거행하고 대한 제국의 수립을 선포하였어요.

환구단과 황궁우

광무개혁

고종 황제는 구본신참의 원칙 아래 광무개혁을 추진하였어요. 대한국 국제를 반포하여 황제가 군 통수권, 입법권, 행정권, 외교권, 사법권 등 모든 권한을 갖는다고 규정하였으며, 전제 군주정을 확고히 하기 위해 원수부를 설치하여 황제가 군 통수권을 장악하고, 무관 양성을 위한 학교를 설립하였어요. 경제적으로는 양전 사업을 시행하고 토지 소유권을 증명하는 문서인 지계를 발급하였으며, 상공업을 진흥시키기 위해 식산흥업 정책을 추진하였어요.

〈대한국 국제〉
제1조 대한국은 세계 만국이 공인한 자주독립 제국이다.
제2조 대한국의 정치는 만세 불변의 전제 정치이다.
제3조 대한국 대황제는 무한한 군권을 누린다.
제5조 대한국 대황제는 육해군을 통솔하고 군대의 편제를 정하며 계엄을 명한다.
제6조 대한국 대황제는 법률을 제정하여 그 반포와 집행을 명하고, 대사·특사·감형·복권 등을 명한다.
제7조 대한국 대황제는 행정 각 부의 관제를 정하고, 행정상 필요한 칙령을 발한다.

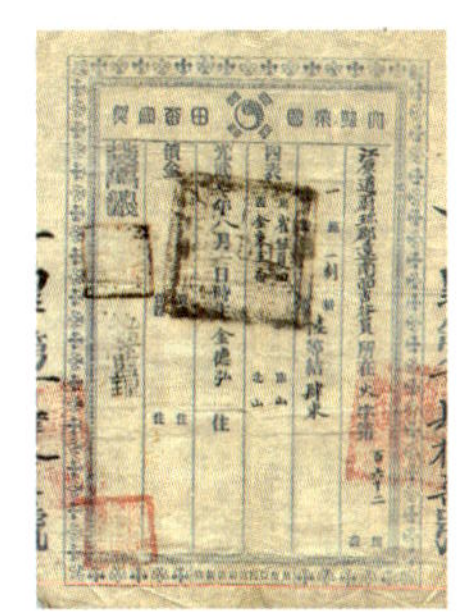
지계

용어 사전

황국 협회
대한 제국의 황제 측근 관료들이 보부상을 앞세워 독립 협회에 대항하기 위해 조직한 단체입니다. 만민 공동회를 습격하는 등 서울 곳곳에서 독립 협회와 충돌하였어요. 독립 협회가 강제 해산되면서 자연 해체되었어요.

아관 파천
'아관'은 러시아 공사관을 의미하고, '파천'은 임금이 피란한다는 뜻이에요. 을미사변 이후 신변의 위협을 느낀 고종이 러시아 공사관으로 거처를 옮긴 사건을 말합니다.

구본신참
옛 구(舊), 근본 본(本), 새 신(新), 참조할 참(參). 즉, 옛것을 근본으로 하여 새로운 것을 참조한다는 뜻이에요. 고유의 전통과 사상을 유지하면서 점진적으로 서양의 문물을 받아들이자는 대한 제국 개혁 정책의 기본 원칙이었어요.

원수부
대한 제국 때 설치된 최고 군 통수 기구입니다. 대한 제국은 황제권과 국방력을 강화하기 위해 원수부를 설치하여 황제가 대원수로서 군대를 통솔하게 하였어요.

30강 개항기(동학 농민 운동 ~ 대한 제국)

마무리도 빈틈없이

한국사를 읽다

1 갑신정변 이후의 국내외 정세

한반도의 정세	• 청의 내정 간섭 심화, 일본의 미면 교환 강화(일본 상인이 대량으로 쌀 반출 → 국내 쌀값 폭등) • 영국이 러시아의 남하를 견제한다는 구실로 거문도를 불법 점령(1885~1887)
조선 중립화론	조선 주재 독일 부영사 부들러가 조선 정부에 건의, 유길준도 구상 → 정책에 반영되지는 않음

2 동학 농민 운동

배경	• 지배층의 수탈과 외국 세력의 경제적 침투로 농촌 경제 악화 • 동학의 교세 확장 - 2대 교주 최시형의 교단 정비 → 경전 정리, 포접제 실시 → 교세 확장 - 교조 신원 운동 : 삼례 집회(교조 최제우의 누명을 풀어 줄 것과 포교의 자유 요구) → 서울 복합 상소 → 보은 집회(동학교도에 대한 탄압 중지, 탐관오리 숙청, 외세 척결 등 요구)
고부 농민 봉기 (1894. 1.)	고부 군수 조병갑의 탐학과 수탈(만석보를 강제로 사용하게 한 후 세금 징수) → 전봉준 등이 사발통문을 돌려 봉기 호소 → 농민들이 고부 관아 점령 → 정부의 중재로 농민들이 자진 해산
1차 봉기 (1894. 3.)	• 안핵사 이용태가 고부 농민 봉기 참여자를 동학교도로 몰아 탄압 → 무장에서 봉기 격문인 호남 창의문 발표, 백산에서 동학 농민군이 4대 강령을 발표한 후 보국안민(반외세)과 제폭구민(반봉건)의 기치를 내걸고 봉기 → 황토현 전투, 황룡촌 전투 승리 → 전주성 점령(1894. 4.) • 정부가 청에 파병 요청 → 청군의 조선 상륙, 거류민 보호를 구실로 일본군도 조선 상륙 → 정부와 동학 농민군이 전주 화약 체결 → 동학 농민군의 자진 해산·집강소 설치(폐정 개혁안 실천), 정부는 교정청을 설치한 후 개혁 착수·청과 일본 군대에 철병 요구
2차 봉기 (1894. 9.)	일본군의 경복궁 무력 점령과 내정 간섭, 청·일 전쟁 발발 → 동학 농민군이 일본군 타도를 외치며 재봉기 → 전봉준 중심의 남접과 손병희 중심의 북접이 논산에 집결·연합 부대 결성, 서울로 북상 → 공주 우금치 전투에서 패배(1894. 11.) → 전봉준 등 동학 농민군 지도자들이 체포됨
의의	반봉건·반침략(반외세)적 성격의 민족 운동, 동학 농민군의 요구 중 일부가 갑오개혁에 반영됨

3 근대적 개혁의 추진

(1) 갑오개혁

구분	제1차 갑오개혁	제2차 갑오개혁
추진	• 제1차 김홍집 내각, 일본군이 흥선 대원군 영입 • 군국기무처 설치 → 개혁 주도	• 제2차 김홍집 내각(김홍집·박영효 연립 내각) • 군국기무처 폐지, 고종이 홍범 14조 반포
정치	청 연호 사용 폐지·개국 기년 사용, 궁내부 설치(왕실 사무와 정부 사무 분리), 6조를 8아문으로 개편, 과거제 폐지	의정부를 내각으로 개편, 8아문을 7부로 개편, 전국 8도를 23부로 개편, 재판소 설치, 지방관의 권한 축소
경제	탁지아문으로 재정 일원화, 도량형 통일, 은 본위 화폐 제도 확립, 조세의 금납화	근대적 예산 제도 도입, 징세서(조세 징수) 설치, 육의전 폐지, 상리국 폐지
사회	신분제와 노비제 혁파, 과부의 재가 허용, 조혼 금지, 고문과 연좌제 폐지	교육 입국 조서 반포 → 한성 사범 학교·소학교·외국어 학교 관제 마련

(2) 을미개혁

배경	삼국 간섭 이후 조선이 친러 정책 추진 → 일본이 친러 정책을 주도하던 명성 황후 시해(을미사변) → 친일적인 김홍집 내각이 구성되어 개혁 추진
내용	태양력 채택, '건양' 연호 사용, 군제 개편(중앙 – 친위대, 지방 – 진위대 설치), 단발령 실시, 종두법 실시, 우편 사무 재개 → 아관 파천 직후 김홍집 내각 붕괴, 개혁 중단

4 독립 협회와 대한 제국

(1) 독립 협회

창립	아관 파천 이후 열강의 이권 침탈 심화 → 서재필 주도로 독립신문 창간, 독립 협회 창립(1896)
활동	• 민중 계몽 운동 : 독립문·독립관 건립, 만민 공동회 개최 • 자주 국권 운동 : 러시아의 절영도 조차 요구 저지, 한·러 은행 폐쇄 • 관민 공동회 개최 : 헌의 6조 결의(입헌 군주제 지향, 탁지부로 재정 일원화, 피고의 인권 존중 등) • 의회 설립 운동 → 대한 제국 정부가 새로운 중추원 관제 반포
해산	보수 세력의 모함, 고종이 황국 협회와 군대를 동원하여 탄압 → 만민 공동회 강제 해산, 독립 협회 활동 중단

(2) 대한 제국의 수립 : 아관 파천 이후 열강의 침탈 심화, 고종의 환궁을 요구하는 여론 고조 → 고종의 경운궁(덕수궁) 환궁 → 연호를 '광무'로 바꾸고 환구단에서 황제 즉위식 거행, 대한 제국 선포(1897)

(3) 광무개혁 : 구본신참의 원칙에 의거하여 점진적 개혁 추구

정치	대한국 국제 제정(1899) : 황제권의 절대화 추구
군사	원수부 설치(황제가 군 통수권 장악), 무관 학교 설립, 친위대와 진위대의 군사 수 증강
경제	양지아문·지계아문 설치(→ 양전 사업 실시, 지계 발급), 근대적 공장과 회사 설립
사회	• 관립 실업 학교(상공 학교)와 기술 교육 기관 설립, 근대 시설 확충(전화 가설, 전차·경인선 개통 등) • 의학교 관제 공포 → 관립 의학교 설립(1899) → 국립 병원 설립(보시원 → 광제원, 1900)
의의·한계	• 자주적으로 경제·교육·시설 면의 근대화와 국력 증강에 노력 • 집권층의 보수적 성향과 열강의 간섭, 러·일 전쟁 등으로 중단

30강 개항기(동학 농민 운동 ~ 대한 제국)

1 다음 가상 대화의 상황이 나타난 시기를 연표에서 옳게 고른 것은? [2점]

심화 55회 32번

1871		1876		1884		1895		1904		1909
신미양요	(가)	조·일 수호 조규	(나)	갑신정변	(다)	삼국 간섭	(라)	한·일 의정서	(마)	기유각서

① (가) ② (나) ③ (다) ④ (라) ⑤ (마)

2 (가), (나) 사이의 시기에 있었던 사실로 옳은 것은? [2점]

심화 73회 31번

(가) 통문으로 장터에 모이라는 기별이 왔다. 저녁 먹은 후 여러 마을에서 징 소리며 나팔 소리, 고함 소리가 천지에 뒤끓더니 수천 명 군중들이 우리 마을 앞길로 몰려와 군수 조병갑을 죽인다며 소요를 일으켰다. 군중이 사방으로 포위하고 몰아갈 때 조병갑은 서울로 도망갔다.

(나) 우두머리는 선화당을 점거하고 다른 동학 도당들은 나누어 사대문을 막으니 성 안의 백성과 아전, 군교 등이 미처 나오지 못하고 화염 속에 빠진 자가 많아 그 수를 알지 못하였습니다. 전주성이 삼시간에 함락된 것은 감영이나 전주부의 관속 무리 중 내응하는 자가 많았기 때문입니다.

① 남접과 북접이 논산에서 연합하였다.
② 최제우가 혹세무민의 죄로 처형되었다.
③ 일본이 군대를 동원하여 경복궁을 점령하였다.
④ 농민군이 황룡촌 전투에서 관군에 승리하였다.
⑤ 우금치에서 농민군이 관군과 일본군에 맞서 싸웠다.

1 거문도 사건 정답 ③

정답 찾기

영국이 러시아의 남진을 막는다는 구실로 불법적으로 섬에 들어와 병영을 짓고 점령하였다는 내용을 통해 가상 대화가 거문도 사건에 관한 것임을 알 수 있어요. 갑신정변 이후 청의 내정 간섭이 심해지자, 고종이 러시아와 비밀 협약을 추진하였어요. 이러한 가운데 세계 곳곳에서 러시아와 대립하고 있던 영국이 러시아의 남하를 견제한다는 구실로 거문도를 불법 점령하였어요(1885). 거문도를 점령한 영국군은 영국기를 게양하고 포대와 병영을 짓는 등 섬 전체를 요새화하면서 섬 주위에 수뢰를 부설하고 급수로와 전선을 가설하였어요. 이런 불법 점령에 대해 청을 비롯한 열강들은 주권을 침해당한 조선을 배제한 채 자신들의 이해관계에 따라 사건 해결을 위한 외교 교섭을 벌였어요. 결국 청이 중재하여 영국의 요구대로 러시아가 조선의 영토를 침범하지 않겠다는 약속을 하면서 영국군은 거문도에서 철수하였어요(1887).

따라서 영국의 거문도 불법 점령 상황이 나타난 시기는 갑신정변과 삼국 간섭 사이인 ③ (다)입니다.

2 동학 농민 운동 정답 ④

정답 찾기

(가)는 군중들이 군수 조병갑을 죽인다며 소요를 일으켰다는 내용을 통해 고부 농민 봉기가 일어난 상황임을 알 수 있어요. (나)는 동학 도당들에 의해 전주성이 함락되었다는 내용을 통해 동학 농민 운동 당시 농민군이 전주성을 점령한 상황임을 알 수 있어요. 1894년 전라도 고부에서 군수 조병갑의 횡포에 맞서 전봉준이 농민을 이끌고 관아를 습격하여 농민 봉기를 일으켰어요. 정부는 고부 농민 봉기를 수습하기 위해 이용태를 안핵사로 파견하였어요. 그러나 이용태는 오히려 봉기에 참여한 농민들을 동학교도로 몰아 탄압하였고, 이에 분노한 농민들이 대규모 봉기를 일으켜 동학 농민 운동이 시작되었어요. 동학 농민군은 황토현 전투와 ④ 황룡촌 전투에서 관군을 물리치고 전주성까지 점령하였어요. 하지만 청과 일본의 개입을 우려하여 조선 정부와 전주 화약을 체결하고 자진 해산하였어요.

오답 피하기

① 일본군이 경복궁을 기습 점령하고 조선 정부를 장악하자 동학 농민군이 다시 봉기하였고, 전봉준의 남접과 손병희의 북접이 논산에서 집결하여 연합 부대를 형성하였어요. (나) 이후의 사실이에요.
② 1864년 동학 교조 최제우가 세상을 어지럽히고 백성을 속인다는 혹세무민의 죄로 처형되었어요. (가) 이전의 사실이에요.
③ 전주 화약 체결 이후 조선 정부는 청·일 양국 군대의 철수를 요구하였으나, 일본은 이를 거부하고 군대를 동원하여 경복궁을 기습 점령하였어요. (나) 이후의 사실이에요.
⑤ 남접과 북접이 논산에서 연합한 후 서울로 진격하였으나 공주의 우금치 전투에서 관군과 일본군에 패배하였어요. (나) 이후의 사실이에요.

3 (가)에 대한 탐구 활동으로 가장 적절한 것은? [1점]

심화 74회 31번

오전 10:20

♥ 412개

(가) 에 참여한 이름 없는 이들을 위한 위령탑.
주변 조형물에는 '농민의 얼굴'과 '죽창'도 새겨져 있음
#여기는_정읍시_고부면

댓글 2개

○○○ : 이 마을에서 전봉준 등이 고부 군수 조병갑의 횡포에 맞서 사발통문을 작성했어.

□□□ : 고부 농민 봉기를 시작으로 전개된 (가) 에 참여한 이들의 흔적을 찾아볼 수 있어.

① 삼국 간섭의 결과를 알아본다.
② 척화비가 건립된 계기를 조사한다.
③ 전주 화약이 체결되는 과정을 살펴본다.
④ 영국이 거문도를 점령한 목적을 분석한다.
⑤ 외규장각 도서가 약탈된 배경을 찾아본다.

3 동학 농민 운동 정답 ③

정답 찾기 전봉준이 참여하였으며 고부 농민 봉기를 시작으로 전개되었다는 내용을 통해 (가)가 동학 농민 운동임을 알 수 있어요. ③ 동학 농민 운동 과정에서 전봉준이 이끄는 동학 농민군은 황토현 전투와 황룡촌 전투에서 관군과 싸워 승리하고 전주성을 점령하였어요. 그러나 청과 일본의 개입을 막기 위해 서둘러 정부와 전주 화약을 체결하고 해산한 뒤 전라도 각지에 집강소를 설치하여 폐정 개혁을 실천해 나갔어요.

오답 피하기
① 삼국 간섭 이후 조선 정부가 러시아를 통해 일본을 견제하려고 하자, 일본은 자신들의 영향력이 축소될 것을 우려하여 조선의 왕후를 시해한 을미사변을 일으켰어요.
② 병인양요와 신미양요를 겪은 이후 흥선 대원군은 서양과의 통상 수교 거부 의지를 널리 알리기 위해 전국 각지에 척화비를 건립하였어요.
④ 영국은 러시아의 남하를 견제한다는 구실로 1885년부터 약 2년 동안 거문도를 불법 점령하였어요.
⑤ 병인양요 당시 프랑스군은 강화도에서 퇴각하면서 외규장각의 도서를 약탈해 갔어요.

4 (가)에 들어갈 내용으로 적절한 것은? [2점]

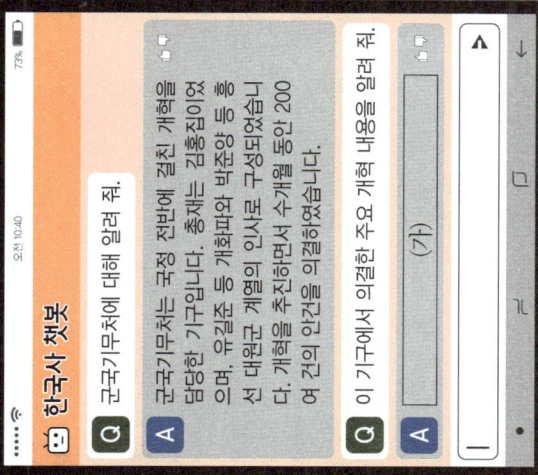

심화 69회 31번

한국사 챗봇

Q 군국기무처에 대해 알려 줘.

A 군국기무처는 국정 전반에 걸친 개혁을 담당한 기구입니다. 총재는 김홍집이었으며, 유길준 등 개화파와 박준양 등 흥선 대원군 계열의 인사로 구성되었습니다. 개혁을 추진하면서 수개월 동안 200여 건의 안건을 의결하였습니다.

Q 이 기구에서 의결한 주요 개혁 내용을 알려 줘.

A (가)

① 공사 노비법을 혁파하였습니다.
② 5군영을 2영으로 통합하였습니다.
③ 건양이라는 연호를 제정하였습니다.
④ 한성 사범 학교 관제를 반포하였습니다.
⑤ 지계아문을 설치하여 지계를 발급하였습니다.

4 제1차 갑오개혁 정답 ①

정답 찾기 군국기무처에서 국정 전반에 걸친 개혁을 담당하였다는 내용을 통해 (가)에 들어갈 내용이 제1차 갑오개혁 당시의 개혁안임을 알 수 있어요. 1894년 일본의 강요로 구성된 김홍집 내각은 개혁을 추진할 최고 정책 결정 기구로 군국기무처를 설치하고 제1차 갑오개혁을 추진하였어요. ① 제1차 갑오개혁 때 양반과 상민의 신분 차별을 법적으로 폐지하고 공사 노비법을 혁파하였어요.

오답 피하기
② 개항 이후 조선 정부는 개화 정책을 총괄하는 통리기무아문을 설치하고 기존 5군영의 군사 조직을 무위영과 장어영의 2영으로 개편하는 등의 개혁을 추진하였어요.
③ 을미개혁 때 태양력을 채택하고 '건양'이라는 연호를 제정하였어요.
④ 제2차 갑오개혁 때 교육의 기본 방향을 제시한 교육 입국 조서가 반포되었고, 이에 기반하여 한성 사범 학교 관제가 마련되었어요.
⑤ 대한 제국 시기 광무개혁을 추진하는 과정에서 정부는 지계아문을 설치하고 근대적 토지 소유 증명 문서인 지계를 발급하였어요.

5 심화 72회 32번

(가) 시기에 있었던 사실로 옳은 것은? [3점]

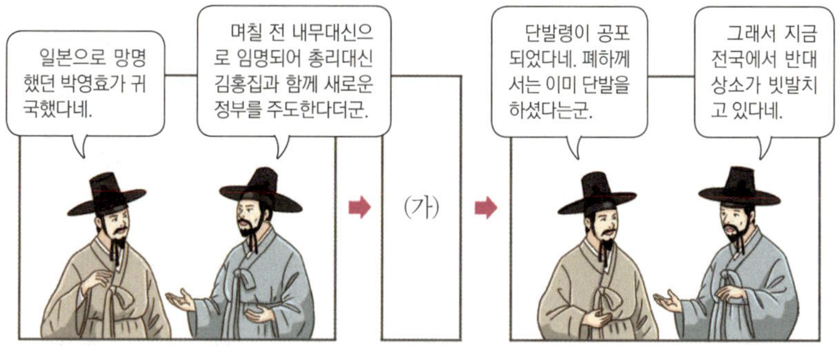

① 과거제가 폐지되었다.
② 호포제가 실시되었다.
③ 교정청이 설치되었다.
④ 5군영이 2영으로 통합되었다.
⑤ 교육 입국 조서가 반포되었다.

6 심화 71회 31번

밑줄 그은 '개혁'의 내용으로 옳은 것은? [2점]

① 양전 사업을 실시하여 지계를 발급하였다.
② 지방 행정 구역을 8도에서 23부로 개편하였다.
③ 군제를 개편하여 친위대와 진위대를 설치하였다.
④ 공사 노비법을 혁파하고 과부의 재가를 허용하였다.
⑤ 교육의 기본 방향을 제시한 교육 입국 조서를 반포하였다.

5 제2차 갑오개혁 추진 시기의 사실 정답 ⑤

정답 찾기

첫 번째 그림은 일본으로 망명했던 박영효가 돌아와 김홍집과 함께 새로운 정부를 주도한다는 내용을 통해 1894년 말에 김홍집·박영효 연립 내각이 조직된 상황임을 알 수 있고, 두 번째 그림은 단발령이 공포되었다는 내용을 통해 1895년 을미개혁이 추진되는 상황임을 알 수 있어요. 김홍집과 박영효를 중심으로 구성된 내각은 군국기무처를 폐지하고 제2차 갑오개혁을 추진하여 의정부를 폐지하고 내각제를 도입하였으며 8아문을 7부로, 8도의 지방 행정 구역을 23부로 개편하였어요. 또한, 재판소를 설치하여 사법권을 독립시켰으며, ⑤ 교육의 기본 방향을 제시한 교육 입국 조서를 반포하고 한성 사범 학교 관제, 외국어 학교 관제 등을 마련하였어요.

오답 피하기

① 제1차 갑오개혁 때 군국기무처는 과거제 폐지, 공사 노비법 혁파 등의 개혁을 추진하였어요.
② 고종 때 흥선 대원군의 개혁 정책 추진 과정에서 군정의 문란을 바로잡기 위해 양반에게도 군포를 징수하는 호포제가 실시되었어요.
③ 조선 정부는 동학 농민군과 전주 화약을 맺은 후 내정 개혁을 위해 임시 기구로 교정청을 설치하였어요.
④ 1881년 개화 정책의 일환으로 구식 군대인 5군영이 무위영과 장어영의 2영으로 통합되었어요.

6 을미개혁 정답 ③

정답 찾기

국모 시해 사건 이후 김홍집 내각에서 추진하였으며, 태양력을 시행하고 '건양'이라는 새로운 연호를 정하였다는 내용을 통해 밑줄 그은 '개혁'이 1895년에 추진된 을미개혁임을 알 수 있어요. 삼국 간섭 이후 조선 정부가 친러 정책을 펴자 위기감을 느낀 일본은 친러 정책의 배후 세력을 조선의 왕후라고 보고 을미사변을 일으켜 명성 황후를 시해하였어요. 이어 친일 성향의 김홍집 내각이 구성되었고, 내각은 을미개혁을 추진하여 태양력을 시행하고 '건양' 연호를 제정하였어요. 또 ③ 군제를 개편하여 중앙에는 친위대, 지방에는 진위대를 설치하였어요.

오답 피하기

① 광무개혁을 추진하는 과정에서 대한 제국 정부는 양전 사업을 실시하고 근대적 토지 소유 증명 문서인 지계를 발급하였어요.
② 제2차 갑오개혁 때 의정부가 내각으로, 8아문이 7부로 바뀌었으며, 지방 행정 구역은 8도에서 23부로 개편되었어요.
④ 제1차 갑오개혁 때 공사 노비법 혁파, 과부의 재가 허용, 조혼 금지 등의 개혁을 추진하였어요.
⑤ 제2차 갑오개혁 때 고종은 교육의 기본 방향을 제시한 교육 입국 조서를 반포하였어요.

7 (가) 단체의 활동으로 옳은 것은? [2점]

심화 71회 34번

독립문 주춧돌 놓는 예식을 독립 공원 부지에서 열었다. …… 회장 안경수 씨가 연설하기를, "(가) 이/가 처음에 시작할 때 단지 회원이 네다섯 명이더니 오늘날 회원은 수천 명이다. 조선 인민들이 나라가 독립되는 것을 좋아하기에 심지어 궁벽한 시골에 사는 인민 중에서 독립문 세우는 데 돈을 보조하는 사람들이 있으며, 외국 사람 중에서도 돈 낸 사람들이 많이 있었다. 이것을 보면 조선 사람들도 오늘부터 조선에서 모든 일을 (가) 하듯이 시작하여 모두 합심하기를 바란다."라고 하였다.

① 고종 강제 퇴위 반대 운동을 전개하였다.
② 일제의 황무지 개간권 요구를 저지시켰다.
③ 중추원 개편을 통한 의회 설립을 추진하였다.
④ 대성 학교를 설립하여 민족 교육을 실시하였다.
⑤ 독립운동 자금 마련을 위해 독립 공채를 발행하였다.

7 독립 협회 정답 ③

정답 찾기 독립 공원 부지에서 독립문 주춧돌 놓는 예식을 열었으며, 독립문을 세우고자 하였다는 내용을 통해 (가) 단체가 독립 협회임을 알 수 있어요. 독립 협회는 서재필 등이 중심이 되어 창립한 단체로, 민중 계몽을 통한 근대화와 자주독립 수호를 위한 활동을 전개하였어요. 독립문과 독립관을 세워 자주독립의 의지를 드러냈으며, 토론회와 강연회 등을 개최하여 민중 계몽에 힘썼어요. 또한, 만민 공동회를 열어 러시아의 절영도 조차 요구를 저지하고, 한·러 은행 폐쇄를 이끌어 내는 등 열강의 이권 침탈을 저지하는 데 앞장섰어요. ③ 중추원 개편을 통한 의회 설립을 추진하고 관민 공동회에서 헌의 6조를 채택하여 고종의 재가를 받기도 하였어요.

오답 피하기
① 대한 자강회는 일제가 헤이그 특사 파견을 구실로 고종을 강제로 퇴위하게 하자 고종 강제 퇴위 반대 운동을 전개하였어요.
② 보안회는 황무지 개간권 요구에 반대하는 운동을 전개하여 일제의 요구를 저지하였어요.
④ 신민회는 인재 양성을 위해 정주에 오산 학교, 평양에 대성 학교를 설립하여 민족 교육을 실시하였어요.
⑤ 대한민국 임시 정부는 독립운동 자금을 마련하기 위해 독립 공채를 발행하고 의연금을 거두었어요.

8 밑줄 그은 '개혁'의 내용으로 옳은 것은? [2점]

심화 74회 30번

이 자료는 파리 만국 박람회 당시 한국관의 모습을 담은 채색 광고 엽서이다. 고종은 황제 즉위 후 구본신참을 내세운 개혁을 추진하면서, 박람회를 서구 문물을 받아들이고 우리나라를 세계에 소개하는 기회로 활용하고자 했다. 이후 1902년 고종은 박람회 관련 업무를 담당할 정부 기관으로 농상공부 산하에 임시 박람회 사무소를 개설하였다.

① 지계아문을 설치하여 지계를 발급하였다.
② 건양이라는 독자적인 연호를 채택하였다.
③ 박문국을 설치하고 한성순보를 발행하였다.
④ 근대식 무기 제조 공장인 기기창을 설립하였다.
⑤ 개혁의 방향을 제시한 홍범 14조를 반포하였다.

8 광무개혁 정답 ①

정답 찾기 고종이 황제 즉위 후 구본신참을 내세워 추진하였다는 내용을 통해 밑줄 그은 '개혁'이 대한 제국 시기에 추진된 광무개혁임을 알 수 있어요. 고종은 1897년에 러시아 공사관에서 경운궁(덕수궁)으로 돌아온 후 연호를 '광무'로 정하고 황제의 자리에 올라 대한 제국의 수립을 선포하였어요. 대한 제국 정부는 옛것을 근본으로 하여 새로운 것을 참조한다는 구본신참의 원칙에 의거하여 광무개혁을 추진하였어요. 대한 제국은 광무개혁을 추진하면서 양전 사업을 실시하고 ① 지계아문을 설치하여 토지 소유자에게 근대적 토지 소유 증명 문서인 지계를 발급하였어요.

오답 피하기
② 조선 정부는 을미개혁을 추진하면서 태양력을 채택하고 '건양'이라는 독자적인 연호를 제정하였어요.
③ 조선 정부는 1883년에 박문국을 설치하고 최초의 근대 신문인 한성순보를 발행하였어요.
④ 청에 파견되었던 영선사와 유학생들이 주도하여 1883년에 근대식 무기 제조 공장인 기기창을 설립하였어요.
⑤ 고종은 제2차 갑오개혁 추진 과정에서 개혁의 기본 방향을 제시한 홍범 14조를 반포하였어요.

30강 개항기(동학 농민 운동 ~ 대한 제국)

Ready go
이번 강 별 채우기 제한 시간은 **2분 50초**
한 문장을 끝까지 또박또박 읽어야 패스!

기출 선택지로 별 채우기
한국사를 채우다

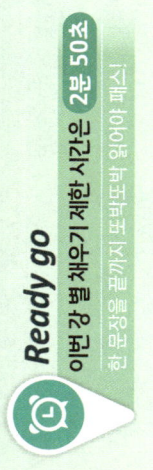

01 1885년에 영국은 러시아를 견제한다는 구실을 내세워 ★★도를 불법 점령하였다.

02 유길준은 한반도의 ★★화를 제기하였으며, “서유★★”을 집필하여 서양의 근대 문물을 소개하였다.

03 동학교도는 공주, 삼례 등지에 모여 교조 ★★ 운동을 전개하였다.

04 1894년에 군수 조병갑의 학정에 분노한 고부 농민들이 전★★을 지도자로 하여 고부 관아를 습격하였다.

05 동학 농민군은 ★산에 집결하여 4대 강령을 발표하고 ★★안민, ★★구민을 기치로 내걸고 봉기하였다.

06 동학 농민군은 1차 봉기 때 ★★현 전투와 황룡촌 전투에서 관군을 물리치고 ★★성을 점령하였다.

07 동학 농민군은 정부와 ★★ 화약을 맺은 후 ★★소를 설치하고 폐정 개혁안을 실천해 나갔다.

08 동학 농민군은 일본이 ★★궁을 점령하고 조선 정부에 개혁을 강요하자 2차 봉기를 일으켰다.

09 동학 농민군의 2차 봉기 당시 전봉준이 이끄는 남★과 손병희가 이끄는 북★이 논산에서 연합 부대를 형성하여 서울로 북상하였다.

10 동학 농민군은 2차 봉기 때 공주 ★★치에서 일본군과 관군 연합에 맞서 싸웠으나 크게 패하였다.

11 김홍집 내각은 ★★★★처를 중심으로 제1차 갑오개혁을 추진하였다.

12 제1차 갑오개혁 때 중앙의 행정 기구를 6조에서 8★★으로 개편하였다.

13 제1차 갑오개혁 때 ★ 본위 화폐 제도를 채택하였다.

14 제1차 갑오개혁 때 공사 ★★법을 혁파하고 과거제를 폐지하였다.

15 제2차 갑오개혁 때 고종은 국정 개혁의 기본 방향을 제시한 ★★ 14조를 반포하였다.

16 제2차 갑오개혁 때 지방 행정 구역을 8도에서 ★★부로 개편하고, ★★소를 설치하여 사법권을 독립시켰다.

17 제2차 갑오개혁 때 ★★ 입국 조서가 반포되고 이에 따라 근대식 교육 제도가 마련되었다.

18 교육 입국 조서 반포 후 교원 양성을 위한 ★★ 사범 학교가 설립되고 외국어 학교 관제가 마련되었다.

19 일본은 조선 정부가 친러 정책을 추진하자 명성 황후를 시해한 ★★사변을 일으켰다.

20 김홍집 내각이 추진한 을미개혁 때 ★★력이 채택되고 건★이라는 연호가 제정되었다.

21 을미개혁 때 군제를 개편하여 ★위대와 ★위대를 설치하였다.

22 을미사변 이후 고종이 러시아 공사관으로 거처를 옮긴 ★★ 파천이 일어났다.

23 독립 협회는 ★★ 공동회를 열어 민중 계몽과 민권 신장을 추구하였다.

24 독립 협회는 러시아의 ★★도 조차 요구에 반대하는 활동을 전개하였다.

25 독립 협회는 관민 공동회를 열어 ★★ 6조를 결의하고 정부에 건의하였다.

26 독립 협회는 ★★원 개편을 통한 의회 설립을 추진하였다.

27 대한 제국은 구본신참에 입각하여 ★★개혁을 추진하고 대★★ 국제를 반포하였다.

28 광무개혁 때 황제의 군 통수권 장악을 위해 황제 직속의 ★★부가 설치되었다.

29 대한 제국은 양전 사업을 실시하고 ★계를 발급하였다.

30 광무개혁으로 관립 실업 교육 기관인 ★공 학교가 설립되었다.

31 대한 제국은 광무개혁을 추진하면서 관립 의학교와 국립 병원인 광★원을 설립하였다.

정답

01 거문 **02** 중립, 견문 **03** 신원 **04** 봉준 **05** 백, 보국, 제폭 **06** 황토, 전주 **07** 전주, 집강 **08** 경복 **09** 접, 접 **10** 우금 **11** 군국기무 **12** 아문 **13** 은 **14** 노비 **15** 홍범 **16** 23, 재판 **17** 교육 **18** 한성 **19** 을미 **20** 태양, 양 **21** 친, 진 **22** 아관 **23** 만민 **24** 절영 **25** 헌의 **26** 중추 **27** 광무, 한국 **28** 원수 **29** 지 **30** 상 **31** 제

31강 국권 피탈과 저항

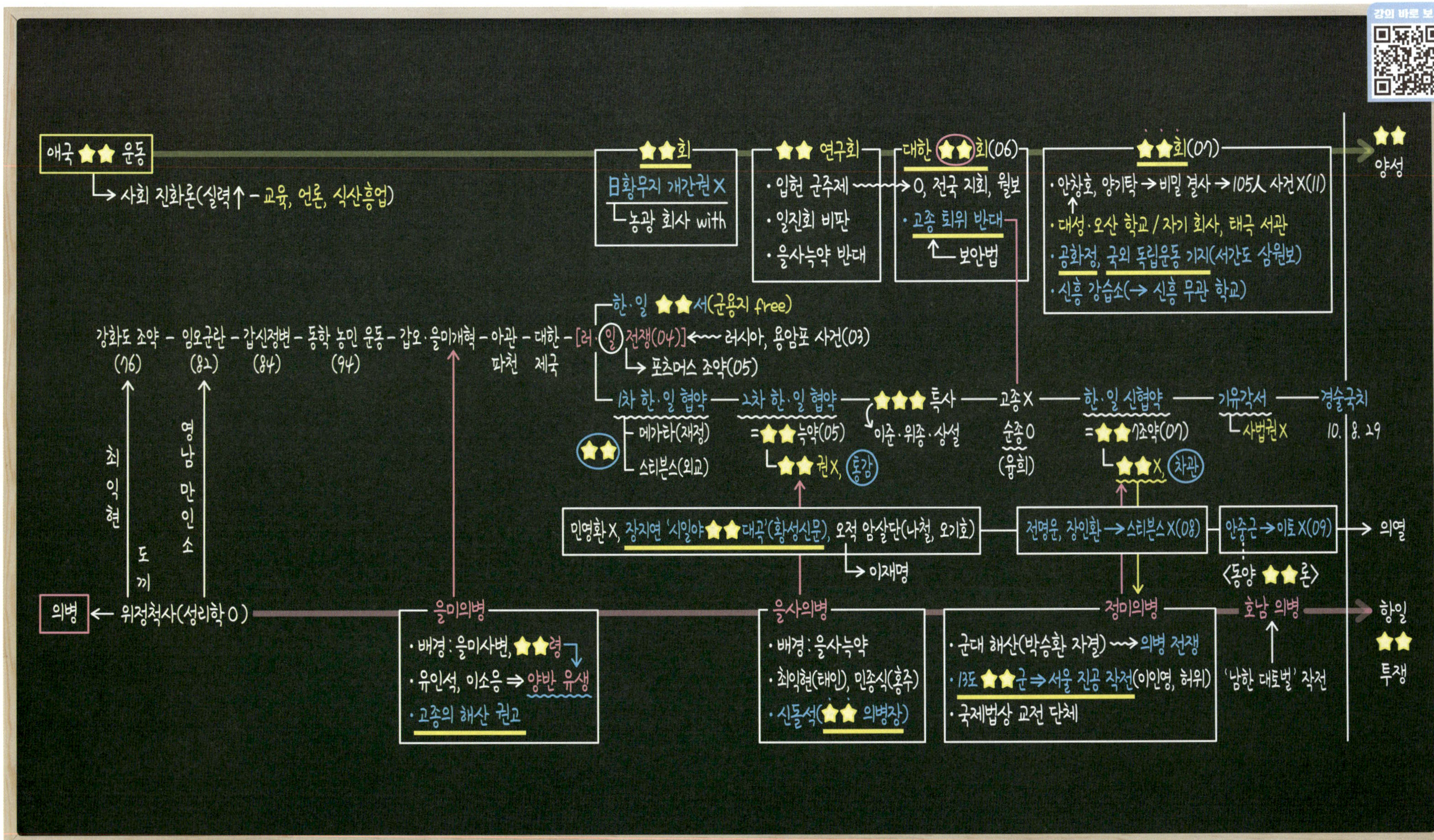

★정답 의정, 고문, 을사, 외교, 헤이그, 정미, 군대, 계몽, 보안, 헌정, 자강, 신민, 실력, 단발, 방성, 평민, 창의, 평화, 무장

→ 나만의 약점 단권화 노트 20쪽에서 완성 판서를 확인하세요.

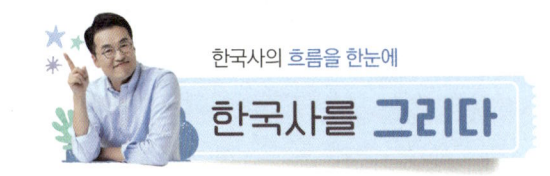

국권 피탈과 저항

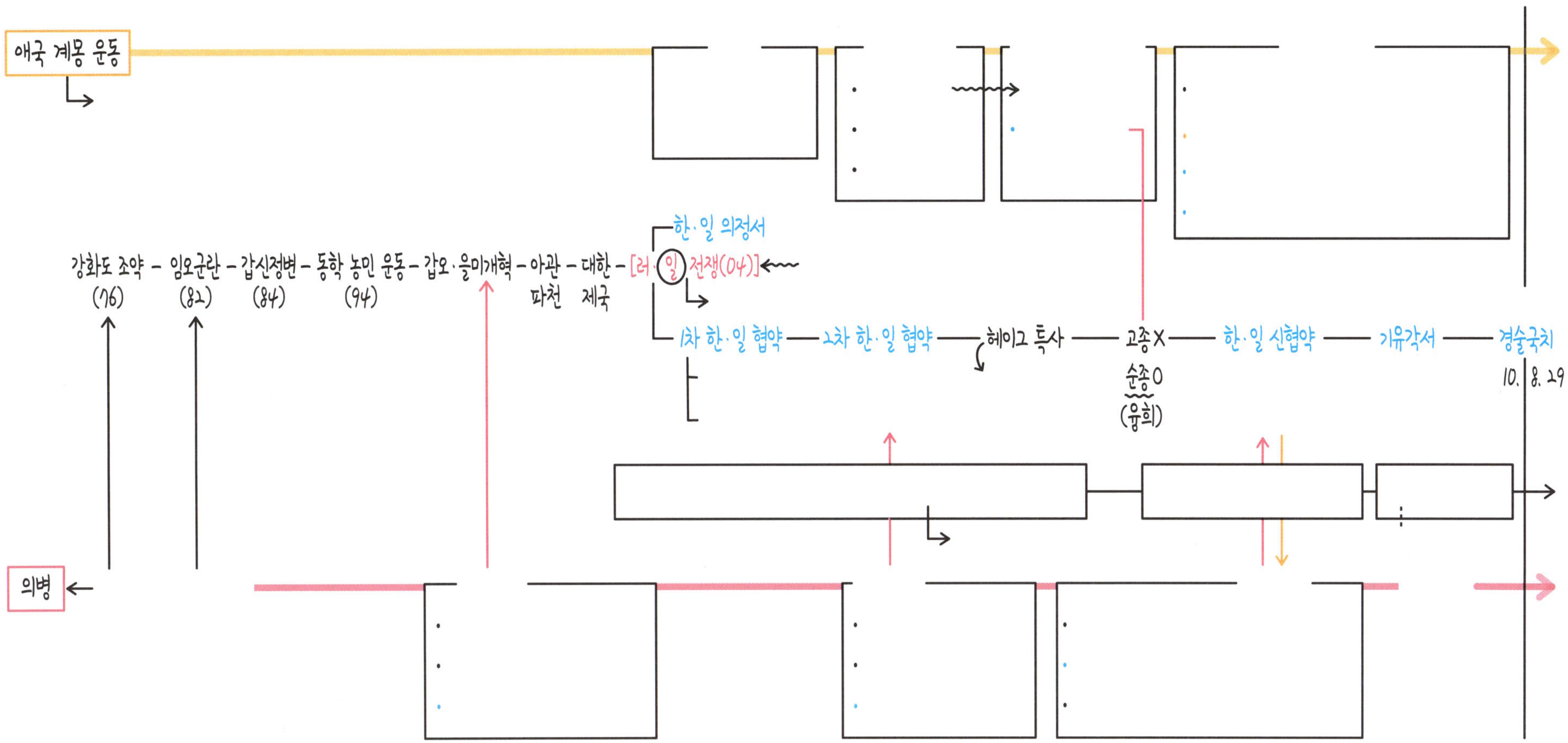
애국 계몽 운동
강화도 조약 (76) – 임오군란 (82) – 갑신정변 (84) – 동학 농민 운동 (94) – 갑오·을미개혁 – 아관 파천 – 대한 제국 – [러·일 전쟁(04)]
한·일 의정서
1차 한·일 협약
2차 한·일 협약
헤이그 특사
고종X 순종O (융희)
한·일 신협약
기유각서
경술국치
10. 8. 29
의병

한·일 의정서(1904. 2.)

러·일 전쟁 발발 직후 일본의 강요로 체결되었으며, 이 조약으로 일본은 한국 내에서 군사 전략상 필요한 지역을 임의로 사용할 수 있는 권리를 확보하였어요.

제3조 일본 제국 정부는 대한 제국의 독립 및 영토 보전을 확실히 보증한다.
제4조 제3국의 침해나 내란으로 인해 대한 제국 황실의 안녕과 영토 보존에 위험이 있을 경우 대일본 제국 정부는 속히 필요한 조치를 할 것이며, 대한 제국 정부는 이를 위한 편의를 제공할 것. 대일본 제국 정부는 위의 목적을 달성하기 위해 전략상 필요한 지점을 임의로 사용할 수 있다.
제5조 대한 제국 정부와 일본 제국 정부는 상호간에 승인을 거치지 않고 제3국과 본 협정의 취지에 어긋나는 협약을 체결하지 못한다.

제1차 한·일 협약(고문 용빙에 관한 협정서, 1904. 8.)

러·일 전쟁에서 승기를 잡은 일본의 강요로 체결되었어요. 이후 일본은 일본인과 외국인 각 1명을 한국의 재정·외교 고문으로 추천한다는 조항에 따라 재정 고문으로 일본인 메가타, 외교 고문으로 미국인 스티븐스를 파견하였어요.

제1조 한국 정부는 일본 정부가 추천하는 일본인 1명을 재정 고문으로 하여 한국 정부에 초빙하고, 재무에 관한 사항은 일체 그 의견을 물어 시행할 것
제2조 한국 정부는 일본 정부가 추천하는 외국인 1명을 외교 고문으로 하여 외부(外部)에 초빙하고 외교에 관한 중요한 업무는 일체 그 의견을 물어 시행할 것
제3조 한국 정부는 외국과의 조약 체결, 기타 중요한 외교 안건, 즉 외국인에 대한 특권 양여와 계약 등의 처리에 관해 미리 일본 정부와 협의할 것

제2차 한·일 협약(을사늑약, 1905. 11.)

일본은 을사늑약을 강요하여 대한 제국의 외교권을 빼앗았어요. 고종 황제는 끝까지 서명을 거부하였지만, 이토 히로부미는 군대를 동원하여 대신들을 위협하고 강제로 체결하였지요. 이듬해 일본은 통감부를 설치하고, 초대 통감으로 이토 히로부미를 파견하였어요.

제2조 일본국 정부는 한국과 타국 간에 현존하는 조약의 실행을 완수하며, 한국 정부는 금후에 일본국 정부의 중개 없이는 타국과 국제적 성질을 가진 어떠한 조약이나 약속을 맺어서는 안 된다.
제3조 일본국 정부는 한국 황제 아래에 통감을 두고, 통감은 외교에 관한 사항을 관리하기 위해 경성에 주재하여 한국 황제를 친히 알현할 수 있도록 한다.

헤이그 특사

고종은 을사늑약의 부당성을 국제 사회에 알리기 위해 네덜란드 헤이그에서 개최된 만국 평화 회의에 이상설, 이준, 이위종을 특사로 파견하였어요. 하지만 국제 사회의 무관심, 일본과 영국 등 열강의 방해로 성과를 거두지는 못하였어요. 또한, 일본은 대한 제국이 외교권이 없는 상태에서 특사를 파견하였다는 구실로 고종 황제를 강제 퇴위시켰지요.

한·일 신협약(1907. 7.)

고종 황제의 강제 퇴위 직후에 체결된 조약이며, 정미7조약이라고도 부릅니다. 일본은 이를 통해 통감의 내정 간섭 권한을 크게 강화하였어요. 또 이를 시행하기 위한 부속 각서를 체결하여 대한 제국의 군대를 해산함으로써 대한 제국이 일본의 침략에 맞서 군사적으로 대응하지 못하게 조치하였고, 중앙의 각 부 차관에 일본인을 임명하게 하였어요.

〈한·일 신협약〉
제1조 한국 정부는 시정 개선에 관하여 통감의 지도를 받을 것
제4조 한국 고등 관리의 임면은 통감의 동의로써 이를 행할 것
제5조 한국 정부는 통감이 추천한 일본인을 한국 관리로 임명할 것
제6조 한국 정부는 통감의 동의 없이 외국인을 한국 관리로 쓰지 아니할 것
〈부속 각서〉
제3조 다음 방법에 의하여 군비를 정리함
1. 육군 1대대를 두어 황궁 수비를 맡기고 기타 부대를 해산할 것
제5조 중앙 정부 및 지방청에 일본인을 임명함

기유각서(1909)

일제는 기유각서를 체결하여 한국의 사법권과 감옥에 관한 사무를 빼앗아 갔어요.

제1조 한국의 사법 및 감옥 사무가 완비되었다고 인정할 때까지 한국 정부는 사법과 감옥 사무를 일본 정부에게 위탁한다.
제2조 일본 정부는 일정한 자격을 가진 일본인과 한국인을 한국에 있는 일본 재판소 및 감옥의 관리로 임용한다.

용어 사전

고문
전문적인 지식과 풍부한 경험을 바탕으로 자문에 대한 의견을 제시하고 조언을 하는 사람을 말합니다.

늑약
억지로 할 늑(勒), 맺을 약(約). 즉, 자국의 의지와 상관없이 억지로 맺은 조약을 뜻해요.

통감
일본이 을사늑약 체결 이후 한국 황실의 안녕과 평화를 유지한다는 명분으로 설치한 통감부의 장관을 말해요.

경술국치
1910년 8월 29일, 일제에 의해 국권을 빼앗긴 치욕의 날을 이르는 말이에요.

용암포 사건
1903년 러시아가 용암포 및 압록강 하구 유역을 점령하고 조차를 요구한 사건이에요. 러시아가 용암포를 군사 기지화하자 일본과 러시아는 이를 두고 첨예하게 대립하였어요.

포츠머스 조약(1905. 9.)
일본과 러시아는 러·일 전쟁을 마무리하기 위해 포츠머스에서 강화 조약을 체결하였어요. 이 조약에는 한국에서의 일본의 우월권 인정, 사할린섬 남쪽 할양, 연해주 해역에서의 어업권 양도 등이 포함되었어요. 포츠머스 조약으로 일본은 열강들로부터 한국에 대한 지배권을 사실상 인정받았어요.

대한 자강회

1906년에 헌정 연구회를 계승하여 조직된 대한 자강회는 러·일 전쟁에서 승리한 일본에 즉각적인 무력행사로 대항하는 것은 어렵다고 보고, 우선 국권 회복을 위한 실력 양성을 주장하였어요. 이를 위해 전국 각지에 지회를 두었으며, 월보를 간행하고 정기적으로 연설회를 개최하여 주권 회복과 자주독립을 이루기 위한 국민 계몽에 힘썼지요. 그러나 1907년에 고종의 강제 퇴위에 반대하는 운동을 적극적으로 벌이다가 일제에 의해 해산되었어요.

> 나라의 독립은 오직 자강(自强)의 여하에 달려 있을 뿐이다. 우리나라가 예전부터 자강할 방법을 배우지 않아 인민이 저절로 우매해지고 국력이 쇠퇴의 길로 나아가, 마침내 오늘날의 어려운 처지에 이르러 끝내는 다른 나라의 보호를 받게 되었다. 이는 모두 자강할 방법에 뜻을 두지 않았기 때문이다. 이러함에도 불구하고 완고함과 게으름으로 말미암아 자강의 방도에 힘쓸 생각을 하지 않으면 끝내는 멸망에 다다를 뿐이니 …….
> – 대한 자강회 취지문 –

대한 자강회 월보

신민회

안창호, 신채호, 양기탁 등을 중심으로 비밀 결사로 조직된 애국 계몽 운동 단체입니다. 공화 정체의 국가 건설을 목표로 삼았어요. 오산 학교와 대성 학교를 세워 민족 교육을 실시하였고, 태극 서관과 자기 회사를 운영하여 민족 산업을 육성하려 하였어요. 또한, 서간도 삼원보에 독립운동 기지를 건설하여 무장 독립 투쟁의 기틀을 마련하였습니다.

> 신민회는 무엇을 위하여 일어났는가? 완고하고 부패한 국민 생활을 개혁할 신사상이 시급히 필요하며, 우둔한 국민을 깨우칠 수 있는 신교육이 시급히 필요하고, …… 미약한 산업을 일으킬 신모범이 시급히 필요하며, …… 요컨대 신정신을 불러 깨우치고 신단체를 조직해서 신국가를 건설할 뿐이다.
> – 신민회 결성 취지문 –

105인 사건

일제는 데라우치 총독의 암살을 모의하였다는 누명을 씌워 수백 명의 독립운동가를 체포하였어요. 이 중 105인이 유죄 판결을 받았는데 이들 대부분이 신민회 회원이었지요. 결국 이 사건으로 신민회 조직의 실체가 드러나면서 신민회의 국내 조직이 와해되었습니다.

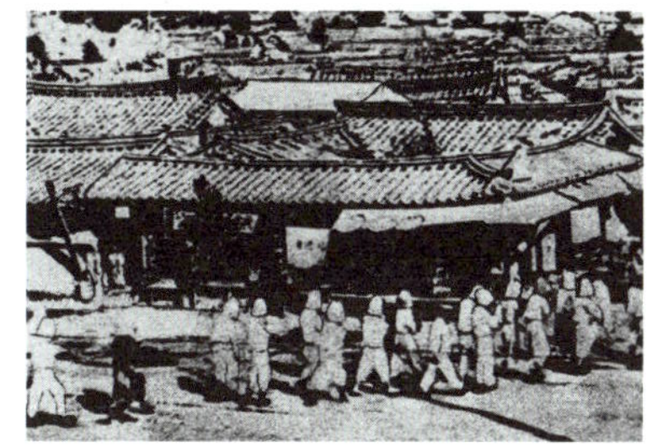
105인 사건으로 끌려가는 신민회 인사들

을미의병

을미개혁이 추진되면서 전국에 단발령을 내린 고종은 솔선하여 상투를 자르고 백성에게도 단발을 강요하였어요. 을미사변 이후 일본에 대한 적대감이 극에 달한 상태에서 단발령까지 실시되자 유생층이 중심이 된 의병 운동이 전국 각지에서 일어났습니다. 결국 친일 내각이 무너지고 고종이 단발을 자유의사에 맡기겠다고 발표하면서 해산을 권고하자 을미의병은 스스로 해산하였어요.

- 짐이 머리카락을 이미 깎았으니 너희 백성들도 어찌 받들어 시행하지 않겠는가. 짐의 뜻을 잘 새겨서 서로 알리고 서로 권하여 너희들의 머리카락과 구습을 한꺼번에 끊으며, 모든 일에서 오직 실질만을 추구하여 짐의 부국강병하는 사업을 도울 것이다. – "고종실록" –
- 우리 국모의 원수를 생각하며 이미 이를 갈았는데 참혹한 일이 더하여 우리 부모에게서 받은 머리털을 풀 베듯이 베어 버리니 이 무슨 변고란 말인가. …… 이에 감히 의병을 일으켜 마침내 이 뜻을 세상에 포고하노니, 위로는 공경에서 아래로는 서민에까지 어느 누가 애통하고 절박하지 않으리. – 유인석 창의문 –

장지연의 '시일야방성대곡'

을사늑약이 체결되자 장지연은 '이날을 목 놓아 통곡하다'라는 뜻의 제목을 붙인 논설 '시일야방성대곡'을 황성신문에 실어 을사늑약의 부당성을 비판하였어요. 또 조약 체결에 찬성하거나 이를 적극적으로 막지 못한 대신들을 비판하였지요.

> 소위 우리 정부의 대신이라는 자들이 출세와 부귀를 바라고 거짓 위협에 겁을 먹어 뒤로 물러나 벌벌 떨며 매국의 역적이 되기를 달게 받아들였다. 4천 년 강토와 5백 년 종사를 남에게 바치고 2천만 국민을 남의 노예로 만드니 …… 아! 원통하고, 아! 분하도다. 우리 2천만 남의 노예가 된 동포여! 살았는가, 죽었는가! 단군, 기자 이래 4천 년 국민정신이 하룻밤 사이에 갑자기 멸망하고 말 것인가. 원통하고 원통하다. 동포여, 동포여!

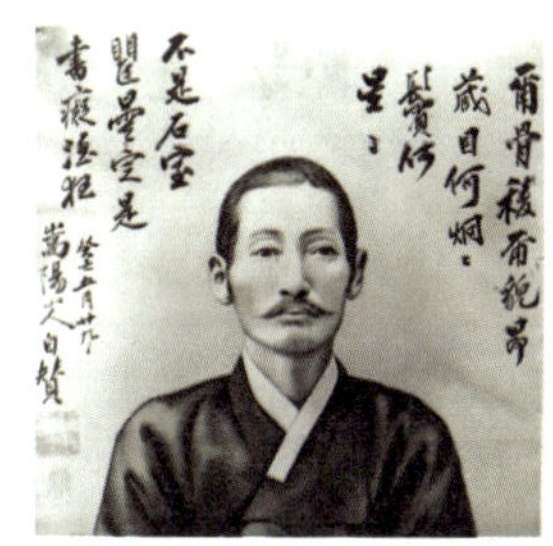
장지연

용어 사전

애국 계몽 운동
약한 자는 도태되고 강한 자만 살아남는다는 사회 진화론을 바탕으로 민족의 실력을 양성하여 국권을 회복하려는 운동이었어요. 교육과 언론, 식산흥업을 중시하였어요.

식산흥업
번성할 식(殖), 낳을 산(産), 일으킬 흥(興), 업 업(業). 즉, 생산을 늘리고 산업을 일으킨다는 뜻이에요.

보안회
일본인의 이주를 도우려는 목적으로 토지 약탈을 꾀한 일본은 대한 제국에 황무지 개간권을 요구하였어요. 보안회는 이러한 요구에 반대하는 운동을 전개하기 위해 설립된 단체입니다. 실제로 보안회는 일제의 황무지 개간권 요구를 철회시키는 데 성공하였어요.

헌정 연구회
독립 협회를 계승한 단체로, 국민의 정치의식 고취와 의회 설립을 통한 입헌 정치 체제 수립을 목표로 결성되었어요. 일진회의 반민족적 행위를 비판하고 을사늑약에 반대하는 운동을 펼치기도 하였어요.

민영환
을사늑약이 체결되자 이에 찬성한 을사오적의 처형과 을사늑약의 파기를 요구하는 상소를 올렸어요. 그러나 뜻을 이루지 못하자 울분을 참지 못해 동포에게 유서를 남기고 자결하였어요.

31강 국권 피탈과 저항

을사의병

러·일 전쟁 후 일본의 침략이 본격화되고 을사늑약이 체결되자 전국적으로 의병 운동이 다시 일어났어요. 을사의병에서는 민종식, 최익현 등의 양반 유생뿐만 아니라 신돌석 등의 평민 출신 의병장이 등장하여 활약하였어요.

- 오호라, 작년 10월에 저들이 한 행위는 만고에 일찍이 없던 일로서, 억압으로 한 조각의 종이에 조인하여 500년 전해 오던 종묘사직이 드디어 하룻밤에 망하였으니, 천지신명도 놀라고 조종의 영혼도 슬퍼하였다. - 최익현 격문 -
- 지금 너희 대사와 공사가 병력을 이끌고 와 대궐을 포위하여 참정대신을 감금하고 외부대신을 협박해서, 법도와 절차도 갖추지 않고 강제로 조인하게 하여 억지로 우리의 외교권을 빼앗았으니, 이것은 공법을 어기어 약속을 지키려 하지 않는 것이다. - "매천야록" -

정미의병

고종 황제가 강제로 퇴위당하고 군대가 해산되자 정미의병이 일어났어요. 이때 서울과 지방의 해산 군인 중 일부가 의병에 합류하여 의병 부대의 전력이 향상되었어요. 이 시기 의병 운동은 다양한 계층이 참여하고 전국적으로 확산되어 대일 의병 전쟁의 양상을 보였지요. 또 양주에서 유생 의병장을 중심으로 의병 연합 부대인 13도 창의군이 결성되었어요. 13도 창의군은 총대장 이인영, 군사장 허위를 추대하고 서울 진공 작전을 시도하였어요.

- 가평, 원주, 제천의 여러 의병 봉기는 모두가 해산병들로 서양 총을 가지고 있고 일찍이 조련을 거쳤으며 규율이 있어 일본군과 교전에서는 살상이 심히 많고 세력이 대단히 장대하여 의병의 수가 4, 5천 명이라고 한다. - 김윤식, "속음청사" -
- 군사장(허위)은 미리 군비를 신속히 정돈하여 철통과 같이 함에 한 방울의 물도 샐 틈이 없는지라. 이에 전군에 명령을 전하여 일제히 진군을 재촉하여 동대문 밖으로 진군하였다. …… 3백 명을 인솔하고 선두에 서서 동대문 밖 삼십 리 되는 곳에 나아가 전군이 모이기를 기다려 일거에 서울을 공격하여 들어가기로 계획하였다. 전군이 모여드는 시기가 어긋나고 일본군이 갑자기 진격하는지라. 여러 시간을 격렬히 사격하다가 후원군이 이르지 않으므로 그대로 퇴진하였더라. - 대한매일신보 -

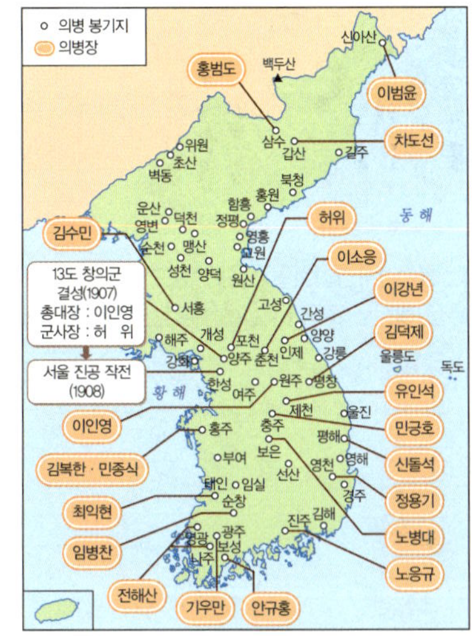

의병 부대의 활동

호남 의병

서울 진공 작전에 실패한 뒤에도 의병은 소규모 부대를 조직하여 저항을 계속하였어요. 특히 호남 지역이 의병 전쟁의 새로운 중심지가 되었는데, 유생 출신의 전기홍(전해산), 머슴살이 하던 안규홍 등이 의병장으로 활약하였어요.

체포된 호남 의병장들

안중근 의사

을사늑약 체결의 부당성에 항거하고 친일파와 일본 침략자를 처단하기 위한 의열 투쟁이 활발히 전개되었어요. 1909년에 안중근은 만주 하얼빈에서 을사늑약 체결에 핵심적 역할을 한 이토 히로부미를 처단하였으나 현장에서 체포되어 뤼순 감옥에서 순국하였어요. 체포된 안중근은 조사를 받는 내내 그리고 재판정의 최후 진술에서도 자신은 대한국 의군 참모중장 자격으로 이토 히로부미를 처단하였음을 강조하였어요. 안중근은 수감 중에 "동양 평화론"을 저술하였으나 사형 집행이 앞당겨져 완성하지 못하였어요.

오늘날 한국의 비참한 운명은 모두가 이등의 정책 때문이었으므로 …… 이런 상태 아래서 전 황제께옵서는 밀사를 헤이그 만국 평화 회의에 보내시기에 이르렀다. …… 그 후 수십만의 의병이 조선 8도 도처에서 봉기하였다. …… 10여만 명의 한국인이 나라를 위해 싸우다가 죽었으니, 이것은 이등 때문에 역살당한 것이다. …… 내가 이등을 죽인 것도 전에 말한 바와 같이 의병 중장의 자격으로 한 것이지 결코 자객으로서 한 것은 아니다. …… 따라서 나는 전쟁에 나갔다가 포로가 되어 이곳에 온 것이라고 믿고 있으므로 생각건대, 나를 국제공법에 의해 처벌해 줄 것을 희망하는 바이다.
- 안중근 최후 진술(1910. 2.) -

안중근

용어 사전

오적 암살단
이완용, 이근택, 박제순, 이지용, 권중현 등 이른바 '을사오적'을 처단하기 위해 결성된 단체를 말합니다. 나철, 오기호 등이 조직한 '자신회'가 대표적이에요.

스티븐스 저격 사건
스티븐스는 제1차 한·일 협약 이후 일본이 파견한 미국인 외교 고문으로, '한국민은 독립할 자격이 없는 무지한 민족' 등의 망언을 하고 일본의 한국 지배에 적극 찬성하였어요. 이에 전명운과 장인환이 스티븐스를 처단하였어요. 이 사건을 계기로 미주 한인 단체의 통합 운동이 활발하게 일어났어요.

'남한 대토벌' 작전
서울 진공 작전 실패 후 호남 지역이 의병 전쟁의 새로운 중심지가 되자 일본은 의병의 근거지를 초토화시키기 위해 이른바 '남한 대토벌' 작전을 전개하였어요. 이에 대부분의 의병 부대가 와해되고 많은 의병장과 의병이 체포되었지요. 이후 활동이 어려워진 의병은 만주와 연해주 등지로 이동하여 항일 무장 투쟁을 이어 갔습니다.

31강 국권 피탈과 저항

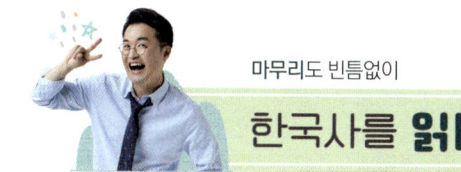

마무리도 빈틈없이 **한국사를 읽다**

1 일제의 국권 침탈 과정

러·일 전쟁 발발 (1904. 2.)	대한 제국을 둘러싼 러·일 간의 갈등 고조(ex. 용암포 사건) → 대한 제국의 국외 중립 선언 → 일본의 러시아 기습 공격, 전쟁 발발 → 일본이 대한 제국에 한·일 의정서 강요(→ 일본이 한국 내에서 군사적 요충지 사용권 확보) → 전쟁에서 일본 우세
제1차 한·일 협약 (1904. 8.)	고문 용빙에 관한 협정서, 대한 제국의 외교·재정 분야에 일본이 추천하는 외국인 고문 임명 강요(고문 정치) → 외교 고문 스티븐스, 재정 고문 메가타 파견
일본의 침략 행위에 대한 열강의 묵인	가쓰라·태프트 밀약(미국 - 일본, 1905. 7.), 제2차 영·일 동맹(영국 - 일본, 1905. 8.), 포츠머스 강화 조약(러시아 - 일본, 1905. 9.) → 제국주의 열강이 한국에 대한 일본의 독점적 지배권 인정
제2차 한·일 협약 (을사늑약, 1905. 11.)	• 러·일 전쟁 종결 후 일본이 군대를 동원하여 대한 제국 정부를 위협하여 강제 체결 → 대한 제국의 외교권 박탈, 통감부 설치(초대 통감으로 이토 히로부미 부임) • 우리 민족의 항거 - 언론의 비판 : 장지연이 황성신문에 논설 '시일야방성대곡' 게재 → 을사늑약의 부당성 규탄, 조약 체결에 찬성한 대신들을 비판 - 자결 : 민영환이 자결로써 을사늑약의 부당함과 항일 의지를 알림 - 고종 황제의 조치 : 조약 무효화 선언, 헤이그에서 열린 만국 평화 회의에 특사 파견(이상설, 이준, 이위종) - 항일 의병 봉기
한·일 신협약 (정미7조약, 1907. 7.)	일본이 헤이그 특사 파견을 구실로 고종 황제를 강제 퇴위시킴, 순종 즉위 후 강제로 조약 체결 → 통감의 내정 간섭 권한 강화(법령 제정에 대한 승인권, 고등 관리 임면에 대한 동의권 등), 행정 각 부에 일본인 차관 임명, 대한 제국의 군대 해산
기유각서(1909. 7.)	사법권과 감옥 사무 처리권 박탈
경술국치(1910. 8.)	경찰권 박탈(1910. 6.) 후 한국을 강제 병합하는 조약 체결(대한 제국의 국권 강탈) → 조선 총독부 설치(초대 총독으로 데라우치 부임), 조선 총독이 최고 통치자로 군림

2 애국 계몽 운동

보안회(1904)	일본의 황무지 개간권 요구에 반대하는 운동 전개 → 일본의 요구를 철회시키는 데 성공
헌정 연구회 (1905)	• 입헌 군주제 수립 주장 • 친일 단체인 일진회의 반민족 행위 규탄
대한 자강회 (1906)	• 헌정 연구회 계승, 입헌 군주제 지향 • 교육과 식산흥업 강조, 전국에 25개 지회 설치, 월보 발행 • 고종 황제의 강제 퇴위에 반대하는 운동을 앞장서서 전개 → 일제의 탄압으로 해산(1907)
신민회 (1907)	• 결성 : 안창호, 양기탁 등이 중심이 되어 비밀 결사 형태로 조직 • 목표 : 국권 회복, 공화 정체의 근대 국가 건설 • 활동 - 대중 계몽 활동 : 강연회 개최, 학회 활동 - 민족 교육 실시 : 오산 학교(정주), 대성 학교(평양) 설립 - 민족 산업 육성 : 자기 회사, 태극 서관 운영 - 국외 독립운동 기지 건설 : 서간도(남만주) 삼원보에 독립운동 기지 건설, 신흥 강습소(→ 신흥 무관 학교) 설립 • 해체 : 일제가 조작한 105인 사건으로 조직이 드러나 와해됨(1911)

3 항일 의병 운동의 전개

을미의병 (1895)	• 원인 : 을미사변(명성 황후 시해), 단발령 시행 • 주도 : 유인석, 이소응 등 양반 유생층 • 활동 : 친일 관리 처단, 지방 관청과 일본군 공격 • 해산 : 단발령 철회 조치와 고종의 해산 권고에 따라 스스로 해산
을사의병 (1905)	• 원인 : 을사늑약 체결 • 주도 : 민종식, 최익현 등 양반 유생층 • 특징 : 신돌석 등 평민 의병장 등장, 농민들의 적극적인 참여
정미의병 (1907)	• 원인 : 고종의 강제 퇴위, 대한 제국의 군대 해산 • 특징 : 일부 해산 군인의 합류로 의병의 조직력과 전투력 강화, 항일 의병 전쟁으로 발전 • 활동 : 13도 창의군 결성(총대장 이인영, 군사장 허위) - 이인영 등이 각국 영사관에 통문을 보내 의병을 국제법상 교전 단체로 인정할 것을 요구 - 서울 진공 작전(1908) → 전력 열세로 실패
의병 활동의 변화	서울 진공 작전 실패 후 호남 의병이 의병 전쟁의 중심 역할을 함(안규홍 등이 의병장으로 활약) → 일제의 '남한 대토벌' 작전(1909)으로 의병 활동 위축 → 일부 의병이 간도·연해주 등지로 이동, 무장 독립 투쟁으로 전환

4 항일 의거 활동

국내 의거	나철, 오기호	을사오적 처단을 위해 활동, 자신회 조직(1907)
	이재명	명동 성당 앞에서 이완용 습격(1909)
국외 의거	전명운, 장인환	미국 샌프란시스코에서 친일 외교 고문이었던 스티븐스 저격(1908)
	안중근	하얼빈에서 한국 침략에 앞장섰던 초대 통감 이토 히로부미 사살(1909), 최재형이 안중근의 의거 준비 지원

31강 국권 피탈과 저항

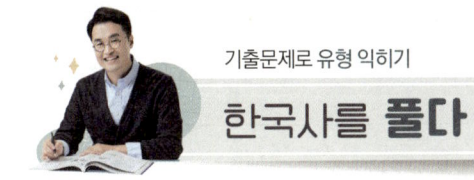

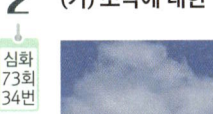

1 다음 기사를 활용한 탐구 활동으로 가장 적절한 것은? [3점]

심화 63회 34번

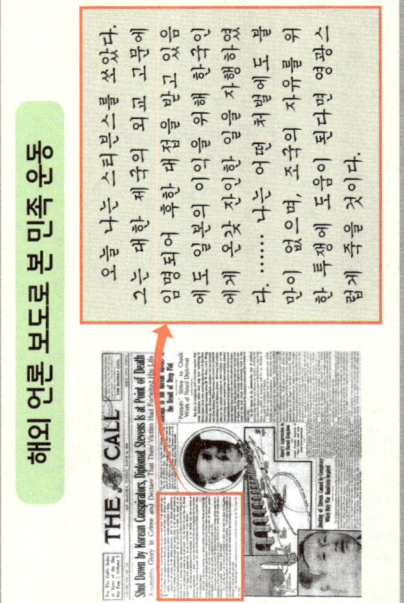

해외 언론 보도로 본 민족 운동

오늘 나는 스티븐스를 쏘았다. 그는 대한 제국의 외교 고문에 임명되어 후한 대접을 받고 있음에도 일본의 이익을 위해 한국인에게 온갖 잔인한 일을 자행하였다. …… 나는 어떤 처벌에도 불만이 없으며, 조국의 자유를 위한 투쟁에 도움이 된다면 영광스럽게 죽을 것이다.

① 제1차 한·일 협약의 내용을 알아본다.
② 삼국 간섭이 발생한 원인을 분석한다.
③ 일제가 조작한 105인 사건의 영향을 파악한다.
④ 영국이 거문도를 불법 점령한 과정을 조사한다.
⑤ 고종이 러시아 공사관으로 피신한 이유를 찾아본다.

1 제1차 한·일 협약 정답 ①

정답 찾기 대한 제국의 외교 고문에 임명되었던 스티븐스를 쏘았다는 내용을 통해 미국에서 있었던 장인환과 전명운의 의거와 관련된 기사임을 알 수 있어요. ① 러·일 전쟁 중에 강제로 체결된 제1차 한·일 협약에 일본이 추천하는 외교 고문과 재정 고문을 두도록 하는 조항이 담겼어요. 이에 따라 외교 고문으로 미국인 스티븐스, 재정 고문으로 일본인 메가타가 부임하였어요. 스티븐스는 대한 제국의 외교 고문임에도 일제의 한국 침략이 정당하다고 말하는 등 친일 발언을 일삼다가 미국 샌프란시스코에서 장인환과 전명운에 의해 사살되었어요.

오답 피하기
② 청·일 전쟁에서 승리한 일본은 청과 시모노세키 조약을 체결하고 랴오둥반도를 넘겨받았어요. 그러자 한반도와 만주 지역에서 세력 확대를 노리던 러시아가 프랑스와 독일을 끌어들여 일본이 랴오둥반도를 청에 반환하도록 압박하는 삼국 간섭이 일어났어요.
③ 일제가 조작한 105인 사건으로 신민회의 조직이 드러나 해체되었어요.
④ 1885년에 영국은 러시아의 남하를 견제한다는 구실로 거문도를 불법 점령하였어요.
⑤ 고종은 을미사변 이후 일본으로부터 신변에 위협을 느껴 러시아 공사관으로 거처를 옮기는 아관 파천을 단행하였어요.

2 (가) 조약에 대한 설명으로 옳은 것은? [1점]

심화 73회 34번

저는 지금 워싱턴에 있는 옛 주미 대한 제국 공사관 건물 앞에 나와 있습니다. 이곳은 1889년부터 외교 공관으로 사용되었으나, (가) 으로 외교권을 박탈당하여 그 기능을 상실하였습니다. 현재 이 건물을 대한민국 정부가 매입하여 전시관으로 활용하고 있습니다.

① 러·일 전쟁 중에 체결되었다.
② 최혜국 대우를 최초로 규정하였다.
③ 천주교 포교 허용의 근거가 되었다.
④ 통감부가 설치되는 결과를 초래하였다.
⑤ 스티븐스가 외교 고문으로 파견되는 배경이 되었다.

2 을사늑약 정답 ④

정답 찾기 외교권이 박탈되었다는 내용을 통해 (가) 조약이 1905년에 체결된 을사늑약임을 알 수 있어요. 러·일 전쟁에서 승리한 일본은 대한 제국의 외교권을 빼앗는 을사늑약 체결을 강요하였어요. 고종과 일부 대신들이 강력히 반대하였으나, 일본은 군대를 동원하여 고종의 비준 없이 친일 대신 5명(을사오적)의 서명만으로 을사늑약을 강제 체결하였어요. 이로 인해 대한 제국은 일본에 외교권을 빼앗겼고, 이듬해 ④ 서울에 통감부가 설치되었습니다. 을사늑약이 체결되자 각계각층에서 저항 운동이 일어났고, 고종도 을사늑약의 부당성을 국제 사회에 알리기 위해 1907년 헤이그에서 열린 만국 평화 회의에 특사를 파견하였어요.

오답 피하기
① 러·일 전쟁 중이던 1904년에 한·일 의정서와 제1차 한·일 협약이 체결되었어요. 을사늑약(제2차 한·일 협약)은 러·일 전쟁이 끝난 후인 1905년 11월에 체결되었어요.
② 1882년에 체결된 조·미 수호 통상 조약에서 최혜국 대우가 최초로 규정되었어요.
③ 1886년에 조·프 수호 통상 조약이 체결되면서 천주교 포교가 허용되었어요.
⑤ 1904년에 체결된 제1차 한·일 협약에 따라 일본인 메가타가 재정 고문으로, 미국인 스티븐스가 외교 고문으로 부임하였어요.

3 심화 69회 34번

다음 대화에 나타난 사건 이후의 사실로 옳은 것은? [3점]

며칠 전 황제 폐하께서 황태자 전하께 대리를 명하는 조칙을 내리셨다는 소식을 들었는가?
들었네. 그 다음 날 일본 군대의 삼엄한 경계 속에서 양위식이 거행되어 대리가 아니라 사실상 황제께서 퇴위당하신 셈이지.

① 신식 군대인 별기군이 창설되었다.
② 묄렌도르프가 외교 고문으로 파견되었다.
③ 초대 통감으로 이토 히로부미가 부임하였다.
④ 기유각서가 체결되어 사법권을 박탈당하였다.
⑤ 관민 공동회가 개최되어 헌의 6조를 결의하였다.

4 심화 68회 36번

(가) 단체에 대한 설명으로 옳은 것은? [2점]

이 자료는 (가) 의 활동 목적이 잘 드러나 있는 통용 장정의 일부입니다. (가) 은/는 안창호와 양기탁 등이 중심이 된 비밀 결사로 태극 서관을 설립하여 회원들의 연락 장소로 사용하였습니다.
이 자료에 대해 말씀해 주시겠습니까?
본회의 목적은 ……
쇠퇴한 교육과 산업을 개량하고
사업을 유신시켜
유신된 국민이 통일 연합해서
유신이 된 자유 문명국을 성립시킨다.

① 복벽주의를 표방하였다.
② 13도 창의군을 결성하였다.
③ 일제의 황무지 개간권 요구를 저지하였다.
④ 근대 교육을 위해 배재 학당을 설립하였다.
⑤ 일제가 조작한 105인 사건으로 해체되었다.

3 **고종 강제 퇴위 이후의 사실** 정답 ④

정답 찾기 일본 군대의 삼엄한 경계 속에서 양위식이 거행되어 사실상 황제가 퇴위당하였다는 내용을 통해 대화에 나타난 사건이 1907년 고종의 강제 퇴위에 관한 것임을 알 수 있어요. 을사늑약 체결 이후 고종은 을사늑약의 부당함을 국제 사회에 알리기 위해 네덜란드 헤이그에서 열린 만국 평화 회의에 이상설, 이준, 이위종을 특사로 파견하였어요. 그러나 헤이그에 파견된 특사 일행은 일본의 방해와 열강의 무관심으로 성과를 거두지 못하였어요. 일본은 헤이그 특사 파견을 빌미로 고종을 강제 퇴위시킨 이후 한·일 신협약(정미7조약)을 체결하여 내정 간섭을 강화하고 부속 각서를 통해 대한 제국의 군대를 해산시켰어요. ④ 1909년에는 강압적으로 기유각서를 체결하여 대한 제국의 사법권과 감옥 사무 처리권을 박탈하였어요.

오답 피하기
① 조선 정부가 개화 정책을 추진하면서 1881년에 신식 군대인 별기군이 창설되었어요.
② 1882년 임오군란 이후 청이 묄렌도르프를 외교 고문으로 파견하였어요.
③ 을사늑약이 체결되고 이듬해인 1906년에 통감부가 설치되어 이토 히로부미가 초대 통감으로 부임하였어요.
⑤ 1898년에 독립 협회의 주관으로 정부 대신들도 참석한 관민 공동회가 개최되어 국정 개혁안인 헌의 6조를 결의하였어요.

4 **신민회** 정답 ⑤

정답 찾기 안창호와 양기탁 등이 중심이 된 비밀 결사이고 태극 서관을 설립하였다는 내용을 통해 (가) 단체가 신민회임을 알 수 있어요. 신민회는 국권 회복과 공화 정체의 근대 국민 국가 수립을 목표로 활동한 비밀 결사로, 태극 서관과 자기 회사를 운영하는 등 민족 산업 육성에 힘썼어요. 또한, 오산 학교와 대성 학교를 설립하여 민족 교육을 실시하였으며, 장기적인 독립운동의 기반을 마련하기 위해 국외 독립운동 기지 건설에 적극적으로 나섰어요. 하지만 신민회는 ⑤ 일제가 조작한 105인 사건으로 조직이 드러나 해체되었어요.

오답 피하기
① 독립 의군부는 임병찬이 고종의 밀지를 받아 조직한 독립운동 단체로, 복벽주의를 내걸고 대한 제국의 국권 회복과 고종의 복위를 도모하였어요.
② 정미의병 때 각지의 의병 부대가 연합하여 13도 창의군을 결성하고 서울 진공 작전을 전개하였어요.
③ 보안회는 일제의 황무지 개간권 요구에 반대하는 운동을 전개하여 일제의 요구를 저지하였어요.
④ 개신교 선교사 아펜젤러는 배재 학당을 설립하여 신학문 보급에 기여하였어요.

5 ㉠~㉤에 대한 설명으로 옳은 것은? [2점]

심화 75회 32번

이준 연보

1859년 함경도 북청에서 출생
1895년 법관 양성소 졸업
1898년 ㉠ 독립 협회 가입
1904년 ㉡ 보안회 조직
　　일제의 압력으로 황해도 철도(鐵島)로 유배
1905년 ㉢ 헌정 연구회 조직
1906년 ㉣ 대한 자강회 조직
1907년 ㉤ 신민회 가입
　　네덜란드 헤이그 만국 평화 회의에 특사로 파견, 사망
1962년 건국 훈장 대한민국장 추서

① ㉠ - 고종 강제 퇴위 반대 운동을 전개하였다.
② ㉡ - 일제의 황무지 개간권 요구를 저지시켰다.
③ ㉢ - 일제가 조작한 105인 사건으로 와해되었다.
④ ㉣ - 대성 학교를 설립하여 민족 교육을 실시하였다.
⑤ ㉤ - 조소앙의 삼균주의를 기초로 건국 강령을 발표하였다.

5 애국 계몽 운동 단체 정답 ②

정답 찾기 ② 보안회는 일제의 황무지 개간권 요구에 반대하는 운동을 전개하여 일제의 요구를 저지하는 데 성공하였어요.

오답 피하기 ① 대한 자강회는 고종 강제 퇴위 반대 운동을 전개하다가 일제의 탄압으로 해산되었어요. 독립 협회는 민중 집회인 만민 공동회를 개최하였으며, 정부 대신과 시민이 함께 참여한 관민 공동회에서 헌의 6조를 결의하고 중추원 개편을 통한 의회 설립을 추진하였어요.
③ 비밀 결사로 조직된 신민회는 일제가 조작한 105인 사건으로 조직이 드러나 와해되었어요. 헌정 연구회는 입헌 군주제 수립을 목표로 하였으며, 친일 단체인 일진회의 반민족 행위를 규탄하였어요.
④ 신민회는 인재 양성을 위해 오산 학교와 대성 학교를 설립하여 민족 교육을 실시하였어요. 대한 자강회는 전국에 지회를 설치하고 월보를 발행하였으며, 고종 강제 퇴위 반대 운동을 전개하였어요.
⑤ 대한민국 임시 정부는 충칭에서 조소앙의 삼균주의를 기초로 건국 강령을 발표하였어요. 신민회는 안창호, 양기탁 등이 조직한 비밀 결사로 공화 정체의 근대 국가 건설을 목표로 활동하였어요.

6 다음 상황의 배경으로 가장 적절한 것은? [2점]

심화 66회 34번

> 근일에 의병을 일으킨 이들이 각처에 글을 보내어 말하기를, "정부에 변란이 자주 나고 각처에 도적이 일어나며 대군주 폐하께서 외국 공사관에 파천하여 환궁하실 기약이 없고 일본 사람들이 조선 인민을 어지럽게 하는 고로, 의병을 일으켜 서울에 올라와 궁궐을 지키고 대군주 폐하를 환궁하시게 한다."라고 하였다.

① 을미사변이 일어났다.
② 을사늑약이 체결되었다.
③ 용암포 사건이 발생하였다.
④ 헤이그에 특사가 파견되었다.
⑤ 대한 제국의 군대가 해산되었다.

6 아관 파천의 배경 정답 ①

정답 찾기 대군주 폐하께서 외국 공사관에 파천하였다는 내용을 통해 을미사변 이후 고종이 러시아 공사관으로 피신한 상황임을 알 수 있어요. ① 삼국 간섭의 영향으로 조선에서 친러 정책이 추진되자 위기감을 느낀 일본은 일본군과 일본 낭인을 경복궁에 난입시켜 명성 황후를 시해한 을미사변을 일으켰어요. 이어 친일 내각에 의해 단발령이 시행되자 각지에서 항일 의병이 봉기하였어요. 이런 가운데 고종은 일본의 위협에서 벗어나기 위해 1896년에 왕세자와 함께 러시아 공사관으로 피신하는 아관 파천을 단행하였어요.

오답 피하기 ② 일제는 1905년에 강제로 을사늑약을 체결하여 대한 제국의 외교권을 빼앗았어요. 이후 고종은 을사늑약의 부당함을 세계에 알리기 위해 이상설, 이준, 이위종을 만국 평화 회의가 열리는 네덜란드 헤이그에 특사로 파견하였으나 이들은 일제의 방해로 성과를 거두지 못하였어요.
③ 아관 파천 이후 대한 제국에서 영향력을 확대한 러시아는 1903년에 압록강 하구에 있는 용암포를 점령하고 조차를 요구하였어요. 이후 용암포를 둘러싸고 러시아와 일본의 대립이 격화되었고, 이 사건은 러·일 전쟁의 발발 요인으로 작용하였어요.
④ 일제는 1907년에 헤이그 특사 파견을 빌미로 고종을 강제 퇴위시켰어요.
⑤ 일제는 1907년에 한·일 신협약(정미7조약)의 체결을 강요하고 그 부속 각서에 따라 대한 제국의 군대를 해산하였어요. 이때 해산된 군인 중 일부가 정미의병에 합류하여 활약하였어요.

7 다음 가상 대화 이후에 전개된 사실로 옳은 것은? [2점]

심화 74회 32번

몇 달 전 한성에서 시위대 부대원들과 일본군 사이에 시가전이 있었습니다. 애비슨 선생님께서는 이때 다친 부대원들을 치료해 주셨는데요, 기억에 남는 일이 있다면 말씀해 주세요.
군대 해산 명령에 맞서 시위대 대대장 박승환이 자결한 후 전개된 시가전에서 부상 입은 부대원들이 실려 왔습니다. 여자 간호사들은 그동안 남자 환자들의 치료를 꺼리던 관습과 달리 헌신적으로 치료에 나섰습니다. 오래된 관습이 한순간에 깨지는 놀라운 순간이었습니다.

① 최익현이 태인에서 의병을 일으켰다.
② 일본이 독도를 불법적으로 편입하였다.
③ 스티븐스가 외교 고문으로 부임하였다.
④ 13도 창의군이 서울 진공 작전을 전개하였다.
⑤ 유인석이 이끄는 부대가 충주성을 점령하였다.

8 다음 자료를 작성한 인물에 대한 설명으로 옳은 것은? [1점]

심화 75회 33번

'동양 평화'와 '한국 독립'에 대한 문제는 이미 세계 모든 나라 사람들이 다 아는 사실이며 당연한 일로 굳게 믿었고, 한국과 청국 사람들의 마음에 깊게 새겨졌다. …… 만일 일본이 지금의 정책을 바꾸지 않고 이웃 나라들을 나날이 억누른다면, 차라리 다른 인종에게 망할지언정 같은 인종에게 욕을 당하지는 않겠다는 생각이 한국과 청국 사람들의 마음에서 용솟음칠 것이다. …… 동양 평화를 위한 의로운 싸움을 하얼빈에서 시작하고, 옳고 그름을 가리는 자리는 뤼순으로 정하였다.

① 샌프란시스코에서 흥사단을 창립하였다.
② 황준헌이 쓴 조선책략을 국내에 들여왔다.
③ 초대 통감이었던 이토 히로부미를 사살하였다.
④ 유만수 등과 함께 부민관 폭파 의거를 일으켰다.
⑤ 국권 피탈 과정을 정리한 한국통사를 저술하였다.

7 대한 제국 군대 해산 이후의 사실 정답 ④

정답 찾기 군대 해산 명령에 맞서 시위대 대대장 박승환이 자결하였다는 내용을 통해 1907년 대한 제국 군대가 해산된 상황과 관련 있는 대화임을 알 수 있어요. 일본은 1907년에 헤이그 특사 파견을 구실로 고종을 강제 퇴위시키고 순종을 황제에 올린 뒤 한·일 신협약(정미7조약)을 강제로 체결하였어요. 이어 부속 각서를 작성하여 대한 제국의 군대를 해산하였지요. 고종 황제가 강제로 물러나고 군대가 해산되자 전국 각지에서 항일 의병 운동이 거세게 일어났어요. 이때에 일부 해산 군인이 의병에 참여하여 의병의 전투력이 강화되었어요. 이러한 가운데 각지의 의병 부대가 연합하여 ④ 13도 창의군을 결성하고 서울 진공 작전을 전개하였어요. 하지만 우세한 화력을 가진 일본군에게 막혀 작전은 성공하지 못하였어요.

오답 피하기
① 1905년에 을사늑약이 체결되자 최익현이 태인에서 의병을 일으켜 항거하였어요(1906).
② 러·일 전쟁 중이던 1905년에 일본이 독도를 불법적으로 자국의 시마네현에 편입하였어요.
③ 1904년에 체결된 제1차 한·일 협약에 따라 재정 고문으로 메가타, 외교 고문으로 스티븐스가 부임하였어요.
⑤ 을미사변과 단발령 실시에 반발하여 1895년에 을미의병이 일어났어요. 을미의병 당시 유생 출신 유인석이 이끄는 부대가 충주성을 점령하였어요(1896).

8 안중근 정답 ③

정답 찾기 동양 평화를 위한 의로운 싸움을 하얼빈에서 시작하고, 옳고 그름을 가리는 자리는 뤼순으로 정하였다는 내용을 통해 자료를 작성한 인물이 안중근임을 알 수 있어요. 안중근은 1909년에 ③ 만주 하얼빈에서 을사늑약의 강제 체결을 주도하고 초대 통감을 지낸 이토 히로부미를 처단하는 의거를 일으켜 일제에 체포되었어요. 뤼순 감옥에 갇혀 사형 집행을 앞두고 있던 안중근은 일제의 침략상을 비판하며 한·중·일이 대등한 위치에서 서로 존중하고 협력할 때 진정한 동양의 평화를 지킬 수 있다는 주장을 담은 "동양 평화론"의 집필을 시작하였어요. 하지만 그의 저술은 사형 집행이 앞당겨 이루어지면서 완성되지 못하였어요.

오답 피하기
① 안창호는 105인 사건으로 신민회가 해체된 후 미국으로 건너가 샌프란시스코에서 재미 한인을 중심으로 흥사단을 창립하였어요.
② 제2차 수신사로 일본에 파견된 김홍집은 귀국하면서 청의 외교관 황준헌이 쓴 "조선책략"을 국내에 들여왔어요.
④ 1945년 서울 부민관에서 친일 단체가 일제에 대한 충성을 맹세하고 전쟁 협력을 강조하기 위한 대회를 개최하자 유만수, 조문기 등 대한 애국 청년당원들이 부민관 폭파 의거를 일으켰어요.
⑤ 박은식은 "한국통사"를 저술하여 국혼의 중요성을 강조하고 일제의 침략 과정을 다루었어요.

31강 국권 피탈과 저항

Ready go
이번 강 별 채우기 제한 시간은 **2분 40초**
한 문장을 끝까지 또박또박 읽어야 패스!

기출 선택지로 별 채우기
한국사를 채우다

01 최★★은 강화도 조약에 반대하여 지부복궐척화의소를 올려 왜양일체론을 주장하였다.

02 러·일 전쟁 중 대한 제국은 일본에 한국 내 군사적 요충지 사용을 허용하는 한·일 ★★서를 강제로 체결하였다.

03 제1차 한·일 ★★은 스티븐스와 메가타가 대한 제국의 고문으로 부임하는 근거가 되었다.

04 일제는 1905년에 ★★늑약을 강제로 체결하여 대한 제국의 외교권을 빼앗았다.

05 고종은 을사늑약 체결의 부당함을 알리기 위해 ★★★에서 열리는 만국 평화 회의에 이상설, 이준, 이위종을 특사로 파견하였다.

06 1907년 한·일 ★★★(정미7조약) 체결 후 대한 제국의 행정 각 부서에 일본인 차관이 배치되었다.

07 한·일 ★★약 부속 각서에 따라 대한 제국의 군대가 강제로 해산되었다.

08 1909년 ★★각서가 체결되어 대한 제국은 사법권을 박탈당하였다.

09 나철, 오기호 등은 ★★오적을 처단하기 위해 자신회를 조직하였다.

10 1908년에 전★★과 장★★은 미국에서 대한 제국의 외교 고문이었던 스티븐스를 저격하였다.

11 1909년에 안★★은 하얼빈에서 이토 히로부미를 사살하였다.

12 안중근은 수감 중에 "동양 ★★론"을 저술하였으나 완성하지 못하였다.

13 ★★회는 일제의 황무지 개간권 요구를 저지하는 데 성공하였다.

14 대한 ★★회는 고종의 강제 퇴위에 반대하는 운동을 전개하였다.

15 신민회는 ★★ 정체의 근대 국민 국가 수립을 목표로 삼았다.

16 신민회는 ★산 학교와 ★성 학교를 세워 민족 교육을 실시하였다.

17 신민회는 민족 산업 육성을 위해 ★★ 서관과 ★★ 회사를 운영하였다.

18 ★★회는 서간도 삼원보 지역에 독립운동 기지를 건설하였다.

19 신민회는 일제가 조작한 ★★★인 사건으로 국내 조직이 발각되어 와해되었다.

20 을미사변과 ★★령 시행에 반발하여 을미의병이 일어났다.

21 아관 파천 후 고종의 해산 권고 조칙에 따라 ★★의병의 대부분이 자진 해산하였다.

22 을사늑약 체결에 항거하여 민★★이 자결하였다.

23 장지연은 ★★신문에 '시일야방성대곡'이라는 논설을 게재하여 을사늑약의 부당함을 비판하였다.

24 을사늑약이 체결되자 최익현, 민종식 등이 주도한 ★★의병이 일어났다.

25 을사의병 때 신★★ 등의 평민 출신 의병장이 활약하였다.

26 ★★의병 때 일부 해산 군인의 합류로 의병의 전투력이 강화되었다.

27 정미의병 때 결성된 13도 창의군은 양주에 집결하여 ★★ 진공 작전을 전개하였다.

28 13도 창의군의 총대장 이★★은 서울의 각국 영사관에 통문을 보내 의병을 국제법상 교전 단체로 승인해 줄 것을 요구하였다.

29 서울 진공 작전 실패 이후에도 ★남 지역 의병들이 계속 항전하자 일본군이 '남한 대토벌' 작전을 전개하였다.

정답

01 익현 **02** 의정 **03** 협약 **04** 을사 **05** 헤이그 **06** 신협약 **07** 신협 **08** 기유 **09** 을사 **10** 명운, 인환 **11** 중근 **12** 평화 **13** 보안 **14** 자강 **15** 공화 **16** 오, 대 **17** 태극, 자기 **18** 신민 **19** 105 **20** 단발 **21** 을미 **22** 영환 **23** 황성 **24** 을사 **25** 돌석 **26** 정미 **27** 서울 **28** 인영 **29** 호

32강 개항기(경제)

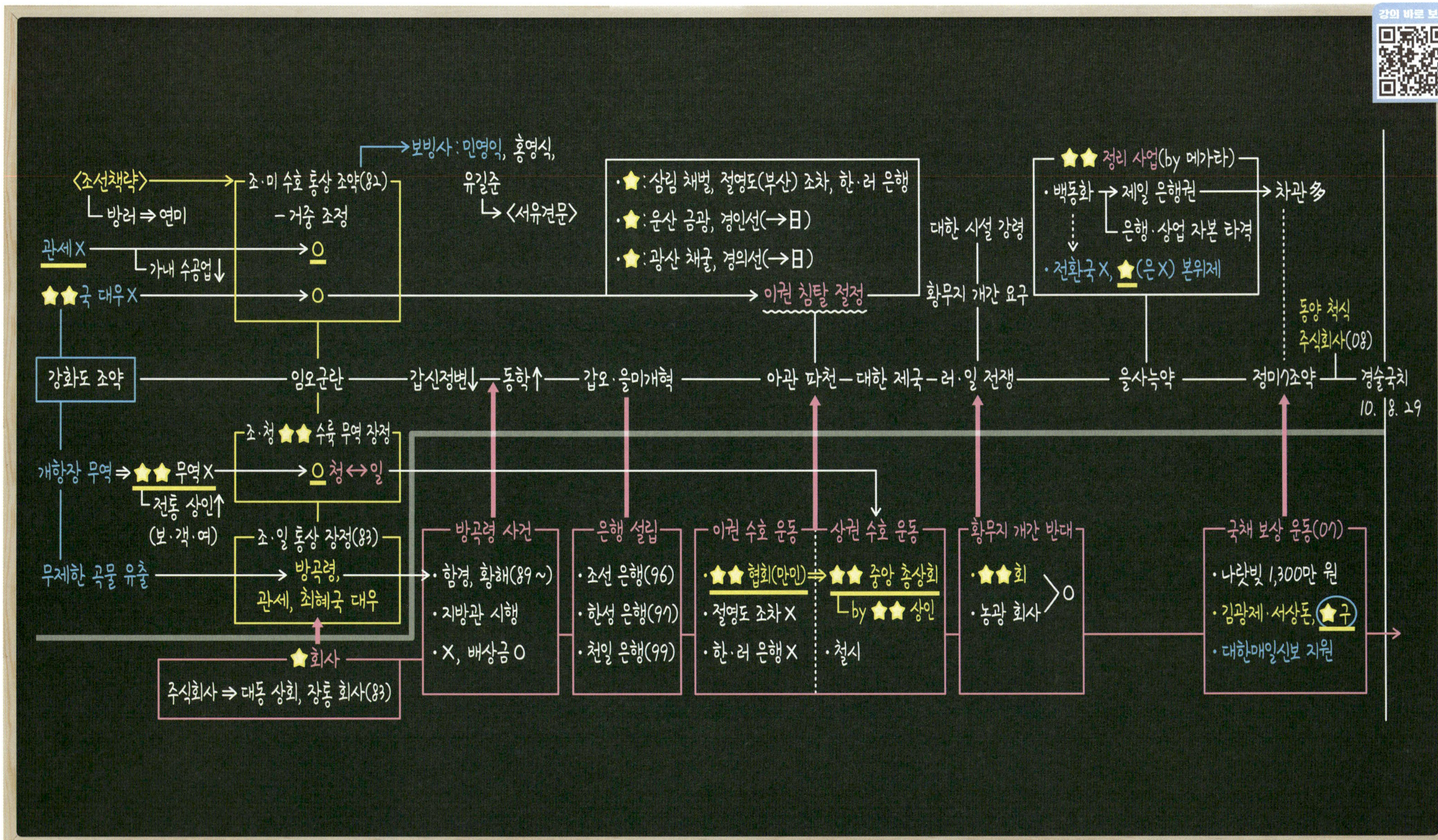

★정답 최혜, 내지, 상민, 러, 미, 프, 화폐, 금, 상, 독립, 황국, 시전, 보안, 대

➡ 나만의 약점 단권화 노트 22쪽에서 완성 판서를 확인하세요.

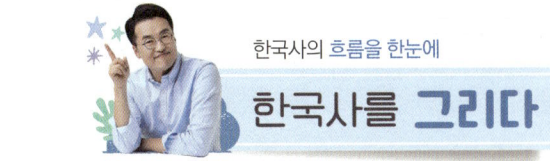

32강 개항기(경제)

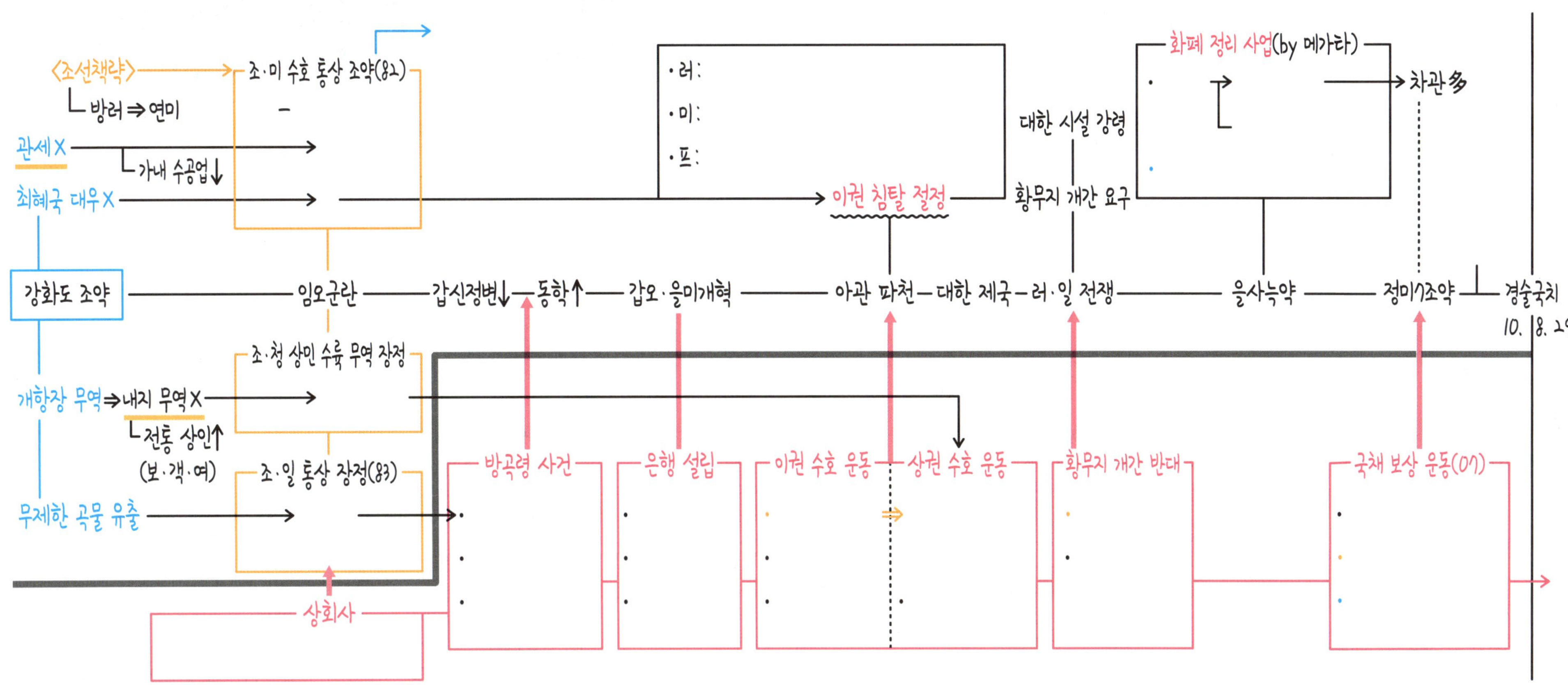
〈조선책략〉
방러 ⇒ 연미
조·미 수호 통상 조약(82)
관세 X
가내 수공업↓
최혜국 대우 X
•러:
•미:
•프:
이권 침탈 절정
대한 시설 강령
황무지 개간 요구
화폐 정리 사업(by 메가타)
차관多
강화도 조약
임오군란
갑신정변↓
동학↑
갑오·을미개혁
아관 파천
대한 제국
러·일 전쟁
을사늑약
정미7조약
경술국치
10. 8. 29
조·청 상인 수륙 무역 장정
개항장 무역 ⇒ 내지 무역 X
전통 상인↑
(보·객·여)
조·일 통상 장정(83)
무제한 곡물 유출
방곡령 사건
은행 설립
이권 수호 운동
상권 수호 운동
황무지 개간 반대
국채 보상 운동(07)
상회사

32강 개항기(경제)

낯선 용어와 자료 돋보기
한국사를 보다

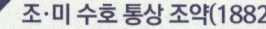

조·일 수호 조규 부록과 조·일 무역 규칙(1876)

조·일 수호 조규 부록과 조·일 무역 규칙은 1876년에 체결된 조·일 수호 조규, 이른바 강화도 조약을 보완하기 위해 6개월 뒤에 체결되었어요. 조·일 수호 조규 부록에 따라 조선은 개항장 10리 이내에서 일본 상인의 무역을 허가하고 일본 화폐 사용을 허용하였어요. 조·일 무역 규칙에서는 일본 정부 소속 선박의 항세 면제가 규정되었고 양곡 수입의 수출입이 허용되었어요. 하지만 쌀과 잡곡의 수출입 양에 대한 제한과 관세 규정이 없어 일본으로 쌀과 잡곡이 대량으로 반출되고 사실상 무관세로 무역이 진행되었어요.

〈조·일 수호 조규 부록〉
제4조 부산항에서 일본인이 통행할 수 있는 도로의 거리는 방파제로부터 계산하여 동서남북 각 직경 10리(조선법에 의함)로 정한다.
제7조 일본국 인민은 본국의 현행 여러 화폐로 조선국 인민이 소유한 물품과 교환할 수 있으며, 조선국 인민은 그 교환한 일본국의 여러 화폐로 일본국에서 생산한 여러 가지 상품을 살 수 있다.
〈조·일 무역 규칙〉
제6칙 조선국 항구에 머무르는 일본인은 쌀과 잡곡을 수출, 수입할 수 있다.
제7칙 일본국 정부에 소속된 모든 선박은 항세(港稅)를 납부하지 않는다.

조·미 수호 통상 조약(1882)

일본의 세력 확장과 러시아의 남하를 우려한 청의 주선, 그리고 제2차 수신사 김홍집이 가져온 "조선책략"의 영향으로 조선은 서양 국가 중 최초로 미국과 통상 조약을 체결하였어요. 이 조약에는 거중 조정, 관세 설정, 최혜국 대우 조항이 처음으로 포함되었어요.

제1조 두 나라 중 어느 한 나라가 다른 강대국의 불공평하거나 압제적인 대우를 받을 경우 다른 한 나라는 그런 사실을 통지받는 즉시 사건이 원만히 해결될 수 있도록 양국의 우호 관계를 보여 주어야 한다. - 거중 조정 조항
제5조 무역을 목적으로 조선국에 오는 미국 상인 및 상선은 모든 수출입 상품에 대해 관세를 지불해야 한다. - 관세권 조항
제14조 이후에 조선국이 어느 때든지 어느 국가나 어느 나라 상인 또는 국민에 대해 본 조약에 의하여 부여되지 않은 어떤 권리 또는 특혜를 허가할 때에는 이와 같은 권리, 특권 및 특혜는 미국에게도 무조건 똑같이 주어진다. - 최혜국 대우 조항

용어 사전

거중 조정
양국 중 한쪽이 다른 나라의 침입이나 핍박을 받을 경우 서로 돕고 분쟁을 원만히 해결하도록 주선한다는 조항이에요.

최혜국 대우
조약을 맺은 나라에 최고의 혜택을 동등하게 대우해 준다는 뜻이에요. 추후 다른 나라와 조약을 맺을 때 더 좋은 조건이 들어가면 자동으로 같은 권리를 부여한다는 규정입니다.

서유견문
보빙사의 일원으로 미국에 갔던 유길준이 미국에 남아 유학하면서 보고 들은 정치, 경제, 교육 등 각 분야의 근대적 모습을 귀국 후에 기록한 책이에요.

보빙사

조·미 수호 통상 조약 체결 이후 조선 정부가 미국 공사의 파견에 대해 답례를 하고 양국의 친선을 도모하기 위해 미국에 파견한 외교 사절이에요. 전권대신 민영익을 비롯하여 홍영식, 서광범, 유길준 등이 포함되었으며, 이들 중 일부는 유럽을 거쳐 귀국하고 유길준은 미국에 남아 유학하였어요.

보빙사 일행

보빙사 일행이 미국 대통령을 만나는 모습

조·일 통상 장정(1883)

조선은 일본과 조·일 통상 장정을 체결하여 관세 조항을 설정하고 방곡령을 선포할 수 있는 조항을 넣었으나, 일본의 요구로 최혜국 대우 조항도 추가하였어요. 이로 인해 일본인도 조선의 내륙에서 상업 활동을 할 수 있게 되었어요.

제9칙 입항하거나 출항하는 각 화물이 세관을 통과할 때는 응당 본 조약 세칙에 따라 관세를 납부해야 한다.
제37칙 만약 조선국이 자연재해나 변란 등으로 인해 국내의 양곡이 부족해질 염려가 있어 조선 정부가 잠정적으로 양곡 수출을 금지하려고 할 때에는 그 시기보다 1개월 앞서 지방관이 영사관에 알리고, 또 일본 영사관은 그 시기를 미리 각 개항장의 일본 상인에게 알려 일률적으로 준수하게 한다. - 방곡령 규정 조항

청·일 상인의 내륙 진출

조·청 상민 수륙 무역 장정과 조·일 통상 장정 체결로 청과 일본 상인의 내지 무역이 가능해져 객주·여각 등 중개 상인과 보부상 등이 큰 타격을 입었으며, 서울 상인들의 상권도 크게 위협을 받았어요.

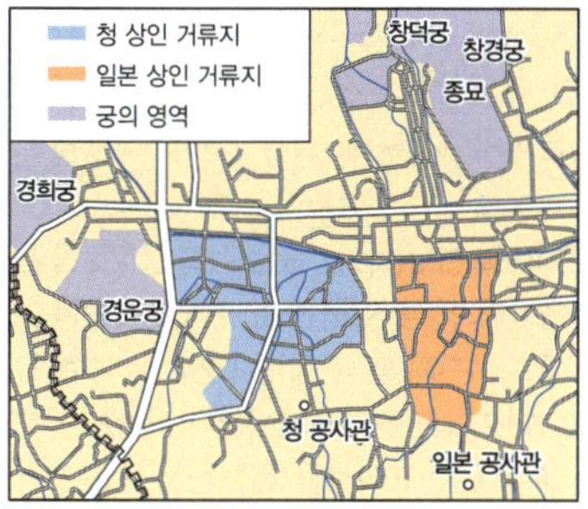

한성의 청·일 상인 거주지

> 어떠한 벽촌이든지 장날에 청 상인이 오지 않는 곳이 없다고 한다. …… 지금까지 안성 시장에는 수원 상인이 많았다. …… 요즘 들어 안성 시장에 청 상인이 늘어나 점차 상권을 빼앗겨 폐업하는 자가 많아졌다. …… 공주, 강경 같은 곳은 모두 자기 집을 갖고 장사를 하고 있다. 전라도 전주 같은 곳은 청 상인이 30명 정도 들어왔다.
>
> - 일본의 무역 상황 보고서, "통상휘찬"(1893) -

열강의 이권 침탈

아관 파천을 계기로 열강의 이권 침탈이 심해졌어요. 각국은 최혜국 대우 조항을 내세워 광산, 삼림, 철도, 해운, 전기 등에 관한 수많은 이권을 빼앗아 갔지요. 특히 러시아는 압록강과 두만강, 울릉도 등지의 삼림 채벌권을, 미국은 운산 금광 채굴권 등을 가져갔고, 영국, 독일, 프랑스 등도 이권 침탈 경쟁에 뛰어들었어요.

화폐 정리 사업

제1차 한·일 협약에 따라 일본이 파견한 재정 고문 메가타에 의해 실시되었어요. 이것은 대한 제국의 화폐를 일본 제일 은행권으로 교체하는 사업이었으며, 일제는 이를 통해 대한 제국의 재정과 금융권을 장악하고자 하였어요. 백동화는 질에 따라 갑·을·병종으로 구분하여 교환되었는데, 병종은 교환에서 제외되었어요. 사업 시행을 알지 못했던 한국인의 피해가 컸으며, 특히 상인과 민간 은행이 큰 타격을 입었어요. 또 일제가 화폐 정리 사업에 필요한 자금을 일본에서 강제로 빌리게 함으로써 대한 제국은 거액의 빚을 떠안게 되었습니다.

> 〈백동화 교환 비율〉
> 질이 나쁜 백동화는 바꿔 주지 않는다. 상태가 매우 양호한 갑종 백동화는 개당 2전 5리의 가격으로 새 돈과 교환하여 주고, 상태가 좋지 않은 을종 백동화는 개당 1전의 가격으로 정부에서 매수하며, …… 단, 형질이 조악하여 화폐로 인정하기 어려운 병종 백동화는 매수하지 않는다.
> - 탁지부령 제1호(1905) -
>
> 〈구 백동화 무효에 관한 고시〉
> 구 백동화는 지난 융희 2년 11월 말로써 일반 통용을 금지하고 다만 공납에 한하여 올해 12월 말까지 사용함을 허용하였으나, 내년 1월 1일부터는 결코 통용함을 금지할 터이니, 인민들은 그 가진 구 백동화를 올해 안으로 공납에만 사용하되 오히려 남은 것이 있거든 역시 본 기한 내로 매수함을 청구하여 의외의 손해를 당하지 않도록 조심함이 가함.
> 융희 3년(1909) 11월 1일

백동화

제일 은행권

동양 척식 주식회사

일제는 한국의 토지와 자원을 수탈할 목적으로 1908년에 식민지 착취 기관인 동양 척식 주식회사를 설립하였어요. 이후 일본 농민 중 일부는 일본 정부와 동양 척식 주식회사로부터 온갖 특혜와 지원을 받으면서 한국으로 이주하여 많은 토지를 점유하게 되었지요.

용어 사전

절영도 조차
절영도는 지금의 부산 영도를 말하고, 조차는 조약에 따라 다른 나라에게서 영토를 빌린다는 말입니다. 러시아는 얼지 않는 해군 기지를 만들기 위해 필요한 석탄 창고를 절영도에 설치하려고 대한 제국에 조차를 요구하였어요.

대한 시설 강령
일제는 한·일 의정서의 체결로 획득한 이권을 더욱 강화하기 위해 대한 시설 강령을 작성하였어요. 여기에는 일본의 농민을 대거 한국으로 이주시키기 위한 계획이 포함되어 있었어요.

백동화
1892년부터 1904년까지 전환국에서 발행한 화폐로 액면가 2전 5푼의 동전이에요. 개항 이후 급증하는 재정 수요와 당면한 재정 궁핍에서 벗어나기 위해 주조·유통되었어요.

상회사
개항 초기 거류지 무역에서 중개를 담당하며 자본 축적에 성공한 객주를 비롯한 일부 상인들이 상권을 유지하기 위해 결성한 동업 조합이에요. 대부분 개인 상회나 동업 조합 형식으로 운영되었으나 점차 근대적 형태의 주식회사도 설립되었어요.

32강 개항기(경제)

방곡령

지방관이 곡물 가격 폭등과 식량 부족 현상을 방지하기 위해 곡물의 반출을 금지하는 명령이에요. 일본으로 곡물 반출이 증가하는 가운데 체결된 조·일 통상 장정(1883)에서 관련 규정이 마련되었어요. 이에 따라 함경도, 황해도, 충청도 등지의 지방관이 수십 차례 방곡령을 내렸지만 일본 측의 항의로 번번이 해제되었어요. 특히 1889년, 1890년 함경도, 황해도 관찰사가 내린 방곡령은 양국 간 외교적 마찰로까지 확대되었어요. 일본은 사전에 통보해야 한다는 조·일 통상 장정의 규정을 위반하였다는 트집을 잡아 방곡령을 철회하게 하고 일본 상인들이 피해를 보았다며 손해 배상을 요구하였지요. 결국 조선 정부는 방곡령을 해제하고, 배상금을 지불하였어요.

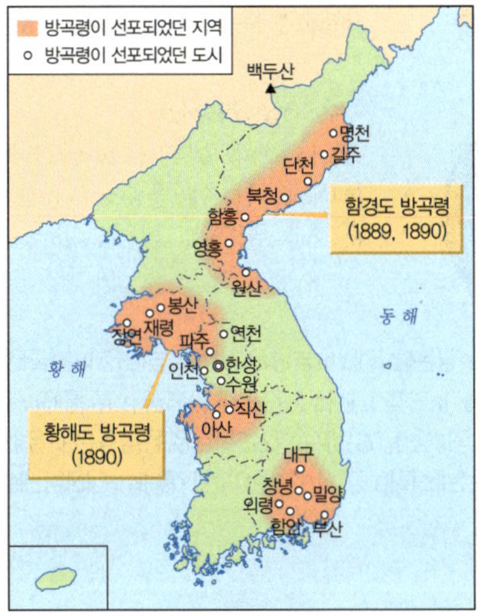

방곡령 선포 지역

황국 중앙 총상회의 상권 수호 운동

조·청 상민 수륙 무역 장정 체결 이후 외국 상인이 상권을 점점 넓혀 상권 침탈이 심해지자 한성의 시전 상인은 상권을 지키기 위해 청 상인과 일본 상인의 점포 철수를 요구하는 시위와 철시 운동을 전개하였어요. 1898년에는 시전 상인이 황국 중앙 총상회를 조직하여 외국 상인의 불법적인 상업 활동을 중단시켜 줄 것을 정부에 강력하게 요구하였어요.

> 근일 외국인이 내지의 각부 각군 요지에 점포 가옥을 사서 장사하고 또 전답을 구매한다고 하니 이는 외국과 통상에도 없는 것이요, 외국인이 내지에 와서 점포를 열어 장사하고 전답을 사들이면 대한 인민의 상권이 외국인에게 모두 돌아가고 …… 우리나라 각부 각군 지방에 잡거하는 외국 상인을 모두 철거하게 하고 가옥과 전답 구매를 모두 엄금하여 대한 인민의 상업을 흥왕케 하여 달라.
>
> - 독립신문(1898. 10.) -

용어 사전

이권 수호 운동
'이권'은 국내 광산 채굴권이나 철도 부설권 등 이익을 얻을 수 있는 권리를 말하는데, 이권 수호 운동은 열강의 이권 침탈을 막으려는 운동이었어요.

농광 회사
황무지 개간권을 일제에 넘기지 말고 한국인이 직접 사업을 맡자는 여론에 따라 일부 관료와 실업가들이 설립한 근대적 농업 회사입니다.

서상돈
대구에서 설립된 광문사의 부사장으로 있으면서 국채 보상 운동을 전개할 것을 제안하여 국채 보상 취지서를 작성하고 발표하였어요. 광문사는 대한매일신보 대구 지사의 사무를 맡아서 신문 구독 신청과 배부 등을 하기도 하였어요.

독립 협회의 이권 수호 운동

아관 파천 이후 열강의 이권 침탈이 심해지는 가운데 독립 협회가 만민 공동회를 개최하고 이권 수호 운동을 전개하였어요. 그 결과 러시아의 절영도 조차 요구와 목포·진남포 일대의 섬 및 토지 매도 요구를 저지하였으며, 한·러 은행을 폐쇄하는 데 성공하였어요. 또 프랑스, 독일 등이 광산 채굴권을 요구하자 항의서를 보내 이를 저지하기도 하였어요.

> 현재 러시아가 우리 대한을 향하여 절영도를 요구하고 있습니다. …… 그 신하된 자가 만약 조그마한 땅이라도 타국인에게 주면 이는 황제 폐하의 역신이며 역대 임금의 죄인이며 우리 대한 2천만 동포 형제의 원수입니다.
>
> - 정교, "대한계년사"(1898) -

국채 보상 운동

일본은 을사늑약 이후 여러 명목으로 대한 제국에 강제로 차관을 제공하였는데, 그 액수가 대한 제국의 1년 예산 정도인 1,300만 원에 달하였어요. 이에 국민들 사이에서 성금을 모아 나라가 진 빚을 갚자는 운동이 일어났어요. 국채를 갚는 것이 일제의 간섭에서 벗어나 자주독립을 이루는 길이라고 생각하였기 때문이지요. 이 운동은 서상돈, 김광제 등을 중심으로 대구에서 시작되었어요. 이후 국채 보상 기성회가 설립되고 대한매일신보, 황성신문 등 언론의 지지를 받으며 전국으로 확대되었습니다. 남자들은 술과 담배를 끊고 그 대금으로 성금을 냈으며, 여자들은 비녀와 반지를 내놓는 방법 등으로 동참하였어요.

> 지금 우리는 정신을 새로이 하고 충의를 떨칠 때이니, 국채 1,300만 원은 바로 우리 대한의 존망에 직결된 것이라. 갚아 버리면 나라가 존재하고 갚지 못하면 나라가 망하는 것은 대세가 반드시 그렇게 이르는 것이다. …… 2,000만 인이 3개월 동안 담배를 끊고 그 대금으로 1인마다 20전씩 징수하면 1,300만 원이 될 수 있다. …… 우리 2,000만 동포 가운데 애국 사상을 가진 이는 기어이 이를 시행하여서 삼천리강토를 유지하게 되기를 간절히 바란다.
>
> - 대한매일신보(1907. 2. 21.) -

국채 보상 운동 기념비

32강 개항기(경제)

1 열강의 경제 침탈

(1) 개항 초기 경제 침탈

강화도 조약 (조·일 수호 조규, 1876)	• 영사 재판권(치외 법권) 허용, 최혜국 대우 조항 없음 • 조·일 수호 조규 부록 : 개항장 10리 이내에서 일본인의 무역 활동 허가, 개항장에서의 일본 화폐 유통 허용 • 조·일 무역 규칙 : 일본 상품에 대한 관세 설정 부재(→ 1878년 부산 두모포에서 관세 문제로 일본이 무력시위를 벌임), 조선 양곡의 일본 반출 허용(과도한 곡물 반출을 막을 규정 부재), 일본 정부 소속 선박의 항세 면제
조·미 수호 통상 조약 (1882)	• 청의 알선으로 서양 국가와 맺은 최초의 조약 • 거중 조정, 낮은 세율의 관세 조항 규정(최초 등장), 최혜국 대우, 영사 재판권 등 인정 • 조약 체결 후 미국 공사가 한성에 부임, 미국의 공사 파견에 대한 답례로 보빙사 파견 → 보빙사 일원이었던 유길준이 귀국 후 "서유견문" 집필
조·청 상민 수륙 무역 장정 (1882)	• 임오군란 후 체결 • 청 상인의 특권 보장(영사 재판권 인정, 한성과 양화진에 점포 개설 허용, 내지 통상 가능) → 객주, 보부상 등 조선 상인이 큰 타격을 입음 • 청 상인의 조선 진출이 본격화되는 계기 → 청·일 상인 간 상권 경쟁이 치열해짐
조·일 통상 장정 (1883)	• 일본 상품에 대한 관세 부과 규정 마련 • 방곡령 규정 마련(1개월 전 일본 공사관에 통지) • 최혜국 대우 조항

(2) 열강의 이권 침탈

배경	• 아관 파천 후 러시아의 이권 침탈 심화 • 일본, 미국, 프랑스, 독일 등 열강이 최혜국 대우를 내세워 이권 요구
침탈 내용	• 러시아의 이권 침탈 : 압록강과 두만강·울릉도 등지의 삼림 채벌권, 함경도 종성과 경원의 광산 채굴권, 절영도 조차 요구, 한·러 은행 설립, 용암포 불법 점령 • 미국의 이권 침탈 : 운산의 금광 채굴권, 철도·전기 분야의 이권, 경인선 부설권(후에 일본이 사들임) • 프랑스의 이권 침탈 : 광산 채굴권, 경의선 부설권(후에 일본이 사들임) • 일본의 이권 침탈 : 직산의 금광 채굴권, 연해 어업권, 경부선·경원선 부설권 • 독일의 이권 침탈 : 당현 금광 채굴권

(3) 일본의 토지 약탈과 금융 지배

차관 강요	러·일 전쟁 이후 대한 제국의 화폐 정리 사업과 시설 개선에 필요한 자금을 일본에서 들여와 충당하게 함 → 대한 제국의 재정을 일본에 예속화하려는 의도
화폐 정리 사업 (1905)	• 시행 : 제1차 한·일 협약에 따라 일본이 파견한 재정 고문 메가타가 주도 • 시행 내용 : 상평통보, 백동화 등을 제일 은행권으로 교체 - 백동화를 상태에 따라 갑·을·병종으로 구분하여 교환 → 본래 가치보다 평가 절하, 교환이 거부되기도 함 - 전환국 폐지, 금 본위제 실시 • 영향 : 국내 자본가뿐만 아니라 상인, 농민의 피해가 컸음
토지 약탈	• 러·일 전쟁 중 '대한 시설 강령' 작성(대규모의 일본 농민 이주 계획을 포함시킴) → 대한 제국 정부에 황무지 개간권 요구 • 철도 부지 강탈, 군용지 및 주둔지 근처의 토지 약탈 • 동양 척식 주식회사 설립(1908) : 국가 소유의 미개간지·역둔토를 계획적으로 약탈 → 일본인에게 싼값에 판매

2 경제적 구국 운동

상회소·상회사 설립	• 개항장 객주 등이 상권 유지를 목적으로 상회소 결성(원산 상회소, 의신 상회소 등) • 일반 상인들이 상회사 설립(대동 상회, 장통 회사) • 정부가 상업 진흥책을 통해 보호
방곡령 선포	• 배경 : 일본으로의 곡물 반출 증가, 흉년으로 곡물 가격 폭등 • 시행 : 조·일 통상 장정을 근거로 함경도와 황해도 등지의 지방관이 방곡령 선포(1889, 1890) → 일본이 조·일 통상 장정의 1개월 전 통지 규정 위반 등을 트집 잡아 방곡령 철회 및 피해 보상 요구 → 조선 정부가 방곡령 철회, 배상금 지불
근대적 은행 설립	조선 은행(1896), 한성 은행(1897), 대한 천일 은행(1899) 등 설립 → 일제의 화폐 정리 사업 이후 몰락
이권 수호 운동	아관 파천 이후 열강의 이권 침탈 심화 → 독립 협회가 만민 공동회를 개최하여 러시아의 절영도 조차 요구 저지, 한·러 은행 폐쇄 등에 성공
상권 수호 운동	외국 상인의 상권 침탈로 피해가 커짐 → 상인들의 동맹 철시 투쟁, 시전 상인이 황국 중앙 총상회 조직(외국 상인의 불법적인 상업 활동을 중단시킬 것을 요구, 1898)
황무지 개간권 요구 반대 운동	• 보안회 : 일본의 황무지 개간권 요구에 반대하는 운동 전개(1904) → 일본이 황무지 개간권 요구 철회 • 농광 회사 : 일부 관리와 실업가 중심으로 설립 → 황무지를 스스로 개간할 것을 주장
국채 보상 운동	• 배경 : 일본의 강요로 막대한 차관 도입 → 대한 제국의 경제적 예속 심화 • 전개 : 서상돈, 김광제 등의 주도로 대구에서 시작 → 서울에서 국채 보상 기성회 조직(1907), 전국적인 모금 운동 전개(금주, 금연, 패물 헌납 등으로 성금 마련), 대한매일신보와 황성신문 등 언론의 지지로 확산 • 결과 : 일제 통감부의 방해와 탄압으로 중단됨

32강 개항기(경제)

1 (가), (나) 조약에 대한 설명으로 옳은 것은? [3점]

심화 67회 30번

> (가) 제4조 …… 조선 상인이 북경에서 규정에 따라 교역하고, 중국 상인이 조선의 양화진과 서울에 들어가 영업소를 개설한 경우를 제외하고 각종 화물을 내지로 운반하여 상점을 차리고 파는 것을 허가하지 않는다. ……
>
> (나) 제37관 조선국에서 가뭄과 홍수, 전쟁 등의 일로 국내에 양식이 부족할 것을 우려하여 일시 쌀 수출을 금지하려고 할 때에는 1개월 전에 지방관이 일본 영사관에 통지하고, 미리 그 기간을 항구에 있는 일본 상인들에게 전달하여 일률적으로 준수하는 데 편리하게 한다.

① (가) - 통감부가 설치되는 계기가 되었다.
② (가) - 조선의 관세 자주권을 최초로 인정하였다.
③ (나) - 최혜국 대우를 규정한 조항을 담고 있다.
④ (나) - 일본 공사관의 경비병 주둔을 명시하였다.
⑤ (가), (나) - 갑신정변의 영향으로 체결되었다.

2 다음 자료에 대한 탐구 활동으로 가장 적절한 것은? [2점]

심화 74회 28번

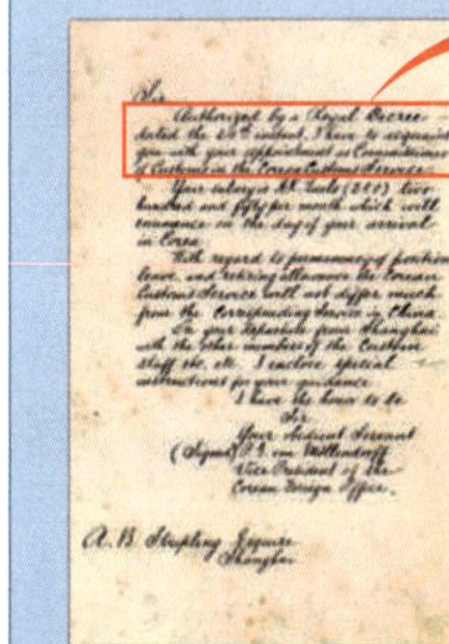

왕명에 따라, 귀하가 조선 해관의 세무사로 임명되었음을 알려 드립니다.

이 자료는 조선 정부가 영국인 스트리플링을 인천 해관의 초대 세무사로 임명한다는 문서로, 당시 통리교섭통상사무아문 협판 묄렌도르프가 왕명을 받아 발송하였다. 스트리플링은 임명을 받고 두 달 뒤 제물포로 입국하여 인천 해관 창설에 참여했다. 조선 정부는 인천 해관 창설을 통해 관세 부과 업무를 공식적으로 시작하였다.

① 한·일 의정서의 체결 과정을 파악한다.
② 미쓰야 협정이 끼친 영향을 조사한다.
③ 강화도 조약이 체결된 계기를 알아본다.
④ 조·미 수호 통상 조약의 내용을 분석한다.
⑤ 헤이그 특사가 파견되는 원인을 살펴본다.

1 개항 이후 체결된 조약 — 정답 ③

정답 찾기 (가) 조약은 중국 상인이 양화진과 서울에 들어가 영업소를 개설할 수 있다는 내용을 통해 1882년에 체결된 조·청 상민 수륙 무역 장정임을 알 수 있어요. (나) 조약은 쌀 수출을 금지하려고 할 때에는 1개월 전에 지방관이 일본 영사관에 통보해야 한다는 내용을 통해 1883년에 체결된 조·일 통상 장정임을 알 수 있어요. ③ 조·일 통상 장정을 체결하면서 조선 정부는 일본에 최혜국 대우를 부여하였어요. 이로써 조·청 상민 수륙 무역 장정으로 청 상인에게 허용한 내지 통상권을 일본 상인에게도 허용하게 되었어요.

오답 피하기
① 1905년에 을사늑약이 체결되면서 이듬해 통감부가 설치되고 이토 히로부미가 초대 통감으로 부임하였어요.
② 1882년에 체결된 조·미 수호 통상 조약에서 조선의 관세 자주권을 최초로 인정하였어요.
④ 임오군란 이후 조선과 일본이 체결한 제물포 조약에서 일본 공사관 경비를 위한 경비병 주둔을 허용하였어요.
⑤ 갑신정변의 영향으로 한성 조약(조선-일본)과 톈진 조약(청-일본)이 체결되었어요.

2 개항기 경제 행정의 변화 — 정답 ④

정답 찾기 인천 해관이 창설되고 관세 부과 업무가 공식적으로 시작되었다는 내용을 통해 관세 무역이 처음으로 시작되는 상황임을 알 수 있어요. 조선은 1876년 일본과 강화도 조약을 체결하면서 개항하였어요. 강화도 조약과 그 후속 조치로 체결된 조·일 무역 규칙에서 조선 정부는 관세 규정을 두지 못하였어요. 이후 1882년에 체결된 ④ 조·미 수호 통상 조약에서 처음으로 관세 조항이 포함되어 조선의 관세 자주권이 인정되었어요. 이에 따라 관세 행정을 담당할 기구로 인천 해관이 설립되었어요.

오답 피하기
① 1904년 러·일 전쟁을 도발한 일본은 한반도 내에서 군사 전략상 필요한 지역을 임의로 사용할 수 있도록 하는 한·일 의정서 체결을 강요하였어요.
② 1925년 일제는 만주에서 활동하는 독립군을 색출하기 위해 만주 군벌과 미쓰야 협정을 체결하였어요. 이로 인해 만주 지역에서의 독립군 활동이 크게 위축되었어요.
③ 1875년에 일어난 운요호 사건이 계기가 되어 이듬해에 강화도 조약이 체결되었어요.
⑤ 고종은 을사늑약의 부당성을 국제 사회에 알리기 위해 1907년 헤이그에서 열린 만국 평화 회의에 특사를 파견하였어요.

3 (가) 조약에 대한 설명으로 옳은 것은? [2점]

심화 70회 29번

한국사 아카이브 | 아카이브 소개 | 소장 자료 | 디지털 자료

통합 검색 보빙사 검색 초기화

설명 미국에서 발행된 'Frank Leslies Illustrated Newspaper' 1883년 9월 29일자에 실린 보빙사의 사진이다. 전권대신 민영익과 부대신 홍영식 등으로 구성된 보빙사는 (가) 체결로 미국 공사가 부임하자 그에 대한 답례로 파견되었다. 미국에서 아서 대통령을 만나고 우체국, 신문사, 병원 등 각종 근대 시설을 시찰하고 돌아왔다.

① 최혜국 대우를 최초로 규정하였다.
② 통감부가 설치되는 계기가 되었다.
③ 천주교 포교 허용의 근거가 되었다.
④ 재정 고문을 두도록 하는 조항을 담고 있다.
⑤ 부산, 원산, 인천이 개항되는 결과를 가져왔다.

3 조·미 수호 통상 조약 정답 ①

정답 찾기 조약의 체결로 미국 공사가 부임하였고 그에 대한 답례로 민영익과 홍영식 등으로 구성된 보빙사가 파견되었다는 내용을 통해 (가) 조약이 1882년에 체결된 조·미 수호 통상 조약임을 알 수 있어요. 조·미 수호 통상 조약은 조선이 서양 국가와 맺은 최초의 조약으로, "조선책략"이 유포되고 미국과의 수교론이 제기된 상황에서 청의 알선으로 체결되었어요. 이 조약은 한 나라가 제3국에 부여하고 있는 가장 유리한 조건을 조약 상대국에도 부여하는 ① 최혜국 대우를 최초로 규정하였으며, 거중 조정 조항과 관세 부과 조항을 포함하였어요.

오답 피하기
② 을사늑약의 강제 체결로 대한 제국의 외교권이 박탈되었고, 이어 통감부가 설치되었어요.
③ 조·프 수호 통상 조약이 체결되면서 천주교 포교가 허용되었어요.
④ 제1차 한·일 협약에 근거하여 일본인 메가타가 재정 고문으로 부임하였어요.
⑤ 강화도 조약에 따라 부산, 원산, 인천이 차례로 개항되었어요.

4 밑줄 그은 '장정'에 대한 설명으로 옳은 것은? [3점]

심화 53회 35번

이번 장정의 체결로 우리의 관세권을 일정 부분 회복했다고 하네.
그렇지만 이 장정으로 일본에 최혜국 대우를 인정해 주었다더군.

① 갑신정변의 영향으로 체결되었다.
② 방곡령 시행에 대한 규정을 명시하였다.
③ 일본 공사관에 경비병이 주둔하는 계기가 되었다.
④ 일본인 재정 고문을 두도록 하는 조항을 담고 있다.
⑤ 부산 외 2개 항구를 개항한다는 내용을 포함하였다.

4 조·일 통상 장정 정답 ②

정답 찾기 관세권을 일부 회복하였으나 일본에 최혜국 대우를 인정해 주었다는 내용을 통해 밑줄 그은 '장정'이 조·일 통상 장정임을 알 수 있어요. 개항 후 일본에 일방적으로 유리한 무역이 이루어지고 대량의 곡물이 일본으로 유출되자 조선 정부는 이를 개선하려는 노력을 기울여 1883년에 조·일 통상 장정을 체결해 관세 조항을 설정하고 ② 방곡령에 관한 규정도 두었어요. 이에 따라 함경도, 황해도 등 각지의 지방관이 방곡령을 선포할 수 있게 되었어요. 하지만 일본에 최혜국 대우를 인정하는 조항도 추가되었어요.

오답 피하기
① 갑신정변 후 조선은 일본과 한성 조약을 체결하였어요.
③ 임오군란 후 조선 정부는 일본과 제물포 조약을 체결하여 일본 공사관에 경비병이 주둔하는 것을 허용하였어요.
④ 러·일 전쟁 중에 체결된 제1차 한·일 협약에 일본이 추천하는 일본인 1명을 대한 제국의 재정 고문으로 임명한다는 조항이 담겼어요. 이에 따라 일본인 메가타가 재정 고문으로 파견되었어요.
⑤ 강화도 조약에 부산 외 2개 항구를 개항한다는 내용이 포함되었어요.

5 밑줄 그은 '사업'에 대한 탐구 활동으로 가장 적절한 것은? [2점]

심화 71회 35번

화폐로 보는 한국사

백동화(白銅貨)는 전환국에서 발행한 액면가 2전 5푼의 동전이다. 당시 재정 궁핍으로 본위 화폐인 은화는 거의 주조되지 않았고, 보조 화폐인 백동화가 주로 제조되어 사용되었다. 러·일 전쟁 중에 재정 고문으로 임명된 메가타 다네타로의 주도하에 전환국을 폐지하고 백동화와 엽전을 일본 제일 은행권으로 교환하는 사업을 추진하면서, 백동화의 발행이 중단되었다.

① 군국기무처의 활동을 조사한다.
② 당오전이 발행된 배경을 파악한다.
③ 삼국 간섭이 발생한 원인을 분석한다.
④ 대한 광복회가 결성된 목적을 살펴본다.
⑤ 제1차 한·일 협약 체결의 영향을 알아본다.

5 화폐 정리 사업 정답 ⑤

정답 찾기 러·일 전쟁 중에 재정 고문으로 임명된 메가타가 주도하였으며, 백동화와 엽전을 일본 제일 은행권으로 교환한다는 내용을 통해 밑줄 그은 '사업'이 화폐 정리 사업임을 알 수 있어요. ⑤ 제1차 한·일 협약 체결(1904) 후 재정 고문으로 파견된 일본인 메가타의 주도로 화폐 정리 사업이 실시되었어요. 이는 대한 제국의 화폐를 일본 제일 은행권으로 교환하는 사업으로, 백동화의 가치를 제대로 평가하지 않고 화폐의 상태로 등급을 나누어 교환해 주는 규정에 따라 진행되었어요. 이로 인해 국내 자본가뿐 아니라 상인, 농민이 큰 피해를 입었어요.

오답 피하기
① 군국기무처는 초정부적인 정책 의결 기구로 제1차 갑오개혁을 추진하였어요.
② 당오전은 명목상 상평통보의 5배 가치를 가진 화폐로 개항 이후 조선 정부의 재정난을 해결하기 위해 발행되었어요.
③ 청·일 전쟁에서 승리한 일본은 청과 시모노세키 조약을 체결하여 랴오둥반도와 타이완 등을 차지하고 막대한 배상금을 받았어요. 그러자 한반도와 만주 지역에서 세력 확대를 노리던 러시아가 프랑스와 독일을 끌어들여 일본이 랴오둥반도를 청에 반환하도록 압박하는 삼국 간섭이 일어났어요.
④ 1915년에 대구에서 결성된 대한 광복회는 공화 정체의 근대 국가 건설을 목표로 삼았어요.

6 다음 자료를 활용한 탐구 활동으로 가장 적절한 것은? [2점]

심화 66회 33번

각국 공관에 보내는 호소문

지금 일본 공사가 우리 외부(外部)에 공문을 보내어 산림, 천택(川澤), 들판, 황무지에 대한 권리를 청구하였습니다. 우리나라 사람들은 이를 이용해 2~3년 걸러 윤작을 해야만 먹고살 수 있습니다. 그런데 만일 이를 외국인에게 주어버린다면 전국의 강토를 모두 빼앗기게 되며 수많은 사람이 참혹한 빈곤에 빠져 구제할 수 없게 될 것입니다. 일본인들의 침략을 막고 우리 강토를 보전하도록 힘써 주십시오.

1904년 ○○월 ○○일

① 독립문의 건립 과정을 알아본다.
② 보안회의 활동 내용을 파악한다.
③ 조·일 통상 장정의 조항을 검토한다.
④ 화폐 정리 사업이 끼친 영향을 살펴본다.
⑤ 황국 중앙 총상회가 조직된 목적을 분석한다.

6 보안회 정답 ②

정답 찾기 일본이 산림, 천택, 들판, 황무지에 대한 권리를 청구하였다는 내용을 통해 일본이 황무지 개간권을 요구하는 상황임을 알 수 있어요. 일본은 러·일 전쟁을 도발한 직후 자신들이 대한 제국에서 전략적 요충지를 마음대로 사용할 수 있도록 하는 내용의 한·일 의정서 체결을 강요하였어요. 이후 전세가 유리해지자 일본은 대한 제국 전 국토의 약 4분의 1에 해당하는 황무지 개간권을 50년 기한으로 일본인에게 위임하라고 요구하였어요. 이에 반발하여 전직 관료와 유생들이 중심이 되어 1904년에 보안회를 결성하였어요. ② 보안회는 일제의 황무지 개간권 요구에 반대하는 운동을 전개하여 일제의 요구를 저지하는 데 성공하였어요.

오답 피하기
① 독립 협회는 조선의 독립 의지를 드러내기 위해 1897년에 청의 사신을 맞이하던 영은문이 있던 자리 부근에 독립문을 건립하였어요.
③ 1883년에 조·일 통상 장정이 체결되면서 일본 상품에 관세가 부과되었고, 조선 정부는 방곡령을 선포할 수 있게 되었어요. 하지만 일본에 최혜국 대우를 인정하는 조항도 추가되었어요.
④ 제1차 한·일 협약 체결 후 대한 제국의 재정 고문으로 파견된 메가타의 주도로 화폐 정리 사업이 시행되었어요. 화폐 정리 사업으로 인해 한국인이 설립한 은행과 한국 상인들이 큰 타격을 입었어요.
⑤ 외국 상인의 상권 침탈이 심화되자 시전 상인들은 1898년에 황국 중앙 총상회를 조직하여 상권 수호 운동을 전개하였어요.

7 (가) 운동에 대한 설명으로 옳은 것은? [2점]

심화 73회 33번

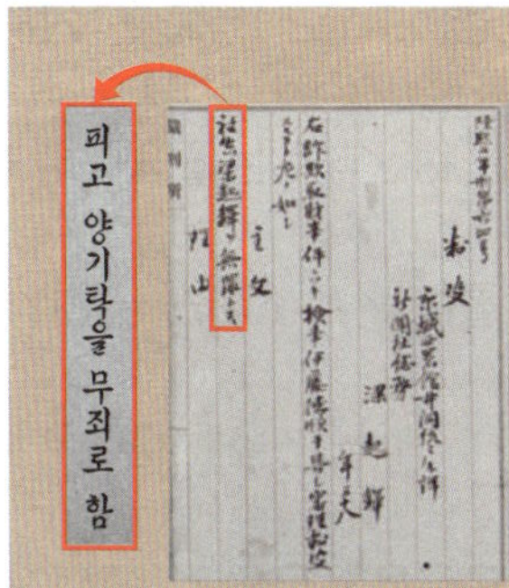

이 자료는 (가) 에 참여한 양기탁에 대한 판결문의 일부이다. 양기탁은 일본에서 들여온 차관을 갚기 위해 일어난 (가) 의 의연금을 횡령하였다는 이유로 기소되었다. 판결문에는 피고인 양기탁이 증거 불충분으로 무죄를 선고 받은 내용이 담겨 있다.

① 대한매일신보의 지원을 받아 확산되었다.
② 조선 총독부의 탄압과 방해로 실패하였다.
③ 백정에 대한 사회적 차별 철폐를 요구하였다.
④ 조선 민립 대학 기성회에서 모금 활동을 주도하였다.
⑤ 일본, 프랑스 등의 노동 단체로부터 격려 전문을 받았다.

7 국채 보상 운동 정답 ①

정답 찾기

양기탁이 참여하였으며 일본에서 들여온 차관을 갚기 위해 일어났다는 내용을 통해 (가) 운동이 국채 보상 운동임을 알 수 있어요. 을사늑약 체결 이후 일본은 대한 제국 정부에 각종 명목의 차관 도입을 강요하였어요. 그 결과 대한 제국이 일본에 진 빚은 1,300만 원에 달하였으며, 이는 대한 제국의 1년 예산에 해당하는 막대한 금액이었어요. 이로 인해 일제에 경제적으로 예속되자 국민이 스스로 성금을 모아 나랏빚을 갚고 국권을 회복하자는 국채 보상 운동이 전개되었어요. 국채 보상 운동은 서상돈, 김광제 등의 발의로 1907년 대구에서 시작되어 ① 대한매일신보, 황성신문 등 당시 언론의 지원을 받아 전국적으로 확산되었어요.

오답 피하기

② 조선 총독부는 1910년 국권 피탈 이후 설치된 식민 통치 기관이에요. 국채 보상 운동은 통감부의 방해와 탄압으로 중단되었어요.
③ 1920년대에 백정들이 형평 운동을 전개하여 백정에 대한 사회적 차별 철폐를 요구하였어요.
④ 1920년대 초반에 이상재 등이 조선 민립 대학 기성회를 조직하여 모금 활동 방식으로 민립 대학 설립 운동을 전개하였어요.
⑤ 1929년에 원산 총파업이 일어나자 일본, 프랑스 등 해외의 노동 단체가 격려 전문을 보내 지지하였어요.

8 (가)~(다)를 일어난 순서대로 옳게 나열한 것은? [3점]

심화 65회 35번

주제 : 일본의 경제 침탈에 대한 저항
상권을 수호하기 위해 황국 중앙 총상회가 창립되었어요.
일본의 황무지 개간권 요구를 저지하기 위해 보안회가 조직되었어요.
대구에서 서상돈을 중심으로 금주, 금연 등을 통한 국채 보상 운동이 시작되었어요.
(가)
(나)
(다)

① (가) - (나) - (다)
② (가) - (다) - (나)
③ (나) - (가) - (다)
④ (나) - (다) - (가)
⑤ (다) - (가) - (나)

8 일본의 경제 침탈에 대한 저항 정답 ①

정답 찾기

(가) 외국 상인들의 상권 침탈이 심화되자 1898년에 서울의 시전 상인들이 황국 중앙 총상회를 조직하여 상권 수호 운동을 전개하였어요.
(나) 1904년에 러·일 전쟁을 일으킨 일본은 전세가 유리하게 전개되자 대한 제국 전 국토의 약 4분의 1에 해당하는 황무지의 개간권을 일본인에게 넘길 것을 요구하였어요. 이에 반발하여 전직 관료와 유생들이 중심이 되어 서울 종로의 백목전에서 보안회를 결성하였어요. 보안회는 일본의 황무지 개간권 요구에 반대하는 운동을 전개하여 일본의 요구를 저지하는 데 성공하였어요.
(다) 1907년에 대구에서 김광제, 서상돈 등의 발의로 국민이 성금을 모아 일본에 진 나랏빚을 갚고 국권을 회복하자는 국채 보상 운동이 시작되었어요. 남자들은 금주와 금연을 통해 성금을 냈으며, 여자들은 비녀와 반지 등 패물을 기부하여 동참하였어요. 국채 보상 운동은 대한매일신보 등 언론의 적극적인 지원을 받아 전국으로 확산되었어요.

따라서 일어난 순서대로 나열하면 ① (가) 황국 중앙 총상회 창립(1898) → (나) 보안회 조직(1904) → (다) 국채 보상 운동 시작(1907)이에요.

32강 개항기(경제)

Ready go
이번 강 별 채우기 제한 시간은 **2분 20초**
한 문장을 끝까지 또박또박 읽어야 패스!

기출 선택지로 별 채우기
한국사를 채우다

01 ★·★ 수호 통상 조약은 조선이 서양 국가와 맺은 최초의 조약이다.

02 조·미 수호 통상 조약에는 ★중 조정에 대한 내용이 포함되었다.

03 조·미 수호 통상 조약에서 조선의 ★세 자주권이 최초로 인정되었다.

04 조선은 조·미 수호 통상 조약 체결에 따라 외국에 대한 최★★ 대우를 처음으로 인정하였다.

05 조·청 상민 수륙 무역 장정에 따라 조선에서 청 상인의 ★★ 통상이 가능해졌다.

06 조·청 ★★ ★★ 무역 장정 체결 후 객주, 여각 등 국내 중간 상인의 활동이 위축되었다.

07 조·일 ★★ 장정에서 일본 상품에 대한 관세 부과 규정이 마련되었다.

08 조·일 통상 장정의 체결로 일본으로의 곡물 유출을 막을 수 있는 ★★령의 선포가 가능해졌다.

09 ★★ 파천 이후 열강이 최혜국 대우 조항을 내세워 이권 침탈을 본격화하였다.

10 러시아는 압록강 유역, 두만강 유역, 울릉도의 삼림 채벌권을 차지하고 ★★도의 조차를 요구하였다.

11 ★국은 운산 금광 채굴권과 경인선 철도 부설권을 차지하였다.

12 1905년에 일본인 재정 고문 메★★의 주도로 화폐 정리 사업이 추진되었다.

13 화폐 정리 사업은 구(舊) ★★화를 일본 제일 은행권으로 교환해 주는 사업이었다.

14 1908년에 일제는 한국의 토지와 자원을 수탈할 목적으로 동양 ★★ 주식회사를 설립하였다.

15 외국 상인의 상권 침탈에 맞서 대동 상회, 장통 회사 등의 ★★사가 설립되었다.

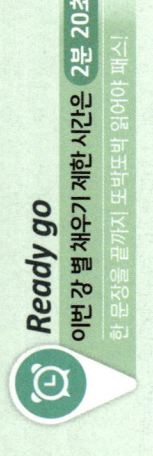

16 ★★ 협회는 만민 공동회를 열어 러시아의 절영도 조차 요구를 저지하였다.

17 시전 상인은 ★★ 중앙 총상회를 결성하고 철시 투쟁을 벌여 상권 수호 운동을 전개하였다.

18 ★★ ★★ 운동은 성금을 모아 일본에 진 나랏빚을 갚아 국권을 회복하자는 경제적 구국 운동이었다.

19 국채 보상 운동은 서상돈, 김광제 등의 발의로 ★★에서 시작되어 전국으로 확산되었다.

20 국채 보상 운동은 ★★★★신보 등 당시 언론의 적극적인 지원을 받았다.

21 국채 보상 운동은 ★★부의 방해와 탄압으로 실패하였다.

정답

01 조, 미 **02** 거 **03** 관 **04** 혜국 **05** 내지 **06** 상민 수륙 **07** 통상 **08** 방곡 **09** 아관 **10** 절영 **11** 미 **12** 가타 **13** 백동 **14** 척식 **15** 상회 **16** 독립 **17** 황국 **18** 국채 보상 **19** 대구 **20** 대한 매일 **21** 통감

한국사의 흐름을 한눈에
한국사를 그리다

33강 개항기(문화)

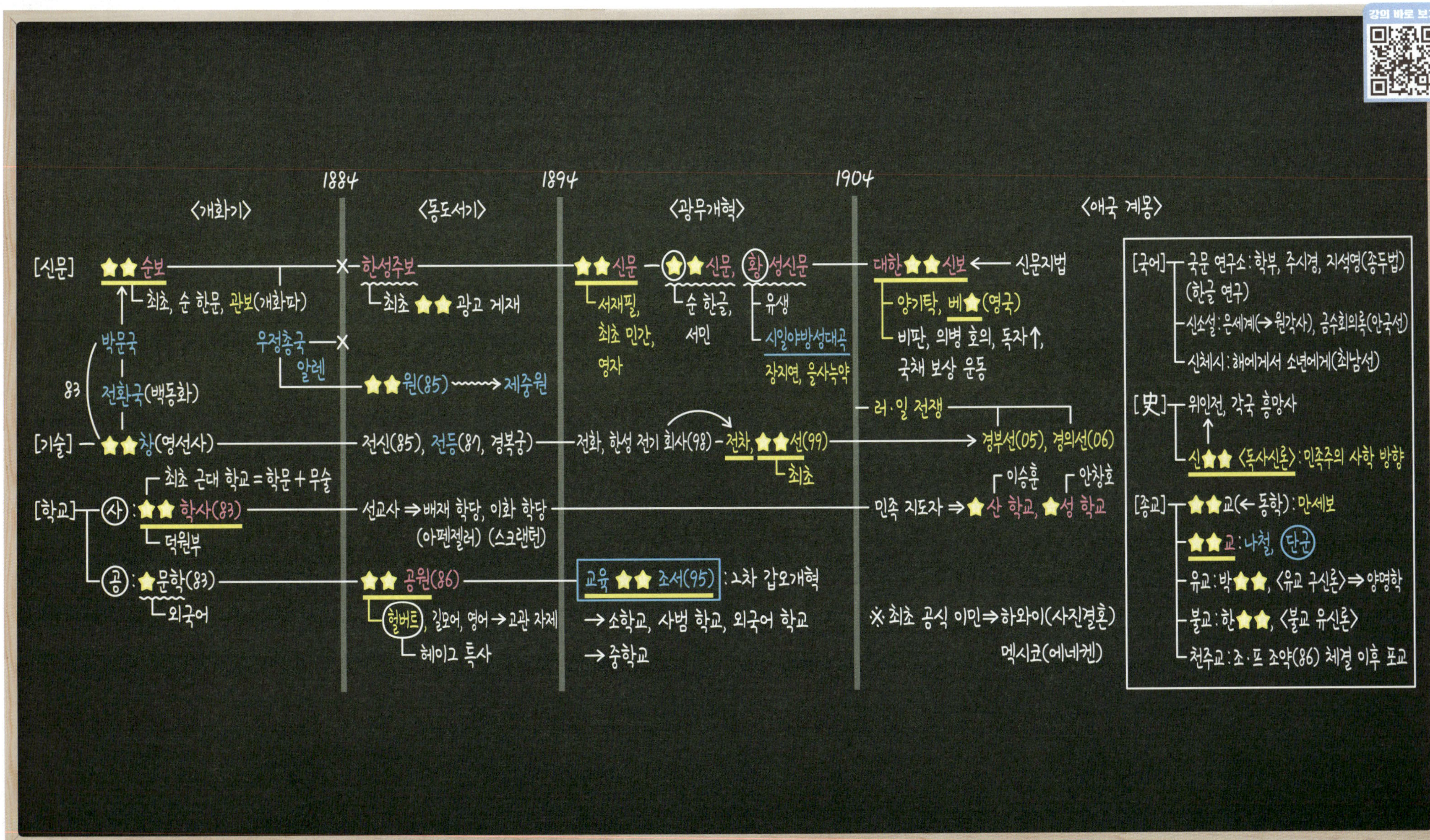

★정답 한성, 상업, 독립, 제국, 매일, 델, 기기, 광혜, 경인, 원산, 동, 육영, 입국, 오, 대, 채호, 천도, 대종, 은식, 용운

➡ 나만의 약점 단권화 노트 24쪽에서 완성 판서를 확인하세요.

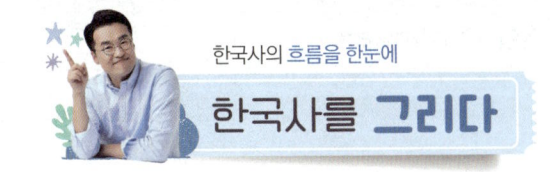

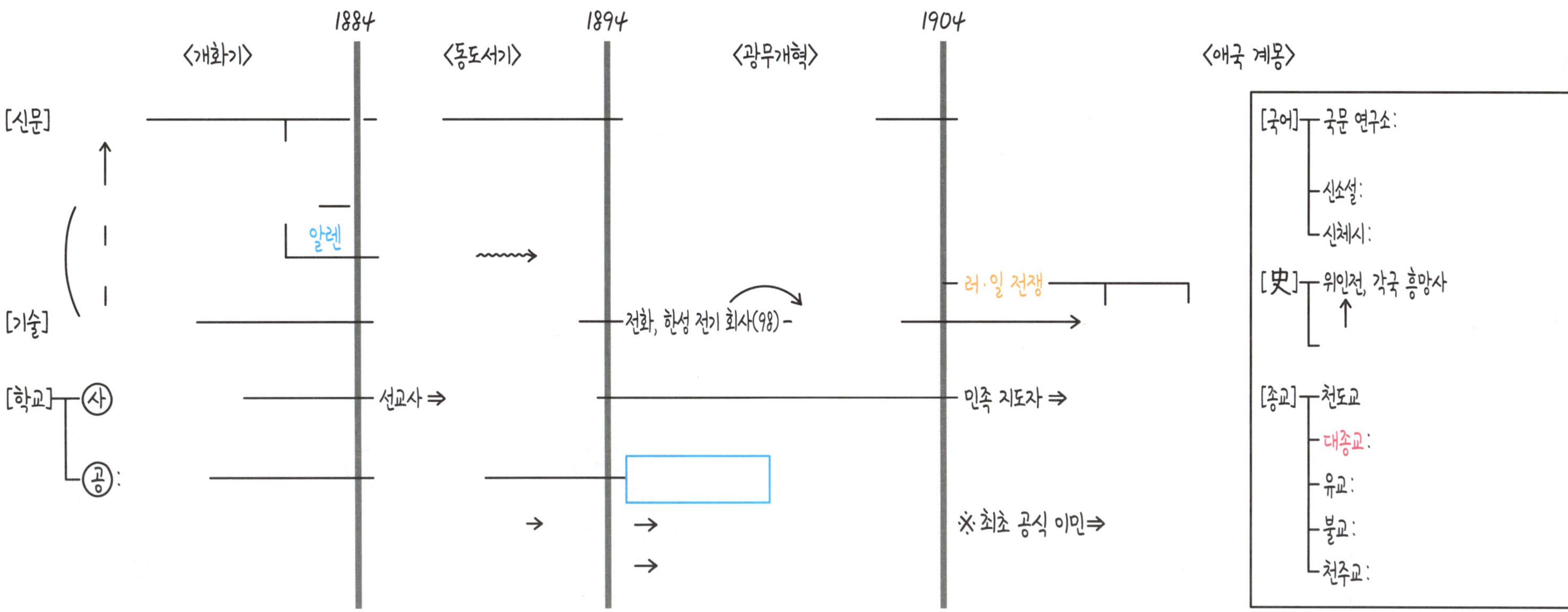
1884
1894
1904
〈개화기〉
〈동도서기〉
〈광무개혁〉
〈애국 계몽〉
[신문]
[기술]
[학교]
사
공:
알렌
전화, 한성 전기 회사(98)
러·일 전쟁
선교사 ⇒
민족 지도자 ⇒
※ 최초 공식 이민⇒
[국어]
국문 연구소:
신소설:
신체시:
[史]
위인전, 각국 흥망사
[종교]
천도교
대종교:
유교:
불교:
천주교:

33강 개항기(문화)

낯선 용어와 자료 돋보기

한국사를 보다

근대 언론 기관

개화기에 근대 의식을 높이는 데 언론이 중요한 역할을 한다는 인식이 확산되어 많은 신문이 발행되었어요. 근대 신문은 계몽·언론 활동을 통해 일제의 국권 침탈을 비판하고 국권 회복 운동과 민족의식 고취에 앞장섰어요. 그러나 일제는 신문지법(1907)으로 민족 신문을 탄압하였어요.

 漢城旬報 한성순보(1883)	 독닙신문 THE INDEPENDENT 독립신문(1896)	 제국신문(1898)	 皇城新聞 황성신문(1898)	 大韓每日申報 대한매일신보 대한매일신보(1904)
'순'은 열흘을 뜻해요. 한성순보는 박문국에서 열흘에 한 번씩 발행한 우리나라 최초의 근대 신문이에요.	서재필이 주도하여 창간한 최초의 민간 신문으로, 한글판과 함께 영문판이 발행되어 외국인에게도 국내 상황을 알릴 수 있었어요.	순 한글로 발행되어 서민과 부녀자로부터 큰 호응을 얻었으며, 법률 지식과 풍속 개량을 통해 민중 계몽에 노력하였어요.	지식인을 대상으로 국한문 혼용으로 발행되었어요. 을사늑약의 부당함을 비판한 장지연의 논설 '시일야방성대곡' 등 국권 침탈을 비판하는 글을 실었어요.	베델과 양기탁이 함께 창간한 신문이에요. 영국인 베델이 사장으로 있어 일본의 간섭에서 비교적 자유로워 의병의 활약상이나 항일 논조의 기사를 많이 실었어요.

우편 제도와 통신·전기 기술의 도입

개항 이후 근대적 우편 제도와 전신 시설이 들어왔어요. 뒤를 이어 전기 기술도 도입되었지요. 1887년에 경복궁에 최초로 전등이 설치되었고, 1898년에 설립된 한성 전기 회사가 발전소를 세우고 서울에 전기를 공급하기 시작하였어요. 이에 따라 1899년부터 종로 일대에 전차가 운행되었고, 가로등도 설치되었어요. 또 전화는 경운궁 안에 설치된 후 1900년대 초 한성 시내의 민간에까지 확대되었어요.

전화 교환수

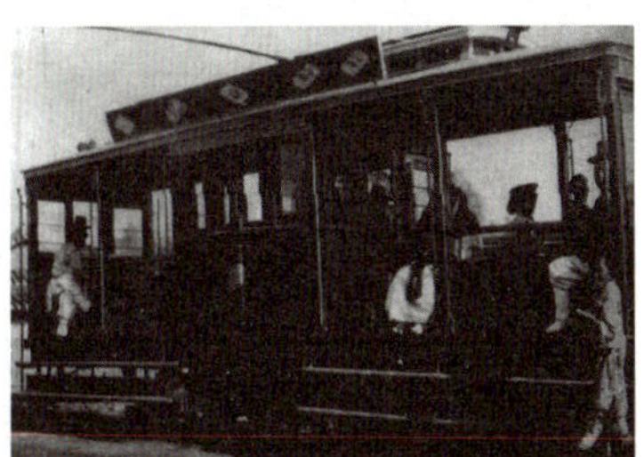
서울의 전차

철도

근대적 교통 시설인 철도는 열강의 이권 침탈과 경쟁 속에서 부설되었어요. 대한 제국 정부도 철도 부설을 위해 노력하였지만 성과를 내지 못하였고, 일제에 의해 경인선을 시작으로 경부선, 경의선 등이 차례로 개통되었어요. 철도는 생활에 편리함을 가져다준 근대 문물의 상징이었지만, 부설 중에 일제가 토지와 인력 수탈을 자행하여 철도에 대한 민중의 반감이 컸어요.

> 우렁차게 토하는 기적 소리에 / 남대문을 등지고 떠나 나가서 / 빨리 부는 바람 같은 형세니 / 날개 가진 새라도 못 따르겠네 / 늙은이와 젊은이 섞여 앉았고 / 우리네와 외국인 같이 탔으나 / 내외친소 다 같이 익히 지내니 / 조그마한 딴 세상 절로 이루었네 / 관왕묘와 연화봉 둘러보는 중 / 어느 덧 용산역에 다다랐도다 / 새로 이룬 저자는 모두 일본 집 / 이천여 명 일본인이 여기 산다네
>
> – 최남선, 경부철도가 –

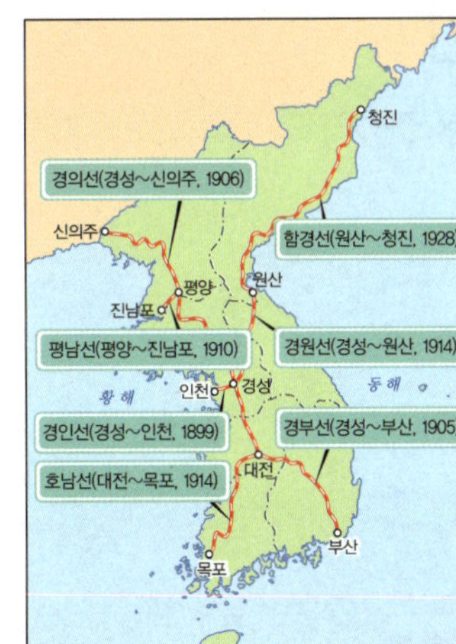

용어 사전

박문국
신문, 잡지 등의 편찬과 인쇄 업무를 맡아본 출판 기관이에요. 최초의 근대 신문인 한성순보를 발행하였어요.

전환국
개화 정책의 일환으로 설치된 상설 조폐 기관이에요. 근대 화폐를 주조하는 역할을 맡았으나 메가타의 화폐 정리 사업 과정에서 폐지되었어요.

기기창
영선사 파견을 계기로 설치된 근대식 무기 제조 공장이에요.

대성 학교
신민회의 안창호 등이 1908년에 근대 교육을 통해 민족의 힘을 기르고 인재를 양성하기 위해 평안도 지역 부호들의 도움을 받아 설립한 중등 교육 기관이에요. 나라를 구하기 위해서는 힘이 필요하다는 인식을 바탕으로 군사관을 체육 교사로 초빙하여 체육 시간에 군대식 훈련을 하기도 하였어요.

동문학
1883년에 정부가 통역관 양성을 위해 설립한 외국어 강습 기관이에요.

광혜원

1885년에 정부는 선교사 알렌의 건의로 서양식 의료 시설인 광혜원(후에 제중원으로 개칭)을 설립하였어요. 이후 정부는 제중원을 서양 선교사에게 이관하고, 국립 병원과 의원 등을 설립하여 근대 서양의 의료 기술을 보급하였어요.

근대 건축물

개화기에는 서양식 건물이 많이 지어졌는데, 특히 각국 공사관이 모여 있던 정동에는 서양식 근대 건축물이 줄지어 들어섰어요. 개화기의 대표적인 근대 건축물로는 프랑스의 개선문을 모방하여 독립 협회가 세운 독립문, 고딕 양식으로 지어진 명동 성당, 르네상스 양식으로 지어진 덕수궁 석조전 등이 있어요.

독립문

명동 성당

덕수궁 석조전

원산 학사

1883년에 함경남도 덕원부 관민이 합심하여 세운 우리나라 최초의 근대식 학교입니다. 외국어를 비롯한 근대 학문과 무예를 가르쳤어요. 원산은 개항장이었기 때문에 근대 문물을 접하기 쉬워 일찍이 근대식 학교가 들어설 수 있었어요.

> 덕원 부사 정현석이 장계를 올립니다. 본 덕원부는 해안의 요충지에 위치해 있고 아울러 개항지가 되어 소중함이 다른 곳에 비할 바가 아닙니다. 이곳을 빈틈없이 운영해 나가는 방도는 인재를 선발하여 쓰는 데 달려 있고, 인재 선발의 요체는 교육에 있습니다. 그러므로 학교를 설립하여 어리고 총명한 자를 뽑아 교육하고자 합니다.
> – "덕원부계록" –

원각사

1908년에 문을 연 우리나라 최초의 서양식 극장이에요. 이인직의 신소설 "은세계"가 연극으로 상연되었고, 판소리가 창극 형태로 공연되었어요. 재정적 어려움으로 1909년 11월에 폐쇄되었고, 1914년에 화재로 불타 버렸어요.

금수회의록

대한 제국 말기에는 순 한글로 쓴 언문일치의 신소설이 등장하였어요. "금수회의록"은 안국선이 쓴 신소설로, 까마귀, 여우, 개구리, 벌 등의 동물을 주인공으로 등장시켜 그들의 입을 빌려 인간의 행위에 대해 신랄하게 비판하고 인간 사회를 풍자하는 내용을 담았습니다.

> 지금 세상 사람들은 하느님의 위엄을 빌려야 할 터인데, 외국 세력에 의뢰하여 몸을 보전하고 벼슬을 얻으려 하며, 타국 사람에게 빌붙어 제 나라를 망하게 하고 제 동포를 압박하니, 그것이 우리 여우보다 나은 일이오? …… 각국은 하느님의 위엄을 빌려서 도덕으로 평화를 유지해야 할 터인데, 오로지 병장기의 위엄으로 평화를 보전하려 하니, 우리 여우가 호랑이의 위엄을 빌려서 제 몸 죽을 것을 피한 것과 비교할 때 어떤 것이 옳은 일이오?

용어 사전

배재 학당
외국인 선교사 아펜젤러가 선교 목적으로 세운 사립 학교로, 외국인이 우리나라에 설립한 최초의 근대 교육 기관이에요. 근대 교육을 하였으며, 사회와 국가에 봉사할 수 있는 인재를 양성하는 것을 목표로 삼았어요.

이화 학당
외국인 선교사 스크랜턴이 설립한 학교로, 우리나라 최초의 여성 교육 기관이에요. 근대 교육 기관이 설립되면서 여성의 교육 기회가 확대되었어요.

육영 공원
1886년에 설립된 근대식 공립 교육 기관이에요. 헐버트, 길모어 등 미국인 교사를 초빙하여 학생들에게 영어를 비롯한 수학, 지리학, 정치학 등 근대 학문을 가르쳤어요.

헐버트
1886년에 선교사로 조선에 들어온 미국인으로, 육영 공원에서 외국어를 가르쳤어요. 을사늑약이 체결되자 고종 황제의 밀서를 가지고 미국에 돌아가 국무장관과 대통령을 면담하려 하였지만 성공하지 못하였어요. 또 일본의 침략을 비판하고 고종에게 헤이그 특사 파견을 건의하는 등 한국의 국권 회복 운동을 적극적으로 도왔습니다.

33강 개항기(문화)

낯선 용어와 자료 돋보기

한국사를 보다

신채호

일본의 침략이 가속화되자 민족의식을 높이려는 목적에서 국사 연구가 활발하게 이루어졌어요. 특히 신채호는 "독사신론"을 통해 민족주의 사학의 연구 방향을 제시하였어요.

> 국가의 역사는 민족의 소장성쇠의 상태를 서술하는 것이다. 민족을 빼면 역사가 없을 것이며, 역사를 알지 못하면 그 민족의 애국심이 사라질 것이니 역사가의 책임이 얼마나 큰가? …… 만일 민족을 주체로 한 역사 서술이 이루어지지 않는다면, 이는 무정신의 역사라. 무정신의 역사는 무정신의 민족을 낳고 무정신의 국사를 만들 것이니 두렵지 아니한가?
>
> – 대한매일신보, "독사신론"(1908. 8.) –

천도교

친일파 이용구 등이 일진회를 조직하고 동학 농민 운동 실패 후 위축된 동학의 조직을 흡수하려고 하자, 3대 교주 손병희가 동학을 천도교로 개칭하고 조직 내 친일 세력을 몰아냈어요. 천도교는 민중 계몽을 위해 기관지로 만세보를 발행하고, 보성 학교 등을 인수하여 민족 교육에 힘썼어요.

천도교 중앙대교당

만세보

대종교

나철과 오기호가 창시한 종교로, 단군을 숭배하고 우리 민족의 입장을 강조하는 종교 활동을 벌였어요. 국권 피탈 후 교단의 총본사를 간도로 옮겨 활동하였으며, 국외 무장 독립 투쟁에 앞장섰어요.

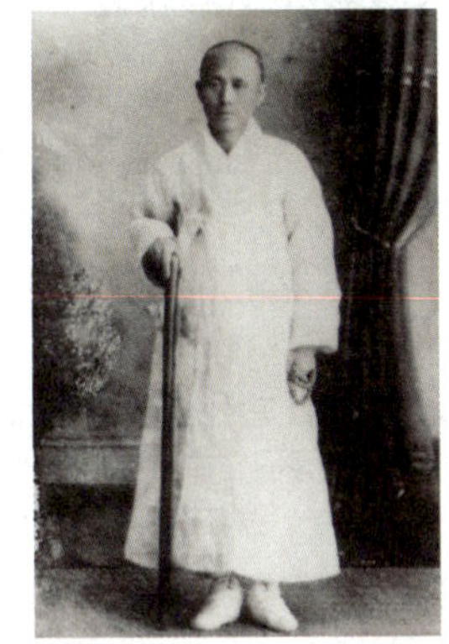

나철

용어 사전

국문 연구소
1907년에 대한 제국 정부가 학부 안에 설치한 한글 연구 기관이에요. 주시경, 지석영 등이 참여하여 한글 연구를 체계화하였어요.

주시경
대한 제국 시기에 활동한 국어학자로, 우리말과 한글을 전문적으로 연구하고 후진을 양성하여 한글 대중화에 기여하였어요. 주요 저서로는 "국어문법", "말의 소리" 등이 있으며, '한힌샘', '한흰메' 등 순우리말 호를 쓰기도 하였어요.

신체시
이전의 시가와는 다르게 운율에 얽매이지 않은 새로운 형태의 시 형식이에요. 1908년에 최남선이 잡지 "소년"에 발표한 '해에게서 소년에게'를 작가가 명확한 최초의 신체시로 보고 있어요.

불교 유신론
불교계에서는 한용운을 중심으로 불교의 친일화를 막고 쇄신을 위한 개혁 운동이 일어났어요. 한용운은 "조선불교 유신론"을 집필하여 불교의 자주성 회복과 혁신을 주장하였어요.

유교 구신론

박은식은 유교가 시대 흐름을 따라가지 못하고 도태되자 유학자 중심의 유학을 비판하였어요. 그리고 민중을 중시하고 실천적인 유교 정신을 강조하는 '유교 구신론'을 저술하여 유교의 개혁을 주장하였어요.

> 현재 유교가 근세에 이르러 침체 부진이 극도에 달하여 거의 회복할 가망이 없는 것을 추측해 보니 유교계에 3대 문제가 있는지라, 그 3대 문제를 들어 개량 구신의 의견을 바치노라. 이른바 3대 문제는 무엇인고 하니, 첫째는 유교파의 정신이 오로지 제왕의 편에 있고 인민 사회에 보급할 정신이 부족한 것이다. 둘째는 여러 나라를 돌면서 천하의 주의들을 강구하려 하지 않고, 내가 어린이를 구하는 것이 아니라 어린이가 나를 구한다는 주의만을 지키는 것이다. 셋째는 우리 대한의 유가에서는 쉽고 정확한 양명학을 구하지 아니하고 질질 끌고 되어 가는 대로 내버려 두는 주자학을 전적으로 숭상하는 것이다.
>
> – 박은식, '유교 구신론' –

박은식

하와이 이민

1902년 말에 우리나라 최초의 공식 이민단이 인천항을 출발하여 하와이로 떠났어요. 하와이로 간 사람들은 사탕수수 농장에서 고된 노동에 시달렸습니다. 당시 이민자의 대다수가 남성으로, 이들은 고국에 사진을 보내 결혼 상대자를 찾았지요. 사진을 보고 신부가 될 사람이 하와이로 건너오면 혼인을 하였어요. 이를 사진결혼이라고 합니다. 이민자들은 힘들게 번 돈을 모아 독립운동 성금으로 보내기도 하였어요.

하와이 이민자

33강 개항기(문화)

마무리도 빈틈없이
한국사를 읽다

1 언론의 발달

한성순보 (1883)	• 우리나라 최초의 근대 신문, 박문국에서 발행 • 순 한문 신문, 열흘마다 발행하는 것이 원칙, 정부의 정책을 알리는 관보적 성격
한성주보 (1886)	• 갑신정변으로 한성순보 발행 중단 후 국한문 혼용체의 주간 신문으로 발행됨 • 최초로 상업 광고 게재
독립신문 (1896)	• 서재필이 창간, 우리나라 최초의 민간 신문 • 순 한글 신문, 민중에게 근대 의식 전파 • 영문판으로도 간행 → 외국인에게도 국내 상황을 알림
제국신문 (1898)	이종일 발행, 순 한글 신문, 서민층과 부녀자에게 호응을 얻음
황성신문 (1898)	• 남궁억 발행, 국한문 혼용 신문 → 지식인을 주된 독자층으로 삼음 • 장지연의 논설 '시일야방성대곡(을사늑약 체결 규탄)'을 처음 게재함
대한매일신보 (1904)	• 양기탁이 영국인 베델과 함께 창간 • 일제의 침략을 비판하는 기사 게재, 의병 운동을 호의적으로 보도, 을사늑약의 부당성 주장 • 황성신문 등과 함께 국채 보상 운동을 적극적으로 후원
일제의 탄압	신문지법 공포(1907) → 언론 활동 제약, 반일 논조 억압

2 근대 문물과 기술의 도입

근대 시설	• 박문국(1883) : 인쇄·출판, 한성순보 발간 • 전환국(1883) : 화폐 발행 • 기기창(1883) : 근대 무기 제작
교통·통신	• 우편 제도 : 우정총국 설치(1884) → 갑신정변으로 중단 → 재운영(우체사 설립, 1895) → 만국 우편 연합에 가입(1900) • 전신 : 인천~서울~의주 개통(1885) • 전기 : 경복궁 건청궁에 최초로 전등 가설(1887), 한성 전기 회사 설립(전차 운영과 가로등 설치, 1898) • 전화 : 경운궁 안에 가설(1896) → 이후 한성 시내의 민간에까지 확대 • 전차 : 최초로 서대문~청량리 노선 개통(1899) • 철도 : 경인선 개통(노량진~제물포, 1899), 경부선(1905)·경의선(1906) 개통
의료	• 광혜원(1885) : 최초의 근대식 병원, 제중원으로 개칭 • 종두법 실시 : 지석영("우두신설" 저술)
건축	독립문(1897), 명동 성당(1898), 덕수궁 석조전(1910) 등 건립

3 근대 교육의 발달

(1) 1880년대

사립	원산 학사(덕원 주민이 설립 → 최초의 근대식 학교, 1883), 배재 학당·이화 학당(개신교 선교사가 설립)
관립	동문학(통역관 양성소, 1883), 육영 공원(헐버트, 길모어 등 미국인 교사 초빙, 고관 자제 입학, 1886)

(2) 1890년대~1900년대

1890년대	• 교육 입국 조서 반포(1895) → 각종 관립 학교 설립(소학교, 한성 사범 학교, 외국어 학교 등) • 여권통문 발표(1898) : 서울 북촌의 양반 여성들 주도, 여성 교육의 중요성 강조
1900년대	을사늑약 이후 애국 계몽 운동가들이 학교 설립 → 오산 학교(이승훈), 대성 학교(안창호) 등
일제의 탄압	• 보통학교령 제정(1906) : 소학교의 명칭을 보통학교로 변경, 교육 기간을 6년에서 4년으로 단축 • 사립 학교령 제정(사립 학교 설립과 운영 통제, 1908), 교과용 도서 검정 규정 마련

4 문예와 국학, 종교의 변화

문예		• 문학 : 신소설(이인직의 "혈의 누", 안국선의 "금수회의록" 등), 신체시(최남선의 '해에게서 소년에게') • 연극 : 우리나라 최초의 서양식 극장인 원각사 설립(1908) → 신소설 "은세계"를 연극으로 상연
국학 연구	국어	국문 연구소 설립(1907) → 지석영과 주시경 등이 국문 정리와 맞춤법 연구
	국사	• 특징 : 국민 계몽적 성격의 역사 연구 활발, 영웅들의 전기 보급, 외국 흥망사 번역 소개 • 신채호 : "독사신론" 발표(1908) → 민족주의 사학의 연구 방향 제시 • 박은식 : 최남선 등과 조선 광문회 조직 → 민족 고전 정리 및 간행
종교		• 천도교 : 동학의 3대 교주 손병희가 동학을 천도교로 개칭, 기관지로 만세보 발행 • 대종교 : 나철·오기호가 단군 신앙을 바탕으로 창시(1909), 국권 피탈 후 국외 무장 독립 투쟁 전개 • 유교 : 박은식이 '유교 구신론' 주장(실천적 유교 정신 강조), 양명학에 주목 • 불교 : 한용운이 "조선 불교 유신론" 집필, 월간지 "유심" 발간 • 천주교 : 조·프 수호 통상 조약(1886) 이후 포교의 자유를 얻음, 프랑스인 신부 안세화를 발행인으로 경향신문 간행(순 한글 주간 신문, 1906)

5 국외 이민

노동 이민	• 알렌의 주선, 하와이 사탕수수 농장 등으로 최초의 합법적 이민이 이루어짐(1902) • 이후 미국 본토와 멕시코 등지로 이주, 미주 한인 사회 형성 → 한국의 독립운동 지원
사진결혼	하와이로 이주한 남성들이 결혼을 위해 고국에 사진을 보냄 → 600~1000여 명의 여성들이 이주

33강 개항기(문화)

1 (가)~(라)에 들어갈 내용으로 옳은 것을 〈보기〉에서 고른 것은? [2점]

심화 72회 29번

개항기 신문 알아보기
- 모둠별로 제시된 신문에 대해 조사한 내용을 올려 주세요.

1모둠	2모둠	3모둠	4모둠
한성순보	독립신문	황성신문	대한매일신보

(가)	(나)	(다)	(라)

보기
ㄱ. (가) - 정부에서 발행한 순 한문 신문이었어요.
ㄴ. (나) - 서재필의 주도로 창간되었어요.
ㄷ. (다) - 일장기를 삭제한 손기정 사진이 실렸어요.
ㄹ. (라) - 상업 광고가 처음으로 게재되었어요.

① ㄱ, ㄴ ② ㄱ, ㄷ ③ ㄴ, ㄷ ④ ㄴ, ㄹ ⑤ ㄷ, ㄹ

1 개항기 신문 정답 ①

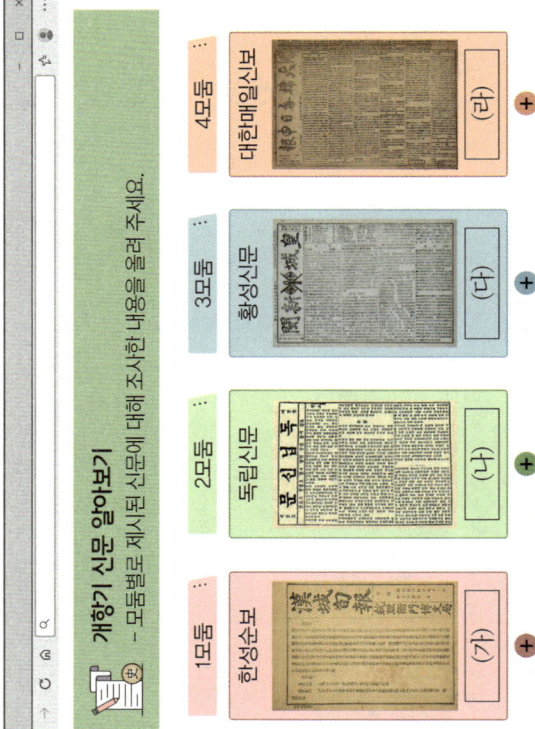

정답 찾기 ㄱ. 한성순보는 우리나라 최초의 근대 신문이에요. 정부에서 설립한 박문국에서 열흘에 한 번씩 순 한문으로 발행하였어요. ㄴ. 독립신문은 우리나라 최초의 민간 신문으로 서재필의 주도로 창간되었어요. 순 한글로 발행되었으며, 영문판도 발행되어 국내 사정을 외국인에게 알리는 역할도 하였어요.

오답 피하기 ㄷ. 1936년 조선중앙일보와 동아일보는 베를린 올림픽의 마라톤 우승자 손기정의 사진을 게재하면서 그의 운동복에 그려진 일장기를 삭제하였어요.
ㄹ. 상업 광고가 처음으로 게재된 신문은 1886년에 창간된 한성주보입니다.

2 (가) 신문에 대한 설명으로 옳은 것은? [1점]

심화 71회 33번

근대 신문 박물관

소장품 국가등록문화유산 – 배설 만사집

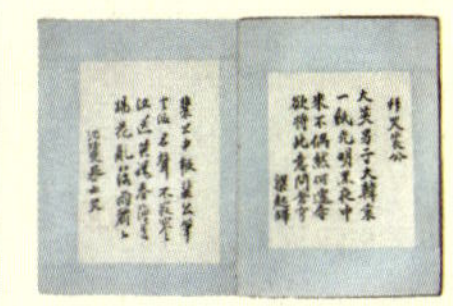

"배설 만사집"은 (가) 의 발행인 배설(Ernest T. Bethell, 1872~1909)이 37세의 젊은 나이로 사망하자, 그를 추도하여 전국 각지에서 보내온 만사* 259편을 모아 책으로 엮은 것이다. 만사를 쓴 사람은 총 251명인데, 박은식과 양기탁 등 (가) 의 발간에 참여했던 인사를 비롯하여 언론인·교사·군인·유학자·종교인 등 다양하다.

* 만사(輓詞) : 죽은 사람을 애도하는 글

① 박문국에서 발행하였다.
② 브나로드 운동을 주도하였다.
③ 여권통문을 처음 게재하였다.
④ 국채 보상 운동을 지원하였다.
⑤ 순 한글판으로 발행된 최초의 신문이었다.

2 대한매일신보 정답 ④

정답 찾기 배설이 발행인이며, 박은식과 양기탁 등이 발간에 참여하였다는 내용을 통해 (가) 신문이 대한매일신보임을 알 수 있어요. 배설은 영국 출신의 언론인 어니스트 토마스 베델의 한국명이에요. 1904년에 대한제국에 온 베델은 같은 해 양기탁 등과 함께 대한매일신보를 창간하였어요. 영국인 베델이 발행인으로 참여하였기 때문에 대한매일신보는 일제의 간섭에서 비교적 자유로워 박은식, 신채호 등이 쓴 항일 논설을 게재하고, 의병 투쟁에 호의적인 기사를 실을 수 있었어요. 또한, ④ 국채 보상 운동을 적극적으로 지원하여 운동이 전국적으로 확산하는 데 기여하였어요.

오답 피하기 ① 박문국에서 한성순보, 한성주보 등이 발행되었어요.
② 동아일보는 1930년대에 농촌 계몽 운동인 브나로드 운동을 주도하였어요.
③ 황성신문은 서울 북촌의 양반 여성들이 발표한 여권통문을 처음 게재하였어요.
⑤ 독립신문은 우리나라 최초의 민간 신문이며 순 한글판으로 발행된 최초의 신문이었어요.

3 다음 기사가 보도된 시기에 볼 수 있는 모습으로 가장 적절한 것은? [3점]

심화 74회 34번

□□신문

제△△호 ○○○○년 ○○월 ○○일

정기 연락선 부산 입항, 경부선과 이어지다

시모노세키를 출발한 연락선 '잇키마루'가 어제 부산항에 도착하며 정기 운항을 시작했다. 승객 317명, 화물 300톤을 실을 수 있는 이 배를 통해 일본에서 들어온 여객과 물자는 곧바로 경부선을 이용해 내륙으로 향하게 된다. 올해 1월 경부선이 개통된 이후 8개월 만에 해로까지 연결되면서, 한성-부산-도쿄로 연결되는 교통망이 구축되었다. 두 달 뒤 '쓰시마마루'도 추가 투입될 예정이라, 머지않아 이 노선은 매일 운행될 것이다.

① 대한매일신보를 읽고 있는 청년
② 경성 제국 대학에 입학하는 학생
③ 원각사에서 은세계 공연을 보는 여성
④ 통리기무아문에서 개화 정책을 논의하는 관리
⑤ 어린이날 기념행사에 참여하는 천도교 소년회 회원

4 ㉠ 시기에 볼 수 있는 모습으로 가장 적절한 것은? [2점]

심화 70회 33번

이것은 경인선 철도의 노선 계획도입니다. 경인선은 미국인 모스로부터 부설권을 사들인 일본에 의해 서울에서 인천을 잇는 철도로 개통되었습니다. 완공 후 ㉠ 서대문 정거장에서 철도 개통식이 열렸습니다. 이후 경부선, 경의선 철도가 차례로 개통되었습니다. 그 과정에서 많은 토지가 철도 부지로 수용되고 농민들이 공사에 강제로 동원되면서 많은 저항이 있었습니다.
SEOUL & CHEMULPO RAIL-WAY PLAN.
PROFILE

① 학도 지원병을 독려하는 지식인
② 금난전권 폐지에 반대하는 시전 상인
③ 근우회가 주최하는 강연에 참여하는 여성
④ 두모포에서 무력시위를 벌이는 일본 군인
⑤ 근대 학문을 가르치는 한성 사범 학교 교사

3 경부선 개통 시기의 사회 모습 정답 ①

정답 찾기 올해 1월 경부선이 개통되었다는 내용을 통해 기사가 보도된 시기가 1905년임을 알 수 있어요. 일제는 러·일 전쟁 중이던 1905년에 군사적 목적으로 서울과 부산을 연결하는 경부선을 개통하였어요. ① 대한매일신보는 1904년에 양기탁이 영국인 베델과 함께 창간한 신문으로 국권이 피탈된 1910년 8월까지 발행되었어요. 국채 보상 운동을 지원하여 운동이 전국적으로 확산하는 데 기여하였어요.

오답 피하기
② 일제는 1924년에 경성 제국 대학을 설립하여 한국인의 고등 교육에 대한 열망을 무마하려 하였어요.
③ 원각사는 우리나라 최초의 서양식 극장으로 1908년에 신소설 "은세계"가 상연되었어요.
④ 조선 정부는 1880년에 개화 정책을 총괄할 기구로 통리기무아문을 설치하였어요. 통리기무아문은 1882년에 일어난 임오군란을 계기로 흥선 대원군이 재집권하면서 폐지되었어요.
⑤ 방정환이 중심이 된 천도교 소년회는 소년 운동을 전개하면서 1922년에 어린이날을 제정하고 1923년에 첫 번째 기념행사를 열었어요.

4 1900년의 사회 모습 정답 ⑤

정답 찾기 서대문 정거장에서 경인선 철도 개통식이 열렸다는 내용을 통해 1900년의 상황임을 알 수 있어요. 경인선은 우리나라 최초의 철도로 1899년에 서울 노량진과 인천 제물포 구간이 먼저 개통되었으며, 이듬해 한강 철교가 완공되면서 서울 서대문역까지 연장되어 경인선 전 구간이 개통되었어요. 따라서 1900년에 볼 수 있는 모습을 찾으면 됩니다. ⑤ 1895년 제2차 갑오개혁 추진 과정에서 교육 입국 조서가 반포되고 이에 따라 교원 양성을 위해 한성 사범 학교가 설립되었어요.

오답 피하기
① 일제는 중·일 전쟁 이후 침략 전쟁을 확대하면서 부족한 병력을 보충하기 위해 1943년에 학도 지원병 제도를 실시하였어요.
② 조선 정조는 1791년에 신해통공을 단행하여 육의전을 제외한 시전 상인의 금난전권을 폐지하였어요.
③ 1927년에 신간회 결성을 계기로 민족주의 계열과 사회주의 계열로 나뉘어 있던 여성 단체들이 연대하여 근우회를 조직하였어요.
④ 1878년에 일본 군인이 관세 문제로 부산의 두모포에서 무력시위를 벌였어요.

5 다음 대화에 해당하는 교육 기관에 대한 설명으로 옳은 것은? [2점]

심화 67회 33번

주제 : 근대 교육 기관
이 학교는 신학문을 가르치는 관립 교육 기관이야.
젊은 관리가 소속된 좌원과 명문가의 자제를 선발한 우원으로 구성되었어.
주요 과목으로 영어, 산학, 지리 등이 있었어.

① 7재라는 전문 강좌가 개설되었다.
② 조선 총독부의 탄압으로 폐교되었다.
③ 교육 입국 조서에 근거하여 세워졌다.
④ 주요 건물로 대성전과 명륜당을 두었다.
⑤ 헐버트, 길모어 등이 교사로 초빙되었다.

6 다음 규칙이 발표된 이후의 사실로 옳은 것은? [3점]

심화 64회 33번

한성 사범 학교 규칙

제1조 한성 사범 학교는 칙령 제79호에 의해 교원에 활용할 학생을 양성함
제2조 한성 사범 학교의 졸업생은 소학교 교원이 되는 자격이 있음
제3조 한성 사범 학교의 본과 학생이 수학할 학과목은 수신·교육·국문·한문·역사·지리·수학·물리·화학·박물·습자·작문·체조로 함
⋮

① 길모어 등이 육원 공원 교사로 초빙되었다.
② 정부가 동문학을 세워 통역관을 양성하였다.
③ 이승훈이 인재 양성을 위해 오산 학교를 세웠다.
④ 함경도 덕원 지방의 관민들이 원산 학사를 설립하였다.
⑤ 교육의 기본 방향을 제시한 교육 입국 조서가 반포되었다.

5 육영 공원 정답 ⑤

정답 찾기 신학문을 가르치는 관립 교육 기관으로 젊은 관리가 소속된 좌원과 명문가의 자제를 선발한 우원으로 구성되었다는 내용을 통해 대화에 해당하는 교육 기관이 육영 공원임을 알 수 있어요. 조선 정부는 1886년에 근대적 관립 학교인 육영 공원을 설립하였어요. 육영 공원은 ⑤ 미국인 헐버트, 길모어 등을 교사로 초빙하여 영어를 비롯한 수학, 지리학, 정치학 등 근대 학문을 교육하였어요.

오답 피하기
① 고려 예종은 관학을 진흥시키기 위해 국자감에 7재라는 전문 강좌를 개설하였어요.
② 조선 총독부는 일제가 대한 제국의 국권을 강탈한 후 세운 식민 통치 기관이에요. 조선 총독부의 탄압으로 대성 학교 등이 폐교되었어요. 육영 공원은 국권 피탈 이전인 1894년에 폐교되었습니다.
③ 교육 입국 조서는 제2차 갑오개혁 과정에서 발표되었고, 이를 계기로 한성 사범 학교, 외국어 학교 등이 세워졌어요. 교육 입국 조서는 육영 공원이 폐교된 이후인 1895년에 발표되었어요.
④ 조선 시대의 국립 교육 기관인 성균관과 향교에는 성현의 제사를 모시는 대성전과 유학 교육이 이루어지는 명륜당이 있었어요.

6 한성 사범 학교 규칙 발표 이후의 사실 정답 ③

정답 찾기 제2차 갑오개혁을 추진하는 과정에서 고종은 교육에 관한 특별 조서인 교육 입국 조서를 반포하였어요(1895). 교육 입국 조서 반포 후 정부는 한성 사범 학교 관제를 마련하고 한성 사범 학교를 설립하였어요. 곧이어 운영을 위한 세부 규정을 밝힌 한성 사범 학교 규칙을 발표하였어요. ③ 신민회 회원인 이승훈은 1907년에 정주에 오산 학교를 세워 민족 교육을 실시하였어요.

오답 피하기
① 육영 공원은 1886년에 설립된 근대식 관립 교육 기관으로 미국인 헐버트, 길모어 등이 교사로 초빙되어 근대 학문을 교육하였어요.
② 조선 정부는 1883년에 통역관을 양성하기 위해 외국어 교육 기관인 동문학을 세웠어요.
④ 함경도 덕원 지방의 관민들이 합심하여 1883년에 우리나라 최초의 근대 학교인 원산 학사를 설립하였어요.
⑤ 제2차 갑오개혁 과정에서 교육 입국 조서가 반포되었어요(1895). 한성 사범 학교 규칙은 교육 입국 조서 반포 이후에 발표되었어요.

7 (가)~(마)에 대한 설명으로 옳은 것은? [3점]

심화 65회 37번

답사 계획서

▣ 주제 : 근대 역사의 현장을 찾아서
▣ 기간 : 2023년 ○○월 ○○일 10:00~16:00
▣ 경로 : 기기창 → 제중원 터 → 박문국 터 → 중명전 → 원각사 터

① (가) - 우리나라 최초의 근대 신문이 간행되었다.
② (나) - 고종의 황제 즉위식이 거행된 장소이다.
③ (다) - 백동화가 주조되었다.
④ (라) - 을사늑약이 체결되었다.
⑤ (마) - 나운규의 아리랑이 처음 상영된 곳이다.

7 근대 문물의 수용 정답 ④

정답 찾기 ④ 중명전은 대한 제국 시기 황실 도서관으로 지어진 건물로 경운궁(지금의 덕수궁)에 있었어요. 1905년에 중명전에서 일제의 강요로 을사늑약이 체결되었어요.

오답 피하기
① 기기창은 근대식 무기 제조 공장으로, 개항 후 청에 파견되었던 영선사와 유학생의 주도로 설립되었어요. 우리나라 최초의 근대 신문인 한성순보가 간행된 곳은 박문국이에요.
② 제중원은 우리나라 최초의 서양식 근대 병원이에요. 설립 당시 이름은 광혜원이었으나 곧 제중원으로 개칭되었어요. 고종의 황제 즉위식이 거행된 장소는 환구단이에요.
③ 박문국은 신문 발행과 출판 업무를 담당한 관청으로 한성순보, 한성주보 등의 신문을 발행하였어요. 백동화가 주조된 곳은 화폐 발행 기관이었던 전환국이에요.
⑤ 원각사는 우리나라 최초의 서양식 극장으로 은세계, 치악산 등의 신극이 공연되었어요. 나운규의 영화 '아리랑'이 처음 상영된 곳은 단성사입니다.

8 (가) 인물에 대한 설명으로 옳은 것은? [2점]

심화 61회 34번

국어 연구에 앞장선 (가) 에 대해 알려 주세요.
호는 한힌샘으로, 독립신문사의 교보원으로 활동하였습니다. 큰 보자기에 책을 넣고 다니며 학생들에게 국어를 가르쳐 '주보따리'라는 별명을 얻었습니다.

① 국문 연구소의 연구 위원으로 활동하였다.
② 조선어 학회 사건으로 구속되어 옥고를 치렀다.
③ 국권 피탈 과정을 정리한 한국통사를 집필하였다.
④ 세계 지리 교과서인 사민필지를 한글로 저술하였다.
⑤ 여유당전서를 간행하고 조선학 운동을 전개하였다.

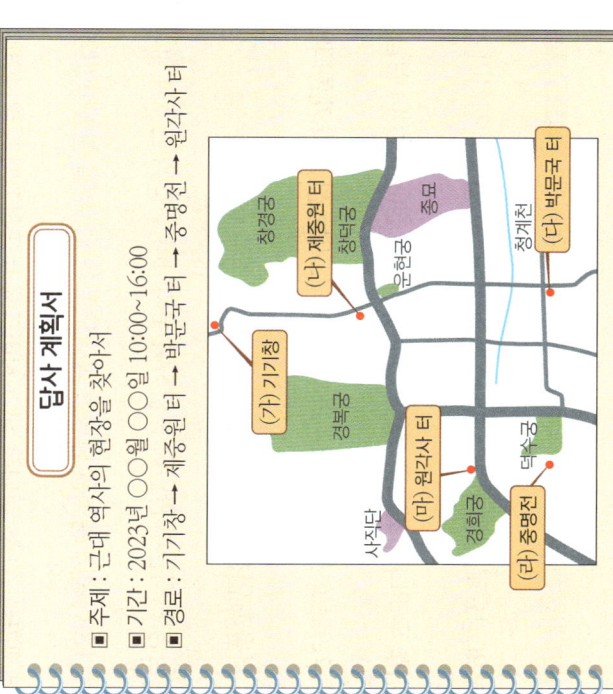

8 주시경 정답 ①

정답 찾기 국어 연구에 앞장섰으며 호가 한힌샘이었던 (가) 인물은 주시경이에요. ① 주시경은 지석영 등과 함께 대한 제국 정부가 설립한 국문 연구소의 연구 위원으로 있으면서 국문 정리와 맞춤법 연구를 하였어요. 또한, 국문법을 정리하고 한글을 체계적으로 연구하여 "국어문법", "말의 소리" 등을 저술하였어요.

오답 피하기
② 이극로, 이윤재, 최현배 등은 1942년에 일어난 조선어 학회 사건으로 구속되어 옥고를 치렀어요.
③ 박은식은 국권 피탈 과정을 정리한 "한국통사"와 우리 민족의 항일 운동사를 정리한 "한국독립운동지혈사"를 집필하였어요.
④ 헐버트는 세계 지리 교과서인 "사민필지"를 한글로 저술하였고, 을사늑약 직후 고종의 친서를 미국 정부에 전달하였으나 도움을 얻지는 못하였어요.
⑤ 정인보, 안재홍 등은 정약용의 저술을 모아 "여유당전서"를 간행하고 조선학 운동을 전개하였어요.

33강 개항기(문화)

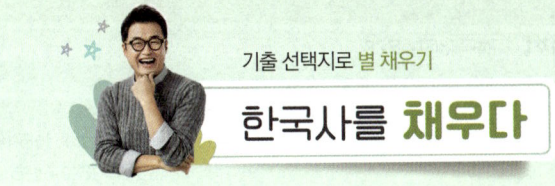

Ready go
이번 강 별 채우기 제한 시간은 **2분 40초**
한 문장을 끝까지 또박또박 읽어야 패스!

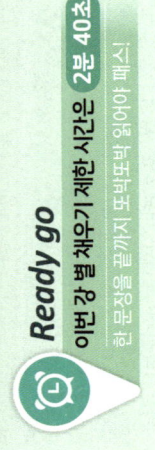

기출 선택지로 별 채우기
한국사를 **채우다**

01 ★★순보는 우리나라 최초의 신문으로 박문국에서 발행되었다.

02 한성순보는 순 ★★ 신문으로 열흘마다 발행하는 것을 원칙으로 삼았다.

03 한성★★는 최초로 상업 광고를 게재하였다.

04 ★★신문은 우리나라 최초의 민간 신문으로 영문으로도 발행되었다.

05 ★★신문은 을사늑약을 비판한 장지연의 '시일야방성대곡'이라는 논설을 처음으로 게재하였다.

06 ★★신문은 순 한글로 발행되었으며, 서민과 부녀자를 주된 독자층으로 삼았다.

07 ★★★★신보는 영국인 베델과 양기탁이 함께 창간한 신문이다.

08 대한매일신보, 황성신문 등의 언론은 ★★ 보상 운동을 적극적으로 지원하였다.

09 일제 통감부의 강요로 대한 제국은 1907년에 ★★★법을 제정하여 신문 등 언론을 탄압하였다.

10 갑신정변 이후 우리나라 최초의 서양식 병원인 ★★원(제중원)이 설립되었다.

11 1899년에 우리나라 최초로 서대문과 청량리를 오가는 전★가 개통되었다.

12 1899년에 서울과 인천 사이를 잇는 우리나라 최초의 철도인 ★★선이 개통되었다.

13 1883년에 함경도 덕원부 관민이 합심하여 우리나라 최초의 근대적 학교인 ★★ 학사를 설립하였다.

14 조선 정부는 1883년에 통역관 양성을 목적으로 동★★을 설립하였다.

15 선교사 아펜젤러는 ★★ 학당을 세워 신학문을 보급하고자 노력하였다.

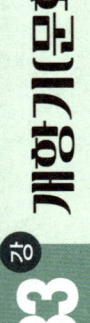

16 선교사 스크랜턴은 근대적 여성 교육을 위해 ★★ 학당을 설립하였다.

17 ★★ 공원은 정부가 세운 근대 교육 기관으로 헐버트, 길모어 등 외국인을 교사로 초빙하였다.

18 이승훈은 민족 교육을 위해 평안도 정주에 ★산 학교를 설립하였다.

19 안창호는 평양에 ★성 학교를 설립하여 인재를 양성하였다.

20 주시경, 지석영 등이 ★★ 연구소에서 한글 연구를 체계화하는 데 앞장섰다.

21 1900년대 이후 "금수회의록" 등의 ★소설과 '해에게서 소년에게' 등의 ★★시가 등장하였다.

22 신소설 "은세계"가 국내 최초의 서양식 극장인 ★★사에서 연극으로 공연되었다.

23 신★★는 '독사신론'을 발표하여 민족을 역사 서술의 중심에 두었다.

24 ★★교는 기관지 만세보를 발행하여 민중 계몽을 위해 노력하였다.

25 나철, 오기호 등이 창시한 ★★교는 단군 신앙을 전파하여 민족의식을 고취하였다.

26 천주교는 ★향신문을 발간하여 민중 계몽에 힘썼다.

27 1900년대 초 미국의 하★★로 우리나라 최초의 합법적 이민이 이루어졌다.

정답

01 한성 **02** 한문 **03** 주보 **04** 독립 **05** 황성 **06** 제국 **07** 대한매일 **08** 국채 **09** 신문지 **10** 광혜 **11** 차 **12** 경인 **13** 원산 **14** 문학 **15** 배재 **16** 이화 **17** 육영 **18** 오 **19** 대 **20** 국문 **21** 신, 신체 **22** 원각 **23** 채호 **24** 천도 **25** 대종 **26** 경 **27** 와이

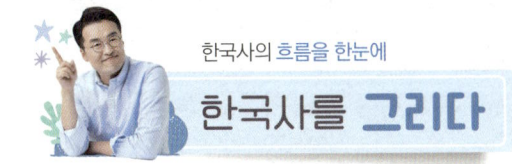

34강 일제 강점기(식민 통치)

한국사의 흐름을 한눈에
한국사를 그리다

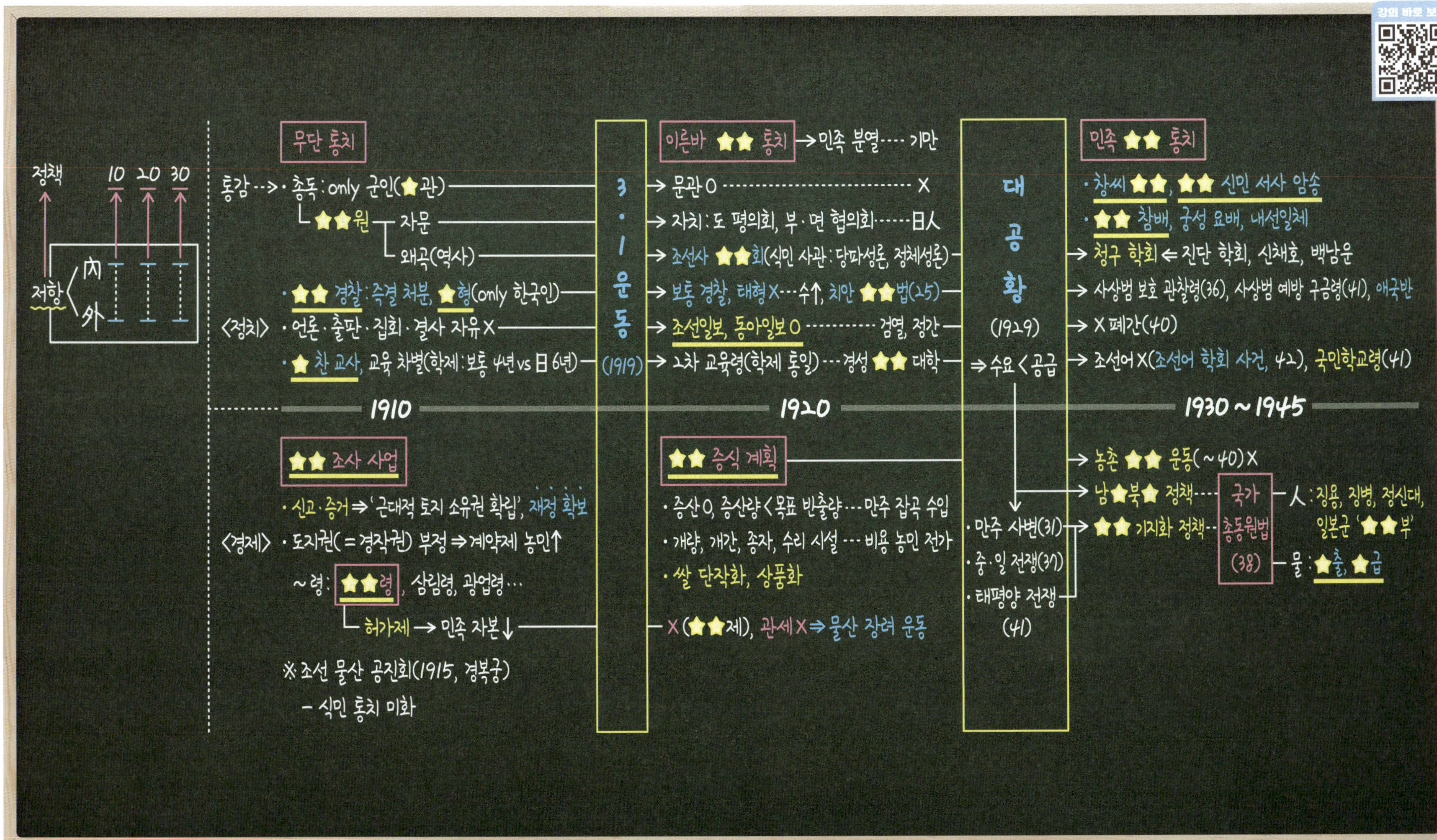

★정답 무, 중추, 헌병, 태, 칼, 토지, 회사, 문화, 편수, 유지, 제국, 산미, 신고, 말살, 개명, 황국, 신사, 진흥, 면, 양, 병참, 위안, 공, 배

→ 나만의 약점 단권화 노트 26쪽에서 완성 판서를 확인하세요.

34강 일제 강점기(식민 통치)

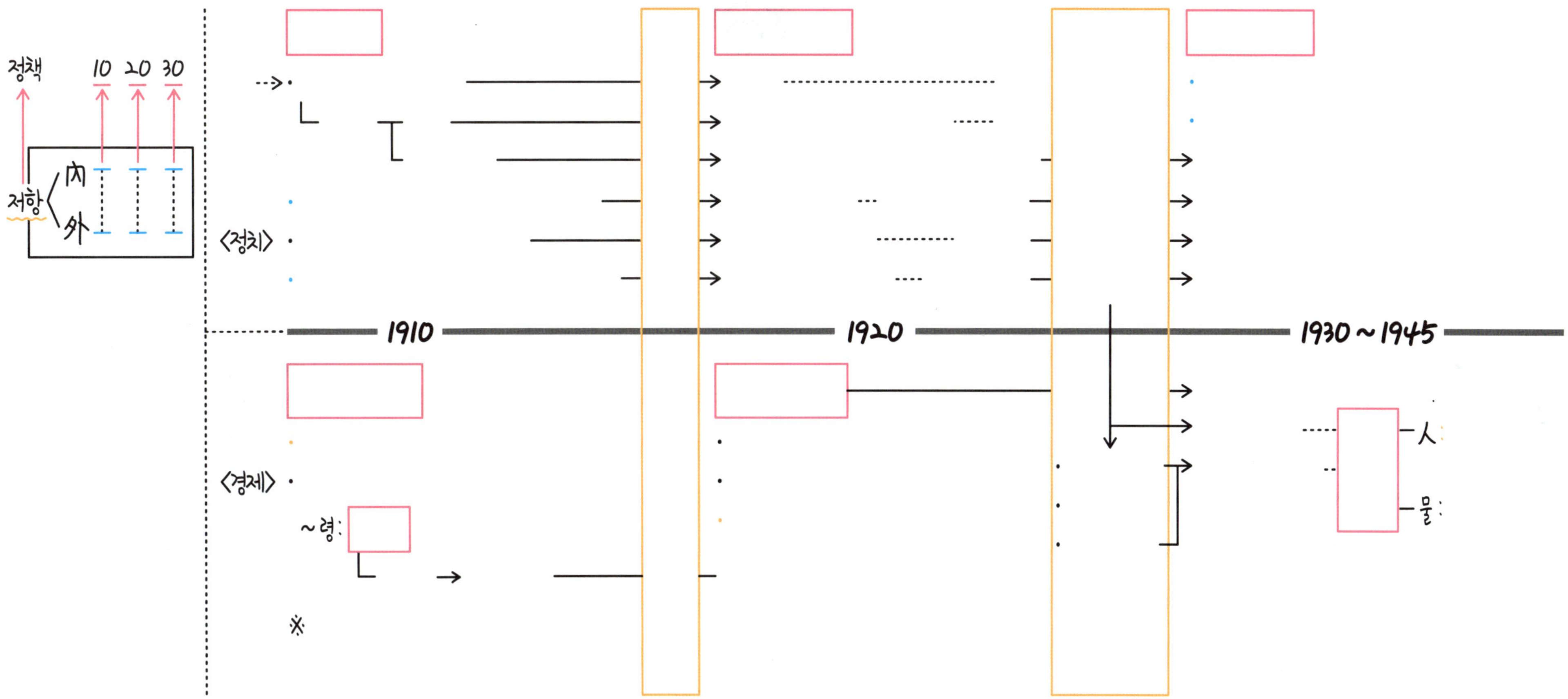

34강 일제 강점기(식민 통치)

조선 총독부

한국의 국권을 강탈한 일제는 식민 통치의 최고 기구로 조선 총독부를 설치하였어요. 조선 총독은 일본 육해군의 대장 중에서 임명되었으며, 행정·입법·사법권 및 군 통수권을 가지고 있었어요. 일제는 1920년대 '문화 통치'를 표방하면서 무관이 아닌 문관도 총독에 임명될 수 있도록 하였으나 한 번도 임명된 적은 없었어요.

조선 태형령(1912)

태형은 죄를 지은 사람의 볼기를 때리는 처벌이에요. 갑오개혁 때 폐지되었는데 일제는 한국인에게만 적용하는 조선 태형령을 제정하여 시행하였어요.

〈조선 태형령과 그 시행 세칙〉

제1조 3개월 이하의 징역 또는 구류에 처하여야 할 자는 그 정상에 따라 태형에 처할 수 있다.

제13조 본령은 조선인에 한해 적용한다.

시행 세칙

1조 태형은 수형자를 형판 위에 엎드리게 하고 그 자의 양팔을 좌우로 벌리게 하여 형판에 묶고 양다리도 같이 묶은 후 볼기 부분을 노출시켜 태로 친다.

12조 집행 중에 수형자가 비명을 지를 우려가 있을 때는 물에 적신 천으로 입을 막는다.

- "조선 총독부 관보"(1912) -

제1차 조선 교육령(1911)

일제는 제1차 조선 교육령을 공포하여 모든 한국인이 교육을 받을 수 있게 보통 교육을 실시한다고 선전하였어요. 하지만 실상은 일본어 위주로 교과목을 편성하고 한국인에게는 초보적인 기술과 기능만을 가르쳤지요. 또 보통학교의 수업 연한도 일본보다 짧은 4년으로 하는 등 우민화 교육 정책을 폈습니다.

제2조 교육은 교육에 관한 칙어의 취지에 기초해 충성스럽고 선량한 국민을 육성하는 것을 본의로 한다.

제5조 보통 교육은 보통의 지식과 기능을 전수하며, 특히 국민으로서의 성격을 함양하고, 국어(일본어)를 보급하는 것을 목적으로 한다.

제6조 실업 교육은 농업·상업·공업 등에 관한 지식과 기능을 전수하는 것을 목적으로 한다.

제9조 보통학교의 수업 연한은 4년으로 한다.

- "조선 총독부 관보"(1911) -

토지 조사 사업(1910~1918)

일제는 식민 지배에 필요한 재정 마련과 한국인 토지의 약탈을 목적으로 토지 조사 사업을 실시하였어요. 토지 조사 사업은 토지 소유자가 정해진 기간 내에 토지 종류, 주소, 면적 등을 기록하는 신고서를 작성하여 직접 신고하면 이를 심사하여 소유권을 인정하는 신고주의 방식으로 진행되었어요. 그러나 신고 기간이 짧고 절차가 까다로워 기한 내에 하지 못한 농민도 있었어요. 소유자가 불분명하거나 증명하기 힘든 국·공유지와 미신고 토지 등은 조선 총독부에 귀속되었고, 일제는 이렇게 확보한 땅을 동양 척식 주식회사를 통해 싼값에 일본인에게 넘겼어요.

〈토지 조사령〉

제1조 토지의 조사 및 측량은 본령에 의한다.

제4조 토지 소유자는 조선 총독이 정하는 기간 내에 주소, 씨명 또는 명칭 및 소유지의 소재, 지목, 자번호(字番號), 사표(四標), 등급, 지적, 결수를 임시 토지 조사 국장에게 신고해야 한다. 단, 국유지는 보관 관청이 임시 토지 조사 국장에게 통지해야 한다.

제6조 토지의 조사 및 측량을 할 때, 조사 측량 지역 내 2인 이상의 지주로 총대(전체를 대표하는 사람)를 선정하고 조사 및 측량에 관한 사무에 종사하게 할 수 있다.

- "조선 총독부 관보"(1912) -

토지 측량

회사령(1910)

일제는 민족 자본의 성장을 억압할 목적으로 회사를 설립할 때 조선 총독의 허가를 받도록 하는 회사령을 공포하였어요. 이후 전기, 철도, 금융 등과 관련된 사업은 일본 기업이 장악하였고, 한국인에게는 소규모 제조업, 판매업 등만 허용되었지요. 그러나 일제는 일본 내 자본 축적이 이루어지자 한국으로 투자를 유도하기 위해 1920년에 회사령을 폐지하고 회사 설립을 신고제로 전환하였어요.

제1조 회사의 설립은 조선 총독의 허가를 받아야 한다.

제5조 회사가 본령 혹은 본령에 의거하여 발표되는 명령이나 허가의 조건에 위반하거나 또는 공공의 질서, 선량한 풍속에 반하는 행위를 하였을 때 조선 총독은 사업의 정지·금지, 지점의 폐쇄 또는 회사의 해산을 명할 수 있다.

용어 사전

무단 통치
무력을 앞세워 강압적으로 통치하는 것을 말해요. 일제는 헌병 경찰을 동원하고 조선 태형령을 제정하는 등의 무단 통치를 실시하여 공포 분위기를 조성하였어요.

중추원
조선 총독부의 자문 기구로, 일제가 친일파를 우대하고 한국인의 정치 참여를 선전하기 위해 설치하였어요. 그러나 정책 심의나 의결 기능이 없는 유명무실한 기관이었어요.

헌병 경찰
헌병은 군대 안에서 경찰 활동을 하는 군인이에요. 무단 통치 시기에는 군인 신분의 헌병이 민간 사회의 치안 유지 등 경찰 업무까지도 관여하였어요. 헌병 경찰은 법 절차나 재판 없이 바로 징역이나 구류, 벌금, 태형 등 형벌을 가할 수 있는 즉결 처분권을 가졌어요. 즉결 처분권은 조선 태형령과 함께 한국인에게만 적용되었지요.

조선 물산 공진회
일제는 1915년에 경복궁에서 조선 물산 공진회라는 박람회를 개최하였어요. 이를 통해 일본의 식민 지배가 한국인에게 혜택을 주고 있다고 선전하면서 한·일 병합의 정당성을 합리화하고 식민 지배를 미화하였어요. 공진회장 조성 과정에서 경복궁의 많은 건물이 훼손, 수축되었어요.

'문화 통치'

일제의 강압적인 무단 통치에 우리 민족의 억눌렸던 분노가 폭발하여 1919년에 3·1 운동이 일어났어요. 3·1 운동을 경험한 일제는 무단 통치의 한계를 느끼고 '문화 통치'의 시행을 표방하였어요. 그러나 '문화 통치'는 친일파를 양성하기 위한 기만적 민족 분열 정책에 불과하였어요.

> 생각건대, 장래의 운동은 작년 봄 행해진 만세 소요 같은 어린애 장난 같은 것은 아닐 것이고, 근저(根底) 있고 실력 있는 조직적 운동일 것이라는 점을 오늘날 미리 깨닫지 않으면 안 된다. …… 우리들은 어떠한 방책으로 이 경향을 이용하여, 오히려 일선 병합(日鮮併合)의 대정신, 대이상인 일선 동화(日鮮同化)로 돌아오게 할 수 있을까? 그렇지만 이 방책은 다른 것이 아니다. 위력을 동반한 문화 운동 이것뿐이다. - 사이토 마코토 -
>
> 〈조선 민족 운동에 대한 대책(1920)〉
> 1. 핵심적 친일 인물을 골라 그 인물로 하여금 귀족, 양반, 유생, 부호, 교육가, 종교가에 침투하여 그 계급과 사정을 참작하여 각종 친일 단체를 조직하게 한다.
> 3. 수재 교육의 이름 아래 많은 친일 지식인을 긴 안목으로 키운다.

치안 유지법(1925)

일제가 국가 체제나 사유 재산 제도를 부정하는 반정부, 반체제 운동을 단속하기 위해 제정한 법이에요. 주로 사회주의 사상을 탄압하는 데 목적을 두었지요. 일제는 이 법을 한국에도 그대로 적용하여 사회주의자는 물론 일제의 식민 지배에 저항하는 독립운동가를 탄압하는 데 적극 이용하였어요.

> 제1조 국체를 변혁할 목적으로 결사를 조직하는 자 또는 결사의 임원, 그 외 지도자로서 임무에 종사하는 자는 사형, 무기 또는 5년 이상의 징역 또는 금고에 처한다. …… 사유 재산 제도를 부인하는 것을 목적으로 결사를 조직하거나 또는 사정을 알고 이에 가입한 자는 10년 이하의 징역 또는 금고에 처한다.
>
> 제7조 이 법은 누구를 막론하고 이 법의 시행 구역 외에서 죄를 범한 자에게도 적용한다.

산미 증식 계획

일제는 일본 내 부족한 식량을 한국에서 확보하기 위해 1920년부터 산미 증식 계획을 실시하였어요. 품종 개량, 개간 사업을 시행하였고, 저수지나 수로 등 관개 시설을 늘렸어요. 이를 축조·관리하는 수리 조합을 전국 각지에 조직하여 농민에게 가입하게 하였지요. 이러한 사업은 농민에게 과다한 세금 부담을 가져왔고, 추진 과정에서 지주가 부담해야 하는 공사비와 조합비 등을 소작농에게 떠넘기는 일이 많아 수리 조합 반대 운동이 일어나기도 하였어요. 산미 증식 계획으로 쌀 생산량은 다소 늘어났지만, 일제는 늘어난 양 이상을 일본으로 가져갔어요. 이에 한국인의 식량 사정은 악화되었고, 일제는 만주에서 조·수수·콩 등을 들여와 부족한 식량을 보충하였어요.

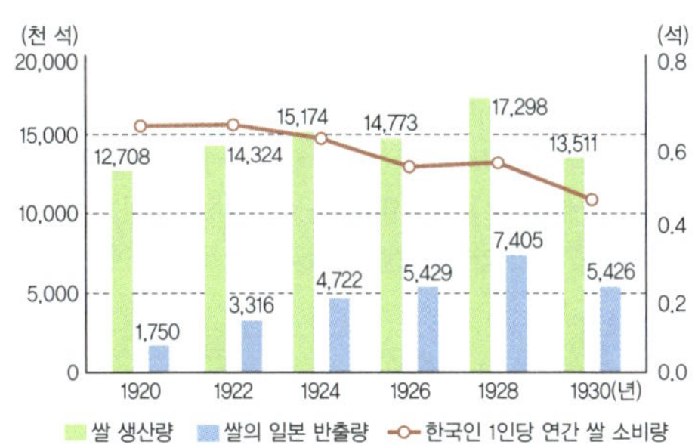

1920년대 쌀 생산량과 유출량

창씨개명

일제는 행정 기관, 경찰, 학교를 총동원하여 한국인의 성과 이름을 일본식으로 바꾸도록 강요하였어요. 이를 거부하면 자녀를 학교에 보낼 수 없었고, 식량 배급도 받을 수 없었어요.

> 〈창씨개명 강요를 위한 방침〉
> - 창씨하지 않은 사람의 자녀에 대해서는 각급 학교의 입학과 전학을 거부한다.
> - 창씨하지 않은 아동에 대해서는 교사가 질책, 구타할 수 있다.
> - 창씨하지 않은 사람은 공사 기관을 불문하고 일체 채용하지 않는다.

황국 신민 서사(1937)

일제는 침략 전쟁을 확대하면서 한국인을 전쟁에 쉽게 동원하기 위해 민족의식을 말살하고 일본인으로 동화시키는 민족 말살 정책을 본격적으로 추진하였어요. 황국 신민 서사는 '천황의 신하와 백성임을 맹세하는 말'이라는 뜻으로, 일제는 이것을 각 학교의 조례와 집회 때마다 강제로 외우게 함으로써 한국인의 정체성을 훼손하였어요.

> 〈황국 신민 서사(학생용)〉
> 1. 우리들은 대일본 제국의 신민입니다.
> 2. 우리들은 마음을 합하여 천황 폐하에게 충의를 다합니다.
> 3. 우리들은 인고 단련하여 훌륭하고 강한 국민이 되겠습니다.

황국 신민 서사를 외우는 학생들

용어 사전

조선사 편수회
일제가 그들의 통치 목적에 부합하게 한국의 역사를 편찬하기 위해 설치한 역사 연구 기관이에요. 식민 사관에 입각하여 "조선사"를 편찬하였어요.

수리 시설
음용, 관개용, 공업용 물을 공급하기 위해 설치한 시설로, 저수지, 댐, 제방 등을 말해요.

쌀 단작화
단작화는 단일한 작물을 대량으로 재배하는 것을 말해요. 일제가 산미 증식 계획을 추진하면서 쌀 중심의 재배를 강요하여 쌀 단작화가 심화되었어요.

대공황
1929년에 미국 주식 시장의 주가 대폭락으로 시작되어 전 세계에 영향을 미친 경제 공황을 말해요. 대공황의 영향으로 식민지도 거의 없고 국내 시장도 좁은 독일, 이탈리아, 일본과 같은 나라에서 전체주의가 확산되었어요.

34강 일제 강점기(식민 통치)

농촌 진흥 운동

일제는 대공황의 여파로 농촌 경제가 몰락하고 농민들의 저항이 격렬해지자 농촌 사회를 회유하기 위해 농촌 진흥 운동(1932~1940), 조선 농지령 제정(1934)과 같은 정책을 펼쳤어요. 겉으로는 소작인을 보호하고 농민의 자립을 지원하는 것처럼 보였으나, 실제로는 소작 쟁의를 억제하고 농촌을 효율적으로 통제하기 위해 실시한 것이었어요.

〈조선 농지령〉
제1조 본 법령은 경작을 목적으로 하는 토지의 임대차에 적용한다.
제3조 임대인이 마름 등 소작지의 관리자를 둘 때에는 조선 총독이 정하는 바에 의하여 부윤, 군수 또는 도사에게 신청한다.
제7조 다년생 작물 재배의 경우 임대차 기간을 7년 이상으로 한다. 소작지의 임대차 기간은 3년 이하로 할 수 없다.
제19조 임대인은 임차인의 배신행위가 없는 한 임대차의 갱신을 거절할 수 없다. 단, 임대인에게 정당한 사유가 있을 경우에는 이 조항의 적용을 받지 않는다.

국가 총동원법(1938)

중·일 전쟁을 일으킨 일제는 국가 총동원법을 제정·공포하였어요. 이것은 인적·물적 자원에 대한 광범위한 통제권 및 동원권을 국가에 부여한 것으로, 의회의 승인 없이 일왕의 칙령에 의해 국민의 생활을 통제하는 근거가 되었지요. 전쟁 상황이 긴박해지자 일제는 국가 총동원법을 근거로 한국에서 전쟁에 필요한 노동력, 병력, 물자 등 모든 것을 본격적으로 수탈하였어요.

제1조 국가 총동원이란 전시에 국방 목적을 달성하기 위해 국가의 전력을 가장 유효하게 발휘하도록 인적 및 물적 자원을 운용하는 것이다.
제4조 정부는 전시에 국가 총동원상 필요할 때에는 칙령이 정하는 바에 따라 제국 신민을 징용하여 총동원 업무에 종사하게 할 수 있다.
제7조 노동 쟁의의 예방 혹은 해결에 관하여 필요한 명령을 내리거나 작업소의 폐쇄, 작업 혹은 노무의 중지, 기타의 노동 쟁의에 관한 행위의 제한 혹은 금지를 행할 수 있다.
제8조 정부는 전시에 국가 총동원상 필요할 때에는 칙령이 정하는 바에 따라 물자의 생산·수리·배급·양도 및 기타의 처분, 사용·소비·소지 및 이동에 관하여 필요한 명령을 내릴 수 있다.

인적·물적 자원의 수탈

일제는 중·일 전쟁을 도발한 이후 지원병제, 학도 지원병제, 징병제 등을 실시하여 한국의 청년들을 전쟁터로 끌고 갔어요. 또 국민 징용령(1939)을 공포하여 한국인을 광산 채굴, 전쟁 시설 건설 등에 강제 동원하였고, 수많은 여성을 끌고 가 일본군 '위안부'로 만들어 성 노예 생활을 강요하였어요. 그뿐만 아니라 각종 금속류와 쌀 등을 공출이라는 명목하에 거두어 갔습니다.

김순덕 할머니의 '끌려감'

금속 공출

조선 사상범 보호 관찰령, 조선 사상범 예방 구금령

일제는 한국에서의 사상 통제를 더욱 강화하기 위해 1936년에 조선 사상범 보호 관찰령을 제정하여 치안 유지법을 위반한 사람을 보호 관찰이라는 명목으로 감시하였어요. 여기에 더하여 1941년에는 조선 사상범 예방 구금령을 제정하여 실제로 저항 활동이 없더라도 범죄를 예방하는 차원에서 미리 체포 또는 구금이 가능하도록 하였어요.

〈조선 사상범 보호 관찰령〉
제1조 치안 유지법의 죄를 범한 자에 대해 형의 집행 유예가 언도되었을 경우 또는 소추를 필요로 하지 않기 때문에 공소를 제기하지 않은 경우에는 보호 관찰 심사회의 결의에 따라 보호 관찰에 부칠 수 있다. 형의 집행을 마치거나 또는 가출옥을 허락받았을 경우도 역시 같다.

〈조선 사상범 예방 구금령〉
제1조 ① 치안 유지법의 죄를 범해 형에 처하여진 사람이 집행이 종료되어 석방되는 경우에 다시 동법의 죄를 범할 우려가 현저한 때에는 재판소는 검사의 청구에 의해 본인을 예방 구금에 회부한다는 취지를 명할 수 있다.

용어 사전

창씨개명
일본식으로 성을 만들고 이름을 고치는 것을 말해요.

궁성 요배
일본 국왕이 사는 곳인 궁성을 향해 요배, 즉 허리를 굽혀 절을 하는 행위를 말해요. 일제는 한국인에게 매일 아침 궁성 요배를 강요하였어요.

청구 학회
식민 사관을 바탕으로 한국과 만주를 중심으로 한 극동 문화를 연구하기 위해 조직한 학술 연구 단체입니다. 이들의 연구 성과는 일본의 식민 지배를 정당화하는 데 이용되었어요.

남면북양 정책
남부 지방에서는 면화를 생산하도록 하고 북부 지방에서는 양을 키우도록 강요한 정책이에요. 일제가 값싼 원료를 확보하기 위해 한반도를 이용한 것입니다.

병참 기지화 정책
일제가 한반도를 침략 전쟁 수행에 필요한 인적·물적 자원을 관리하고 보급·지원하는 근거지로 만들기 위해 실시한 일련의 정책을 말합니다.

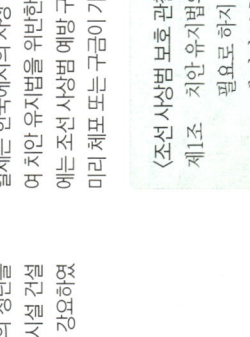

34강 일제 강점기(식민 통치)

마무리도 빈틈없이 **한국사를 읽다**

1 1910년대 일제의 식민지 지배 정책

무단 통치	• 일본의 현역 육해군 대장 중에서 총독 임명(→ 입법·사법·행정권 및 군 통수권 장악), 중추원 설치 • 헌병 경찰 제도 시행 : 헌병이 경찰 업무 및 행정 업무까지 관여, 즉결 처분권 행사(범죄 즉결례, 1910) • 조선 태형령 시행(1912) : 한국인에게만 태형 적용 • 일반 관리와 교사에게도 제복과 칼 착용 강요, 한국인의 언론·출판·집회·결사의 자유 억압, 황성신문과 대한매일신보 등 한국인이 발간하는 신문 폐간 • 제1차 조선 교육령(1911) : 식민 통치에 순응하는 한국인 육성 목적 → 보통 교육과 실업 교육 위주로 편성, 보통학교 수업 연한을 4년으로 규정, 일본어와 일본 역사 교육 강화
경제 수탈	• 토지 조사 사업(1910~1918) : 식민 통치에 필요한 재정 확보 및 토지 수탈 목적 - 내용 : 기간 안에 소유자가 직접 신고한 토지만 소유권 인정(신고주의 원칙), 국·공유지와 미신고 토지 등은 조선 총독부에 귀속 → 동양 척식 주식회사, 일본 회사, 일본인 지주에게 싼값에 넘김 - 영향 : 농민의 관습적 경작권 부정, 지주의 토지 소유권만 인정, 일본에서 한국으로의 농업 이민 증가, 만주·연해주 등지로 이주하는 농민 증가 • 회사령 제정(1910) : 회사 설립 시 조선 총독의 허가를 받도록 규정 → 민족 자본의 성장 억제, 한국인의 기업 설립 제한 • 어업령·삼림령(1911), 조선 광업령(1915) 등 공포 • 조선 물산 공진회 개최(1915, 경복궁) : 식민 정책 미화

2 1920년대 일제의 식민지 지배 정책

(1) '문화 통치'(민족 분열 통치)

배경	3·1 운동(1919) 이후 일제가 무단 통치의 한계 인식, 국제 여론 악화 → '문화 통치' 표방
본질	친일파를 키워 우리 민족을 이간·분열시키려는 정책
통치 내용	• 조선 총독에 문관 출신도 임명 가능 → 문관 출신 총독의 임명 사례가 없음 • 도 평의회, 부·면 협의회 구성 : 한국인 참여를 명목으로 설치 → 친일 인사, 일본인으로 구성 • 보통 경찰 제도 실시 : 헌병 경찰 제도 폐지, 태형 폐지 → 경찰 관서·경찰의 수 증가, 예산 확대(경찰력 강화), 치안 유지법 제정(독립운동에 대한 감시·탄압 강화) • 조선사 편수회 설치 : 일제의 통치 목적에 부합하는 한국사 편찬 목적, "조선사" 편찬(1925~1938) • 언론·출판·집회·결사의 자유를 일부 허용 → 일제가 인정하는 범위 안에서 허용 • 조선일보·동아일보 발행 허용 → 검열, 기사 삭제, 정간 등 언론 탄압 강화 • 제2차 조선 교육령(1922) : 보통학교 수업 연한 연장(6년), 한국어 필수 지정, 고등 교육 허용, 경성 제국 대학 설립(1924) → 한국인 취학률 저조, 고등 교육 기회 제한, 민족 대학 설립 억제

(2) 경제 수탈

회사령 철폐 (1920)	• 목적 : 일본 기업과 자본의 한국 진출 지원 • 내용 : 회사 설립을 신고제로 변경 → 일본 기업(자본)의 한국 진출이 쉬워짐
산미 증식 계획 (1920~1934)	• 목적 : 쌀 생산량을 늘려 일본으로의 반출량 증대 → 일본 내 쌀 부족 문제 해결 • 추진 : 수리 시설 개선(수리 조합 조직), 품종 개량, 개간, 경지 정리 등 • 결과 : 증산 목표에 미달하였으나 반출은 계획대로 추진, 지주가 수리 조합비와 비료 대금 등을 농민에게 전가 → 국내 식량 사정 악화(만주에서 잡곡 수입), 농민의 생활고 심화
관세 철폐 (1923)	• 목적 : 한국의 일본 상품 소비 시장화 • 결과 : 일본 상품의 유입 증가 → 한국인 기업이 타격을 입음

3 1930년대 이후 일제의 식민지 지배 정책

(1) 민족 말살 통치

배경	대공황으로 경제 위기 확산, 일본의 군국주의 가속화 → 침략 전쟁 확대(중·일 전쟁, 태평양 전쟁 등)
목적	한국인의 민족의식을 말살하여 일본인으로 동화 → 한국인을 침략 전쟁에 쉽게 동원하고자 함
통치 내용	• 내선일체(일본과 조선이 한 몸과 같다는 주장) 강조, 일선동조론(일본인과 조선인이 같은 조상에서 나왔다는 주장)을 내세움 • 황국 신민화 정책 : 궁성 요배, 신사 참배, 황국 신민 서사 암송, 창씨개명 등 강요 • 조선일보·동아일보 폐간(1940), 소학교의 명칭을 국민학교로 변경(1941), 우리말 사용 금지 • 한국인의 생활을 감시·통제하기 위해 애국반 조직(1938) → 1940년에 국민 정신 총동원 조선 연맹을 국민 총력 조선 연맹으로 개칭한 후 애국반 조직 확대 • 조선 사상범 보호 관찰령(1936) : 일제에 반대하는 일체의 사상을 탄압하기 위해 치안 유지법 위반자 중 그 형이 종료된 사람을 대상으로 감시, 통제를 지속함 • 조선 사상범 예방 구금령(1941) : 치안 유지법 위반으로 처벌 받은 사람 가운데 재범의 우려가 있다고 판단되는 경우 예방 목적의 구금을 허용함

(2) 경제 수탈

농촌 진흥 운동 (1932~1940)		• 농민층의 몰락, 소작 쟁의 확산 → 소작 쟁의 억제와 효율적인 농촌 통제를 위해 실시 • 조선 총독부 농촌 진흥 위원회 설치(1932), 조선 농지령 제정(1934)
식민지 공업화 정책		북부 지방에 중화학 공업 집중 → 병참 기지화 정책(전쟁에 필요한 자원 보급의 기지)
남면북양 정책		일본 방직업에 필요한 원료 생산 → 남부 지방에 면화 재배, 북부 지방에 양 사육 강요
국가 총동원 체제 (국가 총동원법, 1938)	물자 수탈	• 전쟁 물자 확보 목적(놋그릇·식기 등 금속 공출, 지하자원 약탈) • 미곡 공출과 식량 배급제, 금속 공출(금속류 회수령 공포, 1941) 실시 등
	인력 강제 동원	• 병력 동원 : 지원병제(1938), 학도 지원병제(1943), 징병제(1944) 실시 • 노동력 동원 : 국민 징용령(1939) → 광산, 군수 공장, 전쟁 시설 등에 강제 동원 • 여성 동원 : 여자 정신 근로령(1944) → 군수 공장에 동원, 일본군 '위안부' 강요

34강 일제 강점기(식민 통치)

1 밑줄 그은 '시기'에 있었던 사실로 옳은 것은? [2점]

심화 75회 34번

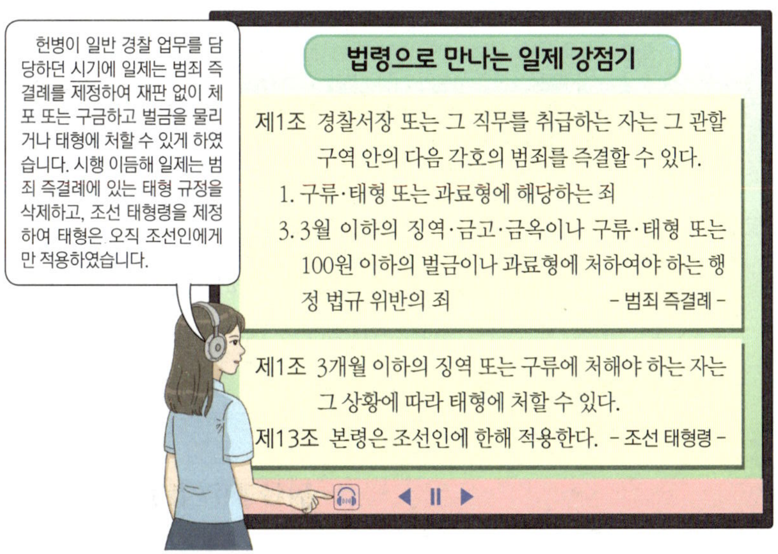

헌병이 일반 경찰 업무를 담당하던 시기에 일제는 범죄 즉결례를 제정하여 재판 없이 체포 또는 구금하고 벌금을 물리거나 태형에 처할 수 있게 하였습니다. 시행 이듬해 일제는 범죄 즉결례에 있는 태형 규정을 삭제하고, 조선 태형령을 제정하여 태형은 오직 조선인에게만 적용하였습니다.
법령으로 만나는 일제 강점기
제1조 경찰서장 또는 그 직무를 취급하는 자는 그 관할 구역 안의 다음 각호의 범죄를 즉결할 수 있다.
1. 구류·태형 또는 과료형에 해당하는 죄
3. 3월 이하의 징역·금고·금옥이나 구류·태형 또는 100원 이하의 벌금이나 과료형에 처하여야 하는 행정 법규 위반의 죄 - 범죄 즉결례 -
제1조 3개월 이하의 징역 또는 구류에 처해야 하는 자는 그 상황에 따라 태형에 처할 수 있다.
제13조 본령은 조선인에 한해 적용한다. - 조선 태형령 -

① 미쓰야 협정이 체결되었다.
② 조선 사상범 예방 구금령이 제정되었다.
③ 박문국이 설치되어 한성순보를 발행하였다.
④ 황국 중앙 총상회가 상권 수호 운동을 주도하였다.
⑤ 회사 설립 시 총독의 허가를 받도록 하는 회사령이 시행되었다.

1 1910년대 일제 식민 통치 정답 ⑤

정답 찾기 헌병이 일반 경찰 업무를 담당하였으며 범죄 즉결례와 조선 태형령을 제정하였다는 내용을 통해 밑줄 그은 '시기'가 1910년대임을 알 수 있어요. 국권을 강탈한 일제는 1910년대에 헌병 경찰을 앞세워 강압적인 무단 통치를 폈어요. ⑤ 일제는 1910년에 회사를 설립할 때 조선 총독의 허가를 받도록 하는 회사령을 실시하여 민족 자본의 성장을 억제하였어요.

오답 피하기
① 일제는 1925년에 만주 지역 독립군을 탄압하기 위해 만주 군벌과 미쓰야 협정을 체결하였어요.
② 일제는 1941년에 독립운동을 사전에 막기 위해 범죄를 일으킬 우려가 있다는 자의적인 판단만으로 사상범을 미리 체포하거나 구금할 수 있다는 내용을 담은 조선 사상범 예방 구금령을 제정하였어요.
③ 1883년에 박문국이 설치되어 한성순보가 발행되었지만, 갑신정변 이후 신문 발행이 중단되었어요.
④ 1898년에 시전 상인들은 외국 상인의 상권 침탈에 맞서 황국 중앙 총상회를 조직하고 상권 수호 운동을 전개하였어요.

2 밑줄 그은 '시기'에 시행된 일제의 정책으로 옳은 것은? [1점]

심화 73회 37번

이것은 어느 공립 보통학교의 졸업식 사진으로, 교원이 제복을 입고 칼을 차고 수업하던 당시 일제의 식민지 지배 정책을 잘 보여 주고 있어.
맞아. 헌병이 일반 경찰 업무를 맡아 재판 없이 체포 또는 구금하고, 벌금을 물리거나 태형에 처하기도 했던 시기였지.

① 국가 총동원법을 공포하였다.
② 산미 증식 계획을 시행하였다.
③ 토지 조사 사업을 실시하였다.
④ 황국 신민 서사의 암송을 강요하였다.
⑤ 조선 사상범 예방 구금령을 제정하였다.

2 1910년대 일제 식민 통치 정답 ③

정답 찾기 교원이 제복을 입고 칼을 차고 수업을 하였으며, 헌병이 일반 경찰 업무를 맡아 태형을 가하기도 했다는 내용을 통해 밑줄 그은 '시기'가 1910년대 무단 통치 시기임을 알 수 있어요. 일제는 1910년대에 헌병 경찰 제도를 실시하였으며, 범죄 즉결례를 만들어 헌병 경찰이 정식 재판 없이 벌금이나 구류, 태형 등의 처벌을 할 수 있게 하였어요. 또한, 조선 태형령을 제정하여 한국인에게만 태형을 적용하였어요. 교원이나 일반 관리도 제복을 입고 칼을 차게 하여 일상에서도 위압적인 분위기를 조성하였어요. ③ 일제는 1910년대에 식민지 지배에 필요한 재정을 확보하기 위해 토지 조사 사업을 실시하였어요.

오답 피하기
① 중·일 전쟁을 도발한 일제는 1938년에 국가 총동원법을 공포하여 인력과 물자를 강제 동원하였어요.
② 일제는 일본 내 부족한 식량을 한국에서 확보하기 위해 1920년부터 산미 증식 계획을 시행하였어요.
④ 일제는 1937년에 일왕에 대한 충성 맹세문인 황국 신민 서사를 제정한 뒤 암송을 강요하였어요.
⑤ 일제는 1941년에 독립운동을 사전에 막기 위해 범죄를 일으킬 우려가 있다는 자의적인 판단만으로 사상범을 미리 체포하거나 구금할 수 있다는 내용을 담은 조선 사상범 예방 구금령을 제정하였어요.

3 밑줄 그은 '시기'에 시행된 일제의 정책으로 옳은 것은? [1점]

심화 70회 36번

오늘 소개해 주실 자료는 무엇인가요?
이 자료는 토지 조사 사업이 실시되던 시기에 조선 총독부 임시 토지 조사국이 작성한 문서입니다. 여기에는 경상북도 상주, 칠곡, 울릉도 등 총 6개 지역에서 토지 소유자와 그 경계를 조사하여 확정하였다고 기록되어 있습니다.

① 애국반을 조직하였다.
② 신문지법을 제정하였다.
③ 조선 태형령을 시행하였다.
④ 산미 증식 계획을 실시하였다.
⑤ 황국 신민 서사의 암송을 강요하였다.

4 다음 기사가 나오게 된 배경으로 적절한 것은? [1점]

심화 58회 34번

총독의 임용 범위를 확장하고, 지방 자치 제도를 실시한다. ……
이로써 관민이 서로 협력 일치하여 조선에서 문화적 정치의 기초를 확립한다.
아무리 그럴듯하게 내세워도 이러한 통치 방식은 결국 우리 조선인을 기만하는 거야.

① 3·1 운동이 전국적으로 전개되었다.
② 조선 사상범 예방 구금령이 시행되었다.
③ 브나로드 운동이 동아일보를 중심으로 추진되었다.
④ 조선 노동 총동맹과 조선 농민 총동맹이 설립되었다.
⑤ 내선일체를 강조한 황국 신민 서사의 암송이 강요되었다.

3 1910년대 일제 식민 통치 정답 ③

정답 찾기 토지 조사 사업이 실시되었다는 내용을 통해 밑줄 그은 '시기'가 1910~1918년임을 알 수 있어요. 한국의 국권을 강탈한 일제는 1910년대에 한국에서 강압적인 무단 통치를 실시하였어요. 군사 경찰인 헌병이 일반 경찰 업무까지 담당하게 하였으며, 범죄 즉결례를 만들어 헌병 경찰이 정식 재판 없이 벌금이나 구류, 태형 등의 처벌을 할 수 있게 하였어요. 또한, ③ 한국인에게만 태형을 적용하는 조선 태형령을 시행하였어요. 그뿐만 아니라 교원이나 일반 관리도 제복을 입고 칼을 차게 하여 일상에서도 위압적인 분위기를 조성하였습니다.

오답 피하기
① 일제는 한국인의 일상생활을 감시하고 통제하기 위해 1938년부터 애국반을 조직하였어요.
② 일제는 민족 신문을 통제·탄압하기 위해 대한 제국 정부를 압박하여 1907년에 신문지법을 제정하게 하였어요.
④ 일제는 자국의 식량 부족 문제를 해결하기 위해 1920년부터 한국에서 산미 증식 계획을 실시하였어요.
⑤ 일제는 중·일 전쟁을 일으키고 침략 전쟁을 확대하면서 한국인의 민족의식을 말살하기 위해 1937년에 황국 신민 서사를 제정하고 모든 한국인에게 암송을 강요하였어요.

4 1920년대 일제 식민 통치 정답 ①

정답 찾기 총독의 임용 범위를 확장하는 등 조선에서 문화적 정치의 기초를 확립한다는 인용 내용으로 보아 신문 기사는 일제의 이른바 문화 통치 시행에 관한 것임을 알 수 있어요. ① 1919년에 일어난 3·1 운동을 계기로 일제는 무단 통치의 한계를 인식하였어요. 이에 문관 출신 총독의 임명이 가능하도록 규정을 바꾸고, 보통 경찰제 시행 등을 내세운 이른바 문화 통치를 표방하였어요. 하지만 우리 민족이 광복을 맞을 때까지 문관 출신 총독은 한 명도 없었어요. 또한, 헌병 경찰제는 폐지되었지만 오히려 경찰 관서나 경찰의 수는 늘어나 한국인에 대한 감시가 강화되었어요. 일제가 내세운 이른바 문화 통치는 가혹한 식민 통치를 은폐하고 친일파를 양성하려고 한 기만적인 민족 분열 정책에 불과하였어요.

오답 피하기
② 일제는 1941년에 실제 행위가 없더라도 범죄를 일으킬 우려가 있다는 판단만으로 사상범을 미리 체포하거나 구금할 수 있다는 내용을 담은 조선 사상범 예방 구금령을 시행하여 독립운동에 대한 탄압을 강화하였어요.
③ 1930년대 전반에 '배우자 가르치자 다 함께 브나로드'라는 구호 아래 동아일보를 중심으로 브나로드 운동이 추진되었어요.
④ 1927년에 조선 노동 총동맹이 분리되어 조선 노동 총동맹과 조선 농민 총동맹이 설립되었어요.
⑤ 일제는 1937년에 일왕에 대한 충성 맹세문인 황국 신민 서사를 제정하고 모든 한국인에게 암송을 강요하였어요.

5 밑줄 그은 '이 계획'에 대한 설명으로 옳은 것은? [1점]

심화 68회 39번

이 계획 실시로 인하여 수리 조합비 부담이 커졌어. 가뜩이나 지세도 부담되는데 개량 종자 구입비로 돈이 더 들어가네. 이래서 살겠나.

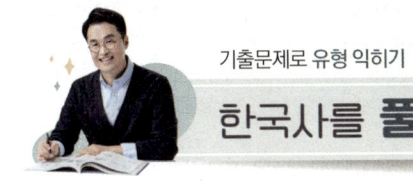

① 독립 협회 결성의 계기가 되었다.
② 국채 보상 운동의 배경이 되었다.
③ 재정 고문 메가타의 주도로 시행되었다.
④ 토지 조사 사업이 시행되는 배경이 되었다.
⑤ 일본의 쌀 부족 현상을 해결하기 위해 시행되었다.

6 교사의 질문에 대한 학생의 답변으로 가장 적절한 것은? [1점]

심화 73회 45번

목포
여수
지도는 목포와 여수 일대의 일본군 방어 시설을 표시한 것입니다. 일본군은 아시아·태평양 전쟁 말기 연합군의 상륙을 저지하기 위해 한반도 남서 해안 지역에 대규모 군사 방어 시설을 구축했습니다. 이 시기에 있었던 사실에 대해 말해 볼까요?

① 고종의 밀지를 받아 독립 의군부가 결성되었어요.
② 만주 군벌과 일제가 미쓰야 협정을 체결하였어요.
③ 여자 정신 근로령으로 여성들이 강제 동원되었어요.
④ 상하이에서 주권 재민을 천명한 대동단결 선언이 발표되었어요.
⑤ 독립운동의 방략을 논의하고자 국민 대표 회의가 개최되었어요.

5 산미 증식 계획 정답 ⑤

정답 찾기 수리 조합비 부담이 커졌으며, 소작농으로 전락한 농민이 생기고 쌀이 없어 만주에서 들여온 잡곡만 먹고 있다는 내용을 통해 밑줄 그은 '이 계획'이 산미 증식 계획임을 알 수 있어요. ⑤ 일제는 자국의 쌀 부족 현상을 해결하기 위해 1920년부터 한국에서 산미 증식 계획을 추진하였어요. 그 결과 쌀 생산량은 조금 늘어났지만 일본으로 더 많은 양의 쌀이 유출되어 한국의 식량 사정은 악화되었어요. 또한, 농민들은 수리 조합비, 종자 개량비, 비료 대금 등 쌀 증산 비용마저 떠안게 되어 생활이 더욱 어려워졌어요. 이에 소작농, 화전민이 되거나 만주, 연해주 등지로 이주하는 이들이 생겨났어요.

오답 피하기
① 미국에서 귀국한 서재필은 1896년 독립신문 발간을 계기로 민중 계몽을 통한 근대화와 자주독립 수호를 위한 단체로 독립 협회를 조직하였어요.
② 1907년에 국민의 성금으로 일본에 진 국채를 갚아 경제적 예속에서 벗어나 국권을 회복하자는 국채 보상 운동이 김광제, 서상돈 등의 발의로 대구에서 시작되었어요.
③ 제1차 한·일 협약에 따라 대한 제국 재정 고문으로 파견된 메가타가 화폐 정리 사업을 주도하였어요.
④ 일제는 1910년부터 1918년까지 식민 통치의 경제적 토대를 마련하기 위해 토지 조사 사업을 실시하였어요.

6 1940년대 이후의 사실 정답 ③

정답 찾기 아시아·태평양 전쟁은 제2차 세계 대전 시기인 1941~1945년까지 일본과 연합국 사이에 벌어진 전쟁을 말해요. 일제는 1929년에 시작된 대공황의 경제 위기를 대외 침략으로 극복하려고 하였어요. 이를 위해 1931년 만주 사변을 시작으로 대륙 침략에 본격적으로 나서 1937년에는 중·일 전쟁을 일으켰고, 1941년에는 태평양 지역으로 침략 전쟁을 확대하였어요. 전쟁을 확대하는 가운데 일제는 국가 총동원법을 제정·시행하여 직접적이고 강제적인 방식으로 전쟁에 필요한 인력과 물자를 동원하였어요. ③ 일제는 1944년에 여자 정신 근로령을 공포하여 한국 여성의 노동력을 강제로 동원하였어요.

오답 피하기
① 1912년에 전라도 지역에서 임병찬이 고종의 밀명을 받아 독립 의군부를 결성하였어요.
② 1925년에 일제는 만주 군벌과 미쓰야 협정을 체결하여 독립군에 대한 탄압을 강화하였어요.
④ 1917년에 상하이에서 신규식, 신채호, 조소앙 등이 국민 주권론을 담은 대동단결 선언을 발표하였어요.
⑤ 1923년에 대한민국 임시 정부는 독립운동의 새로운 방향을 모색하고자 국민 대표 회의를 개최하였어요.

7 밑줄 그은 '이 시기'에 시행된 일제의 정책으로 옳은 것은? [1점]

심화 70회 40번

이 사진은 어느 국민학교의 수업 장면입니다. 중·일 전쟁 이후 일제가 침략 전쟁을 확대하던 이 시기에는 학생들도 '대동아 전쟁'이라는 주제로 일제의 침략 행위를 정당화하는 교육을 받아야 했습니다.

① 회사령을 공포하였다.
② 치안 유지법을 제정하였다.
③ 헌병 경찰제를 실시하였다.
④ 경성 제국 대학을 설립하였다.
⑤ 조선 사상범 예방 구금령을 시행하였다.

7 1930년대 후반 이후 일제 식민 통치 정답 ⑤

정답 찾기 '국민학교'라는 명칭과 중·일 전쟁 이후 일제가 침략 전쟁을 확대하던 시기라는 내용을 통해 밑줄 그은 '이 시기'가 1930년대 후반 이후임을 알 수 있어요. 일제는 1937년 중·일 전쟁을 일으킨 이후 침략 전쟁을 확대하여 1941년에는 태평양 전쟁을 일으켰어요. 이 시기에 일제는 침략 전쟁에 한국인을 쉽게 동원하기 위해 한국인의 민족의식을 말살하는 정책을 본격적으로 추진하였으며, 전쟁 수행에 필요한 인적·물적 자원을 수탈하였어요. ⑤ 일제는 1941년에 실제 행위가 없더라도 범죄를 일으킬 우려가 있다는 판단만으로 사상범을 미리 체포하거나 구금할 수 있다는 내용을 담은 조선 사상범 예방 구금령을 시행하여 독립운동에 대한 탄압을 강화하였어요.

오답 피하기
① 일제는 1910년에 민족 자본의 성장을 억제하기 위해 회사 설립 시 총독의 허가를 받도록 하는 회사령을 공포하였어요. 회사령은 1920년에 폐지되었어요.
② 일제는 1925년에 치안 유지법을 제정하여 사회주의 운동과 독립운동가를 탄압하는 데 이용하였어요.
③ 일제는 1910년대에 군사적 억압과 통제로 한국인의 저항 의지를 꺾기 위해 헌병 경찰제를 실시하였어요. 3·1 운동 이후 일제는 헌병 경찰제를 폐지하고 보통 경찰제를 실시하였어요.
④ 일제는 한국인의 고등 교육에 대한 열망을 무마하기 위해 1924년에 경성 제국 대학을 설립하였어요.

8 밑줄 그은 '이 시기'에 시행된 일제의 정책으로 옳은 것은? [1점]

심화 75회 44번

이것은 일제가 각종 놋그릇과 생활용품들을 공출한 후 찍은 사진이야. 당시 금속류 회수령이 실시되었지.

① 언론을 통제하기 위하여 신문지법을 제정하였다.
② 애국반을 조직하여 한국인의 생활을 통제하였다.
③ 경복궁에서 최초로 조선 물산 공진회를 개최하였다.
④ 재정 고문 메가타의 주도 아래 화폐 정리 사업을 실시하였다.
⑤ 보통학교의 수업 연한을 4년으로 규정한 제1차 조선 교육령을 시행하였다.

8 1940년대 일제 식민 통치 정답 ②

정답 찾기 일제가 중·일 전쟁을 일으키고 침략 전쟁을 확대하였으며, 금속류 회수령이 실시되었다는 내용을 통해 밑줄 그은 '이 시기'가 1940년대임을 알 수 있어요. 일제는 중·일 전쟁을 일으키고 침략 전쟁을 확대하면서 한국인을 전쟁에 쉽게 동원하기 위해 한국인의 정체성과 민족의식을 말살하는 민족 말살 정책을 본격적으로 실시하였어요. 또한, 국가 총동원법을 제정하여 이를 근거로 전쟁에 필요한 인적·물적 자원을 수탈하였어요. 1941년에는 군수 물자 생산을 위해 금속류 회수령을 공포하여 각 가정의 놋그릇, 가마솥, 사찰의 종과 불상까지 가리지 않고 빼앗아 갔어요. ② 일제는 한국인에 대한 감시와 통제를 위해 1938년에 애국반을 조직하였고, 조직과 역할을 강화해 나갔어요.

오답 피하기
① 일제는 민족 신문을 탄압·통제하기 위해 대한 제국 정부를 압박하여 1907년에 신문지법을 제정하게 하였어요.
③ 일제는 1915년에 경복궁의 일부 건물을 헐어 내고 전국의 물품을 수집·전시한 조선 물산 공진회를 개최하였어요.
④ 1905년에 일본인 재정 고문 메가타의 주도 아래 화폐 정리 사업이 실시되었어요.
⑤ 일제는 1911년에 제1차 조선 교육령을 공포하여 보통학교의 수업 연한을 4년으로 정하였어요.

34강 일제 강점기(식민 통치)

Ready go
이번 강 별 채우기 제한 시간은 **2분 20초**
한 문장을 끝까지 또박또박 읽어야 패스!

기출 선택지로 별 채우기
한국사를 채우다

01 1910년대 일제는 강압적 통치를 목적으로 ★병 경찰 제도를 실시하였다.

02 일제의 무단 통치 시기에 조선 ★형령이 제정되어 한국인에게만 적용되었다.

03 ★★ 통치 시기에 일제는 일반 관리와 교사에게도 제복을 입고 칼을 착용하도록 강요하였다.

04 1910년대 일제는 제1차 조선 교육령을 공포하여 보통학교의 수업 연한을 ★년으로 정하였다.

05 1910년대 일제는 근대적 토지 소유권 확립을 명분으로 내세워 ★★ 조사 사업을 실시하였다.

06 1910년대 일제는 회사 설립 시 총독의 허가를 받도록 하는 ★★령을 공포하였다.

07 일제는 3·1 운동 이후 통치 방식을 무단 통치에서 이른바 ★★ 통치로 바꾸었다.

08 일제는 1925년에 조선사 ★★회를 설치하였고, 이후 "조선사"를 편찬하였다.

09 일제는 1925년에 사회주의 운동을 탄압하기 위해 ★★ 유지법을 제정하였다.

10 이른바 문화 통치 시기에 일제는 ★★일보, ★★일보 등 한글 신문의 창간을 허용하였으나 검열, 정간 등을 통해 통제하였다.

11 1920년대 일제는 제2차 조선 교육령을 발표하여 보통학교의 수업 연한을 ★년으로 연장하고 한국어를 필수 과목으로 정하였다.

12 1920년대 일제는 일본 내 쌀 부족 문제의 해결과 쌀 수탈을 목적으로 ★★ ★★ 계획을 추진하였다.

13 1920년대 일제는 회사 설립을 허가제에서 ★★제로 바꾸었으며, 한국과 일본 사이의 관세를 폐지하였다.

14 일제는 민족 말살 정책으로 학생은 물론 일반인에게도 억지로 ★★ 신민 서사를 암송하게 하고, 신사 참배와 궁성 요배를 강요하였다.

15 민족 말살 통치 시기에 일제는 한국인의 성과 이름을 일본식으로 바꾸는 ★★개명을 강요하였다.

16 일제는 1936년에 조선 ★★★ 보호 관찰령을 제정하여 일제에 반대하는 일체의 사상을 탄압하고 독립운동가를 감시·통제하였다.

17 일제는 1941년에 재범 우려만으로 구금할 수 있는 조선 사상범 ★★ 구금령을 제정하여 독립운동을 탄압하였다.

18 1930년대 일제는 농민의 자력 갱생을 내세운 농촌 ★★ 운동을 실시하였다.

19 일제는 침략 전쟁에 필요한 인적·물적 자원을 효율적으로 동원하기 위해 1938년에 국가 ★★★법을 제정하였다.

20 일제는 침략 전쟁을 확대하면서 ★★반을 조직하여 한국인의 생활을 통제하였다.

21 일제는 중·일 전쟁 이후 전쟁 물자를 확보하기 위해 금속과 식량의 ★출, 식량 ★★제 등을 시행하였다.

22 일제는 1939년에 국민 ★★령을 제정하여 한국인을 광산, 군수 공장 등에 강제 동원하였다.

23 일제는 1944년에 여성의 노동력을 동원하기 위해 여자 ★★ 근로령을 공포하였다.

정답

01 헌 **02** 태 **03** 무단 **04** 4 **05** 토지 **06** 회사 **07** 문화 **08** 편수 **09** 치안 **10** 조선, 동아 **11** 6 **12** 산미 증식 **13** 신고 **14** 황국 **15** 창씨 **16** 사상범 **17** 예방 **18** 진흥 **19** 총동원 **20** 애국 **21** 공, 배급 **22** 징용 **23** 정신

35강 일제 강점기(1910년대 저항)

한국사의 흐름을 한눈에 **한국사를 그리다**

강의 바로 보기

外 : <독립운동 기지>

신민회 → ★★사
| 이회영, 이상룡
신흥 무관 학교
|
서로 군정서

중광단(대종교)
|
서전서숙(이상설) → 명동 학교 (김약연)
|
★★ 군정서, 대한 독립군
(청산리) (봉오동)

신한촌
|
권업회(신문, 최재형)
|
대한 광복군 정부(이상설)
|
대한 ★★ 의회

105인 사건(데라우치)
→ 신민회 X(1911)

신한 청년당
(여운형, 김규식)

內 : <비밀 결사>

· 미 본토 : 대한인 국민회 (안창호)
· 하와이 : 대조선 국민군단 (박용만)
· 멕시코 : 숭무 학교(이근영)
에네켄(애니깽)

독립 ★★부
· 임병찬(← 고종), ★★주의
└ 의병
· 국권 ★★ 요구서 제출 시도

대한 ★★회
· 박상진, ★★정
· 군대식 조직
· 친일 부호 X, 만주 사관 학교

外 : 파리 강화 회의 ---- 국제 연맹 ← 이승만 청원
├ 윌슨 – 민족 ★★주의
└ 김규식 파견(← 신한 청년당)

· 대동단결 선언(1917, 상하이)
· 대한 독립 선언(1919. 2. 1, 만주)
(무오)
· ★·★ 독립 선언(1919, 도쿄)

內 : 3·1 운동(1919)
· ★종 인산일
· 민족 대표 33人(천도 + 개 + 불)
· 비폭력 → 폭력
· 제암리·고주리 학살 → 스코필드
영 | 향
↓
★★★★ 임시 정부
||
대한 국민 의회 + 한성 정부 + 상하이
· 통치 변화 : 무단 → 문화
· 중국 ★·★ 운동

4. 11.
· 최초 3권 분립
임시 의정원 (국회, 입법) / 법원 (사법) / 국무원 (행정)
· ★★정
· ★★제, ★★국(이륭양행)
· 독립 공채
· ★★신문, 임시 사료 편찬 위원회, 구미 위원부
· 초대 대통령 : 이승만
· 백산 상회(부산)
└ 안희제 ← 최준

(신채호) 창조파 → 국민 대표 회의 ← 개조파 (안창호)

이탈

1919 / 1923

상하이 – 32. 장정 – 40 – 충칭

· 25. 이승만 탄핵 → 박은식 대통령,
국무령(의원 내각제)
└ 이상룡
· 27. 집단 지도 체제(국무위원)
· 31. 한인 ★★단
· 이봉창, 윤★★ ⇒ 중국 국민당 정부 지원
(┌ 도쿄 / ┌ 상하이)
· 40. 주석(김구)
한국 독립당, 한국 ★★군(지청천)
· 41. ★★ 강령(삼균주의 ← 조소앙), 선전 포고
· 42. 김원봉, 조선 의용대 합류
· 43. 영국 요청 → 인도·미얀마 전선 투입
· 44. 주석·부주석(김구, 김규식)
· 45. 미 OSS, 국내 진공 작전

★정답 경학, 북로, 국민, 의군, 복벽, 반환, 광복, 공화, 자결, 2·8, 고, 대한민국, 5·4, 공화, 연통, 교통, 독립, 애국, 봉길, 광복, 건국

→ 나만의 약점 단권화 노트 28쪽에서 완성 판서를 확인하세요.

35강 일제 강점기(1910년대 저항)

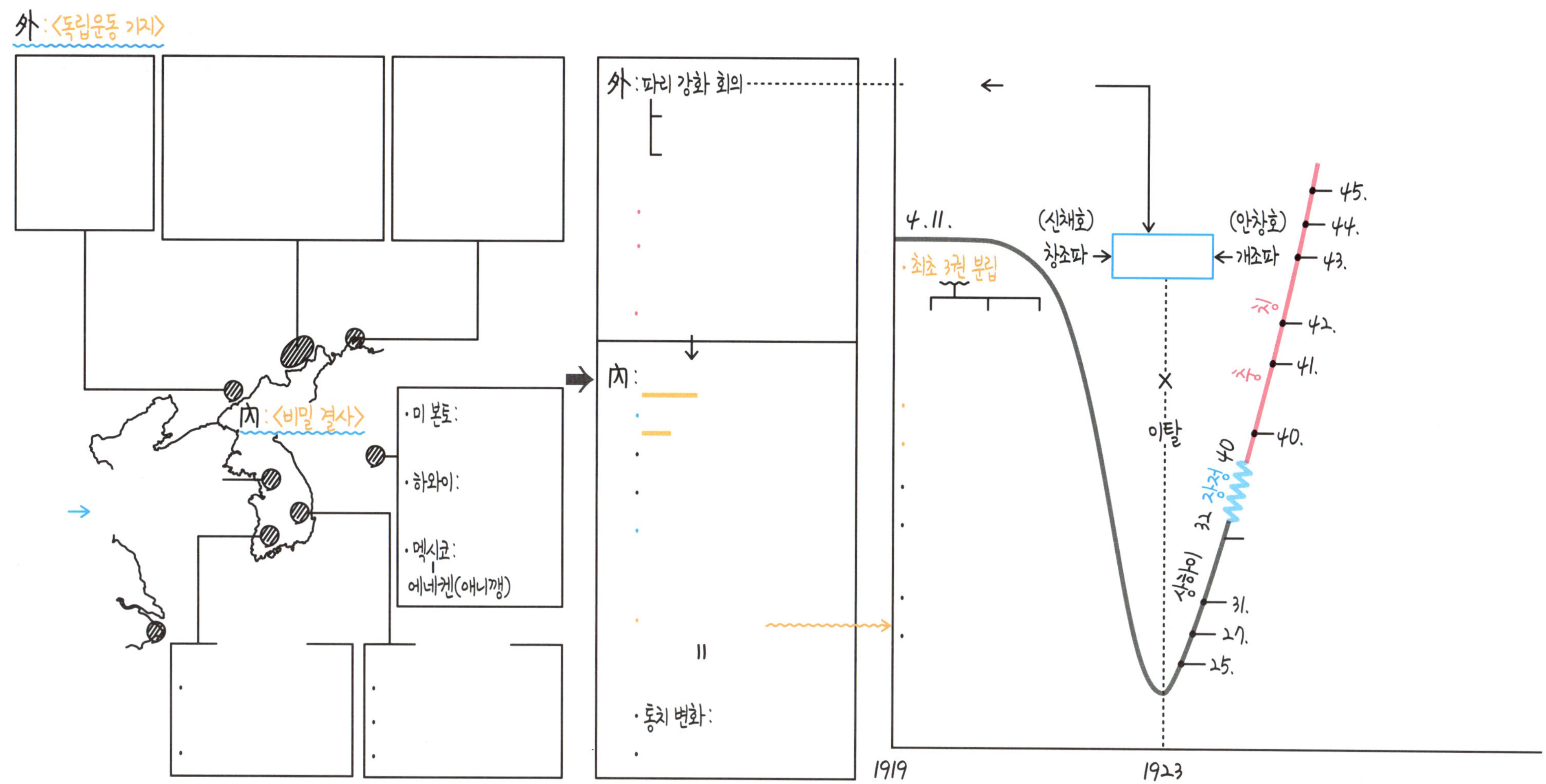

35강 일제 강점기(1910년대 저항)

낯선 용어와 자료 돋보기

한국사를 보다

1910년대 국외 독립운동

일제는 국권 강탈 후 우리 민족의 독립운동을 철저하게 탄압하였어요. 이에 국내에서 의병 전쟁과 애국 계몽 운동을 벌이던 애국지사들은 동포들이 다수 거주하는 만주나 연해주 등지로 이주하였지요. 그리고 장기적인 독립운동의 기반을 마련하기 위해 독립운동 기지를 건설하였어요. 신민회는 국외 독립운동 기지 건설에 힘을 쏟은 대표적인 단체였습니다.

> 남만주로 집단 이주하려고 기도하고, 조선 본토에서 상당한 재력이 있는 사람들을 그곳에 이주시켜 토지를 사들이고 촌락을 세워 새 영토로 삼고, 다수의 청년 동지를 모집·파견하여 한인 단체를 일으키며, 학교를 세워 민족 교육을 실시하고, 나아가 무관 학교를 설립하여 문무를 겸하는 교육을 실시하면서, 기회를 엿보아 독립 전쟁을 일으켜 구한국의 국권을 회복하려고 하였다.
>
> - 105인 사건 판결문(1911) -

서간도(남만주)	북간도	연해주
• 삼원보에 경학사 조직 → 부민단, 한족회로 발전 • 신흥 강습소 설립 → 신흥 무관 학교 • 서로 군정서 조직	• 용정촌·명동촌 등 한인 집단촌 형성 • 중광단 : 대종교도 중심으로 조직 → 북로 군정서로 발전 • 서전서숙·명동 학교 설립	• 블라디보스토크에 신한촌 건설 • 권업회 조직(권업신문 발간) • 대한 광복군 정부 조직(1914) • 대한 국민 의회 결성(1919)

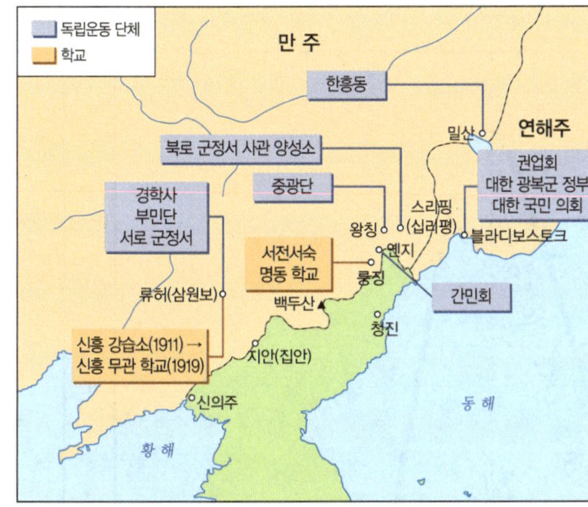

만주와 연해주의 독립운동 기지

신한 청년당

상하이에서는 신한 청년당이 조직되어 파리 강화 회의에 김규식을 대표로 파견하여 한국의 독립을 주장하였어요. 3·1 운동을 전후하여 상하이로 모인 독립운동가들은 신한 청년당을 중심으로 독립 문제를 본격적으로 논의하였지요. 신한 청년당의 주요 인사들은 이후 대한민국 임시 정부에 참여하기도 하였어요.

파리 강화 회의에 파견된 김규식(아래 맨 오른쪽)

대한 광복회

박상진 등이 중심이 되어 의병 활동과 애국 계몽 운동에 참여하였던 두 세력이 모여 대구에서 조직한 비밀 결사입니다. 이들은 공화정 수립을 지향하였으며, 군대식 조직을 갖추고 군자금 모집에 주력하여 마련된 자금으로 만주에 무관 학교를 설립하려고 하였어요. 또 친일파 처단에도 적극적으로 나섰습니다.

> 〈대한 광복회 강령〉
> 1. 부호의 의연(義捐) 및 일본인이 불법 징수하는 세금을 압수하여 무장을 준비한다.
> 2. 만주에 사관 학교를 설치하여 독립 전사를 양성한다.
> 3. 종래의 의병 및 만주 이주민을 소집하여 훈련한다.
> 6. 일인 고관 및 한인 반역자를 수시 수처에서 처단하는 행형부를 둔다.

대한 독립 선언(무오 독립 선언)

1919년 2월에 만주의 독립운동가 39명이 대한 독립 선언을 발표하여 전쟁을 통해 독립을 이루자고 주장하였어요. 이때가 음력으로 무오년이었기 때문에 무오 독립 선언이라고도 합니다.

> 독립군아, 일제히 봉기하라! 독립군은 천지를 휩쓸라! 한 번 죽음은 사람이 피할 수 없는 바이니, 개·돼지와 같은 일생을 누가 구차히 도모하겠는가. 살신성인하면 2천만 동포가 한 몸으로 부활할 것이니 어찌 일신(一身)을 아까워하랴. …… 육탄혈전(肉彈血戰)으로 독립을 완성할지어다.

용어 사전

중광단
서일 등 대종교 간부들이 주도하여 조직한 무장 독립 단체입니다. 3·1 운동 이후 만주에 흩어져 있던 대종교도를 모아 활동하였고, 나중에 김좌진이 들어오면서 북로 군정서로 재편되었어요.

권업회
러시아 블라디보스토크 신한촌에서 조직된 독립운동 단체로, 일제와 러시아 당국의 탄압을 피하기 위해 한국인에게 '실업을 장려한다'는 뜻으로 '권업회'라고 이름 지었지만, 강력한 항일 운동 전개를 목적으로 결성되었어요. 효과적인 활동을 전개하기 위해 기관지로 권업신문을 발간하였어요.

대한 광복군 정부
러시아 블라디보스토크에서 이상설의 주도로 조직되었어요. 대통령에 이상설, 부통령에 이동휘를 선임하고 독립 전쟁을 준비하였지만 일제와의 관계가 나빠질 것을 우려한 러시아가 한국인의 무장 활동을 금지하여 본격적인 활동을 하지 못하였어요.

간민회
1913년에 북간도에서 조직된 독립운동 단체로, 문맹 퇴치와 식산흥업 등을 위한 활동을 추진하였으며, 중국에 거주하는 한국인의 생활을 보호하고 민족의식을 고취하는 데 힘썼어요.

2·8 독립 선언

1919년 2월 8일, 미국의 윌슨 대통령이 발표한 민족 자결주의에 자극을 받아 일본에 유학 중이던 한국인 학생들이 독립을 요구하는 선언서를 발표하였어요. 2·8 독립 선언은 국내에서 3·1 운동이 일어나는 계기가 되었어요.

〈결의문〉
1. 본 단체는 한·일 합병이 우리 민족의 자유의사에서 나온 것이 아니며 우리 민족의 생존과 발전을 위협하고 또 동양의 평화를 교란하는 원인이 된다는 이유로 독립을 주장함
2. 본 단체는 일본 의회 및 정부에 조선 민족 대회를 소집하여 해당 회의 결의로 우리 민족의 운명을 결정할 기회를 줄 것을 요구함
3. 본 단체는 만국 강화 회의의 민족 자결주의를 우리 민족에게도 적용할 것을 요구함
4. 전항의 요구가 실패할 때에는 우리 민족은 일본에 대하여 영원한 혈전을 선언함

- 조선 청년 독립단 -

3·1 운동

고종의 갑작스러운 죽음, 도쿄의 한국인 유학생들이 발표한 2·8 독립 선언 등에 영향을 받은 종교계 지도자와 학생 대표들은 고종의 인산일에 맞추어 거족적 만세 운동을 벌이기로 계획하였어요. 이에 민족 대표 33인이 구성되었고, 드디어 3월 1일에 민족 대표들은 태화관에 모여 비폭력 운동을 전개한다는 원칙 아래 독립 선언서를 낭독하였지요. 같은 시각 탑골 공원에 모인 학생과 시민도 대한 독립 만세를 외치기 시작하였고, 비슷한 시각 평양, 원산 등지에서도 만세 시위가 전개되었어요.

〈기미 독립 선언서〉
우리는 이제 우리 조선이 독립국임과 조선인이 자주민임을 선언하노라. 이로써 세계만방에 고하여 인류 평등의 큰 뜻을 분명히 밝히며, 이로써 자손만대에 고하여 민족자존의 정권을 영유케 하노라.

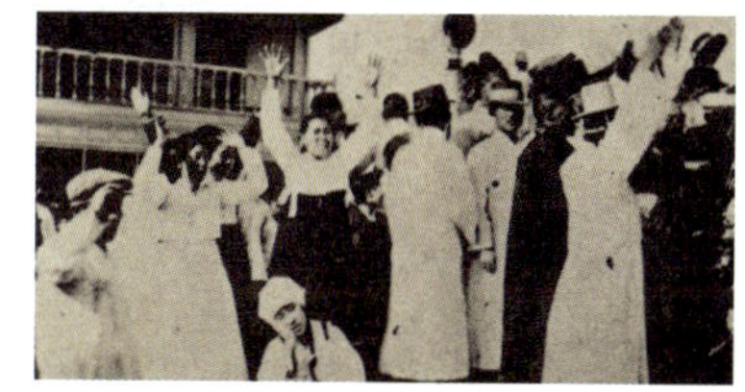
3·1 운동 당시 종로에서 만세를 부르는 사람들

제암리·고주리 학살 사건

경기도 화성의 제암리에서 만세 운동이 일어나자 일본군은 제암리 주민을 교회당 안으로 몰아넣어 총격을 가하고 불을 질러 잔인하게 학살하는 만행을 저질렀어요. 그리고 인근 고주리에서도 마을 주민들을 학살하였어요. 이처럼 일제가 시위 운동을 무자비하게 탄압하자 평화적으로 전개되던 3·1 운동은 점차 무력 투쟁 운동으로 변하였어요.

불타 버린 제암리 교회

임시 정부 수립의 움직임

3·1 운동이라는 거족적인 독립운동을 통해 단결의 힘을 깨달은 우리 민족은 보다 체계적인 독립운동 수행의 필요성을 느끼게 되었어요. 이에 국내외에서 임시 정부를 수립하려는 움직임이 일어났고, 국내외 각지에서 수립된 여러 임시 정부는 상하이의 대한민국 임시 정부로 통합되었습니다.

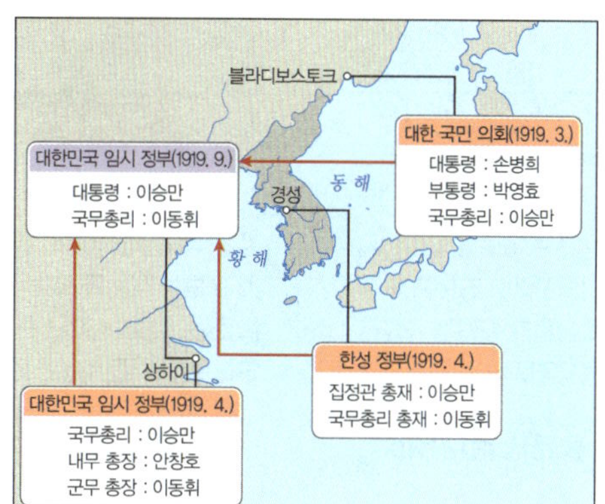

대한민국 임시 정부

대한민국 임시 정부는 다양한 이념과 노선을 가진 독립운동 세력의 참여를 이끌어 냈고, 우리 역사상 처음으로 삼권 분립에 근거한 민주 공화제를 채택하였다는 점에서 의의를 찾을 수 있어요.

〈대한민국 임시 헌법(1919. 9.)〉
제1조 대한민국은 대한 인민으로 조직한다.
제2조 대한민국의 주권은 대한 인민 전체에 있다.
제3조 대한민국의 강토는 구한국(대한 제국)의 판도로 한다.
제4조 대한민국의 인민은 일체 평등하다.
제5조 대한민국의 입법권은 의정원이, 행정권은 국무원이, 사법권은 법원이 행사한다.
제6조 대한민국의 주권 행사는 헌법 범위 내에서 임시 대통령에게 전임한다.

용어 사전

독립 의군부
임병찬 등이 고종의 밀명을 받아 비밀리에 조직한 독립운동 단체로, 복벽주의를 내세워 고종의 복위를 도모하였어요.

민족 자결주의
각 민족은 정치적 운명을 민족 스스로 결정할 권리가 있다는 주장이에요. 제1차 세계 대전이 끝나갈 무렵 미국의 윌슨 대통령이 발표한 것으로 당시 식민 지배를 받던 약소민족에게 독립에 대한 희망을 안겨 주었어요. 그러나 민족 자결주의는 패전국의 식민지에만 적용되었어요.

인산일
왕이나 황제 직계 가족의 장례일을 말해요. 고종의 인산일에 즈음하여 3·1 운동이 일어났고, 순종의 인산일을 기회로 삼아 6·10 만세 운동이 전개되었어요.

중국 5·4 운동
제1차 세계 대전의 전후 문제를 처리하기 위해 개최된 파리 강화 회의에서 일본의 '21개조 요구' 폐기를 주장하는 중국인의 요구가 무시되자 1919년 5월 4일 베이징 톈안먼 광장에서 수천 명의 대학생과 시민이 모여 시위를 벌였어요. 이보다 앞서 일어난 3·1 운동은 5·4 운동의 자극제가 되었어요.

35강 일제 강점기(1910년대 저항)

대한민국 임시 정부의 활동

대한민국 임시 정부는 연통제와 교통국이라는 비밀 행정 조직망을 운영하여 국내외를 연결하였으며, 독립 자금 마련을 위해 독립 공채를 발행하였어요. 또 독립신문과 "한·일 관계 사료집"을 간행하고 만주 지역 무장 투쟁 세력과도 연계하였어요. 초기 임시 정부가 가장 주력한 분야는 독립에 대한 열강의 지원을 이끌어 내기 위한 외교로, 미국 워싱턴에 구미 위원부를 설치하여 이승만을 중심으로 외교 활동을 펼쳤어요.

비밀 행정 조직	연통제, 교통국 조직 → 독립운동 자금 모금, 국내와 연락망 구축, 정보 수집
자금 마련	• 독립 공채 발행, 의연금 모금 • 이륭양행(만주), 백산 상회(부산)를 통해 자금 마련
문화	독립신문 발간, 임시 사료 편찬 위원회 설치
군사	군무부 설치, 직할 부대 편성
외교	구미 위원부 설치

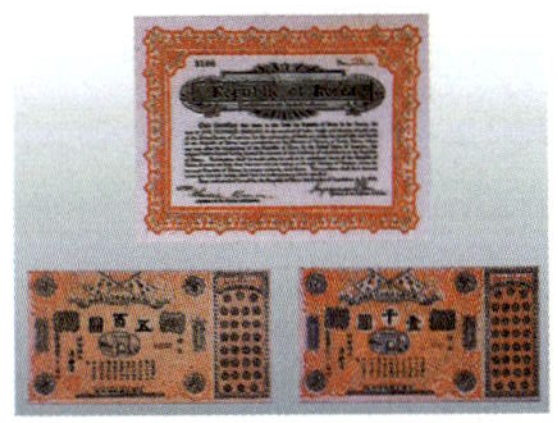

미국, 중국에서 발행된 독립 공채

외교 독립론 비판

외교 독립론은 이승만을 중심으로 제기된 독립운동 노선이었으며, 초기 대한민국 임시 정부의 기본 정책 노선이기도 하였어요. 즉, 독립을 위해 일본을 상대로 무장 투쟁을 벌인다는 것은 힘의 낭비일 뿐, 이보다 일본을 압박할 수 있는 강대국을 상대로 일제 지배의 부당함과 우리의 독립 열망을 알려야 한다는 주장이지요. 그러나 임시 정부의 외교 활동은 성과를 거두지 못하였고, 이에 대한 비판이 거세었어요. 특히 신채호는 '조선 혁명 선언'에서 민중 직접 혁명론을 제기하여 외세 의존적인 외교 독립론을 격렬하게 비판하였어요.

> 아! 과거 수십 년 역사야말로 용기 있는 자로 보면 침 뱉고 욕할 역사가 될 뿐이며, 어진 자로 보면 상심할 역사가 될 뿐이다. 그러고도 나라가 망한 이후 해외로 나아가는 아무개 지사들의 사상이 무엇보다도 먼저 '외교'가 그 제1장 제1조가 되며, 국내 인민의 독립운동을 선동하는 방법도 '미래의 미·일 전쟁, 러·일 전쟁 등 기회'가 거의 천편일률의 문장이었고, 최근 3·1 운동에 일반 인사의 '평화 회의 국제 연맹'에 대한 과신의 선전이 도리어 2천만 민중의 용기 있게 분발하여 전진하는 의기를 쳐 없애는 매개가 될 뿐이었도다. - 신채호, '조선 혁명 선언' -

이승만의 위임 통치 청원

외교를 통한 독립운동을 주도한 이승만은 파리 강화 회의에 참석한 미국의 윌슨 대통령에게 장차 완전한 독립을 보장해 줄 것을 전제로 한국을 국제 연맹의 위임 통치하에 둘 것을 요청하는 청원서를 보냈어요. 이승만의 청원서 제출은 무장 투쟁론자들의 강력한 반발을 불러일으켰고, 이승만이 탄핵되는 원인이 되었어요.

> 미국 대통령 각하, 대한인 국민회 위원회는 본 청원서에 서명한 대표자로 하여금 다음과 같이 공식 청원서를 각하에게 제출합니다. …… 우리는 자유를 사랑하는 2천만의 이름으로 각하에게 청원합니다. 각하도 평화 회의에서 우리의 자유를 강력하게 주장하여 참석한 열강들과 함께 먼저 한국을 일본의 학정으로부터 벗어나게 하여 주십시오. 장래 완전한 독립을 보증하고 당분간은 한국을 국제 연맹 통치 밑에 둘 것을 바랍니다. 이렇게 되면 대한 반도는 만국의 통상지가 될 것이며, 그리하여 한국을 극동의 완충국이나 한 개 국가로 인정하게 하면 동아시아 대륙에서의 침략 전쟁이 없게 될 것이며, 그렇게 되면 동양 평화는 영원히 보전될 것입니다. - 이승만의 청원서(1919. 2.) -

국민 대표 회의(1923)

외교 중심 임시 정부 활동의 한계가 드러나자 새로운 독립운동의 방향을 모색하기 위해 독립운동가들이 모여 국민 대표 회의를 개최하였어요. 그러나 국민 대표 회의는 임시 정부를 해체하고 새로운 조직을 만들자는 창조파와 임시 정부의 조직만 개선하자는 개조파의 대립으로 결렬되었지요. 이후 많은 독립운동가가 임시 정부에서 이탈하였고, 일제의 감시와 탄압이 심해져 임시 정부의 활동은 위축되었어요.

> 우리들은 과거 수년 간의 경험에 의하여 '국민의 대단결'이라 하는 심절한 각오를 얻어 장래를 도모하고, …… 이에 본 주비 위원회는 우리들의 독립운동이 재차 통일적·조직적으로 진행하도록 하는 양대 안건하에 국민 대표회 소집 사항도 주비하고 책임을 부담하여 성립한 것이다. - 국민 대표 회의 주비 위원회 선언서(1922) -

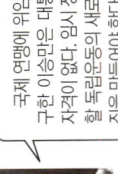

개조파 안창호

임시 정부의 각종 제도와 명칭 등을 변경하여 임시 정부를 민족 운동의 최고 지도 기관으로 개조하여야 한다.

창조파 신채호

국제 연맹에 위임 통치를 요구한 이승만은 대통령으로서 자격이 없다. 임시 정부를 대신할 독립운동의 새로운 지도 조직을 만들어야 한다.

용어 사전

연통제
대한민국 임시 정부와 국내를 연결하는 비밀 연락망 역할을 하였어요.

교통국
정보를 수집하고 자금을 모집하거나 비밀 교신 등의 역할을 담당한 기관이에요.

삼균주의
조소앙이 독립운동의 기본 방략이자 국가 건설의 지침으로 삼기 위해 체계화한 정치사상이에요. '삼균'이란 개인과 개인, 민족과 민족, 국가와 국가 간의 완전한 균등을 말합니다.

35강 일제 강점기(1910년대 저항)

1 3·1 운동 이전의 민족 운동

(1) 국외 독립운동 기지 건설

서간도 (남만주)	• 신민회 회원들이 이주 → 삼원보 개척 • 경학사 조직(→ 부민단 → 한족회로 발전), 신흥 강습소 설립(→ 신흥 무관 학교), 서로 군정서 조직
북간도	• 용정촌, 명동촌 등 한인 집단촌 형성 → 서전서숙(이상설), 명동 학교를 설립하여 민족 교육 실시 • 대종교도 중심으로 무장 독립운동 단체인 중광단 조직(→ 북로 군정서로 발전), 간민회 조직
연해주	블라디보스토크에 신한촌 건설, 권업회 조직(권업신문 발간), 대한 광복군 정부 조직(이상설, 이동휘), 대한 국민 의회 결성, 스탈린에 의해 많은 한인들이 중앙아시아로 강제 이주(1937)
상하이	신한 청년당 조직 → 파리 강화 회의에 김규식 파견
미주 지역	• 미국 본토 : 대한인 국민회 조직, 샌프란시스코에 중앙 총회 설치, 흥사단 조직(안창호) • 하와이 : 박용만의 주도로 대조선 국민군단 창설, 독립군 사관 양성 노력 • 멕시코 : 숭무 학교 설립(독립군 양성, 무장 투쟁 준비)

(2) 국내 항일 비밀 결사

독립 의군부 (1912)	• 임병찬 등이 고종의 밀명을 받아 비밀리에 조직 • 복벽주의 표방, 일본의 총리대신과 조선 총독에게 국권 반환 요구서 발송을 계획
대한 광복회 (1915)	• 대구에서 박상진 등이 주도, 의병 계열과 애국 계몽 운동 계열을 비밀 결사 형태로 통합 • 공화 정체의 근대 국가 수립 지향, 군대식 조직을 갖춤, 군자금 모집, 친일파 처단

2 3·1 운동

(1) 3·1 운동의 전개

배경	미국 대통령 윌슨의 민족 자결주의 주창, 신한 청년당이 파리 강화 회의에 김규식을 대표로 파견, 국외 독립 선언(만주의 대한 독립 선언, 일본 유학생의 2·8 독립 선언)
준비	천도교계(손병희), 기독교계(이승훈), 불교계(한용운), 학생 → 독립 선언서 작성, 민족 대표 구성
독립 선언	고종의 인산일에 맞추어 계획 → 민족 대표 33인이 태화관에서 독립 선언서 낭독, 학생과 시민이 탑골 공원에서 독립 선언식 거행 → 비폭력 만세 시위 전개
확산	• 학생 주도, 상인·노동자 참가, 농촌으로 확산, 해외에서도 만세 운동 전개 • 주요 도시에서 시위 시작, 농촌으로 확산되면서 점차 무력 투쟁 운동으로 변화
일제의 탄압	헌병 경찰과 군대 동원·발포, 무자비한 탄압(제암리·고주리 학살 사건 등) → 시위의 무력 투쟁화

(2) 3·1 운동의 의의와 영향

의의	모든 계층이 참여한 거족적 민족 운동, 우리 민족의 독립 의지를 전 세계에 알림
영향	• 일제 식민 통치 방식의 전환(무단 통치 → '문화 통치'), 만주·연해주에서 무장 독립운동 활성화 • 독립운동을 이끌어 갈 통일된 지도부의 필요성 제기 → 대한민국 임시 정부 수립 • 중국의 5·4 운동, 인도의 비폭력·불복종 운동 등 외국의 민족 운동에 영향을 줌

3 대한민국 임시 정부

(1) 대한민국 임시 정부의 수립과 활동

수립	• 신규식, 박은식, 신채호, 조소앙 등이 대동단결 선언 발표(상하이, 1917) → 순종의 주권 포기를 국민에 대한 주권 양여로 규정(국민 주권설 정립), 해외 동포를 중심으로 한 임시 정부 수립 주장 • 국내외 여러 임시 정부의 통합 노력(한성 정부의 정통성 계승, 대한 국민 의회의 조직 흡수) → 상하이에 통합된 대한민국 임시 정부 수립(1919. 9.)
조직	• 삼권 분립(임시 의정원, 국무원, 법원)에 기초한 민주 공화제 정부 • 지도부 : 대통령에 이승만, 국무총리에 이동휘 선출
활동	• 비밀 행정 조직 : 연통제(비밀 행정 조직망)와 교통국(비밀 통신 기관) 조직 → 독립운동 자금 모금, 국내와 연락망 구축, 정보 수집 및 전달 • 자금 마련 : 독립 공채 발행, 의연금 모금 • 문화 : 독립신문 발행, 임시 사료 편찬 위원회 설치("한·일 관계 사료집" 발간) • 군사 : 군무부 설치, 미국에 한인 비행 학교 설립(1920), 직할 부대로 육군 주만 참의부 조직(1924) • 외교 : 미국 워싱턴에 구미 위원부 설치(이승만이 주도)

(2) 국민 대표 회의 개최와 임시 정부의 변화

국민 대표 회의 (1923)	• 배경 : 연통제·교통국 조직 붕괴, 외교 중심 독립운동의 한계가 드러남 → 독립운동 방법론을 둘러싼 독립운동가 사이의 갈등 심화, 이승만의 위임 통치 청원서 제출에 대한 거센 비판 • 진행 : 임시 정부의 새로운 진로 모색 → 창조파(신채호 중심)와 개조파(안창호 중심) 대립 • 결과 : 회의 결렬 → 많은 독립운동가의 이탈 → 대한민국 임시 정부의 활동 침체
임시 정부의 변화	• 1920년대 중반 : 국제 연맹 위임 통치 청원의 책임을 물어 이승만 탄핵 → 박은식이 2대 대통령으로 선출·취임(1925), 국무령 중심의 내각 책임제로 개편(초대 국무령에 이상룡 취임, 1925) → 국무위원에 의한 집단 지도 체제 채택(1927) • 1930년대 : 김구가 임시 정부의 활성화를 위해 한인 애국단 조직(1931) → 이봉창·윤봉길 의거(1932) → 중국 국민당 정부의 지원, 윤봉길 의거 후 상하이를 떠나 이동(상하이 → 항저우 → 전장 → 창사 → 광저우 → 류저우 → 치장 → 충칭) • 1940년대 : 충칭에 정착, 주석제 도입(1940) → 한국 광복군 창설(1940), 삼균주의를 기초로 한 건국 강령 발표(1941), 대일 선전 포고(1941), 주석·부주석제 도입(1944), 국내 진공 작전 준비

35강 일제 강점기(1910년대 저항)

1 (가) 단체에 대한 설명으로 옳은 것은? [2점]

심화 75회 37번

[우리 고장의 독립운동가]

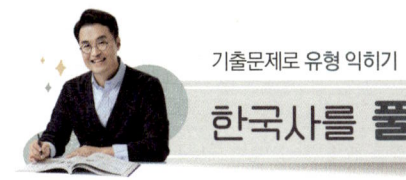

일우(一宇) 김한종 (1883~1921)

충청남도 예산군 광시면 출생이다. 1915년 대구에서 박상진 등이 국권 회복을 위해 조직한 (가) 의 충청도 지부장으로, 군자금 모금과 친일 관리 처단을 주도하였다. 이후 일제에 체포되어 총사령 박상진과 함께 사형을 선고받고 대구 형무소에서 생을 마감하였다. 1963년에 건국 훈장 독립장이 추서되었다.

① 군대식 조직을 갖춘 비밀 결사였다.
② 정우회 선언의 영향으로 결성되었다.
③ 조선 혁명 선언을 활동 지침으로 삼았다.
④ 중국군과 함께 영릉가 전투에서 큰 전과를 올렸다.
⑤ 만민 공동회를 열어 열강의 이권 침탈을 비판하였다.

1 대한 광복회 정답 ①

정답 찾기 1915년 대구에서 박상진 등이 국권 회복을 위해 조직하였으며, 군자금 모금과 친일 관리 처단을 주도하였다는 내용을 통해 (가) 단체가 대한 광복회임을 알 수 있어요. 대한 광복회는 ① 군대식 조직을 갖춘 비밀 결사로, 공화 정체의 국민 국가 수립을 목표로 삼았어요. 군자금을 모아 만주에 무관 학교를 세우고자 하였으며, 친일파 처단 등의 활동을 벌였습니다. 군자금 마련을 위해 활동하던 중 일제 경찰에게 조직이 드러나 주요 인물들이 체포되면서 큰 타격을 받아 활동을 중단하였어요.

오답 피하기
② 민족주의 세력과의 제휴를 밝힌 사회주의계의 정우회 선언을 계기로 1927년에 좌우 합작의 항일 단체인 신간회가 결성되었어요.
③ 의열단은 민중의 직접 혁명을 강조한 신채호의 '조선 혁명 선언'을 활동 지침으로 삼아 개별적인 의거 투쟁을 벌였어요.
④ 남만주 지역에서 활동한 조선 혁명군은 항일 중국군과 연합하여 영릉가 전투에서 일본군에 승리를 거두었어요.
⑤ 독립 협회는 민중 집회인 만민 공동회를 열어 열강의 이권 침탈을 비판하고 이권 수호 운동을 전개하였어요.

2 밑줄 그은 '이 지역'에서 있었던 민족 운동으로 옳은 것은? [3점]

심화 70회 34번

□□신문

제△△호 ○○○○년 ○○월 ○○일

"원병상 회고록"으로 본 국외 민족 운동

한국 독립운동사의 일면을 살펴볼 수 있는 책이 발간되었다. 이 책은 신흥 무관 학교 졸업생이자 교관으로 독립군 양성에 헌신한 원병상의 회고록이다. 책에는 이 지역에 세워진 신흥 무관 학교의 변화 과정과 학생들의 생활상이 구체적으로 담겨 있을 뿐만 아니라, 국권 피탈 이후 망명해 온 독립지사들이 힘겹게 정착해 나가는 과정이 생생하게 기록되어 있어 독립운동사와 생활사 자료로서 가치가 크다.

① 한인 자치 기구인 경학사가 설립되었다.
② 권업회가 조직되어 기관지를 발행하였다.
③ 유학생들을 중심으로 2·8 독립 선언서가 발표되었다.
④ 대조선 국민군단이 결성되어 군사 훈련을 실시하였다.
⑤ 흥사단이 창립되어 교민들에게 민족의식을 심어주고자 하였다.

2 서간도(남만주) 지역의 민족 운동 정답 ①

정답 찾기 국권 피탈 이후 망명해 온 독립지사들이 정착하였으며 신흥 무관 학교가 세워졌다는 내용을 통해 밑줄 그은 '이 지역'이 서간도(남만주) 지역임을 알 수 있어요. 국권 피탈 이후 일제의 무단 통치로 국내에서의 민족 운동이 어려워지자 독립지사들은 만주, 연해주 등지로 이동하여 독립운동 기지를 건설하였어요. 서간도(남만주)로 이주한 신민회의 이회영, 이상룡 등은 삼원보에 ① 한인 자치 기구인 경학사를 만들고, 민족 교육 기관으로 신흥 강습소를 설립하여 독립군을 양성하였어요. 이후 신흥 강습소는 신흥 무관 학교로 발전하였어요.

오답 피하기
② 권업회는 연해주에서 조직된 한인 자치 단체였으며, 기관지로 권업신문을 발행하였어요.
③ 일본 도쿄에서 민족 자결주의의 영향을 받은 한국인 유학생들을 중심으로 2·8 독립 선언서가 발표되었어요.
④ 미국 하와이에서 박용만 등이 대조선 국민군단을 결성하여 군사 훈련을 실시하였어요.
⑤ 미국 샌프란시스코에서 안창호의 주도로 흥사단이 창립되었어요.

3 (가) 지역에서 일어난 민족 운동에 대한 설명으로 옳은 것은? [3점]

심화 71회 36번

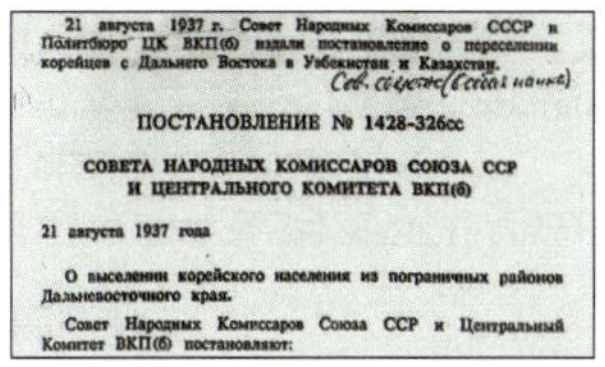

이 문서는 일제에 협력하는 것을 방지한다는 명분으로 (가) 의 한인들을 중앙아시아로 강제 이주시키라는 명령서이다.

1937년에 소련 공산당 서기장 스탈린이 승인한 이 명령의 시행으로 블라디보스토크를 포함한 (가) 의 한인 10만 명 이상이 우즈베키스탄, 카자흐스탄 등지로 강제 이주당하였다.

① 권업회를 조직하고 신문을 발행하였다.
② 한인 자치 기구인 경학사를 설립하였다.
③ 유학생을 중심으로 2·8 독립 선언서를 발표하였다.
④ 독립군 양성을 위해 대조선 국민군단을 결성하였다.
⑤ 서전서숙과 명동 학교를 설립하여 민족 교육을 실시하였다.

4 (가) 지역에서 있었던 민족 운동으로 옳은 것은? [2점]

심화 75회 39번

사진은 (가) (으)로 이주한 한인 노동자들의 모습입니다. 이민자들은 1905년 (가) 의 유카탄반도에 도착한 뒤 에네켄 농장 20여 곳에 분산 배치되어 고된 노동에 시달렸습니다. 이들은 어려운 환경 속에서도 독립운동 자금을 모금하는 등 국권 회복을 위한 노력에 동참하였습니다.

① 한인 자치 기구인 경학사를 조직하였다.
② 권업회를 조직하고 권업신문을 발간하였다.
③ 중광단을 결성하여 항일 투쟁을 전개하였다.
④ 숭무 학교를 설립하여 독립군을 양성하였다.
⑤ 유학생들이 중심이 되어 2·8 독립 선언서를 발표하였다.

3 연해주 지역의 민족 운동 정답 ①

정답 찾기 스탈린의 명령으로 (가) 지역의 한인들이 중앙아시아로 강제 이주당하였다는 내용을 통해 (가) 지역이 연해주임을 알 수 있어요. 연해주는 한반도와 접해 있어 19세기 말부터 우리 민족이 많이 이주한 지역이에요. 국권을 강탈한 일제가 독립운동을 탄압하자 많은 애국지사가 만주와 연해주 등지로 이동하여 정착하였어요. 연해주 지역에서는 신한촌이라는 한인 집단촌이 형성되었으며, ① 자치 단체인 권업회가 조직되어 동포 사회를 이끌고 권업신문을 발행하여 민족의식을 고취하는 데 힘썼어요. 1914년에는 권업회를 토대로 이상설, 이동휘 등이 주도한 대한 광복군 정부가 수립되어 무장 독립 투쟁을 준비하였어요. 또한, 3·1 운동을 계기로 임시 정부 성격의 단체인 대한 국민 의회가 결성되었어요.

오답 피하기
② 서간도(남만주)로 이주한 신민회 회원이 중심이 되어 삼원보에 한인 자치 기구인 경학사를 설립하고, 독립군 양성을 위해 신흥 강습소를 세웠어요.
③ 민족 자결주의의 영향을 받은 일본의 한국인 유학생들이 도쿄에서 조선 청년 독립단을 조직하고 2·8 독립 선언서를 발표하였어요.
④ 박용만은 하와이에서 독립군 양성을 위해 대조선 국민군단을 결성하여 군사 훈련을 실시하였어요.
⑤ 북간도 지역에 이주한 애국지사들이 서전서숙과 명동 학교를 설립하여 민족 교육을 실시하였어요.

4 멕시코 지역의 민족 운동 정답 ④

정답 찾기 이민자들이 유카탄반도에 도착한 뒤 에네켄 농장에 배치되어 고된 노동에 시달렸다는 내용을 통해 (가) 지역이 멕시코임을 알 수 있어요. 대한 제국 시기에 하와이, 미국 본토, 멕시코 등지로 노동 이민이 시작되었어요. 당시 하와이로 이주한 사람들은 사탕수수 농장, 멕시코로 이주한 사람들은 에네켄 농장에서 주로 일하였습니다. 이들은 열악한 환경에서 고된 노동에 시달렸지만, 어려움 속에서도 성금을 모아 독립운동을 지원하였어요. ④ 멕시코로 이주한 한인 동포는 독립군 양성 기관으로 숭무 학교를 설립하여 항일 무장 투쟁을 준비하였어요.

오답 피하기
① 서간도(남만주) 지역에서 신민회 회원이 중심이 되어 한인 자치 기구인 경학사를 조직하였어요.
② 연해주 지역의 한인 동포는 자치 단체인 권업회를 조직하였어요. 권업회는 기관지로 권업신문을 발간하였어요.
③ 북간도 지역에서 대종교도가 중심이 된 중광단이 결성되어 항일 투쟁을 전개하였어요. 이후 중광단은 북로 군정서로 발전하였어요.
⑤ 일본 도쿄에서 민족 자결주의의 영향을 받은 한국인 유학생들이 중심이 되어 2·8 독립 선언서를 발표하였어요.

35강 일제 강점기(1910년대 저항)

5 (가) 운동의 배경으로 가장 적절한 것은? [1점]

심화 75회 36번

파리 강화 회의가 진행되던 프랑스에서는 일제 강점기 최대 규모의 독립운동이었던 (가) 와/과 관련된 내용이 보도된 바 있습니다. 이와 관련하여 "일본 당국이 가혹한 탄압을 하고 있으며 혁명의 희생자 수가 이미 상당하다."라고 보도하며, (가) 에 대해 '혁명'이라는 표현을 사용한 기사가 주목됩니다.

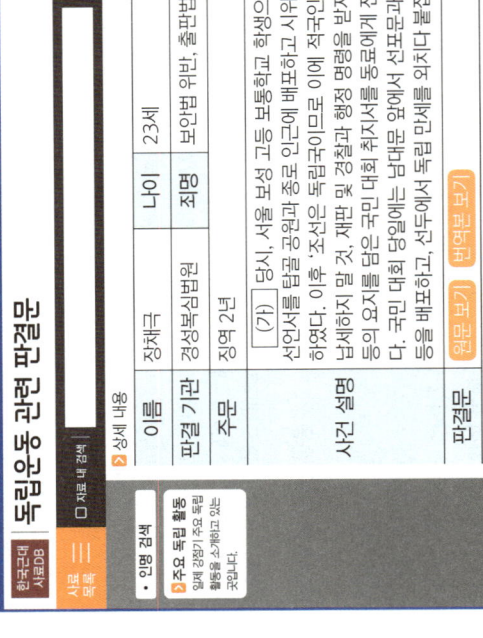

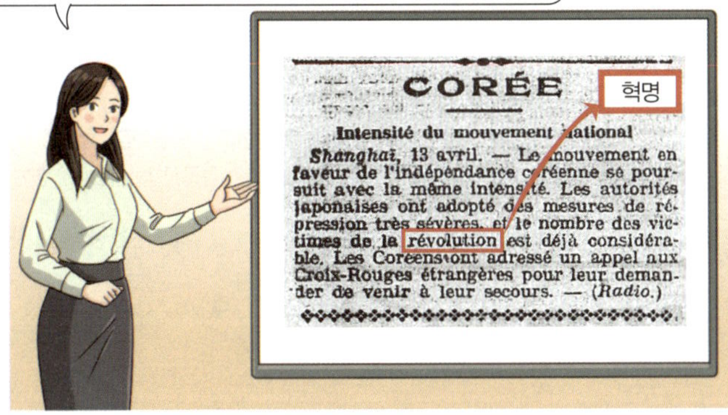

① 간도 참변으로 민간인이 학살되었다.
② 민영익을 대표로 한 보빙사가 파견되었다.
③ 대한 제국의 마지막 황제 순종이 서거하였다.
④ 언론사의 주도로 브나로드 운동이 전개되었다.
⑤ 미국 대통령 윌슨이 민족 자결주의를 제창하였다.

5 3·1 운동 정답 ⑤

정답 찾기 일제 강점기 최대 규모의 독립운동이라는 내용을 통해 (가) 운동이 3·1 운동임을 알 수 있어요. ⑤ 제1차 세계 대전이 끝나갈 무렵 미국 대통령 윌슨이 '각 민족은 정치적 운명을 민족 스스로가 결정할 권리가 있다'는 내용의 민족 자결주의를 제창하였어요. 이 소식이 국내에 전해져 3·1 운동이 일어나는 데 영향을 끼쳤어요. 3·1 운동은 전국 각지는 물론 해외로까지 확산된 일제 강점기 최대 규모의 독립운동이었습니다.

오답 피하기
① 봉오동 전투와 청산리 전투에서 패배한 일본군은 이에 대한 보복으로 1920년에 간도 참변을 일으켰어요.
② 조·미 수호 통상 조약 체결 후 1883년에 미국 공사가 조선에 부임하자 이에 대한 답례로 조선 정부가 미국에 보빙사를 파견하였어요.
③ 1926년 4월에 서거한 순종의 인산일을 기회로 삼아 6·10 만세 운동이 추진되었어요.
④ 1930년대 전반에 동아일보는 '배우자 가르치자 다 함께 브나로드'라는 구호 아래 농촌 계몽을 위한 브나로드 운동을 전개하였어요.

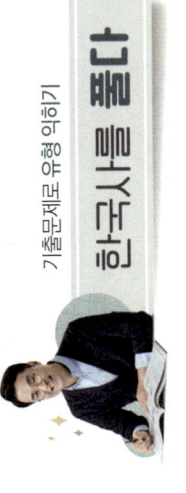

6 (가) 운동에 대한 설명으로 옳은 것은? [2점]

심화 74회 36번

한국근대 사료DB **독립운동 관련 판결문**

사료 목록 | 자료 내 검색 | 상세 검색

• 인명 검색
주요 독립 활동: 일제 강점기 주요 독립 활동을 소개하고 있는 곳입니다.

상세 내용

이름	장채극	나이	23세
판결 기관	경성복심법원	죄명	보안법 위반, 출판법 위반
주문	징역 2년		
사건 설명	(가) 당시, 서울 보성 고등 보통학교 학생으로 독립 선언서를 탑골 공원과 종로 인근에 배포하고 시위에 참여하였다. 이후 '조선은 독립국이므로 이에 적국인 일본에 납세하지 말 것, 재판 및 경찰과 행정 명령을 받지 말 것' 등의 요지를 담은 국민 대회 취지서를 동료에게 전달하였다. 국민 대회 당일에는 남대문 앞에서 선포문과 취지서 등을 배포하고, 선두에서 독립 만세를 외치다 붙잡혔다.		
판결문	원문 보기 번역본 보기		

① 정우회 선언의 영향을 받았다.
② 통감부의 탄압과 방해로 중단되었다.
③ 순종의 인산일을 기회로 삼아 추진되었다.
④ 전개 과정에서 일제가 제암리 학살 등을 자행하였다.
⑤ 성진회와 각 학교 독서회에 의해 전국적으로 확산되었다.

6 3·1 운동 정답 ④

정답 찾기 독립 선언서를 탑골 공원과 종로 인근에 배포하고 시위에 참여하였다는 내용을 통해 (가) 운동이 3·1 운동임을 알 수 있어요. ④ 3·1 운동 전개 과정에서 만세 시위가 확산되자 일제는 헌병 경찰과 군대를 동원하여 무자비하게 탄압하였으며, 경기도 화성 제암리에서는 주민들을 교회당에 몰아넣고 학살하는 만행을 저질렀어요.

오답 피하기
① 1926년 사회주의 세력의 활동 방향을 밝힌 정우회 선언이 발표되었어요. 정우회 선언의 영향으로 1927년에 신간회가 결성되었어요.
② 통감부는 1906년에 설치되어 1910년까지 존속되었어요. 국채 보상 운동 등이 통감부의 탄압과 방해로 중단되었어요.
③ 1926년 순종의 인산일을 기회로 6·10 만세 운동이 전개되었어요.
⑤ 1929년에 일어난 광주 학생 항일 운동은 성진회와 각 학교 독서회에 의해 전국적으로 확산되었어요.

7 (가)에 대한 설명으로 옳은 것은? [1점]

심화 74회 37번

체험 학습 답사지 발표회
백산기념관
저희 모둠에서는 이번 체험 학습 답사지로 백산 상회 설립자 안희제를 기념하는 백산 기념관을 선정하였습니다. 백산 상회는 백산 무역 주식회사로 개편된 이후 (가) 의 연통제 조직을 통해 독립운동 자금을 조달하였으며, 독립신문 보급 등의 역할도 담당하였습니다.

① 고종 강제 퇴위 반대 운동을 전개하였다.
② 일제의 황무지 개간권 요구를 저지하였다.
③ 영은문이 있던 자리 부근에 독립문을 건립하였다.
④ 독립운동 자금 마련을 위해 독립 공채를 발행하였다.
⑤ 조선 총독부에 국권 반환 요구서를 제출하려 하였다.

7 대한민국 임시 정부 정답 ④

정답 찾기 연통제를 조직하고 독립신문을 보급하였다는 내용을 통해 (가)가 대한민국 임시 정부임을 알 수 있어요. 3·1 운동 이후 독립운동을 이끌 지도부의 필요성이 제기되어 상하이에서 대한민국 임시 정부가 수립되었어요. 대한민국 임시 정부는 연통제와 교통국을 두어 독립운동 자금을 모금하고 국내외 독립운동가와 연락을 취하고자 하였으며, 독립신문을 간행하여 임시 정부의 활동과 독립운동 상황을 국내외에 알렸어요. 또한, ④ 독립운동 자금을 마련하기 위해 독립 공채를 발행하였고, 임시 사료 편찬 위원회를 두어 "한·일 관계 사료집"을 편찬하였어요. 외교 활동에도 주력하여 김규식을 중심으로 한 파리 위원부, 이승만을 중심으로 한 구미 위원부를 설치하였어요.

오답 피하기
① 대한 자강회는 헤이그 특사 파견을 구실로 고종이 강제 퇴위를 당하자 고종 강제 퇴위 반대 운동을 전개하였어요.
② 보안회는 일제의 황무지 개간권 요구에 반대하는 운동을 전개하여 일제의 요구를 저지하였어요.
③ 독립 협회는 우리 민족의 독립 의지를 널리 알리기 위해 청의 사신을 맞이하던 영은문이 있던 자리 부근에 독립문을 건립하였어요.
⑤ 독립 의군부는 조선 총독에게 국권 반환 요구서를 보내려고 계획하였으나 사전에 발각되어 실행에 옮기지 못하였어요.

8 (가) 정부에 대한 설명으로 옳은 것은? [2점]

심화 62회 41번

① 좌우 합작 7원칙을 발표하였다.
② 한인 자치 기관인 경학사를 조직하였다.
③ 조선 혁명 선언을 활동 지침으로 삼았다.
④ 한글 맞춤법 통일안과 표준어를 제정하였다.
⑤ 삼균주의를 기초로 한 건국 강령을 선포하였다.

8 대한민국 임시 정부 정답 ⑤

정답 찾기 충칭에서 대일 선전 성명서를 발표하였다는 내용을 통해 (가) 정부가 대한민국 임시 정부임을 알 수 있어요. 1932년 윤봉길의 상하이 훙커우 공원 의거 이후 상하이를 떠나 중국의 여러 지역을 옮겨 다니던 대한민국 임시 정부는 1940년에 충칭에 정착하였어요. 이후 정규군으로 한국 광복군을 창설하고 ⑤ 조소앙의 삼균주의를 기초로 한 건국 강령을 발표하였어요. 그리고 일제가 미국 하와이의 진주만을 기습 공격하여 태평양 전쟁을 일으키자 대일 선전 성명서를 발표하고 한국 광복군을 연합군의 일원으로 참전시켰어요.

오답 피하기
① 광복 이후 여운형, 김규식 등이 통일 정부 수립을 위해 좌우 합작 위원회를 결성하고 좌우 합작 7원칙을 발표하였어요.
② 서간도 삼원보 지역에서 신민회 회원이 중심이 되어 한인 자치 기관인 경학사를 조직하였어요.
③ 의열단은 신채호가 작성한 '조선 혁명 선언'을 활동 지침으로 삼았어요.
④ 조선어 학회는 한글 맞춤법 통일안과 표준어를 제정하는 등 한글 표준화에 힘썼어요.

35강 일제 강점기(1910년대 저항)

Ready go
이번 강 별 채우기 제한 시간은 2분 50초
한 문장을 끝까지 또박또박 읽어야 패스!

기출 선택지로 별 채우기
한국사를 채우다

01 서간도 지역에서 신민회가 중심이 되어 한인 자치 기관인 ★★사를 조직하였다.

02 서간도 지역에 ★★ 무관 학교가 설립되어 독립군 양성에 힘썼다.

03 북간도 지역에 ★전서숙, ★동 학교가 설립되어 민족 교육을 실시하였다.

04 북간도 지역에 ★★교도 중심의 중광단이 결성되어 항일 무장 투쟁을 전개하였다.

05 3·1 운동 직후 중광단이 ★★ 군정서로 개편되었다.

06 연해주 지역에서 이상설 등이 권업회를 토대로 대한 ★★군 정부를 수립하였다.

07 대한 광복군 정부에서 이★★과 이★★가 정·부통령으로 선임되었다.

08 1910년에 미국에서 조직된 대한인 ★★회가 독립운동 자금을 모아 만주와 연해주에서의 독립운동을 지원하였다.

09 하와이에서는 박용만의 주도로 대조선 ★★군단이 조직되어 군사 훈련을 실시하였다.

10 고종의 밀지를 받아 임병찬 등이 주도하여 결성한 독립 ★★부는 복벽주의를 내세우며 의병 전쟁을 준비하였다.

11 독립 의군부는 조선 총독부에 국권 ★★ 요구서를 발송하려고 하였다.

12 박상진의 주도로 대구에서 조직된 대한 ★★회는 군대식 조직을 갖춘 비밀 결사였다.

13 대한 광복회는 ★★ 정체의 국민 국가 수립을 목표로 삼았다.

14 1917년에 상하이에서 신규식 등의 주도로 ★★단결 선언이 발표되었다.

15 제1차 세계 대전이 끝나갈 무렵 미국의 대통령 윌슨이 ★★ ★★주의를 제창하였다.

16 민족 자결주의의 영향을 받은 일본 도쿄의 한국인 유학생들이 ★·★ 독립 선언을 발표하였다.

17 3·1 운동은 일제의 식민 통치 방식이 '★★ 통치'로 바뀌는 계기가 되었다.

18 3·1 운동은 대한민국 ★★ 정부가 수립되는 데 영향을 주었다.

19 3·1 운동은 중국의 ★·★ 운동에 영향을 주었다.

20 파리 강화 회의에 대표로 파견된 김★★은 독립 청원서를 제출하였다.

21 대한민국 임시 정부는 미국 워싱턴에 ★★ 위원부를 설치하고 외교 활동을 전개하였다.

22 대한민국 임시 정부는 국내와의 연락 업무를 위한 비밀 행정 조직으로 ★★제를 실시하였다.

23 대한민국 임시 정부는 이륭양행에 ★★국을 설치하여 국내와 연락을 취하였다.

24 대한민국 임시 정부는 임시 사료 편찬 위원회를 두어 "★·★ 관계 사료집"을 간행하였다.

25 대한민국 임시 정부는 독립 의식을 고취하기 위해 ★★신문을 간행하였다.

26 대한민국 임시 정부는 독립운동 자금을 마련하기 위해 독립 ★★를 발행하였다.

27 이★★은 미국의 윌슨 대통령에게 국제 연맹에 의한 위임 통치를 청원하였다.

28 1923년에 국내외 독립운동가들의 요구로 상하이에서 국민 ★★ 회의가 개최되어 독립운동의 새로운 방향을 논의하였다.

29 한인 ★★단 소속 윤봉길의 의거는 중국 국민당 정부가 대한민국 임시 정부를 적극적으로 지원하는 계기가 되었다.

30 1940년에 충칭에 정착한 대한민국 임시 정부는 산하 정규군으로 한국 ★★군을 창설하였다.

31 1941년에 대한민국 임시 정부는 조소앙의 삼균주의에 바탕을 둔 건국 ★★을 발표하였다.

32 한국 광복군은 미국 전략 정보국(OSS)의 지원을 받아 ★★ 진공 작전을 준비하였다.

정답

01 경학 **02** 신흥 **03** 서, 명 **04** 대종 **05** 북로 **06** 광복 **07** 상설, 동휘 **08** 국민 **09** 국민 **10** 의군 **11** 반환 **12** 광복 **13** 공화 **14** 대동 **15** 민족 자결 **16** 2, 8 **17** 문화 **18** 임시 **19** 5, 4 **20** 규식 **21** 구미 **22** 연통 **23** 교통 **24** 한, 일 **25** 독립 **26** 공채 **27** 승만 **28** 대표 **29** 애국 **30** 광복 **31** 강령 **32** 국내

36강 일제 강점기(1920년대 저항)

한국사의 흐름을 한눈에
한국사를 그리다

강의 바로 보기

실력 양성 운동

- 민족주의 ─ ★★론(이광수) ← 기회주의
- 비타협적 민족주의자
  - → 좌우 합작 → 조선 민흥회 → ★★회 선언 →
- 물산 ★★ 운동: 회사령·관세 X, ★양
  - ↑ 사회주의 세력 비판
- 민립 ★★ 설립 운동(이상재): 2차 교육령
  - └ 한=일 학제
  - ↑ 日 방해: 경성 제국 대학
- 문맹 퇴치 운동: 문자 보급 운동(조선일보)

〈★★회〉 1927
- 이상재·홍명희, 민족 유일당 (임꺽정)
- 공개, 전국 지회(최대)
- 근우회(자매)
- 광주 학생 항일 운동 후원
  - └→ 진상 조사단 → 민중대회
  - ⇒ 해소(31)

↑ 한국 독립 유일당 북경 촉성회 (by 안창호)

쟁의

- 사회주의(사유 재산 X) ← 치안 유지법(25) – 합법 공간
- 소작 쟁의: ★★도 소작 쟁의(23)
- 노동 쟁의
  - 아사 동맹(23): 경성 고무 공장
  - 조선 노동 총동맹(27) / 조선 농민 총동맹(27)
  - ★★ 총파업(29) ← 국제 연대

대중 운동

- 학생 운동
  - 6·10 만세 운동(26): ★종 인산일, 사회주의(+민족주의)
  - ★★ 학생 항일 운동(29): 동맹 휴학, 3·1 운동 이후 최대
- 청년 운동: 조선 청년 총동맹(24)
- 소년 운동: 천도교, 방★★, 〈어린이〉 → 〈소년〉 X
- 여성 운동: ★★회(좌우 합작)
- ★★ 운동: 백정, 진주(→ 임술 농민 봉기)

의열 투쟁

- ★★단(19) ← 〈조선 혁명 선언〉 by 신채호, 폭력
  - 김원봉
  - 박재혁(부산), 최수봉(밀양), 김익상(조선 총독부), 김상옥(종로 경찰서), 김지섭(일본), 나석주(동척, 식산)
  - ↓ 황푸 군관 학교(25)

민족 문화 수호 운동

- 國
  - 조선어 ★★회
  - : 가갸날, 〈한글〉
  - 카프 문학(KAPF)
- 史
  - 신★★
    - : 〈조선사연구초〉
      - └ 낭가, 묘청
    - : 〈조선상고사〉 31
      - └ 아 ↔ 비아
  - 박★★: 국혼
    - : 〈한국통사〉 15
    - : 〈한국독립운동지혈사〉
- 영화: 나운규 '아리랑'
- 원불교(16, 박중빈): 새생활 운동
- 천도교: 〈개벽〉, 〈신여성〉
- 불교: 조선 불교 유신회(한용운)

內 | 外

1. 봉오동 전투: 홍범도, 대한 독립군 + α
   ↓
2. 훈춘 사건 조작
   ↓
3. ★★리 전투: 김좌진, 북로 군정서 + α (백운평, 어랑촌…) 의민단(천주교)
   ↓
4. ★★ 참변(20)
   ↓
5. 대한 독립군단(서일 + α)
   ↓
6. ★★★ 참변(21)
   ↓
미쓰야 협정(25) ⇒ 7. 3부(참·정·신) 결성 → 임정
   └ 정부 = 행정 + 군사
   ⇑
8. 3부 ★★ 운동 ┬ 북: ★★ 의회
   └ 남: ★★부

★정답 자치, 장려, 평, 대학, 암태, 원산, 정우, 신간, 순, 광주, 정환, 근우, 형평, 의열, 연구, 채호, 은식, 청산, 간도, 자유시, 통합, 혁신, 국민

→ 나만의 약점 단권화 노트 30쪽에서 완성 판서를 확인하세요.

36강 일제 강점기(1920년대 저항)

이곳은 당신의 놀이터!
한국사를 쓰다

실력 양성 운동 – 민족주의 < 자치론(이광수) / 비타협적 민족주의자

기회주의

- 물산 장려 운동:
- 민립 대학 설립 운동(이상재):
  - 日 방해:
- 문맹 퇴치 운동:

〈신간회〉 1927

·
·
·
·

한국 독립 유일당 북경 촉성회 (by 안창호)

쟁의 – 사회주의(사유 재산 X)

- 소작 쟁의:
- 노동 쟁의

대중 운동

- 학생 운동
  - 6·10 만세 운동(26):
  - 광주 학생 항일 운동(29):
- 청년 운동:
- 소년 운동:
- 여성 운동:
- 형평 운동:

의열 투쟁

- 의열단(19)
  - 박재혁(부산), 최수봉(밀양), 김익상(조선 총독부), 김상옥(종로 경찰서), 김지섭(일본), 나석주(동척, 식산)

민족 문화 수호 운동

- 國 – 조선어 연구회
- 史 – 신채호
  - :
  - :
  - 박은식:
  - :
  - :
- 영화:
- 원불교(16, 박중빈):
- 천도교:
- 불교:

內 | 外

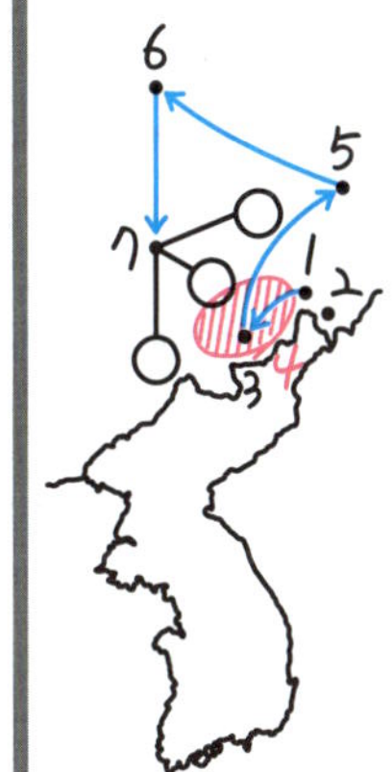

1. ↓
2. ↓
3.
↓
4. ↓
5. ↓
6. ↓
7.

8. ⇑

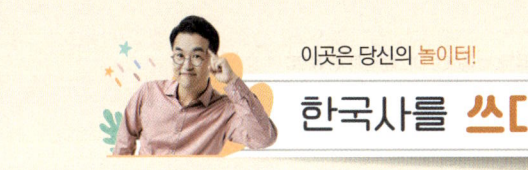

일제 강점기(1920년대 저항)

낯선 용어와 자료 돋보기

한국사를 **보다**

물산 장려 운동

회사 설립이 신고제로 바뀌고 일본 상품에 대한 관세가 철폐된다는 소식이 전해지자 한국인 자본가들의 위기의식이 높아졌어요. 일본의 자본 투자와 상품 유입이 확대되기 때문이었지요. 이에 조만식 등은 평양에서 조선 물산 장려회를 결성하여 토산품 애용 등을 내세운 물산 장려 운동을 전개하였어요. '조선 사람 조선 것' 등의 구호를 내세운 이 운동은 학생들이 중심이 된 자작회, 토산 애용 부인회 등의 단체들이 활발히 참여하면서 전국으로 확대되었어요.

〈조선 물산 장려회 궐기문〉
보아라! 우리가 먹고 입고 쓰는 것이 거의 다 우리 손으로 만든 것이 아니었다. 이것이 세상에 제일 무섭고 위태한 일인 줄 오늘에야 우리가 깨달았다. 피가 있고 눈물이 있는 형제자매들아, 우리가 서로 붙잡고 서로 의지하여 살고서 볼 일이다.

물산 장려 운동 포스터

민립 대학 설립 운동

한국인에 대한 교육 차별에 대항하여 이상재 등이 중심이 되어 우리 손으로 고등 교육 기관인 대학을 설립하자는 민립 대학 설립 운동을 전개하였어요. 대학 설립을 통해 고등 교육을 실현하고자 하였으며, 대학 설립을 위한 모금 운동을 벌였어요. 그러나 일제의 방해와 모금 실적 저조로 우리 민족의 대학 설립 시도는 실패하였어요. 이후 일제는 한국인의 고등 교육에 대한 열망을 잠재우기 위해 경성 제국 대학을 설립하였어요.

〈민립 대학 발기 취지서〉
수삼 년 이래 각지에서 향학열이 힘차게 일어나 학교의 설립과 교육 시설이 많아진 것은 실로 우리의 고귀한 자각에서 나온 것이다. 모두가 경하할 일이나 우리에게 아직도 대학이 없다. …… 그러므로 우리는 감히 만천하 동포에게 향하여 민립 대학 설립을 제창하노니, 자매형제로 모두 와서 성원하라.

자치론

물산 장려 운동, 민립 대학 설립 운동과 같은 실력 양성 운동이 뚜렷한 성과를 거두지 못하자, 이광수, 최린 등의 일부 민족주의계 인사가 현 상황에서 즉각적인 독립은 불가능하니 일본의 식민 지배를 인정하고 자치권을 얻어 내자는 자치론을 제기하였어요. 민족주의 세력은 자치론을 주장하는 타협적 민족주의와 자치론을 비판하는 비타협적 민족주의로 분열되었어요.

그러면 왜 지금에 조선 민족에게는 정치적 생활이 없나? …… 일본이 한국을 병합한 이래로 조선인에게는 모든 정치적 활동을 금지한 것이 첫째 원인이다. 또 병합 이래로 조선인은 일본의 통치권을 승인하는 조건 밑에서 하는 모든 정치적 활동, 즉 참정권·자활권 운동 같은 것은 물론이요, 일본 정부를 적수로 하는 독립운동조차도 원치 아니하는 강렬한 절개 의식이 있었던 것이 두 번째 원인이다. …… 그러나 우리는 무슨 방법으로나 조선 내에서 전 민족적인 정치 운동을 하도록 새로운 방면을 타개할 필요가 있다. 우리는 조선 내에서 허용되는 범위 내에서 일대 정치적 결사를 조직해야 한다는 것이 우리의 주장이다.
- 이광수, '민족적 경륜' -

민족 유일당 운동

자치론을 배격하는 비타협적 민족주의 세력과 치안 유지법 제정으로 거세진 일제의 탄압으로 활동에 어려움을 겪던 사회주의 세력은 민족이라는 이름 아래 하나로 뭉쳐 독립운동의 역량을 강화하는 민족 유일당 운동을 도모하였어요. 비타협적 민족주의자들은 일부 사회주의자들과 연합하여 조선 민흥회를 결성하였고, 일부 사회주의 세력도 정우회 선언을 발표하여 민족주의 진영과의 제휴를 주장하였어요.

〈정우회 선언〉
민족주의적 세력의 대두로 인해 전개되는 정치적 운동의 경향에 대해서는, 그것이 하나의 필연적 과정인 이상, 우리는 냉정하게 강 건너 불 보듯 할 수 없다. 그것보다 우리 운동 자체가 경제적 투쟁에 국한되어 있던 과거의 한계에서 벗어나 한층 계급적이고 대중적이며 의식적인 정치적 형태로 비약해야 할 전환기에 도달한 것이다. …… 따라서 민족주의적 세력에 대해서는 …… 그것이 타락한 형태로 나타나지 않는 것을 전제로 해서 적극적으로 제휴하여 대중의 개량적인 이익을 위해서도 이전의 소극적인 태도를 버리고 분연히 싸워야 할 것이다.

신간회

조선 민흥회 발기와 정우회 선언을 계기로 자치론에 반대하는 비타협적 민족주의 세력과 사회주의 세력이 연대하여 신간회를 창립하였어요. 신간회는 약 4만 명의 회원을 가진 일제 강점기 최대 규모의 민족 운동 단체로 성장하였으며, 각종 사회단체를 지원하고 광주 학생 항일 운동에 진상 조사단을 파견하는 등 활발한 활동을 전개하였어요.

〈신간회 강령〉
1. 우리는 정치적·경제적 각성을 촉진한다.
2. 우리는 단결을 공고히 한다.
3. 우리는 기회주의를 일체 부인한다.

용어 사전

실력 양성 운동
'문화 통치'를 배경으로, 독립을 위해 먼저 실력을 기르는 것이 중요하다는 민족주의자들의 논리를 바탕으로 전개된 민족 운동의 방향이에요. 실력 양성의 방법으로 교육을 통한 인재 양성과 민족 자본의 육성을 강조하였어요.

경성 제국 대학
1920년대 초반에 우리 민족이 민립 대학 설립 운동을 전개하자 일제가 이를 저지하고 여론을 무마하기 위해 서울(경성)에 설립한 대학이에요.

문맹 퇴치 운동
글을 모르는 사람들에게 읽고 쓰는 법을 가르쳐 깨우치게 하는 운동이에요. 1920년대 후반부터 언론 기관이 중심이 되어 농촌 계몽 운동의 일환으로 한글을 보급하고 한글 교재를 발행하는 등의 문자 보급 운동을 전개하였어요.

암태도 소작 쟁의
전라남도 신안군 암태도의 소작 농민들이 수확량의 70~80%를 소작료로 가져가는 지주 문재철의 횡포에 저항하여 일으킨 농민 운동이에요.

원불교
박중빈 등이 창시한 종교로 근검절약, 허례 폐지 등의 새 생활 운동을 전개하였어요.

근우회

근우회는 민족주의 계열과 사회주의 계열의 여성 인사들이 대부분 참여한 단체로, 전국 순회강연을 하고 야학을 여는 등 여성의 권리 신장과 의식 계몽에 앞장섰어요. 또 기관지인 "근우"를 발간하였어요.

〈근우회 창립 취지문(1927)〉
인류 사회는 많은 불합리를 생산하는 동시에 그 해결을 우리에게 요구하여 마지않는다. 여성 문제는 그중의 하나이다. 세계인은 이 요구에 응하여 분연하게 활동하고 있다. …… 우리 자체를 위하여, 우리 사회를 위하여 분투하려면 우선 조선 자매 전체의 역량을 공고히 단결하여 운동을 전반적으로 전개하지 아니하면 아니 된다. 일어나라! 오너라! 단결하자! 분투하자! 조선의 자매들아! 미래는 우리의 것이다.

6·10 만세 운동(1926)

사회주의 계열과 천도교 계열, 학생 단체가 순종의 인산일을 기회로 삼아 만세 운동을 계획하였어요. 사회주의 계열과 천도교 계열의 계획은 사전에 일제에 발각되었지만, 학생들은 예정대로 6월 10일에 만세 운동을 전개하였지요. 일제의 철저한 탄압 때문에 전국적으로 확산되지는 못하였지만, 6·10 만세 운동을 준비하는 과정에서 민족주의 계열과 사회주의 세력이 연대함으로써 민족 유일당을 결성할 수 있는 공감대가 형성되었어요.

〈6·10 만세 운동 당시 격문〉
- 조선은 조선인의 조선이다!
- 일본인 공장의 직공은 총파업하라!
- 8시간 노동제를 실시하라!
- 일본인 지주에게 소작료를 바치지 말자!
- 동양 척식 주식회사를 철폐하라!
- 조선인 교육은 조선인 본위로!
- 보통학교 용어를 조선어로!

광주 학생 항일 운동과 신간회

광주 학생 항일 운동은 광주의 한·일 학생 간 충돌이 발단이 되어 일어났어요. 학생들은 민족 차별 중지, 식민지 교육 제도 철폐 등을 주장하며 대규모 시위를 벌였고, 시위는 점차 전국으로 확산되어 3·1 운동 이후 최대 규모의 항일 운동으로 발전하였어요. 신간회는 광주 학생 항일 운동에 진상 조사단을 파견하고, 사건의 진상 보고를 위한 민중 대회를 개최하려고 하였지만 사전에 발각되어 집행부가 대부분 구속되는 등 타격을 입었어요.

〈광주 학생 항일 운동 당시 배포된 격문〉
- 검거자를 즉시 우리의 힘으로 탈환하자!
- 검거자를 즉시 석방하라!
- 교내에 경찰 침입을 절대 방지하자!
- 조선인 본위의 교육 제도를 확립하자!
- 식민지 노예 교육 제도를 철폐하자!

〈신간회 결의문〉
1. 민중 대회를 개최할 것
2. 시위 운동을 조직화할 것
3. 다음과 같은 표어로 민중 여론을 환기할 것
   - 광주 학생 사건의 정체를 알리자!
   - 구금된 학생을 무조건으로 석방하자!
   - 경찰의 학교 유린을 배격하자!

소년 운동

어린이를 하나의 인격체로 대우하자는 소년 운동은 천도교를 중심으로 일어났어요. 방정환, 김기전 등이 주도한 천도교 소년회는 천도교의 교리인 인내천 사상을 바탕으로 어린이도 어른과 마찬가지로 존중받아야 할 사람이라고 주장하였어요. '어린이날'을 제정하고 "어린이"라는 잡지도 발간하였어요.

〈소년 운동의 기초 조항〉
1. 어린이를 재래의 윤리적 압박으로부터 해방하여 그들에 대한 완전한 인격적 예우를 허(許)하게 하라.
2. 어린이를 재래의 경제적 압박으로부터 해방하여 만 14세 이하의 그들에 대한 무상 또는 유상의 노동을 폐(廢)하게 하라.
3. 어린이를 그들이 고요히 배우고 즐거이 놀기에 족(足)한 각양의 가정 또는 사회 시설을 행(行)하게 하라.

형평 운동

저울 형(衡), 평등할 평(平). 즉, 형평 운동은 저울처럼 평등함을 추구한 사회 운동이었어요. 백정은 자신들에 대한 사회적 차별과 멸시를 철폐하기 위해 진주에서 조선 형평사를 조직하고 자신들이 쓰는 도구인 저울처럼 평등한 세상을 만들겠다는 신념 아래 형평 운동을 전개하였어요.

〈조선 형평사 설립 취지문〉
공평은 사회의 근본이고, 애정은 인류의 근본 강령이다. 고로 우리는 계급을 타파하고 모욕적 칭호를 폐지하여 교육을 장려하며, 우리도 참다운 인간이 되는 것을 기대하는 것이 본사의 큰 뜻이다. 지금까지 조선의 백정은 어떠한 지위와 어떠한 압박을 받아 왔던가? …… 비천하고 가난하고 열악하고 약하여 굴종한 자는 누구였던가? 아아, 그것은 우리 백정이 아니었던가? 그런데 이러한 비극에 대한 사회의 태도는 어떠한가? 소위 지식 계급에서는 압박과 멸시만 하였다. 직업의 구별이 있다고 하면 금수의 생명을 빼앗는 자는 우리들만이 아니다.

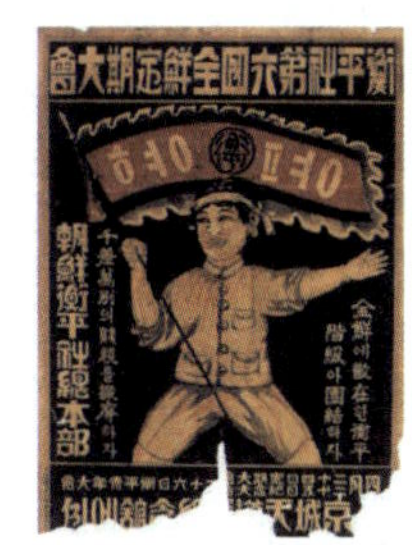
형평사 정기 대회 포스터

용어 사전

원산 총파업
함경남도 덕원군의 문평 라이징선 석유회사의 일본인 감독관이 한국인 노동자를 구타한 사건이 발단이 되어 시작되었어요. 석유회사 노동자들은 임금 인상과 노동 조건의 개선을 요구하였어요. 회사가 요구 수용의 약속을 어기고 탄압하자 원산 지역 노동자들이 총파업에 돌입하였어요. 파업이 전개되면서 일본, 프랑스 등의 노동 단체로부터 격려 전문을 받기도 하였습니다. 원산 총파업은 일제 강점기 최대 규모의 파업이었으나 일제의 탄압으로 결국 실패하였어요.

기회주의
확고한 태도를 가지지 못하고, 상황이나 세력 관계의 변화에 따라 이로운 쪽으로 행동하는 경향을 말해요. 비타협적 민족주의 세력은 자치 운동을 기회주의로 보았어요.

신간회 해소
민중 대회가 사전에 발각되면서 신간회 지도부가 경찰에 체포되었어요. 이후 들어선 신간회의 새 집행부는 합법적 활동만을 주장하였지요. 이에 사회주의자들이 반발하며 신간회 해소를 주장하였는데, 완전하게 없어지는 것이 아닌 다른 형태로 새롭게 발전하자는 뜻에서 '해체'가 아닌 '해소'라고 표현하였어요.

한국 독립 유일당 북경 촉성회
중국 북경(베이징)에서 결성된 독립운동 단체로, 안창호, 원세훈 등이 주의·주장을 초월하여 독립운동을 전개하기 위해 조직하였어요.

36강 일제 강점기(1920년대 저항)

의열단

의열 투쟁은 정의로운 일을 맹렬히 실행하는 투쟁, 즉 폭탄 투척이나 암살 등의 방식으로 독립운동을 하는 것입니다. 김원봉 등을 중심으로 조직된 의열단은 신채호가 쓴 '조선 혁명 선언'을 활동 지침으로 삼았으며, 개인이 일제 요인 암살, 식민 통치 기관 파괴 등의 무력(폭력) 투쟁을 전개하였어요. 1920년대 후반부터 의열단은 조직적인 항일 무장 투쟁으로 노선을 바꾸어 단원 일부가 황푸 군관 학교에 입교하여 체계적인 군사 훈련을 받았으며, 1932년에 중국 국민당 정부의 지원을 받아 독립군 간부를 양성하는 조선 혁명 간부 학교를 설립하기도 하였어요.

〈조선 혁명 선언〉
민중은 우리 혁명의 대본영(大本營)이다. 폭력은 우리 혁명의 유일한 무기이다. 우리는 민중 속으로 가서 민중과 손을 맞잡아 끊임없는 폭력- 암살·파괴·폭동 -으로써 강도 일본의 통치를 타도하고, 우리 생활에 불합리한 일체의 제도를 개조하여, 인류로써 인류를 압박하지 못하며, 사회로써 사회를 박탈하지 못하는 이상적 조선을 건설할지니라.

박은식

박은식이 저술한 "한국통사"의 통은 아플 통(痛)입니다. '한국의 아픈 역사'라는 이름의 이 책은 한국이 일제의 식민지로 전락하기 직전인 개항기 역사를 다루고 있어요. 또 박은식은 한국 독립운동의 역사를 담은 "한국독립운동지혈사"도 썼어요. 그는 국혼(國魂)을 강조하면서 비록 일제의 침략으로 나라를 잃었다 할지라도 혼을 간직한다면 언젠가 나라를 되찾을 수 있다고 주장하였어요.

- 옛사람이 이르기를, 나라는 없어질 수 있으나 역사는 없어질 수 없다고 하였으니, 그것은 나라는 형체이고 역사는 정신이기 때문이다. 이제 우리나라의 형체는 허물어졌지만, 정신은 살아남아야 할 것이다. 이것이 내가 역사를 쓰는 까닭이다. 정신이 살아서 없어지지 않으면 형체도 부활할 때가 있을 것이다. - "한국통사" -
- 우리 겨레는 단군의 후예로 …… 우리의 국성(國性)은 모든 면에서 다른 민족과 구별되어 왔다. 이러한 여러 요소가 합해져 우리의 국혼(國魂)을 생성시키고 우리의 국혼을 강하고 견고하게 만들었으므로 결코 다른 민족에 동화될 수 없다. - "한국독립운동지혈사" -

용어 사전

조선어 연구회
주시경의 영향을 받은 임경재, 장지영 등이 한글을 연구하고 보급할 목적으로 만들었어요. 한글날의 시초가 된 '가갸날'을 제정하고 "한글"이라는 잡지를 발간하였어요.

카프(KAPF)
조선 프롤레타리아 예술가 동맹의 약칭으로, 사회주의 혁명을 목적으로 한 문학 예술가들이 결성한 단체입니다.

영화 아리랑(나운규)
1926년에 나운규가 나라 잃은 민족의 애환을 담은 영화 '아리랑'을 발표하여 큰 인기를 얻었어요.

간도 참변
일제가 간도 지역의 독립군을 토벌한다는 구실을 내세워 그 지방에 살고 있던 한인들을 무차별 학살한 사건이에요. 봉오동 전투와 청산리 대첩에서 패배한 일제가 이에 대한 보복으로 일으켰어요.

미쓰야 협정
만주에서 독립군의 활동이 활발해지자 일제는 만주 지역의 중국 군벌과 미쓰야 협정을 맺어 만주에서 활약하는 독립군을 체포하여 넘기면 그 대가로 상금을 주기로 하였어요. 이로 인해 중국 관리들에 의한 한국인 탄압이 심해져 만주에서의 독립군 활동이 크게 위축되었습니다.

신채호

신채호는 "조선사연구초"와 "조선상고사"를 저술하여 민족주의 사학의 기반을 마련하였어요. 신채호는 낭가사상을 강조하였는데, 낭가사상은 화랑의 '낭'을 떠올리면 됩니다. 산과 계곡을 누비며 심신 수련을 통해 호연지기와 진취적 기상을 기르던 화랑도에 주목하여 우리 민족의 정신이 낭가사상에 기반을 두었다고 주장하였어요.

- 어떻게 하면 우리 이천만 동포의 귀에, 항상 애국이란 말이 울려 퍼지게 할 것인가? 오직 역사로 할 뿐이니라! 어떻게 하면 우리 이천만 동포의 눈에, 나라라는 글자가 배회하게 할 것인가? 오직 역사로 할 뿐이니라! - 역사와 애국심의 관계 -
- 역사란 무엇이뇨? 인류 사회의 아(我)와 비아(非我)의 투쟁이 시간부터 발전하며 공간부터 확대하는 심적 활동 상태의 기록이니, 세계사라 하면 세계 인류의 그리되어 온 상태의 기록이며, 조선사라 하면 조선 민족의 그리되어 온 상태의 기록이니라. - "조선상고사" -

봉오동 전투와 청산리 대첩

3·1 운동 이후 만주에서 많은 독립군 단체가 결성되어 활동하였어요. 홍범도의 대한 독립군을 비롯한 연합 부대는 일본의 독립군 진압 부대를 기습하여 봉오동에서 승리를 거두었어요. 또 김좌진의 북로 군정서와 독립군 연합 부대는 일본군을 청산리 일대로 유인하여 백운평, 어랑촌 등지에서 격퇴함으로써 대승을 거두었는데, 이를 청산리 대첩이라고 합니다.

자유시 참변

간도 참변 이후 만주의 여러 독립군 부대는 약소민족의 독립운동을 지원하겠다는 러시아 혁명군의 약속을 믿고 러시아령 자유시로 이동하였어요. 그런데 독립군 내 지휘권을 두고 내분이 일어났고, 이 과정에서 일제와의 마찰을 우려한 러시아 혁명군이 독립군에 무장 해제를 요구하여 이를 거부하는 독립군 부대를 공격하였어요. 이로 인해 많은 독립군이 희생되었습니다.

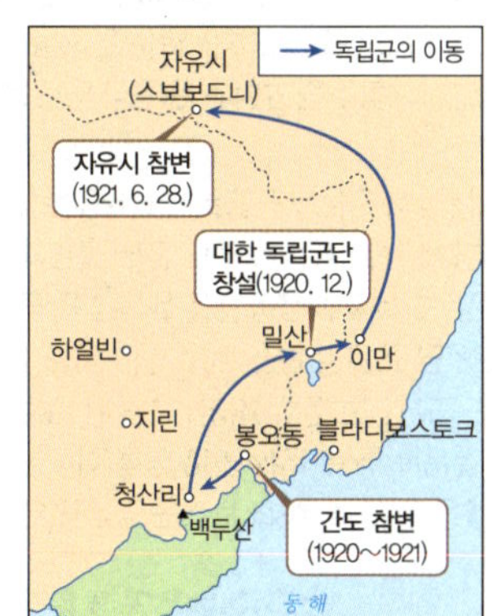

36강 일제 강점기(1920년대 저항)

마무리도 빈틈없이 **한국사를 읽다**

1 국내 사회·경제적 민족 운동

(1) 실력 양성 운동

물산 장려 운동	• 배경 : 회사령 폐지, 일본 상품에 대한 관세 철폐 움직임(→ 1923년에 폐지됨) • 전개 : 조만식 등을 중심으로 평양에서 조선 물산 장려회 조직 → 일본 상품 배격, 근검저축과 금주·금연 운동, 토산품 애용 운동('내 살림은 내 것으로', '조선 사람 조선 것') 전개 • 결과 : 상품 가격 상승 → 사회주의자로부터 자본가의 이익을 대변한다고 비판을 받음
민립 대학 설립 운동	• 배경 : 식민지 교육 차별, 제2차 조선 교육령 공포(대학 설립 가능) • 전개 : 이상재 등이 조선 민립 대학 기성회를 조직하고 모금 운동 전개 • 결과 : 모금 실적 부진, 일제의 방해로 좌절, 일제가 무마책으로 경성 제국 대학 설립(1924)
문맹 퇴치 운동	문자 보급 운동 : 1920년대 후반 조선일보 주도 → 한글 교재 보급, 전국 순회강연 개최

(2) 농민·노동 운동

농민·노동자 단체 조직	조선 노동 공제회(1920) → 조선 노농 총동맹(1924) → 조선 노동 총동맹, 조선 농민 총동맹으로 분화(1927)	1930년대에 반제국주의 항일 운동으로 발전
소작 쟁의	소작권 이전 반대, 고율의 소작료 인하 요구, 암태도 소작 쟁의(1923)	
노동 쟁의	노동 조건 개선과 임금 인상 등 주장, 원산 총파업(1929)	

(3) 신간회 결성과 활동

배경	국외	중국 국·공 합작(1924)의 영향 → 한국 독립 유일당 북경 촉성회 창립, 3부 통합 운동
	국내	• 민족주의 세력 내에서 자치론 대두 → 분열(타협적 민족주의 ↔ 비타협적 민족주의) • 치안 유지법 제정 → 사회주의자들의 활동 위축(민족주의 진영과 연대 모색), 정우회 선언(1926)
결성		• 창립 : 비타협적 민족주의 세력과 사회주의 세력이 연합하여 결성(1927), 회장 이상재 • 강령 : 정치·경제적 각성 촉구, 민족의 공고한 단결 촉구, 기회주의 배격 • 활동 : 강연회 개최, 사회단체 지원, 광주 학생 항일 운동 지원(진상 조사단 파견, 민중 대회 계획) • 해소 : 일제의 탄압, 새 지도부 온건화 → 코민테른의 노선 변경에 따른 사회주의계 이탈로 해소(1931) • 의의 : 민족주의 계열과 사회주의 계열의 민족 협동 전선, 일제 강점기 최대 규모의 민족 운동 단체

(4) 대중 운동

학생 운동	• 6·10 만세 운동(1926) : 순종 인산일에 전개, 민족주의 계열과 사회주의 계열 연대 모색의 계기 • 광주 학생 항일 운동(1929) : 광주의 한·일 학생 간 충돌이 계기 → 광주 지역 학생들이 대규모 시위 전개 → 신간회의 지원, 전국으로 확산(3·1 운동 이후 최대 규모의 항일 민족 운동)

소년 운동	방정환, 김기전 등이 중심이 된 천도교 소년회가 주도 → 어린이날 제정, 잡지 "어린이" 발간
여성 운동	근우회 결성(민족주의계와 사회주의계 여성 인사들이 함께 참여, 1927) → 여성의 단결과 지위 향상 도모, 기관지 "근우" 발간
형평 운동	백정들이 진주에서 조선 형평사 결성(1923) → 백정에 대한 차별 철폐 주장

2 의열 투쟁(의열단)

결성	만주에서 김원봉의 주도로 조직(1919) → 일제 요인 암살, 식민 통치 기관 파괴 등 폭력 투쟁
주요 활동	김원봉의 요청으로 신채호가 작성한 '조선 혁명 선언'을 활동 지침으로 삼음 → 박재혁(부산 경찰서에 폭탄 투척), 김익상(조선 총독부에 폭탄 투척), 김상옥(종로 경찰서에 폭탄 투척), 김지섭(도쿄 궁성에 폭탄 투척), 나석주(조선 식산 은행과 동양 척식 주식회사에 폭탄 투척) 등의 의거
변화	1920년대 후반에 조직적인 항일 무장 투쟁으로 전환 → 일부 단원이 황푸 군관 학교에서 군사 훈련 수료, 조선 혁명 간부 학교 설립(1932), 민족 혁명당 결성에 주도적 역할을 함

3 민족 문화 수호 운동

국어·문학	조선어 연구회(한글 보급 노력, '가갸날' 제정, 잡지 "한글" 발행), 카프(KAPF) 문학(신경향파)
민족주의 사학	• 신채호 : "조선사연구초"·"조선상고사" 저술, 낭가사상 강조 • 박은식 : "한국통사"·"한국독립운동지혈사" 저술, 국혼 강조
영화	나운규의 '아리랑' 제작(단성사에서 개봉)

4 국외 무장 독립 전쟁

봉오동 전투	대한 독립군(홍범도) 등 독립군 연합 부대가 봉오동에서 일본군을 크게 격퇴(1920. 6.)
청산리 전투	일제가 훈춘 사건을 조작하여 만주로 대규모의 일본군 파견 → 북로 군정서(김좌진), 대한 독립군(홍범도) 등의 독립군 연합 부대가 백운평, 어랑촌 등지에서 일본군을 크게 격퇴(1920. 10.)
독립군의 시련	• 간도 참변(1920) : 봉오동 전투와 청산리 전투에서 패한 일본군이 간도의 한인 마을을 습격하고 무차별 학살 자행 • 독립군 부대들이 밀산으로 이동 → 대한 독립군단 조직(총재 서일) → 러시아령 자유시로 이동 • 자유시 참변(1921) : 러시아 혁명군이 무장 해제 요구를 거부한 독립군 공격 → 독립군 희생
독립군 재정비	• 3부 성립 : 독립군의 만주 귀환, 독립운동 단체 통합 → 참의부, 정의부, 신민부 결성 • 일제가 독립군 탄압을 위해 만주 군벌과 미쓰야 협정 체결(1925) → 독립군의 활동 위축 • 3부 통합 운동 : 국민부(남만주), 혁신 의회(북만주)로 재편

36강 일제 강점기(1920년대 저항)

1 심화 73회 44번

밑줄 그은 '운동'에 대한 설명으로 옳은 것은? [2점]

선생님께서 참여하신 운동은 '조선 사람 조선 것'이라는 구호를 내세웠다는 점에서 사실상 독립운동이 아니냐고 일제 경찰이 심문할 때 어떻게 대응하셨나요?
조선 물산의 생산과 소비를 장려하는 운동에 조선인이 참여하는 것은 당연한 일이 아닌가, 오사카 사람이 오사카의 물산을 장려하는 것도 문제 삼을 것이냐고 반문하니 주의만 주고 가더군요.

① 조선 노동 총동맹을 중심으로 전개되었다.
② 보국안민, 제폭구민 등이 구호로 사용되었다.
③ 조선 관세령 폐지 등을 배경으로 확산하였다.
④ 황국 중앙 총상회가 설립되는 결과를 가져왔다.
⑤ 일본 제일 은행권 화폐가 유통되는 계기가 되었다.

2 심화 71회 40번

다음 자료가 발표된 시기를 연표에서 옳게 고른 것은? [2점]

> 대학을 세운다는 일은 극히 거창하여 여간 몇 사람의 힘으로는 도저히 성취할 바가 아니므로 금일까지 실지의 운동이 일어나지 못하였던 것이라. 그러나 일이 거창하고 어렵다고 시작을 아니하면 언제까지든지 조선 사람의 대학이라는 것은 생겨볼 수가 없다. 그러므로 이번에 조선 전도의 다수한 유지를 망라하여 민중적 운동으로 될 수 있는 대로 많은 사람의 힘을 합하여 민립 대학 한 곳을 세워 보고자 이상재, 이승훈 등의 주창으로 수일 전에 민립 대학 기성 준비회를 조직하고 집행 위원을 선정하였는데, 장차 각 부·군에서 다수한 발기인의 참가를 구하여 경성에서 발기회를 열고 실행 방법을 결정할 터이다.

1895		1911		1919		1924		1938		1942
한성 사범 학교 설립	(가)	제1차 조선 교육령	(나)	3·1 운동	(다)	경성 제국 대학 개교	(라)	제3차 조선 교육령	(마)	조선어 학회 사건

① (가) ② (나) ③ (다) ④ (라) ⑤ (마)

1 물산 장려 운동 정답 ③

정답 찾기 '조선 사람 조선 것'이라는 구호를 내세웠으며 조선 물산의 생산과 소비를 장려하였다는 내용을 통해 밑줄 그은 '운동'이 1920년대에 전개된 물산 장려 운동임을 알 수 있어요. 1920년대에 들어 회사령의 철폐와 ③ 일본과 한국 사이의 관세를 대부분 철폐하는 조선 관세령의 폐지를 배경으로 물산 장려 운동이 전국적으로 확산되었어요. 평양에서 조만식 등의 주도로 시작된 물산 장려 운동은 '조선 사람 조선 것', '내 살림 내 것으로'라는 구호를 내걸고 민족 산업을 보호·육성하기 위해 토산품 애용, 근검저축, 금주, 금연 등의 실천을 주장하였어요.

오답 피하기
① 전국적인 노동자·농민 조직으로 결성된 조선 노농 총동맹이 1927년에 조선 노동 총동맹과 조선 농민 총동맹으로 분화되었어요. 조선 노동 총동맹은 사회주의 계열의 지원을 받아 조직적으로 노동 쟁의를 전개하였어요.
② 동학 농민 운동 당시 동학 농민군은 보국안민, 제폭구민 등의 기치를 내걸고 봉기하였어요.
④ 외국 상인의 상권 침탈이 심화되자 1898년에 서울의 시전 상인들이 상권 수호 운동을 전개하여 황국 중앙 총상회를 조직하였어요.
⑤ 1905년에 실시된 화폐 정리 사업을 통해 일제가 일본 제일 은행권을 조선에서 법정 통화처럼 유통시켰어요.

2 민립 대학 설립 운동 정답 ③

정답 찾기 이상재, 이승훈 등의 주창으로 민립 대학 기성 준비회가 조직되었다는 내용을 통해 민립 대학 설립 운동과 관련된 자료임을 알 수 있어요. 3·1 운동 이후 1920년대 들어 일제가 이른바 문화 통치를 내세우자 국내에서 민족주의계 인사들이 중심이 되어 실력 양성 운동을 전개하였어요. 민립 대학 설립 운동은 우리 민족의 힘으로 한국인의 고등 교육을 위한 대학을 설립하자는 실력 양성 운동으로, 인재를 양성하여 민족의 역량을 강화하자는 목표로 추진되었어요. 1920년대 초반에 이상재 등이 조선 민립 대학 기성회를 조직하고 민립 대학 설립을 위한 모금 운동을 벌였어요. 그러나 일제의 방해와 모금 실적 저조로 우리 민족의 대학 설립 시도는 실패하였어요. 일제는 한국인의 고등 교육에 대한 열망을 잠재우기 위해 1924년에 경성 제국 대학을 설립하였어요.
따라서 민립 대학 설립 운동이 전개된 시기는 3·1 운동과 경성 제국 대학 개교 사이인 ③ (다)입니다.

3 (가) 단체에 대한 설명으로 옳은 것은? [2점]

심화 64회 37번

역 사 신 문

제△△호 ○○○○년 ○○월 ○○일

민중 대회 개최 모의로 지도부 대거 체포

허헌, 홍명희 등 [(가)]의 지도부는 광주 학생 항일 운동을 전국적 시위운동으로 확산시키기 위한 민중 대회 개최를 추진하다가 경찰에 체포되었다. 이 단체는 사건 진상 조사 보고를 위한 유인물 배포 및 연설회 개최를 계획하고, 각 지회에 행동 지침을 내리는 등 시위 확산을 도모하였다.

① 암태도 소작 쟁의를 지원하였다.
② 민족 협동 전선으로 결성되었다.
③ 부민관 폭파 사건을 주도하였다.
④ 조선 혁명 선언을 활동 지침으로 하였다.
⑤ 어린이날을 제정하고 잡지 어린이를 간행하였다.

4 밑줄 그은 '이 운동'에 대한 설명으로 옳은 것을 〈보기〉에서 고른 것은? [1점]

심화 67회 38번

이것은 1929년 11월 한·일 학생 간의 충돌을 계기로 시작된 이 운동을 기념하는 탑입니다. 당시 민족 차별에 분노한 광주 지역 학생들이 대규모 시위를 전개하였고, 전국의 많은 학교가 동맹 휴학으로 동참하였습니다. 이 기념탑은 학생들의 단결된 의지를 타오르는 횃불로 형상화한 것입니다.

보기

ㄱ. 조선인 본위의 교육 제도 확립 등을 요구하였다.
ㄴ. 대한매일신보의 후원 속에 전국으로 확산하였다.
ㄷ. 신간회에서 진상 조사단을 파견하여 지원하였다.
ㄹ. 일제가 이른바 문화 통치를 실시하는 배경이 되었다.

① ㄱ, ㄴ ② ㄱ, ㄷ ③ ㄴ, ㄷ
④ ㄴ, ㄹ ⑤ ㄷ, ㄹ

3 **신간회** 정답 ②

정답 찾기 광주 학생 항일 운동을 전국적 시위운동으로 확산시키기 위한 민중 대회 개최를 추진하였다는 내용을 통해 (가) 단체가 신간회임을 알 수 있어요. 신간회는 1927년에 자치론에 반대하는 비타협적 민족주의 세력과 사회주의 세력의 ② 민족 협동 전선으로 결성되었어요. 1929년에 광주 학생 항일 운동이 일어나자 진상 규명을 위한 진상 조사단을 파견하였으며, 대규모 민중 대회를 계획하였으나 일제의 탄압으로 실행하지 못하였어요.

오답 피하기
① 암태도 소작 쟁의는 신간회 창립 이전인 1923년에 일어났어요. 암태도 소작 쟁의를 지원한 단체로 조선 노농 총동맹을 들 수 있어요.
③ 1945년에 대한 애국 청년당원들이 부민관 폭파 사건을 주도하였어요.
④ 김원봉이 조직한 의열 투쟁 단체인 의열단은 신채호가 작성한 '조선 혁명 선언'을 활동 지침으로 삼았어요.
⑤ 방정환이 중심이 된 천도교 소년회는 소년 운동을 전개하며 어린이날을 제정하고 잡지 "어린이"를 간행하였어요.

4 **광주 학생 항일 운동** 정답 ②

정답 찾기 1929년 11월 한·일 학생 간의 충돌을 계기로 시작되었으며, 광주 지역 학생들이 대규모 시위를 전개하였다는 내용을 통해 밑줄 그은 '이 운동'이 광주 학생 항일 운동임을 알 수 있어요. 한·일 학생 간 충돌 사건을 수습하는 과정에서 일제 경찰이 일방적으로 일본 학생을 편들자 민족 차별에 분노한 광주 지역의 학생들이 대규모 시위를 일으키고 ㄱ. 조선인 본위의 교육 제도 확립 등을 주장하였어요. 시위가 확산되는 가운데 ㄷ. 신간회는 진상 조사단을 파견하여 지원하였으며, 학생 시위를 전국적인 운동으로 확산시키기 위해 대규모 민중 대회를 계획하였어요.

오답 피하기
ㄴ. 국권 피탈 이전에 전개된 국채 보상 운동은 대한매일신보 등의 후원 속에 전국으로 확산되었어요.
ㄹ. 3·1 운동을 계기로 일제는 무단 통치의 한계를 느끼고 이른바 문화 통치를 실시하였어요.

36강 일제 강점기(1920년대 저항)

5 (가) 단체에 대한 설명으로 옳은 것은? [2점]

심화 73회 38번

> 한 나라 한 사회나 한 집안의 장래를 맡은 사람은 누구인가. 곧 그 집안이나 그 사회나 그 나라의 아들과 손자일 것이다. …… (가) 은/는 어린이를 위한 부모의 도움이 두터워지기를 바라는 마음에서 5월 1일 오늘을 기회로 삼아 '어린이의 날'이라고 이름하고, 소년 회원이 거리마다 늘어서서 "항상 10년 후의 조선을 생각하십시오."라고 쓴 인쇄물을 배포하며 취지를 선전했다. 이러한 일은 조선 소년 운동의 처음이며, 다른 사회에서도 많이 응원하여 노력하기를 바란다.

① 한글 맞춤법 통일안을 제정하였다.
② 기관지로 진단 학보를 발행하였다.
③ 오산 학교를 설립하여 인재를 양성하였다.
④ 김기전, 방정환 등이 주축이 되어 활동하였다.
⑤ 여성 교육의 중요성을 강조한 여권통문을 발표하였다.

6 다음 가상 일기의 밑줄 그은 '운동'에 대한 설명으로 옳은 것은? [1점]

심화 68회 41번

> 1925년 ○○월 ○○일
>
> 우리 백정들은 신분제가 폐지되었음에도 끊임없이 차별받았다. 다 같은 조선 민족인데 왜 우리를 핍박하는 걸까? 우리는 저울처럼 평등한 세상을 만들기 위해 몇 해 전부터 운동을 벌이고 있지만 사람들의 인식을 바꾸기는 쉽지 않은 것 같다. 얼마 전 예천에서는 '백정을 핍박하는 것은 죄가 아니다.'라고 말하는 사람도 있다고 하니 우리는 언제쯤 평등한 대우를 받을 수 있을까?

① 조선 형평사의 주도로 전개되었다.
② 대한매일신보의 지원을 받아 확대되었다.
③ 평양에서 시작하여 전국적으로 확산되었다.
④ 순종의 인산일을 기한 대규모 시위를 계획하였다.
⑤ 라이징 선 석유 회사의 한국인 구타 사건을 계기로 시작되었다.

5 천도교 소년회 정답 ④

정답 찾기 5월 1일을 '어린이의 날'이라고 이름하였다는 내용을 통해 (가) 단체가 소년 운동을 전개한 천도교 소년회임을 알 수 있어요. ④ 1921년에 김기전, 방정환 등을 주축으로 결성된 천도교 소년회는 천도교의 인내천 사상을 바탕으로 소년 운동을 전개하였어요. 천도교 소년회는 창립 1주년을 맞이한 1922년 5월 1일에 처음으로 어린이날을 제정하고, 1923년에는 우리나라 최초의 순수 아동 잡지인 "어린이"를 창간하여 소년 운동을 대중화하는 데 힘썼어요.

오답 피하기
① 조선어 학회는 한글 맞춤법 통일안과 표준어를 제정하였으며, "우리말(조선말) 큰사전"의 편찬을 추진하였어요.
② 이병도 등은 진단 학회를 창립하고 기관지로 진단 학보를 발행하였어요.
③ 신민회 회원 이승훈은 인재 양성을 위해 정주에 오산 학교를 설립하여 민족 교육을 실시하였어요.
⑤ 1898년에 서울 북촌의 양반 여성들이 여성 교육의 중요성을 강조한 여권통문을 발표하였어요.

6 형평 운동 정답 ①

정답 찾기 신분제가 폐지되었음에도 백정들이 끊임없이 차별받았으며, 저울처럼 평등한 세상을 만들기 위해 운동을 벌이고 있다는 내용을 통해 밑줄 그은 '운동'이 형평 운동임을 알 수 있어요. 1894년 갑오개혁 때 법적으로 신분제가 폐지되었지만 백정에 대한 차별은 여전히 남아 있었어요. 이들에 대한 사회적 편견과 차별은 일제 강점기에도 계속되었습니다. 이에 백정들은 1923년에 경상남도 진주에서 ① 조선 형평사를 조직하고 백정에 대한 사회적 차별 철폐를 주장하는 형평 운동을 전개하였어요.

오답 피하기
② 대한매일신보는 국채 보상 운동을 적극적으로 후원하여 운동이 전국으로 확산하는 데 기여하였어요.
③ 물산 장려 운동은 조만식 등의 주도로 평양에서 시작되어 전국적으로 확산되었어요.
④ 천도교계 민족주의 세력과 사회주의 세력 그리고 학생들이 순종의 인산일을 기하여 6·10 만세 운동을 계획하였어요.
⑤ 1929년에 원산 인근의 라이징 선 석유 회사에서 일본인 감독관이 한국인 노동자를 구타한 사건이 발단이 되어 원산 총파업이 일어났어요.

7 밑줄 그은 '이 단체'에 대한 설명으로 옳은 것은? [2점]

심화 74회 38번

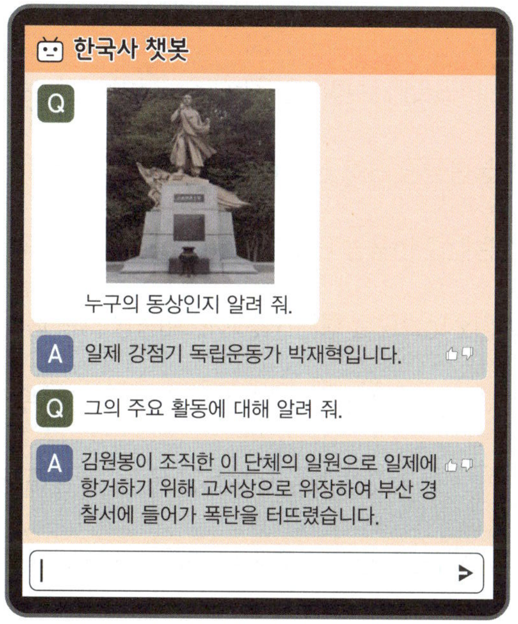

① 원산 노동자 총파업을 지원하였다.
② 신흥 강습소를 세워 독립군을 양성하였다.
③ 김익상, 김상옥 등이 단원으로 활동하였다.
④ 상덕태상회를 통하여 군자금을 모집하였다.
⑤ 도쿄에서 일어난 이봉창 의거를 계획하였다.

7 의열단 정답 ③

정답 찾기 김원봉이 조직하고 박재혁이 일원으로 활동하였다는 내용을 통해 밑줄 그은 '이 단체'가 의열단임을 알 수 있어요. 1919년에 김원봉 등이 만주에서 결성한 의열단의 소속 단원들은 개별적으로 움직였으며, 신채호가 작성한 '조선 혁명 선언'을 활동 지침으로 삼아 일제 요인 암살, 식민 통치 기관 파괴 등의 무력 투쟁을 전개하였어요. ③ 의열단원 김익상은 조선 총독부에, 김상옥은 종로 경찰서에 폭탄을 투척하는 의거를 일으켰어요.

오답 피하기
① 1929년에 원산 노동자 총파업이 일어나자 신간회를 비롯하여 전국 각지의 노동조합, 농민 단체 등이 이를 지원하였으며 일본, 프랑스 등지의 노동 단체가 격려 전문을 보내기도 하였어요.
② 신민회 회원들이 서간도(남만주) 삼원보 지역에 신흥 강습소를 설립하여 독립군을 양성하였어요.
④ 박상진 등을 중심으로 결성된 대한 광복회는 상덕태상회를 거점으로 하여 군자금을 모집하였어요.
⑤ 한인 애국단은 도쿄에서 일어난 이봉창 의거, 상하이에서 일어난 윤봉길 의거를 계획하였어요.

8 (가)~(다)를 일어난 순서대로 옳게 나열한 것은? [2점]

심화 70회 38번

① (가) - (나) - (다)
② (가) - (다) - (나)
③ (나) - (가) - (다)
④ (나) - (다) - (가)
⑤ (다) - (가) - (나)

8 1920년대 국외 무장 투쟁 정답 ①

정답 찾기 (가) 1920년 봉오동 전투와 청산리 전투에서 패배한 일본군은 이에 대한 보복으로 간도의 한인 마을을 습격하여 무차별 학살을 자행하였어요(간도 참변). 이후 만주 지역의 독립군 부대들이 밀산에 모여 대한 독립군단을 조직하고, 약소민족의 민족 운동을 지원하겠다는 러시아 혁명군(적군)의 약속을 믿고 러시아령 자유시로 이동하였어요. 하지만 (나) 독립군의 통합 과정에서 자유시 참변(1921)이 일어나 큰 타격을 입었어요. 이후 다시 만주 지역으로 돌아온 독립군은 전열을 정비하고 독립 전쟁을 효율적으로 수행하기 위해 노력하였어요. 그 결과 1920년대 중반에 참의부, 정의부, 신민부의 3부가 성립되었어요. 한편, (다) 일제는 1925년에 독립군의 활동을 탄압하기 위해 만주 지역의 중국 군벌과 미쓰야 협정을 체결하였어요. 이로 인해 만주 지역에서의 독립군 활동은 크게 위축되었어요.
따라서 일어난 순서대로 나열하면 ① (가) 간도 참변(1920) → (나) 자유시 참변(1921) → (다) 미쓰야 협정 체결(1925)입니다.

36강 일제 강점기(1920년대 저항)

Ready go
이번 강 별 채우기 제한 시간은 2분 50초
한 문장을 끝까지 또박또박 읽어야 패스!

01 ★★ ★★ 운동 당시 자작회, 토산 애용 부인회 등의 단체가 활동하였다.

02 물산 장려 운동은 조만식 등의 주도로 ★★에서 시작되어 전국으로 확산되었다.

03 1920년대 이상재 등의 주도로 식민지 교육 차별에 저항하여 ★★ 대학 설립 운동이 전개되었다.

04 1923년에 전라남도 신안에서 지주의 고율 소작료 징수에 반발하여 ★★도 소작 쟁의가 발생하였다.

05 1929년에 일어난 ★★ 총파업은 일본, 프랑스 등지의 노동 단체로부터 격려 전문을 받았다.

06 1926년에 사회주의 세력의 활동 방향을 밝힌 ★★회 선언이 발표되었다.

07 비타협적 민족주의 세력과 사회주의 진영이 전개한 민족 유일당 운동으로 ★★회가 창립되었다.

08 6·10 만세 운동은 ★종의 인산일을 기해 일어난 학생 중심의 항일 민족 운동이었다.

09 6·10 만세 운동은 민족 ★★당 운동의 계기가 되었다.

10 ★★ 학생 항일 운동은 3·1 운동 이후 전개된 최대 규모의 항일 민족 운동이었다.

11 ★★회는 광주 학생 항일 운동에 진상 조사단을 파견하여 지원하였다.

12 1920년대에 김기전, 방★★ 등의 주도로 소년 운동이 전개되었다.

13 ★★교 소년회는 잡지 "어린이"를 발간하는 등 소년 운동을 주도하였다.

14 1927년에 민족주의계와 사회주의계 여성 인사들의 대부분이 참여한 ★★회가 창립되었다.

15 백정은 1923년에 조선 ★★사를 창립하고 백정에 대한 차별 철폐와 평등한 세상을 만들겠다는 신념 아래 ★★ 운동을 전개하였다.

16 김★★은 만주 지린성에서 의열단을 조직하여 단장으로 활약하였다.

17 의열단은 신채호가 작성한 '조선 ★★ 선언'을 활동 지침으로 삼았다.

18 의열단의 일부 단원은 중국 ★★ 군관 학교에 입학하여 군사 교육을 받았다.

19 1930년대에 의열단은 조선 ★★ 간부 학교를 설립하여 군사 훈련을 실시하고 독립군 간부를 양성하였다.

20 조선어 ★★회는 '가갸날'을 제정하고 기관지 "한글"을 발행하였다.

21 신★★는 "조선사연구초"를 저술하여 낭가사상을 강조하였다.

22 박★★은 "한국독립운동지혈사"에서 독립 투쟁의 역사를 서술하였다.

23 1926년에 나운규가 제작한 영화 '아★★'이 단성사에서 처음 개봉되었다.

24 박중빈이 창시한 ★★교는 간척 사업을 추진하고 새 생활 운동을 전개하였다.

25 홍범도가 이끄는 대한 독립군 등 독립군 연합 부대는 ★★동에서 일본군을 격파하였다.

26 김좌진이 이끄는 북로 군정서와 대한 독립군 등 독립군 연합 부대는 ★★리 일대에서 일본군에 맞서 싸워 대승을 거두었다.

27 만주 지역의 독립군은 ★★ 참변 이후 조직을 정비하고 러시아령 자유시로 이동하였다.

28 러시아로 이동한 독립군은 1921년에 ★★★ 참변으로 큰 타격을 입었다.

29 자유시 참변 이후 만주로 귀환한 독립군은 참의부, ★★부, 신민부의 3부를 결성하였다.

30 조선 총독부와 중국 군벌 간에 체결된 미★★ 협정으로 만주에서의 독립군 활동이 위축되었다.

31 만주 지역의 독립군은 3부 통합 운동을 전개하여 북만주의 ★★ 의회와 남만주의 ★★부로 재편되었다.

정답

01 물산 장려 **02** 평양 **03** 민립 **04** 암태 **05** 원산 **06** 정우 **07** 신간 **08** 순 **09** 유일 **10** 광주 **11** 신간 **12** 정환 **13** 천도 **14** 근우 **15** 형평, 형평 **16** 원봉 **17** 혁명 **18** 황푸 **19** 혁명 **20** 연구 **21** 채호 **22** 은식 **23** 리랑 **24** 원불 **25** 봉오 **26** 청산 **27** 간도 **28** 자유시 **29** 정의 **30** 쓰야 **31** 혁신, 국민

37강 일제 강점기(1930년대 이후 저항)

한국사의 흐름을 한눈에
한국사를 그리다

강의 바로 보기

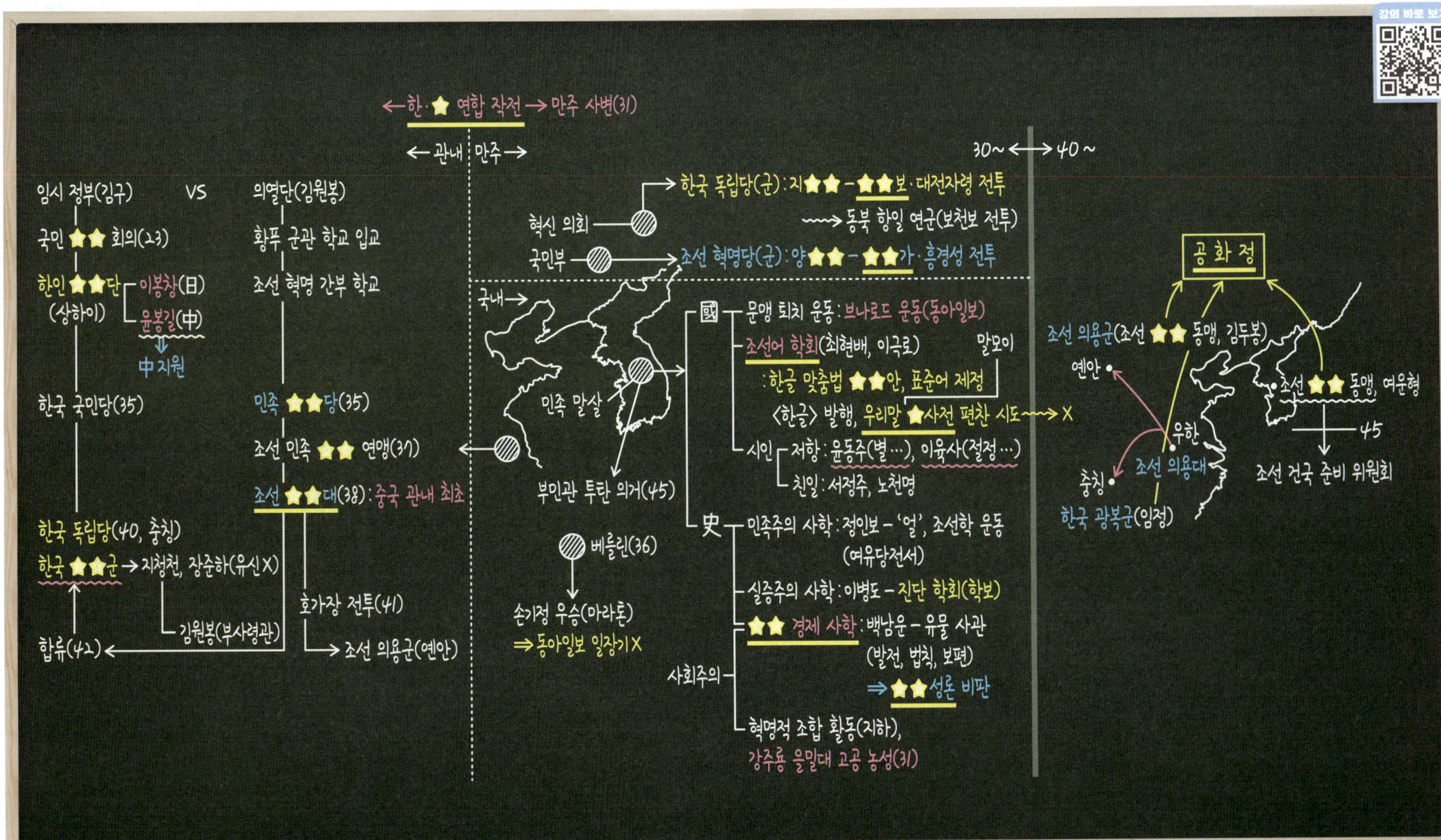

★정답 중, 청천, 쌍성, 세봉, 영릉, 대표, 애국, 광복, 혁명, 전선, 의용, 통일, 큰, 사회, 정체, 독립, 건국

→ 나만의 약점 단권화 노트 32쪽에서 완성 판서를 확인하세요.

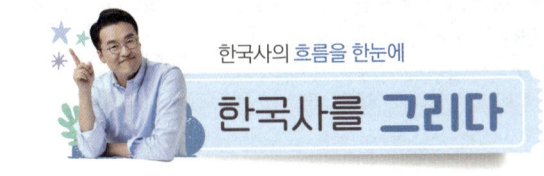

37강 일제 강점기(1930년대 이후 저항)

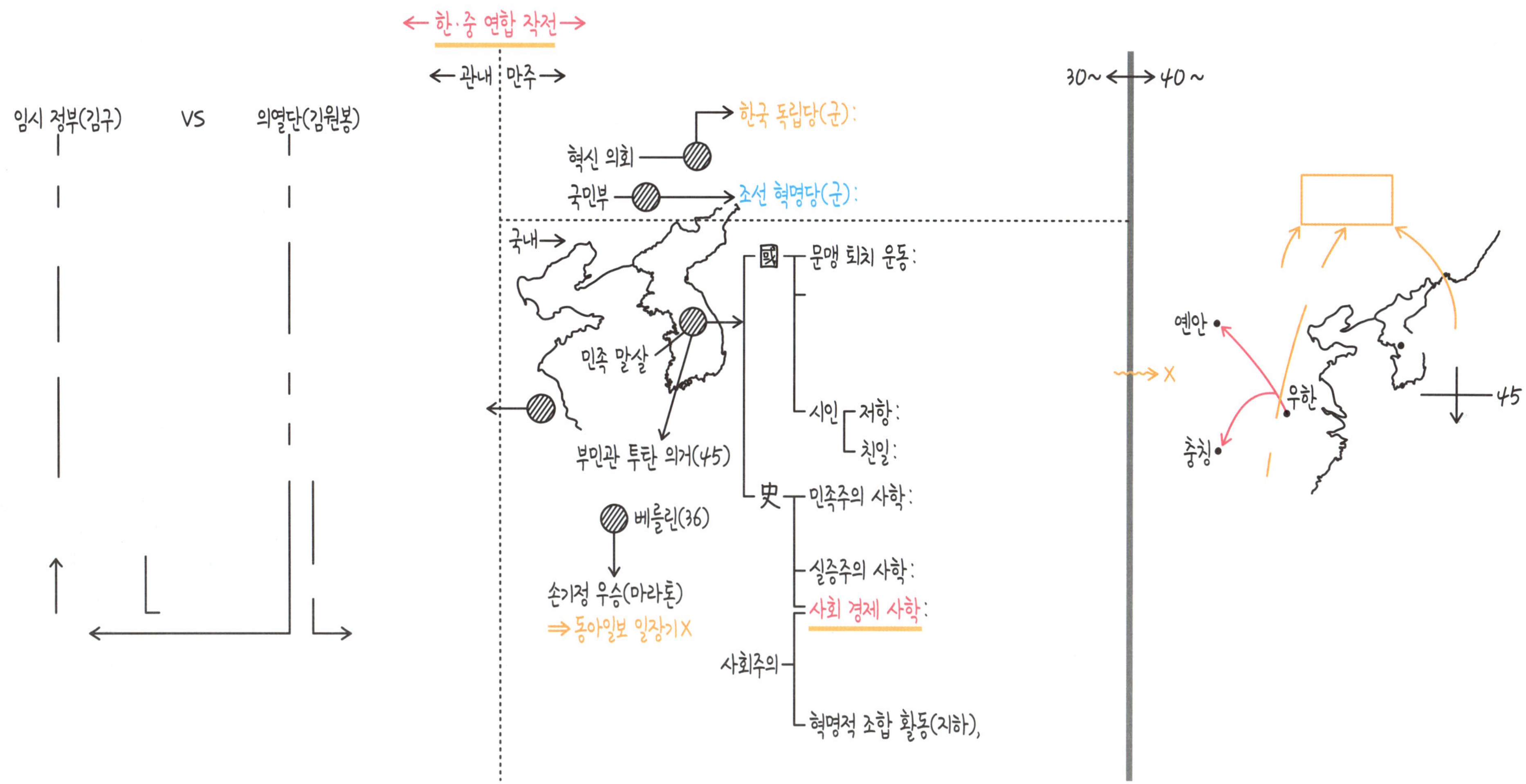

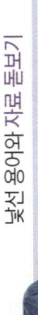

37강 일제 강점기(1930년대 이후 저항)

낯선 용어와 자료 돋보기

한국사를 보다

한·중 연합 작전

일제의 만주 침략으로 중국 내에서 항일 감정이 높아지자 만주의 독립군 부대와 항일 중국군은 연합 작전을 전개하였어요. 양세봉이 이끄는 조선 혁명군은 중국 의용군과 연합하여 영릉가 전투, 흥경성 전투에서 일본군에 큰 승리를 거두었지요. 또 지청천이 이끄는 한국 독립군은 중국 호로군과 연합하여 쌍성보 전투, 대전자령 전투 등에서 일본군을 격퇴하였어요.

조선 혁명군과 중국 의용군의 한·중 연합군은 영릉가의 뒷산에 대기하고 있다가 적을 요격하여 수 시간 동안 격전을 벌였다. 적은 마침내 30여 명의 사상자를 내고 일몰과 함께 패퇴하였다. …… 영릉가는 드디어 아군에게 점령되었다. - "한국독립운동사" -

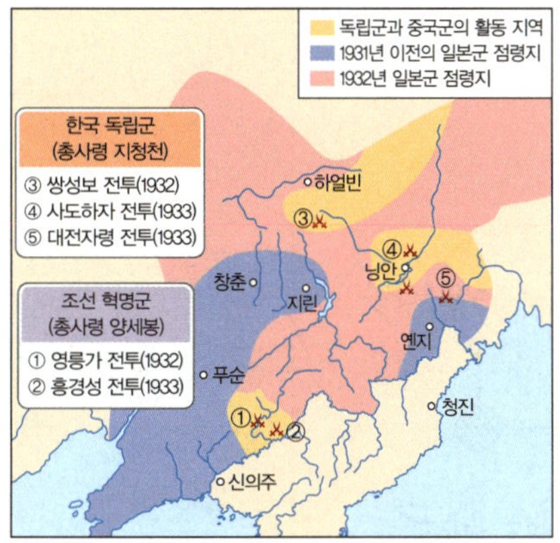

1930년대 만주 지역에서의 한·중 연합 작전

한인 애국단

김구는 대한민국 임시 정부의 침체를 극복하기 위해 일제의 주요 인물 암살과 식민 통치 기관 폭파 활동을 위주로 하는 의열 투쟁 단체인 한인 애국단을 조직하였어요. 한인 애국단원 이봉창은 도쿄에서 일왕 암살을 시도하였으나 실패하였고, 윤봉길은 상하이 훙커우 공원에서 열린 일왕 생일 축하 겸 전승 기념 축하식 단상에 폭탄을 던져 일본군 장성과 고관을 처단하였어요. 두 의사의 의거에 감명을 받은 중국 국민당 정부는 한국의 독립운동을 적극 지원하였습니다.

- 1월 8일 도쿄 사쿠라다 문 앞에서 자기 손으로 폭탄을 던진 이봉창은 일왕의 가슴을 서늘케 하고 적의 군중들이 놀라 아우성을 칠 때, 그 자리에서 가슴속으로부터 태극기를 꺼내 들고 바람에 맞추어 뒤흔들며 소리 높여 '대한 독립 만세'를 세 번 부르고 조용히 놈들의 체포를 받았다.
- 윤봉길은 뜻한 바를 기어이 성공하려고 4월 27일에 식장인 훙커우 공원으로 가서 모든 것을 세밀하게 점검한 후, 시라카와 대장의 사진을 얻고 …… 29일 새벽이 되자 양복을 입고 어깨에 군용 물병을 메고 손에는 도시락을 들고 공원으로 달음질쳐 간 것이다. - 김구, "도왜실기" -

용어 사전

양세봉
국민부가 조선 혁명군을 편성하였을 때 제1중대장이 되었지만, 일본군의 기습으로 주요 간부들이 체포되자 조선 혁명군을 개편하여 총사령이 되었어요. 한·중 연합 작전을 성공적으로 수행하는 한편, 조선 혁명군 군관 학교를 설립하여 교장으로서 직접 군대를 양성하는 데도 힘썼어요.

한국 국민당
민족 혁명당에 참여하지 않은 김구가 순수한 민족주의에 입각하여 만든 단체입니다.

한국 광복군

대한민국 임시 정부는 충칭에서 한국 광복군을 창설한 후 태평양 전쟁이 일어나자 연합군의 편에 서서 대일 선전 포고를 하였어요. 그리고 영국군과의 합동 작전을 위해 인도·미얀마 전선에 한국 광복군을 파견하였고, 미국 전략 정보국(OSS)과 합동으로 국내 진공 작전을 계획·준비하였어요.

〈한국 광복군 대일 선전 포고〉
우리는 삼천만 한인(韓人)과 정부를 대표하여 삼가 중국·영국·미국·네덜란드·캐나다·오스트리아 및 기타 제국의 대일 선전이 일본을 격패시키고 동아를 재건하는 가장 유효한 수단이 됨을 축하하여 자(玆)에 특히 다음과 같이 성명하노라.
1. 한국 전체 인민은 현재 이미 반침략 전선에 참가하였으니 한 개의 전투 단위로서 추축국에 선전한다.
2. 1910년의 합병 조약 및 일체 불평등 조약의 무효를 거듭 선포한다. 아울러 반침략 국가들이 한국 내에서 가지고 있는 합리적 기득 권익을 존중한다.

조선 의용대

조선 민족 혁명당을 중심으로 통합에 찬성하는 단체들이 연합한 조선 민족 전선 연맹은 중국 국민당 정부의 지원을 받아 김원봉 등의 주도로 조선 의용대를 편성하였어요. 이들은 정보 수집, 선전, 후방 교란 등 중국군을 지원하는 활동을 펼쳤습니다. 이후 조선 의용대의 일부 대원은 적극적인 항일 투쟁을 위해 화북 지역으로 이동하여 호가장 전투, 반소탕전 등에 참가하였지요. 김원봉 등 화북 지역으로 이동하지 않은 대원은 한국 광복군에 합류하였어요.

조선 의용대의 북상 경로

조선어 학회

조선어 연구회가 1931년에 조선어 학회로 개편되었어요. 조선어 학회는 한글 강습 교재를 만들어 문맹 퇴치 운동을 지원하였으며, 한글 맞춤법 통일안을 마련하고 휴간되었던 "한글"을 조선어 학회의 기관지로 다시 발행하였어요. 그리고 "우리말(조선말) 큰사전"의 편찬 작업을 진행하였으나 일제가 조작한 조선어 학회 사건으로 강제 해산되어 사전 편찬을 완수하지는 못하였어요.

조선어 학회의 회원들

한글 맞춤법 통일안

정인보

신채호와 박은식의 민족주의 사학을 계승한 정인보는 '얼'을 강조하여 민족정신을 고취하였어요. '얼'은 신채호의 '낭가', 박은식의 '혼'과 마찬가지로 정신입니다. 1930년대에 정인보는 안재홍 등과 우리 민족의 고유한 특색과 전통을 찾아 주체성을 유지하려는 조선학 운동을 전개하였어요.

> 누구나 어릿어릿하는 사람을 보면 '얼'이 빠졌다고 하고, 멍하니 앉은 사람을 보면 '얼' 하나 없다고 한다. '얼'이란 이같이 쉬운 것이다. 그런데 '얼' 하나 있고 없음으로써 그 광대·용맹함이 혹 저렇기도 하고 그 잔루·구차함이 혹 이렇기도 하다. …… 따라서 '얼'에 대하여는 자세히 살피기가 쉽지 않다. 무릇 '얼'이란 보이는 것이 아니라 항상 거짓과 진실에 비추어 감추고, 나타나며, 있다가도 없어지는 것이다. …… 얼은 남이 빼앗아 가지 못한다. 얼을 잃었다면 스스로 잃은 것이지 누가 가져간 것이 아니다.
>
> - 정인보, "5천년간 조선의 얼" -

실증주의 사학

실증주의 사학은 역사가의 주관적 해석을 배제하고 문헌 고증을 통한 객관적인 사실만을 밝히는 역사 연구의 경향으로 이병도가 대표적인 학자였어요. 실증주의 사학자는 일제의 청구 학회에 맞서 진단 학회를 조직하고 진단 학보를 발간하였어요.

- 사학도로서 고전에 대한 심각한 검토와 냉엄한 분석 비판을 결여하여서는 아니 된다. 고전의 기록이라고 해서 철두철미 그대로 믿고 따르려 하거나, 또는 주관적으로 자기 나름대로 이렇다 저렇다 하는 것은 진리를 탐구하는 학도의 태도라고 볼 수 없다.
  - 이병도, "한국고대사연구" -
- 그러므로 개개가 전체에 관련하는 것은 그 개개를 조금도 변개함이 없이 전체에 관련할 수가 있다. 일개의 사건이 그 시간과 장소의 제약을 받으면서 넓게 그 시대 전체에 관련하고, 또 국민·민족의 전반에 관련하여 이해되고, 다시 인간 전체의 관련에 있어서 고찰할 수 있는 것은 이 때문이다. …… 또 실증주의적인 사건 개개의 정밀 탐구라는 것도 시간, 장소, 인물에 대한 개별적인 탐색으로써 역사의 사실이 명백하게 되는 것은 그대로 전체 관련에서 보는 데 조금도 지장될 바가 아니다. - 이상백, "조선문화사연구논고" -

사회 경제 사학

사회 경제 사학은 사회주의의 영향을 받아 유물 사관의 입장에서 한국사를 이해하려고 하였어요. 사회 경제사를 연구한 백남운은 "조선사회경제사"를 저술하여 우리의 역사도 세계사의 보편적 발전 법칙에 따라 발전하였다고 주장하면서 식민 사관의 정체성론에 반박하였어요.

> 우리 조선의 역사적 발전의 전 과정은 가령 지리적 조건, 인종학적 골상, 문화 형태의 외형적 특징 등에서 다소의 차이는 인정되더라도, 외관적인 소위 특수성은 다른 문화 민족의 역사적 발전 법칙과 구별되어야 하는 독자적인 것이 아니며, 세계사적·일원론적인 역사 법칙에 의해 다른 여러 민족과 거의 같은 궤도로 발전 과정을 거쳐 온 것이다. 그 발전 과정의 빠름과 느림, 각 문화의 특수한 모습의 짙고 옅음은 결코 본질적인 특수성이 아니다.
>
> - 백남운, "조선사회경제사" -

1930년대 혁명적 조합 활동

1930년대 대공황으로 인한 경제 위기로 소작 쟁의와 노동 쟁의가 증가하였고, 사회주의자들은 이를 기회로 세력 확대를 꾀하였어요. 일제의 탄압으로 활동이 어려워진 상황에서 사회주의 세력은 일제의 눈을 피해 혁명적 노동조합과 농민 조합을 조직하고 농민과 노동자의 경제적 이익을 지키기 위한 운동을 벌였어요.

1931년 평원 고무 공장 파업을 주도한 강주룡이 평양 을밀대 지붕 위에서 농성하는 모습

용어 사전

김원봉
의열단을 조직하여 의열 투쟁에 앞장섰으며, 황푸 군관 학교를 졸업하고 민족 혁명당을 지도하면서 중국 관내 지역의 민족 운동을 주도하였어요. 이후 한국 광복군에 합류하여 부사령관으로 취임하였습니다.

민족 혁명당
일제의 만주 점령으로 만주에서의 활동이 어려워진 독립군은 중국 관내로 이동하였어요. 중국 관내의 독립운동 세력 사이에서는 전선을 하나로 통합하려는 노력이 나타났고, 그 결과 민족 혁명당이 조직되었어요. 그러나 대한민국 임시 정부를 고수하는 입장이었던 김구 등은 참여하지 않았지요.

브나로드 운동
브나로드는 러시아어로 '민중 속으로'라는 뜻이에요. 1931년에 동아일보는 '배우자, 가르치자, 다 함께 브나로드'라는 구호를 제시하고 농촌 계몽 운동과 문맹 퇴치 운동을 전개하였어요.

조선학 운동
1934년에 정인보와 안재홍이 정약용의 서거 99주년을 기념하여 정약용에 관한 논문을 발표하고 "여유당전서"를 간행하면서 본격화된 국학 운동이에요.

37강 일제 강점기(1930년대 이후 저항)

낯선 용어와 자료 돋보기

한국사를 보다

대한민국 임시 정부의 이동과 변화

윤봉길 의거 후 일제의 탄압이 심해져 상하이를 떠난 대한민국 임시 정부는 계속 근거지를 옮겨야 했어요. 중국 관내에서 활동하던 한국 광복 운동 단체 연합회의 단체들은 한국 독립당을 창설하여 대한민국 임시 정부 중심으로 역량을 집중시켰어요. 이러한 가운데 충칭에 정착한 대한민국 임시 정부는 주석 중심의 단일 지도 체제를 마련하고 김구를 주석으로 선출하였지요. 이후 개헌을 단행하여 부주석제를 신설하였어요.

〈대한민국 임시 정부의 이동〉

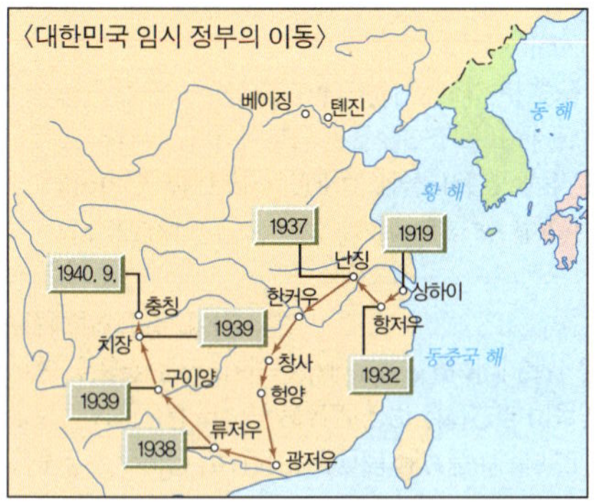

〈대한민국 임시 정부의 변화〉

1919년	대통령제
1925년	국무령 중심의 내각 책임제
1927년	국무위원 집단 지도 체제
1940년	주석제
1944년	주석·부주석제

대한민국 임시 정부의 건국 강령

1941년에 대한민국 임시 정부는 일제의 패망과 광복에 대비하여 조소앙의 개인과 개인, 민족과 민족, 국가와 국가 사이의 완전한 균등을 주장하는 삼균주의에 기초한 건국 강령을 발표하였어요.

> 보통 선거 제도를 실시하여 정권을 균등히 하고, 국유 제도를 채용하여 이권을 균등히 하고, 공비 교육(무상 의무 교육)으로써 학권을 균등히 하며, 국내외에 대하여 민족 자결의 권리를 보장하여서 민족과 민족, 국가와 국가의 불평등을 깨뜨려 없앨 것이니, 이로써 국내에 실현하면 특권 계급이 곧 없어지고, 소수 민족이 침몰을 면하고, 정치와 경제·교육의 권리를 균등히 하여 높고 낮음을 없이 하고, 동족과 이족에 대해 또한 이렇게 한다.

국내 진공 작전

대한민국 임시 정부는 우리의 손으로 독립을 이루려고 노력하였어요. 이를 위해 미국 전략 정보국(OSS)의 지원을 받아 한국 광복군의 일부 대원으로 국내 정진군을 편성하여 특수 훈련을 받게 하였어요. 마침내 훈련을 마치고 국내 침투 준비를 끝냈으나, 일제의 갑작스러운 항복으로 작전을 실행에 옮기지는 못하였어요. 이러한 결과에 김구는 자주적인 독립이 아닌 외국의 힘으로 해방을 맞게 됨을 통탄하였어요.

> 왜적이 항복한다 하였다. 아! 왜적이 항복! …… 천신만고 끝에 수년 동안 애를 써서 참전할 준비를 한 것도 다 허사이다. 시안과 푸양에서 훈련을 받은 우리 청년들에게 여러 가지 비밀 무기를 주어 산둥에서 미국 잠수함에 태워 본국으로 들여보내어 국내의 중요한 곳을 파괴하거나 점령한 뒤에, 미국 비행기로 무기를 운반할 계획까지도 미국 육군성과 다 약속이 되었던 것을 한 번 해보지도 못하고 왜적이 항복했으니 ……
>
> - 김구, "백범일지" -

조선 독립 동맹(1942)

화북 지역으로 이동한 조선 의용대원들과 그곳에서 이미 중국 공산당에 가입하여 활동하던 한인이 모여 결성한 항일 단체입니다. 조선 독립 동맹은 일본 제국주의 타도, 보통 선거에 의한 민주 공화국 수립, 대기업 국유화, 토지 분배, 8시간 노동 등을 내용으로 한 건국 강령을 발표하여 건국을 준비하였어요.

〈조선 독립 동맹 강령〉

1. 본 동맹은 조선에 대한 일본 제국주의 지배를 전복하고 독립 자유의 조선 공화국을 수립할 목적으로 다음 임무를 실현하기 위하여 싸운다.
   (1) 전 국민의 보통 선거에 의한 민주 정권을 수립한다.
   (6) 조선에 있는 일본 제국주의의 일체 자산 및 토지를 몰수하고 일본 제국주의와 밀접한 관계에 있는 대기업을 국영으로 귀속하고 토지 분배를 실행한다.
   (7) 8시간 노동제를 실시하여 사회의 노동을 보장한다.

조선 건국 동맹(1944)

서울에서는 광복 이후를 대비하여 여운형이 비밀리에 사상과 이념의 차이를 뛰어넘는 건국 준비 조직으로 조선 건국 동맹을 결성하였어요. 조선 건국 동맹은 일제의 패망에 대비하여 전국 10개 도에 지방 조직을 갖추었고, 조선 독립 동맹에 연락원을 파견하여 연합 작전을 계획하기도 하였어요.

〈조선 건국 동맹 강령〉

1. 각인 각파를 대동단결하여 거국일치로 일본 제국주의 모든 세력을 몰아내고 조선 민족의 자유와 독립을 회복할 것
2. 반추축 제국(연합국)과 협력하여 대일 연합 전선을 형성하고 조선의 완전한 독립을 저해하는 일체 반동 세력을 박멸할 것
3. 건설부 면에 있어서 일체 시정을 민주주의적 원칙에 의거하고, 특히 노농 대중의 해방에 치중할 것

용어 사전

진단 학회
한국의 역사·언어·문학 및 주변국의 문화를 연구하는 학술 단체로 1934년에 조직되었어요. 한국인 학자들이 조선 총독부와 일본인 학자가 주도하는 연구 풍토에서 벗어나 독자적인 연구 풍토를 만들기 위해 설립하였어요.

유물 사관
사회주의 사상에 기초한 역사관을 말해요. 역사 발전의 원동력을 경제적·물질적 측면에 두었어요.

정체성론
한국은 고려, 조선 등 왕조의 변화만 있었을 뿐 역사 발전을 이루지 못하여 고대 사회 단계에 머물러 있다는 주장으로, 일제 식민 사관에 해당합니다.

일장기 말소 사건
1936년 독일에서 개최된 베를린 올림픽의 마라톤 경기에서 손기정 선수가 금메달을, 남승룡 선수가 동메달을 획득하였어요. 당시 일부 신문이 손기정 선수의 사진에서 일장기를 지우고 기사를 내보냈는데, 이 사건으로 해당 언론사는 무기 정간을 당하거나 자진 휴간하였어요.

37강 일제 강점기(1930년대 이후 저항)

마무리도 빈틈없이
한국사를 **읽다**

1 1930년대 의열 투쟁(한인 애국단)

결성	대한민국 임시 정부의 활동 위축 → 김구가 대한민국 임시 정부의 활성화를 위해 조직(1931)
활동	• 이봉창 의거(1932) : 도쿄, 일왕 폭살 시도 • 윤봉길 의거(1932) : 상하이 훙커우 공원에서 열린 일본군 전승 기념식장에 폭탄 투척
영향	중국 국민당 정부가 대한민국 임시 정부를 적극적으로 지원하는 계기가 됨

2 1930년대 무장 독립 전쟁

(1) 한·중 연합 작전

배경	일제의 만주 사변, 만주국 수립 → 중국 내 반일 감정 고조	
전개	한국 독립군	• 혁신 의회(북만주)가 해체된 후 결성된 한국 독립당의 군사 조직 • 지청천 지휘, 중국 호로군과 연합 → 쌍성보 전투, 사도하자 전투, 대전자령 전투 등에서 일본군 격퇴
	조선 혁명군	• 국민부(남만주)가 조선 혁명당을 결성하여 그 아래 둔 군사 조직 • 양세봉 지휘, 중국 의용군과 연합 → 영릉가 전투, 흥경성 전투 등에서 일본군 격퇴
	동북 항일 연군	만주 지역에서 항일 연합 전선을 형성하기 위해 조직(1936), 중국인과 한국인의 연합 부대적 성격 → 동북 항일 연군 내의 한인들이 조국 광복회 조직(1936)

(2) 중국 관내에서의 민족 운동

민족 혁명당	• 김원봉, 조소앙, 지청천 등 중국 관내의 독립운동 세력(의열단, 한국 독립당, 조선 혁명당 등)이 연합하여 결성(1935) • 김원봉 주도 → 조소앙 등 민족주의 계열의 이탈 → 세력 약화, 조선 민족 혁명당으로 개편	
조선 민족 전선 연맹	일본의 중·일 전쟁 도발 → 조선 민족 혁명당 중심으로 통합에 찬성하는 단체들이 연합하여 결성(1937)	
조선 의용대	창설	• 조선 민족 전선 연맹의 군사 조직 • 중국 국민당 정부의 지원을 받아 김원봉 등이 우한에서 창설(1938) → 중국 국민당 정부의 지원 부대로서 정보 수집, 선전, 후방 교란 등의 임무 수행
	분화	• 조선 의용대원 일부가 적극적인 항일 투쟁을 위해 화북 지역으로 이동하여 호가장 전투, 반소탕전 등에 참가 → 조선 독립 동맹의 조선 의용군으로 재편(옌안, 1942) • 김원봉 등이 이끈 일부 세력은 한국 광복군에 합류(1942)
	의의	중국 관내에서 결성된 최초의 한인 무장 부대

3 1930년대 민족 문화 수호 운동

국어	• 조선어 학회 : 조선어 연구회의 개편 → 한글 강습회 개최, 한글 맞춤법 통일안과 표준어 제정, "우리말(조선말) 큰사전" 편찬 추진 → 조선어 학회 사건(1942)으로 회원들이 검거·투옥됨, 강제 해산 • 저항 시인 활동 : 이육사('광야', '절정' 등), 윤동주('서시', '별 헤는 밤', "하늘과 바람과 별과 시" 등) • 문맹 퇴치 운동 : 동아일보 주도로 브나로드 운동 전개
국사	• 민족주의 사학 : 우리 역사의 자주적 발전과 우수성 강조 → 정인보("조선사연구", '얼' 강조), 안재홍 등의 조선학 운동("여유당전서" 간행 사업이 계기) • 실증주의 사학 : 객관적 사실에 근거하는 문헌 고증과 학술 활동 전개(랑케 사학) → 이병도 등이 진단 학회 조직(1934), 진단 학보 발간 • 사회 경제 사학 : 유물 사관을 바탕으로 세계사의 보편적 발전 법칙 위에 한국사를 체계화함 → 일제 식민 사관의 정체성론 비판, 백남운이 "조선사회경제사"·"조선봉건사회경제사" 저술

4 건국 준비 활동

(1) 대한민국 임시 정부의 재정비

임시 정부의 이동	윤봉길 의거 후 일제의 탄압 심화 → 상하이를 떠나 난징 – 한커우(우한) – 창사 등지로 근거지를 옮김, 한국 광복 운동 단체 연합회 결성(1937)	
체제 변화	한국 독립당 결성	• 한국 광복 운동 단체 연합회에 참가한 한국 국민당(김구), 한국 독립당(조소앙), 조선 혁명당(지청천) 등 민족주의 계열 단체의 통합으로 결성(1940. 5.) • 대한민국 임시 정부를 주도함 → 임시 정부가 충칭에 정착(1940. 9.)
	정부 형태 변화	• 주석 중심의 단일 지도 체제 마련(1940) → 김구를 주석으로 선출 • 부주석제 신설(1944) → 주석 김구, 부주석 김규식 선출
한국 광복군 창설 (1940. 9.)	창설	대한민국 임시 정부의 정규군으로 조직, 총사령관 지청천
	활동	• 대일 선전 포고(1941), 인도·미얀마 전선에서 영국군과 연합 작전 전개 • 김원봉을 중심으로 한 조선 의용대 일부 세력의 합류(1942) → 군사력 강화 • 미국 전략 정보국(OSS)과 협력하여 국내 진공 작전 준비 → 실현하지 못함
건국 강령 발표	삼균주의에 바탕을 둔 건국 강령(민주 공화정 수립, 토지 개혁, 보통 선거 실시 등 추구, 1941)	

(2) 국내외 건국 준비 활동

조선 독립 동맹	중국 화북 지역에서 김두봉을 중심으로 사회주의계 인사들이 결성(1942), 군사 조직으로 조선 의용군 편성(중국 팔로군에 편제되어 항일 전선에 참여) → 건국 강령 발표
조선 건국 동맹	국내에서 여운형의 주도로 사회주의자와 민족주의자를 망라하여 결성(1944) → 민주 공화국 수립 지향 → 광복 후 조선 건국 준비 위원회로 개편

37강 일제 강점기(1930년대 이후 저항)

1 (가) 단체의 활동으로 옳은 것은? [2점]

심화 73회 42번

[우리 고장의 독립운동가]

조선 총독 암살을 시도했던 청년
유진만 (1912~1966)

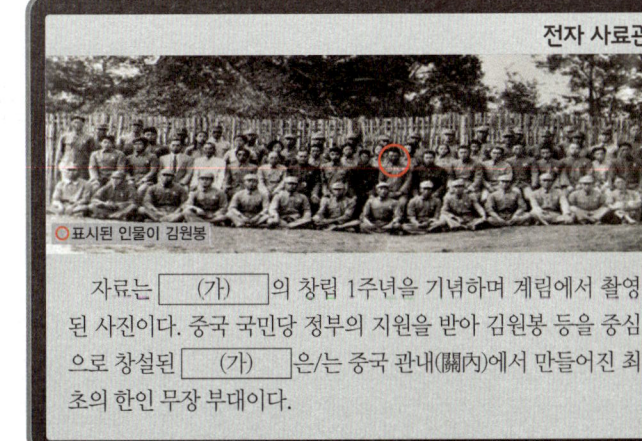

세종특별자치시 연서면 출생으로 김구가 일제의 요인 제거 및 주요 기관 파괴를 목적으로 상하이에서 조직한 (가) 의 단원이다. 조선 총독 우가키 가즈시게를 암살하라는 지령을 받고 국내에 잠입하였으나 거사 전 검거되었다. 치안 유지법 등 위반 혐의로 징역 6년의 형을 선고받았다. 1990년 건국 훈장 애국장이 추서되었다.

① 일제가 조작한 105인 사건으로 와해되었다.
② 파리 강화 회의에 독립 청원서를 제출하였다.
③ 단원인 윤봉길이 홍커우 공원 의거를 실행하였다.
④ 신채호가 작성한 조선 혁명 선언을 지침으로 삼았다.
⑤ 군사 훈련을 위해 조선 혁명 간부 학교를 설립하였다.

2 (가)에 대한 설명으로 옳은 것은? [2점]

심화 65회 43번

전자 사료관

자료는 (가) 의 창립 1주년을 기념하며 계림에서 촬영된 사진이다. 중국 국민당 정부의 지원을 받아 김원봉 등을 중심으로 창설된 (가) 은/는 중국 관내(關內)에서 만들어진 최초의 한인 무장 부대이다.

① 자유시 참변으로 시련을 겪었다.
② 대원 일부가 한국 광복군에 합류하였다.
③ 쌍성보 전투에서 한·중 연합 작전을 전개하였다.
④ 독립군 양성 기관인 한인 소년병 학교를 설립하였다.
⑤ 홍범도 부대와 연합하여 청산리에서 일본군과 교전하였다.

1 한인 애국단 정답 ③

정답 찾기 김구가 일제의 요인 제거 및 주요 기관 파괴를 목적으로 상하이에서 조직하였다는 내용을 통해 (가) 단체가 한인 애국단임을 알 수 있어요. 김구는 국민 대표 회의 결렬 이후 침체에 빠진 대한민국 임시 정부에 활기를 불어넣기 위해 1931년 중국 상하이에서 한인 애국단을 조직하였어요. 1932년에 단원 이봉창은 도쿄에서 일왕이 탄 마차에 폭탄을 투척하였고, ③ 단원 윤봉길은 상하이 홍커우 공원에서 열린 일왕의 생일과 상하이 사변의 승리를 축하하는 기념식 단상에 폭탄을 던져 일본군 장성과 고위 관리들을 처단하였어요.

오답 피하기
① 비밀 결사로 조직된 신민회는 1911년에 일제가 조작한 105인 사건으로 조직이 드러나 해체되었어요.
② 대한민국 임시 정부는 1919년에 프랑스 파리에서 활동하고 있던 김규식을 전권 대사로 임명하여 파리 강화 회의에 독립 청원서를 제출하였어요.
④ 의열단은 신채호가 작성한 '조선 혁명 선언'을 활동 지침으로 삼아 의열 투쟁을 전개하였어요.
⑤ 의열단의 김원봉은 1932년에 중국 국민당 정부의 지원을 받아 독립군 간부를 양성하는 조선 혁명 간부 학교를 설립하였어요.

2 조선 의용대 정답 ②

정답 찾기 김원봉 등을 중심으로 창설되었으며 중국 관내에서 만들어진 최초의 한인 무장 부대라는 내용을 통해 (가)가 조선 의용대임을 알 수 있어요. 조선 의용대는 김원봉 등이 중국 국민당 정부의 지원을 받아 창설한 조선 민족 전선 연맹 산하의 군사 조직으로, 주로 일본군에 대한 심리전이나 후방 공작 활동 등으로 중국군을 지원하였어요. 이러한 가운데 조선 의용대의 다수 병력이 적극적인 항일 운동을 전개하기 위해 화북 지대로 이동하였어요. 이후 이들은 조선 의용군으로 재편되었어요. ② 화북 지역으로 이동하지 않은 김원봉과 조선 의용대의 일부 대원은 한국 광복군에 합류하였어요.

오답 피하기
① 만주 지역의 독립군 부대들이 1921년 자유시로 이동하였으나 참변을 당하여 큰 타격을 입었어요.
③ 한국 독립군은 총사령관 지청천의 지휘 아래 중국 호로군과 연합 작전을 전개하여 쌍성보 전투, 대전자령 전투 등에서 일본군을 격퇴하였어요.
④ 1909년 미국에서 박용만의 주도로 독립군 양성을 위한 한인 소년병 학교가 설립되었어요.
⑤ 김좌진이 지휘한 북로 군정서는 홍범도의 대한 독립군 등과 연합하여 청산리 일대에서 일본군에 대승을 거두었어요.

3 (가) 부대에 대한 설명으로 옳은 것은? [2점]

심화 74회 42번

우리 고장의 독립운동가

이름에 조국의 광복을 담다

오광선 (1896~1967)

경기도 용인특례시 처인구 원삼면 출생으로 본명은 성묵이다. 1915년 중국으로 망명한 후 '조선의 광복'이라는 뜻의 광선(光鮮)으로 개명하였다. 1920년 대한 독립군단 중대장으로 독립군을 지휘하였다. 만주 사변이 일어나자 (가) 의 총사령관 지청천 등과 함께 중국군과 연합하여 1933년 대전자령에서 일본군을 상대로 대승을 거두는 데 중요한 역할을 하였다. 1962년 건국 훈장 독립장을 받았다.

① 봉오동 전투에서 일본군을 크게 격파하였다.
② 미국과 연계하여 국내 진공 작전을 계획하였다.
③ 중국 의용군과 연합하여 영릉가 전투에서 승리하였다.
④ 조선 민족 전선 연맹 산하의 군사 조직으로 결성되었다.
⑤ 한국 독립당의 군사 조직으로 북만주 지역에서 활약하였다.

4 (가) 부대에 대한 설명으로 옳은 것은? [2점]

심화 63회 36번

주제 : (가) 의 무장 독립 투쟁
국민부 산하 군사 조직으로 편성되었다가 이후 여러 부대를 통합하며 재편되었습니다.
총사령에 양세봉, 참모장에 김학규가 임명되어 부대를 이끌었습니다.
만주 사변 이후 중국 의용군과 함께 남만주 일대에서 항일 투쟁을 벌였습니다.

① 간도 참변 이후 자유시로 이동하였다.
② 영릉가 전투에서 일본군과 싸워 크게 승리하였다.
③ 조선 독립 동맹 산하의 군사 조직으로 개편되었다.
④ 영국군의 요청으로 인도·미얀마 전선에 투입되었다.
⑤ 중국 국민당 정부의 지원을 받아 우한에서 창설되었다.

3 한국 독립군 정답 ⑤

정답 찾기 총사령관이 지청천이었으며 대전자령 전투에서 일본군을 상대로 대승을 거두었다는 내용을 통해 (가) 부대가 한국 독립군임을 알 수 있어요. ⑤ 한국 독립군은 북만주 지역에서 혁신 의회가 해체되고 결성된 한국 독립당의 군사 조직이에요. 1930년대 전반에 한·중 연합 작전의 형태로 무장 독립 전쟁이 전개되었는데, 북만주 지역에서 활약한 한국 독립군은 지청천의 지휘에 따라 중국 호로군과 연합하여 쌍성보 전투, 대전자령 전투 등에서 일본군을 격퇴하였어요.

오답 피하기
① 홍범도가 이끄는 대한 독립군을 비롯한 독립군 연합 부대는 봉오동 전투에서 일본군을 크게 격파하였어요.
② 한국 광복군은 미국과 연계하여 국내 진공 작전을 계획하였으나 일제의 갑작스러운 항복으로 실행에 옮기지는 못하였어요.
③ 양세봉이 이끄는 조선 혁명군은 중국 의용군과 연합하여 영릉가 전투 등에서 일본군과 싸워 큰 승리를 거두었어요.
④ 김원봉의 주도로 조선 민족 전선 연맹 산하의 군사 조직으로 조선 의용대가 결성되었어요. 조선 의용대는 중국 관내에서 결성된 최초의 한인 무장 부대였어요.

4 조선 혁명군 정답 ②

정답 찾기 총사령에 양세봉이 임명되었으며 만주 사변 이후 중국 의용군과 함께 남만주 일대에서 항일 투쟁을 벌였다는 내용을 통해 (가) 부대가 조선 혁명군임을 알 수 있어요. 1931년에 일제가 만주를 침략하고 만주국을 세워 중국 내에서 반일 감정이 고조되었어요. 이러한 가운데 한국 독립당 산하의 한국 독립군과 조선 혁명당의 군사 조직인 조선 혁명군은 만주 지역에서 항일 중국군과 연합하여 항일 투쟁을 벌였어요. 남만주 지역에서 결성된 조선 혁명군은 총사령 양세봉의 지휘 아래 중국 의용군과 함께 ② 영릉가 전투, 흥경성 전투 등에서 일본군에 승리를 거두었어요.

오답 피하기
① 간도 참변 이후 만주 지역의 독립군 부대들이 러시아 혁명군의 지원 약속을 믿고 자유시로 이동하였다가 자유시 참변을 당하여 큰 피해를 입었어요.
③ 조선 의용대 화북 지대는 화북 지역에서 활동하던 사회주의자들이 중심이 되어 옌안에서 결성한 조선 독립 동맹의 군사 조직인 조선 의용군으로 개편되었어요.
④ 영국군의 요청으로 한국 광복군의 일부 대원이 인도·미얀마 전선에 파견되었어요.
⑤ 중국 국민당 정부의 지원을 받아 우한에서 조선 민족 전선 연맹의 군사 조직으로 조선 의용대가 창설되었어요.

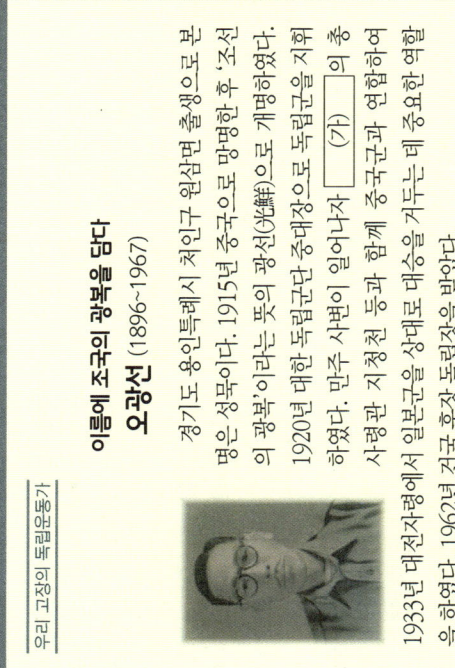

37강 일제 강점기(1930년대 이후 저항)

5 (가) 부대에 대한 설명으로 옳은 것은? [2점]

심화 75회 43번

사료로 만나는 여성 독립운동사

이중 삼중의 억압에 눌려 신음하던 자매들이여! 어서 빨리 일어나 이 민족 해방 운동의 뜨거운 용광로로 뛰어오라. …… 어둠 속에서 비추는 새벽빛 같은 (가) 의 자유를 쟁취하려는 봉화는 붉고 맑게 빛난다. 이미 모인 혁명 동지들은 뜨거운 손길을 내밀고 열정에 넘쳐 속히 달려옴을 기다리고 있다. 오라!

[해설] 이 사료는 "광복"에 실린 지복영의 글 중 일부이다. 그녀는 1940년 9월, 충칭에서 자신의 아버지 지청천을 총사령으로 하는 (가) 이/가 창설될 때 오광심, 김정숙, 조순옥 등과 함께 참여하였다. 그녀는 대원 모집, 선전 활동 등을 이어오다 광복을 맞이하였다.

① 청산리에서 일본군에 맞서 승리를 거두었다.
② 미국과 연계하여 국내 진공 작전을 준비하였다.
③ 동북 항일 연군으로 개편되어 유격전을 전개하였다.
④ 쌍성보, 대전자령 전투 등에서 일본군에 승리하였다.
⑤ 중국 관내(關內)에서 결성된 최초의 한인 무장 부대였다.

5 한국 광복군 정답 ②

정답 찾기 1940년 충칭에서 지청천을 총사령으로 하여 창설되었으며, 오광심 등이 참여하였다는 내용을 통해 (가) 부대가 한국 광복군임을 알 수 있어요. 1940년 충칭에 자리 잡은 대한민국 임시 정부는 중국 국민당 정부의 지원을 받아 한국 광복군을 창설하였어요. 지청천을 총사령관으로 한 한국 광복군은 태평양 전쟁이 발발하자 연합군의 일원으로 대일 전쟁에 참여하였어요. 1945년에 ② 미국과 연계하여 국내 진공 작전을 준비하였으나 일본의 갑작스러운 항복으로 실행에 옮기지 못하였어요.

오답 피하기
① 북로 군정서와 대한 독립군 등 독립군 연합 부대는 청산리 일대에서 일본군에 대승을 거두었어요.
③ 만주 지역에서 중국 공산당의 주도로 조직된 동북 인민 혁명군은 민족과 이념을 초월한 항일 연합 전선을 구축하기 위해 동북 항일 연군으로 개편되어 유격전을 전개하였어요.
④ 한국 독립군은 중국 호로군과 연합하여 쌍성보 전투, 대전자령 전투 등에서 일본군에 승리하였어요.
⑤ 1938년에 김원봉 등이 중국 국민당 정부의 지원을 받아 우한에서 조직한 조선 의용대는 중국 관내에서 결성된 최초의 한인 무장 부대였어요.

6 (가) 단체에 대한 설명으로 옳은 것은? [3점]

심화 75회 41번

자네 (가) 에서 발행한 잡지 "한글" 이번 호 보았는가? '한글 맞춤법 통일안' 개정 신판이 발매되었다는 소식이 실렸더군.
읽었네. 최근 훈민정음 해례본의 발견으로 한글 창제일이 명확해졌다는군. 이제 (가) 에서는 한글날을 창제일에 맞춰 10월 9일로 시정한다고 하네.

① 최초로 한글에 띄어쓰기를 도입하였다.
② 국어 문법서인 대한문전을 편찬하였다.
③ 태극 서관을 설립하여 서적을 보급하였다.
④ 조선말(우리말) 큰사전 편찬을 추진하였다.
⑤ 국문 연구소를 두어 한글을 체계적으로 연구하였다.

6 조선어 학회 정답 ④

정답 찾기 잡지 "한글"을 발행하고 한글 맞춤법 통일안을 개정하였다는 내용을 통해 (가) 단체가 조선어 학회임을 알 수 있어요. 조선어 학회는 1921년에 결성된 조선어 연구회를 계승하여 우리말과 글을 연구하였어요. 잡지 "한글"을 다시 발행하고 한글 맞춤법 통일안과 표준어를 제정하였으며, 이를 기초로 ④ "조선말(우리말) 큰사전"의 편찬을 추진하였어요. 하지만 일제가 조선어 학회 사건을 일으켜 회원들을 구속하고 학회를 강제 해산하여 사전을 완성하지 못하였어요. 조선어 학회는 광복 이후 한글 학회로 이름을 바꾸고 중단되었던 사전 편찬 사업을 이어가 마무리하였어요.

오답 피하기
① 선교사 존 로스는 1877년에 한국어 교재인 "조선어 첫걸음"에서 최초로 한글에 띄어쓰기를 도입하였어요. 이후 서재필, 주시경, 선교사 헐버트 등이 독립신문에 띄어쓰기를 본격적으로 적용하였어요.
② 유길준은 우리말의 체계를 종합적으로 정리한 국어 문법서인 "대한문전"을 편찬하였어요.
③ 신민회는 계몽 서적의 출판과 보급을 위해 태극 서관을 설립하였어요.
⑤ 대한 제국 정부는 1907년에 학부 아래에 한글을 연구하기 위한 기관으로 국문 연구소를 설립하였어요. 주시경과 지석영 등이 국문 연구소에서 국문 정리와 맞춤법 연구를 하였어요.

7 (가) 인물에 대한 설명으로 옳은 것은? [2점]

심화 74회 39번

사료로 보는 한국사

조선사 연구는 과거 역사적, 사회적 발전의 변동 과정을 구체적이고 현실적으로 구명함과 동시에 실천적 동향을 이론화하는 것을 임무로 삼아야 한다. 그것을 위해서는 인류 사회의 일반적 운동 법칙인 사적 변증법으로 그 민족 생활의 계급적 제관계와 더불어 사회 체제의 역사적 변동을 구체적으로 분석하고 다시 그 법칙성을 일반적으로 추상화하는 것에 의해서만 가능하다.

[해설] 이 사료는 (가) 이/가 저술한 조선사회경제사의 일부입니다. 그는 이 책에서 한국사가 세계사의 보편적인 발전 법칙에 따라 발전하였다는 주장을 펼치며 한국 고대 경제사를 원시 씨족 사회, 원시 부족 국가의 제 형태, 노예 국가 시대로 체계화하여 서술하였습니다.

① 조선 불교 유신론을 주장하였다.
② 식민 사학의 정체성론을 반박하였다.
③ 조선사 편수회에 들어가 조선사 편찬에 참여하였다.
④ 진단 학회를 설립하여 실증주의 사학을 발전시켰다.
⑤ 민족을 역사 서술의 중심에 둔 독사신론을 집필하였다.

7 백남운 정답 ②

정답 찾기 "조선사회경제사"를 저술하였으며, 한국사가 세계사의 보편적인 발전 법칙에 따라 발전하였다는 주장을 펼쳤다는 내용을 통해 (가) 인물이 백남운임을 알 수 있어요. 백남운은 유물 사관을 바탕으로 저술한 "조선사회경제사"에서 우리 역사도 세계사의 보편적인 역사 법칙에 따라 다른 민족과 거의 같은 궤도로 발전해 왔다고 주장하며 ② 식민 사학의 정체성론을 반박하였어요.

오답 피하기
① 한용운은 "조선불교유신론"을 저술하여 불교의 자주성 회복과 혁신을 주장하였어요.
③ 조선사 편수회는 조선 총독부에 의해 설치된 기관이에요. 최남선 등이 조선사 편수회 위원으로 활동하며 "조선사" 편찬에 참여하였어요.
④ 이병도 등은 진단 학회를 설립하여 문헌 고증을 통해 역사를 객관적으로 서술하려는 실증주의 사학을 발전시켰어요.
⑤ 신채호는 민족을 역사 서술의 중심에 둔 '독사신론'을 발표하여 민족주의 사학의 연구 방향을 제시하였어요.

8 (가) 사건 이후에 전개된 사실로 옳은 것은? [3점]

심화 71회 41번

<탐구 활동 보고서>

○학년 ○○반 이름: ○○○

◉ 주제 : (가) 에 대한 국외 반응

◉ 탐구 목적

라이징 선 석유 주식회사의 문평 공장에서 일본인 감독이 조선인 노동자를 구타한 일이 발단이 되어 일어난 일제 강점기 최대 규모의 노동 운동에 대한 국외 반응을 당시 자료를 통해 살펴본다.

◉ 자료 및 해설

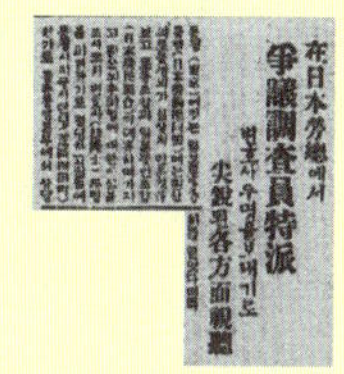

이것은 재일본 노총에서 (가) 을/를 조사하기 위해 변호사를 파견한다는 당시 신문 기사이다. 기사에 보도된 일본의 조선인 노동 단체뿐 아니라 중국 지역의 여러 노동 단체도 격려와 후원을 하였다.

① 동양 척식 주식회사가 설립되었다.
② 강주룡이 을밀대 지붕에서 고공 농성을 벌였다.
③ 황실의 지원을 받아 대한 천일 은행이 창립되었다.
④ 전국 단위의 조직인 조선 노농 총동맹이 조직되었다.
⑤ 고율의 소작료에 반발하여 암태도 소작 쟁의가 발생하였다.

8 원산 총파업 이후의 사실 정답 ②

정답 찾기 라이징 선 석유 주식회사의 문평 공장에서 일본인 감독이 조선인 노동자를 구타한 일이 발단이 되어 일어났으며, 일제 강점기 최대 규모의 노동 운동이라는 내용을 통해 (가) 사건이 1929년에 일어난 원산 총파업임을 알 수 있어요. ② 1931년에 평양에 있는 고무 공장의 노동자 강주룡이 임금 삭감에 저항하여 을밀대 지붕에서 고공 농성을 벌였어요.

오답 피하기
① 일제는 1908년에 한국의 토지와 자원을 수탈할 목적으로 동양 척식 주식회사를 설립하였어요.
③ 1899년에 일본 금융 기관의 침투에 대응하여 황실의 지원을 받아 대한 천일 은행이 창립되었어요.
④ 1924년에 전국 단위의 노동자·농민 조직인 조선 노농 총동맹이 조직되었어요. 조선 노농 총동맹은 1927년에 조선 노동 총동맹과 조선 농민 총동맹으로 분화되었어요.
⑤ 1923년에 암태도의 소작 농민들이 지주 문재철의 횡포에 맞서 암태도 소작 쟁의를 일으켰어요.

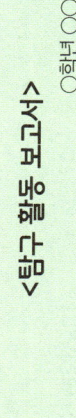

37강 일제 강점기(1930년대 이후 저항)

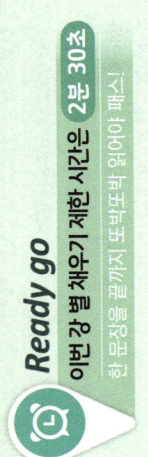

Ready go
이번 강 별 채우기 제한 시간은 **2분 30초**
한 문장을 끝까지 또박또박 읽어야 패스!

기출 선택지로 별 채우기
한국사를 채우다

01 1930년대 전반에 만주 지역의 독립군 부대들이 ★·★ 연합 작전을 전개하여 일본군을 격퇴하였다.

02 지청천이 이끈 한국 ★★군은 항일 중국군과 함께 쌍성보 전투, 대전자령 전투에서 일본군을 격퇴하였다.

03 한국 독립군은 북만주 지역에서 활동한 ★★ ★★당의 산하 부대였다.

04 양세봉이 지휘한 조선 ★★군은 항일 중국군과 함께 영릉가 전투, 흥경성 전투에서 일본군에 승리하였다.

05 조선 혁명군은 ★★ ★★당의 군사 조직으로 남만주 지역에서 활동하였다.

06 1931년에 김구의 주도로 상하이에서 한인 ★★단이 조직되었다.

07 한인 애국단원 이★★은 일본 도쿄에서 일왕이 탄 마차 행렬에 폭탄을 던졌다.

08 한인 애국단원 윤★★은 상하이 훙커우 공원에서 폭탄을 던져 일본군 장성과 고관들을 처단하였다.

09 지★★은 한국 광복군의 총사령관으로 활약하였다.

10 중국 국민당 정부의 지원을 받아 조선 ★★ ★★ 연맹 산하의 군사 조직으로 조선 의용대가 결성되었다.

11 조선 ★★대는 중국 관내에서 결성된 최초의 한인 무장 부대였다.

12 김원봉이 이끄는 조선 의용대의 일부 세력은 대한민국 임시 정부의 한국 ★★군에 합류하였다.

13 동아일보는 농촌 계몽을 위해 브★★★ 운동을 전개하였다.

14 1936년에 일부 신문이 베를린 올림픽에서 있었던 손★★ 선수의 우승 소식을 전하면서 가슴에 있던 일장기를 삭제하였다.

15 조선어 학회는 1933년에 한글 ★★법 통일안을 마련하고 표준어를 제정하였다.

16 조선어 학회는 "우리말(조선말) 큰★★" 편찬 사업을 추진하였다.

17 일제는 ★★★ 학회 사건을 조작하여 한글 학자들을 검거·투옥하였다.

18 1930년대에 이르러 민족주의 사학을 계승한 정인보는 '★'을 강조하여 민족정신을 고취하였다.

19 정인보, 안재홍 등은 "여유당전서" 간행 사업을 계기로 ★★학 운동을 전개하였다.

20 이병도 등은 ★★ 학회를 결성하고 진단 학보를 발행하였다.

21 백★★은 유물 사관을 바탕으로 사회 경제 사학을 연구하였다.

22 백남운은 "조선사회경제사"를 저술하여 식민 사학의 ★★성론을 반박하였다.

23 윤★★는 '서시', '별 헤는 밤' 등의 시를 남겼고, 그가 죽은 뒤에 "하늘과 바람과 별과 시"라는 유고 시집이 발간되었다.

24 이★★는 '광야', '절정' 등의 저항시를 발표하였다.

25 1931년에 노동자 강★★은 임금 삭감 반대, 노동 조건 개선을 주장하며 평양 을밀대 지붕에서 고공 농성을 벌였다.

26 1944년에 여운형 등은 국내에서 일제 패망과 광복에 대비하여 조선 ★★ 동맹을 결성하였다.

정답

01 한, 중 **02** 독립 **03** 한국 독립 **04** 혁명 **05** 조선 혁명 **06** 애국 **07** 봉창 **08** 봉길 **09** 청천 **10** 민족 전선 **11** 의용 **12** 광복 **13** 나로드 **14** 기정 **15** 맞춤 **16** 사전 **17** 조선어 **18** 얼 **19** 조선 **20** 진단 **21** 남운 **22** 정체 **23** 동주 **24** 육사 **25** 주룡 **26** 건국

38강 현대(광복 ~ 6·25 전쟁)

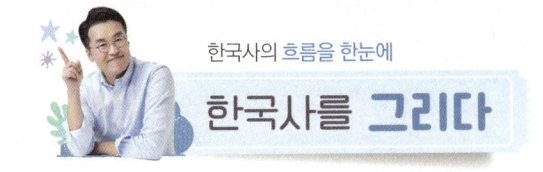

한국사의 흐름을 한눈에 한국사를 그리다

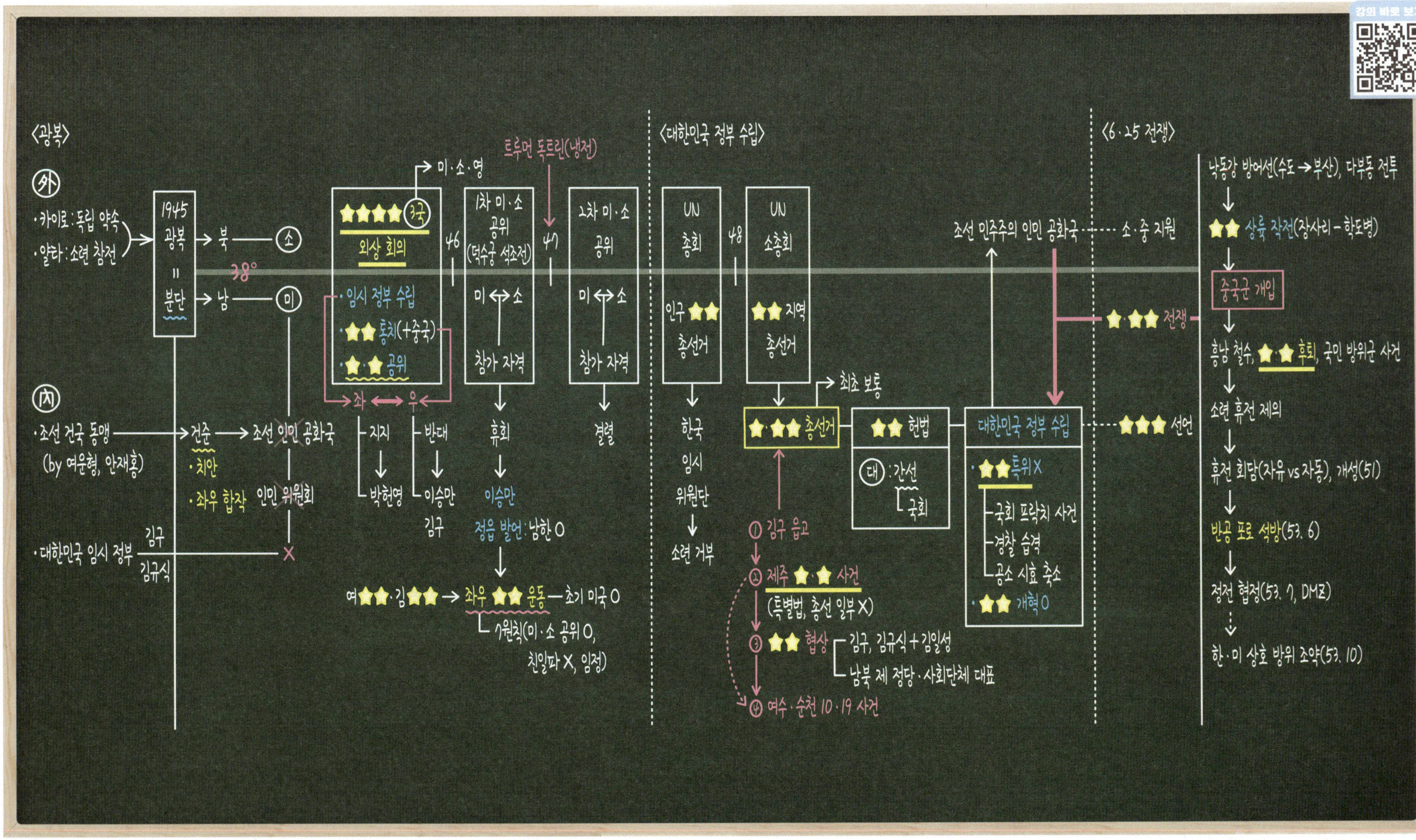

★정답 모스크바, 신탁, 미·소, 운형, 규식, 합작, 비례, 가능, 5·10, 4·3, 남북, 제헌, 반민, 농지, 애치슨, 6·25, 인천, 1·4

➡ 나만의 약점 단권화 노트 34쪽에서 완성 판서를 확인하세요.

38강 현대(광복 ~ 6·25 전쟁)

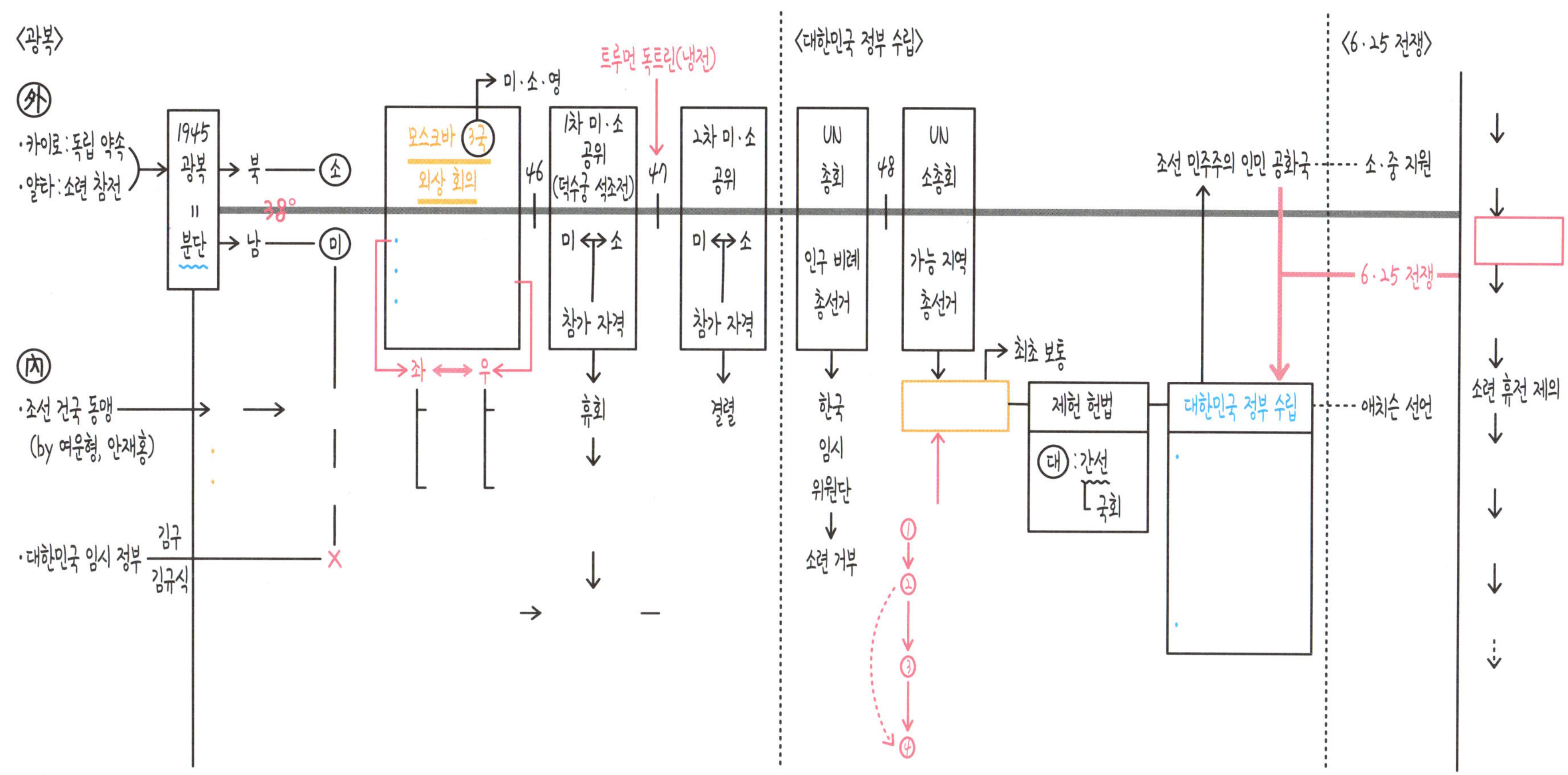

38강 현대(광복 ~ 6·25 전쟁)

낯선 용어와 자료 돋보기

한국사를 보다

조선 건국 준비 위원회

조선 건국 동맹을 계승하여 여운형을 중심으로 조직된 조선 건국 준비 위원회(건준)는 광복 후 전국에 지부를 설치하고 치안 유지와 행정 문제를 담당하였어요. 미군이 한반도에 진주한다는 소식이 전해지자 건준은 미국과의 협상에 대비하기 위해 조선 인민 공화국의 수립을 선포하고 다음 날 해산하였어요. 그러나 미군정이 이를 인정하지 않았고, 이후 우익 세력이 이탈하면서 해체되고 말았지요.

〈조선 건국 준비 위원회 강령〉
1. 우리는 완전한 독립 국가의 건설을 기함
2. 우리는 전 민족의 정치적·경제적·사회적 기본 요구를 실현할 수 있는 민주주의 정권의 수립을 기함
3. 우리는 일시적 과도기에 있어 국내 질서를 자주적으로 유지하며 대중 생활의 확보를 기함

모스크바 3국 외상 회의

1945년 12월에 미국·영국·소련의 외무장관이 모스크바에 모여 한반도에 민주적인 임시 정부 수립, 미·소 공동 위원회 설치, 미·영·소·중에 의한 최대 5년간의 신탁 통치 실시 등을 결정하였어요.

〈모스크바 3국 외상 회의의 주요 내용〉
1. 조선의 독립을 인정하며 민주주의 원칙에 따라 임시 조선 민주주의 정부를 수립한다.
2. 조선의 임시 정부 구성을 원조하기 위한 적절한 방안으로 미·소 공동 위원회를 설치한다.
3. 조선 인민의 정치적·경제적·사회적 진보와 민주주의적 자치 발전과 독립 국가의 수립을 위해 미·영·소·중 4국의 신탁 통치를 지원한다.

정읍 발언

제1차 미·소 공동 위원회가 무기 휴회되어 임시 정부 수립이 점점 늦어지자, 이승만은 1946년 6월에 정읍에서 전국을 아우르는 정부를 구성할 수 없다면 남한만이라도 단독 정부를 수립하자고 주장하였어요.

이제 우리는 무기 휴회된 미·소 공동 위원회가 재개될 기색도 보이지 않으며, 통일 정부를 고대하나 여의케 되지 않으니, 우리는 남한만이라도 임시 정부 혹은 위원회 같은 것을 조직하여 38도선 이북에서 소련이 물러나도록 세계 여론에 호소하여야 될 것이니, 여러분도 결심해야 할 것이다.

좌우 합작 운동

좌우 대립이 심화되고 이승만의 정읍 발언으로 분단의 위기가 닥쳐오자 여운형과 김규식 등 중도 세력은 좌우 합작 위원회를 구성하고 좌우 합작 7원칙을 발표하는 등 통일 정부 수립을 위한 좌우 합작 운동을 전개하였어요. 그러나 처음에 좌우 합작 운동을 지지하였던 미군정이 지지를 철회하고 여운형이 암살되면서 이러한 노력은 실패하였어요.

〈좌우 합작 7원칙〉
1. 모스크바 3국 외상 회의 결정에 따라 남북을 통한 좌우 합작으로 민주주의 임시 정부를 수립할 것
2. 미·소 공동 위원회 속개를 요청하는 공동 성명을 발표할 것
3. 토지를 농민에게 무상으로 나누어 주고, 중요 산업을 국유화할 것
4. 친일파, 민족 반역자를 처리할 조례를 제안하여 입법 기구가 심리·결정하게 해 시행할 것
5. 남북 좌우의 테러적 행동을 제지하도록 노력할 것
6. 입법 기구의 기능, 구성 방법, 운영 등은 합작 위원회를 통해서 실행할 것
7. 언론, 집회, 결사, 출판, 교통, 투표 등의 자유를 보장할 것

신탁 통치 반대 운동

모스크바 3국 외상 회의의 신탁 통치 실시 결정에 관한 소식이 국내에 알려지면서 격렬한 신탁 통치 반대 시위가 벌어졌어요. 일제 식민 통치를 겪고 난 뒤라 신탁 통치에 대한 거부감이 매우 컸고, 한국의 자주권을 부정한 결정이라고 판단하였어요. 처음에는 신탁 통치에 반대 입장을 보였던 좌익 진영이 모스크바 3국 외상 회의 결정에 대한 총체적 지지로 입장을 바꾸면서 이를 둘러싼 좌우익의 격렬한 대립이 이어졌어요.

- 카이로, 포츠담 선언과 국제 헌장으로 세계에 공약한 한국의 독립은 이번 모스크바에서 개최한 3상 회의의 신탁 관리 결의로 수포로 돌아갔다. 이에 다시 우리 3천만은 영예로운 피로써 자주독립을 되찾아야 할 단계에 들어섰다. 동포여! 8·15 이전과 이후 과오와 마찰을 청산하고서 우리 정부 밑에 뭉치자. 그리하여 그 지도하에 3천만의 총역량을 발휘하여 신탁 관리제를 배격하는 국민운동을 전개하여 자주독립을 완전히 획득하기까지 3천만 전 민족의 최후의 피 한 방울까지라도 흘려서 싸우는 항쟁 개시를 선언한다.

  – 신탁 통치 반대 국민 총동원 위원회의 반탁 선언문 –

- 모스크바 삼상 회의의 결정을 신중히 검토한 결과, 우리는 다음의 태도를 표명한다. …… 이런 의미에서 이번 회담에서 여러 나라에 대한 민주주의 발전의 구체적 결정이 나오게 된 것이다. 예를 들어 조선 문제에 있어서 "조선을 독립 국가로 부흥하고 민주주의 기초 위에서 나라가 발전될 조건을 만들기 위해 또는 장구한 일본 지배의 자취를 신속히 청산할 목적으로 조선에서 공업·농업·교통·민족 문화 발전의 방책을 진행할 수 있는 정부와 조선 민주주의 정부를 조직한다"는 동 결정문의 이러한 국제적 결정은 오늘날 조선을 위하는 가장 정당한 것이라고 우리는 인정한다.

  – 모스크바 3국 외상 회담 결정에 대한 조선 공산당의 지지 담화문 –

용어 사전

카이로 선언
제2차 세계 대전이 연합국 측에 유리하게 전개되자 미국, 영국, 중국의 대표가 이집트 카이로에 모여 전쟁 수행 협력과 전후 처리 문제를 논의하기 위한 회담을 가졌어요. 이 회담에서 발표된 카이로 선언은 한국의 독립을 최초로 약속하였어요.

얄타 회담
1945년 2월에 미국, 영국, 소련 3국의 대표가 크림반도의 얄타에 모여 패전국 식민지의 광복 등 전후 처리 문제를 협의하고 소련의 대일전 참전을 결의하였어요.

신탁 통치
한 국가가 자체적으로 통치 능력을 갖출 때까지 다른 나라가 대신 통치하는 것을 말해요.

미·소 공동 위원회
모스크바 3국 외상 회의의 결정에 따라 임시 정부 수립을 지원하기 위해 설치되었어요. 서울 덕수궁에서 열린 제1차 미·소 공동 위원회는 미국과 소련이 임시 정부 구성에 참여할 단체의 범위를 두고 대립하면서 휴회되었어요.

남북 협상

소련이 유엔 한국 임시 위원단의 입북을 거부하자, 유엔 소총회에서 위원단의 접근이 가능한 지역, 즉 남한 지역에서라도 총선거를 실시할 것을 논의하였어요. 김구는 남한만의 단독 선거가 민족의 분단을 초래할 것이라며 이러한 움직임에 반대하고 김규식 등과 통일 정부 수립을 위한 남북 협상을 북측에 제안하였어요. 그 결과 평양에서 남북 지도자 협의회가 개최되었으나 성과를 거두지는 못하였어요.

> 지금 이때 나의 단일한 염원은 3천만 동포와 손을 잡고 통일된 조국, 독립된 조국의 달성을 위하여 공동 분투하는 것뿐이다. 이 육신을 조국이 요구한다면 당장에라도 제단에 바치겠다. 나는 통일된 조국을 건설하려다가 38도선을 베고 쓰러질지언정 일신에 구차한 안일을 취하여 단독 정부를 세우는 데는 협력하지 아니하겠다. 나는 내 생전에 38 이북에 가고 싶다. 그쪽 동포들도 제 집을 찾아가는 것을 보고서 죽고 싶다. 궂은 날을 당할 때마다 38선을 싸고도는 원귀의 곡성이 내 귀에 들리는 것도 같았다.
>
> – 김구, 삼천만 동포에게 읍고함(1948. 2.) –

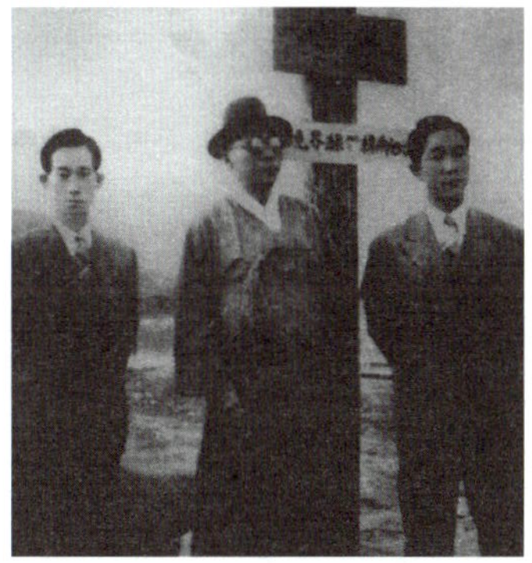
남북 협상을 위해 38도선을 넘는 김구 일행

5·10 총선거

'총선'은 국회 의원을 선출하는 선거를 말해요. 광복 후 새로운 정부가 출범하기 위해서는 법이 필요하고, 법을 제정하는 기관이 국회이기 때문에 대통령보다 국회 의원을 먼저 뽑았습니다. 5·10 총선거는 우리나라 최초의 민주 선거로, 21세 이상의 모든 국민에게 투표권이 부여되었으며, 보통·평등·비밀·직접 선거의 원칙에 따라 실시되었어요. 그 결과 제주도 2곳을 제외한 선거구에서 임기 2년의 국회 의원 198명이 선출되었습니다. 김구와 김규식 등 남북 협상파와 좌익 세력 등은 단독 선거에 반대하여 참여하지 않았어요.

5·10 총선거 포스터

제헌 국회의 활동

5·10 총선거의 결과로 구성된 초대 국회는 국호를 '대한민국'으로 정하고 헌법을 제정·공포하였는데, 이 헌법을 제헌 헌법이라고 합니다. 그리고 초대 국회를 '헌법을 제정한 국회'라고 해서 '제헌 국회'라고 합니다. 제헌 국회에서 반민족 행위 처벌법과 농지 개혁법 등이 제정되었어요.

〈제헌 헌법의 주요 내용〉
- 대한민국은 민주 공화국이다.
- 대한민국의 주권은 국민에게 있고 모든 권력은 국민으로부터 나온다.
- 대한민국의 영토는 한반도와 그 부속 도서로 한다.
- 대통령과 부통령은 국회에서 선거하여 재적 의원 3분의 2 이상의 출석과 출석 의원 3분의 2 이상의 찬성 투표로 결정한다.
- 반민족 행위를 처벌하는 특별법을 제정한다.
- 제헌 헌법을 제정한 국회는 국회로서의 권한을 행사하고 국회 의원의 임기는 국회 개최일로부터 2년으로 한다.

반민족 행위 특별 조사 위원회(반민특위)

제헌 국회는 정부 수립 직후 반민족 행위 처벌법을 제정하고 반민족 행위 특별 조사 위원회(반민특위)를 설치하여 친일파 청산에 나섰어요. 하지만 이승만 정부는 친일파 청산에 처음부터 소극적 태도를 보였지요. 반민특위는 국회 프락치 사건, 경찰의 반민특위 습격 사건, 반민특위 공소 시효 축소 법안 통과 등으로 제대로 활동해 보지도 못한 채 해체되었어요.

〈반민족 행위 처벌법의 주요 조항〉

제1조 일본 정부와 통모하여 한·일 합병에 적극 협력한 자, 한국의 주권을 침해하는 조약 또는 문서에 조인한 자와 모의한 자는 사형 또는 무기징역에 처하고 그 재산과 유산의 전부 혹은 2분의 1 이상을 몰수한다.

제2조 일본 정부로부터 작위를 받은 자 또는 일본 제국 의회의 의원이 되었던 자는 무기 또는 5년 이상의 징역에 처하고 그 재산과 유산의 전부 혹은 2분의 1 이상을 몰수한다.

제3조 일본 치하 독립운동자나 그 가족을 악의로 살상, 박해한 자 또는 이를 지휘한 자는 사형, 무기 또는 5년 이상의 징역에 처하고 그 재산의 전부 혹은 일부를 몰수한다.

제4조 아래 각 호의 1에 해당하는 자는 10년 이하의 징역에 처하거나 15년 이하의 공민권을 정지하고 그 재산의 전부 혹은 일부를 몰수할 수 있다.
1. 작위를 세습한 자
2. 중추원 부의장, 고문 또는 참의(參議)가 되었던 자
3. 칙임관(勅任官) 이상의 관리가 되었던 자
4. 밀정 행위로 독립운동을 방해한 자

용어 사전

트루먼 독트린
'독트린'은 주의나 신조라는 뜻으로, 주로 나라가 표방하는 외교 노선의 기본 정책을 말해요. 미국 대통령 트루먼이 공산주의 세력의 확대를 막기 위해 터키, 그리스에 경제 원조를 제공한다고 선언함에 따라 공산주의 진영과 자유주의 진영 간의 냉전 시대가 본격적으로 전개되었어요.

냉전
제2차 세계 대전 이후 국제 사회는 공산주의 진영과 자유주의 진영 간의 이념 대립으로 냉전 체제를 형성하였어요.

제주 4·3 사건
1948년 4월 3일 제주도에서 좌익 세력과 일부 주민이 단독 정부 수립에 반대하는 무장봉기를 일으켰어요. 이에 미군정이 극우 청년들과 경찰 등을 동원하여 무차별적으로 진압하였고, 이러한 상황은 정부 수립 후 1954년 9월까지 계속되었어요. 그 과정에서 무장봉기 세력뿐만 아니라 수많은 무고한 제주도민이 희생되었습니다. 2000년에 제주 4·3 사건 진상 규명 및 희생자 명예 회복에 관한 특별법이 제정되었어요.

국회 프락치 사건
1949년 5월부터 8월까지 공산당과 내통하였다는 혐의로 현역 국회 의원 10여 명이 검거·기소된 사건이에요. 그 결과 정부에 비판적이던 의원들이 제거되어 국회의 대정부 견제 기능이 약화되었고, 반민족 행위 처벌법의 공소 시효를 1년 정도 대폭 단축시키는 개정안이 통과되었어요.

38강 현대(광복 ~ 6·25 전쟁)

낯선 용어와 자료 돋보기
한국사를 보다

애치슨 선언

1950년 1월에 미국 국무장관 애치슨이 미국의 태평양 방위선을 밝힌 선언이에요. 이에 따라 한국과 타이완이 미국의 방어선에서 제외되었지요. 그런데 북한은 이러한 상황에 대해 '미국이 남한을 방어선에서 제외하였으니 남침을 하더라도 미국이 무력 지원하지 않을 것'이라고 판단하여 6·25 전쟁을 일으켰어요.

> 미국의 태평양 지역 방위선은 알류샨 열도, 일본 본토를 거쳐 류큐(오키나와섬)와 필리핀 군도로 이어진다. 기타 태평양 지역의 군사적 안전 보장에 관해서 말하자면, 누구라도 이 지역을 군사적 공격으로부터 보증할 수 없다는 사실을 명백히 해 두지 않으면 안 된다.

6·25 전쟁의 전개 과정

북한군의 기습적 남침(1950. 6. 25.) → 서울 함락 → 유엔군 참전 → 국군과 유엔군의 낙동강 방어선 구축, 다부동 전투 → 유엔군의 인천 상륙 작전 성공 → 국군과 유엔군의 서울 수복, 압록강 일대까지 진격 → 중국군 개입 → 흥남 철수 작전 → 1·4 후퇴 → 서울 재탈환 → 휴전 협상 시작 → 이승만 정부의 반공 포로 석방(1953. 6. 18.) → 정전 협정 체결(1953. 7. 27.)

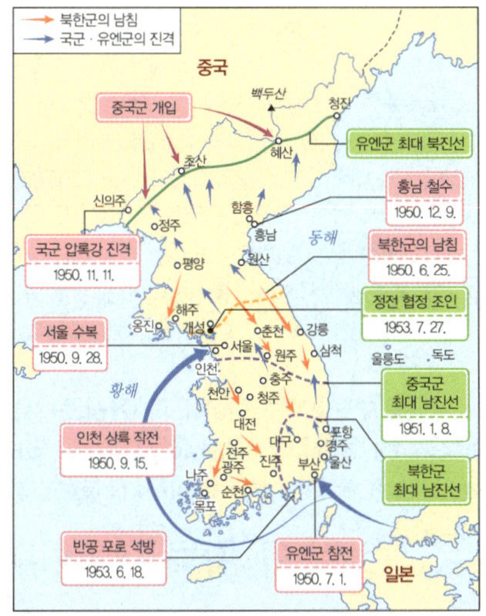

인천 상륙 작전

북한군은 남침 3일 만에 서울을 함락하고 한 달여 만에 국군과 유엔군의 낙동강 방어선까지 빠르게 밀고 내려왔어요. 국군과 유엔군은 북한군의 남하를 저지하고 1950년 9월 15일 맥아더 유엔군 사령관의 지휘 아래 인천에 상륙하여 북한군의 병참선과 배후를 공격하는 대규모 작전을 펼쳤습니다. 이 작전의 성공으로 국군과 유엔군은 전세를 역전시킬 수 있었어요.

1·4 후퇴

국군과 유엔군은 인천 상륙 작전으로 승기를 잡고 압록강 일대까지 진격하였지만, 중국군의 개입으로 후퇴하여 1951년 1월 4일 서울을 다시 빼앗겼어요. 이로 인해 서울 시민은 또다시 피난길에 나서야 했고, 많은 이산가족이 발생하였어요.

> 눈보라가 휘날리는 바람찬 흥남 부두에
> 목을 놓아 불러 보았다 찾아를 보았다
> 금순아 어데로 가고 길을 잃고 헤매었더냐
> 피눈물을 흘리면서 1·4 이후 나홀로 왔다
>
> - '굳세어라 금순아'(1·4 후퇴 관련 가요) -

한·미 상호 방위 조약

휴전 협상 과정에서 휴전에 반대한 이승만 정부가 반공 포로를 일방적으로 석방하여 휴전 협상 자체가 위기에 빠지게 되었어요. 그러자 미국은 한국에 미군을 주둔시켜 방위에 협력하겠다는 한·미 상호 방위 조약의 체결과 경제 원조를 약속하였지요. 이에 따라 정전 협정 체결 이후 1953년 10월에 한·미 상호 방위 조약이 체결되었어요.

> 제2조 당사국 중 어느 일국의 정치적 독립 또는 안전이 외부로부터의 무력 공격에 의하여 위협을 받고 있다고 어느 당사국이든지 인정할 때에는 언제든지 당사국은 서로 협의한다.
>
> 제3조 각 당사국은 …… 타 당사국에 대한 태평양 지역에서의 무력 공격을 자국의 평화와 안전을 위태롭게 하는 것이라고 인정하고, 공통한 위험에 대처하기 위하여 각자의 헌법상의 수속에 따라 행동할 것을 선언한다.
>
> 제4조 미합중국은 상호적 합의에 따라 미합중국의 육군, 해군과 공군을 대한민국의 영토 내와 그 부근에 배치하는 권리를 가지며 대한민국은 이를 허락한다.

용어 사전

간접 선거
일반 선거인이 직접 대표자를 뽑는 것이 아니라 일반 선거인에 의해 선출된 중간 선거인이 대표자를 뽑는 방식이에요. 즉, 국민이 선출한 국회 의원 또는 선거인단이 대통령을 뽑는 방식이지요.

국민 방위군 사건
6·25 전쟁 중에 조직된 국민 방위군의 일부 간부들이 방위군의 예산을 횡령하여 1·4 후퇴 시기에 많은 군인이 추위와 굶주림에 사망하였어요.

포로 송환 문제
휴전 협상 과정에서 가장 큰 쟁점이 되었던 문제로 유엔군은 포로의 자유 의사에 따른 송환을 주장하였고, 북한군은 해당 국가로의 강제 송환을 주장하였어요.

정전 협정
유엔군과 중국군, 북한군은 1951년 소련이 휴전을 제의한 이래 약 2년여 협의를 거쳐 1953년 7월 27일에 마침내 정전 협정을 체결하였어요. 이 협정문에는 군사 분계선 설정, 비무장 지대 설치, 중립국 감독 위원회와 군사 정전 위원회 설치 등의 내용이 담겼어요.

군사 분계선
교전국 사이에 협정에 따라 설정한 군사 행동의 한계선을 말해요. 남북한은 군사 분계선 양측으로 2km를 비무장 지대로 설정하였어요.

마무리도 빈틈없이 한국사를 읽다

38강 현대(광복 ~ 6·25 전쟁)

1 8·15 광복 직후의 한반도 내 동향

광복 직후 국내 정치 세력 동향	조선 건국 준비 위원회	• 조직 : 조선 건국 동맹을 기반으로 조직, 여운형 등이 주도 • 활동 : 전국에 지부 설치, 치안대를 조직하여 치안과 질서 유지 • 해체 : 우익 세력 탈퇴 → 조선 인민 공화국 수립 선포, 전국 각지에 인민 위원회 조직 → 미군정이 조선 인민 공화국을 인정하지 않으면서 해체됨
	우익 세력	김구 등 대한민국 임시 정부 인사들이 개인 자격으로 귀국, 한국 독립당으로 활동
	좌익 세력	박헌영 등이 조선 공산당 재건, 소련군 점령 지역에서 인민 위원회 주도
미군과 소련군 주둔		일본군 무장 해제, 38도선을 경계로 남과 북에서 각각 군정 실시
모스크바 3국 외상 회의 (1945. 12.)	결정 사항	임시 민주 정부 수립, 미·소 공동 위원회 설치, 최대 5년간의 신탁 통치 실시
	반응	• 좌익 : 처음에는 신탁 통치 반대 주장, 이후 모스크바 3국 외상 회의 결정 사항에 대한 총체적 지지로 선회 • 우익 : 김구, 이승만 등이 대대적인 신탁 통치 반대 운동 전개
	결과	좌우익 세력의 대립 격화
북조선 임시 인민 위원회		친일파 처단, 토지 개혁, 중요 산업 국유화 → 북한 정권 수립 진행

2 통일 정부 수립을 위한 노력

좌우 합작 운동 (1946~1947)	배경	• 미·소의 의견 대립으로 제1차 미·소 공동 위원회가 무기 휴회됨, 좌우익의 갈등 심화 • 이승만의 정읍 발언(남한만의 단독 정부 수립 주장)
	주도 세력	여운형과 김규식 등 중도 세력이 주도, 미군정의 지원 → 좌우 합작 위원회 조직
	전개	• 좌우 합작 7원칙 발표(1946. 10.) : 미·소 공동 위원회 속개 및 임시 정부 수립 요구, 토지 및 친일파 문제 해결 촉구, 주요 산업 국유화 주장, 언론·집회·결사·출판·투표 등의 자유 보장 주장 • 결과 : 좌우익 세력의 외면, 여운형의 암살과 좌우 합작 위원회 해산으로 실패
유엔의 결정		제2차 미·소 공동 위원회 결렬 → 미국이 한반도 문제를 유엔에 상정 → 유엔 총회에서 인구 비례에 따른 남북한 총선거 실시 의결(1947. 11.), 유엔 한국 임시 위원단 파견 → 소련이 유엔 한국 임시 위원단의 입북 거부 → 유엔 소총회(1948. 2.)에서 선거가 가능한 지역에서만 총선거 실시 결정
남북 협상		• 김구와 김규식의 방북 : 남북 협상을 통한 통일 정부 수립을 추구 • 공동 선언문 채택 : 남한 단독 선거 반대, 임시 정부 수립 이후 남북 총선거를 거쳐 통일 정부 수립, 외국 군대의 즉시 철수 요구 • 결과 : 남과 북에 각각 정부 수립, 김구 암살 등으로 성과를 거두지 못함 → 통일 정부 수립 좌절

3 대한민국 정부 수립과 활동

정부 수립을 둘러싼 갈등		• 제주 4·3 사건(1948) : 남한만의 단독 선거에 반대하여 좌익과 일부 주민이 무장봉기 → 미군정, 이승만 정부의 진압 과정에서 많은 수의 무고한 제주도민이 희생됨, 제주도 2개 선거구에서 5·10 총선거가 실시되지 못함 → 제주 4·3 사건 진상 규명 및 희생자 명예 회복에 관한 특별법 제정(2000) • 여수·순천 10·19 사건(1948) : 이승만 정부가 제주 4·3 사건을 진압하기 위해 여수·순천에 주둔한 군대에 출동을 명령 → 군대 내 좌익 세력이 명령 거부, 무장봉기하여 여수·순천 지역 점령
5·10 총선거		38도선 이남 지역에서만 실시, 우리나라 최초의 보통 선거, 민주적 총선거로 제헌 국회 구성(→ 제헌 헌법 제정), 김구와 김규식 등의 남북 협상파와 좌익 세력 불참
대한민국 정부 수립		대통령 중심제의 민주 공화국, 국회의 간접 선거를 통해 대통령 이승만, 부통령 이시영 선출 → 대한민국 정부 수립 선포(1948. 8. 15.) → 유엔이 한반도에서 유일한 합법 정부로 승인
제헌 국회의 활동	친일 반민족 행위 청산 노력	• 반민족 행위 처벌법 제정(1948) → 반민족 행위 특별 조사 위원회(반민특위) 구성 • 이승만 정부의 반공 우선 주장과 비협조, 국회 프락치 사건·반민특위 습격 사건으로 방해, 법 개정으로 특위의 활동 기간 단축 → 반민특위 해체(1949), 친일파 청산 노력 좌절
	농지 개혁법 제정 (1949)	• 내용 : 유상 매수·유상 분배, 한 가구당 3정보를 소유 상한으로 함 • 결과 : 식민지 지주제 소멸의 계기, 대다수 농민이 자기 토지 소유 • 한계 : 농지를 제외한 토지가 개혁 대상에서 제외됨, 반민족 행위자의 토지 몰수 조항이 없음, 지주층의 자본가 전환 미흡
	귀속 재산 처리법(1949)	일제 강점기 일본인이 소유하였던 공장 등 귀속 재산을 처리하는 법률 제정 → 귀속 재산을 민간에 매각
북한 정부 수립		북조선 인민 위원회(1947. 2., 내각과 같은 정부 기구) → 선거를 통해 최고 인민 회의 구성(1948. 8.) → 조선 민주주의 인민 공화국 수립(1948. 9. 9.)

4 6·25 전쟁

배경	한반도에서 미·소 양군 철수, 중국의 공산화, 남북의 대립과 군사적 충돌, 미국의 애치슨 선언 발표
전개	북한군의 무력 남침(1950. 6. 25.) → 북한군이 3일 만에 서울 점령 → 유엔군의 참전, 낙동강 방어선 구축, 다부동 전투 → 국군과 유엔군의 인천 상륙 작전(1950. 9. 15.) → 서울 탈환, 38도선 돌파 → 평양 점령, 압록강 일대까지 진격 → 중국군 참전 → 국군과 유엔군 후퇴, 흥남 철수 작전(1950. 12.) → 서울 함락(1·4 후퇴, 1951), 국민 방위군 사건 발생 → 70여 일 만에 서울 재탈환 → 38도선 부근에서 전선 교착, 공방전 치열, 정전 회담 진행(포로 교환 방식 등을 둘러싸고 갈등) → 이승만 정부가 포로수용소에 있던 반공 포로 석방(1953. 6.) → 정전 협정 체결(1953. 7. 27.)
피해와 영향	• 막대한 인명·재산 피해, 전쟁고아와 이산가족 발생, 남북 간의 이념 대립과 적대감 심화 • 한·미 상호 방위 조약 체결(1953. 10.), 전통문화 해체, 반공 교육 강화 등

38강 현대(광복 ~ 6·25 전쟁)

1 (가) 인물에 대한 설명으로 옳은 것은? [2점]

심화 67회 44번

□□일보

제△△호 2023년 ○○월 ○○일

'몽양 (가) 장례식 만장' 117점 국가등록문화재 등록 예고

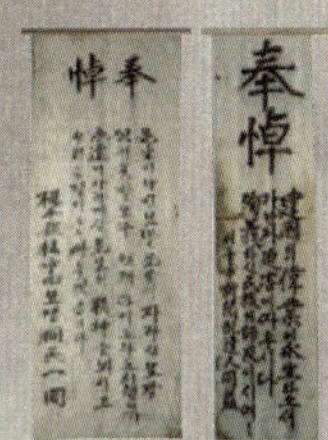

1918년 중국에서 신한 청년당을 조직하고 해방 후 좌우 합작 운동을 추진한 (가) 선생의 마지막 길에 내걸린 만장(輓章)이 국가등록문화재가 된다. 만장이란 망자를 추모하는 글을 비단이나 종이에 적어 만든 깃발로, 1947년 거행된 그의 장례식에는 각계각층이 애도하는 만장이 내걸렸다.

이 만장은 독립운동에 헌신하고 광복 후 좌우 대통합을 위해 노력했던 그에 대한 대중들의 인식과 평가를 담은 자료로서 중요한 역사적 가치가 있다.

① 조선 건국 동맹을 결성하였다.
② 한국독립운동지혈사를 저술하였다.
③ 권업회의 초대 회장으로 선출되었다.
④ 대한 광복회를 조직하여 친일파를 처단하였다.
⑤ 백산 상회를 설립하여 독립운동 자금을 마련하였다.

1 여운형 정답 ①

정답 찾기 '몽양'이라는 호를 썼으며, 해방 후 좌우 합작 운동을 추진하였다는 내용을 통해 (가) 인물이 여운형임을 알 수 있어요. 여운형은 광복 직전인 1944년에 ① 조선 건국 동맹을 결성하여 광복에 대비하였으며, 광복 직후 조선 건국 동맹을 기반으로 조선 건국 준비 위원회를 조직하였어요. 1946년에는 김규식 등과 함께 통일 정부 수립을 위해 좌우 합작 위원회를 조직하고 좌우 합작 7원칙을 발표하였어요.

오답 피하기
② 박은식은 독립 투쟁 과정을 정리한 "한국독립운동지혈사"를 저술하였어요.
③ 최재형은 연해주에서 조직된 권업회의 초대 회장으로 선출되었으며, 권업회의 기관지인 권업신문 발간에도 참여하였어요.
④ 박상진 등은 대구에서 비밀 결사 형태로 대한 광복회를 조직하여 군자금 모금과 친일파 처단 등의 활동을 벌였어요.
⑤ 안희제는 부산에 백산 상회를 설립하고 대한민국 임시 정부에 독립운동 자금을 지원하였어요.

2 (가) 시기에 있었던 사실로 옳은 것은? [2점]

심화 64회 42번

신문을 보니 며칠 전 정읍에서 이승만이 단독 정부 수립을 시사하는 발언을 했다네.
한국 독립당에서는 단독 정부 수립은 안 된다고 했다더군.
(가)
우리 소련의 주장은 작년 제1차 미·소 공동 위원회 때와 같습니다.
우리 미국은 신탁 통치에 반대하는 단체를 제외하는 것은 부당하다고 생각합니다.

① 여수·순천 10·19 사건이 발생하였다.
② 유엔 한국 임시 위원단이 서울에 도착하였다.
③ 송진우, 김성수 등이 한국 민주당을 창당하였다.
④ 여운형 등의 주도로 좌우 합작 위원회가 발족되었다.
⑤ 조선 건국 준비 위원회에서 조선 인민 공화국을 선포하였다.

2 대한민국 정부 수립 과정 정답 ④

정답 찾기 첫 번째 그림은 1946년에 있었던 이승만의 정읍 발언을 두고 나누는 대화이고, 두 번째 그림은 제2차 미·소 공동 위원회 당시 미국과 소련이 주장한 내용이에요. 제1차 미·소 공동 위원회가 임시 민주 정부 수립을 위한 협의 대상을 선정하는 문제를 두고 미·소 간의 의견 대립으로 무기한 휴회되자 이승만은 정읍에서 남한만의 단독 정부를 수립하자는 발언을 하였어요. 이에 다른 생각을 가진 중도 성향의 ④ 여운형과 김규식 등이 미군정의 지원을 받아 좌우 합작 위원회를 조직하였어요. 좌우 합작 위원회는 좌우 합작 7원칙을 발표하고 통일 정부 수립을 위해 노력하였어요. 그러나 좌우익 인사들이 위원회의 의견을 외면하였고, 미군정이 지지를 철회하여 운동의 동력이 급격히 떨어졌어요. 1947년에 제2차 미·소 공동 위원회가 개최되고 여운형이 암살되면서 좌우 합작 운동은 실질적으로 끝이 났어요.

오답 피하기
① 1948년에 제주 4·3 사건 진압을 위해 이승만 정부가 여수와 순천에 주둔한 군대에 출동 명령을 내렸지만 군대 내 일부 세력이 명령을 거부하고 무장봉기를 일으켰어요(여수·순천 10·19 사건).
② 유엔 총회의 결정에 따라 총선거의 공정한 감시를 위해 유엔 한국 임시 위원단이 1948년 1월에 서울에 도착하였어요.
③ 1945년 9월에 송진우, 김성수 등 우익 인사들이 중심이 되어 한국 민주당을 창당하였어요.
⑤ 1945년 9월에 조선 건국 준비 위원회는 미군의 한반도 진주를 앞두고 미군정과 대등한 입장에서 교섭하기 위해 조선 인민 공화국의 수립을 선포하였어요.

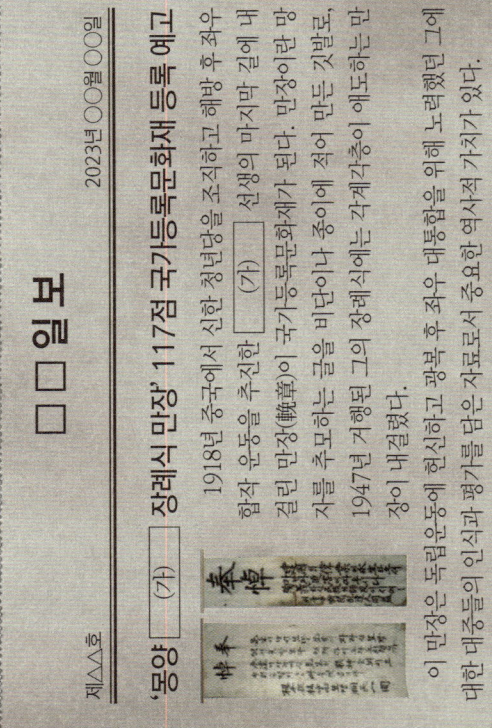

3 (가) 사건에 대한 설명으로 가장 적절한 것은? [2점]

심화 74회 44번

(가) 사건에 대한 기록물이 마침내 유네스코 세계 기록 유산으로 등재되었습니다. 이 사건은 당시 남한만의 단독 선거에 반대하는 무장대와 이를 진압하는 토벌대 간의 무력 충돌, 그 뒤 토벌대의 진압 과정에서 수많은 제주도민이 희생된 비극이었습니다. 기록물에는 수형인 명부와 희생자 유족 증언 등이 포함되어 있는데, 이번 등재로 국가 폭력에 맞서 진실을 밝히려는 노력과 함께 화해와 상생, 평화와 인권의 가치가 세계의 기억으로 인정받게 되었습니다.
14,673건의 (가) 기록물, 세계 기록 유산 등재

① 대통령이 하야하는 결과를 이끌어 냈다.
② 호헌 철폐와 독재 타도 등의 구호를 내세웠다.
③ 통일 주체 국민 회의가 구성되는 배경이 되었다.
④ 6·3 시위의 전개와 비상계엄이 선포되는 계기가 되었다.
⑤ 진상 규명 및 희생자 명예 회복에 관한 특별법이 제정되었다.

3 제주 4·3 사건 정답 ⑤

정답 찾기 남한만의 단독 선거에 반대하는 무장대와 이를 진압하는 토벌대 간의 무력 충돌, 그 뒤 토벌대의 진압 과정에서 수많은 제주도민이 희생되었다는 내용을 통해 (가) 사건이 1948년에 일어난 제주 4·3 사건임을 알 수 있어요. 1948년에 남한만의 단독 선거가 결정되자 제주도에서 좌익 세력과 일부 주민이 단독 선거 저지와 통일 정부 수립을 내세우며 무장봉기하였어요. 미군정은 군대와 경찰, 우익 단체를 동원하여 이들을 탄압하였고, 정부 수립 이후에는 이승만 정부가 봉기 세력을 무차별적으로 진압하였어요. 이 과정에서 무고한 제주도 주민들이 다수 희생되었어요(제주 4·3 사건). ⑤ 제주 4·3 사건으로 많은 주민이 희생되거나 억울하게 옥살이를 하였어요. 이에 김대중 정부 시기인 2000년에 제주 4·3 사건 진상 규명 및 희생자 명예 회복에 관한 특별법이 제정되었어요.

오답 피하기
① 4·19 혁명으로 이승만이 대통령직에서 물러나고 허정 과도 정부가 수립되었어요.
② 6월 민주 항쟁 당시 시민들은 '호헌 철폐'와 '독재 타도' 등의 구호를 내세웠어요.
③ 1972년에 유신 헌법이 제정되고 이에 따라 통일 주체 국민 회의가 구성되었어요.
④ 1964년에 박정희 정부의 굴욕적인 한·일 국교 정상화에 반대하는 6·3 시위가 일어났어요.

4 다음 성명이 발표된 이후의 사실로 옳은 것은? [3점]

심화 75회 45번

> 지금 이때 나의 단일한 염원은 3천만 동포와 손을 잡고 통일된 조국, 독립된 조국의 달성을 위하여 공동 분투하는 것뿐이다. 이 육신을 조국이 요구한다면 당장에라도 제단에 바치겠다. 나는 통일된 조국을 건설하려다가 38선을 베고 쓰러질지언정 일신에 구차한 안일을 취하여 단독 정부를 세우는 데는 협력하지 아니하겠다. 나는 내 생전에 38선 이북에 가고 싶다. 그쪽 동포들도 제집을 찾아가는 것을 보고서 죽고 싶다. 궂은 날을 당할 때마다 38선을 싸고도는 원귀의 곡성이 내 귀에 들리는 것도 같았다. 고요한 밤에 홀로 앉으면 남북에서 헐벗고 굶주리는 동포들의 원망스런 용모가 내 앞에 나타나는 것도 같았다.

① 모스크바 3국 외상 회의가 개최되었다.
② 송진우, 김성수 등이 한국 민주당을 창당하였다.
③ 좌우 합작 위원회에서 좌우 합작 7원칙을 발표하였다.
④ 우리나라 최초의 보통 선거인 5·10 총선거가 실시되었다.
⑤ 여운형이 중심이 되어 조선 건국 준비 위원회를 조직하였다.

4 대한민국 정부 수립 과정 정답 ④

정답 찾기 '나는 통일된 조국을 건설하려다가 38선을 베고 쓰러질지언정 일신에 구차한 안일을 취하여 단독 정부를 세우는 데는 협력하지 아니하겠다.'는 내용을 통해 제시된 자료가 김구가 남한만의 단독 정부 수립에 반대하며 자신의 입장을 밝힌 '삼천만 동포에게 읍고함'임을 알 수 있어요. 두 차례의 미·소 공동 위원회가 성과를 거두지 못하고 한반도 문제는 유엔으로 넘어갔어요. 유엔 총회에서는 인구 비례에 따른 남북한 총선거 실시를 의결하였어요. 그러나 소련이 유엔 한국 임시 위원단의 입북을 거부하자, 유엔 소총회가 개최되어 위원단의 접근이 가능한 지역, 즉 남한 지역에서라도 총선거를 실시할 것을 논의하였어요. 남북이 분단될 위기에 처하자 김구, 김규식 등은 통일 정부 수립을 목표로 북한 지역의 인사들에게 남북 협상을 제안하였어요. '삼천만 동포에게 읍고함'은 김구가 남북 협상을 위해 평양으로 건너가기 전인 1948년 2월에 발표한 성명이에요. ④ 1948년 5월에 우리나라 최초의 보통 선거인 5·10 총선거가 실시되어 제헌 국회가 구성되었어요.

오답 피하기
① 1945년 12월에 모스크바에서 미국, 영국, 소련의 외무 장관이 모여 한반도 문제를 논의한 모스크바 3국 외상 회의가 개최되었어요.
② 1945년 9월에 송진우, 김성수 등 우익 인사들이 중심이 되어 한국 민주당을 창당하였어요.
③ 1946년 10월에 좌우 합작 위원회가 미·소 공동 위원회 속개, 통일 임시 정부 수립 등을 내용으로 하는 좌우 합작 7원칙을 발표하였어요.
⑤ 1945년 광복 직후에 여운형 등이 조선 건국 동맹을 기반으로 조선 건국 준비 위원회를 조직하였어요.

5 다음 총선거에 대한 설명으로 옳은 것을 〈보기〉에서 고른 것은? [3점]

심화 65회 45번

보기

ㄱ. 좌우 합작 위원회가 주도하였다.
ㄴ. 장면 정부가 수립되는 계기가 되었다.
ㄷ. 제주도에서 무효 처리된 선거구가 있었다.
ㄹ. 제헌 국회 의원을 선출하기 위해 실시되었다.

① ㄱ, ㄴ ② ㄱ, ㄷ ③ ㄴ, ㄷ
④ ㄴ, ㄹ ⑤ ㄷ, ㄹ

6 (가)에 들어갈 주제로 가장 적절한 것은? [2점]

심화 73회 47번

2025년 연속 기획 강좌
헌법으로 보는 한국 현대사

우리 학회에서는 헌법의 변천에 따른 민주주의 발전의 역사를 살펴보는 강좌를 마련하였습니다. 이번 달에는 '제헌 헌법'에 대한 강의를 준비하였으니 많은 관심과 참여 바랍니다.

▣ 강의 주제 ▣

[제1강] 헌법 전문, 3·1 운동의 정신을 담다
[제2강] 민주 공화국의 명문화로 주권 재민의 원칙을 다시 천명하다
[제3강] (가)
[제4강] 농민에게 농지를 분배하는 경자유전의 실현을 추구하다

■ 일시 : 2025년 ○○월 매주 토요일 15:00~17:00
■ 장소 : □□ 학회 회의실

① 양원제 국회와 내각 책임제 정부를 구성하다
② 반민족 행위자를 처벌할 수 있는 근거를 마련하다
③ 국민의 직접 선거로 5년 단임제 대통령을 선출하다
④ 초대 대통령의 중임 제한 철폐, 장기 집권 체제를 강화하다
⑤ 긴급 조치, 대통령이 국민의 기본권을 제한할 수 있게 하다

5 5·10 총선거 정답 ⑤

정답 찾기

우리나라 첫 번째 총선거라는 내용을 통해 자료의 총선거가 5·10 총선거임을 알 수 있어요. 1948년 5월 10일, 우리나라 최초의 보통 선거인 5·10 총선거가 전국 총 200개의 선거구에서 일제히 실시되었어요. 하지만 제주도에서 단독 정부 수립에 반대하는 무장봉기가 일어나고 미군정이 이를 탄압하면서 선거가 정상적으로 치러지지 못하였어요. 결국 ㄷ. 제주도의 3개 선거구 중 2개 구에서 투표수가 과반에 미달하여 무효 처리되었어요. 5·10 총선거로 제주도 2곳을 제외한 선거구에서 198명의 ㄹ. 제헌 국회 의원이 선출되었어요.

오답 피하기

ㄱ. 1946년에 여운형과 김규식 등 중도 세력이 통일 정부 수립을 위해 좌우 합작 위원회를 결성하고 좌우 합작 7원칙을 발표하였어요.
ㄴ. 4·19 혁명 후 허정 과도 정부가 수립되고 내각 책임제 개헌이 이루어졌어요. 개정 헌법에 따라 치러진 총선에서 민주당이 압승하여 장면 내각이 수립되었어요.

6 제헌 헌법 정답 ②

정답 찾기

5·10 총선거의 결과로 구성된 초대 국회는 국호를 '대한민국'으로 정하고 헌법을 제정·공포하였는데, 이때 제정된 헌법을 제헌 헌법이라고 합니다. ② 제헌 헌법에 근거하여 초대 국회(제헌 국회)는 민족정기를 바로잡고 반민족 행위자를 처벌하기 위해 반민족 행위 처벌법을 제정하였어요.

오답 피하기

① 제3차 개헌에서 민의원과 참의원으로 구성된 양원제 국회를 규정하였어요. 제1차 개헌(발췌 개헌)에서도 양원제 국회를 규정하였으나 실제로 운영되지는 않았어요.
③ 6월 민주 항쟁의 결과 5년 단임의 대통령 직선제를 주요 내용으로 하는 제9차 개헌이 이루어졌어요.
④ 1954년에 자유당은 초대 대통령에 한해 중임 제한을 철폐하는 내용을 담은 제2차 개헌을 사사오입의 억지 논리를 내세워 통과시켰어요.
⑤ 박정희 정부는 1972년에 대통령이 국민의 기본권을 제한할 수 있도록 하는 긴급 조치권을 포함한 제7차 개헌(유신 헌법)을 통과시켰어요.

7 밑줄 그은 '전쟁' 중에 있었던 사실로 옳은 것은? [1점]

심화 69회 42번

이 비석은 북한군의 남침으로 시작된 전쟁 중 벌어진 장진호 전투를 기념하기 위해 미국 버지니아주에 세워진 것입니다. 장진호 전투는 북한을 돕기 위해 참전한 중국군을 상대로 유엔군 등이 벌인 주요 전투 중 하나였습니다.

① 애치슨 라인이 발표되었다.
② 가쓰라·태프트 밀약이 체결되었다.
③ 모스크바 3국 외상 회의가 개최되었다.
④ 흥남에서 대규모 철수 작전이 전개되었다.
⑤ 김구, 김규식 등이 남북 협상에 참여하였다.

7 6·25 전쟁 정답 ④

정답 찾기 북한군의 남침으로 시작되었다는 내용을 통해 밑줄 그은 '전쟁'이 1950년 6월에 시작된 6·25 전쟁임을 알 수 있어요. 6·25 전쟁 당시 국군과 유엔군은 인천 상륙 작전을 전개하여 서울을 수복하고 압록강 일대까지 진격하였으나 중국군이 개입하면서 북한 지역에서 밀려났어요. 이 과정에서 ④ 국군과 유엔군이 피난민과 함께 함경남도 흥남 항구를 통해 해상으로 철수하는 흥남 철수 작전이 전개되었어요.

오답 피하기
① 1950년 1월에 미국의 태평양 지역 방위선에서 한국과 타이완을 제외한다는 애치슨 선언이 발표되었어요.
② 러·일 전쟁 중이던 1905년에 일본과 미국은 대한 제국과 필리핀에 대한 서로의 지배를 인정한 가쓰라·태프트 밀약을 체결하였어요.
③ 1945년 12월에 모스크바에서 미국, 영국, 소련의 외무 장관이 모여 한반도 처리 문제를 논의한 모스크바 3국 외상 회의가 개최되었어요.
⑤ 1948년 4월에 김구와 김규식 등이 남한만의 단독 선거에 반대하며 통일 정부 수립을 위한 남북 협상에 참여하였어요.

8 교사의 질문에 대한 학생의 답변으로 적절하지 않은 것은? [2점]

심화 68회 42번

우표로 보는 현대사
대한민국우표
3.00
1965
9.28수도탈환15주년기념
이 우표는 6·25 전쟁이 발발하고 북한군에 점령당했던 서울을 되찾은 것을 기념해 만들어졌습니다. 9월 28일 서울 수복 이후에 벌어진 상황에 대해 말해 볼까요?

① 반공 포로가 석방되었어요.
② 한·미 상호 방위 조약이 체결되었어요.
③ 흥남에서 대규모 철수가 이루어졌어요.
④ 유엔군이 인천 상륙 작전을 전개하였어요.
⑤ 비상계엄이 선포된 가운데 발췌 개헌안이 통과되었어요.

8 6·25 전쟁 정답 ④

정답 찾기 1950년 6월 25일에 북한의 기습 남침으로 6·25 전쟁이 발발하였어요. 이후 북한의 남침을 침략 행위로 규정한 유엔 안전 보장 이사회에서 유엔군을 파병하였고, 낙동강 지역까지 밀렸던 국군과 유엔군은 반격을 시도하였어요. 1950년 9월에 국군과 유엔군은 인천 상륙 작전을 전개하여 북한군에게 점령된 서울을 수복하는 데 성공하고, 여세를 몰아 38도선을 돌파하여 압록강 일대까지 진격하였어요. 따라서 ④ 인천 상륙 작전이 전개된 시기는 서울 수복 이전의 일이에요.

오답 피하기
① 1953년 6·25 전쟁의 정전 회담이 진행되는 가운데 이승만 정부가 반공 포로를 일방적으로 석방하였어요.
② 이승만 정부의 반공 포로 석방으로 정전 회담이 결렬될 위기에 놓이자 미국은 한국에 한·미 상호 방위 조약의 체결과 경제 원조를 약속하고 1953년 7월에 정전 협정에 조인하였어요. 한·미 상호 방위 조약은 정전 후 1953년 10월에 체결되었어요.
③ 중국군이 6·25 전쟁에 개입하면서 국군과 유엔군이 북한 지역에서 밀려나면서 1950년 12월에 흥남 철수 작전이 전개되었어요.
⑤ 6·25 전쟁 중인 1952년 7월 임시 수도였던 부산에 비상계엄이 선포된 가운데 대통령 직선제를 주요 내용으로 하는 발췌 개헌안이 통과되었어요.

38강 현대(광복 ~ 6·25 전쟁)

Ready go
이번 강 별 채우기 제한 시간은 2분 30초
한 문장을 끝까지 또박또박 읽어야 패스!

기출 선택지로 별 채우기
한국사를 채우다

01 카★★ 회담에서 미국, 영국, 중국이 한국의 독립을 처음으로 약속하였다.

02 광복과 함께 여운형이 중심이 되어 조선 건국 ★★ 위원회를 결성하였다.

03 조선 건국 준비 위원회는 조선 ★★ 공화국의 수립을 선포하고 다음 날 해산하였다.

04 모스크바 3국 외상 회의에서 한국의 임시 민주 정부 수립, ★·★ 공동 위원회 개최, 최고 5년간의 ★★ 통치 실시 등이 결의되었다.

05 모스크바 3국 외상 회의의 결정 사항이 공식적으로 발표되기 전 회의 소식이 국내에 전해지면서 신탁 통치 ★★ 운동이 전개되었다.

06 미·소 공동 위원회가 무기한 휴회되자 이승만은 남한만의 단독 정부 수립을 주장한 '★★ 발언'을 발표하였다.

07 여★★과 김★★ 등 중도 세력은 미군정의 후원을 받아 좌우 합작 운동을 전개하였다.

08 좌우 합작 위원회는 토지 개혁과 주요 산업의 국유화 등을 포함한 좌우 합작 ★원칙을 발표하였다.

09 제2차 미·소 공동 위원회가 결렬된 후 유엔 총회는 한반도에서 인구 비례에 의한 총★★ 실시를 결의하였다.

10 남한만의 단독 선거 결정에 반발하여 일어난 제주도 내 무장봉기를 진압하는 과정에서 많은 무고한 주민이 희생된 제주 ★·★ 사건이 일어났다.

11 김구와 김규식 등은 통일 정부 수립을 위해 ★★ 협상을 추진하였다.

12 김대중 정부 시기에 제주 ★·★사건 진상 규명 및 희생자 명예 회복에 관한 특별법이 제정되었다.

13 1948년에 우리나라 최초의 보통 선거인 ★·★★ 총선거가 실시되었다.

14 5·10 총선거에 따라 제★ 국회가 구성되었다.

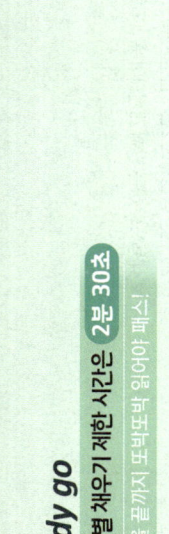

15 제헌 국회는 유상 매수·유상 분배 원칙의 ★★ 개혁법을 제정하였다.

16 제헌 국회는 친일파를 청산하기 위해 ★★족 행위 처벌법을 제정하였다.

17 1950년에 북한군의 전면적인 남침으로 ★·★★ 전쟁이 발발하였다.

18 6·25 전쟁 중에 ★★이 임시 수도로 정해졌다.

19 북한군의 공세에 밀린 국군과 유엔군은 ★★강 방어선을 구축하였다.

20 국군과 유엔군은 ★★ 상륙 작전을 전개하여 1950년 9월에 서울을 수복하였다.

21 6·25 전쟁 중에 흥★에서 대규모 철수 작전이 전개되었다.

22 압록강 유역까지 진격한 국군과 유엔군은 중국군의 참전으로 밀려나 ★·★ 후퇴를 겪었다.

23 소련의 제의로 시작된 정전 회담은 군사 분계선 설정과 ★★ 송환 문제로 난항을 겪었다.

24 정전에 반대하던 이승만 정부는 반★ 포로를 일방적으로 석방하였다.

25 1953년 7월에 체결된 ★★ 협정에서 군사 분계선을 확정하고 비무장 지대를 설정하였다.

26 정전 협정 체결 이후 한국과 미국은 서로의 군사적 안전을 보장하는 한·미 상호 ★★ 조약을 체결하였다.

정답

01 이로 **02** 준비 **03** 인민 **04** 미, 소, 신탁 **05** 반대 **06** 정읍 **07** 운형, 규식 **08** 7 **09** 선거 **10** 4, 3 **11** 남북 **12** 4, 3 **13** 5, 10 **14** 헌 **15** 농지 **16** 반민 **17** 6, 25 **18** 부산 **19** 낙동 **20** 인천 **21** 남 **22** 1, 4 **23** 포로 **24** 공 **25** 정전 **26** 방위

39강 현대(민주주의의 발전)

한국사의 흐름을 한눈에 **한국사를 그리다**

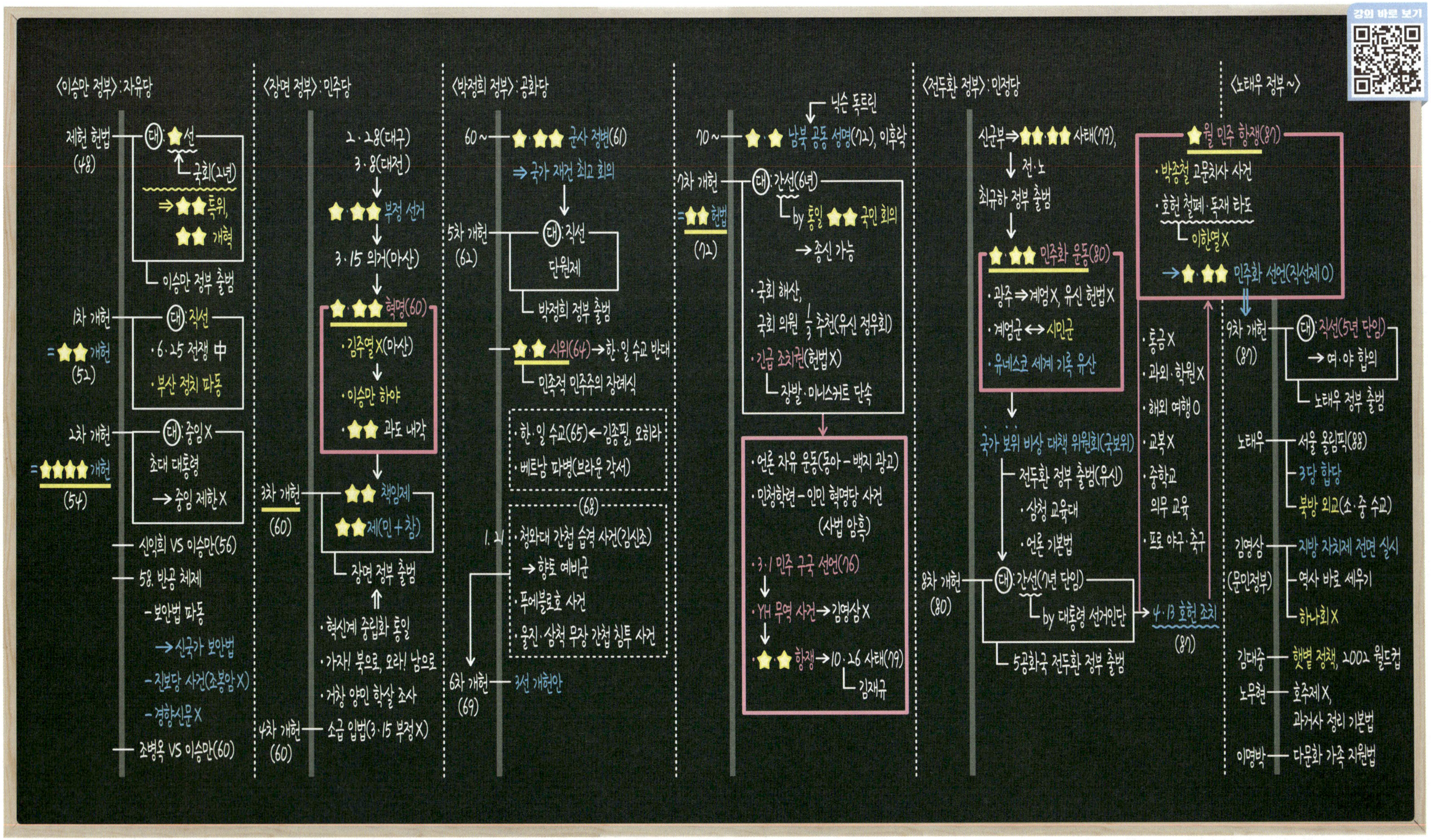

★정답 간, 반민, 농지, 발췌, 사사오입, 3·15, 4·19, 허정, 내각, 양원, 5·16, 6·3, 7·4, 유신, 주체, 부·마, 12·12, 5·18, 6, 6·29

➡ 나만의 약점 단권화 노트 36쪽에서 완성 판서를 확인하세요.

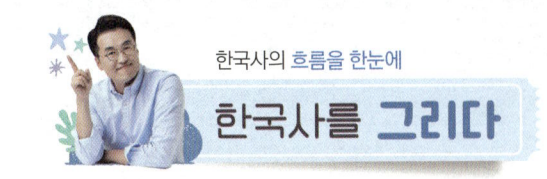

39강 현대(민주주의의 발전)

이곳은 당신의 놀이터!
한국사를 쓰다

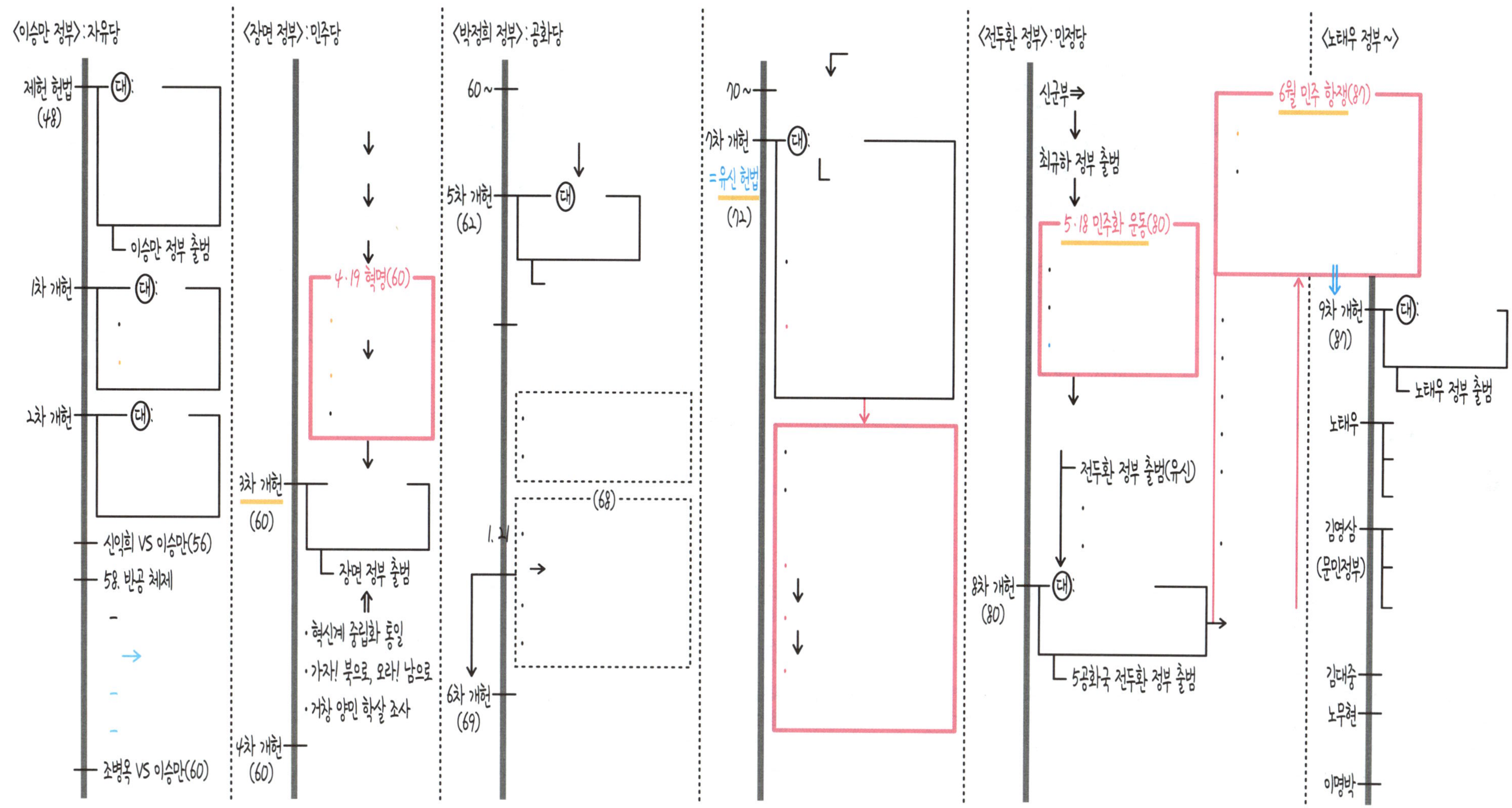

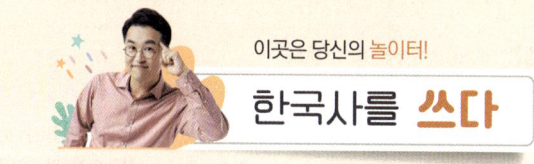

39강 현대(민주주의의 발전)

발췌 개헌(1차 개헌)

발췌 개헌은 6·25 전쟁 중인 1952년 7월에 임시 수도 부산에서 단행되었어요. 이때의 개헌안이 정부가 제시한 대통령 직선제와 양원제를 골자로 한 개헌안에 국회가 제시한 개헌안의 일부를 발췌하여 만들어졌다고 하여 '발췌 개헌'이라는 이름이 붙여졌어요. 사실상 대통령 직선제를 주요 내용으로, 이승만의 대통령 재선을 위해 추진된 개헌이었지요.

> 제31조 입법권은 국회가 행한다. 국회는 민의원과 참의원으로 구성한다.
> 제53조 대통령과 부통령은 국민의 보통, 평등, 직접, 비밀 투표에 의하여 각각 선거한다.
> 부칙 이 헌법은 공포한 날로부터 시행한다. 단, 참의원에 관한 규정과 참의원의 존재를 전제로 한 규정은 참의원이 구성된 날로부터 시행한다.
> \- 헌법 제2호, 1952. 7. 7. -

사사오입 개헌(2차 개헌)

이승만 정부는 장기 집권을 위해 개헌 당시 대통령, 즉 이승만(초대 대통령)에 한해 중임 제한을 철폐한다는 내용의 부칙을 추가한 헌법 개정을 추진하였어요. 개헌안 통과를 위해서는 국회 재적 의원 203명 중 3분의 2에 해당하는 136명의 동의가 필요하였는데, 투표 결과 1명이 부족한 135표를 얻었어요. 그러자 자유당은 '사사오입(반올림)'의 논리를 내세워 개헌안을 억지로 통과시켰어요.

> 제55조 대통령과 부통령의 임기는 4년으로 한다. 단, 재선에 의하여 1차 중임할 수 있다. 대통령이 궐위된 때에는 부통령이 대통령이 되고 잔임 기간 중 재임한다.
> 부칙 이 헌법 공포 당시의 대통령에 대하여는 제55조 제1항 단서의 제한을 적용하지 아니한다.
> \- 헌법 제3호, 1954. 11. 29. -

3·15 부정 선거

사사오입 개헌으로 제3대 대통령 선거에 출마하여 당선된 이승만은 1960년 제4대 대통령 선거에도 출마하였어요. 자유당 정부는 당시 이승만이 80세가 넘은 고령이라는 점을 우려하여 대통령 유고 시 대통령직을 승계하는 부통령 자리에 자유당의 이기붕을 앉히기 위해 사전 투표, 유권자 협박, 투표함 바꿔치기 등의 부정행위를 저질렀어요. 한편, 자유당 정부의 선거 개입에 저항하여 학생들을 중심으로 대구에서 2·28 민주 운동, 대전에서 3·8 민주 의거가 일어나기도 하였어요.

> 〈민주당이 폭로한 부정 선거 방법〉
> - 기권표와 선거인 명부에 허위 기재한 유령 유권자 표 중 총 유권자의 40%에 달하는 표를 자유당 후보에게 기표하여 투표당일 투표함에 미리 넣어 놓는다.
> - 나머지 60%의 유권자는 3인조 또는 9인조의 팀을 편성하여 공개 투표를 하도록 하고, 매수 혹은 위협을 통해 자유당 후보에게 투표하도록 한다.
> - 야당 참관인은 적당한 구실을 만들어 투표소 밖으로 내쫓는다.
>
> \- 동아일보(1960. 3. 4.) -

선거 당일 조를 짜서 투표하러 가는 유권자

4·19 혁명

3·15 부정 선거를 규탄하는 마산 시위(3·15 의거)에 참여하였다가 실종된 김주열 학생이 눈에 최루탄이 박혀 숨진 채 마산 앞바다에서 발견되었어요(4.11.). 이에 분노한 시민과 학생들의 시위가 전국으로 확산되었고, 대학교수단은 대통령의 퇴진과 재선거를 요구하는 시국 선언문을 발표하였어요. 결국 이승만은 국민의 요구를 받아들여 대통령직에서 물러났고 허정을 수반으로 하는 과도 정부가 수립되었어요. 4·19 혁명 관련 기록물은 2023년에 유네스코 세계 기록 유산으로 등재되었어요.

> 〈대학교수단 시국 선언문, 1960. 4. 25.〉
> 1. 마산, 서울 기타 각지의 데모는 주권을 빼앗긴 국민의 울분을 대신하여 궐기한 학생들의 순수한 정의감의 발로이며 부정과 불의에 언제나 항거하는 민족정기의 표현이다.
> 2. 이 데모를 공산당의 조종이나 야당의 사주로 보는 것은 고의적인 왜곡이며 학생들의 정의감에 대한 모독이다.
> 4. 누적된 부패와 부정과 횡포로써 민권을 유린하고 민족적 참극과 국제적 수치를 가져오게 한 현 정부와 집권당은 그 책임을 지고 속히 물러가라.
> 5. 3·15 선거는 불법 선거이다. 공명선거에 의하여 정·부통령 선거를 다시 실시하라.

대학교수단의 시가행진

용어 사전

부산 정치 파동
1952년 5월에 이승만 정부가 대통령 직선제 개헌을 통과시키기 위해 임시 수도였던 부산을 비롯하여 경남, 전라 남북도 일원에 비상계엄을 선포하고 개헌안에 반대한 국회 의원을 체포·구금한 사건이에요. 개헌안에 반대하던 국회 의원이 탄 통근 버스를 통째로 헌병대로 연행하여 국제 공산당과 관련이 있다는 혐의로 구금하였어요.

보안법 파동
1958년 국회에서 경위권을 발동하여 야당 국회 의원을 끌어내고 자유당 단독으로 신국가 보안법을 통과시킨 사건을 말해요. 이 법안은 언론 자유와 인권 보장을 침해한다는 강력한 비판을 받았어요.

진보당 사건
제3대 대통령 선거에서 이승만의 강력한 경쟁자로 등장한 조봉암은 대통령 선거 이후에 진보당을 창당하였어요. 1958년 이승만 정부는 진보당 강령에 담긴 평화 통일론을 문제 삼아 조봉암을 간첩으로 몰고 진보당의 정당 등록을 취소시켰어요. 이후 조봉암은 사형을 당하였어요.

소급 입법
원래 법은 제정한 날 이후부터 법령을 시행하는 것이 원칙인데, 소급 입법은 법 제정 이전의 일까지 소급하여 적용할 수 있게 법을 제정하는 것을 말해요.

한·일 국교 정상화

박정희 정부는 경제 개발 자금을 마련하기 위해 일본과 국교 정상화를 위한 한·일 회담을 추진하였어요. 이 과정에서 중앙정보부장 김종필과 일본 외무장관 오히라는 비밀 교섭을 통해 관련 합의 사항을 교환하였어요. 1964년에 학생과 시민들이 6·3 시위를 벌여 일본의 제대로 된 사죄와 배상이 이루어지지 않은 상태에서 추진된 굴욕적 외교를 규탄하였지만, 박정희 정부는 한·일 협정 체결을 강행하였어요(1965).

〈김종필·오히라 메모〉

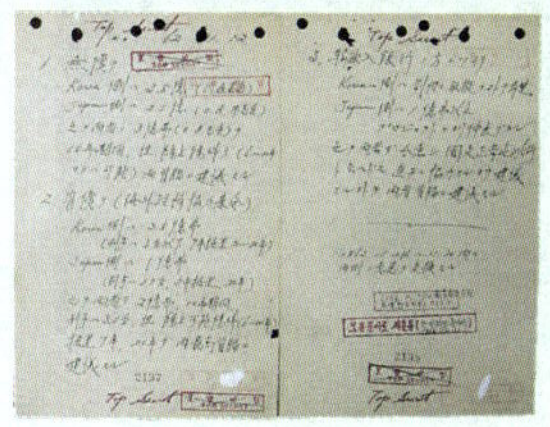

- 무상 원조에 대해 한국 측은 3억5천만 달러, 일본 측은 2억5천만 달러를 주장한 바 3억 달러를 10년에 걸쳐 공여하는 조건으로 양측 수뇌에게 건의함
- 유상 원조에 대해 …… 2억 달러를 10년간에 걸쳐(이자율 3.5%, 7년 거치 20년 상환) 제공하기로 양측 수뇌에게 건의함
- 수출입 은행 차관에 대해 …… 양측의 합의에 따라 국교 정상화 이전이라도 협력하도록 추진할 것을 양측 수뇌에게 건의함

〈한·일 협정〉

제1조 양 체약 당사국 간에 외교 및 영사 관계를 수립한다. 양 체약 당사국 간은 대사급 외교 사절을 지체 없이 교환한다. 또한, 양 체약 당사국은 양국 정부에 의하여 합의되는 장소에 영사관을 설치한다.

제2조 1910년 8월 22일 및 그 이전에 대한 제국과 대일본 제국 간에 체결된 모든 조약 및 협정이 이미 무효임을 확인한다.

브라운 각서

박정희 정부는 1964년부터 베트남에 국군을 파견하기 시작하였고, 1966년 미국과 브라운 각서를 체결하여 베트남에 추가 파병하고 미국으로부터 군사적·경제적 지원을 받았어요.

A. 군사 원조
1. 한국에 있는 한국군의 현대화를 위하여 앞으로 수년 동안에 걸쳐 상당량의 장비를 제공한다.
2. 월남에 파견되는 추가 병력에 필요한 장비를 제공하는 한편, 증파에 따른 모든 추가적 '원'화 경비를 부담한다.

B. 경제 원조
1. 이 같은 추가 병력의 월남 파병과 한국에서 1개 예비사단, 1개 예비여단 및 지원 부대를 동원 유지하는 데 필요한 순 추가 비용의 전액과 동액의 추가 '원'화를 한국 측 예산을 위하여 방출한다.
4. 수출을 진흥시키기 위한 모든 분야에서 한국에 대한 기술 원조를 강화한다.
5. 1965년 5월에 한국에 대해 약속하였던 1억5천만 달러 규모의 차관에 덧붙여 …… 추가 AID 차관을 제공한다.

유신 헌법(7차 개헌)

'유신'은 낡은 제도를 고쳐 새롭게 한다는 말이에요. 박정희 정부는 평화적 통일을 위해 정치 체제를 개혁한다고 선언하며 대통령에게 헌법을 초월하는 긴급 조치권과 국회 해산권, 법관 인사권, 국회 의원 3분의 1 추천권 등 막강한 권한을 부여하는 개헌을 단행하였어요. 또 조국의 평화적 통일을 추진한다는 명분으로 통일 주체 국민 회의를 설치하여 대통령 선출을 위한 정치적 수단으로 이용하였어요.

〈유신 헌법〉

제39조 대통령은 통일 주체 국민 회의에서 토론 없이 무기명 투표로 선거한다.

제40조 통일 주체 국민 회의는 국회 의원 정수의 1/3에 해당하는 수의 국회 의원을 선거한다.

제53조 대통령은 …… 신속한 조치를 할 필요가 있다고 판단할 때에는 내정·외교·국방·경제·재정·사법 등 국정 전반에 걸쳐 필요한 긴급 조치를 할 수 있다.

제59조 대통령은 국회를 해산할 수 있다.

〈긴급 조치 1호〉
1. 대한민국 헌법(유신 헌법)을 부정, 반대, 왜곡 또는 비방하는 행위를 일체 금한다.
2. 대한민국 헌법의 개정 또는 폐지를 주장, 발의, 제안 또는 청원하는 일체의 행위를 금한다.
5. 이 조치에 위반하는 자와 이 조치를 비방하는 자는 법관의 영장 없이 체포, 구속, 압수, 수색하며 15년 이하의 징역에 처한다.

3·1 민주 구국 선언

유신 체제가 성립되자 이에 반대하는 시위가 이어졌어요. 하지만 박정희 정부는 긴급 조치를 연이어 발표하고 전국 민주 청년 학생 총연맹 사건(민청학련 사건)과 인민 혁명당 사건(인혁당 사건) 등을 조작하여 관련자를 잡아들였어요. 이러한 탄압에도 유신 체제에 반대하는 움직임은 계속되었고, 1976년에는 함석헌, 김대중 등 재야인사가 명동 성당에 모여 유신 체제를 비판하는 3·1 민주 구국 선언을 발표하였어요.

이 민족은 또다시 독재 정권의 쇠사슬에 매이게 되었다. 삼권 분립은 허울만 남고 말았다. 국가 안보라는 구실 아래 신앙과 양심의 자유는 날로 위축되어 가고 언론의 자유와 학원의 자주성은 압살당하고 말았다. 현 정권 아래에서 체결된 한·일 협정은 이 나라의 경제를 일본 경제에 완전히 예속시켜 모든 산업과 노동력을 일본 경제 침략의 희생 제물로 만들어 버렸다. …… 이 나라는 1인 독재 아래 인권은 유린되고 자유는 박탈당하고 있다. …… 우리는 이를 보고만 있을 수 없어 여야의 정치적 전략이나 이해를 넘어 이 나라의 먼 앞날을 내다보면서 민주 구국 선언을 선포하는 바이다.

1. 이 나라는 민주주의의 기반 위에 서야 한다.
2. 경제 입국의 구상과 자세가 근본적으로 재검토되어야 한다.
3. 민족 통일은 오늘 이 겨레가 짊어진 지상의 과업이다.

용어 사전

3선 개헌
박정희 정부는 1969년에 국가 안보와 경제 성장을 구실로 대통령의 3회 연임을 허용하는 3선 개헌안을 야당의 반대를 무릅쓰고 통과시켰어요. 이어 1971년 대통령 선거에 나선 박정희는 야당의 김대중 후보를 힘겹게 누르고 당선되었어요.

닉슨 독트린
미국 대통령 닉슨이 대외적으로 해외 전쟁에 개입하지 않는다고 발표한 외교 정책이에요. 이 선언은 결과적으로 냉전이 완화되는 데 영향을 끼쳤어요.

긴급 조치권
유신 헌법에 규정된 대통령의 권한으로, 대통령이 판단하여 국정 전반에 걸쳐 필요한 조치를 취할 수 있는 강력한 권한이에요. 단순한 행정 명령 하나만으로도 국민의 자유나 권리의 일부를 제한하거나 정부, 국회, 법원의 활동을 제한할 수 있었어요.

YH 무역 사건
1979년에 회사 측의 부당 폐업 공고에 반대한 YH 무역의 여성 노동자들이 신민당 당사에서 농성 투쟁을 벌였어요. 경찰 진압 과정에서 여성 노동자 1명이 사망한 사건입니다. 이 사건에 항의하며 유신 정권을 비판한 신민당 총재 김영삼은 국회 의원직에서 제명되었어요.

부·마 민주 항쟁
김영삼의 국회 의원직 제명을 계기로 1979년에 부산과 마산 일대에서 일어난 유신 정권 타도 시위입니다.

39강 현대(민주주의의 발전)

낯선 용어와 자료 돋보기

한국사를 **보다**

5·18 민주화 운동

1980년 5월 18일 광주에서 신군부 퇴진과 비상계엄 철폐를 요구하는 시위가 일어나자 신군부는 공수 부대까지 동원하여 시위대를 무자비하게 진압하였어요. 분노한 시민들이 대규모 집회를 개최하자 계엄군은 시위대를 향해 발포하였고, 이에 일부 시민이 시민군을 조직하여 맞서는 상황에 이르자 신군부는 광주 시민을 폭도로 몰고 광주를 고립시켰어요. 광주 시민은 상황 수습을 위해 정부에 평화적 협상을 요청하였으나, 신군부 세력은 탱크와 헬기까지 동원하여 무자비하게 진압하였어요. 이 과정에서 많은 광주 시민이 희생당하였어요.

〈광주 시민 궐기문(1980. 5. 25.)〉
우리는 왜 총을 들 수밖에 없었는가? 그 대답은 너무나 간단합니다. 너무나 무자비한 만행을 더 이상 보고 있을 수만 없어서 너도 나도 총을 들고 나섰던 것입니다. …… 시민 여러분! 우리 시민군은 온갖 방해에도 불구하고 여러분의 안전을 끝까지 지킬 것입니다. 또한, 협상이 올바른 방향대로 진행되면 우리는 즉각 총을 놓겠습니다.

6·29 민주화 선언

전두환 정부가 6월 민주 항쟁에 굴복하여 당시 여당의 대통령 후보였던 노태우를 내세워 발표한 특별 선언이에요. 여야 합의에 따라 조속히 직선제 개헌을 하고 새 헌법에 따라 대통령 선거를 치르겠다는 약속이었지요. 이후 5년 단임의 대통령 직선제 개헌이 이루어졌어요.

첫째, 여야 합의하에 조속히 대통령 직선제 개헌을 하고 새 헌법에 의한 대통령 선거를 통해 88년 2월 평화적 정부 이양을 실현토록 해야 하겠습니다. …… 오늘의 이 시점에서 저는, 사회적 혼란을 극복하고 국민적 화해를 이룩하기 위하여 대통령 직선제를 택하지 않을 수 없다는 결론에 이르게 되었습니다. 국민은 나라의 주인이며, 국민의 뜻은 모든 것에 우선하는 것입니다.
둘째, 새로운 법에 따라, 선거 운동, 투개표 과정 등에 있어서 최대한의 공명정대한 선거 관리가 이루어져야 합니다.
셋째, 극소수를 제외한 모든 시국 관련 사범들도 석방되어야 합니다.

6월 민주 항쟁

정부의 강압적 통치에 대한 불만과 직선제 개헌 운동 등 민주화의 요구가 거세었음에도 전두환 정부는 이를 묵살하고 4·13 호헌 조치를 발표하였어요. 그러나 이후에도 직선제 개헌을 향한 국민의 열망은 더욱 높아졌지요. 이러한 상황에서 박종철 고문치사 사건에 대한 진실이 폭로되고 시위 과정에서 경찰이 쏜 최루탄에 대학생 이한열이 피격되는 사건이 일어났어요. 분노한 국민은 호헌 철폐와 독재 타도를 외치며 거리에 나섰지요. 전국 각지에서 대규모 시위가 벌어지고, 강경한 탄압에도 민주화를 요구하는 시위가 계속되었어요. 결국 전두환 정부는 국민의 뜻에 굴복하고 대통령 직선제 개헌 요구를 수용하는 6·29 민주화 선언을 발표하였어요.

〈민주 헌법 쟁취 국민운동 본부 결의문(1987. 5. 27.)〉
4·13 독재 헌법 옹호 선언은 민주 한국의 진정한 건국 정신과 국민의 시대적 절대 요청인 민주화를 부정하는 것이기 때문에 도덕적으로 법률적으로 당연히 무효임을 선언하며, 각계의 호헌 반대 민주 헌법 쟁취 주장을 전폭 지지하고 이를 실현하기 위한 국민적 행동을 조직 전개한다.
〈6·10 국민 대회 선언(1987. 6. 10.)〉
오늘 우리는 전 세계 이목이 우리를 주시하는 가운데 40년 독재 정치를 청산하고 희망찬 민주 국가를 건설하기 위한 거보를 전 국민과 함께 내딛는다. 국가의 미래요 소망인 꽃다운 젊은이를 야만적인 고문으로 죽여 놓고 그것도 모자라서 뻔뻔스럽게 국민을 속이려 했던 현 정권에게 국민의 분노가 무엇인지를 분명히 보여 주고, 국민적 여망인 개헌을 일방적으로 파기한 4·13 폭거를 철회시키기 위한 민주 장정을 시작한다.

이한열 장례식 추모 행렬

역사 바로 세우기

제14대 대통령으로 당선된 김영삼은 '역사 바로 세우기'를 내세워 12·12 사태와 5·18 민주화 운동 당시 광주에서의 무력 진압, 부정부패 혐의 등으로 전두환과 노태우 두 전직 대통령을 재판정에 세웠어요.

법정에 선 노태우와 전두환

용어 사전

12·12 사태
10·26 사태로 박정희가 사망한 후 전두환과 노태우를 중심으로 하는 신군부 세력이 군사 반란을 일으켜 정권을 장악하였어요.

국보위
국가 보위 비상 대책 위원회를 줄인 말로, 신군부가 5·18 민주화 운동을 무력으로 진압한 후 설치한 기구입니다. 5·16 군사 정변 이후 설치된 국가 재건 최고 회의와 성격이 비슷합니다. 언론 통폐합, 삼청 교육대 설치 등을 통해 국민을 억압하였어요.

삼청 교육대
1980년 5월 전국에 비상계엄령이 발령된 직후 국보위에서 사회 정화를 명목으로 군부대 내에 설치한 기관이에요. 폭력범, 사회 풍토 문란범을 소탕한다는 명목으로 설치되었으나 실제로는 인권 탄압이 자행되었어요.

언론 기본법
1980년에 제정된 법률로, 국민의 알 권리를 보장하고 언론의 공적 기능을 보장한다는 것을 내세웠으나 언론 통제에 이용되었어요. 이 법에 따라 문화공보부가 매일 '보도지침'을 언론사에 시달하여 엄격하게 언론을 통제하였어요.

39강 현대(민주주의의 발전)

마무리도 빈틈없이
한국사를 읽다

1 이승만 정부의 장기 집권

발췌 개헌	6·25 전쟁 중에 대통령 직선제로 바꿈(1952), 국회를 양원제로 규정(제대로 구성되지 못함)
사사오입 개헌	초대 대통령인 이승만에 한해 중임 제한 철폐(1954) → 범야당 세력이 호헌 동지회 결성
독재 체제 강화	• 진보당 사건 : 진보당을 창당한 조봉암과 진보당 간부를 간첩 혐의로 구속 → 진보당 등록 취소(1958), 조봉암 처형(1959) • 보안법 파동(1958) : 야당 의원을 몰아내고 자유당 단독으로 국가 보안법 개정안을 통과시킴 • 언론 탄압 : 정부에 비판적인 경향신문 폐간

2 4·19 혁명과 장면 정부

4·19 혁명 (1960)	• 원인 : 정부와 자유당이 부통령 후보 이기붕의 당선을 위해 선거 부정을 저지름(3·15 부정 선거) • 전개 : 마산 등 각지에서 부정 선거 규탄 시위 발생 → 마산 앞바다에서 시위 참여자 김주열 학생의 시신 발견 → 전국으로 시위 확산 → 경무대로 향하는 시위 중 경찰의 발포로 사상자 발생, 비상계엄 선포(4. 19.) → 대학교수단이 시국 선언문 발표(4. 25.) • 결과 : 이승만의 하야 발표(이승만과 자유당 정부 붕괴, 4. 26.), 허정 과도 정부 수립 → 내각 책임제 개헌 → 총선거에서 민주당 압승 → 장면 내각 출범(대통령 – 윤보선, 국무총리 – 장면)
장면 정부	각계각층의 민주화 요구를 수용하지 못함, 민간 차원의 통일 운동 반대

3 5·16 군사 정변과 박정희 정부

5·16 군사 정변 (1961)	박정희를 중심으로 일부 군인들이 정권 장악, 반공을 국시로 한 혁명 공약 발표 → 국가 재건 최고 회의를 중심으로 군정 실시, 정치인의 활동 금지, 중앙정보부 설치 등
박정희 정부	• 성립 : 군정의 개헌 추진(대통령 직선제, 단원제 국회, 1962) → 박정희가 대통령에 당선(1963) • 한·일 국교 정상화 : 한·일 회담 → 굴욕적 외교로 평가한 학생·시민의 반발(6·3 시위, 1964) → 계엄령 선포, 시위 탄압 → 한·일 협정 체결(식민 지배 사과와 배상 문제 미해결, 1965) • 베트남 파병(1964~1973) : 미국이 파병 요청, 브라운 각서 체결(미국이 기술 지원과 차관 제공 약속, 1966) → 베트남 전쟁 특수로 경제 성장의 토대 마련, 고엽제 피해 등 전쟁 후유증 발생 • 3선 개헌(1969) : 청와대 간첩 습격 사건(1·21 사태 → 향토 예비군 창설) 등 북한의 도발 → 대통령 3회 연임(임기 4년)을 허용하는 개헌 추진, 국회에서 편법적으로 통과 • 유신 체제 - 성립(1972) : 10월 유신 단행, 유신 헌법 제정(대통령의 중임 제한 규정 폐지, 통일 주체 국민 회의에서 임기 6년의 대통령 선출, 대통령에게 긴급 조치권·국회 해산권·국회 의원 3분의 1 추천권 부여) → 박정희의 영구 집권 가능, 독재 체제 구축 - 동요 : 유신 반대 운동(개헌 청원 100만 인 서명 운동, 3·1 민주 구국 선언 등 ← 긴급 조치권 발동, 민청학련 사건과 인민 혁명당 재건위 사건 조작 등으로 탄압) → YH 무역 사건, 부·마 민주 항쟁 → 대통령 박정희 피살(10·26 사태)로 붕괴(1979) • 교육 : 국민 교육 헌장 공포(1968), 중학교 무시험 추첨제 실시(1969)

4 5·18 민주화 운동과 전두환 정부

(1) 5·18 민주화 운동

배경	12·12 사태(신군부의 정권 장악, 1979), '서울의 봄'(유신 철폐·신군부 퇴진·계엄 철폐 요구, 1980)
과정	신군부가 비상계엄을 전국으로 확대, 광주의 민주화 시위를 과잉 진압(1980. 5. 18.) → 광주 시민의 시위 확산 → 계엄군의 발포 → 시민군 조직 → 시민군의 평화 협상 요구 → 계엄군의 무력 진압
의의	1980년대 이후 민주화 운동의 토대가 됨, 관련 기록물이 유네스코 세계 기록 유산으로 등재됨

(2) 전두환 정부

신군부의 집권	국가 보위 비상 대책 위원회 설치 → 언론사 통폐합, 언론 기본법 제정, 삼청 교육대 설치·운영 등
성립	최규하 대통령 하야 → 통일 주체 국민 회의에서 전두환을 대통령으로 선출함(1980) → 개헌 단행(대통령 선거인단이 7년 단임의 대통령 선출) → 전두환이 다시 대통령으로 선출됨(1981)
정부 정책	강압 정책(민주화 운동과 노동 운동 탄압, 언론 통제 강화), 유화 정책(야간 통행금지 해제, 중·고등학생 두발과 교복 자율화, 해외여행 자유화, 프로 야구단 창단, 중학교 의무 교육 실시 등)

5 6월 민주 항쟁

배경	전두환 정부의 강압 통치, 민주화에 대한 국민의 열망 고조, 국민의 대통령 직선제 개헌 요구
전개	박종철 고문치사 사건(1987. 1.) → 정부의 4·13 호헌 조치 발표, 박종철 고문치사 사건의 진실 폭로 → 이한열 최루탄 피격(6. 9.) → 6·10 국민 대회(민주화와 개헌 요구) 개최, 전국으로 시위 확산 → 여당의 차기 대통령 후보인 노태우가 6·29 민주화 선언 발표(대통령 직선제 개헌 요구 수용)
결과	5년 단임의 대통령 직선제 개헌 → 1987년 대통령 선거에서 여당 후보인 노태우가 당선됨

6 민주주의의 발전

노태우 정부	지방 자치제를 제한적으로 실시, 서울 올림픽 대회 개최(1988), 북방 외교 추진, 3당 합당
김영삼 정부	군 내부 사조직(하나회) 해체, 지방 자치제 전면 실시, '역사 바로 세우기'(전두환·노태우 구속, 국민학교를 초등학교로 개칭, 조선 총독부 건물 철거), 거창 사건법 제정
김대중 정부	선거를 통한 최초의 여야 정권 교체, 남북 관계 개선, 여성부 신설, 국가 인권 위원회 설립, 한·일 월드컵 축구 대회 개최(2002)
노무현 정부	행정 중심 복합 도시 추진, 질병 관리 본부 설치, 진실·화해를 위한 과거사 정리 위원회 구성, 친일 반민족 행위 진상 규명 위원회 출범, 노인 장기 요양 보험법 제정, 호주제 폐지

39강 현대(민주주의의 발전)

1 교사의 질문에 대한 학생의 대답으로 적절하지 않은 것은? [2점]

심화 72회 44번

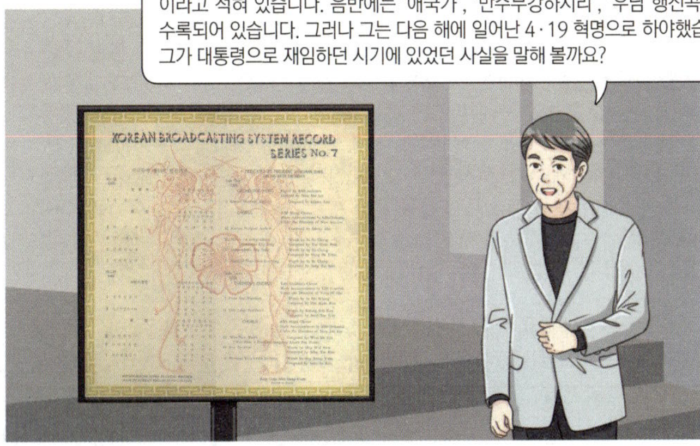

이것은 그의 84세 생일을 위해 기획된 LP 음반의 재킷으로, '제84회 탄신 기념'이라고 적혀 있습니다. 음반에는 '애국가', '만수무강하시라', '우남 행진곡' 등이 수록되어 있습니다. 그러나 그는 다음 해에 일어난 4·19 혁명으로 하야했습니다. 그가 대통령으로 재임하던 시기에 있었던 사실을 말해 볼까요?
KOREAN BROADCASTING SYSTEM RECORD SERIES No. 7

① 경부 고속 도로가 개통되었어요.
② 한·미 상호 방위 조약이 체결되었어요.
③ 진보당의 당수였던 조봉암이 처형되었어요.
④ 반민족 행위 특별 조사 위원회가 해체되었어요.
⑤ 유상 매수, 유상 분배 원칙의 농지 개혁법이 제정되었어요.

1 이승만 정부 시기의 사실 정답 ①

정답 찾기 4·19 혁명으로 하야하였다는 내용을 통해 자료에서 설명하는 대통령이 이승만임을 알 수 있어요. 이승만은 제헌 국회에서 제정한 헌법에 따라 대한민국 초대 대통령으로 선출되었어요. 이후 두 차례의 개헌을 통해 집권을 연장한 이승만 정부는 정권 유지를 위해 1960년에 치러진 제4대 대통령 및 제5대 부통령 선거에서 부정행위를 저질렀어요(3·15 부정 선거). 이에 학생과 시민들이 저항하여 4·19 혁명이 일어나 이승만이 대통령직에서 하야하고 자유당 정권은 무너졌어요. ① 박정희 정부 시기인 1970년에 경부 고속 도로가 개통되었어요.

오답 피하기
② 이승만 정부 시기인 1953년 10월에 한·미 상호 방위 조약이 체결되었어요.
③ 이승만 정부 시기인 1959년에 간첩 혐의가 씌워진 진보당의 당수 조봉암이 처형되었어요.
④ 제헌 국회 직속으로 설치된 반민족 행위 특별 조사 위원회가 이승만 정부의 비협조와 방해로 그 역할을 다하지 못한 채 1949년 10월에 해체되었어요.
⑤ 이승만 정부 시기인 1949년에 제헌 국회가 유상 매수, 유상 분배 원칙의 농지 개혁법을 제정하였어요.

2 (가)에 들어갈 민주화 운동에 대한 설명으로 옳은 것은? [2점]

심화 74회 46번

이것은 2·28 민주 운동을 기념하는 탑입니다. 이 운동은 이승만 독재 정권이 선거를 앞두고 야당 부통령 후보 연설에 참석하는 것을 막기 위해 일요일 등교 조치를 내리자, 이에 반발한 대구 지역의 고등학생들이 시위에 나서며 시작되었습니다. 2·28 민주 운동은 이후 대전의 3·8 민주 의거, 마산의 3·15 의거와 함께 (가) 의 도화선이 되었습니다.
민주화 운동의 숨결을 찾아서 생방송 중

① 시위 도중 대학생 이한열이 희생되었다.
② 시민군이 조직되어 계엄군에 저항하였다.
③ 허정 과도 정부가 출범하는 계기가 되었다.
④ 5년 단임의 대통령 직선제 개헌을 이끌어 냈다.
⑤ 야당 총재의 국회 의원직 제명으로 촉발되었다.

2 4·19 혁명 정답 ③

정답 찾기 2·28 민주 운동이 이후 대전의 3·8 민주 의거, 마산의 3·15 의거와 함께 도화선이 되었다는 내용을 통해 (가)에 들어갈 민주화 운동이 4·19 혁명임을 알 수 있어요. 정·부통령 선거를 앞둔 1960년 2월 28일, 이승만 정부와 자유당이 민주당의 대구 지역 선거 유세장에 학생들이 참석하는 것을 막기 위해 일요일에도 등교할 것을 지시하자 이에 항거하여 2·28 민주 운동이 일어났어요. 3월 8일에는 경찰이 대전 지역 학생들의 민주당 부통령 후보 선거 연설회 참여를 막자 이에 항거하여 3·8 민주 의거가 일어났어요. 선거 당일인 3월 15일, 이승만 정부가 부통령에 자유당의 이기붕을 당선시키기 위해 각종 부정을 자행하자 마산에서 학생들이 중심이 되어 3·15 의거가 일어났어요. 이승만 정부의 독재와 부정 선거에 항거한 이러한 운동은 4·19 혁명의 도화선이 되었어요. ③ 4·19 혁명으로 이승만이 대통령직에서 물러나고 허정 과도 정부가 출범하였어요. 이어 헌법이 개정되어 내각 책임제가 채택되었어요.

오답 피하기
① 6월 민주 항쟁 과정에서 대학생 이한열이 경찰이 쏜 최루탄에 맞아 희생되었어요.
② 5·18 민주화 운동 과정에서 광주의 시민은 계엄군의 무력 진압에 대항하여 시민군을 조직하였어요.
④ 6월 민주 항쟁의 결과 6·29 민주화 선언이 발표되고 5년 단임의 직선제 개헌이 이루어졌어요.
⑤ 야당 총재 김영삼을 국회 의원직에서 제명한 사건이 도화선이 되어 부·마 민주 항쟁이 일어났어요.

3 (가) 헌법이 시행된 시기의 사실로 옳은 것은? [2점]

심화 69회 45번

사진은 인민 혁명당 재건위 사건 재판 당시의 모습입니다. 이 사건은 (가) 헌법에 의거하여 발동한 긴급 조치 제4호 등으로 정부에 비판적인 인물들을 반국가 세력으로 몰아 처벌한 것입니다. 당시 사형을 당한 8명은 2007년에 열린 재심 공판에서 무죄를 선고받았습니다.

① 김주열이 최루탄을 맞고 사망하였다.
② 부천 경찰서 성 고문 사건이 발생하였다.
③ 개헌 청원 백만 인 서명 운동이 전개되었다.
④ 국민 보도 연맹원에 대한 학살이 자행되었다.
⑤ 민주화 시위 도중 대학생 강경대가 희생되었다.

3 박정희 정부 시기의 사실 정답 ③

정답 찾기 인민 혁명당 재건위 사건 당시 긴급 조치 제4호 등에 의거하여 처벌되었다는 내용을 통해 (가) 헌법이 박정희 정부가 제정한 유신 헌법임을 알 수 있어요. 박정희 정부는 1972년에 안보와 통일 등을 내세워 10월 유신을 단행하고 유신 헌법을 제정하였어요. ③ 박정희 정부 시기인 1973년에 장준하, 백기완 등 재야인사들의 주도로 유신 헌법 개정을 요구하는 개헌 청원 100만 인 서명 운동이 전개되었어요.

오답 피하기
① 1960년에 이승만 정부가 자행한 3·15 부정 선거에 항의하는 시위가 전국 각지에서 일어났고, 마산에서 시위에 참여하였다가 실종된 김주열의 시신이 발견되면서 시위는 격화되었어요.
② 전두환 정부 시기인 1986년에 부천 경찰서에서 여성 노동자에 대한 조사 과정에서 성 고문 사건이 일어났어요.
④ 국민 보도 연맹은 1949년에 좌익 운동을 하다 전향한 사람들로 조직된 반공 단체였어요. 하지만 이승만 정부 시기인 6·25 전쟁 초기에 북한군에 밀려 정부와 경찰이 후퇴하는 과정에서 국민 보도 연맹원에 대한 학살이 자행되었어요.
⑤ 노태우 정부 시기인 1991년에 대학생 강경대가 노태우 정부의 반민주적 통치에 반대하는 시위를 벌이다가 경찰의 과잉 진압으로 사망하였어요.

4 (가) 정부 시기에 있었던 사실로 옳은 것은? [2점]

심화 75회 47번

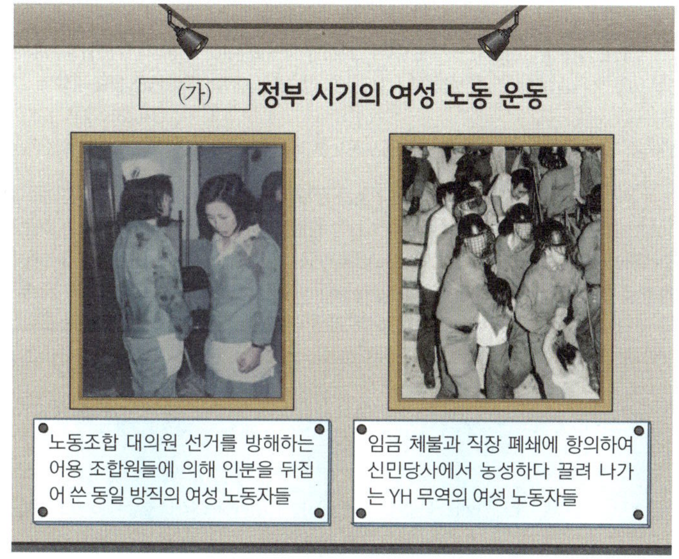

(가) 정부 시기의 여성 노동 운동
노동조합 대의원 선거를 방해하는 어용 조합원들에 의해 인분을 뒤집어 쓴 동일 방직의 여성 노동자들
임금 체불과 직장 폐쇄에 항의하여 신민당사에서 농성하다 끌려 나가는 YH 무역의 여성 노동자들

① 부천 경찰서 성 고문 사건이 발생하였다.
② 정부에 비판적인 경향신문이 폐간되었다.
③ 최저 임금 결정을 위한 최저 임금 위원회가 설치되었다.
④ 자치 단체장까지 선출하는 지방 자치제가 전면 시행되었다.
⑤ 긴급 조치 철폐 등을 요구하는 3·1 민주 구국 선언이 발표되었다.

4 박정희 정부 시기의 사실 정답 ⑤

정답 찾기 YH 무역 여성 노동자가 신민당사에서 농성하다가 끌려 나갔다는 내용을 통해 (가) 정부가 박정희 정부임을 알 수 있어요. 1979년에 박정희 정부는 회사의 부당 폐업 공고에 반대한 YH 무역 회사의 여성 노동자들이 당시 야당이었던 신민당사에서 농성 투쟁을 벌이자 경찰을 투입하여 강경 진압하였어요. 이 과정에서 여성 노동자 1명이 사망하였고, 사건에 항의하며 유신 정권을 비판한 당시 신민당 총재였던 김영삼이 국회 의원직에서 제명되었어요. ⑤ 박정희 정부 시기인 1976년에 김대중, 함석헌 등 재야인사들이 유신 체제를 비판하는 3·1 민주 구국 선언을 발표하였어요.

오답 피하기
① 전두환 정부 시기인 1986년에 부천 경찰서에서 여성 노동자에 대한 조사 과정에서 성 고문 사건이 일어났어요.
② 이승만 정부는 정부에 비판적인 기사를 게재하는 경향신문을 폐간하는 등 언론을 통제하였어요.
③ 전두환 정부 시기인 1987년에 최저 임금 결정을 위한 최저 임금 위원회가 설치되었어요.
④ 김영삼 정부 시기인 1995년에 지방 자치제가 전면 시행되어 주민들이 지방 의회 의원뿐 아니라 지방 자치 단체장까지 직접 선출하게 되었어요.

5 (가) 민주화 운동에 대한 설명으로 옳은 것은? [2점]

심화 71회 49번

하계 답사 안내

우리 문화원에서는 부산과 마산 지역의 시민과 학생들이 일으킨 [(가)]의 의미를 조명하는 답사를 준비하였습니다. YH 무역 사건, 야당 총재의 국회 의원직 제명 등 일련의 사건으로 당시 정부에 대한 민심 이반이 가속화하는 가운데 일어난 [(가)]의 유적지를 둘러보면서 민주주의의 소중함을 되새기는 기회가 되길 바랍니다.

◈ 기간 : 2024년 ○월 ○○일 ~ ○월 ○○일
◈ 답사 일정
- 1일차 : 부산대 10·16 기념관 - 국제 시장 - 부산 양서 협동조합 터
- 2일차 : 경남대 교내 기념석 - 서항 공원 - 창동 사거리

◈ 주요 답사지

◈ 주관 : △△ 문화원

① 유신 체제 붕괴의 배경이 되었다.
② 시민군을 조직하여 계엄군에 대항하였다.
③ 시위 도중 김주열이 최루탄을 맞고 사망하였다.
④ 직선제 개헌을 약속한 6·29 선언을 이끌어 냈다.
⑤ 대통령이 하야하여 미국으로 망명하는 결과를 가져왔다.

5 부·마 민주 항쟁 정답 ①

정답 찾기 부산과 마산 지역의 시민과 학생들이 일으켰으며, YH 무역 사건과 야당 총재의 국회 의원직 제명 등이 계기가 되었다는 내용을 통해 (가) 민주화 운동이 부·마 민주 항쟁(1979)임을 알 수 있어요. ① 부·마 민주 항쟁에 대처할 방안을 두고 정권 내 갈등이 커지는 가운데 대통령 박정희가 측근에 의해 총에 맞아 사망한 10·26 사태가 일어나 유신 체제는 사실상 붕괴되었어요.

오답 피하기 ② 5·18 민주화 운동(1980), ③ 4·19 혁명(1960), ④ 6월 민주 항쟁(1987), ⑤ 4·19 혁명에 대한 설명이에요.

6 다음 자료에 나타난 민주화 운동에 대한 설명으로 옳은 것은? [1점]

심화 73회 48번

> 우리는 왜 총을 들 수밖에 없었는가? 그 대답은 너무나 간단합니다. 너무나 무자비한 만행을 더 이상 보고 있을 수만 없어서 너도나도 총을 들고 나섰던 것입니다. …… 계엄 당국은 공수 부대를 대량으로 투입하여 시내 곳곳에서 학생, 젊은이들에게 무차별 살상을 자행하였으니 …… 너무나 경악스러운 또 하나의 사실은 20일 밤부터 계엄 당국은 발포 명령을 내려 무차별 발포를 시작했다는 것입니다. 이 고장을 지키고자 이 자리에 모이신 민주 시민 여러분! 그런 상황에 우리가 할 수 있는 일은 무엇이겠습니까?

① 4·13 호헌 조치 철폐를 요구하였다.
② 시민군을 조직하여 계엄군에 대항하였다.
③ 시위 도중 김주열이 최루탄을 맞고 사망하였다.
④ 직선제 개헌을 약속한 6·29 민주화 선언을 이끌어 냈다.
⑤ 국민의 요구에 굴복하여 대통령이 하야하는 결과를 가져왔다.

6 5·18 민주화 운동 정답 ②

정답 찾기 계엄 당국이 공수 부대를 대량으로 투입하여 학생과 젊은이들을 무차별 살상하였다는 내용을 통해 자료에 나타난 민주화 운동이 5·18 민주화 운동임을 알 수 있어요. 1979년에 12·12 사태로 정권을 장악한 전두환, 노태우 등 신군부가 비상계엄을 확대하자 이에 반발하여 1980년 5월에 광주의 학생과 시민들이 시위를 전개하였어요. 당시 시위에 나선 이들은 계엄 철폐와 신군부 퇴진을 요구하였어요. ② 신군부가 공수 부대, 계엄군을 앞세워 무력 진압을 하자 시위대는 자발적으로 시민군을 조직하여 대항하였어요. 하지만 계엄군의 무자비한 진압에 수많은 광주 시민들이 희생되었습니다.

오답 피하기
① 전두환 정부의 4·13 호헌 조치에 반발하여 일어난 6월 민주 항쟁 당시에 '호헌 철폐', '독재 타도' 등의 구호가 등장하였어요.
③ 3·15 부정 선거를 규탄하는 마산 시위에 참여하였다가 실종된 김주열이 최루탄에 맞아 숨진 채 마산 앞바다에서 발견되었어요. 이에 분노한 시민과 학생들의 시위가 전국으로 확산되어 4·19 혁명으로 이어졌습니다.
④ 6월 민주 항쟁의 결과 대통령 직선제 개헌을 약속한 6·29 민주화 선언이 발표되었어요.
⑤ 4·19 혁명의 결과 이승만이 하야 성명을 발표하고 대통령직에서 물러났어요.

7 (가) 민주화 운동에 대한 설명으로 적절한 것은? [2점]

심화 72회 46번

① 굴욕적인 한·일 국교 정상화에 반대하였다.
② 5년 단임의 대통령 직선제 개헌을 이끌어 냈다.
③ 시위 과정에서 시민군이 자발적으로 조직되었다.
④ 3선 개헌 반대 범국민 투쟁 위원회를 결성하였다.
⑤ 대통령 중심제에서 의원 내각제로 바뀌는 계기가 되었다.

7 6월 민주 항쟁 정답 ②

정답 찾기 '호헌 철폐'와 민주 헌법 쟁취 국민운동 본부가 활동하였다는 내용을 통해 (가) 민주화 운동이 6월 민주 항쟁임을 알 수 있어요. 전두환 정부는 시민들의 직선제 개헌 요구를 무시하고 기존 헌법에 따라 선거를 치르겠다는 4·13 호헌 조치를 발표하였어요. 이러한 상황에서 박종철 고문치사 사건에 대한 진실이 폭로되어 폭압적인 정부를 규탄하는 시위가 확산되었어요. 이때 시위에 참가한 대학생 이한열이 경찰의 최루탄에 피격되는 사건이 일어났어요. 이를 계기로 수많은 시민이 민주 헌법 쟁취 국민운동 본부가 개최한 6·10 국민 대회에 참여하여 '호헌 철폐', '독재 타도' 등을 외치며 시위를 벌였어요. ② 6월 민주 항쟁의 결과 5년 단임의 대통령 직선제 개헌이 이루어졌어요.

오답 피하기
① 박정희 정부의 굴욕적인 한·일 국교 정상화에 반대하여 6·3 시위가 일어났어요.
③ 5·18 민주화 운동 당시 광주의 학생과 시민들은 자발적으로 시민군을 조직하여 계엄군에 맞섰어요.
④ 박정희 정부가 대통령 3회 연임을 허용하는 개헌을 추진하자 3선 개헌 반대 범국민 투쟁 위원회가 결성되었어요.
⑤ 4·19 혁명을 통해 이승만 정부가 무너지고 허정 과도 정부가 수립되어 의원 내각제와 양원제 국회를 골자로 한 개헌이 이루어졌어요.

8 밑줄 그은 '정부' 시기에 있었던 사실로 옳은 것은? [3점]

심화 70회 47번

① 평창 동계 올림픽이 개최되었다.
② 전국 민주 노동조합 총연맹이 창립되었다.
③ 헝가리와 상주 대표부 설치 협정을 체결하였다.
④ 진실·화해를 위한 과거사 정리 기본법이 제정되었다.
⑤ 중학교 입시 제도가 폐지되고 무시험 추첨제가 실시되었다.

8 노무현 정부 시기의 사실 정답 ④

정답 찾기 호주제가 폐지되었다는 내용을 통해 밑줄 그은 '정부'가 노무현 정부임을 알 수 있어요. 노무현 정부는 국토 균형 발전을 위해 행정 중심 복합 도시 건설을 추진하였으며, 각종 질병의 통합 관리를 위해 질병 관리 본부를 설치하였어요. 남북 관계에서는 김대중 정부의 대북 화해 협력 정책을 계승하여 제2차 남북 정상 회담을 개최하였으며 남북 간의 경제 교류 확대에도 힘썼어요. ④ 노무현 정부 시기인 2005년에 과거사 진상 규명을 목적으로 진실·화해를 위한 과거사 정리 기본법이 제정되었어요.

오답 피하기
① 문재인 정부 시기인 2018년에 평창 동계 올림픽이 개최되었어요.
② 김영삼 정부 시기인 1995년에 전국 민주 노동조합 총연맹(민주노총)이 창립되었어요.
③ 노태우 정부 시기인 1988년에 헝가리와 상주 대표부 설치 협정을 체결하였어요.
⑤ 박정희 정부 시기인 1969년에 과도한 입시 경쟁을 해소하고자 서울을 시작으로 중학교 입시 제도가 폐지되고 무시험 추첨제가 실시되었어요.

39강 현대(민주주의의 발전)

Ready go
이번 강 별 채우기 제한 시간은 2분 50초
한 문장을 끝까지 또박또박 읽어야 패스!

기출 선택지로 별 채우기
한국사를 채우다

01 1차 개헌은 ★★ 개헌이라고도 하며 6·25 전쟁 중에 임시 수도 부산에서 통과되었다.

02 발췌 개헌은 대통령 선출 방식을 ★선제로, 국회 구성을 ★원제로 규정하였다.

03 ★사★입 개헌으로 개헌 당시 대통령, 즉 초대 대통령에 한해 중임 제한이 철폐되었다.

04 이승만 정부는 평화 통일론을 주장한 ★★당의 조봉암을 제거하였다.

05 1960년에 일어난 ★·★★ 혁명은 3·15 부정 선거에 항의하는 시위에서 시작되었다.

06 4·19 혁명으로 이승만 대통령이 하야하고 ★★ 과도 정부가 구성되었다.

07 4·19 혁명은 ★원제 국회와 ★면 내각이 출범하는 배경이 되었다.

08 1961년에 박정희를 중심으로 한 일부 군부 세력이 ★·★★ 군사 정변을 일으켜 정권을 탈취하였다.

09 박정희와 군부 세력은 정권을 장악한 이후 국가 ★★ 최고 회의를 설치하여 군정을 실시하였다.

10 ★★★ 정부는 경제 발전에 필요한 자금을 마련하기 위해 일본과 국교를 정상화하고 베트남에 파병하였다.

11 박정희 정부의 굴욕적인 한·일 국교 정상화에 반대하여 ★·★ 시위가 전개되었다.

12 박정희 정부는 1969년에 대통령의 ★회 연임을 허용하는 개헌안을 편법으로 통과시켰다.

13 박정희 정부의 7차 개헌으로 이른바 ★★ 헌법이 만들어졌다.

14 유신 헌법에 따라 ★★ ★★ 국민 회의에서 임기 6년의 대통령을 선출하였다.

15 유신 헌법으로 국회 의원 정수의 ★분의 1이 대통령의 추천으로 통일 주체 국민 회의에서 선출되었다.

16 유신 헌법은 대통령에게 국회 해산권과 국민의 기본권까지도 제한할 수 있는 긴급 ★★권을 부여하였다.

17 1976년에 일부 재야 정치인과 각계각층의 인사들이 ★·★ 민주 구국 선언을 발표하여 유신 체제에 저항하였다.

18 박정희 정부는 신민당사에서 농성하던 ★★ 무역의 여성 노동자들을 강경 진압하였다.

19 1979년에 전두환 등의 신★★ 세력이 12·12 사태를 일으켜 군사권을 장악하였다.

20 ★·★★ 민주화 운동은 신군부의 비상계엄 확대에 반발하여 일어났다.

21 5·18 민주화 운동의 전개 과정에서 광주 시민은 자발적으로 ★★군을 조직하였다.

22 5·18 민주화 운동 관련 기록물이 ★★★★ 세계 기록 유산으로 등재되었다.

23 전두환 정부는 언론 통폐합, 언론 ★★법 제정, 민주화 운동 탄압 등 강압적인 정책을 폈다.

24 전두환 정부는 야간 ★★금지 해제, 해외여행 자유화 등 유화 정책을 폈다.

25 전두환 정부 시기에 한국 ★★ 야구가 6개 구단으로 출범하였다.

26 전두환 정부는 차기 대통령을 기존 헌법에 따라 간접 선거로 선출하겠다는 ★·★★ 호헌 조치를 발표하였다.

27 6월 민주 항쟁 당시 시위에 참여한 시민들은 '★★ 철폐', '★★ 타도' 등의 구호를 내세웠다.

28 6월 민주 항쟁의 결과로 대통령 직선제 개헌을 수용한다는 ★·★★ 민주화 선언이 발표되었다.

29 노태우 정부는 ★방 외교를 추진하여 소련, 중국 등 사회주의권 국가와 국교를 맺었다.

30 김영삼 정부 시기에 ★★ 자치제가 전면 실시되었다.

31 노무현 정부 시기에 진실·화해를 위한 ★★사 정리 위원회가 처음으로 출범하였다.

정답

01 발췌 **02** 직, 양 **03** 사, 오 **04** 진보 **05** 4, 19 **06** 허정 **07** 양, 장 **08** 5, 16 **09** 재건 **10** 박정희 **11** 6, 3 **12** 3 **13** 유신 **14** 통일 주체 **15** 3 **16** 조치 **17** 3, 1 **18** YH **19** 군부 **20** 5, 18 **21** 시민 **22** 유네스코 **23** 기본 **24** 통행 **25** 프로 **26** 4, 13 **27** 호헌, 독재 **28** 6, 29 **29** 북 **30** 지방 **31** 과거

현대(경제 발전과 통일 정책)

한국사의 흐름을 한눈에
한국사를 그리다

강의 바로 보기

〈경제〉

이승만
- 농지 개혁(by 제헌 헌법)
  - ☆☆ 매입, ☆☆ 분배
  - (3정보 이상 / 지가 증권) (1년 생산량 150% / 5년 분할 상환)
  - 식민지 지주제 청산
- \+ 귀속 재산 처리 +
- 원조 경제
  - 미국의 잉여 농산물 └ 면화, 설탕, 밀가루 ⇓ ☆☆ 산업↑

박정희
- 1·2차 경제 개발 5개년 계획(1962~71)
  - ☆공업
  - ☆임금, ☆곡가 ⇒ 정부 주도 수출
  - 자금 ┌ ☆☆ 수교, ☆☆☆ 파병 └ 파독 노동자(광부, 간호사)
- 70 ↓
- 3·4차 경제 개발 5개년 계획(1972~81)
  - 8·3 사채 동결 조치(72)
  - ☆화학 공업(포항 제철)
  - 수출 100억 달러 달성(77)
  - ☆☆ 쇼크(73, 78) └ 오일 달러
- ☆☆ 고속 국도, ☆☆☆ 운동, ☆☆☆ 분신 사건(근로 기준법 0) ⇝ 최저 임금법(86)
- 광주 대단지 사건(71)
- 함평 고구마 피해 보상 운동(76~78)

전두환
- ☆☆ 호황(86~88)
  - 저금리
  - 저달러
  - 저유가
- 우루과이 라운드 협상 ⇝ 개방 → 0

노태우

김영삼
- ☆☆ 실명제 └ 대통령 긴급 명령
- OECD 가입
- IMF 사태(97) └ ☆☆ 부족

김대중
- 신자유주의 정책(경쟁·효율↑) → 합병, 정리 해고, 비정규직
- 국민 기초 생활 보장법
- FTA(서명)
  - 한·칠레: 김대중
  - 한·미: 노무현
- 노무현
  - 질병 관리 본부(⇝청)
  - 노인 장기 요양 보험법
- IMF 사태(97) ⇝ 금 모으기 운동, 노사정 위원회 ⇒ 졸업 └ 제2의 국채 보상 운동

〈통일〉

박정희
- 〈7·4 남북 공동 성명〉⇐ 냉전↓
  - 남북 적십자 회담
  - 이후락 + 김일성(평양)
  - 통일 3대 원칙: ☆☆, ☆☆, 민족 대단결
  - 남북 ☆☆ 위원회
  - 체제 강화에 영향 ⇒ 남(유신 헌법) 북(사회주의 헌법)

전두환
- 북: 수해 물자 지원 ↓ 최초 남북 이산가족 상봉

노태우
- 〈7·7 선언〉: 공산 국가와 교류
- ② 〈남북 ☆☆ 합의서〉
  - 남북 고위급 회담 – 공식
  - 남북 관계 ⇒ 잠정적 특수 관계
  - 남북 교류 ⇒ 민족 내부 교류
- ① ☆☆ 동시 가입 ③ 한반도 비핵화 공동 선언

김대중
- ☆☆ 정책: 정주영 소 떼 방북 → 금강산 해로 관광
- 〈☆☆☆ 남북 공동 선언〉
  - 최초 남북 ☆☆ 회담 ⇝ 2차: 노무현 (10·4)
  - 남한 연합제 ≒ 북한 낮은 단계 연방제
- ☆☆ 공단, 경의선, 이산가족 0, 금강산 육로 관광

〈교육〉

이승만
- 6·3·3 학제
- 문맹 퇴치 운동

박정희
- 무즙 파동(64)
- 국민 교육 헌장(68)
- 중학교 무시험 추첨제(69)

전두환
- 대학 졸업 정원제

김영삼
- 국민학교 → 초등학교

★정답 유상, 유상, 삼백, 경, 저, 저, 한·일, 베트남, 경부, 새마을, 전태일, 중, 오일, 3저, 금융, 외환, 자주, 평화, 조절, 기본, UN, 햇볕, 6·15, 정상, 개성

→ 나만의 약점 단권화 노트 38쪽에서 완성 판서를 확인하세요.

40강 현대(경제 발전과 통일 정책)

〈경제〉

이승만
- 농지 개혁(by 제헌 헌법)
  - ·
  - (3정보 이상 / 지가 증권) (1년 생산량 150% / 5년 분할 상환)
  - ·
- \+ 귀속 재산 처리 +
- 원조 경제

박정희
- 1·2차 경제 개발 5개년 계획 (1962~71)
  - ·
  - ·
  - ·
- 70 ↓
- 3·4차 경제 개발 5개년 계획 (1972~81)
  - ·
  - ·
  - ·
  - ·
- ·광주 대단지 사건(71)
- ·함평 고구마 피해 보상 운동(76~78)

전두환
- ·3저 호황(86~88)
- ·우루과이 라운드 협상 → 개방

노태우

김영삼
- ·
- ·
- ·

김대중
- ·신자유주의 정책(경쟁·효율↑) → 합병, 정리 해고, 비정규직
- ·국민 기초 생활 보장법
- FTA(서명)
  - ·한·칠레:
  - ·한·미:
- 노무현
  - ·
  - ·

〈통일〉

박정희
- 〈7·4 남북 공동 성명〉 ⇐ 냉전↓
  - ·남북 적십자 회담
  - ·이후락 + 김일성(평양)
  - ·
  - ·
  - ·

전두환
- 북: 수해 물자 지원 ↓

노태우
- 〈7·7 선언〉: 공산 국가와 교류 ②
- ·남북 고위급 회담 – 공식
- ·남북 관계 ⇒ 잠정적 특수 관계
- ·남북 교류 ⇒ 민족 내부 교류
- ① ↑ ③ ↓

김대중
- · →
- 〈6·15 남북 공동 선언〉
  - ·
  - ·
- 10·4 → 2차: 노무현

〈교육〉

이승만
- ·
- ·문맹 퇴치 운동

박정희
- ·무즙 파동(64)
- ·
- ·

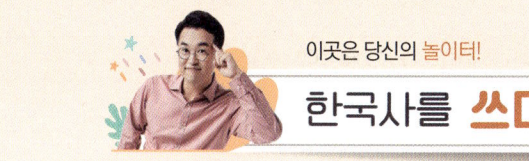

40강 현대(경제 발전과 통일 정책)

낯선 용어와 자료 돋보기

한국사를 **보다**

농지 개혁

이승만 정부는 1949년에 농지 개혁법을 제정한 뒤 일부 개정하여 1950년부터 유상 매수·유상 분배의 원칙 아래 농지 개혁을 시행하였어요. 1가구당 3정보까지 토지를 소유할 수 있도록 하고, 3정보를 초과하는 토지는 국가가 지가 증권을 발급하여 매입하였지요. 농지 개혁의 실시로 자작농이 증가하고 전근대적 지주제가 거의 사라졌어요.

〈농지 개혁법〉
제5조 정부는 다음에 의하여 농지를 취득한다.
2. 다음의 농지는 본법의 규정에 의하여 정부가 매수한다.
(가) 농가 아닌 자의 농지
(나) 자경하지 않는 자의 농지
(다) 본법 규정의 한도를 초과하는 부분의 농지

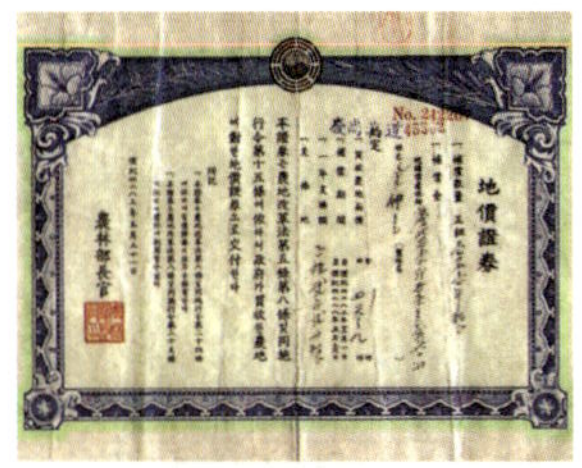

지가 증권

원조 경제

6·25 전쟁 이후 완전히 황폐해진 우리나라는 미국의 경제 원조에 의존하였어요. 원조는 미국의 잉여 농산물인 면화, 사탕수수, 밀에 집중되었는데, 이로 인해 우리나라에서는 원조 물자를 가공하는 면방직업, 제당업, 제분업 등 이른바 삼백 산업이 발달하고 미국에 대한 경제 의존도가 높아졌어요. 그러나 1950년대 후반부터 미국 내 경기 불황으로 미국의 원조가 줄어들고 무상 원조가 유상 차관으로 바뀌어 국내 경제도 어려움에 빠지게 되었어요.

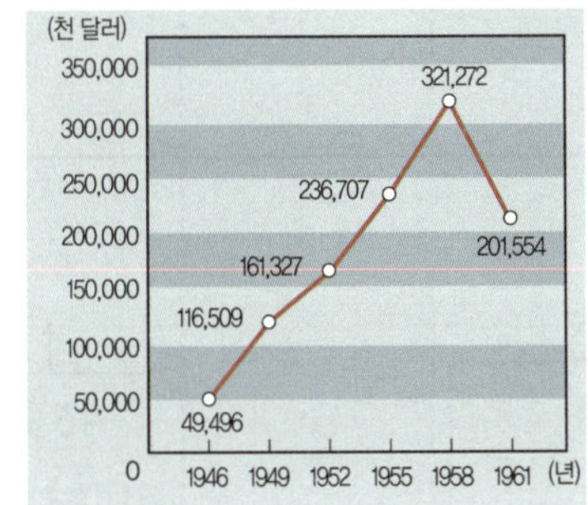

미국의 원조 추이(1946~1961)

제1, 2차 경제 개발 5개년 계획

제1차 경제 개발 5개년 계획은 값싼 노동력을 활용하여 의류, 신발, 가발 등 노동 집약적 경공업 제품의 수출에 집중하였고, 제2차 경제 개발 5개년 계획은 비료, 시멘트, 정유 산업 등 기간산업 육성과 경부 고속 국도 건설 등 사회 간접 자본 투자에 초점을 맞추었어요. 이 결과 우리나라는 엄청난 수출 성장률을 보이며 경제 발전의 발판을 마련할 수 있었지요.

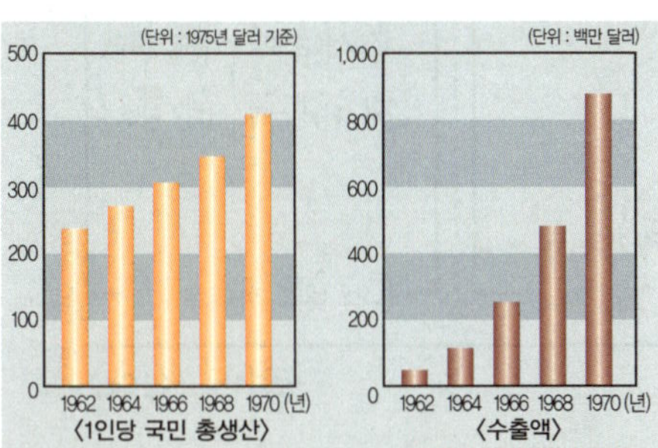

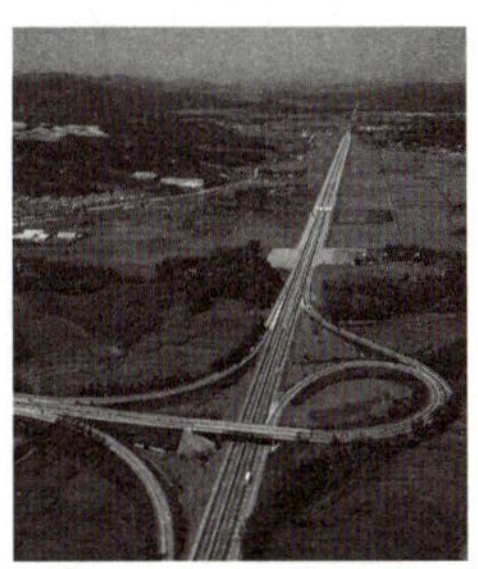

경부 고속 국도 완공(1970)

박정희 정부의 경제 개발을 위한 자금 마련책

박정희 정부는 경제 개발에 필요한 자금을 마련하기 위해 외국 자본을 끌어 왔어요. 한·일 국교 정상화를 통해 일본으로부터 차관 형태로 자본을 들여왔고, 베트남 파병에 관한 브라운 각서를 체결하여 미국으로부터 기술과 자본을 제공받았어요. 또 서독에 광부와 간호사를 파견하여 그들의 임금을 담보로 차관을 들여오기도 하였지요.

서독에 파견된 광부

서독에 파견된 간호사

용어 사전

지가 증권
'증권'은 증거가 되는 문서를 말해요. 농지 개혁 당시 정부는 3정보를 초과하는 땅을 사면서 지가 증권을 발급하였는데, 토지를 매입한 가격을 기록하여 나중에 정부에 청구할 수 있도록 하였어요.

석유 파동
국제 석유 가격이 폭등하면서 세계 경제가 큰 혼란을 겪은 일이에요. 제1차 석유 파동 때에는 우리나라 건설 기업이 서아시아(중동) 지역으로 진출하여 이른바 '오일 달러'를 벌어들임으로써 위기를 모면하였어요. 하지만 제2차 석유 파동 때에는 우리나라도 심각한 경제 위기에 빠졌습니다.

3저 호황
'호황'은 경제 활동 상태가 좋은 상황을 뜻해요. 전두환 정부 시기에는 세계적으로 국제 금리, 석유 가격, 달러 가치가 모두 낮아졌어요. 이러한 상황은 당시 수출에 역점을 두고 있던 우리의 경제 활동에 유리한 환경을 조성해 주어 우리나라의 경제 상황이 좋았어요.

8·3 긴급 금융 조치
박정희 정부는 1972년에 대통령 긴급 명령으로 경제 안정과 성장에 관한 조치를 발표하였어요. 이 조치에서는 기업의 사채를 동결하고 장기 저리 대출을 제공하는 등 기업에게 경제적 특혜를 주었어요.

새마을 운동

정부는 성장 중심의 공업화 정책 추진을 이어 가고자 저임금 정책을 유지하였고, 이를 위해 쌀의 가격을 물가 상승률보다 낮게 책정하는 저곡가 정책을 폈어요. 이에 따라 농촌과 도시의 경제·문화 격차가 더욱 커지게 되었고, 이촌향도 현상이 심해졌습니다. 이러한 문제를 해결하기 위해 1970년대 정부 주도로 근면·자조·협동 정신을 강조한 농촌 근대화 운동인 새마을 운동이 전개되었어요. 새마을 운동은 이후 도시에도 확산되어 전국적인 의식 개혁 운동으로 이어졌습니다.

새마을기

새마을 운동

전태일 분신 사건

눈부신 경제 성장의 이면에는 저임금에 시달리며 열악한 환경에서 일하던 노동자들이 있었어요. 정부는 수출 경쟁력 확보를 위해 저임금 정책을 실시하며 노동자의 희생을 강요하였지요. 이러한 노동자의 처우에 저항하여 평화 시장에서 재단사로 일하던 전태일은 노동자의 근무 환경 개선과 근로 기준법 준수를 요구하며 분신하였어요. 이후 많은 사람이 노동 문제에 관심을 기울이면서 노동 운동이 본격화되었어요.

> 종업원의 90% 이상이 평균 연령 18세의 여성입니다. 근로 기준법이 없다고 하더라도 인간으로서 어떻게 여자에게 하루 15시간의 작업을 강요합니까? …… 또한, 2만여 명 중 40%를 차지하는 시다공들은 평균 연령 15세의 어린이들로서 육체적으로 정신적으로 성장기에 있는 이들은 회복할 수 없는 결정적이고 치명적인 타격을 입고 있습니다. 전부가 영세민의 자녀들로서 굶주림과 어려운 현실을 이기려고 하루에 90원 내지 100원의 급료를 받으며 1일 16시간씩 작업을 합니다. …… 저희들의 요구는 1일 14시간의 작업 시간을 1일 10시간~12시간으로 단축해 주십시오. 1개월 휴일 2일을 늘려서 일요일마다 휴일로 쉬기를 희망합니다. …… 절대로 무리한 요구가 아님을 맹세합니다. 인간으로서의 최소한의 요구입니다.
>
> - 대통령에게 드리는 글(1969. 11.) -

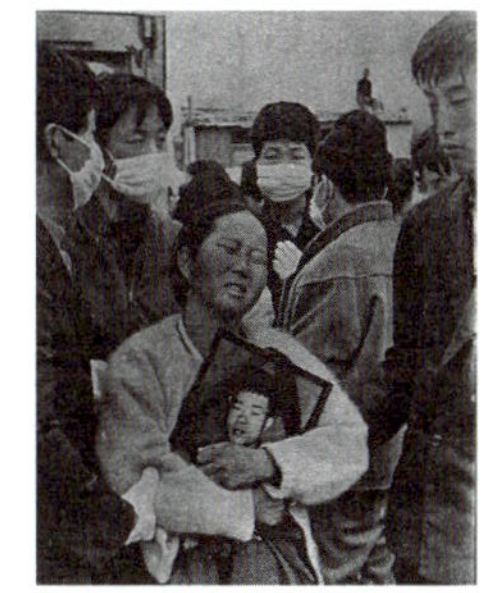
전태일의 어머니 이소선 여사

제3, 4차 경제 개발 5개년 계획

1970년대에 들어서 경공업 위주의 경제 정책에 한계가 나타났어요. 이에 제3, 4차 경제 개발 5개년 계획에서는 철강, 화학, 조선 등 중화학 공업 위주의 발전 전략을 추진하였어요. 경상도 해안 지역에 제철, 조선, 자동차, 정유 등 대규모 공업 단지를 조성하였고, 원활한 전력 공급을 위해 주변에 원자력 발전소를 세웠어요. 이때에 포항 종합 제철소도 건설되었어요. 이러한 경제 정책 추진으로 우리나라는 1977년에 수출 100억 달러를 달성하는 등 '한강의 기적'이라 불리는 경제 발전을 이룩하였어요.

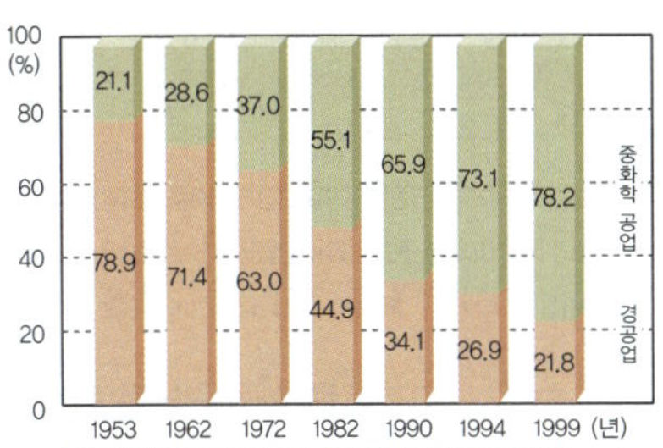

(『한국 경제 반세기 정책 자료집』, 한국 개발 연구원 : 통계청 2001)

공업 구조의 변화

수출 100억 달러 달성 기념 조형물

노동 운동의 전개

1970년대
• 전태일 분신 사건(1970)을 계기로 노동 운동에 대한 관심이 증가 • 여성 노동자를 중심으로 생존권 보장 운동 전개 예 YH 무역 사건(1979)

↓

1980년대
• 노동 운동 본격화 • 6월 민주 항쟁 이후 노동 운동 활성화 • 노동조합 설립 활발

↓

1990년대
전국 민주 노동조합 총연맹(민주노총) 결성(1995)

금 모으기 운동

외환 위기로 국제 통화 기금(IMF)의 구제 금융을 받게 되자 국민이 위기 극복을 위해 자발적으로 금 모으기 운동을 전개하였어요. 당시 금 모으기 운동은 전 국민적인 모금 운동으로 확대되어 '제2의 국채 보상 운동'이라고 불렸지요. 이러한 국민의 노력으로 외환 위기를 조기에 극복할 수 있었어요.

용어 사전

우루과이 라운드
1993년에 타결된 다자간 무역 협상으로, 세계 무역 질서의 구축과 보호 무역주의의 철폐를 실현하고자 하였어요. 우리나라는 1990년대 이후 우루과이 라운드에 따라 쌀 시장을 점차적으로 개방하였습니다.

금융 실명제
가명이나 차명을 이용한 금융 거래로 많은 부정부패가 일어나자, 본인의 실제 이름으로만 금융 거래를 하도록 한 제도입니다. 1993년 김영삼 정부 시기에 대통령 긴급 명령 형식으로 전격 실시되었어요.

OECD(경제 협력 개발 기구)
세계 경제의 협력을 위해 만들어진 국제기구입니다. 서방 선진국들이 전부 가입하고 있어 선진국 클럽이라고도 불립니다.

IMF(국제 통화 기금)
세계 무역 안정을 목적으로 설립된 국제 금융 기구입니다. 우리나라는 1997년 말 외환 보유액 부족으로 경제 위기를 맞게 되자 IMF에 긴급 자금 지원을 요청하였고, 이에 따라 IMF의 경제 간섭을 받게 되었어요.

최저 임금법
많은 사람들이 노동 문제에 관심을 갖게 되고 노동 운동이 활성화되면서 1986년 전두환 정부 시기에 저임금 노동자 보호를 위한 최저 임금법이 제정되었어요.

40강 현대(경제 발전과 통일 정책)

낯선 용어와 자료 돋보기

한국사를 **보다**

7·4 남북 공동 성명

박정희 정부 시기인 1971년에 남북한은 이산가족 상봉을 위한 남북 적십자 회담을 개최하였고, 1972년에는 '자주, 평화, 민족 대단결'이라는 평화 통일의 3대 원칙에 합의한 7·4 남북 공동 성명을 서울과 평양에서 동시에 발표하였어요. 이에 따라 남북 조절 위원회가 설치되어 평화 통일을 위한 실무자 회의가 전개되기도 하였지만 성과를 거두지는 못하였어요.

> 쌍방은 다음과 같은 조국 통일의 원칙들에 합의를 보았다.
> 첫째, 통일은 외세에 의존하거나 외세의 간섭을 받지 않고 자주적으로 해결하여야 한다.
> 둘째, 통일은 서로 상대방을 반대하는 무력행사에 의거하지 않고, 평화적 방법으로 실현하여야 한다.
> 셋째, 사상과 이념, 제도의 차이를 초월하여 우선 하나의 민족으로서 민족 대단결을 도모하여야 한다.

7·4 남북 공동 성명을 발표하는 이후락 중앙정보부장

이산가족 고향 방문단

전두환 정부 시기에 남북한 이산가족 고향 방문단이 서울과 평양을 방문함으로써 최초로 남북 이산가족의 공식적인 만남이 이루어졌어요.

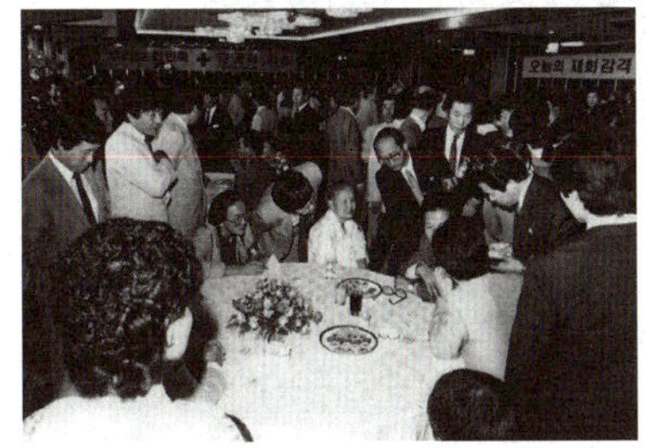

이산가족 상봉(1985)

남북 기본 합의서

노태우 정부 시기에는 남북 관계에 많은 진전이 있었어요. 남북 고위급 회담이 시작되었고, 남북한이 유엔에 동시 가입하였으며, 화해와 불가침 및 교류 협력에 관해 공동 합의한 '남북 기본 합의서'를 채택하였어요. 또한, 한반도 비핵화 공동 선언에도 합의하였어요.

> 남과 북은 …… 쌍방 사이의 관계가 나라와 나라 사이의 관계가 아닌 통일을 지향하는 과정에서 잠정적으로 형성되는 특수 관계라는 것을 인정하고 …… 다음과 같이 합의하였다.
> 제1조 남과 북은 서로 상대방의 체제를 인정하고 존중한다.
> 제9조 남과 북은 상대방에 대하여 무력을 사용하지 않으며 상대방을 무력으로 침략하지 아니한다.
> 제15조 남과 북은 …… 자원의 공동 개발, 민족 내부 교류로서의 물자 교류, 합작 투자 등 경제 교류와 협력을 실시한다.
> 제17조 남과 북은 민족 구성원들의 자유로운 왕래와 접촉을 실현한다.

6·15 남북 공동 선언

김대중 정부 시기에 추진된 이른바 '햇볕 정책'이라는 대북 화해 협력 정책으로 남북 관계는 커다란 전환점을 맞았어요. 2000년 6월에 남한의 김대중 대통령과 북한의 김정일 국방위원장이 평양에서 최초로 남북 정상 회담을 개최하고 6·15 남북 공동 선언을 채택하였어요. 이후 개성 공단 조성이 추진되고 경의선이 복구되었으며, 이산가족 상봉과 금강산 육로 관광도 이루어졌지요.

> 1. 남과 북은 나라의 통일 문제를 그 주인인 우리 민족끼리 서로 힘을 합쳐 자주적으로 해결해 나가기로 하였다.
> 2. 남과 북은 남측의 연합제 안과 북측의 낮은 단계의 연방제 안이 서로 공통성이 있다고 인정하고, 앞으로 이 방향에서 통일을 지향하기로 하였다.
> 3. 남과 북은 2000년 8월 15일에 즈음하여 흩어진 가족, 친척 방문단을 교환하며 비전향 장기수 문제를 해결하는 등 인도적 문제를 조속히 풀어 나가기로 하였다.
> 4. 남과 북은 경제 협력을 통하여 민족 경제를 균형적으로 발전시키고, 사회, 문화, 체육, 보건, 환경 등 제반 분야의 협력과 교류를 활성화하여 서로 신뢰를 다져 나가기로 하였다.
> 5. 남과 북은 위의 네 개 항의 합의 사항을 조속히 실천에 옮기기 위하여 빠른 시일 안에 당국 사이의 대화를 개최하기로 하였다.

용어 사전

남북 조절 위원회
7·4 남북 공동 성명의 합의 사항들을 추진하고 남북 관계를 개선·발전시키며 통일 문제를 해결할 목적으로 설립된 정치적 협의 기구입니다.

남북 고위급 회담
1990년에 남북한 총리를 단장으로 하는 남북 고위급 회담이 개최되어 남북 간의 긴장 완화와 관계 개선을 도모하였어요. 1992년 10월까지 8회에 걸쳐 서울과 평양에서 개최되었어요.

햇볕 정책
이솝 우화에 보면 지나가는 나그네의 옷을 벗기는 것은 차가운 강풍이 아니라 따뜻한 햇볕이었지요. 이에 착안하여 김대중 정부의 대북 화해 협력 정책을 '햇볕 정책'이라고 해요.

경의선
서울과 평안북도 신의주 사이를 잇는 철도를 말해요. 1906년에 개통되었으나, 분단 이후 운행이 중단되었어요. 2000년 6월 남북 정상 회담의 결과로 경의선 복구 사업이 구체적으로 논의되었지요. 현재는 서울역에서 문산역까지만 운행되고 있어요.

40강 현대(경제 발전과 통일 정책)

1 산업화와 경제 정책

(1) 이승만 정부

귀속 재산 처리	산업 부흥과 국민 경제의 안정을 도모하기 위한 목적 → 연고자 중심으로 불하
농지 개혁	1가구당 3정보 이내로 토지 소유 제한, 유상 매수·유상 분배 → 농민 중심의 토지 소유제 확립
미국의 경제 원조	• 한·미 원조 협정 체결(1948) • 미국의 잉여 농산물 원조 → 제분·제당·면방직 공업 등 이른바 삼백 산업 발달

(2) 박정희 정부

경제 개발 5개년 계획	• 제1, 2차 경제 개발 5개년 계획(1962~1971) : 경공업 중심의 경제 발전 추진 • 제3, 4차 경제 개발 5개년 계획(1972~1981) : 중화학 공업 중심의 경제 발전 추진, 수출액 100억 달러 달성(1977)
1960년대	• 수출 주도 성장 : 외국의 자본과 국내의 값싼 노동력 결합 • 노동 집약적 경공업 육성 : 의류·신발·합판 제조업 등
1970년대	• 중화학 공업 육성 → 1970년대 말 공업 구조에서 중화학 공업 비중이 경공업을 앞지름 • 경부 고속 국도 개통(1970), 경상도 해안 지역에 대규모 공업 단지 조성(포항 제철 준공 등) • 8·3 긴급 금융 조치(1972) : 사채 동결 등의 특혜를 기업에 제공 • 석유 파동 : 제1차(1973, 중동에 진출한 건설 기업의 오일 달러로 경제 위기 극복), 제2차(1978, 심각한 경제적 타격을 입음) • 함평 고구마 피해 보상 운동(1976~1978) : 함평 농민들이 고구마 피해 보상 투쟁 전개
특징	수출 중심의 경제 성장, 정부 주도의 성장, 수출과 국민 소득의 급격한 증가, '한강의 기적'이라는 급속한 경제 성장 이룩 ↔ 계층 간 빈부 격차 심화, 지역 간 개발 불균형, 무계획적인 도시 개발(광주 대단지 사건 발생), 도시와 농어촌 간 소득 격차 확대

(3) 전두환 정부

산업 구조 조정	부실기업 정리, 중화학 공업에 대한 중복 투자 제한
경제 성장	1980년대 중후반에 저유가·저달러·저금리의 이른바 '3저 호황', 자동차·기계·철강 산업 발전(→ 수출이 크게 늘어나 무역 수지 흑자 기록), 최저 임금법 제정(최저 임금 위원회 설치)

(4) 김영삼 정부

경제 정책	금융 실명제 실시, 전국 민주 노동조합 총연맹 창립, 경제 협력 개발 기구(OECD)에 가입
외환 위기(1997)	국제 단기 자본 이탈, 국가 신임도 하락, 국제 통화 기금(IMF)의 구제 금융을 지원받음

(5) 김대중 정부 : 금융 기관과 대기업 구조 조정 단행(노사정 위원회 설치, 부실기업 정리), 국민이 자발적으로 금 모으기 운동 전개[→ 국제 통화 기금(IMF)에서 지원받은 자금을 조기에 상환], 한·칠레 자유 무역 협정(FTA) 서명, 국민 기초 생활 보장법 제정

(6) 노무현 정부 : 한·칠레 자유 무역 협정 발효, 한·미 자유 무역 협정 서명(→ 2012년 발효), 아시아·태평양 경제 협력체(APEC) 정상 회의 개최

(7) 이명박 정부 : G20 서울 정상 회의 개최

2 사회의 변화

농촌 변화	• 도시와 농촌의 소득 격차 확대, 농촌 인구 감소와 고령화, 도시화 문제 발생(광주 대단지 사건) • 새마을 운동(1970) : 박정희 정부 주도, 농촌 환경 개선과 소득 증대 목표 - 근면·자조·협동 정신 바탕, 점차 도시로 확산 → 국민 의식 개혁 운동으로 이어짐 - 문제점 : 유신 체제의 정당성 확보 수단으로 이용됨, 실질적 소득 증대 효과 미흡
노동계 변화	• 전태일 분신 투쟁(1970, 근로 기준법 준수 요구) → 청계 피복 노동조합 결성, YH 무역 사건(1979) • 최저 임금법 제정(1986), 6월 민주 항쟁 이후 대규모 노동 운동 전개, 전국 민주 노동조합 총연맹(민주노총) 결성(1995), 김대중 정부 때 노사정 위원회 구성(1998)

3 통일을 위한 노력

박정희 정부	• 남북 적십자 회담(1971) : 이산가족 상봉을 위한 회담 진행 • 7·4 남북 공동 성명 발표(1972) : 통일의 3대 원칙 합의(자주, 평화, 민족 대단결), 남북 조절 위원회 설치, 남북한 독재 체제 강화에 이용됨(→ 남한에 유신 체제, 북한에 김일성 유일 체제 확립)
전두환 정부	이산가족 고향 방문단과 예술 공연단의 교환 방문 실현 → 최초의 남북 이산가족 상봉
노태우 정부	• 7·7 선언(민족자존과 통일 번영을 위한 특별 선언) 발표(1988) : 북한을 비롯한 중국, 소련 등 사회주의 국가에 대한 개방 정책 표명 • 북방 외교 추진 : 사회주의 국가와 적극 교류 → 소련·중국 등과 수교, 남북한 유엔 동시 가입(1991) • 남북 기본 합의서(남북 사이의 화해와 불가침 및 교류·협력에 관한 합의서) 채택(1991) : 남북한 정부 간에 이루어진 최초의 공식 합의서 → 남북한 상호 체제 인정, 상호 불가침 합의 • 한반도 비핵화 공동 선언 발표
김대중 정부	• 대북 화해 협력 정책('햇볕 정책') 추진 → 기업인 정주영의 소 떼 방북, 금강산 해로 관광 시작 • 최초의 남북 정상 회담 개최, 6·15 남북 공동 선언 발표(2000) → 경의선·동해선 연결과 개성 공단 조성에 합의, 이산가족 방문과 서신 교환, 금강산 육로 관광 추진
노무현 정부	제2차 남북 정상 회담 개최(2007), 10·4 남북 공동 선언 발표, 개성 공단 건설 실현, 금강산 육로 관광 시작
문재인 정부	판문점에서 남북 정상 회담 개최(2018) → '한반도의 평화와 번영, 통일을 위한 판문점 선언' 채택

40강 현대(경제 발전과 통일 정책)

1 (가) 정부 시기의 경제 상황으로 옳은 것은? [1점]

심화 69회 46번

사진으로 보는 (가) 정부
경부 고속 도로 개통
포항 제철소 1기 준공

① 제3차 경제 개발 5개년 계획을 추진하였다.
② 미국과 자유 무역 협정(FTA)을 체결하였다.
③ 대통령 긴급 명령으로 금융 실명제를 실시하였다.
④ 국제 통화 기금(IMF)의 구제 금융 지원금을 조기 상환하였다.
⑤ 저임금 노동자의 생활 안정을 위해 최저 임금법을 제정하였다.

2 다음 사건이 있었던 정부 시기의 경제 상황으로 옳은 것은? [3점]

심화 68회 45번

사진으로 보는 현대사

YH 무역 여성 노동자들은 일방적인 폐업에 항의하며 신민당 당사에서 농성 시위를 벌이다 경찰에 의해 강제 해산되었다. 그 과정에서 노동자 김경숙이 사망하였다. 이 사진은 현장에 남아 있던 머리띠와 신발들이다. 머리띠에는 '안 되면 죽음이다'라는 글귀가 쓰여 있다.

① 금융 실명제가 실시되었다.
② 연간 수출액 100억 달러가 달성되었다.
③ 개성 공단에서 의류 생산이 시작되었다.
④ 칠레와 자유 무역 협정(FTA)을 체결하였다.
⑤ 저금리, 저유가, 저달러의 3저 호황이 있었다.

1 박정희 정부 시기의 경제 상황 정답 ①

정답 찾기 경부 고속 도로가 개통되고 포항 제철소 1기가 준공되었다는 자료를 통해 (가) 정부가 박정희 정부임을 알 수 있어요. 박정희 정부는 1962년부터 1971년까지 제1, 2차 경제 개발 5개년 계획을 추진하여 신발·의류·가발 등 노동 집약적 경공업 제품의 수출에 집중하였어요. 이 시기에 서울과 부산을 잇는 경부 고속 도로가 개통되었어요. ① 1970년대에는 제3, 4차 경제 개발 5개년 계획을 추진하여 중화학 공업 중심의 경제 발전을 추구하였어요. 이 시기에 포항 종합 제철소가 준공되고 연간 수출액 100억 달러가 달성되었어요.

오답 피하기
② 노무현 정부 때 체결된 미국과의 자유 무역 협정(FTA)이 이명박 정부 때 국회에서 비준되었어요.
③ 김영삼 정부 출범 직후인 1993년에 대통령 긴급 명령으로 금융 실명제가 실시되었어요.
④ 김대중 정부는 기업에 대한 강도 높은 구조 조정을 단행하고 국민의 자발적인 금 모으기 운동 등에 힘입어 국제 통화 기금(IMF)에서 지원받은 자금을 조기에 상환하였어요.
⑤ 전두환 정부 시기에 낮은 임금의 노동자를 보호하기 위한 취지로 최저 임금법이 제정되었어요.

2 박정희 정부 시기의 경제 상황 정답 ②

정답 찾기 YH 무역 여성 노동자들이 신민당 당사에서 농성 시위를 벌이다 경찰에 의해 강제 해산되었다는 내용을 통해 제시된 사건이 박정희 정부 시기에 있었던 YH 무역 사건임을 알 수 있어요. ② 박정희 정부 시기인 1977년에 처음으로 연간 수출액 100억 달러가 달성되었어요.

오답 피하기
① 김영삼 정부 시기에 금융 거래의 투명성을 확보하고자 금융 실명제가 실시되었어요.
③ 김대중 정부 시기에 남북한이 합의한 개성 공단 건설 사업이 노무현 정부 시기에 실현되어 개성 공단에서 의류, 신발 등 다양한 제품이 생산되었어요.
④ 칠레와의 자유 무역 협정(FTA)은 2003년 김대중 정부 시기에 정식 서명이 이루어졌고, 노무현 정부 시기인 2004년에 국회에서 비준되었어요.
⑤ 전두환 정부 시기에 저금리, 저유가, 저달러의 3저 호황으로 물가가 안정되고 수출이 증가하였어요.

3 (가) 시기에 있었던 사실로 옳은 것은? [1점]

심화 70회 46번

오늘 내린 긴급 재정 경제 명령은 명실상부한 금융 실명제에 대한 국민의 열망을 반영하고 있습니다.

➡ (가) ➡

정부는 금융 외환 시장의 어려움을 극복하기 위해 국제 통화 기금에 유동성 조절 자금 지원을 요청하였습니다.

① 처음으로 수출액 100억 달러를 달성하였다.
② 미국과 자유 무역 협정(FTA)을 체결하였다.
③ 저유가·저금리·저달러의 3저 호황이 있었다.
④ 경제 협력 개발 기구(OECD) 회원국이 되었다.
⑤ 원조 물자를 가공하는 삼백 산업이 발달하였다.

3 김영삼 정부 시기의 사실 정답 ④

정답 찾기 금융 실명제를 실시하고 국제 통화 기금에 유동성 조절 자금 지원을 요청하였다는 내용을 통해 (가) 시기가 김영삼 정부 시기임을 알 수 있어요. 김영삼 정부는 출범 직후인 1993년에 투명한 금융 거래를 위해 대통령 긴급 명령으로 금융 실명제를 실시하였어요. 이후 집권 말기인 1997년 말에 외환 보유액 부족으로 경제 위기를 맞게 되자 국제 통화 기금(IMF)에 구제 금융을 요청하여 국제 통화 기금의 관리를 받게 되었어요. ④ 김영삼 정부는 자유 무역이 확대되는 세계 질서 변화에 능동적으로 대응하고 선진국과의 협력을 강화하기 위해 경제 협력 개발 기구(OECD)에 가입하였어요.

오답 피하기
① 박정희 정부 시기인 1977년에 처음으로 연간 수출액 100억 달러를 달성하였어요.
② 노무현 정부 시기에 미국과 자유 무역 협정(FTA)을 체결하고, 이명박 정부 시기에 국회에서 이를 비준하였어요.
③ 전두환 정부 시기에 저유가·저금리·저달러의 3저 호황으로 물가가 안정되고 수출이 증가하였어요.
⑤ 이승만 정부 시기에 원조 물자를 가공하여 밀가루, 설탕, 면직물을 생산하는 삼백 산업이 발달하였어요.

4 다음 기사가 보도된 정부 시기의 경제 상황으로 적절한 것은? [2점]

심화 74회 48번

□□신문

제△△호 ○○○○년 ○○월 ○○일

IMF 구제 금융 조기 상환

오늘 정부는 외환 위기 당시 국제 통화 기금(IMF)으로부터 빌린 돈을 모두 갚았다고 밝혔다. 구제 금융을 신청한 지 3년 8개월 만에 전액 조기 상환하게 된 것이다. 이에 따라 우리나라는 앞으로 정책 수립 과정에서 IMF의 간섭을 받지 않아도 되며, 회원국이면 누구나 해마다 진행하는 연례 협의만 하면 된다.

① 경제 기획원이 발족하였다.
② 제4차 경제 개발 5개년 계획이 추진되었다.
③ 미국과 자유 무역 협정(FTA)을 체결하였다.
④ 저유가·저금리·저달러의 3저 호황이 있었다.
⑤ 대통령 직속 자문 기구로 노사정 위원회가 출범하였다.

4 김대중 정부 시기의 경제 상황 정답 ⑤

정답 찾기 IMF 구제 금융을 조기 상환하였다는 내용을 통해 기사가 보도된 시기가 김대중 정부 시기임을 알 수 있어요. 김영삼 정부 시기인 1997년 말에 외환 보유액 부족으로 경제 위기를 맞아 국제 통화 기금(IMF)으로부터 구제 금융을 지원받게 되었어요. 이후 출범한 김대중 정부는 외환 위기 극복을 위해 금융 기관과 기업에 대한 강도 높은 구조 조정을 단행하였고, 국민들은 자발적으로 금 모으기 운동을 전개하였어요. 이러한 노력으로 당초 계획보다 빠른 2001년에 국제 통화 기금의 구제 금융 지원금을 모두 상환하였어요. ⑤ 노사정 위원회는 김대중 대통령 당선으로 구성된 대통령직 인수 위원회 시기에 처음 발족되었으며, 김대중 정부 출범 이후 공식적인 대통령 직속 자문 기구가 되었어요.

오답 피하기
① 1961년 5·16 군사 정변 이후 국가 경제 관련 업무를 담당하는 경제 기획원이 발족하였어요.
② 박정희 정부 시기인 1977년부터 제4차 경제 개발 5개년 계획이 추진되었어요.
③ 노무현 정부 시기에 미국과 자유 무역 협정(FTA)을 체결하고, 이명박 정부 시기에 국회에서 이를 비준하였어요.
④ 전두환 정부 시기에 저유가·저금리·저달러의 3저 호황으로 물가가 안정되고 수출이 증가하였어요.

40강 현대(경제 발전과 통일 정책)

5 (가), (나) 사이의 시기에 있었던 사실로 옳은 것은? [3점]

심화 66회 50번

(가) 남북 간의 제반 문제를 개선, 해결하며 나라의 통일 문제를 다루는 남북 조절 위원회가 정식으로 발족하였다. 남북 조절 위원회는 판문점에 공동 사무국을 두기로 하였으며, 회의는 서울과 평양에서 번갈아 진행하기로 하였다.

(나) 서울에서 열린 제5차 남북 고위급 회담에서 남북 사이의 화해와 불가침 및 교류·협력 등을 주요 내용으로 하는 남북 기본 합의서를 채택하였다. 특히 이번 합의서에서는 분단 이후 처음으로 남북 양측의 국호를 사용하였다.

① 금강산 육로 관광이 시작되었다.
② 6·15 남북 공동 선언이 발표되었다.
③ 평창 동계 올림픽에 남북 단일팀이 참가하였다.
④ 남북 경제 협력을 위한 개성 공업 지구가 조성되었다.
⑤ 남북 이산가족 고향 방문단의 교환 방문이 최초로 성사되었다.

5 통일을 위한 노력 정답 ⑤

정답 찾기 (가)는 남북 조절 위원회가 정식으로 발족하였다는 내용을 통해 박정희 정부 시기의 상황임을 알 수 있어요. 박정희 정부 시기에 남북한은 통일의 3대 원칙에 합의한 7·4 남북 공동 성명을 발표하였어요. 이후 합의 사항 이행을 위한 남북 조절 위원회를 설치하였으나 성과를 거두지는 못하였어요. (나)는 남북 기본 합의서를 채택하였다는 내용을 통해 노태우 정부 시기의 상황임을 알 수 있어요. 노태우 정부는 남북 사이의 화해와 불가침 및 교류·협력 등을 주요 내용으로 하는 남북 기본 합의서를 채택하였어요. ⑤ 전두환 정부 시기에 남북 이산가족 고향 방문단과 예술 공연단의 교환 방문이 최초로 이루어졌어요.

오답 피하기
① 금강산 육로 관광은 김대중 정부 시기에 시범 운영된 후 노무현 정부 때 정식으로 시작되었어요.
② 김대중 정부 시기에 분단 이후 최초로 개최된 남북 정상 회담에서 6·15 남북 공동 선언이 발표되었어요.
③ 문재인 정부 시기에 개최된 평창 동계 올림픽에 남북 단일팀이 일부 종목에 참가하였어요.
④ 김대중 정부 시기에 남북은 경제 협력을 위한 개성 공업 지구 조성에 합의하였어요. 개성 공업 지구는 노무현 정부 시기에 착공·완성되어 본격적으로 운영되었으나 박근혜 정부 때 폐쇄되었어요.

6 다음 연설문을 발표한 정부의 통일 노력으로 옳은 것은? [2점]

심화 70회 43번

제5차 남북 고위급 회담에서 서명된 합의서는 남과 북이 오랜 단절과 대립을 청산하여 상호 신뢰를 바탕으로 이 땅에, 평화의 질서를 구축하고 교류 협력을 통해 민족의 화해와 공동 번영을 이루어가기 위해 필요한 조처들을 망라하고 있습니다. …… 석 달 전 남북한의 유엔 동시 가입과 이에 이은 이번 합의서의 서명은 한반도 문제 해결과 민족 통일을 향한 여정에 획기적인 이정표를 세운 것입니다. …… 나는 올해 안에 한반도의 비핵화를 실현하는 합의를 이루고 밝아오는 새해와 함께 남과 북이 평화와 협력, 평화와 공동 번영의 새로운 시대를 힘차게 열게 되기를 바랍니다.

① 판문점에서 남북 정상 회담을 개최하였다.
② 남북 이산가족의 고향 방문을 최초로 성사시켰다.
③ 민족자존과 통일 번영을 위한 7·7 선언을 발표하였다.
④ 7·4 남북 공동 성명을 실천하기 위해 남북 조절 위원회를 구성하였다.
⑤ 남북 관계 발전과 평화 번영을 위한 10·4 남북 정상 선언에 서명하였다.

6 노태우 정부의 통일 노력 정답 ③

정답 찾기 제5차 남북 고위급 회담에서 합의서가 서명되었으며, 석달 전 남북한이 유엔에 동시 가입하였다는 내용을 통해 연설문을 발표한 정부가 노태우 정부임을 알 수 있어요. 노태우 정부는 남북 대화에 적극적으로 나서 여러 차례 남북 고위급 회담을 개최하여 남북한이 유엔에 동시 가입하는 성과를 이루어 냈어요. 이어 노태우 정부는 남북 기본 합의서(남북 사이의 화해와 불가침 및 교류·협력에 관한 합의서)를 채택하고 한반도 비핵화 공동 선언에도 합의하였어요. ③ 노태우 정부는 집권 초기에 민족자존과 통일 번영을 위한 7·7 선언을 발표하여 남북 관계를 동반자 관계로 설정하였어요.

오답 피하기
① 문재인 정부는 판문점에서 남북 정상 회담을 개최하고 한반도의 평화와 번영, 통일을 위한 4·27 판문점 선언을 발표하였어요.
② 전두환 정부는 남북 이산가족의 고향 방문과 예술 공연단의 교환 방문을 최초로 성사시켰어요.
④ 박정희 정부는 7·4 남북 공동 성명의 합의 사항을 이행하기 위해 남북 조절 위원회를 구성하였어요.
⑤ 노무현 정부는 제2차 남북 정상 회담을 성사시키고 남북 관계 발전과 평화 번영을 위한 10·4 남북 정상 선언에 서명하였어요.

7 다음 연설문을 발표한 정부 시기의 통일 노력으로 옳은 것은? [2점]

심화 74회 49번

> 6·15 공동 선언은 한반도의 운명을 바꾸어 놓은 역사적 전환점이었습니다. …… 남북 당국 간 회담이 100여 차례 이상 열리고, 인적·물적 교류도 크게 늘어났습니다. …… 참여 정부는 햇볕 정책과 6·15 정신을 계승, 발전시킨 '평화 번영 정책'을 추진해 나가고 있습니다. 이대로 가면 한반도에 화해와 협력의 질서가 구축되고, 평화와 번영의 새로운 동북아 시대가 열리게 될 것입니다. 무엇보다 중요한 것은 남북 간 신뢰 구축입니다. 각 분야의 교류와 협력을 활성화시키고, 북핵 문제를 평화적으로 해결해 나가야 합니다.

① 판문점에서 남북 정상 회담을 개최하였다.
② 남북한이 국제 연합(UN)에 동시 가입하였다.
③ 남북 이산가족의 고향 방문을 최초로 성사시켰다.
④ 평화 통일 외교 정책에 관한 6·23 특별 성명을 발표하였다.
⑤ 남북 간 경제 교류 활성화를 위한 개성 공단 착공식을 열었다.

8 (가), (나) 사이의 시기에 있었던 사실로 옳은 것은? [3점]

심화 73회 50번

> (가) 1. 남과 북은 6·15 공동 선언을 고수하고 적극 구현해 나간다.
> ⋮
> 3. 남과 북은 군사적 적대 관계를 종식하고 한반도에서 긴장 완화와 평화를 보장하기 위해 긴밀히 협력하기로 하였다. - 10·4 남북 정상 선언 -

> (나) 1. 남과 북은 남북 관계의 전면적이며 획기적인 개선과 발전을 이룩하여 공동 번영과 자주 통일의 미래를 앞당겨 나갈 것이다.
> ⋮
> 3. 남과 북은 항구적이며 공고한 평화 체제를 구축하기 위해 적극 협력해 나갈 것이다. - 한반도의 평화와 번영, 통일을 위한 판문점 선언 -

① 7·4 남북 공동 성명이 발표되었다.
② 개성 공업 지구 조성이 합의되었다.
③ 남북한이 국제 연합(UN)에 동시 가입하였다.
④ 남북 이산가족 고향 방문단의 교환이 최초로 실현되었다.
⑤ 평창 동계 올림픽 개막식에서 남북 선수단이 공동 입장하였다.

7 노무현 정부 시기의 통일 노력 정답 ⑤

정답 찾기 참여 정부가 햇볕 정책과 6·15 정신을 계승, 발전시킨 '평화 번영 정책'을 추진해 나가고 있다는 내용을 통해 연설문을 발표한 정부가 노무현 정부임을 알 수 있어요. 참여 정부는 노무현 정부를 가리키는 별칭이에요. 김대중 정부는 '햇볕 정책'이라고 불린 대북 화해 협력 정책을 추진하여 최초의 남북 정상 회담을 개최하고 6·15 남북 공동 선언을 발표하였어요. 이후 출범한 노무현 정부는 김대중 정부의 대북 화해 협력 정책을 계승·발전시켰어요. 제2차 남북 정상 회담을 개최하고 남북 관계 발전과 평화 번영을 위한 10·4 남북 정상 선언을 발표하였어요. ⑤ 김대중 정부 시기에 개성 공단 건설에 대한 남북 합의가 이루어졌고, 노무현 정부 시기에 개성 공단 조성을 위한 공사가 시작되었어요.

오답 피하기
① 문재인 정부 시기에 남북한은 판문점에서 남북 정상 회담을 개최하고 한반도의 평화와 번영, 통일을 위한 4·27 판문점 선언을 발표하였어요.
② 노태우 정부 시기에 남북한은 국제 연합(UN)에 동시 가입하고, 남북 사이의 화해와 불가침 및 교류·협력에 관한 합의서인 남북 기본 합의서를 채택하였어요.
③ 전두환 정부 시기에 최초로 남북 이산가족 고향 방문단과 예술 공연단의 교환 방문이 성사되었어요.
④ 박정희 정부 시기에 평화 통일의 기반 조성을 위해 개방·선린 외교를 표방한 6·23 특별 성명이 발표되었어요.

8 노무현 정부~문재인 정부 사이의 통일 노력 정답 ⑤

정답 찾기 (가)의 10·4 남북 정상 선언은 노무현 정부 시기인 2007년에 개최된 제2차 남북 정상 회담의 결과로 발표되었고, (나)의 한반도의 평화와 번영, 통일을 위한 판문점 선언은 문재인 정부 시기인 2018년에 개최된 남북 정상 회담의 결과로 발표되었어요. 문재인 정부 시기인 2018년에 북한 국무 위원장 김정은의 신년사에 남북 관계 개선과 평창 동계 올림픽 대표단 참가를 시사하는 발언이 포함되면서 남북한 사이의 긴장 관계가 완화되었어요. ⑤ 같은 해 2월에 개최된 평창 동계 올림픽 개막식에서 남북 선수단이 공동 입장하였고, 일부 종목에서는 남북 단일팀이 구성되었어요. 그리고 4월에는 남북한의 두 정상이 판문점에서 남북 정상 회담을 개최하여 한반도의 평화와 번영, 통일을 위한 판문점 선언을 발표하였어요.

오답 피하기
① 박정희 정부 시기인 1972년에 남북한은 평화 통일의 3대 원칙에 합의한 7·4 남북 공동 성명을 서울과 평양에서 동시에 발표하였어요.
② 김대중 정부는 6·15 남북 공동 선언을 채택하고, 남북한의 교류 협력을 위한 개성 공업 지구 조성에 합의하였어요.
③ 노태우 정부 시기에 남북한은 국제 연합(UN)에 동시 가입하고, 남북 사이의 화해와 불가침 및 교류·협력에 관한 합의서인 남북 기본 합의서를 채택하였어요.
④ 전두환 정부 시기에 남북 이산가족 고향 방문단의 교환이 최초로 실현되었어요.

40강 현대(경제 발전과 통일 정책)

Ready go
이번 강 별 채우기 제한 시간은 **2분 50초**
한 문장을 끝까지 또박또박 읽어야 패스!

기출 선택지로 별 채우기
한국사를 **채우다**

01 제헌 국회에서 ★상 매수·★상 분배 원칙의 농지 개혁법이 제정되었다.

02 이승만 정부 시기에 ★·★ 원조 협정이 체결되었다.

03 이승만 정부 시기에 일제가 남긴 재산 처리를 위해 ★★ 재산 처리법이 제정되었다.

04 이승만 정부 시기에 미국의 원조 물자를 기반으로 제분·제당·면방직 공업 등 이른바 ★★ 산업이 발달하였다.

05 ★★★ 정부는 1960년대에 자립 경제 구축을 목표로 제1, 2차 경제 개발 5개년 계획을 추진하였다.

06 박정희 정부 시기에 ★★★ 파병에 관한 브라운 각서가 체결되었다.

07 박정희 정부는 1970년에 ★★ 고속 국도를 개통하였다.

08 1970년에 농촌 근대화를 표방한 새★★ 운동이 전개되었다.

09 1970년에 평화 시장에서 재단사로 일하던 전★★이 근로 기준법 준수를 요구하며 분신하였다.

10 박정희 정부는 1970년대에 제3, 4차 경제 개발 5개년 계획을 추진하여 중★★ 공업을 육성하였다.

11 박정희 정부는 1977년에 연간 수출액 ★★★억 달러를 달성하였다.

12 박정희 정부 시기인 1978년에 일어난 제2차 ★★ 파동의 여파로 경제 불황이 심화되었다.

13 전두환 정부 시기에 ★★ 호황으로 물가가 안정되고 수출이 증가하였다.

14 전두환 정부 시기에 저임금 근로자 보호를 위한 ★★ 임금법이 제정되었다.

15 노태우 정부 시기인 1988년에 서울 ★★★ 대회가 개최되었다.

16 김영삼 정부는 금융 거래의 투명성을 확보하기 위해 대통령 긴급 명령으로 금융 ★★제를 시행하였다.

17 김영삼 정부는 1996년에 경제 협력 개발 기구(★★★★)에 가입하였다.

18 김영삼 정부는 외환 위기를 맞아 국제 통화 기금(★★★)에 구제 금융 지원을 요청하였다.

19 국제 통화 기금에 구제 금융 지원을 요청한 이후 대통령 직속 자문 기구인 노★★ 위원회가 구성되었다.

20 김대중 정부 시기에 외환 위기 극복을 위한 ★ 모으기 운동이 전개되었다.

21 김대중 정부 시기에 국민 ★★ 생활 보장법이 실시되었다.

22 박정희 정부 시기인 1972년에 남북이 자주, 평화, 민족 대단결의 통일 원칙에 합의한 ★·★ 남북 공동 성명이 발표되었다.

23 7·4 남북 공동 성명이 발표된 후 합의 사항을 실천하기 위한 남북 ★★ 위원회가 구성되었다.

24 전두환 정부 시기에 최초로 ★★★★ 고향 방문과 예술 공연단 교환 방문이 이루어졌다.

25 노태우 정부는 민족자존과 통일 번영을 위한 ★·★ 선언을 발표하였다.

26 노태우 정부 시기인 1991년에 남북한이 ★★에 동시 가입하였다.

27 노태우 정부 시기에 남북한은 정부 간 최초의 공식 합의서인 남북 ★★ 합의서를 채택하였다.

28 김대중 정부는 최초로 남북 ★★ 회담을 개최하고 ★·★★ 남북 공동 선언을 채택하였다.

29 김대중 정부 시기에 남북한은 ★성 공업 지구 조성에 합의하는 등 교류와 협력을 약속하였다.

30 김대중 정부 시기에 ★★산 관광 사업이 시작되었다.

31 노무현 정부는 제2차 남북 정상 회담을 개최하고 ★★·★ 남북 정상 선언을 채택하였다.

32 노무현 정부는 ★★ 공단 건설 사업을 실현하였다.

정답

01 유, 유 **02** 한, 미 **03** 귀속 **04** 삼백 **05** 박정희 **06** 베트남 **07** 경부 **08** 마을 **09** 태일 **10** 화학 **11** 100 **12** 석유 **13** 3저 **14** 최저 **15** 올림픽 **16** 실명 **17** OECD **18** IMF **19** 사정 **20** 금 **21** 기초 **22** 7, 4 **23** 조절 **24** 이산가족 **25** 7, 7 **26** 유엔(UN) **27** 기본 **28** 정상, 6, 15 **29** 개 **30** 금강 **31** 10, 4 **32** 개성

기출 모의고사 문제지

1
• 심화 62회 1번

(가) 시대의 생활 모습으로 옳은 것은? [1점]

(가) 시대 문화상품 공모

사유 재산과 계급이 발생한 (가) 시대의 유물을 활용한 문화상품을 공모하오니 많은 참여 바랍니다.

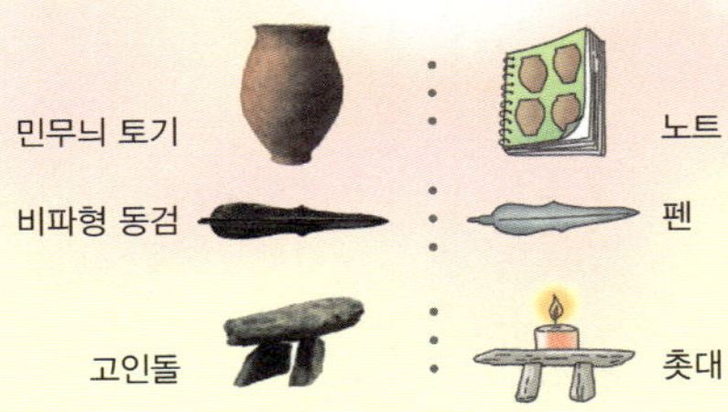

◈ 선정 기준 : 문화상품으로서의 독창성과 심미성
◈ 접수 기간 : 2022. ○○. ○○. ~ ○○. ○○.
◈ 접수 방법 : △△ 박물관 홈페이지 공지 사항 참조

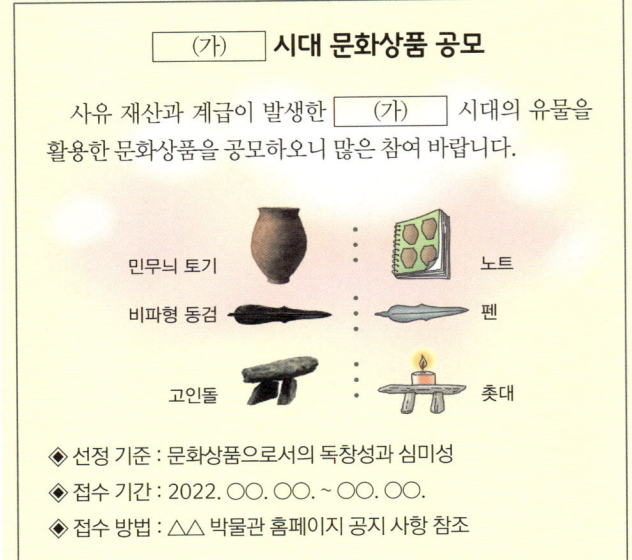

① 반달 돌칼로 벼를 수확하였다.
② 주로 동굴이나 막집에서 거주하였다.
③ 소를 이용한 깊이갈이가 일반화되었다.
④ 호미, 쇠스랑 등의 철제 농기구를 제작하였다.
⑤ 가락바퀴와 뼈바늘을 이용하여 옷을 만들기 시작하였다.

2
• 심화 67회 2번

(가)~(라)에 들어갈 내용으로 옳은 것을 〈보기〉에서 고른 것은? [2점]

<여러 나라의 제천 행사>

나라	내용
부여	(가)
고구려	(나)
동예	(다)
삼한	(라)

보기

ㄱ. (가) - 무천이라는 제천 행사에서 밤낮으로 음주가무를 즐겼다.
ㄴ. (나) - 10월에 지내는 제천 행사는 국중대회로 동맹이라 하였다.
ㄷ. (다) - 영고라는 제천 행사를 열고 죄수를 풀어 주기도 하였다.
ㄹ. (라) - 씨뿌리기가 끝난 5월과 농사를 마친 10월에 제사를 지냈다.

① ㄱ, ㄴ ② ㄱ, ㄷ ③ ㄴ, ㄷ
④ ㄴ, ㄹ ⑤ ㄷ, ㄹ

3
• 심화 61회 3번

다음 자료에 해당하는 국가에 대한 설명으로 옳은 것은? [2점]

○ 벼슬은 16품계가 있다. 좌평은 5명으로 1품, 달솔은 30명으로 2품, 은솔은 3품, 덕솔은 4품, 한솔은 5품, 나솔은 6품이다. 6품 이상은 관(冠)을 은으로 만든 꽃으로 장식하였다.

○ 그 나라의 지방에는 5방이 있다. 중방은 고사성, 동방은 득안성, 남방은 구지하성, 서방은 도선성, 북방은 웅진성이라 한다.

- "주서" -

① 골품에 따라 관등 승진에 제한을 두었다.
② 제가 회의에서 국가 중대사를 결정하였다.
③ 지방 장관으로 욕살, 처려근지 등이 있었다.
④ 위화부, 영객부 등의 중앙 관서를 설치하였다.
⑤ 왕족인 부여씨와 8성 귀족이 지배층을 이루었다.

4
• 심화 65회 4번

(가)에 해당하는 문화유산으로 옳은 것은? [2점]

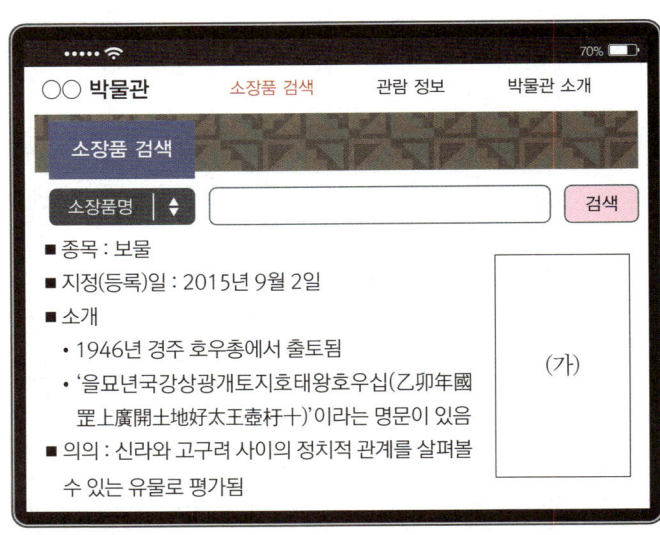

○○ 박물관 | 소장품 검색 | 관람 정보 | 박물관 소개

소장품 검색

소장품명 [검색]

■ 종목 : 보물
■ 지정(등록)일 : 2015년 9월 2일
■ 소개
• 1946년 경주 호우총에서 출토됨
• '을묘년국강상광개토지호태왕호우십(乙卯年國罡上廣開土地好太王壺杅十)'이라는 명문이 있음
■ 의의 : 신라와 고구려 사이의 정치적 관계를 살펴볼 수 있는 유물로 평가됨

(가)

①

②

③

④

⑤

5

• 심화 48회 5번

다음 가상 뉴스의 보도 내용이 나타난 시기를 연표에서 옳게 고른 것은? [2점]

589	645	660	668	676	698
수의 중국 통일	안시성 전투	황산벌 전투	평양성 함락	기벌포 전투	발해 건국

구간: (가) 589~645, (나) 645~660, (다) 660~668, (라) 668~676, (마) 676~698

① (가) ② (나) ③ (다) ④ (라) ⑤ (마)

6

• 심화 54회 3번

(가) 나라에 대한 탐구 활동으로 가장 적절한 것은? [2점]

① 범금 8조의 의미를 살펴본다.
② 임신서기석의 내용을 분석한다.
③ 안동도호부가 설치된 경위를 찾아본다.
④ 22담로에 왕족이 파견된 목적을 알아본다.
⑤ 가야 연맹의 중심지가 이동한 과정을 조사한다.

7

• 심화 66회 5번

(가) 왕의 재위 시기 삼국의 상황으로 옳은 것은? [3점]

① 고구려 - 을지문덕이 살수에서 수의 대군을 격파하였다.
② 백제 - 고흥이 서기를 편찬하였다.
③ 백제 - 계백이 황산벌에서 군대를 이끌고 결사 항전하였다.
④ 신라 - 이사부가 우산국을 정복하였다.
⑤ 신라 - 사찬 시득이 기벌포에서 당군에 승리하였다.

8

• 심화 56회 7번

(가), (나) 인물에 대한 설명으로 옳은 것은? [2점]

① (가) - 법화 신앙을 바탕으로 백련 결사를 이끌었다.
② (가) - 화엄일승법계도를 지어 화엄 사상을 정리하였다.
③ (나) - 불교 교단을 통합하기 위해 천태종을 개창하였다.
④ (나) - 인도와 중앙아시아를 여행하고 왕오천축국전을 저술하였다.
⑤ (가), (나) - 심성 도야를 강조한 유불 일치설을 주장하였다.

9

• 심화 60회 9번

(가) 인물에 대한 설명으로 옳은 것은? [2점]

이 사진은 (가) 이/가 세운 태봉의 철원 도성 터에서 촬영된 석등입니다. 일제 강점기에 보물로 지정되기도 했으나 지금은 비무장 지대 안에 있어 존재를 확인하기 어렵습니다. 관련 연구의 진전을 위해서는 남북한의 협력이 필요합니다.

① 금마저에 미륵사를 창건하였다.
② 후당과 오월에 사신을 파견하였다.
③ 일리천 전투에서 신검의 군대를 격퇴하였다.
④ 폐정 개혁을 목표로 정치도감을 설치하였다.
⑤ 광평성을 비롯한 각종 정치 기구를 마련하였다.

10

• 심화 58회 14번

다음 대화가 이루어진 시기의 경제 상황으로 옳은 것은? [1점]

몇 해 전 주전도감을 설치하고 화폐를 유통시켜 나라의 부강과 백성의 편익을 꾀하였으나, 널리 활용되지 못하고 있사옵니다.
주현에 명령하여 주식점(酒食店)을 열고 백성들에게 화폐를 활용해 음식을 사 먹을 수 있게 하여 그 이로움을 알게 하라.

① 활구라고 불리는 은병이 유통되었다.
② 특산품으로 솔빈부의 말이 유명하였다.
③ 송상이 전국 각지에 송방을 설치하였다.
④ 청해진을 설치하여 해상 무역을 전개하였다.
⑤ 시장을 감독하는 관청인 동시전이 설치되었다.

11

• 심화 58회 10번

밑줄 그은 '이 시기'에 있었던 사실로 옳은 것은? [3점]

여기는 범일대사가 창건한 굴산사가 있던 곳이야. 거대한 당간 지주는 이 절의 규모와 위상을 잘 보여 주지.
굴산사는 가지산문 개창 이후 선종 불교가 유행하던 이 시기에 창건되었어.

① 원광이 세속 5계를 제시하였다.
② 김대문이 화랑세기를 저술하였다.
③ 김대성이 불국사 조성을 주도하였다.
④ 최치원이 진성 여왕에게 시무책을 올렸다.
⑤ 자장의 건의로 황룡사 구층 목탑이 건립되었다.

12

• 심화 52회 9번

(가) 국가에 대한 설명으로 옳은 것은? [2점]

> 대무예가 대장 장문휴를 보내 수군을 거느리고 등주를 공격하였다. 당 현종은 급히 대문예에게 유주의 군사를 거느리고 반격하게 하고, 태복경 김사란을 보내 신라군으로 하여금 (가) 의 남쪽을 치게 하였다. 날씨가 매우 추운 데다 눈이 한 길이나 쌓여서 군사들이 태반이나 얼어 죽으니, 공을 거두지 못하고 돌아왔다.

① 평양을 서경으로 삼아 중시하였다.
② 주자감을 설치하여 인재를 양성하였다.
③ 건원이라는 독자적 연호를 사용하였다.
④ 내신좌평 등 6좌평의 관제를 정비하였다.
⑤ 지방관 감찰을 위해 외사정을 파견하였다.

13

• 심화 53회 13번

(가) 국가에 대한 고려의 대응으로 옳은 것은? [2점]

> (가) 임금이 강조를 토벌한다는 구실로 친히 군사를 거느리고 와서 흥화진을 포위하였다. 양규는 도순검사가 되어 성문을 닫고 굳게 지켰다. …… (가) 이/가 강조의 편지를 위조하여 흥화진에 보내어 항복하라고 설득하였다. 양규가 말하기를, "나는 왕명을 받고 온 것이지 강조의 명령을 받은 것이 아니다."라고 하면서 항복하지 않았다.

① 광군을 조직하여 침입에 대비하였다.
② 윤관을 보내 동북 9성을 개척하였다.
③ 화통도감을 설치하여 화포를 제작하였다.
④ 강화도로 도읍을 옮겨 장기 항전을 준비하였다.
⑤ 쌍성총관부를 공격하여 철령 이북을 수복하였다.

14

• 심화 56회 14번

다음 사건이 전개된 시기의 사회 모습으로 옳은 것은? [2점]

사건 일지

2월 10일 망이 등이 다시 반란을 일으켜 가야사를 습격함
3월 11일 망이 등이 홍경원에 불을 지르고 승려 10여 명을 죽임
6월 23일 망이가 사람을 보내 항복을 청함
7월 20일 망이·망소이 등을 체포하여 청주 감옥에 가둠

① 서얼이 통청 운동을 전개하였다.
② 원종과 애노가 사벌주에서 봉기하였다.
③ 적장자 위주의 상속 제도가 확립되었다.
④ 읍락 간의 경계를 중시하는 책화가 있었다.
⑤ 특수 행정 구역인 소의 주민들이 차별을 받았다.

15

• 심화 68회 15번

(가) 군사 조직에 대한 설명으로 옳은 것은? [2점]

이것은 태안 마도 3호선에서 발굴된 죽찰입니다. 적외선 촬영 기법을 통해 상어를 담은 상자를 우□□별초도령시랑 집에 보낸다는 문장이 확인되었습니다. 우□□별초는 우별초로 해석되는데, 우별초는 최씨 무신 정권이 조직한 (가) 의 하나로 시랑은 장군 격인 정4품이었습니다.
앞면
앞면 적외선
뒷면
뒷면 적외선

① 후금의 침입에 대비하고자 창설되었다.
② 원의 요청으로 일본 원정에 참여하였다.
③ 신기군, 신보군, 항마군으로 편성되었다.
④ 진도에서 용장성을 쌓고 몽골에 대항하였다.
⑤ 응양군과 용호군으로 구성된 국왕의 친위 부대였다.

16

• 심화 57회 16번

밑줄 그은 '방안'에 해당하는 내용으로 옳은 것은? [2점]

역사신문

제△△호 ○○○○년 ○○월 ○○일

정부, 관학 진흥에 힘쓰다

최충이 세운 문헌공도를 비롯한 사학 12도에 학생이 몰려들어 사학이 크게 융성하고 있다. 이러한 상황에서 국자감 운영에 어려움을 겪게 되자, 정부는 제술업, 명경업 등에 새로 응시하려는 사람은 국자감에 300일 이상 출석해야 한다는 규정을 만드는 등 관학을 진흥하기 위한 <u>방안</u>을 마련하고 있다.

① 양현고를 두어 장학 기금을 마련하였다.
② 서원을 세워 후진 양성과 선현 제향에 힘썼다.
③ 초계문신제를 시행하여 문신들을 재교육하였다.
④ 만권당을 설립하여 원의 학자들과 교류하게 하였다.
⑤ 경당을 설치하여 청소년에게 글과 활쏘기를 가르쳤다.

17

• 심화 56회 16번

다음 구성안의 소재가 된 탑으로 옳은 것은? [1점]

○○ 박물관 실감 콘텐츠 구성안

제목	오늘, 탑을 만나다
기획 의도	증강 현실(AR) 기술을 활용하여 우리 문화유산을 실감나게 체험하는 기회 제공
대상 유물 특징	• 원의 영향을 받아 대리석으로 만든 석탑 • 원각사지 십층 석탑에 영향을 주었음
체험 내용	• 탑을 쌓으며 각 층의 구조 파악하기 • 기단부에 조각된 서유기 이야기를 퀴즈로 풀기

①

②

③

④

⑤

18

• 심화 51회 15번

(가) 인물의 활동으로 옳은 것은? [2점]

이것은 황산대첩비의 탁본입니다. 비문에는 당시 양광전라경상도 도순찰사였던 (가) 이/가 고려군을 이끌고 전라도 황산에서 적장 아지발도를 사살하는 등 왜구를 크게 물리친 일이 기록되어 있습니다.

① 처인성에서 몽골군을 물리쳤다.
② 정변을 일으켜 목종을 폐위하였다.
③ 위화도에서 회군하여 최영을 제거하였다.
④ 교정별감이 되어 국정 전반을 장악하였다.
⑤ 전민변정도감의 책임자로서 개혁을 이끌었다.

19

• 심화 59회 19번

밑줄 그은 '임금'의 재위 시기에 있었던 사실로 옳은 것은? [2점]

얼마 전에 임금께서 원통하고 억울한 일을 당한 백성들을 위해 신문고를 설치하라고 명하셨다더군.
뿐만 아니라 문하부를 없애고 의정부를 설치하면서 문하부 낭사를 사간원으로 독립시키셨다네.

① 명의 신종을 제사하는 대보단이 설치되었다.
② 백과사전류 의서인 의방유취가 편찬되었다.
③ 왕권 강화를 위해 6조 직계제가 실시되었다.
④ 조선의 기본 법전인 경국대전이 반포되었다.
⑤ 역대 문물제도를 정리한 동국문헌비고가 간행되었다.

20

• 심화 53회 20번

다음 가상 대화의 배경에 대한 탐구 활동으로 적절한 것은? [2점]

얼마 전 노산군이 이곳 영월에 유배를 왔다고 하네.
성삼문 등이 주도한 복위 운동에 연루되어 이곳으로 보내졌다더군.

① 수양 대군이 정권을 장악하는 과정을 정리한다.
② 자의 대비 복상 문제로 전개된 예송을 알아본다.
③ 인물성동이론을 두고 전개된 호락논쟁을 조사한다.
④ 정여립 모반 사건을 계기로 동인이 입은 피해를 분석한다.
⑤ 인현 왕후가 폐위되고 남인이 권력을 장악한 사건을 파악한다.

21

• 심화 60회 21번

(가) 기구에 대한 설명으로 옳은 것은? [2점]

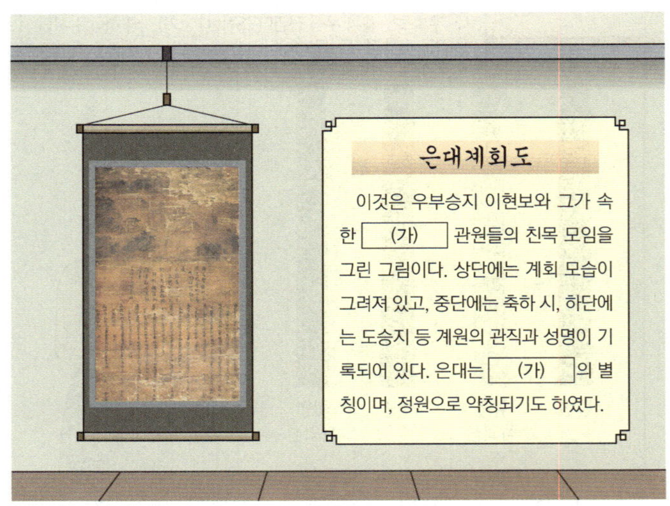

은대계회도
이것은 우부승지 이현보와 그가 속한 (가) 관원들의 친목 모임을 그린 그림이다. 상단에는 계회 모습이 그려져 있고, 중단에는 축하 시, 하단에는 도승지 등 계원의 관직과 성명이 기록되어 있다. 은대는 (가) 의 별칭이며, 정원으로 약칭되기도 하였다.

① 사간원, 홍문관과 함께 삼사로 불렸다.
② 외국으로 가는 사신의 통역을 전담하였다.
③ 천문, 지리, 기후 등에 관한 사무를 맡았다.
④ 왕명 출납을 담당하는 왕의 비서 기관이었다.
⑤ 국왕 직속 사법 기구로 반역죄 등을 처결하였다.

22

• 심화 48회 21번

(가)~(라) 사건을 일어난 순서대로 옳게 나열한 것은? [3점]

> (가) 갑자년 봄에, 임금은 어머니가 비명에 죽은 것을 분하게 여겨 그 당시 논의에 참여하고 명을 수행한 신하를 모두 대역죄로 추죄(追罪)하여 팔촌까지 연좌시켰다.
>
> (나) 정문형, 한치례 등이 의논하기를, "지금 김종직의 조의제문을 보니, 차마 읽을 수도 볼 수도 없습니다. …… 마땅히 대역의 죄로 논단하고 부관참시해서 그 죄를 분명히 밝혀 신하들과 백성들의 분을 씻는 것이 사리에 맞는 일이옵니다."라고 하였다.
>
> (다) 정유년 이후부터 조정 신하들 사이에는 대윤이니 소윤이니 하는 말들이 있었다. …… 자전(慈殿)*은 밀지를 윤원형에게 내렸다. 이에 이기, 임백령 등이 고변하여 큰 화를 만들어 냈다.
>
> (라) 언문으로 쓴 밀지에 이르기를, "조광조가 현량과를 설치하자고 청한 것도 처음에는 인재를 얻기 위해서라고 생각했더니 …… 경들은 먼저 그를 없앤 뒤에 보고하라."라고 하였다.
>
> * 자전(慈殿) : 임금의 어머니

① (가) - (나) - (다) - (라)
② (가) - (나) - (라) - (다)
③ (나) - (가) - (라) - (다)
④ (나) - (다) - (가) - (라)
⑤ (다) - (라) - (나) - (가)

23

• 심화 53회 24번

다음 상황이 나타난 시기에 볼 수 있는 모습으로 적절하지 않은 것은? [2점]

> 가만히 살펴보니, 최근 여자들이 서로 다투어 즐겨하는 것이 오직 패설(稗說)*을 숭상하는 일이다. 패설은 날로 달로 증가하여 그 종류가 이미 엄청나게 되었다. 세책가에서는 패설을 깨끗이 필사하여, 빌려 보는 자가 있으면 그 값을 받아서 이익으로 삼는다. 부녀들은 …… [패설을] 서로 다투어 빌려다가 온종일 허비하니 음식이나 술을 어떻게 만드는지, 베를 어떻게 짜는지에 대해서도 모르게 되었다. - "번암집" -
>
> * 패설(稗說) : 민간에서 떠도는 이야기를 주제로 한 소설

① 담배를 밭에 심고 있는 농민
② 염포의 왜관에서 교역하는 상인
③ 장시에서 탈춤 공연을 벌이는 광대
④ 시사(詩社)를 조직하여 활동하는 중인
⑤ 물주의 자금으로 광산을 경영하는 덕대

24

• 심화 63회 19번

(가) 왕에 대한 설명으로 옳은 것은? [2점]

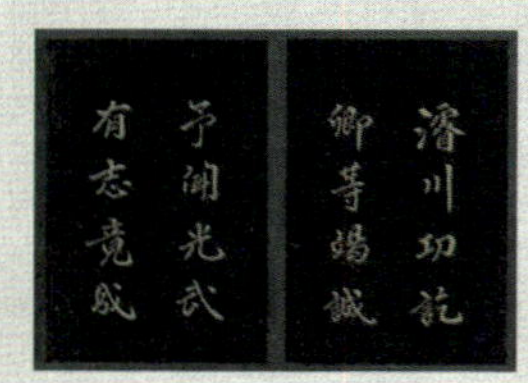

> 이것은 "어전준천제명첩"에 담긴 어제사언시(御製四言詩)로, (가) 이/가 홍봉한 등 청계천 준설 공사에 공이 있는 신하들의 노고를 치하하며 지은 것이다.
> 청계천 준설을 추진한 (가) 은/는 탕평, 균역 등도 자신의 치적으로 거론한 글을 남겼다.

① 나선 정벌에 조총 부대를 파견하였다.
② 경기도에 한해서 대동법을 실시하였다.
③ 삼수병으로 구성된 훈련도감을 창설하였다.
④ 통치 제도를 정비하고자 속대전을 편찬하였다.
⑤ 한양을 기준으로 한 역산서인 칠정산을 만들었다.

25

• 심화 65회 23번

밑줄 그은 '이 전쟁' 중에 있었던 사실로 옳은 것은? [2점]

이달의 책

> 이 책은 조선 후기 문인 김창협이 편찬한 "충렬록"이다. <u>이 전쟁</u>에서 충의를 지키고자 죽은 김상용 등에 관한 기록과 그들을 기리기 위한 충렬사의 건립 경위를 담고 있다. 김상용은 세자빈과 봉림 대군 등 왕실 사람들을 호종하여 강화도로 피난하였다가 이듬해 강화성이 함락되자 순절하였다.

① 조·명 연합군이 평양성을 탈환하였다.
② 강홍립이 사르후 전투에 참전하였다.
③ 김준룡이 광교산 전투에서 승리하였다.
④ 김종서가 두만강 일대에 6진을 개척하였다.
⑤ 곽재우, 김천일 등이 의병장으로 활약하였다.

26

• 심화 57회 28번

밑줄 그은 '변란'에 대한 정부의 대책으로 옳은 것은? [1점]

> 경상 감사 이돈영이 진주의 백성들이 <u>변란</u>을 일으켜 경상 우병사 백낙신을 협박하고 인명을 살상하였다고 보고하니, 왕이 하교하였다. "난민들의 행동이 극에 달했으니, 만약 평시에 백성들을 잘 위로하고 달랬다면 어찌 이런 일이 있었겠는가. 대신들은 의논하여 조처할 방안을 마련하도록 하라."

① 군 통수권 장악을 위해 원수부를 두었다.
② 각 궁방과 중앙 관서의 공노비를 해방하였다.
③ 개혁의 방향을 제시한 홍범 14조를 반포하였다.
④ 재정 문제를 해결하기 위해 당백전을 발행하였다.
⑤ 삼정의 문란을 시정하고자 삼정이정청을 설치하였다.

27

• 심화 63회 27번

(가) 인물에 대한 설명으로 옳은 것은? [2점]

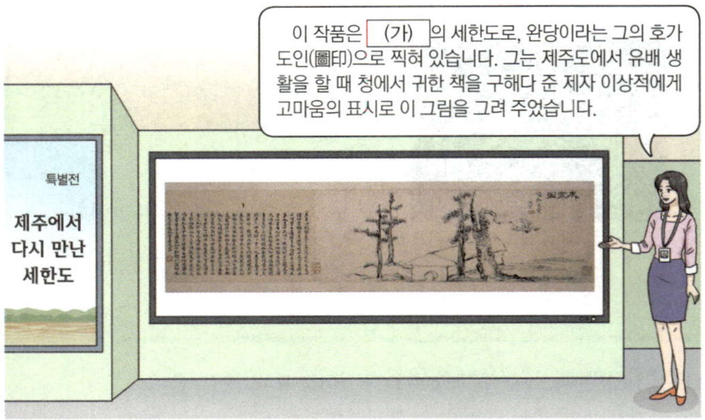

이 작품은 (가) 의 세한도로, 완당이라는 그의 호가 도인(圖印)으로 찍혀 있습니다. 그는 제주도에서 유배 생활을 할 때 청에서 귀한 책을 구해다 준 제자 이상적에게 고마움의 표시로 이 그림을 그려 주었습니다.
특별전
제주에서 다시 만난 세한도

① 남북국이라는 용어를 처음 사용하였다.
② 기기도설을 참고하여 거중기를 설계하였다.
③ 북한산비가 진흥왕 순수비임을 고증하였다.
④ 양명학을 연구하여 강화학파를 형성하였다.
⑤ 안평 대군의 꿈을 소재로 몽유도원도를 그렸다.

28

• 심화 52회 29번

(가), (나) 사이의 시기에 있었던 사실로 옳은 것은? [2점]

(가) 대왕대비께서 전교하기를, "이번에 이렇게 만동묘를 철폐하고 다른 곳으로 옮겨 모시는 것에 대해서 선현의 혼령이 알게 되더라도 올바른 예법이라고 여기고 유감이 없을 것이다."라고 하였다.

(나) 최익현이 상소를 올려 대원군의 잘못을 탄핵하기를, "만약 그 지위가 아닌데도 국정에 관여하는 자는 단지 그 지위와 녹을 중요하게 여기기 때문입니다."라고 하였다. 왕은 너그러운 비답을 내려 특별히 그를 호조 참판에 발탁하고 총애하였다.

① 신식 군대인 별기군이 창설되었다.
② 서재필 등이 독립신문을 발행하였다.
③ 종로와 전국 각지에 척화비가 세워졌다.
④ 김옥균 등 개화 세력이 정변을 일으켰다.
⑤ 조·청 상민 수륙 무역 장정을 체결하였다.

29

• 심화 57회 32번

(가)에 해당하는 지역을 지도에서 옳게 찾은 것은? [1점]

탐구 활동 계획서

○학년 ○반 이름 ○○○

1. 주제 : (가) 지역을 중심으로 본 조선의 대외 관계
2. 탐구 방법 : 문헌 조사, 인터넷 검색 등
3. 탐구 내용
   가. 대일 무역의 거점, 초량 왜관
   나. 개항 이후 설정된 조계의 기능
   다. 관세 문제로 일어난 두모포 수세 사건

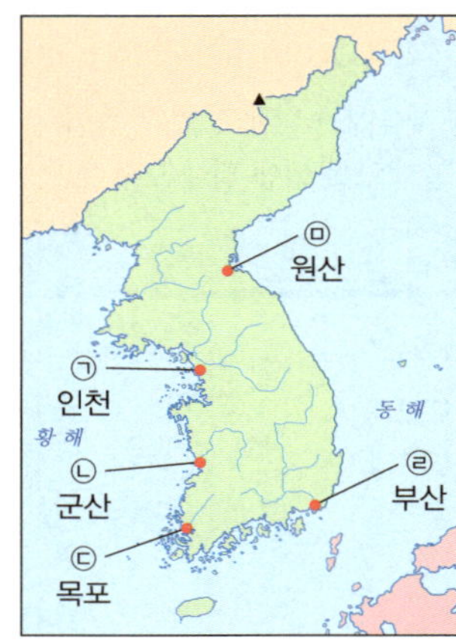

① ㉠ ② ㉡ ③ ㉢ ④ ㉣ ⑤ ㉤

30

• 심화 64회 30번

다음 사건이 일어난 시기를 연표에서 옳게 고른 것은? [3점]

심히 급박한 상황 중에 나는 적의 활동과 청국 군대의 내습을 우려하여 주상을 모시고 지키기 편리한 경우궁으로 옮기시게 한 후 일본 병사로 하여금 호위할 방침을 세웠다. 곧이어 주상께 일본군의 지원을 구하도록 요청하니, 주상은 곧 영숙문 앞 노상에서 연필로 "일본 공사는 와서 나를 보호하라."라는 글을 친히 쓰시어 주시는지라. …… 졸지에 변란을 만난 사대당의 거두들은 주상께서 경우궁에 계심을 듣고 입궐하다가 …… 민영목, 민태호 등은 용감한 우리 집행원의 손에 비참한 최후를 당하였다.

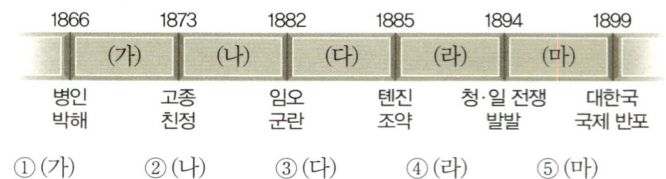

1866		1873		1882		1885		1894		1899
병인 박해	(가)	고종 친정	(나)	임오 군란	(다)	톈진 조약	(라)	청·일 전쟁 발발	(마)	대한국 국제 반포

① (가) ② (나) ③ (다) ④ (라) ⑤ (마)

31

· 심화 61회 32번

(가), (나) 조약 체결 사이의 시기에 있었던 사실로 옳은 것은? [3점]

> (가) 제1관 조선국은 자주 국가로서 일본국과 평등한 권리를 보유한다. ……
> 제10관 일본국 인민이 조선국 지정의 각 항구에 머무르는 동안 죄를 범한 것이 조선국 인민에게 관계되는 사건은 모두 일본국 관원이 심리하여 판결한다. ……
>
> (나) 제1관 앞으로 대조선국 군주와 대미국 대통령 및 그 인민은 각각 모두 영원히 화평하고 우애 있게 지낸다. ……
> 제5관 …… 미국 상인과 상선이 조선에 와서 무역을 할 때 입출항하는 화물은 모두 세금을 바쳐야 하며, 세금을 거두는 권한은 조선이 자주적으로 행사한다. ……

① 공사 노비법이 혁파되었다.
② 통리기무아문이 설치되었다.
③ 한성 전기 회사가 설립되었다.
④ 건양이라는 독자적인 연호가 채택되었다.
⑤ 지방 행정 구역이 8도에서 23부로 개편되었다.

32

· 심화 58회 29번

(가)에 들어갈 내용으로 가장 적절한 것은? [2점]

에피소드 추천
최신회부터 | 첫회부터

1894, 녹두꽃 피고 지다

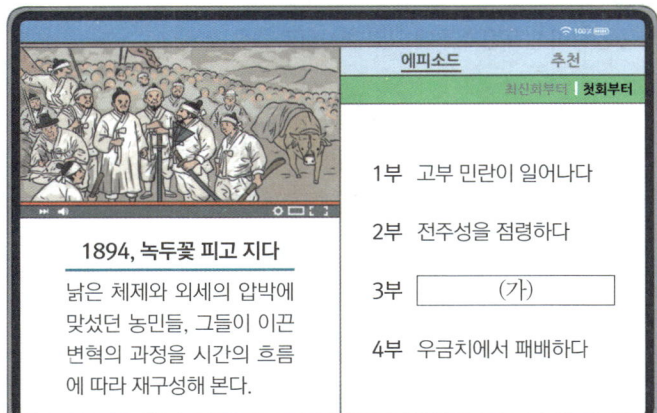

낡은 체제와 외세의 압박에 맞섰던 농민들, 그들이 이끈 변혁의 과정을 시간의 흐름에 따라 재구성해 본다.

1부 고부 민란이 일어나다
2부 전주성을 점령하다
3부 (가)
4부 우금치에서 패배하다

① 남북접이 논산에 집결하다
② 황토현 전투에서 승리하다
③ 백산에 모여 4대 강령을 선포하다
④ 최시형이 동학의 2대 교주가 되다
⑤ 교조 신원을 요구하는 삼례 집회가 열리다

33

· 심화 51회 38번

(가)에 대한 설명으로 옳은 것은? [1점]

국권 침탈의 아픔이 서린
중 명 전

• 주소 : 서울특별시 중구 정동길 41-11
• 개방 시간 : 09:30~17:30

◉ 소개
지상 2층 지하 1층의 붉은 벽돌 건물인 중명전은 러시아 건축가 사바틴이 설계하였다. 이 건물은 황실의 도서관으로 사용되다가 1904년 경운궁의 대화재 이후 고종 황제의 집무실로 사용되었다. 이곳에서 이토 히로부미가 대한 제국의 외교권을 박탈하는 (가) 의 체결을 강요하였다.

① 아관 파천의 배경이 되었다.
② 청·일 전쟁 발발의 원인이 되었다.
③ 통감부가 설치되는 결과를 가져왔다.
④ 대한 제국의 군대 해산을 규정하였다.
⑤ 천주교 포교를 허용하는 조항이 들어있다.

34

· 심화 61회 36번

밑줄 그은 '이 단체'에 대한 설명으로 옳은 것은? [2점]

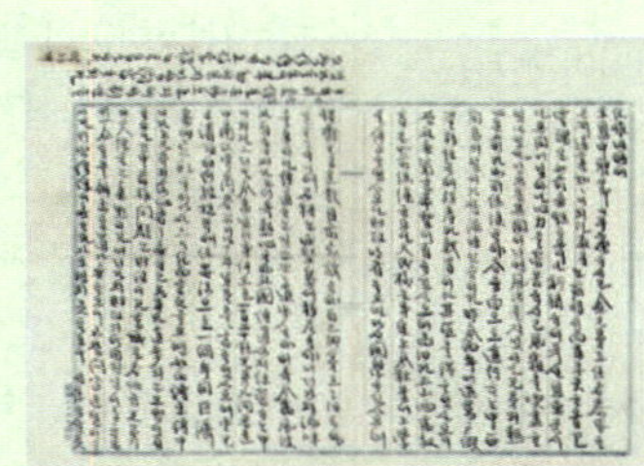

이 편지는 비밀 결사인 이 단체의 재무를 총괄한 전덕기가 안창호에게 보낸 것이다. 105인 사건으로 이 단체의 주요 회원인 양기탁, 이승훈 등이 형을 선고받은 사실과 대성 학교가 재정적으로 어려움을 겪고 있는 상황 등을 전하고 있다.

① 정우회 선언의 영향으로 결성되었다.
② 조선 혁명 선언을 활동 지침으로 삼았다.
③ 일제의 황무지 개간권 요구를 저지하였다.
④ 중추원 개편을 통해 의회 설립을 추진하였다.
⑤ 계몽 서적의 보급을 위해 태극 서관을 운영하였다.

35
· 심화 61회 38번

(가) 단체에 대한 설명으로 옳은 것은? [2점]

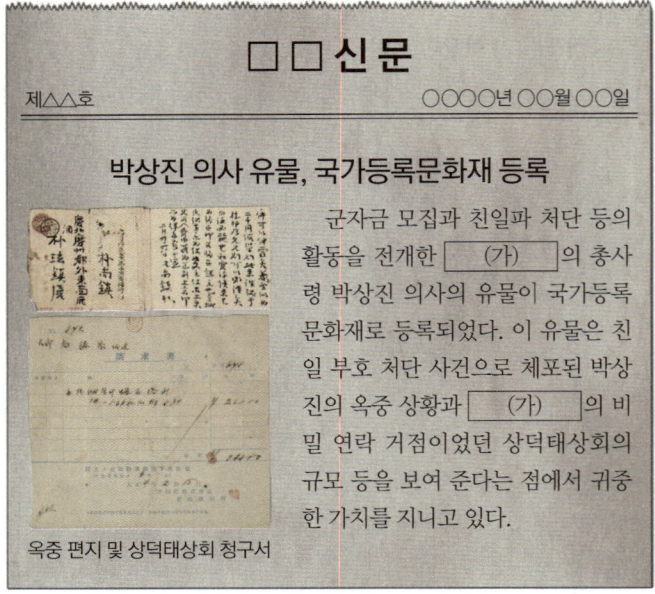

□□신문

제△△호 ○○○○년 ○○월 ○○일

박상진 의사 유물, 국가등록문화재 등록

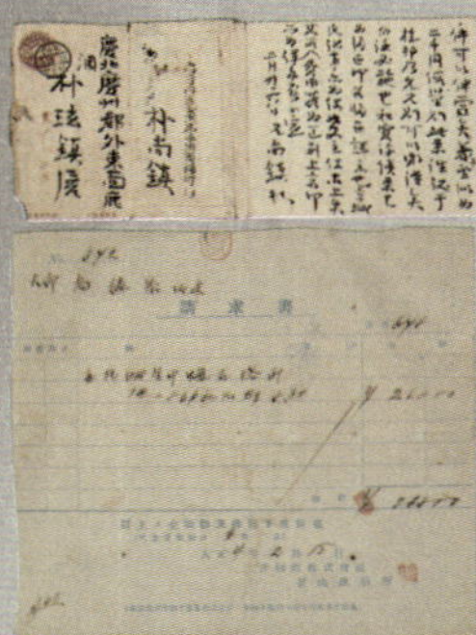
옥중 편지 및 상덕태상회 청구서

군자금 모집과 친일파 처단 등의 활동을 전개한 [(가)]의 총사령 박상진 의사의 유물이 국가등록문화재로 등록되었다. 이 유물은 친일 부호 처단 사건으로 체포된 박상진의 옥중 상황과 [(가)]의 비밀 연락 거점이었던 상덕태상회의 규모 등을 보여 준다는 점에서 귀중한 가치를 지니고 있다.

① 고종 강제 퇴위 반대 운동을 전개하였다.
② 공화 정체의 국민 국가 수립을 목표로 삼았다.
③ 파리 강화 회의에 독립 청원서를 제출하였다.
④ 미군과 연합하여 국내 진공 작전을 계획하였다.
⑤ 만민 공동회를 개최하여 민권 신장을 추구하였다.

36
· 심화 61회 39번

(가) 운동에 대한 설명으로 옳은 것은? [1점]

서울 앨버트 테일러 가옥 (딜쿠샤)

'딜쿠샤'가 복원되어 전시관으로 개관합니다. 많은 관람 부탁드립니다.

■ 주소 : 서울시 종로구 사직로 2길 17
■ 개관일 : 2021년 ○○월 ○○일

◉ 소개

'기쁜 마음의 궁전'을 뜻하는 딜쿠샤는 미국인 앨버트 W. 테일러가 지은 벽돌집으로, 테일러와 그의 가족이 미국으로 추방되기 전까지 거주한 곳이다.

미국 연합통신(AP)의 임시 특파원으로 활동한 테일러는 세브란스 병원에서 독립 선언서를 발견하고 외신을 통해 전 세계에 알렸으며, [(가)] 당시 일제가 자행한 제암리 학살 사건 등을 취재해 보도하였다.

① 신간회에서 진상 조사단을 파견하여 지원하였다.
② 순종의 인산일을 기회로 만세 운동을 전개하였다.
③ 일제가 이른바 문화 통치를 실시하는 배경이 되었다.
④ 한국인 학생과 일본인 학생 간의 충돌에서 비롯되었다.
⑤ 시위를 준비하는 과정에서 사회주의자들이 대거 검거되었다.

37
· 심화 69회 35번

밑줄 그은 '이 운동'에 대한 설명으로 옳은 것을 〈보기〉에서 고른 것은? [2점]

광고로 보는 역사

[해설] 이것은 경성 방직 주식회사의 광목 광고이다. 조선인 기업이 만든 상품의 사용을 장려하고자 전개된 이 운동 당시의 상황을 반영하여 '조선 사람의 자본과 기술로 된 광목'이라는 문구가 광고에 사용되었다.

보기

ㄱ. 회사령 폐지 등이 배경이 되었다.
ㄴ. 황국 중앙 총상회의 주도하에 전개되었다.
ㄷ. 평양에서 시작되어 전국적으로 확산되었다.
ㄹ. 대동 상회 등 근대적 상회사가 설립되는 계기가 되었다.

① ㄱ, ㄴ ② ㄱ, ㄷ ③ ㄴ, ㄷ
④ ㄴ, ㄹ ⑤ ㄷ, ㄹ

38
· 심화 65회 40번

다음 법령이 발표된 이후에 있었던 사실로 옳은 것은? [3점]

제1조 조선에서의 교육은 본령에 의한다.
제2조 국어[일본어]를 상용(常用)하는 자의 보통 교육은 소학교령, 중학교령 및 고등 여학교령에 의한다.
제3조 국어[일본어]를 상용하지 않는 자에게 보통 교육을 하는 학교는 보통학교, 고등 보통학교 및 여자 고등 보통학교로 한다.
제5조 보통학교의 수업 연한은 6년으로 한다. …… 보통학교에 입학할 수 있는 자는 연령 6세 이상으로 한다.

① 서당 규칙이 제정되었다.
② 2·8 독립 선언이 발표되었다.
③ 조선어 연구회가 결성되었다.
④ 조선 여자 교육회가 조직되었다.
⑤ 조선 민립 대학 설립 기성회가 창립되었다.

39

• 심화 51회 37번

(가) 지역에서 있었던 민족 운동으로 옳은 것은? [2점]

사진은 제물포에서 (가) (으)로 수차례에 걸쳐 이민자를 수송한 갤릭호와 이민자의 여권입니다. 1902년 사탕수수 농장에 노동자로 첫 이민자 백여 명이 떠난 이후 3년간 약 7천 명이 넘는 한국인이 (가) 에 이주하였습니다.
갤릭호
집조(여권)

① 일왕이 탄 마차에 폭탄을 투척하였다.
② 한인 자치 단체인 권업회를 조직하였다.
③ 민족 교육을 위해 서전서숙을 설립하였다.
④ 독립군 양성을 위해 신흥 강습소를 세웠다.
⑤ 대조선 국민군단을 조직하여 무장 투쟁을 준비하였다.

40

• 심화 62회 39번

(가), (나) 인물에 대한 설명으로 옳은 것은? [3점]

국외 독립 전쟁을 이끈 독립운동가

• 생몰 : 1896년 ~ 1934년
• 대한 통의부 의군으로 활동

• 일제의 밀정에 의해 사망

• 생몰 : 1888년 ~ 1957년
• 신흥 무관 학교 교성 대장으로 독립군 양성

① (가) - 조선 혁명 간부 학교를 설립하였다.
② (가) - 대한 광복회를 조직하여 친일파를 처단하였다.
③ (나) - 대전자령 전투에서 일본군에 대승을 거두었다.
④ (나) - 중광단을 중심으로 북로 군정서를 조직하였다.
⑤ (가), (나) - 황푸 군관 학교에 입학하여 군사 훈련을 받았다.

41

• 심화 67회 42번

(가)에 들어갈 내용으로 가장 적절한 것은? [3점]

○○○ 한국 근대사 강의실

전체 글보기 | 이미지 모아보기 | 카페 태그 보기 | 카페 캘린더 |

전체 글보기(91)
카페북 책꽂이
공지사항
카페 회칙
강의 계획서
과제 제출방
Q&A 게시판

■ 조별 과제 안내

일제 강점기에 민족 문화를 수호하고자 노력한 인물의 활동을 주제로 보고서를 작성한 후 제목과 함께 게시판에 올려 주세요.

번호	제목
1	1조 – 이윤재, 한글 맞춤법 통일안 제정에 참여하다
2	2조 – 최현배, 조선어 연구회 회원으로 한글을 연구하다
3	3조 – 신채호, 고대사 연구에 주력하여 조선사를 연재하다
4	4조 – (가)

① 정인보, 민족의 얼을 강조하고 조선학 운동을 전개하다
② 장지연, 황성신문에 시일야방성대곡이라는 논설을 싣다
③ 유길준, 서유견문을 집필하여 서양 근대 문명을 소개하다
④ 최익현, 지부복궐척화의소를 올려 왜양일체론을 주장하다
⑤ 신헌, 강화도 조약 체결의 전말을 기록한 심행일기를 남기다

42

• 심화 53회 42번

밑줄 그은 '시기'에 있었던 사실로 옳은 것은? [1점]

난징 리지샹 위안소 구지(舊址) 진열관에 있는 '만삭의 위안부' 동상은 고(故) 박영심 할머니를 모델로 조성되었습니다. 중·일 전쟁을 일으킨 일제가 침략 전쟁을 확대하던 시기에 운영된 이 위안소는 박영심 할머니의 피해 증언 등에 힘입어 기념관으로 거듭나게 되었습니다.

① 만주 군벌과 일제가 미쓰야 협정을 체결하였다.
② 한국인에 한해 적용되는 조선 태형령이 공포되었다.
③ 내선일체를 강조한 황국 신민 서사의 암송이 강요되었다.
④ 강압적인 통치를 목적으로 헌병 경찰 제도가 실시되었다.
⑤ 평양 등지에서 반중 폭동을 초래한 만보산 사건이 일어났다.

43

· 심화 53회 44번

(가)에 들어갈 내용으로 옳은 것은? [2점]

조사 보고서

△학년 △반 이름 : ○○○

■ 주제 : 경성의 거리 풍경

일제 강점기 경성은 청계천을 경계로 한국인이 사는 북촌과 일본인이 주로 사는 남촌으로 나뉘어 도시화가 이루어졌다. 도시 빈민인 토막민은 청계천이나 도시 외곽에 터를 잡았다.

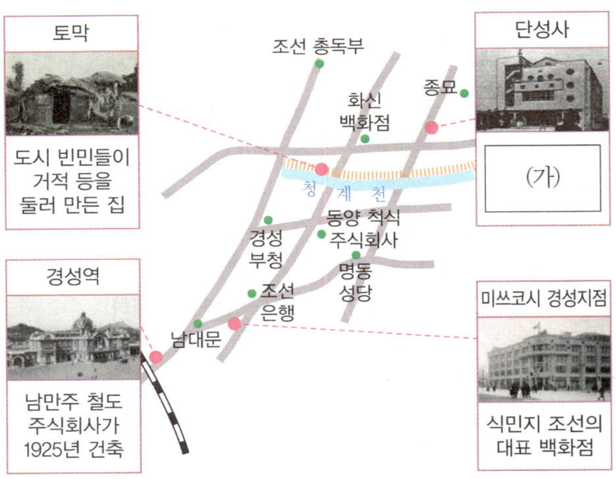

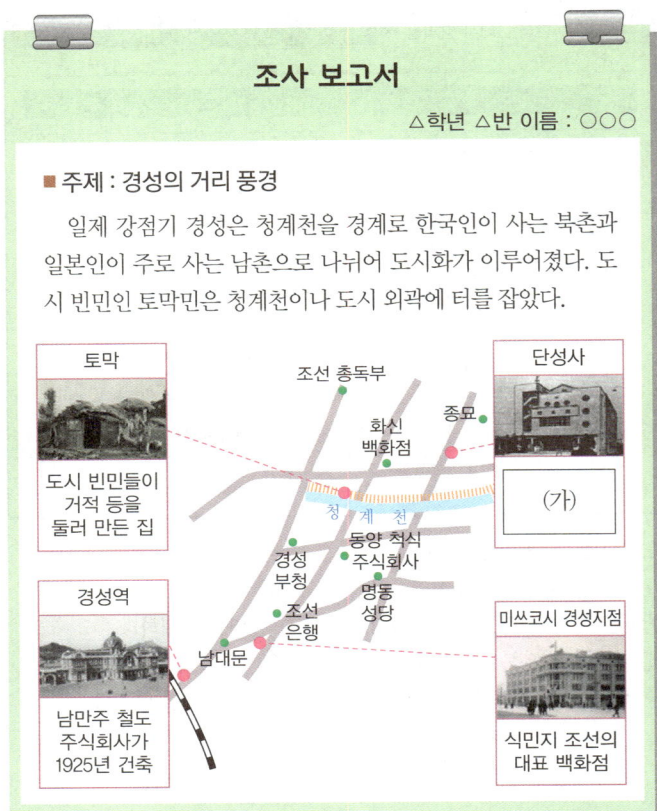

① 나운규의 아리랑이 개봉된 장소
② 기미 독립 선언서가 인쇄된 장소
③ 조선 형평사 창립 대회가 개최된 장소
④ 전형필이 수집한 문화재가 전시된 장소
⑤ 강우규가 일본 총독에게 폭탄을 던진 장소

44

· 심화 52회 45번

(가) 군대에 대한 설명으로 옳은 것은? [1점]

이곳은 독립운동가 조성환이 태어난 여주의 보통리 고택입니다. 그는 1940년 대한민국 임시 정부 산하의 (가) 창설을 주도하고, 군무 부장으로 활동하였습니다. 이 가옥은 그의 아버지가 독립운동 자금을 마련하기 위해 매각하였다고 전해지며, 국가 민속 문화재 제126호로 지정되었습니다.

① 숭무 학교를 설립하여 독립군을 양성하였다.
② 쌍성보 전투에서 한·중 연합 작전을 전개하였다.
③ 중국 팔로군과 함께 호가장 전투에서 활약하였다.
④ 국내 정진군을 조직하여 국내 진공 작전을 추진하였다.
⑤ 중국 관내(關內)에서 결성된 최초의 한인 무장 부대였다.

45

· 심화 60회 46번

(가)~(마)에 대한 설명으로 옳지 않은 것은? [3점]

① (가) - 주자소를 설치하여 인쇄하였다.
② (나) - 대장도감에서 판각한 목판으로 찍었다.
③ (다) - 청주 흥덕사에서 금속 활자로 간행하였다.
④ (라) - 이천, 장영실 등이 제작한 활자로 인쇄하였다.
⑤ (마) - 납으로 만든 활자를 사용해 박문국에서 발행하였다.

46

· 심화 57회 46번

(가), (나) 사이의 시기에 있었던 사실로 옳은 것은? [2점]

(가) 본관(本官)은 본관에게 부여된 태평양 미국 육군 최고 지휘관의 권한을 가지고 조선 북위 38도 이남의 지역과 주민에 대하여 군정을 설립함. 따라서 점령에 관한 조건을 다음과 같이 포고함.

제1조 조선 북위 38도 이남의 지역과 동 주민에 대한 모든 행정권은 당분간 본관의 권한하에서 시행함.

(나) 대한민국 임시 정부는 28일 김구와 김규식의 명의로 '4개국 원수에게 보내는 결의문'을 채택하고, 각계 대표 70여 명으로 신탁 통치 반대 국민 총동원 위원회를 결성하였다. 여기서 강력한 반대 투쟁을 결의하고 김구·김규식 등 9인을 위원회의 '장정위원'으로 선정하였다.

① 카이로 선언이 발표되었다.
② 조선 건국 동맹이 결성되었다.
③ 모스크바 삼국 외상 회의가 개최되었다.
④ 좌우 합작 위원회에서 좌우 합작 7원칙을 합의하였다.
⑤ 유엔 총회에서 인구 비례에 따른 남북한 총선거를 결의하였다.

정답과 해설 248쪽

47

• 심화 64회 45번

다음 뉴스의 사건이 일어난 정부 시기의 경제 상황으로 옳은 것은? [2점]

경기도 광주 대단지에서 주민들이 차량을 탈취하는 등 대규모 시위를 벌였습니다. 서울시가 도심 정비를 명목으로 10만여 명의 주민들을 광주로 이주시키는 과정에서 약속한 이주 조건을 지키지 않자 주민들이 대지 가격 인하 등을 요구하며 집단으로 반발하였습니다.

① 경부 고속 도로가 개통되었다.
② 경제 협력 개발 기구(OECD)에 가입하였다.
③ 원조 물자를 가공한 삼백 산업이 발달하였다.
④ 저유가, 저금리, 저달러의 3저 호황이 있었다.
⑤ 대통령 직속 자문 기구인 노사정 위원회가 구성되었다.

48

• 심화 55회 48번

밑줄 그은 '선거' 이후의 사실로 옳은 것은? [3점]

김대중 후보는 이번 선거에서 정권 교체를 못하면 박정희 후보가 영구 집권하는 총통 시대가 온다고 말했다네.
장충단 유세에서 박정희 후보는 자신을 한 번 더 뽑아달라는 정치 연설은 이번이 마지막이라며 지지를 호소했다더군.

① 정부 형태가 내각 책임제로 바뀌었다.
② 평화 통일을 주장한 진보당의 조봉암이 처형되었다.
③ 대통령의 3선 연임을 허용하는 개헌안이 통과되었다.
④ 한·일 국교 정상화에 반대하는 6·3 시위가 전개되었다.
⑤ 국회 해산과 헌법의 일부 효력 정지를 담은 유신이 선포되었다.

49

• 심화 69회 49번

(가) 민주화 운동에 대한 설명으로 옳은 것은? [1점]

이곳은 옛 전남 도청 본관으로 (가) 당시 시민군이 계엄군에 항쟁한 장소입니다. 정부는 본관을 포함한 옛 전남 도청을 복원하여 (가) 의 의미를 기억하고 추모하는 공간으로 되살리겠다고 하였습니다. 건물 내부에는 당시 상황을 알 수 있는 실물 또는 가상 콘텐츠 공간 등이 조성될 예정입니다.

① 3·1 민주 구국 선언을 발표하였다.
② 시위 도중 대학생 이한열이 희생되었다.
③ 호헌 철폐, 독재 타도 등의 구호를 외쳤다.
④ 허정 과도 정부가 출범하는 계기가 되었다.
⑤ 관련 기록물이 유네스코 세계 기록 유산으로 등재되었다.

50

• 심화 65회 50번

다음 뉴스가 보도된 정부 시기의 통일 정책으로 옳은 것은? [2점]

대통령은 오늘 도쿄에서 오부치 일본 총리와 21세기 새로운 한·일 파트너십 공동 선언에 합의하였습니다. 이 공동 선언문에는 일본이 과거 한때 식민지 지배로 인하여 한국 국민에게 다대한 손해와 고통을 안겨 주었다는 역사적 사실을 겸허히 받아들이면서, 이에 대한 통절한 반성과 마음으로부터 사죄라는 표현이 명문화되어 있습니다.
대통령, 일본 국회 연설에서 일본 대중문화 단계적 개방 약속

① 남북 조절 위원회를 구성하였다.
② 6·15 남북 공동 선언을 채택하였다.
③ 한반도 비핵화 공동 선언에 합의하였다.
④ 판문점에서 남북 정상 회담을 개최하였다.
⑤ 남북 이산가족 고향 방문을 최초로 실현하였다.

기출 모의고사

본문 236 ~ 247쪽

1 ①	2 ④	3 ⑤	4 ①	5 ②	6 ⑤	7 ①	8 ②
9 ⑤	10 ①	11 ④	12 ②	13 ①	14 ⑤	15 ④	16 ①
17 ⑤	18 ③	19 ③	20 ①	21 ④	22 ③	23 ②	24 ④
25 ③	26 ⑤	27 ③	28 ③	29 ④	30 ③	31 ②	32 ①
33 ③	34 ⑤	35 ②	36 ③	37 ②	38 ⑤	39 ⑤	40 ③
41 ①	42 ③	43 ①	44 ④	45 ①	46 ③	47 ①	48 ⑤
49 ⑤	50 ②						

1 청동기 시대의 생활 모습

정답 ①

사유 재산과 계급이 발생하였다는 내용과 '민무늬 토기' '비파형 동검', '고인돌' 등을 통해 (가) 시대가 청동기 시대임을 알 수 있어요. 청동기 시대에 농경이 발달하면서 잉여 생산물이 생기고 사유 재산의 개념이 나타났어요. 이에 따라 빈부 격차와 계급 분화가 뚜렷해지면서 부족 안에서 권력과 경제력을 가진 지배자가 등장하였어요. 민무늬 토기, 비파형 동검, 고인돌은 청동기 시대에 만들어진 대표적인 유물과 유적입니다. ① 반달 돌칼은 청동기 시대의 대표적인 석제 농기구로, 벼 등의 곡식을 수확하는 데 사용되었어요.

오답 피하기

② 구석기 시대 사람들은 이동 생활을 하며 주로 동굴이나 막집에서 거주하였어요.
③ 고려 시대에 들어와 소를 이용한 깊이갈이가 일반화되었어요.
④ 철기 시대부터 호미, 쇠스랑 등의 철제 농기구가 제작되었어요.
⑤ 신석기 시대부터 실을 뽑는 가락바퀴와 뼈바늘을 이용하여 옷, 그물 등을 만들기 시작하였어요.

2 여러 나라의 제천 행사

정답 ④

ㄴ. 고구려는 매년 10월에 동맹이라는 제천 행사를 열었어요. ㄹ. 삼한에는 왕이 없고 신지, 읍차라고 불린 지배자가 있었으며, 천군이라는 제사장이 제사를 주관하였어요. 벼농사가 발달한 삼한에서는 씨뿌리기가 끝난 5월과 농사를 마친 10월에 제천 행사를 지냈습니다.

오답 피하기

ㄱ. 무천은 동예의 제천 행사입니다. 부여는 매년 영고라는 제천 행사를 열었는데, 이때 하늘에 제사를 지내고 노래와 춤을 즐기며 죄수를 풀어 주기도 하였어요.
ㄷ. 영고는 부여의 제천 행사입니다. 동예는 매년 10월에 무천이라는 제천 행사를 열어 밤낮으로 음주가무를 즐겼어요.

3 백제의 특징

정답 ⑤

좌평이 있었으며 지방에 5방을 두었다는 내용을 통해 자료에 해당하는 국가가 백제임을 알 수 있어요. 백제는 6좌평과 16품계의 관등제를 마련하였는데, 좌평은 가장 높은 품계였어요. 또한, 사비로 천도한 뒤 지방을 5개의 방으로 편제하였어요. ⑤ 백제의 지배층은 왕족인 부여씨와 8성의 귀족으로 이루어졌어요.

오답 피하기

① 신라에는 골품에 따라 관등 승진에 제한을 두고 일상생활까지도 규제하는 골품제라는 신분 제도가 있었어요.
② 고구려는 귀족 회의인 제가 회의에서 국가 중대사를 결정하였어요.
③ 고구려에는 지방 장관으로 욕살, 처려근지 등이 있었어요.
④ 신라는 위화부, 영객부 등의 중앙 관서를 설치하였어요.

4 호우총 청동 그릇

정답 ①

경주 호우총에서 출토되었으며, 신라와 고구려 사이의 정치적 관계를 살펴볼 수 있는 유물이라는 내용을 통해 (가)에 해당하는 문화유산이 ① 호우총 청동 그릇임을 알 수 있어요. 신라 땅에서 발견된 그릇의 밑바닥에 '국강상광개토지호태왕'이라는 광개토 태왕을 나타내는 글자가 새겨져 있는 것으로 보아 5세기 무렵 신라와 고구려가 밀접한 관계였음을 짐작할 수 있어요.

오답 피하기

② 백제의 무령왕릉에서 발견된 석수(돌로 만든 동물의 상)입니다.
③ 백제가 왜에 보낸 것으로 알려진 칠지도입니다.
④ 고구려의 불상인 금동 연가 7년명 여래 입상이에요. 뒷면에 새겨진 '연가 7년'이라는 글자를 통해 제작 시기를 추정할 수 있어요.
⑤ 경주의 신라 고분에서 발견된 기마 인물형 토기 가운데 주인상이에요.

5 삼국 통일 과정

정답 ②

당에 파견되었던 김춘추가 태종의 군사적 지원을 이끌어 내는 성과를 거두었다는 내용을 통해 나·당 동맹이 이루어졌던 648년의 상황임을 알 수 있어요. 수가 멸망한 뒤에 등장한 당은 초기에는 고구려에 우호적이었으나, 당 태종이 즉위하면서 고구려를 압박하였어요. 이에 고구려가 당의 침략에 대비하고 대당 강경책을 취하자 당 태종이 공격해 왔어요. 당은 고구려의 여러 성을 함락하였으나 안시성 전투에서 패배하면서 물러났어요(645). 고구려가 당의 위협에 대응하는 가운데 백제의 공격에 시달리던 신라가 김춘추를 고구려에 보내 동맹을 요청하였지만 거절당하였어요. 그 뒤 백제와 고구려의 협공에 시달리던 신라는 이번에는 김춘추를 당으로 보내 군사 지원을 요청하였고, 당은 고구려에 대한 신라와의 협력을 고려하여 이를 받아들였어요(나·당 동맹, 648). 이후 나·당 연합군이 백제 공격에 나섰고, 신라군은 백제의 장수 계백이 이끄는 결사대를 황산벌 전투에서 물리치고 당군과 함께 사비성을 함락하여 백제를 멸망시켰습니다(660).

따라서 나·당 동맹이 이루어진 시기는 안시성 전투와 황산벌 전투 사이인 ② (나)입니다.

6 대가야

정답 ⑤

이진아시왕이 고령 일대에 세운 나라이며 지산동 고분군이 체험 지역인 것으로 보아 (가) 나라가 대가야임을 알 수 있어요. 대가야는 고령 지역을 중심으로 성장하였으며, 지산동 고분군에서 철제 투구와 갑옷, 금동관 등의 유물이 발굴되었어요. ⑤ 금관가야를 중심으로 성장하였던 전기 가야 연맹은 4세기 말에 고구려군의 공격을 받아 쇠퇴하였고, 이후 고령의 대가야를 중심으로 후기 가야 연맹이 형성되었어요.

오답 피하기

① 고조선은 사회 질서를 유지하기 위해 범금 8조를 두었어요.
② 신라의 임신서기석은 당시 신라 청소년들이 유교 경전을 공부하였다는 사실을 보여 주는 자료입니다.
③ 고구려 멸망 후 당은 옛 고구려 땅을 지배하기 위한 기구로 평양에 안동도호부를 설치하였어요.
④ 백제의 무령왕은 지방 통제를 강화하기 위해 22담로에 왕족을 파견하였어요.

7 무왕 재위 시기의 사실

정답 ①

"삼국유사"에 익산 미륵사를 창건하였다고 되어 있다는 내용을 통해 (가) 왕이 백제 무왕임을 알 수 있어요. 600년에 즉위한 무왕은 수, 당, 일본과 외교 관계를 유지하는 한편 신라와의 국경 지역에 여러 성을 쌓는 등 국방을 강화하기 위해 노력하였어요. 641년에 무왕이 죽자 그의 아들 의자왕이 즉위하였고, 의자왕 때 백제는 나·당 연합군의 공격을 받아 멸망하였어요(660). 따라서 무왕의 재위 시기인 7세기 전반(600~641)에 있었던 사실을 찾으면 됩니다. ① 7세기 초 영양왕 때 을지문덕이 살수에서 우중문이 이끄는 수의 별동대를 크게 격파하였어요(살수 대첩, 612).

오답 피하기

② 4세기 근초고왕은 고흥으로 하여금 역사서인 "서기"를 편찬하게 하였어요.
③ 7세기 중반 의자왕 때 계백이 황산벌에서 군대를 이끌고 신라군에 맞서 싸웠으나 패배하였어요(황산벌 전투, 660). 이후 사비성이 함락되면서 백제는 멸망하였어요.
④ 6세기 지증왕 때 이사부가 지금의 울릉도 일대인 우산국을 정복하였어요.
⑤ 7세기 후반 문무왕 때 사찬 시득이 기벌포에서 당군에 승리하였어요(기벌포 전투, 676).

8 의상과 원효

정답 ②

당에 유학하고 돌아와 부석사를 세우고 많은 제자를 양성하였다는 내용을 통해 (가) 인물이 의상임을 알 수 있어요. 신라의 승려 의상은 현세의 고난에서 구제받고자 하는 관음 신앙을 강조하였으며, 당에서 유학한 후 신라로 돌아와 화엄종을 개창하였어요. 또한, ② 화엄 사상의 요지를 간결하게 축약한 '화엄일승법계도'를 지어 화엄 사상을 정리하였어요. (나) 인물은 무애가를 지어 퍼뜨렸고, 이로 인해 많은 사람이 '나무아미타불'을 외우게 되었다는 내용을 통해 원효임을 알 수 있어요. 신라의 승려 원효는 무애가를 지어 부르며 일반 백성이 불교를 쉽게 받아들일 수 있게 하였고, 누구나 '나무아미타불'만 외우면 극락에 갈 수 있다고 주장하였어요.

오답 피하기

① 고려의 승려 요세는 강진의 백련사에서 법화 신앙을 바탕으로 백련 결사를 주도하였어요.
③ 고려의 승려 의천은 해동 천태종을 개창하여 교종 중심의 불교 통합 운동을 전개하였어요.
④ 신라의 승려 혜초는 인도와 중앙아시아를 여행하고 돌아와 여행 지역의 풍속, 종교, 문화 등을 담은 "왕오천축국전"을 저술하였어요.
⑤ 고려의 승려 혜심은 유불 일치설을 주장하며 심성의 도야를 강조하였어요.

9 궁예의 활동

정답 ⑤

태봉을 세웠다는 내용과 철원 도성이 언급된 것으로 보아 (가) 인물이 궁예임을 알 수 있어요. 궁예는 신라 왕족의 후예로 알려져 있으며, 양길의 휘하에서 세력을 키운 후 북방 지역 호족들의 지원을 받아 송악을 도읍으로 후고구려를 세웠어요. 이후 나라 이름을 '마진'으로 고치고 송악에서 철원으로 천도하였어요. 그리고 다시 나라 이름을 '태봉'으로 바꾸었지요. 철원에 자리를 잡은 궁예는 호족을 탄압하고 자신을 미륵불이라 칭하면서 폭정을 펴 결국 신하들에 의해 쫓겨났습니다. ⑤ 궁예는 광평성을 최고 중앙 관서로 설치하고 병부 등 여러 관부를 두어 정치 조직을 정비하였어요.

오답 피하기

① 백제 무왕은 지금의 익산 지역인 금마저에 미륵사를 창건하였어요.
② 후백제를 세운 견훤은 후당과 오월에 사신을 파견하여 외교 관계를 맺었어요.
③ 고려의 왕건은 일리천 전투에서 후백제 신검의 군대를 격퇴하고 이후 후삼국 통일을 이루었어요.
④ 고려 후기에 충목왕은 폐정 개혁을 목표로 정치도감을 설치하였어요.

10 고려의 화폐 발행과 유통

정답 ①

주전도감을 설치하였으며, 왕이 주현에 명령하여 주식점을 열고 백성들이 화폐를 활용하게 하라고 명하는 내용을 통해 대화가 이루어진 시기가 고려 시대임을 알 수 있어요. 고려 정부는 화폐를 주조하여 유통시키려 노력하였어요. 성종 때 우리나라 최초의 금속 화폐인 건원중보가 주조되었고, 숙종 때 화폐 주조를 담당하는 관청으로 주전도감이 설치되어 ① 은병(활구), 해동통보 등의 화폐가 주조되었어요. 고려 정부는 주식점을 설치하고 백성이 화폐로 술과 음식을 사 먹을 수 있게 하여 화폐 사용을 늘리려고 하였으나 큰 효과를 얻지는 못하였어요.

오답 피하기

② 발해에서는 목축이 발달하였으며 특산품으로 솔빈부의 말이 유명하였어요.
③ 조선 후기에 개성을 근거지로 활동한 송상은 전국 각지에 송방이라는 지점을 설치하였어요.
④ 통일 신라 시기에 장보고는 청해진을 설치하여 해상 무역을 전개하였어요.
⑤ 신라 지증왕 때 수도 금성(경주)에 시장인 동시가 설치되고 감독관청으로 동시전이 설치되었어요.

11 신라 말의 사회 상황

정답 ④

선종 불교가 유행하였다는 내용을 통해 밑줄 그은 '이 시기'가 신라 말임을 알 수 있어요. 신라 말에 중앙 정치가 혼란에 빠지면서 지방에서 반독자적 세력으로 호족이 성장하였어요. 사상 면에서는 교종 불교의 권위를 부정하는 선종 불교가 크게 일어났는데, 지방의 호족은 개인적 정신세계를 추구하는 경향이 강한 선종을 사상적 기반으로 삼았어요. 한편, 당에서 유학하고 돌아온 6두품 출신의 ④ 최치원이 진성 여왕에게 시무책을 올렸지만, 진골 귀족의 반발에 부딪혀 실현하지 못하였어요.

오답 피하기

① 통일 이전 신라 진평왕 때 승려 원광은 화랑도의 규범으로 세속 5계를 제시하였어요.
② 8세기에 김대문은 화랑에 관한 전기인 "화랑세기"를 저술하였어요.
③ 8세기에 김대성은 불국사 조성을 주도하였어요.
⑤ 통일 이전 신라 선덕 여왕 때 자장의 건의로 황룡사 9층 목탑이 건립되었어요.

12 발해

정답 ②

대무예가 장문휴를 보내 등주를 공격하였다는 내용을 통해 (가) 국가가 발해임을 알 수 있어요. 고구려 계승 의식을 내세운 발해는 건국 초기에 당과 대립하였어요. 특히 무왕(대무예)은 장문휴를 보내 산둥반도의 등주를 공격하였으며, 요서 지역까지 진출하였어요. 그러나 무왕의 뒤를 이어 즉위한 문왕은 당과의 대립 관계를 개선하여 친선 관계를 맺고, 당의 문물을 받아들여 중앙 정치 조직을 정비하였어요. 발해는 정당성을 비롯한 3성과 충·인·의·지·예·신부의 6부를 두었고, 최고 교육 기관으로 ② 주자감을 설치하여 인재를 양성하였어요.

오답 피하기

① 고려는 태조 때 북진 정책을 추진하면서 평양을 서경으로 삼아 중시하였어요.
③ 신라는 법흥왕 때 '건원'이라는 독자적인 연호를 사용하였어요.
④ 백제는 내신좌평, 위사좌평 등 6좌평의 관제를 정비하였어요.
⑤ 신라는 문무왕 때부터 지방관을 감찰하기 위해 외사정을 파견하였어요.

13 고려와 거란의 관계

정답 ①

강조를 토벌한다는 구실로 침입하였다는 내용을 통해 (가) 국가가 거란임을 알 수 있어요. 고려는 건국 초부터 거란을 적대시하였으며, 송과의 친선 관계를 우선시하였어요. 이 무렵 후진에서 유학하던 중 거란에 포로로 잡혀간 최광윤이 거란의 침입 계획을 감지하여 고려 정부에 알렸어요. 소식을 들은 정종은 ① 광군을 조직하여 거란의 침입에 대비하였어요. 성종 때 거란이 고려와 송의 외교 관계를 단절시키기 위한 목적으로 침입하자 서희가 외교적 담판으로 이를 물리쳤어요. 이후 현종 때 거란은 강조의 정변을 구실로 또다시 침입하였습니다.

오답 피하기

② 예종 때 윤관을 보내 여진을 정벌하고 동북 9성을 개척하였어요.
③ 우왕 때 최무선의 건의에 따라 화통도감이 설치되었고, 최무선 등은 화통도감에서 제작된 화포, 화약 무기 등을 이용하여 진포에서 왜구를 물리쳤어요.
④ 무신 집권기에 몽골이 침략하자 당시 최고 집권자였던 최우는 강화도로 도읍을 옮겨 장기 항전을 준비하였어요.
⑤ 공민왕은 유인우 등을 보내 원이 설치한 쌍성총관부를 공격하여 철령 이북의 영토를 수복하였어요.

14 고려의 사회 모습

정답 ⑤

반란을 일으킨 망이·망소이 등이 체포되었다는 내용을 통해 자료의 사건이 무신 집권기에 일어난 망이·망소이의 난임을 알 수 있어요. 따라서 고려 시대의 사회 모습을 찾으면 됩니다. ⑤ 고려에는 특수 행정 구역으로 향, 부곡, 소가 있었으며, 이곳의 주민은 거주 이전의 자유가 제한되고 일반 군현의 주민보다 더 많은 세금을 납부하는 등 차별을 받았어요.

오답 피하기

① 조선 후기에 서얼은 자신들에 대한 관직 진출 제한을 철폐해 달라는 집단 상소를 올리는 등 통청 운동을 전개하였어요.
② 신라 말 진성 여왕 때 원종과 애노가 사벌주에서 봉기하였어요.
③ 조선 후기에 성리학적 윤리 규범이 강화되면서 적장자 위주의 상속 제도가 확립되었어요.
④ 동예에는 읍락 간의 경계를 중시하여 이를 침범하면 노비나 가축 등으로 변상하게 하는 책화가 있었어요.

15 삼별초

정답 ④

우별초가 최씨 무신 정권이 조직한 군사 조직의 하나라는 내용을 통해 (가) 군사 조직이 삼별초임을 알 수 있어요. 삼별초는 최씨 무신 정권의 최우가 개경의 치안 유지를 위해 설치한 야별초에서 비롯된 군사 조직이에요. 야별초는 좌별초와 우별초로 분리되었고, 여기에 몽골군에게 포로로 잡혀갔다가 탈출해 온 병사들로 구성된 신의군이 더해져 삼별초가 편성되었어요. ④ 고려 정부가 몽골과 강화를 맺고 개경 환도를 결정하자, 삼별초는 이에 반발하여 강화도에서 진도로 근거지를 옮겨 용장성을 쌓고 몽골에 대항하였어요.

오답 피하기

① 조선 인조는 후금과의 관계가 악화되자 후금의 침입에 대비하기 위해 어영청, 총융청, 수어청을 설치하였어요.
② 삼별초의 대몽 항쟁이 진압된 이후 고려 충렬왕 때 원의 요청으로 고려군이 일본 원정에 참여하였어요.
③ 고려 숙종 때 윤관의 건의로 여진을 정벌하기 위한 별무반이 조직되었어요. 별무반은 기병인 신기군, 보병인 신보군, 승병인 항마군으로 편성되었어요.
⑤ 고려의 중앙군인 2군은 국왕의 친위 부대로, 응양군과 용호군으로 구성되었어요.

16 고려의 관학 진흥책

정답 ①

사학 12도에 학생이 몰려들어 사학이 크게 융성하고 있는 상황에서 국자감 운영에 어려움을 겪게 되자, 고려 정부는 관학을 진흥하기 위한 방안을 마련하여 추진하였어요. 관학 진흥을 위해 국자감에 출판을 담당하는 서적포를 설치하고 전문 강좌인 7재를 개설하는 등의 노력을 하였어요. 또 ① 장학 재단인 양현고를 설치하였어요.

오답 피하기

② 조선 시대에 주세붕의 백운동 서원 건립을 시작으로 사림 세력이 전국 각지에 서원을 세우고 이를 통해 성리학 교육과 선현 제사에 힘썼어요.
③ 조선 정조는 재능 있는 젊은 문신을 선발하여 재교육하는 초계문신제를 시행하였어요.
④ 고려 충선왕은 원의 연경에 있는 자신의 집에 만권당을 설립하여 이제현 등 고려 학자가 원의 학자들과 교류하게 하였어요.
⑤ 고구려는 지방에 경당을 설치하여 청소년에게 글과 활쏘기를 가르쳤어요. 수도에는 태학을 세워 귀족 자제에게 유학을 가르쳤어요.

17 개성 경천사지 10층 석탑

정답 ⑤

원의 영향을 받아 대리석으로 만들어졌으며, 조선 전기의 원각사지 10층 석탑에 영향을 준 석탑은 ⑤ 개성 경천사지 10층 석탑이에요. 개성 경천사지 10층 석탑은 대한 제국 시기에 일본에 불법으로 반출되었다가 반환되었고, 현재는 국립 중앙 박물관에 전시되어 있어요.

오답 피하기

① 통일 신라 시기에 세워진 경주 불국사 3층 석탑이에요. 수리 과정에서 무구정광대다라니경이 발견되었어요.
② 통일 신라 시기에 세워진 구례 화엄사 4사자 3층 석탑이에요. 상층 기단의 각 면에 무릎 꿇은 네 마리 사자를 배치하여 탑을 지탱하는 독특한 형태입니다.
③ 통일 신라 시기에 세워진 양양 진전사지 3층 석탑이에요.
④ 고려의 평창 월정사 8각 9층 석탑이에요. 고려 전기에 유행한 다각 다층 양식의 대표적인 탑이에요.

18 이성계의 활동

정답 ③

고려군을 이끌고 전라도 황산에서 적장 아지발도를 사살하는 등 왜구를 크게 물리쳤다는 설명을 통해 (가) 인물이 이성계임을 알 수 있어요. 고려 말에 왜구의 침입이 잦아 해안 지방의 피해가 커지는 가운데 최영이 홍산, 이성계가 황산 등지에서 침입한 왜구를 격퇴하여 큰 승리를 거두었어요. 이 시기에 중국에서는 원의 세력을 몰아낸 명이 본격적으로 영토 확장을 꾀하였어요. 요동 지역을 점령하고 있던 원의 남은 세력까지 물리친 명은 원이 쌍성총관부를 설치하여 한때 직접 지배하였던 철령 이북의 땅을 자신들의 직속령으로 삼겠다고 고려 정부에 통고해 왔어요. 이에 반발하여 우왕과 최영은 요동 정벌을 단행하여 이성계와 군대를 파견하였어요. 4불가론을 내세우며 요동 정벌에 반대 입장이었던 이성계는 회군 명령을 요청하였지만 받아들여지지 않자 ③ 위화도에서 회군하여 최영을 제거하였어요.

오답 피하기

① 몽골이 고려에 침입하였을 때 김윤후는 처인성에서 몽골 장수 살리타를 사살하고 몽골군을 물리쳤어요.
② 고려 목종 때 강조가 정변을 일으켜 목종을 폐위하였어요.
④ 최충헌은 교정도감을 설치하고 그 책임자인 교정별감이 되어 국정 전반을 장악하였어요.
⑤ 공민왕 때 등용된 신돈은 전민변정도감의 책임자가 되어 권문세족의 경제 기반을 약화하고 국가 재정을 확대하는 정책을 주도하였어요.

19 태종 재위 시기의 사실

정답 ③

신문고를 설치하고 문하부 낭사를 사간원으로 독립시켰다는 내용을 통해 밑줄 그은 '임금'이 조선 태종임을 알 수 있어요. 두 차례 왕자의 난을 거쳐 즉위한 태종은 왕권 강화를 위한 제도 개편에 힘썼어요. 사병을 혁파하고 문하부를 폐지하여 의정부에 통합하였으며, 간쟁을 담당하던 문하부 낭사를 사간원으로 독립시켰어요. 또한, ③ 6조가 의정부를 거치지 않고 국왕에게 업무를 직접 보고하게 하는 6조 직계제를 실시하였어요.

오답 피하기

① 숙종 때 임진왜란 당시에 원군을 파견한 명의 황제 신종을 제사 지내는 대보단이 설치되었어요.
② 세종 때 중국과 우리나라 여러 의서의 이론을 수집·정리한 의학 백과사전인 "의방유취"가 편찬되었어요.
④ 성종 때 조선의 기본 법전인 "경국대전"이 반포되어 유교적 법치 국가의 토대가 마련되었어요.
⑤ 영조 때 역대 문물제도를 정리한 백과사전 형태의 "동국문헌비고"가 간행되었어요.

20 단종 복위 운동

정답 ①

성삼문 등이 주도한 복위 운동에 연루되어 노산군이 영월로 유배를 왔다는 내용을 통해 가상 대화의 배경이 조선 세조 때 있었던 단종 복위 운동임을 알 수 있어요. ① 수양 대군(세조)은 계유정난을 일으켜 정권을 장악한 뒤 조카인 단종을 압박하여 왕위를 넘겨받았어요. 성삼문을 비롯한 집현전 출신 문신들과 몇몇 무신이 왕위를 찬탈한 세조를 제거하고 상왕으로 밀려난 단종을 복위시킬 계획을 세웠으나 사전에 발각되어 실패하였어요. 이로 인해 성삼문 등 주모자가 처형되었고, 단종은 노산군으로 강등되어 강원도 영월에 유배되었어요.

오답 피하기

② 현종 때 효종과 효종 비에 관한 상례에서 자의 대비의 복상 문제를 두고 서인과 남인의 의견이 달라 대립한 예송이 일어났어요. 효종이 죽은 뒤 벌어진 1차 예송에서는 서인의 주장(1년복)이, 효종 비가 죽은 뒤 벌어진 2차 예송에서는 남인의 주장(1년복)이 받아들여졌어요.
③ 조선 후기에 성리학이 발전하면서 인성과 물성이 같은가, 다른가를 두고 논쟁이 일어났어요. 인성과 물성이 같다고 주장하는 학자들은 주로 낙하(지금의 서울 지방)에 살고 있어 낙학 또는 낙론이라고 하였으며, 인성과 물성이 근본적으로 다르다고 주장하는 학자들은 주로 호서(지금의 충청도 지방)에 살고 있어 호학 또는 호론이라고 하였어요.
④ 선조 때 정여립 모반 사건을 계기로 기축옥사가 일어나 동인이 큰 피해를 입었어요.
⑤ 숙종 때 희빈 장씨 소생을 원자로 책봉하는 문제를 계기로 기사환국이 일어나 송시열 등 서인이 축출되었고 인현 왕후까지 폐위되었어요. 이후 남인이 권력을 장악하고 희빈 장씨가 왕비로 책봉되었어요.

21 승정원

정답 ④

'도승지', '은대', '정원' 등을 통해 (가) 기구가 승정원임을 알 수 있어요. 승정원은 조선 시대에 ④ 왕명 출납을 담당한 왕의 비서 기관이며, 은대·정원·후원·대언사 등으로도 불렸어요. 승정원에는 도승지를 비롯해 좌·우승지, 좌·우부승지, 동부승지 등 6명의 승지가 있었습니다. 승정원에서 매일매일 취급한 문서와 사건을 기록한 "승정원일기"는 유네스코 세계 기록 유산으로 등재되어 있어요.

오답 피하기

① 사헌부는 관리의 비리를 감찰하는 일을 담당하였으며, 사간원, 홍문관과 함께 삼사로 불렸어요.
② 사역원은 외국으로 가는 사신의 통역과 번역을 담당하였으며, 역관 양성을 위한 외국어 교육도 실시하였어요.
③ 관상감은 천문, 지리, 기후 등에 관한 사무를 담당하였어요.
⑤ 의금부는 국왕 직속 사법 기구로 반역죄, 강상죄 등 중죄를 처결하였어요.

22 사화의 발생

정답 ③

조선 성종 때 중앙 정계에 진출하기 시작한 사림은 훈구 세력의 잘못을 밝히고 비판하여 그들과 대립하였어요. 이러한 가운데 성종에 이어 즉위한 연산군은 사림이 언론 활동으로 왕권을 견제하려 하자 사림을 탄압하였지요. 훈구 세력이 이를 기회로 (나) 김종직이 쓴 '조의제문'을 구실로 삼아 사림을 공격하여 무오사화가 일어났어요. 무오사화 뒤에 연산군이 (가) 어머니 폐비 윤씨의 사사 사건과 관련된 훈구와 사림 세력을 탄압한 갑자사화가 일어났어요. 무오사화와 갑자사화를 일으킨 이후에도 연산군의 폭정이 계속되자 중종반정이 일어나 연산군이 쫓겨나고 중종이 왕위에 올랐어요. 중종은 반정에 공을 세운 신하들이 권력을 독점하자 이를 견제하기 위해 조광조를 비롯한 사림을 등용하였어요. (라) 조광조가 현량과를 실시하고 위훈 삭제를 주장하는 등 급진적인 개혁을 추진하자 훈구 세력이 반발하고 중종의 반감도 커져 조광조를 비롯한 많은 사림이 축출되는 기묘사화가 일어났어요. 그리고 중종의 둘째 아들로서 인종에 이어 즉위한 명종 때 (다) 외척 윤임(대윤)과 윤원형(소윤)의 권력 다툼으로 을사사화가 일어나 대윤과 관련된 많은 사림이 피해를 입었습니다. 따라서 일어난 순서대로 나열하면 ③ (나)-(가)-(라)-(다)입니다.

23 조선 후기의 사회 모습

정답 ②

여자들이 소설을 읽는 것을 즐기고 세책가에서 책을 빌려준다는 내용을 통해 자료의 상황이 나타난 시기가 조선 후기임을 알 수 있어요. 조선 후기에 한글 소설이 부녀자와 서민층에서 널리 유행하였어요. 서민층이 경제적으로 성장하고 독서 인구가 증가하면서 상업적 소설이 많이 출간되었고, 돈을 받고 책을 빌려주는 세책가가 생겨 소설이 널리 유통되었어요. ② 조선 전기에 염포의 왜관에서 무역이 이루어졌어요. 염포의 왜관은 중종 때 일어난 삼포 왜란 이후 폐쇄되었어요.

오답 피하기

① 조선 후기에 담배, 면화 등이 시장에 내다 팔기 위한 상품 작물로 널리 재배되었어요.
③ 조선 후기에 사람들이 많이 모이는 장시에서 탈춤, 판소리 등의 공연이 벌어졌어요.
④ 조선 후기에 중인도 시를 짓고 즐기는 모임인 시사를 조직하여 문예 활동을 하였어요.
⑤ 조선 후기에 물주의 자금을 받아 전문적으로 광산을 경영하는 덕대가 등장하였어요.

24 영조의 정책

정답 ④

청계천 준설을 추진하였으며 탕평, 균역 등 자신의 치적을 거론한 글을 남겼다는 내용을 통해 (가) 왕이 조선 영조임을 알 수 있어요. 영조는 붕당의 대립으로 인한 폐단을 바로잡고 붕당 간의 조화를 바탕으로 정국을 안정시키기 위해 탕평책을 실시하였어요. 붕당의 폐해를 경계하고 탕평의 의지를 널리 알리고자 성균관에 탕평비를 세우기도 하였지요. 또한, 백성의 군역 부담을 줄여 주기 위해 군포를 1년에 1필만 납부하게 하는 균역법을 실시하였어요. ④ 영조는 "경국대전" 반포 이후에 공포된 법령 중에서 시행할 법령만을 추려서 "속대전"을 편찬하여 통치 체제를 정비하였어요.

오답 피하기
① 효종은 청의 요청에 따라 나선 정벌에 조총 부대를 파견하였어요.
② 광해군은 방납의 폐단을 바로잡기 위해 경기도에서 대동법을 처음 실시하였어요.
③ 선조 때 임진왜란 과정에서 포수, 사수, 살수의 삼수병으로 구성된 훈련도감이 창설되었어요.
⑤ 세종 때 한양을 기준으로 천체 운동을 계산한 역산서인 "칠정산"이 편찬되었어요.

25 병자호란
정답 ③

김상용이 봉림 대군 등을 호종하여 강화도로 피난하였다가 강화성이 함락되자 순절하였다는 내용을 통해 밑줄 그은 '이 전쟁'이 병자호란임을 알 수 있어요. 병자호란이 일어나자 김상용은 세자빈과 봉림 대군 등 왕실 사람들을 호종하여 강화도로 피란하였어요. 인조와 소현 세자도 강화도로 피란하려고 하였으나 청군에 의해 길이 막혀 남한산성으로 들어갔어요. 남한산성에서 청에 항전하던 인조는 결국 굴복하였어요. ③ 병자호란 때 전라도 병마절도사로 있던 김준룡이 관할 군대를 이끌고 지금의 경기도 용인의 광교산 일대에서 청군과 싸워 승리하였어요.

오답 피하기
① 임진왜란 때 조·명 연합군이 일본군이 점령한 평양성을 탈환하고 전세를 역전하였어요.
② 광해군 때 후금 공격을 준비하고 있던 명의 요청을 받아 지원군으로 파견된 강홍립 부대가 사르후 전투에 참전하였어요.
④ 세종 때 김종서가 두만강 일대의 여진을 정벌하고 6진을 개척하였어요.
⑤ 임진왜란 때 곽재우, 김천일, 고경명, 조헌, 사명 대사(유정) 등이 의병장으로 활약하였어요.

26 진주 농민 봉기
정답 ⑤

진주의 백성들이 경상 우병사 백낙신을 협박하고 인명을 살상하였다는 내용을 통해 밑줄 그은 '변란'이 1862년에 일어난 진주 농민 봉기임을 알 수 있어요. 정조 사후 세도 정치가 전개되면서 정치 기강이 무너져 매관매직이 성행하고 삼정의 문란이 극심하였어요. 세도 정치의 폐단이 극에 달하였던 철종 때인 1862년에 진주에서는 경상 우병사 백낙신의 탐학과 향리의 횡포에 분노하여 유계춘 등의 주도로 농민 봉기가 일어났어요(진주 농민 봉기). 조선 정부는 진주 농민 봉기를 수습하기 위해 박규수를 안핵사로 파견하였고, 박규수의 건의에 따라 봉기의 주요 원인이었던 ⑤ 삼정의 문란을 시정하고자 삼정이정청을 설치하였어요.

오답 피하기
① 광무개혁 때 고종 황제는 군 통수권 장악을 위해 황제 직속의 원수부를 설치하였어요.
② 순조 때 군역 대상자를 확보하고 재정을 확충하기 위해 각 궁방과 중앙 관서의 공노비를 해방하였어요.
③ 제2차 갑오개혁 때 고종은 개혁의 기본 방향을 제시한 홍범 14조를 반포하였어요.
④ 고종 때 흥선 대원군은 경복궁 중건의 재정 문제를 해결하기 위해 당백전을 발행하였어요.

27 김정희의 활동
정답 ③

세한도를 그렸으며 '완당'이라는 호를 사용하였다는 내용을 통해 (가) 인물이 김정희임을 알 수 있어요. '완당', '추사' 등의 호를 사용한 김정희는 고증학의 영향을 받아 금석학에 조예가 깊어 ③ 금석문을 연구하고 저술한 "금석과안록"에서 북한산비가 진흥왕 순수비임을 고증하였어요. 또한, 예술적 능력도 뛰어나 세한도, 모질도, 부작란도 등의 그림을 남겼으며, 추사체라는 독특한 서체를 창안하기도 하였어요.

오답 피하기
① 유득공은 "발해고"에서 통일 신라와 발해를 가리켜 '남북국'이라는 용어를 처음 사용하였어요.
② 정약용은 중국에서 출간된 서양 기술 서적인 "기기도설"을 참고하여 거중기를 설계하였어요. 거중기는 수원 화성 건설에 이용되었어요.
④ 정제두는 양명학을 체계적으로 연구하였으며, 강화도에서 후진 양성에 힘을 기울여 강화학파를 형성하였어요.
⑤ 안견은 안평 대군이 꿈속에서 본 무릉도원에 대한 이야기를 듣고 몽유도원도를 그렸어요.

28 흥선 대원군 집권 시기의 사실
정답 ③

(가)는 만동묘를 철폐한다는 내용을 통해 어린 고종을 대신하여 국정을 운영한 흥선 대원군의 집권 초기임을 알 수 있어요. (나)는 최익현이 상소를 올려 대원군의 잘못을 탄핵하였으며 왕(고종)이 너그러운 비답을 내렸다는 내용으로 보아 흥선 대원군 실각의 계기가 된 상황임을 알 수 있어요. 따라서 흥선 대원군이 집권한 시기에 있었던 사실을 찾으면 됩니다. ③ 신미양요 뒤에 흥선 대원군은 서양 세력과의 통상 수교 거부 의지를 널리 알리기 위해 종로와 전국 각지에 척화비를 세웠어요(1871).

오답 피하기
① 개항 후 조선 정부는 개화 정책을 추진하는 과정에서 신식 군대인 별기군을 창설하였어요(1881).
② 미국에서 귀국한 서재필은 정부의 지원을 받아 최초의 민간 신문인 독립신문을 창간하였어요(1896).
④ 김옥균, 서광범, 박영효 등 급진적인 개화 세력이 갑신정변을 일으켰으나 3일 만에 실패하였어요(1884).
⑤ 조선 정부는 청의 군사적 지원으로 임오군란을 진압한 뒤에 조·청 상민 수륙 무역 장정을 체결하였어요(1882).

29 부산의 역사
정답 ④

'대일 무역의 거점', '초량 왜관', '두모포 수세 사건'을 통해 (가) 지역이 ④ 부산임을 알 수 있어요. 강화도 조약에 따라 부산에 최초로 조계가 설정되고 일본인의 거주와 교역이 허용되었어요. 조선은 개항 이후 교역량이 늘어나자 교역 과정에서의 세금 문제에 관심을 갖게 되었어요. 하지만 강화도 조약과 함께 체결된 무역 규칙에서 일본 상품에 대한 관세 규정을 두지 못하였기 때문에 직접적으로 관세를 징수할 수 없어 수출입 무역에 종사하는 조선 상인을 상대로 상품세를 내게 하였어요. 이로 인해 조선 상인이 내놓은 거래 물품 가격이 급등하자 부산의 일본 상인들이 이러한 징세는 곧 관세라면서 항의하였고, 급기야 일본이 군함까지 동원하여 부산 앞바다에서 무력시위를 벌여 결국 조선 정부가 징세를 철회하는 상황이 일어나기도 하였어요(두모포 수세 사건).

오답 피하기
① 인천은 강화도 조약에 따라 1883년에 개항되었으며, 6·25 전쟁 때 국군과 유엔군의 상륙 작전이 전개된 곳이에요.
② 일제 강점기에 군산항을 통해 많은 양의 쌀이 일본으로 유출되었어요.
③ 목포는 일제 강점기에 항구 도시로 발달하였으며, 목포 근해 암태도에서는 농민들이 고율의 소작료를 요구하는 지주 문재철에 맞서 소작 쟁의를 벌였어요.
⑤ 원산은 강화도 조약에 따라 1880년에 개항되었으며, 최초의 근대 학교인 원산 학사가 설립된 곳이에요.

30 갑신정변

정답 ③

청 군대의 내습을 우려하여 왕(고종)을 경우궁으로 옮기고 일본에 군사적 지원을 요청하였으며, 민영목, 민태호 등을 제거하였다는 내용을 통해 갑신정변 당시의 상황을 기록한 자료임을 알 수 있어요. 임오군란 이후 청의 내정 간섭이 심화되는 상황에서 김옥균, 박영효 등 급진 개화파는 일본 공사의 지원 약속을 받고 우정총국 개국 축하연을 기회로 정변을 일으켰어요(갑신정변). 급진 개화파는 왕과 왕비를 경우궁으로 옮긴 후 입궐하는 민씨 일파와 군권을 가진 고위 관리를 제거하였어요. 이후 개화당 정부를 구성하고 개혁 정강을 발표하였습니다. 그러나 청군이 개입하고, 지원을 약속한 일본군이 철수하면서 정변은 3일 만에 실패하였어요. 갑신정변 이후 조선 정부는 일본에 배상금 지불과 일본 공사관 신축 비용을 제공한다고 약속한 한성 조약을 체결하였어요. 청과 일본은 톈진 조약을 체결하여 조선에서 군대를 공동 철수하고 이후 조선에 파병할 때 서로 미리 통보할 것을 약속하였어요.

따라서 갑신정변이 일어난 시기는 임오군란과 톈진 조약 사이인 ③ (다)입니다.

31 개화 정책의 추진

정답 ②

(가)는 조선이 일본과 평등한 권리를 보유하고, 개항장에서 죄를 지은 일본인을 일본 관원이 심리하여 판결한다는 내용의 조항을 통해 강화도 조약임을 알 수 있어요. 1876년에 일본이 운요호 사건을 구실로 조선에 개항을 요구하여 강화도 조약이 체결되었어요. 강화도 조약은 조선이 외국과 맺은 최초의 근대적 조약이었으나 해안 측량권, 영사 재판권 등을 일본에게 허용한 불평등 조약이었어요. (나)는 조선과 미국이 체결하였으며 조선의 관세 부과권을 명시한 것으로 보아 1882년에 체결된 조·미 수호 통상 조약임을 알 수 있어요. 이 조약에는 거중 조정, 관세 설정, 최혜국 대우 조항이 처음으로 포함되었어요. ② 개항 후 조선 정부는 1880년에 개화 정책을 총괄하는 기구로 통리기무아문을 설치하고 그 아래에 12사를 두었어요.

오답 피하기

① 1894년에 추진된 제1차 갑오개혁 때 양반과 상민의 신분적 차별이 폐지되고 공사 노비법이 혁파되었어요.
③ 1898년에 대한 제국 황실과 미국인의 공동 출자로 한성 전기 회사가 설립되었어요. 한성 전기 회사는 한성 시내의 전등, 전차, 전화 사업의 운영권을 갖고 관련 사업을 추진하였어요.
④ 1895년 을미개혁 때 '건양'이라는 독자적인 연호가 채택되었어요. '건양'은 '양력을 세운다'라는 뜻이에요.
⑤ 1894년 말부터 1895년까지 추진된 제2차 갑오개혁 때 지방 행정 구역이 8도에서 23부로 개편되었어요.

32 동학 농민 운동

정답 ①

'고부 민란', '전주성을 점령', '우금치에서 패배' 등을 통해 동학 농민 운동에 관한 영상임을 알 수 있어요. 고부 농민 봉기에 가담한 농민들이 잇따라 처벌되자, 전봉준 등은 농민군을 모아 무장에서 봉기하였어요(1차 봉기). 전주성을 점령한 동학 농민군은 외세의 간섭을 막기 위해 서둘러 정부와 전주 화약을 맺고 스스로 해산한 후 집강소를 설치하여 폐정 개혁을 실천해 나갔어요. 그런데 일본군이 조선 정부의 철수 요구를 무시하고 궁궐까지 침범하자 분노한 농민군이 다시 봉기하였지요(2차 봉기). 이때 ① 전봉준이 이끄는 남접과 손병희가 이끄는 북접이 논산에 집결하여 연합 부대를 형성하고 서울을 향해 북상하던 중 공주 우금치에서 일본군과 관군에 맞서 싸웠으나 크게 패배하였어요.

오답 피하기

② 백산에 집결하여 4대 강령을 발표한 농민군은 관군과의 황토현 전투와 황룡촌 전투에서 승리하고 전주성을 점령하였어요. 1부와 2부 사이의 일이에요.
③ 고부 민란을 수습하기 위해 정부가 파견한 안핵사 이용태가 봉기 참여자를 동학교도로 몰아 탄압하자, 전봉준 등 동학 지도부는 무장에서 농민군을 조직하여 봉기하였어요. 이어 백산에 모인 농민군은 4대 강령을 발표하였어요. 1부와 2부 사이의 일이에요.
④ 최시형은 최제우가 체포된 후 동학의 2대 교주가 되어 1890년대 초반에 전개된 교조 신원 운동을 주도하였어요. 동학 농민 운동이 일어나기 이전의 사실이에요.
⑤ 동학교도는 삼례와 보은에서 정부의 탄압으로 처형된 교조 최제우의 억울한 누명을 풀어 줄 것(교조 신원)을 요구하는 집회를 열었어요. 동학 농민 운동이 일어나기 이전의 사실이에요.

33 을사늑약

정답 ③

중명전에서 이토 히로부미가 대한 제국의 외교권을 박탈하는 (가)의 체결을 강요하였다는 내용을 통해 (가)는 을사늑약(제2차 한·일 협약)임을 알 수 있어요. 이토 히로부미는 고종과 정부 대신들을 위협하여 조약 체결을 강요하였어요. 고종이 회의에 참석하지 않고 일부 대신이 강력히 반대하였으나, 일본은 이완용 등 을사오적을 앞세워 조약 성립을 일방적으로 공포하였어요. 공식 명칭도 없이 강제로 체결된 을사늑약으로 대한 제국은 일본에 외교권을 빼앗겼고, ③ 한성에 통감부가 설치되었어요. 통감부는 대한 제국의 외교 업무는 물론 내정 전반을 간섭하였어요.

오답 피하기

① 을미사변으로 신변에 위협을 느낀 고종은 1896년에 러시아 공사관으로 피신하는 아관 파천을 단행하였어요.
② 1894년 동학 농민 운동 당시 조선 정부의 요청으로 청이 조선에 군대를 파견하자 일본도 자국민 보호를 구실로 조선에 군대를 파견하였어요. 이후 조선 장악의 야심을 드러낸 일본은 조선 정부의 철병 요구를 거부하고 경복궁을 무력으로 점령하였어요. 그리고 청·일 전쟁을 일으켰어요.
④ 1907년에 강제 체결된 한·일 신협약의 부속 각서에 따라 대한 제국의 군대가 해산되었어요.
⑤ 조·프 수호 통상 조약이 체결되면서 천주교 포교가 허용되었어요.

34 신민회

정답 ⑤

비밀 결사이며, 105인 사건으로 주요 회원이 형을 선고받았다는 내용을 통해 밑줄 그은 '이 단체'가 신민회임을 알 수 있어요. 신민회는 1907년에 안창호, 양기탁 등이 조직한 비밀 결사로 국권 회복과 공화 정체의 근대 국가 수립을 목표로 삼았어요. 이를 위해 오산 학교, 대성 학교를 세워 민족 교육을 실시하였고, 자기 회사와 ⑤ 태극 서관을 운영하여 민족 산업 육성에도 힘썼어요. 또한, 일제의 국권 침탈이 본격화되자 장기적인 독립운동의 기반을 마련하기 위해 서간도 삼원보에 한인촌을 건설하고 신흥 강습소를 세우는 등 국외 독립운동 기지 건설에 적극 나섰어요. 하지만 일제가 날조한 105인 사건으로 조직이 드러나 와해되었어요.

오답 피하기

① 정우회 선언의 영향으로 비타협적 민족주의 세력과 사회주의 세력이 연대한 신간회가 결성되었어요.
② 의열단은 신채호가 작성한 '조선 혁명 선언'을 활동 지침으로 삼았어요.
③ 보안회는 일제의 황무지 개간권 요구에 반대하는 운동을 전개하여 이를 저지하였어요.
④ 독립 협회는 중추원 개편을 통한 의회 설립을 추진하고 관민 공동회에서 헌의 6조를 채택하여 고종의 재가를 받았어요.

35 대한 광복회 정답 ②

총사령이 박상진이며 군자금 모집과 친일파 처단 등의 활동을 전개하였다는 내용을 통해 (가) 단체가 대한 광복회임을 알 수 있어요. 1915년에 대구에서 박상진 등을 중심으로 결성된 대한 광복회는 ② 공화 정체의 국민 국가 건설을 지향한 비밀 결사였어요. 군대식 조직을 갖추고 군자금을 모아 만주에 무관 학교를 세우고자 하였으며, 친일파 처단 등의 활동을 벌였어요.

오답 피하기

① 대한 자강회는 고종의 강제 퇴위에 반대하는 운동을 앞장서서 전개하였어요.
③ 대한민국 임시 정부는 프랑스 파리에서 활동하고 있던 김규식을 전권 대사로 임명하여 파리 강화 회의에 독립 청원서를 제출하였어요.
④ 한국 광복군은 미군과 연합하여 국내 진공 작전을 계획하였으나 실행에 옮기지는 못하였어요.
⑤ 독립 협회는 우리나라 최초의 근대적 민중 집회인 만민 공동회를 개최하여 민권 신장을 추구하였어요.

36 3·1 운동 정답 ③

독립 선언서가 발견되었으며, 당시 일제가 제암리 학살 사건을 자행하였다는 내용을 통해 (가) 운동이 3·1 운동임을 알 수 있어요. 1919년 3월 1일에 민족 대표 33인은 탑골 공원에서 독립 선언서를 낭독하고 시위를 전개할 계획이었으나, 시위가 과격해질 것을 우려하여 태화관에서 독립 선언서를 낭독하고 경찰에 자진 신고하여 체포되었어요. 하지만 탑골 공원에 모여 있던 학생과 시민들은 민족 대표들이 나타나지 않자 독립 선언서를 가져와 낭독하고 만세 운동을 시작하였어요. 이후 만세 운동은 전국은 물론 해외로도 확산되었어요. 일제는 헌병과 군대를 동원하여 무력으로 시위대를 탄압하였고, 경기도 화성 제암리에서는 주민을 학살하는 등의 만행을 저질렀어요. ③ 3·1 운동을 계기로 일제는 한국인에 대한 무단 통치의 한계를 느끼고 이른바 문화 통치를 실시하였어요.

오답 피하기

① 광주 학생 항일 운동이 일어나자 신간회에서 진상 조사단을 파견하여 지원하였어요.
② 1926년에 순종의 인산일을 기회로 6·10 만세 운동이 전개되었어요.
④ 1929년에 한국인 학생과 일본인 학생 간의 충돌에서 비롯된 광주 학생 항일 운동이 일어났어요.
⑤ 6·10 만세 운동의 계획이 사전에 발각되어 시위를 준비하던 사회주의자들이 대거 검거되었어요.

37 물산 장려 운동 정답 ②

조선인 기업이 만든 상품의 사용을 장려하고자 전개되었다는 내용을 통해 밑줄 그은 '이 운동'이 물산 장려 운동임을 알 수 있어요. ㄱ. 1920년에 회사령이 폐지되고 일본 상품에 대한 관세가 철폐된다는 소식이 국내에 전해지면서 일본 기업에 비해 그 수나 자본금이 적고 기술력이 뒤처지는 한국 기업과 자본가들의 위기의식이 높아졌어요. 이러한 가운데 민족 산업을 보호·육성하여 민족 경제의 자립을 이루자는 물산 장려 운동이 전개되었어요. 물산 장려 운동은 ㄷ. 평양에서 조만식 등의 주도로 시작되었으며 자작회, 토산 애용 부인회 등의 단체가 활발하게 참여하면서 전국적으로 확산되었어요.

오답 피하기

ㄴ. 외국 상인들의 상권 침탈에 대응하여 1898년 서울의 시전 상인들이 황국 중앙 총상회를 조직하고 상권 수호 운동을 전개하였어요.
ㄹ. 개항 이후 외국 상인들이 국내에 진출하면서 국내 상인의 상권을 침해하자 이에 맞서기 위한 방안으로 대동 상회 등 근대적 상회사가 설립되었어요.

38 제2차 조선 교육령 발표 이후의 사실 정답 ⑤

보통학교의 수업 연한을 6년으로 한다는 내용을 통해 자료의 법령이 1922년에 발표된 제2차 조선 교육령임을 알 수 있어요. 일제는 제2차 조선 교육령을 시행하여 기존 제1차 조선 교육령(1911)에서 규정한 보통학교의 수업 연한을 4년에서 6년으로 변경하였어요. 일제는 제2차 조선 교육령을 통해 학제를 일본과 동일하게 개편하여 융화를 표방하였지만, 실제 교육령 개정의 목표는 민족 분열 조장과 일본식 교육 강화에 있었어요. ⑤ 1923년에 조선 민립 대학 설립 기성회가 창립되어 한국인을 위한 대학 설립을 위해 모금 활동을 전개하였어요.

오답 피하기

① 일제는 재래의 서당에 근대적 교육을 추가한 개량 서당이 확산되자 1918년에 서당 규칙을 제정하여 이를 탄압하였어요.
② 1919년에 민족 자결주의의 영향을 받은 일본의 한국인 유학생들이 도쿄에서 2·8 독립 선언을 발표하였어요.
③ 1921년에 장지영 등이 조선어 연구회를 결성하여 한글 연구와 보급을 위해 노력하였어요.
④ 1920년에 차미리사의 주도로 여성 계몽 교육 단체인 조선 여자 교육회가 조직되었어요.

39 하와이 지역의 독립운동 정답 ⑤

1902년 사탕수수 농장에 노동자로 첫 이민자가 떠났다는 내용을 통해 (가) 지역이 미국 하와이임을 알 수 있어요. 1902년에 시작된 하와이 이민은 사탕수수 농장에서 일하기 위한 노동 이민이었어요. 이 시기에 하와이로 이주한 사람들은 열악한 조건 아래 사탕수수 농장 노동뿐만 아니라 개간, 철도 가설 등 힘든 일에 종사하며 심각한 인종 차별에 시달렸어요. 하지만 이들은 어려운 생활 속에서도 한인 사회를 형성하고 각종 단체를 설립하여 한국의 독립운동을 지원하였어요. ⑤ 1914년에 박용만 등은 하와이에서 대조선 국민군단을 조직하고 군사 훈련을 하는 등 무장 투쟁을 준비하였어요.

오답 피하기

① 한인 애국단 단원인 이봉창은 도쿄에서 일왕이 탄 마차에 폭탄을 투척하는 의거를 일으켰어요.
② 연해주에서 한인 자치 단체인 권업회가 조직되었고, 권업회는 기관지로 권업신문을 발간하였어요.
③ 이상설, 이동녕 등은 북간도의 용정에 서전서숙을 설립하여 민족 교육을 실시하였어요.
④ 이회영 등 신민회 회원은 서간도의 삼원보에 독립군 양성을 위한 신흥 강습소를 세웠어요.

40 양세봉과 지청천 정답 ③

(가) 인물은 조선 혁명군 총사령관으로 항일 투쟁을 전개하였다는 내용을 통해 양세봉임을 알 수 있어요. 양세봉은 1930년대 초반에 남만주 지역에서 조선 혁명군을 이끌고 항일 중국군과 연합하여 영릉가 전투, 흥경성 전투 등에서 일본군에 승리하였어요. (나) 인물은 한국 독립군 총사령관으로 항일 투쟁을 전개하였으며, 한국 광복군 총사령관에 취임하였다는 내용을 통해 지청천임을 알 수 있어요. 지청천은 1930년대 초반에 한국 독립군을 이끌고 한·중 연합 작전을 전개하였어요. 지청천이 이끄는 한국 독립군은 중국 호로군과 연합하여 쌍성보 전투, ③ 대전자령 전투 등에서 일본군에 대승을 거두었어요. 또한, 지청천은 대한민국 임시 정부가 충칭에 정착한 후 창설한 정규 군대인 한국 광복군의 총사령관을 역임하였어요.

오답 피하기

① 김원봉은 중국 국민당 정부의 지원을 받아 중국 난징에 조선 혁명 간부 학교를 설립하고 독립군 간부 양성에 힘썼어요.
② 박상진은 공화정 수립을 목표로 대구에서 비밀 결사인 대한 광복회를 조직하여 친일파를 처단하였어요.
④ 국권을 빼앗긴 뒤에 북간도에서 서일 등 대종교도가 항일 운동 단체인 중광단을 결성하여 무장 투쟁을 전개하였고, 이후 중광단을 중심으로 북로 군정서를 조직하였어요.
⑤ 김원봉과 일부 의열단원이 중국의 황푸 군관 학교에 입학하여 군사 훈련을 받았어요.

41 민족 문화 수호 운동 정답 ①

① 정인보는 1930년대에 민족의 얼을 강조하고, 정약용의 저서를 모은 "여유당전서" 간행을 계기로 조선학 운동을 전개하였어요.

오답 피하기

② 장지연은 1905년 을사늑약이 체결되자 황성신문에 '시일야방성대곡'이라는 논설을 실어 을사늑약의 부당성을 비판하였어요.
③ 유길준은 미국과 유럽 등을 다닌 경험을 바탕으로 1895년에 "서유견문"을 간행하여 서양 근대 문명을 소개하였어요.
④ 최익현은 1876년 개항에 반대하며 지부복궐척화의소를 올려 일본과 서양의 실체는 똑같다는 왜양일체론을 주장하였어요.
⑤ 신헌은 1876년에 조선 측 대표로 강화도 조약을 체결하고 그 전말을 기록한 "심행일기"를 남겼어요.

42 1930년대 후반 이후 일제 식민 통치 정답 ③

중·일 전쟁을 일으킨 일제가 침략 전쟁을 확대하였다는 내용을 통해 밑줄 그은 '시기'가 중·일 전쟁이 일어난 1937년 이후에 해당함을 알 수 있어요. 침략 전쟁을 확대한 일제는 한국인을 전쟁에 쉽게 동원하기 위해 한국인의 정체성과 민족의식을 말살하는 민족 말살 정책을 본격적으로 추진하였어요. 또한, ③ 내선일체를 강조한 황국 신민 서사를 제정하여 암송을 강요하였으며, 신사 참배와 궁성 요배도 강요하였어요.

오답 피하기

① 일제는 1925년에 만주 지역의 중국 군벌과 미쓰야 협정을 체결하여 독립군에 대한 탄압을 강화하였어요.
② 일제는 1912년에 한국인에게만 태형을 적용하는 조선 태형령을 공포하였어요. 조선 태형령은 일제가 3·1 운동을 계기로 이른바 문화 통치를 표방하면서 폐지되었어요.
④ 1910년대 일제는 헌병 경찰 제도를 바탕으로 강압적인 무단 통치를 실시하여 한국인을 위협하고 저항 의식을 억눌렀어요. 일제는 3·1 운동을 계기로 이른바 문화 통치를 표방하면서 헌병 경찰 제도를 보통 경찰 제도로 바꾸었어요.
⑤ 1931년에 중국 지린성의 만보산 지역에서 수로 개척을 두고 한국인 농민과 중국인 농민 사이에 발생한 충돌 사건을 만보산 사건이라고 합니다. 이 충돌로 중국인 농민 중에 약간의 부상자가 나왔고, 한국인 농민 중에는 사상자가 없었어요. 그런데 일제가 허위 정보를 제공하여 국내에 사건이 확대 보도되면서 반중 감정이 크게 일어났어요. 이로 인해 평양, 인천, 서울 등지에서 중국인을 공격하는 사태가 발생하기도 하였어요.

43 단성사 정답 ①

① 1926년에 단성사에서 나운규가 제작한 영화 '아리랑'이 처음 개봉되었어요. 단성사는 1907년에 서울 종로에 세워진 극장이며, 초기에는 주로 기생들이 창이나 무용을 공연하는 공간으로 이용되었어요.

오답 피하기

② 1919년 3·1 운동 때 보성사에서 약 2만 1천여 장의 기미 독립 선언서가 인쇄되었어요.
③ 1923년에 경상남도 진주에서 백정이 자신들에 대한 사회적 차별을 철폐하기 위해 조선 형평사를 조직하고 창립 대회를 개최하였어요.
④ 일제 강점기에 간송 전형필은 해외로 반출될 위기의 문화유산을 수집하여 보화각에 보관하였어요. 우리나라 최초의 사립 박물관인 보화각은 후에 간송 미술관으로 이름이 바뀌었어요.
⑤ 1919년에 강우규는 서울 남대문역(지금의 서울역) 광장에서 사이토 총독이 탄 마차에 폭탄을 투척하였어요.

44 한국 광복군 정답 ④

1940년에 대한민국 임시 정부 산하에 창설되었다는 내용을 통해 (가) 군대는 한국 광복군임을 알 수 있어요. 1940년 충칭에 정착한 대한민국 임시 정부는 중국 국민당 정부의 지원을 받아 산하에 정식 군대인 한국 광복군을 창설하였어요. 1942년에는 김원봉을 비롯하여 화북 지방으로 이동하지 않은 조선 의용대의 병력이 한국 광복군에 합류하여 조직이 강화되었어요. 한편, 대한민국 임시 정부가 일본에 선전 포고한 후 한국 광복군은 연합군의 일원으로 대일전에 참전하였으며, 영국군의 요청에 따라 병력 일부를 인도·미얀마 전선에 파견하였어요. 또한, 미국 전략 정보국(OSS)과 협력하여 ④ 국내 정진군을 조직하고 국내 진공 작전을 추진하였어요. 그러나 일본의 갑작스러운 항복으로 작전을 실행하지 못하였어요.

오답 피하기

① 1910년에 멕시코 지역의 한인들은 독립군을 양성하기 위한 교육 기관으로 숭무 학교를 세웠어요.
② 1932년에 지청천이 이끄는 한국 독립군은 쌍성보 전투에서 한·중 연합 작전을 전개하여 일본군에 승리하였어요.
③ 1941년에 조선 의용대 화북 지대는 중국 공산당의 팔로군과 함께 호가장 전투에서 일본군에 맞서 싸웠어요.
⑤ 1938년에 김원봉의 주도로 창설된 조선 의용대는 중국 관내에서 결성된 최초의 한인 무장 부대였어요.

45 우리나라 인쇄 문화의 역사 정답 ①

① 조선 태종 때 활자를 만드는 관청인 주자소가 설치되었고, 이곳에서 계미자, 갑인자 등 금속 활자가 주조되었어요. (가)의 무구정광대다라니경은 경주 불국사 3층 석탑 복원 작업 중에 발견된 현존하는 세계에서 가장 오래된 목판 인쇄물이에요.

오답 피하기

② 고려 고종 때 부처의 힘을 빌려 몽골의 침입을 물리치고자 하는 소망을 담아 대장도감에서 판각한 목판으로 팔만대장경이 간행되었어요.
③ 고려 말에 청주 흥덕사에서 금속 활자본인 "직지심체요절"이 간행되었어요.
④ 조선 세종 때 이천, 장영실 등이 왕명으로 기존의 활자를 개량한 갑인자를 주조하여 "자치통감" 등의 다양한 책을 펴냈어요.
⑤ 1883년에 정부가 인쇄·출판을 담당하는 관청으로 설치한 박문국에서 납으로 만든 활자를 사용하여 최초의 근대 신문인 한성순보를 발행하였어요.

46 8·15 광복 후 정국 변화 정답 ③

(가)는 태평양 미국 육군 최고 지휘관의 권한으로 조선 북위 38도 이남 지역에 군정을 설립한다는 내용을 통해 광복 직후 미군정 성립에 해당함을 알 수 있어요. (나)는 신탁 통치 반대 국민 총동원 위원회를 결성하였다는 내용을 통해 신탁 통치 반대 운동의 전개 상황임을 알 수 있어요.

따라서 8·15 광복 이후부터 신탁 통치 사실이 국내에 알려져 신탁 통치 반대 운동이 일어나기 전까지의 시기에 있었던 사실을 찾으면 됩니다. ③ 1945년 12월에 미·영·소 3국의 외무 장관이 제2차 세계 대전의 전후 처리를 논의하기 위해 모스크바에 모여 회의를 개최하였어요. 이 회의에서 한반도 문제도 논의되어 임시 민주 정부 수립, 미·소 공동 위원회 설치, 최대 5년간의 신탁 통치 실시 등이 결정되었어요.

오답 피하기

① 제2차 세계 대전 중인 1943년에 미·영·중 3국의 최고 지도자들이 카이로 선언을 발표하여 한국의 독립을 처음으로 보장하였어요.
② 일제의 패망이 가시화되자 1944년에 국내에서 여운형의 주도로 조선 건국 동맹이 결성되었어요.
④ 제1차 미·소 공동 위원회의 결렬, 이승만의 정읍 발언 등으로 분단의 위기감이 커지자 1946년에 여운형과 김규식 등이 남북을 아우르는 정부를 세우기 위해 좌우 합작 위원회를 결성하고 좌우 합작 7원칙을 발표하였어요.
⑤ 1947년 제2차 미·소 공동 위원회 결렬 후 유엔 총회에서 인구 비례에 따른 남북한 총선거 실시가 결의되었어요.

47 박정희 정부 시기의 경제 상황

정답 ①

경기도 광주 대단지에서 주민들이 대규모 시위를 벌였다는 내용을 통해 박정희 정부 시기에 있었던 광주 대단지 사건을 보도한 가상 뉴스임을 알 수 있어요. 광주 대단지는 박정희 정부 시기에 서울시의 철거민 대책으로 조성된 정착지로, 현재 경기도 성남 지역에 해당합니다. 1969년부터 철거민의 이주가 이루어지고 각 지역의 빈민도 유입되어 1971년에는 거주 인구가 15만 명이 넘었어요. 서울시가 처음 내건 이주 조건과 달리 당시 철거민이 이주한 광주는 상하수도, 도로 등의 기반 시설이 제대로 갖추어지지 않은 상태였어요. 이런 상황에서 서울시가 처음 약속한 것보다 몇 배나 인상된 토지 대금을 청구하자 이에 분노한 광주 대단지 주민들이 기반 시설 조성과 대지 가격 인하 등을 요구하며 시위를 벌였어요. ① 박정희 정부 시기인 1970년에 경부 고속 도로가 개통되었어요.

오답 피하기

② 김영삼 정부는 자유 무역이 확대되는 세계 질서 변화에 능동적으로 대응하고 선진국과의 협력을 강화하기 위해 경제 협력 개발 기구(OECD)에 가입하였어요.
③ 이승만 정부 시기에 원조 물자를 가공하여 밀가루, 설탕, 면직물을 생산하는 삼백 산업이 발달하였어요.
④ 전두환 정부 시기에 저유가, 저금리, 저달러의 3저 호황으로 물가가 안정되고 수출이 증가하였어요.
⑤ 김대중 정부 시기에 외환 위기를 극복하기 위해 대통령 직속 자문 기구로 노사정 위원회가 구성되었어요.

48 박정희 정부 시기의 사실

정답 ⑤

박정희 정부는 1969년에 국가 안보 강화와 지속적인 경제 발전을 명분으로 내세워 대통령의 3선 연임을 허용하는 3선 개헌안을 국회에서 통과시켰어요. 개헌으로 1971년에 치러진 제7대 대통령 선거에 출마한 박정희는 야당 후보 김대중을 힘겹게 누르고 3선 연임에 성공하였어요. 이어 1972년에 박정희 정부는 안보와 통일 등을 내세워 ⑤ 국회 해산과 헌법의 일부 효력 정지를 담은 유신을 선포하였어요. 그리고 대통령을 통일 주체 국민 회의에서 간선제로 선출하고 대통령의 중임 제한 규정을 없앤 유신 헌법을 제정·공포하여 사실상 영구 집권에 나섰어요.

오답 피하기

① 1960년에 4·19 혁명으로 이승만 대통령이 하야하고 허정 과도 정부가 수립되어 내각 책임제와 양원제 국회를 골자로 한 개헌이 이루어졌어요.
② 이승만 정부는 평화 통일을 주장한 진보당의 조봉암에게 간첩 혐의를 씌워 사형에 처하였어요(1959).
③ 1969년에 박정희 정부는 반대 여론을 억누르고 대통령의 3선 연임을 허용하는 개헌안을 국회에서 통과시켰어요.
④ 1964년에 박정희 정부의 굴욕적인 한·일 국교 정상화에 반대하는 6·3 시위가 일어났어요.

49 5·18 민주화 운동

정답 ⑤

전남 도청 본관에서 시민군이 계엄군에 항쟁하였다는 내용을 통해 (가) 민주화 운동이 5·18 민주화 운동임을 알 수 있어요. 1980년 광주에서 일어난 5·18 민주화 운동은 전두환 등 신군부의 불법적 정권 탈취와 비상계엄 확대에 대한 저항이었어요. 당시 시위에 나선 광주의 학생과 시민들은 계엄 철폐와 신군부 퇴진을 요구하였고, 이 과정에서 신군부가 계엄군과 공수 부대를 앞세워 무자비하게 진압하자 시민들은 자발적으로 시민군을 조직하여 대항하였어요. 그러나 계엄군이 시민들을 무력 진압하면서 수많은 광주의 시민들이 희생되었어요. ⑤ 5·18 민주화 운동의 발생과 탄압에서부터 진상 조사 활동과 보상에 이르기까지의 관련 기록물이 유네스코 세계 기록 유산으로 등재되었어요.

오답 피하기

① 1976년에 김대중, 함석헌 등 재야인사들이 3·1 민주 구국 선언을 통해 긴급 조치 철폐 등을 주장하며 유신 반대 운동을 전개하였어요.
② 1987년 박종철 고문치사 사건에 대한 진실이 폭로되어 폭압적인 전두환 정부를 규탄하는 시위가 확산되는 가운데 대학생 이한열이 경찰의 최루탄에 피격된 사건이 일어났어요. 이에 분노한 많은 시민과 학생들이 6·10 국민 대회에 참여하고 대규모 시위를 전개하였어요(6월 민주 항쟁).
③ 6월 민주 항쟁 당시 시민들은 '호헌 철폐', '독재 타도' 등의 구호를 외치며 시위에 참여하였어요.
④ 4·19 혁명으로 이승만이 대통령직에서 물러나고 허정 과도 정부가 출범하였어요.

50 김대중 정부 시기의 통일 정책

정답 ②

김대중 정부는 일본 대중문화의 단계적 개방 방침을 마련하는 동시에 양국의 과거사를 극복하고 우호 협력 관계를 재확인하기 위해 오부치 일본 총리와 1998년 10월 8일에 '21세기 새로운 한·일 파트너십 공동 선언'에 합의하였어요. ② 김대중 정부 시기인 2000년에 평양에서 분단 이후 최초로 남북 정상 회담이 개최되고 6·15 남북 공동 선언이 채택되었어요.

오답 피하기

① 박정희 정부 시기에 7·4 남북 공동 성명의 합의 사항을 이행하기 위한 기구로 남북 조절 위원회가 구성되었어요.
③ 노태우 정부 시기에 한반도 비핵화 공동 선언이 합의·발표되었어요.
④ 문재인 정부 시기에 판문점에서 남북 정상 회담이 개최되고 4·27 판문점 선언이 발표되었어요.
⑤ 전두환 정부 시기에 남북 이산가족의 고향 방문이 최초로 성사되었어요.

한국사능력검정시험, 접수부터 합격까지

"큰★별쌤의 라이브방송과 함께"

최태성1TV에서

한능검 D-28 (금, 22시) 한능검 시작합시다!

"한능검 접수와 함께 스타트~"

큰★별쌤의 합격 열차에 탑승하세요.

D-21 (금, 22시) 한능검 아직도 구석기니?

"열공 부스터를 달아 봅시다."

큰★별쌤과 함께 쭉쭉 진도를 빼 봅시다.

D-14 (금, 22시) 한능검 이제 2주 남았다!

"2주. 이제 총력전이다."

큰★별쌤의 특급 진단과 함께
중간 점검하는 시간을 가져보세요.

D-7 (금, 22시) 한능검 7일의 기적!

"포기하지마! 아직 7일이나 남았어."

큰★별쌤이 기적과 같은 일주일을 보내는
방법을 알려드립니다.

D-1 (20시) 한능검 전야제

"내일 시험지 보고 깜놀할 준비해."

큰★별쌤의 예언과도 같은 족집게 강의,
실시간 시청자가 3만이 넘었던 전설의 라방! 꼭 챙기세요.

D-DAY 시험 당일 가답안 공개

큰★별쌤의 가답안은
인스타그램, 페이스북, 트위터에서도 확인할 수 있습니다.

- 인스타그램 | https://www.instagram.com/bigstarsam
- 페이스북 | https://www.facebook.com/imbigstar
- 트위터 | https://twitter.com/bigstarsam

"두구두구~ 과연 나는 합격?"

시험이 끝난 직후, 큰★별쌤과 함께 바로 가답안을 채점해 보세요.

D+14 (금, 22시) 한능검 합격자 발표 및 분석

"시험 결과가 나오는 날, 모두 모여라."

다 같이 모여 큰★별쌤과 함께
의미 있는 마무리를 해요.

3대 온라인 서점 1위

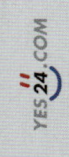

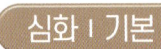

YES24.COM / 알라딘 / KYOBO 교보문고

[3대 온라인 서점 베스트셀러 1위] YES24 2024 수험서 자격증 분야 「2024 큰별쌤 최태성의 별별한국사 한국사능력검정시험 심화(1,2,3급) 상」 베스트 1위 기준 <2024.12 확인> / 알라딘 월간 베스트 수험서/자격증 「2024 큰별쌤 최태성의 별별한국사 한국사능력검정시험 심화(1,2,3급) 상」 2024년 6월 1위 기준 <2024.12 확인> / 교보문고 베스트셀러 국내도서> 인문> 언어학> 한국어/한국사/한자능력시험> 한국사능력검정시험 「2024 큰별쌤 최태성의 별별한국사 한국사능력검정시험 심화(1,2,3급) 하」 1위 기준 <2024.12 확인>
[YES24 2024 종합 베스트셀러 TOP 20] YES24 '2024 베스트셀러 트렌드' 페이지> 2024 종합 베스트 100 「2024 큰별쌤 최태성의 별별한국사 한국사능력검정시험 심화(1,2,3급) 상」 기준

누적 도서 판매 부수	442만	2012. 01~2025. 10 저자 집필 한능검 시험 관련 서적 기준
누적 수강생 수	700만	2002. 03~2025. 10 EBS, 이투스 누적 수강생 데이터 기준
누적 조회 수	1억 6천만	2020. 04~2025. 10 유튜브 최태성1TV 조회 수 기준

정통파

큰별쌤의 아트 판서와 함께
1달 동안 흐름을 정리하는

한국사능력검정시험

심화 | 기본

문제풀이파

기출문제로 **실전 감각을 키우는**

회차별 구성

기출 500제

심화 | 기본

시대별, 주제별 구성

시대별 기출문제집

심화 | 기본

속성파

큰별쌤이 요약한 필수 개념으로
7일 만에 끝내는

7일의 기적

심화 | 기본

2026 시험 대비

큰별쌤 최태성의

별★별 한국사

한국사 능력검정시험

최태성 지음

나만의·약점 단권화·노트

심화 (1·2·3급) 하

이투스북

큰별쌤 최태성의

별★별 한국사

한국사 능력검정시험

나만의·약점 단권화·노트

심화 (1·2·3급) 하

조선 후기(정치)

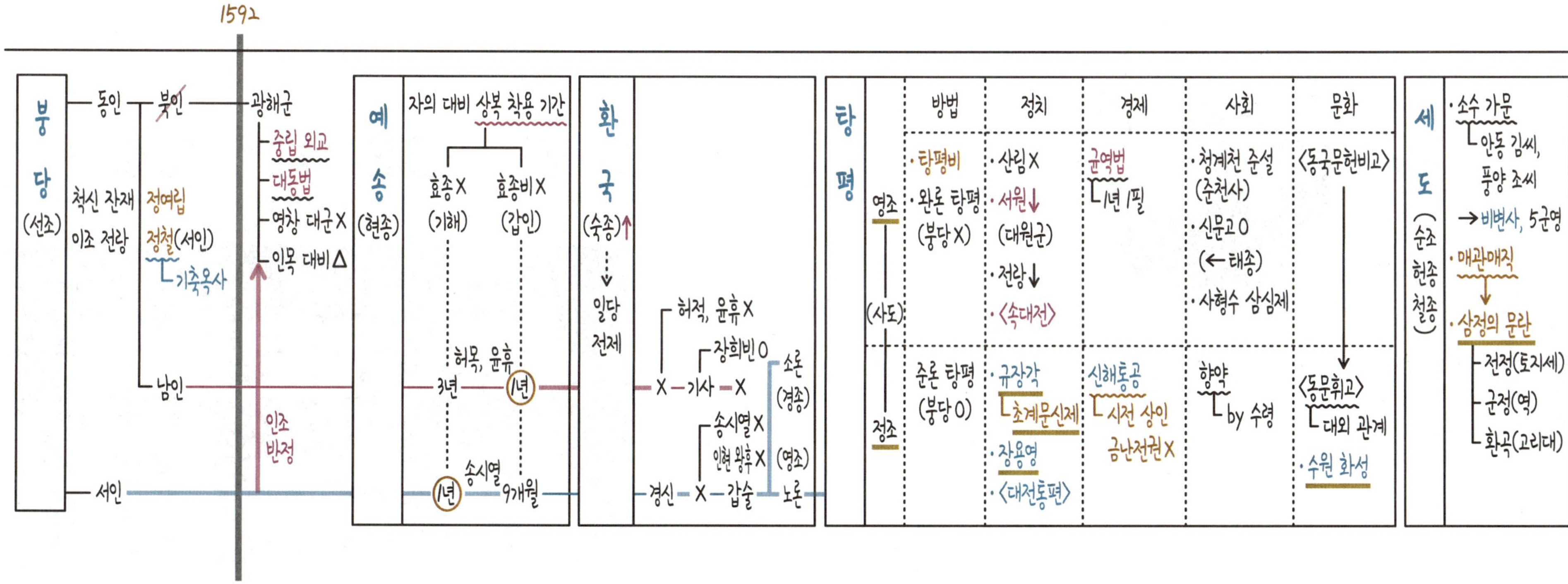
1592
붕당 (선조)
동인
북인
광해군
중립 외교
대동법
영창 대군 X
인목 대비 △
척신 잔재
이조 전랑
정여립
정철(서인)
기축옥사
남인
서인
인조 반정
예송 (현종)
자의 대비 상복 착용 기간
효종 X (기해)
효종비 X (갑인)
허목, 윤휴
3년
1년
송시열
9개월
환국 (숙종)↑
일당 전제
허적, 윤휴 X
장희빈 O
X — 기사 — X
송시열 X
인현 왕후 X
경신 — X — 갑술
소론 (경종)
(영조) 노론
탕평
방법
정치
경제
사회
문화
영조
(사도)
정조
· 탕평비
· 완론 탕평 (붕당 X)
· 산림 X
· 서원↓ (대원군)
· 전랑↓
· 〈속대전〉
균역법
1년 1필
· 청계천 준설 (준천사)
· 신문고 O (← 태종)
· 사형수 삼심제
〈동국문헌비고〉
준론 탕평 (붕당 O)
· 규장각
초계문신제
· 장용영
· 〈대전통편〉
신해통공
시전 상인
금난전권 X
향약
by 수령
〈동문휘고〉
대외 관계
· 수원 화성
세도 (순조 헌종 철종)
· 소수 가문
안동 김씨, 풍양 조씨
→ 비변사, 5군영
· 매관매직
· 삼정의 문란
전정(토지세)
군정(역)
환곡(고리대)

22강 조선 후기(정치)

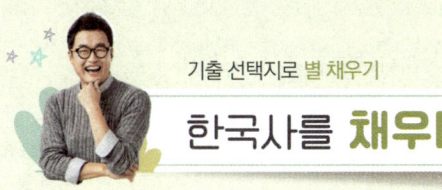

01 사림은 척신 정치의 청산과 이조 전랑의 임명 문제를 둘러싸고 동인과 서인으로 나뉘었다.

02 정여립 모반 사건을 계기로 기축옥사가 일어나 서인이 정국을 주도하였다.

03 건저 문제로 권력을 잡은 동인은 정철에 대한 처벌 문제를 두고 강경파인 북인과 온건파인 남인으로 나뉘었다.

04 광해군이 즉위한 후 중립 외교를 지지한 북인이 서인과 남인을 배제하고 정권을 독점하였다.

05 인조반정으로 서인이 정국의 주도권을 장악하였다.

06 현종 때 자의 대비의 복상 문제를 둘러싸고 예송이 전개되었다.

07 1차 예송(기해예송)에서는 자의 대비가 상복을 1년 동안 입어야 한다는 서인의 주장이 받아들여졌다.

08 2차 예송(갑인예송)에서는 남인이 주장한 1년설이 받아들여져 이후 남인이 정국을 주도하게 되었다.

09 숙종 즉위 후 국왕이 주도하여 집권 붕당을 급격하게 교체하는 환국이 여러 차례 발생하였다.

10 숙종 때 경신환국으로 허적, 윤휴 등의 남인이 축출되고 서인이 정치적 주도권을 잡았다.

11 숙종 때 원자 책봉 문제로 기사환국이 발생하여 남인이 집권하였다.

12 기사환국의 여파로 인현 왕후가 폐위되고 희빈 장씨가 왕비로 책봉되었다.

13 숙종은 갑술환국으로 남인을 몰아내고 서인을 대거 중용하였으며, 폐위한 왕비를 복위시켰다.

14 노론과 소론으로 나뉘어 있던 서인 세력이 갑술환국 이후에 정국을 주도하였다.

15 영조 때 이인좌를 중심으로 소론 세력이 난을 일으켰다.

16 영조는 "속대전"을 편찬하여 통치 체제를 정비하였다.

17 영조는 붕당의 폐해를 경계하라는 자신의 뜻을 알리기 위해 성균관에 탕평비를 건립하였다.

18 영조는 역대 문물을 정리한 "동국문헌비고"를 편찬하였다.

19 영조는 백성의 군역 부담을 줄여 주고자 1년에 군포 1필을 징수하는 균역법을 실시하였다.

20 영조는 홍수에 대비하여 준천사를 신설하고 청계천을 준설하였다.

21 정조는 "대전통편"을 편찬하여 통치 체제를 정비하였다.

22 정조는 왕권 강화를 위해 국왕 친위 부대로 장용영을 설치하였다.

23 정조는 유능한 인재를 양성하기 위해 초계문신제를 시행하였다.

24 정조는 유득공, 이덕무, 박제가 등 서얼 출신의 학자를 규장각 검서관에 등용하였다.

25 정조는 육의전을 제외한 시전 상인의 특권을 폐지하는 신해통공을 실시하였다.

26 정조는 대외 관계를 정리한 "동문휘고"를 간행하였다.

27 정조 사후 소수 특정 가문이 정치권력을 독점하여 국정을 운영하는 세도 정치가 전개되었다.

28 세도 정치 시기에 비변사는 외척 세력 등 세도 가문의 권력 기반이 되었다.

29 세도 정치 시기에 매관매직 등의 비리가 만연하였다.

30 세도 정치 시기에 전정, 군정, 환곡 등 삼정의 문란이 심화되어 백성의 고통이 매우 컸다.

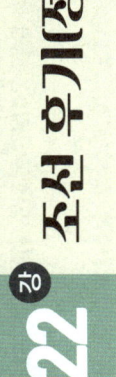

조선 후기(조직, 외교)

한국사의 흐름을 한눈에
한국사를 그리다

1592

〈여진〉 — 후금(청) — 광해군 — 인조 — 효종(봉림) — 숙종 — 정조 — [대한 제국]

반정(서인)

- 광해군
  - 중립 외교
    - └ 강홍립 투항
- 인조
  - 친명배금
  - 정묘 : 정봉수(용골), 이립
  - 병자 : 최명길, 김상헌, 임경업(백마산성), 김준룡(광교산), 김상용(강화도, 순절)
- 효종(봉림)
  - 북벌론 : 송시열(↔윤휴)
  - 나선 정벌(→러) : 조총 부대 파견
- 숙종
  - 백두산정계비
    - └ 서위압록, 동위토문 — 간도
- 정조
  - 북학론
    - └ 박지원, 박제가
- [대한 제국]
  - → 간도 관리사 (이범윤) → 간도 협약(1909) : 청 ┬ 일 X 을사늑약 (1905, 외교권 X)

〈일본〉

- 비변사(임시 → 상설) → 권력↑(의정부, 6조↓) ---→ 세도↑(왕↓) → X(흥선 대원군)
  - 3포 왜란 (중종) / 을묘왜변 (명종)
- 중앙군 : 5위 → 5군영 : 훈련도감, 수어청, 총융청, 어영청, 금위영
  - 훈련도감 : 포수 + 사수 + 살수 → 삼수병(← 삼수미) : 모병 → 직업 군인(급료 상비군)
  - 수어청, 총융청, 어영청 — 인조(호란)
  - 금위영 — 숙종
- 지방군 : 영진군 → 속오군(양반 ~ 노비), 예비군
- 수비 체제 : 진관 → 제승방략 → 진관

- 기유약조 (1609)
  - 회답 겸 쇄환사 : 유정(사명)
- 통신사
  - 중 → 조 → 일
  - 선진 문물 전달
  - 막부 권위 인정
  - ※ 수신사
  - 개항 이후
  - 서 → 일 → 조
  - 서구 문물 수용
- 안용복
  - 울릉도, 독도 → 우리 영토 인정
  - — 대한 제국 칙령 제41호 (1900) — 러·일 전쟁 — 일본 시마네현 강제 편입

23강 조선 후기(조직, 외교)

01 비변사는 임진왜란을 거치면서 기능과 권한이 확대되어 국정 최고 기구의 역할을 하였다.

02 훈련도감은 포수, 사수, 살수의 삼수병으로 편제되었다.

03 훈련도감은 급료를 받는 상비군이 주축을 이루었다.

04 인조는 수도의 방어를 담당하는 어영청을 설치하였다.

05 인조 때 총융청과 수어청이 설치되어 수도의 외곽을 수비하였다.

06 5군영 중 수도의 방어를 담당하는 어영청을 중심으로 북벌이 추진되었다.

07 숙종 때 금위영이 설치되면서 5군영 체제가 완성되었다.

08 임진왜란 중에 지방군으로 양반에서 노비까지 모든 신분이 포함된 속오군이 편성되었다.

09 광해군 때 기유약조를 체결하여 일본과 무역을 재개하였다.

10 광해군은 후금과 전쟁을 준비하고 있던 명의 요청에 따라 강홍립이 이끄는 부대를 지원군으로 파견하였다.

11 정묘호란 당시 용골산성에서 정봉수와 이립이 의병을 이끌고 항전하였다.

12 병자호란 당시 임경업은 백마산성에서 적의 침입에 대비하였다.

13 병자호란 당시 세자빈과 봉림 대군을 호종하여 강화도로 피란한 김상용은 성이 함락되자 순절하였다.

14 병자호란 당시 김준룡은 광교산 전투에서 승리하였다.

15 효종은 청에 당한 치욕을 갚기 위해 북벌 운동을 추진하였다.

16 효종은 청의 요청에 따라 나선 정벌에 조총 부대를 파견하였다.

17 숙종 때 청과의 국경을 정한 백두산정계비가 건립되었다.

18 백두산정계비문의 '토문강' 위치를 두고 한국과 중국의 의견이 달라 간도 귀속 문제가 발생하였다.

19 조선 후기에 청의 문물을 받아들이고 배우자는 북학론이 등장하였는데, 대표적인 학자로 박지원, 박제가 등이 있다.

20 대한 제국은 간도에 거주하는 한인을 보호·관리하기 위해 이범윤을 간도 관리사로 임명하여 간도를 관할하게 하였다.

21 임진왜란 후 조선은 에도 막부의 요청에 따라 대규모 외교 사절단인 통신사를 일본에 파견하였다.

22 통신사는 19세기 초까지 일본에 파견되어 문화 교류에 큰 역할을 하였다.

23 숙종 때 안용복은 일본으로 건너가 울릉도와 독도가 조선의 영토임을 확인받고 돌아왔다.

24 대한 제국은 칙령 제41호를 통해 독도가 대한 제국의 관할 영토임을 명시하였다.

25 일본은 러·일 전쟁 중에 독도를 불법적으로 편입하였다.

24강 조선 후기(경제)

한국사의 흐름을 한눈에
한국사를 그리다

〈수취 체제〉 (1592)

조세
- 과전법 → 공법(전분·연분) → 영정법(인조)
- (1결 30두) (1결 4두~20두) → (1결 4두~6두)

공납
- 특산물 → 방납 폐단 → 대동법 ┬ 광해군(이원익)
  - └ 김육(경기→전국)
- (1결 12두) or 동전, 포
  - → 선혜청
  - └ 공인 → 상품 화폐 경제
- 戶 → 土

역
- 군역 → 요역
- 대립, 방군수포 (1년 2필) → 균역법(영조) (1년 1필)
  - 어·염·선박세
  - 선무군관포
  - 결작(1결 2두)

→ 전세화 · 금납화

〈농업〉 (1592)

밭
- 2년 3작 → 상품 작물 → 담배, 인삼, 면화…

논
- 직파법 … 이앙법 △ → 0
- (남부 일부) → (전국)
- ·이모작, 광작
- ·생산력↑, 노동력↓

지대
- 타조법($\frac{1}{2}$) → 0 + 도조법
  - 타조법 ↳ 신분
  - 도조법 ↳ 계약

농서
- 〈농사직설〉 〈금양잡록〉 〈농가집성〉 〈색경〉

〈상업〉 (중농억상, 1592)

관허 상인
- ·시전 상인(육의전, 종로) → ·금난전권 → 철조 X(신해통공)
- ·보부상(지방 장시) → ·전국적 유통망
  - → 혜상공국
  - → 황국 협회
- ·공인(대동법) → 도고(허생)

사상
- ·거상(송상 → 송방) → 도고
- ·객주(중개), 여각(숙박)
- ·난전: 영세 상인
- ·후시(사), ∘개시(공)

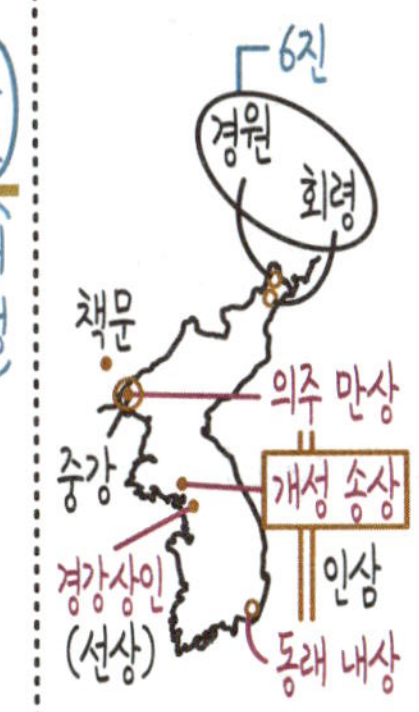

- ·장시: 송파, 원산, 강경장

화폐
- 저화(지폐) — X
- 상평통보(숙종), 전황(물가↓, 디플레이션)

〈수공업, 광업〉 (1592)

수공업
- 관영 → 공장안
- ·민영, 선대제 → ·독립 수공업

광업
- 관영
- ·민영(은광↑)
- ·설점수세 → ·잠채
- ·덕대(CEO)
  - 자본 ↑ 고용 ↓
  - 거상 노동자

부역제 해이

24강 조선 후기(경제)

기출 선택지로 별 채우기

한국사를 채우다

01 인조는 풍흉과 관계없이 전세를 토지 1결당 쌀 4~6두로 고정하는 영정법을 실시하였다.

02 광해군은 공납을 개혁하여 현물 대신 소유한 토지 결수에 따라 쌀, 면포, 동전 등을 내게 하는 대동법을 경기도에서 처음 시행하였다.

03 대동법이 실시되면서 관청에 필요한 물품을 조달하는 공인이 등장하였다.

04 영조는 농민의 군포 부담을 줄여 주기 위해 1년에 군포를 1필만 징수하는 균역법을 실시하였다.

05 균역법 시행으로 부족해진 재정을 보충하기 위해 지주에게 토지 1결당 쌀 2두의 결작을 부과하였다.

06 균역법 시행으로 부족해진 재정을 보충하기 위해 선무군관포를 징수하였다.

07 균역법 시행으로 부족해진 재정을 보충하기 위해 어염세, 선박세를 국가 재정에 귀속시켰다.

08 조선 후기에 시장에 내다 팔기 위한 상품 작물로 담배와 면화 등이 재배되었다.

09 조선 후기에 기근이 심할 때 주식 대신 먹을 수 있는 감자, 고구마 등의 구황 작물이 재배되었다.

10 조선 후기에 모내기법이 확산되면서 벼와 보리의 이모작이 가능해졌다.

11 조선 후기에 수확량과 상관없이 미리 지대의 액수를 정하여 납부하는 도조법이 확산되었다.

12 정조는 육의전을 제외한 시전 상인이 가진 금난전권을 폐지하는 신해통공을 실시하였다.

13 조선 후기에 각지의 장시를 돌아다니며 상업 활동을 하는 보부상에 의해 전국의 장시가 하나의 유통망으로 연결되었다.

14 조선 후기에 포구나 큰 규모의 장시에서 객주와 여각이 물품 매매 중개, 금융·숙박업 등에 종사하였다.

15 조선 후기에 독점적 도매상인인 도고가 활동하였다.

16 조선 후기에 상평통보가 널리 유통되었다.

17 조선 후기에는 국경 지대에서 공무역인 개시 무역과 사무역인 후시 무역이 이루어졌다.

18 개성의 송상과 의주의 만상은 청과의 무역으로 부를 축적하였다.

19 만상은 책문 후시를 통해 대청 무역을 주도하였다.

20 개성을 중심으로 활동한 송상은 전국에 송방이라는 지점을 설치하였다.

21 경강상인은 한강을 근거지로 운송업에 종사하였고, 이를 바탕으로 거상으로 성장하였다.

22 조선 후기에 왜관을 중심으로 이루어진 대일 무역에서 동래 상인인 내상의 활약이 두드러졌다.

23 조선 후기에 공인이나 상인이 수공업자에게 미리 대금을 주고 물건을 주문하는 선대제가 유행하였다.

24 조선 후기에 정부는 설점수세제를 시행하여 민간의 광산 개발을 허용하고 세금을 거두었다.

25 조선 후기에 물주에게서 자금을 받아 광산을 전문적으로 경영하는 덕대가 등장하였다.

25강 조선 후기(사회)

〈신분제 동요〉: 양반 수↑, 상민·노비 수↓

- 양 난 → 양안 X(토지), 호적 X(사람) → 국가 재정↓ → 납속책(공명첩)
  - └ 양반: 군역 X
- ·양반
  - ┌ 권반
  - ├ 향반 — 구향: 보학(족보), 사당↑, 동성촌, 가부장(여성↓)
  - └ 잔반(몰락 양반)
- ·중인
  - ┌ 서얼: 신분 상승 상소 → 규장각 검서관 ┌ 박제가, 유득공···
  - └ 기술직 중인: 소청 X, 시사 조직 ⇝ 위항(여항) 문학↑
- 향전
- ·상민
  - ┌ 부농: 족보 매입·위조, 납속책 → 양반 — 신향: 지방관 결탁 └ 향안 X
  - └ 임노동자
- ·천민 – 노비 多 ⇒ 도망, 양인화
  - ├ 노비종모법
  - └ 공노비 해방(순조)

·民 의식 성장
- – 예언 사상↑
  - : 〈정감록〉, 도참, 미륵 신앙↑
- – 평등 의식↑
  - ├ 서학 → 천주교(제사 X → 사교) (학문) (종교)
    - ├ 신해박해(정조): 윤지충
    - ├ 신유박해(순조): 이승훈, 정약용
    - ↓
    - └ 황사영 백서 사건
  - └ 동학(최제우 → 최시형)
    - ├ 인내천, 시천주
    - └ 〈동경대전〉, 〈용담유사〉

〈19세기 농민 봉기〉

홍경래의 난
- ·홍경래, 우군칙 + 광산, 농민
- ·정주성
- ·세도 정치, 서북 지역민 차별
- ·순조

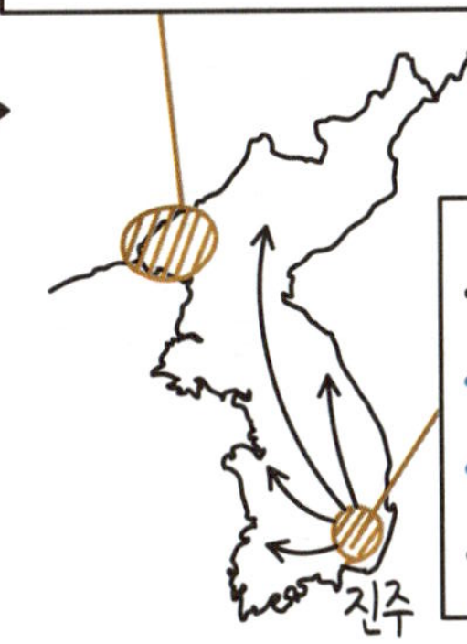

임술 농민 봉기
- ·백낙신 ↔ 유계춘
- ·세도 정치
- ·삼정의 문란
- ·철종

⇒ 대응
- ·안핵사 파견
  - ↓ 박규수
  - 삼정이정청
- ·암행어사

25강 조선 후기(사회)

01 조선 후기에 부를 축적한 상민층은 납속과 공명첩을 이용하여 신분 상승을 꾀하였다.

02 조선 후기에 부농층은 족보를 사거나 위조하는 방법으로 양반 신분을 얻기도 하였다.

03 조선 후기에 공명첩 매입, 족보 위조 등으로 양반의 수가 증가하였다.

04 조선 후기에 서얼은 수차례 통청 운동을 전개하였으며, 정조 때 규장각 검서관에 등용되기도 하였다.

05 조선 후기에 기술직 중인은 관직 진출의 제한을 없애 달라는 대규모 소청 운동을 전개하였다.

06 조선 후기에 중인도 시사를 조직하여 위항 문학 활동을 하였다.

07 순조는 군역 대상자를 확보하고 재정을 보충하기 위해 공노비를 해방하였다.

08 조선 후기에는 “정감록”, 도참 등을 이용한 예언 사상이 널리 유행하였다.

09 청에 다녀온 사신들에 의해 천주교가 서학으로 소개되었다.

10 정조 때 윤지충 등이 처형된 신해박해가 일어났다.

11 순조 때 신유박해로 수많은 천주교도가 처형되었다.

12 신유박해 당시 이승훈, 정약종 등이 처형되고, 정약용 등 일부 연루자는 유배되었다.

13 천주교는 조상에 대한 제사를 거부하여 조선 정부로부터 탄압을 받았다.

14 신유박해 당시 피신해 있던 황사영이 외국 군대의 출병을 요청하는 백서를 작성하였다.

15 동학은 최제우에 의해 창시되었으며 인내천 사상을 내세워 인간 평등을 주장하였다.

16 동학은 유·불·선을 바탕으로 민간 신앙의 요소까지 포함하였다.

17 동학은 마음속에 한울님을 모시는 시천주를 강조하였다.

18 동학에서는 “동경대전”과 “용담유사”를 경전으로 삼았다.

19 순조 때 지배층의 수탈과 서북 지역에 대한 차별에 반발하여 홍경래가 난을 일으켰다.

20 홍경래가 난을 일으켜 한때 청천강 이북 지역의 가산, 선천, 정주 등을 점령하였다.

21 1862년 경상 우병사 백낙신의 탐학이 발단이 되어 진주에서 농민들이 봉기하였다.

22 경상 우병사의 수탈에 견디다 못한 진주 농민들이 유계춘을 중심으로 봉기하여 한때 진주성을 점령하기도 하였다.

23 조선 정부는 진주 농민 봉기를 수습하기 위해 박규수를 안핵사로 파견하였다.

24 조선 정부는 삼정의 문란을 바로잡기 위해 박규수의 건의를 받아들여 삼정이정청을 설치하였다.

26강 조선 후기(문화 Ⅰ)

〈NEW 성리학〉
- = 사문난적
  - 윤휴(남인) : 북벌, 예송, 경신환국 X
  - 박세당(소론) : 〈사변록〉, 〈색경〉

〈양명학〉
- 실천, 지행합일
- 정제두 ⇒ 강화학파

〈실학〉 - 실사구시, 민족·자주적 ⇒ 국학 ⇝

구분	중농학파(경세치용 학파)	중상학파(이용후생 학파, 북학파) (북 → 청)
주장	토지 분배 → 자영농 육성	토지 생산력↑, 상공업↑, 청 문물 수용
인물	· 유형원 〈반계수록〉 → 균전론(신분 차이 O) · 이익 〈성호사설〉 → 한전론(영업전): 매매 X / 매매 O → 6좀 ┌ 양반, 과거, 노비 └ 승려, 미신, 게으름 · 정약용 〈경세유표〉, 〈흠흠신서〉, 〈목민심서〉 → 여전론 : 공동 소유·공동 경작 → 노동량에 따라 분배 → 정전제 : 1 2 3 / 4 5 / 6 7 8 (5 → 공동 경작)	· 유수원 〈우서〉 → 사농공상 X ⇝ 직업적 평등 · 홍대용 〈임하경륜〉, 〈의산문답〉 → 문벌제도 X → 혼천의, 지전설, 무한 우주론 · 박지원 〈열하일기〉 → 수레, 선박, 화폐 O · 박제가 〈북학의〉 → 수레, 선박 → 소비론

〈국학〉

구분		내용
역사		· 안정복 〈동사강목〉 : 정통성 ┐ 고조선 ~ 고려 · 한치윤 〈해동역사〉 : 외국 문헌 인용 ┘ · 김정희 〈금석과안록〉 : 북한산비 → 진흥왕 순수비, 추사체, 세한도(제주) · 이종휘 〈동사〉 : 고구려 ┐ 만주로 시야 확대 · 유득공 〈발해고〉 : 남북국 ┘ · 이긍익 〈연려실기술〉 : 조선사
지리 (→ 상업적 활용)	지리서	· 역사 : 한백겸 〈동국지리지〉, 정약용 〈아방강역고〉 · 인문 : 이중환 〈택리지〉, 최한기 〈지구전요〉
	지도	· 정상기 〈동국지도〉 : 최초로 100리 척 사용 · 김정호 〈대동여지도〉 : 목판, 지도첩(22첩), 10리마다 눈금 표시
백과사전		· 이수광 〈지봉유설〉, 이익 〈성호사설〉, 서유구 〈임원경제지〉 · 〈동국문헌비고〉 : 영조 ~ 정조
한글		신경준 〈훈민정음운해〉

26강 조선 후기(문화 Ⅰ)

기출 선택지로 별 채우기

한국사를 채우다

01 김장생은 "가례집람"을 저술하여 예학을 조선의 현실에 맞게 정리하였다.

02 박세당은 "사변록"에서 유교 경전에 대한 독자적 해석을 시도하였다.

03 명대 왕수인이 정립한 양명학은 성리학의 교조화를 비판하며 지행합일의 실천성을 강조하였다.

04 정제두는 양명학을 연구하여 강화학파 형성의 기초를 마련하였다.

05 유형원은 "반계수록"에서 신분에 따라 토지를 차등 분배하는 균전론을 주장하였다.

06 이익은 "곽우록"과 "성호사설"에서 영업전을 설정하여 그 토지의 매매를 제한하는 방식의 한전론을 제시하였다.

07 정약용은 "경세유표", "목민심서" 등의 저서를 통해 국가 제도의 개혁 방향을 제시하였다.

08 정약용은 여전론을 통해 토지의 공동 소유와 공동 경작을 주장하였다.

09 유수원은 "우서"에서 사농공상의 직업적 평등과 전문화를 주장하였다.

10 홍대용은 "의산문답"에서 지전설과 무한 우주론을 주장하며 중국 중심의 세계관을 비판하였다.

11 박지원은 연행사를 따라 청에 다녀온 후 "열하일기"를 집필하였다.

12 박지원은 수레와 선박의 이용 및 화폐 유통의 필요성을 강조하였다.

13 박지원은 "양반전"을 지어 양반의 무능과 허례를 풍자하였다.

14 박제가는 "북학의"를 저술하여 청 문물의 수용을 강조하고 수레와 배의 이용을 권장하였다.

15 박제가는 "북학의"에서 재물을 우물에 비유하여 생산력 증대를 위해 절약보다 소비를 권장하였다.

16 박제가, 유득공은 서얼 출신으로 규장각 검서관에 등용되었다.

17 김정희는 "금석과안록"에서 황초령비와 북한산비가 신라 진흥왕 순수비임을 고증하였다.

18 한치윤은 외국 문헌을 이용하여 고조선부터 고려까지의 역사를 서술한 "해동역사"를 편찬하였다.

19 이종휘는 고대사 연구의 시야를 만주로 확대하여 "동사"를 편찬하였다.

20 유득공은 "발해고"에서 '남북국'이라는 용어를 처음으로 사용하였다.

21 한백겸은 "동국지리지"를 저술하여 삼한의 위치를 고증하였다.

22 정약용은 우리나라의 역사 지리를 정리한 "아방강역고"를 저술하였다.

23 이중환은 현지 답사를 바탕으로 인문 지리서인 "택리지"를 저술하였다.

24 정상기는 최초로 100리 척을 사용하여 동국지도를 제작하였다.

25 김정호는 산맥, 하천, 포구, 도로망 등을 자세히 표시한 대동여지도를 완성하였다.

26 영조 때 역대 문물을 정리한 "동국문헌비고"가 편찬되었다.

27 정약전은 유배지인 흑산도 연해의 수산 생물을 조사하여 "자산어보"를 저술하였다.

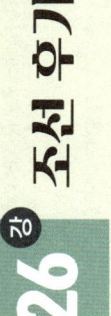

27강 조선 후기(문화 2)

<과학 기술의 발달>

서양 문물	곤여만국전도(세계 지도) → 성리학적 세계관 X
천문학	시헌력(김육, 서양 역법), 지전설(김석문, 이익, 홍대용)
의학	· <동의보감> : 허준, 광해군 · <침구경험방> : 허임 · <마과회통> : 정약용, 종두법(천연두) ⇝ 을미개혁 · <동의수세보원> : 이제마 → 사상 의학
농서	· <농가집성> : 신속, 모내기법(이앙법) · <색경> : 박세당(← 사문난적), 상품 작물 · <임원경제지> : 서유구, 백과사전

<서민 문화의 발달>

· 배경 : 상품 화폐 경제↑
서당 교육↑
· 특징 : 해학, 풍자(비판)

→

판소리	창 + 사설 = 신재효 정리
탈춤	탈·산대놀이
문학	· 한글 소설 : <홍길동전>, <춘향전>, <심청전> → 책쾌, 전기수 · 사설시조 : 형식 파괴
한문학	· 박지원 : <양반전>, <허생전>, <호질> ⇐ 정조 '문체반정' · 중인 : 시사 조직
회화	· 진경 산수화 : 겸재 정선, '인왕제색도', '금강전도' · 풍속화 : 단원 김홍도, 혜원 신윤복, 강세황('영통동구도' → 서양화 기법), 장승업 · 민화 : 까치와 호랑이 · 추사체 : 김정희('세한도')
건축	· 17C – 양반, 지주 : 구례 화엄사 각황전, 김제 금산사 미륵전, 보은 법주사 팔상전 └ 금산사: 견훤 유폐 └ 팔상전: 현존 유일 조선 목탑 · 18C ┌ 부농, 상인 : 논산 쌍계사, 부안 개암사 └ 정조 : 수원 화성(정약용 – 거중기, 배다리)

27강 조선 후기(문화 2)

01 선조 때 마테오 리치가 만든 세계 지도인 곤여만국전도가 전래되었다.

02 조선 후기의 실학자 홍대용은 지전설을 주장하여 중국 중심의 세계관을 비판하였다.

03 조선 후기 김육의 건의에 따라 청으로부터 서양의 역법인 시헌력을 도입하였다.

04 광해군 때 전통 한의학을 정리한 허준의 "동의보감"이 완성되었다.

05 정약용은 "마과회통"에서 홍역에 대한 의학 지식을 정리하였다.

06 이제마는 "동의수세보원"을 저술하여 사상 의학을 확립하였다.

07 신속은 "농가집성"에서 모내기법 등을 자세히 소개하였다.

08 서유구는 농업 기술의 혁신 방안을 제시한 "임원경제지"를 저술하였다.

09 박세당은 "색경"을 저술하여 인삼, 담배 등의 상품 작물 재배법을 소개하였다.

10 조선 후기에는 상품 화폐 경제의 발달과 서당 교육의 보급을 배경으로 서민 문화가 발달하였다.

11 조선 후기에 노래와 사설로 줄거리를 풀어 가는 판소리가 유행하였다.

12 조선 후기에 양반에 대한 풍자와 해학을 담은 탈춤이 유행하였다.

13 조선 후기에 "홍길동전", "춘향전" 등의 한글 소설이 등장하여 서민들 사이에 유행하였다.

14 조선 후기에 형식에 구애받지 않고 감정을 솔직하게 표현한 사설시조가 유행하였다.

15 조선 후기에 우리나라 산천을 소재로 삼아 사실적으로 그리는 진경 산수화가 유행하였다.

16 진경 산수화를 개척한 정선은 인왕제색도, 금강전도 등의 작품을 남겼다.

17 조선 후기에 서민의 일상적인 생활 모습을 그린 풍속화가 유행하였다.

18 조선 후기의 풍속화가 김득신은 파적도 등의 작품을 남겼다.

19 조선 후기의 풍속화가 혜원 신윤복은 월하정인, 단오풍정 등의 작품을 남겼다.

20 조선 후기의 풍속화가 단원 김홍도는 서당, 무동, 타작 등의 작품을 남겼다.

21 조선 후기에 건강과 장수 등을 바라는 민중의 소박한 소망과 기원을 표현한 민화가 유행하였다.

22 조선 후기에 회회청 또는 토청 등의 코발트 안료를 사용한 청화 백자가 널리 보급되었다.

23 17세기에 양반과 지주층의 후원으로 구례 화엄사 각황전, 김제 금산사 미륵전, 보은 법주사 팔상전 등의 불교 건축물이 지어졌다.

24 정조 때 정약용이 거중기를 제작하여 수원 화성 축조에 이용하였다.

개항기(흥선 대원군)

〈대내 정책〉

19C
- (정치): 세도 정치 ← 왕권 강화
- (경제): 삼정 문란 ← 민생 안정
  - └ 삼정이정청 X (by 박규수)

흥선 대원군 (고종 父)

왕권 강화
- · 비변사 X = 의정부(행정) + 삼군부(군사)
- · 〈대전회통〉, 〈육전조례〉
- · 경복궁 중건 ⇐ 원납전, 당백전, 묘지림
- · 서원 ↓ (47개소), 만동묘 X

민생 안정
- · 전정 : 양전 사업 ⇝ 재정↑
- · 군정 : 호포제 → 양반 O
- · 환곡(공무원) : 사창제(민간)

→ 최익현 탄핵(?) 상소 → 고종 친정
- ├ 개항 X
- └ 을사의병

〈대외 정책〉

19C
- 서세동점
- 이양선 多

흥선 대원군 → 통상 수교 → 거부

① 병인박해(66) ⟶ ③ 병인양요(66)
- └ 프랑스 천주교 선교사 X
- ③ 병인양요(66)
  - ├ 강화도(프)
  - ├ 양헌수(정족산성), 한성근(문수산성) ┌ 김포
  - └ 외규장각 도서 약탈(→ 박병선) 직지심체요절, 의궤 ┘

② 제너럴 셔먼호 사건(66) → ⑤ 신미양요(71) ⟶ 척화비 건립
- ├ 평양, 미국
- └ 박규수
- ⑤ 신미양요(71)
  - ├ 강화도(미)
  - ├ 어재연(광성보)
  - └ 수자기 약탈

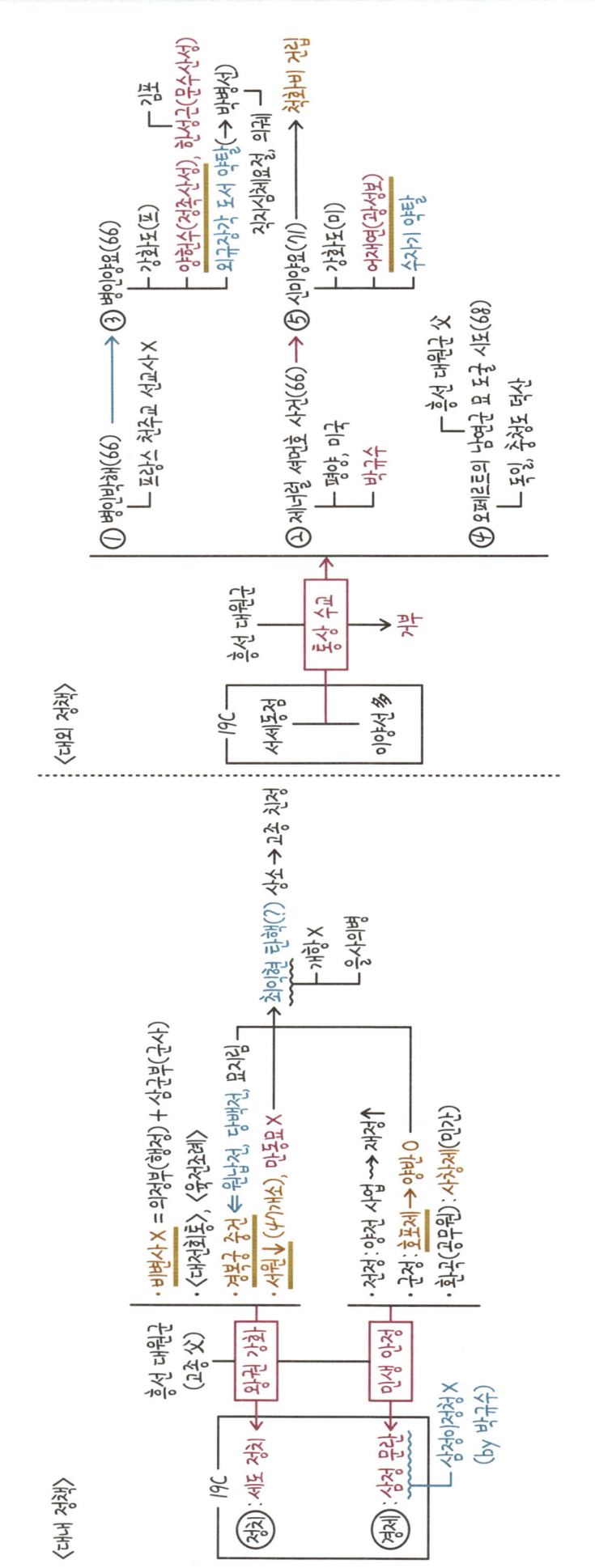

④ 오페르트의 남연군 묘 도굴 시도(68)
- ┌ 흥선 대원군 父
- └ 독일, 충청도 덕산

28강 개항기(흥선 대원군)

01 흥선 대원군은 삼군부를 부활시켜 군국 기무를 전담하게 하였다.

02 흥선 대원군은 비변사를 혁파하고 의정부의 기능을 부활시켰다.

03 흥선 대원군은 "대전회통"을 편찬하여 통치 체제를 정비하였다.

04 흥선 대원군은 왕실의 권위를 세우고자 경복궁을 중건하였다.

05 흥선 대원군은 경복궁 중건을 위해 원납전을 강제로 징수하였다.

06 흥선 대원군은 경복궁 중건에 필요한 비용 마련 등 재정 문제를 해결하기 위해 당백전을 주조하였다.

07 흥선 대원군은 전국의 서원을 47개소만 남기고 모두 철폐하였다.

08 흥선 대원군은 양반에게도 군포를 징수하는 호포제를 실시하였다.

09 흥선 대원군은 환곡의 폐단을 바로잡고자 사창제를 실시하였다.

10 최익현은 고종의 친정을 요구하는 상소를 올려 흥선 대원군의 퇴진을 이끌어 냈다.

11 1866년에 프랑스인 선교사와 천주교 신자들이 처형된 병인박해가 일어났다.

12 1866년에 박규수와 평양 관민이 대동강으로 침입한 제너럴 셔먼호를 불태워 침몰시켰다.

13 병인박해를 구실로 프랑스군이 강화도를 침략한 병인양요가 일어났다.

14 병인양요 당시 양헌수 부대가 정족산성에서 프랑스군을 격퇴하였다.

15 병인양요 당시 프랑스군에 의해 외규장각 도서가 약탈당하는 피해를 입었다.

16 1868년에 독일 상인 오페르트가 남연군 묘 도굴을 시도하였다.

17 1871년에 제너럴 셔먼호 사건을 구실로 미군이 강화도를 침략하였다.

18 신미양요 당시 어재연 장군이 이끄는 부대가 광성보에서 항전하였다.

19 신미양요 당시 어재연이 지키던 광성보가 함락되어 조선군의 '수'자기를 미군에 빼앗겼다.

20 흥선 대원군은 신미양요 후 통상 수교 거부 의지를 널리 알리는 척화비를 종로와 전국 각지에 건립하였다.

29강 개항기(개항 ~ 갑신정변)

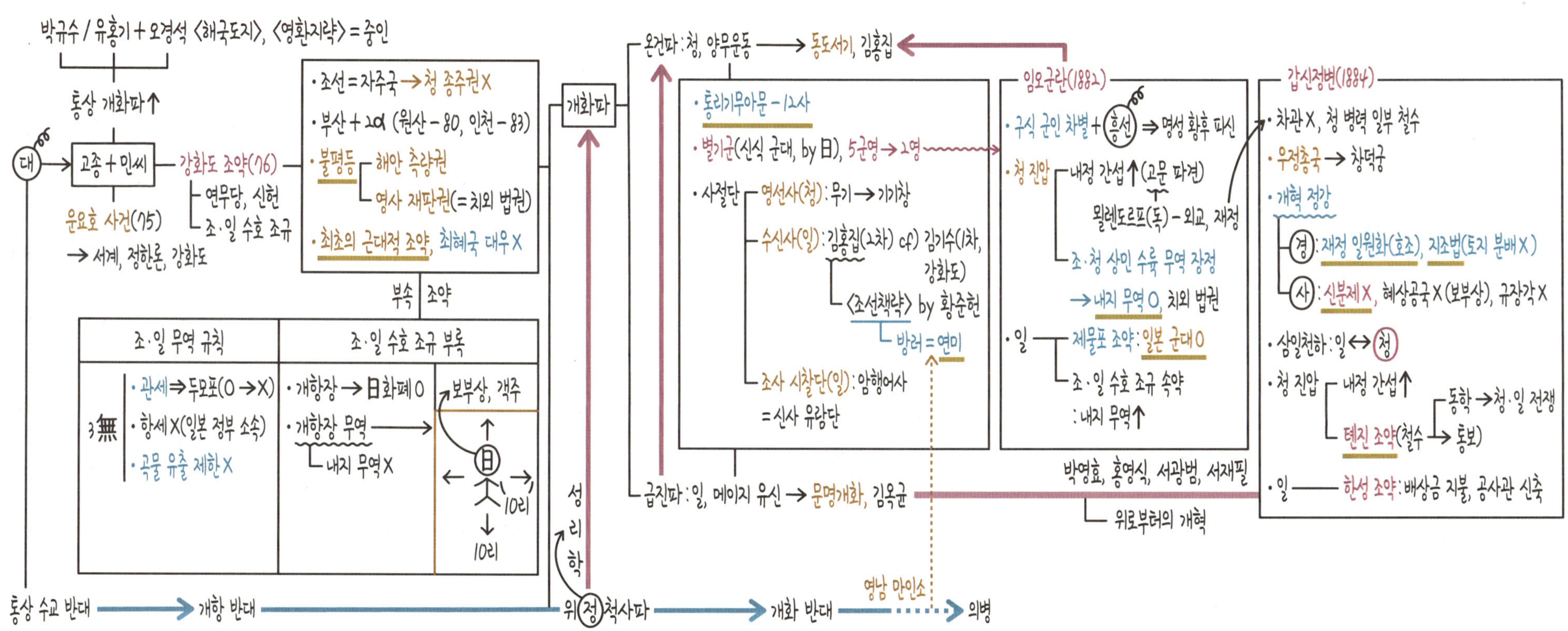

29강 개항기(개항 ~ 갑신정변)

01 1875년 일본의 군함 운요호가 강화도에 접근하여 무력시위를 벌였다.

02 운요호 사건을 계기로 우리나라 최초의 근대적 조약인 강화도 조약이 체결되었다.

03 강화도 조약은 부산, 원산, 인천에 개항장이 설치되는 결과를 가져왔다.

04 강화도 조약은 조선이 일본에 해안 측량권과 영사 재판권(치외 법권) 등을 인정한 불평등 조약이었다.

05 조·일 무역 규칙에는 일본 상품에 관세를 부과하는 규정이 없었다.

06 조·일 수호 조규 부록에서 일본인의 거류지를 10리로 제한하고 개항장에서 일본 화폐의 유통을 허용하였다.

07 개항 이후 정부는 개화 정책을 담당하는 통리기무아문을 설치하였다.

08 통리기무아문은 소속 부서로 교린사, 군무사, 통상사 등의 12사를 두었다.

09 조선 정부는 개화 정책의 일환으로 5군영을 2영으로 축소하고 별기군을 창설하였다.

10 조선 정부는 청에 영선사를 파견하여 근대식 무기 제조 기술과 군사 훈련법을 배워 오게 하였다.

11 영선사는 무기 제조 공장인 기기창 설립의 계기를 마련하였다.

12 강화도 조약 체결 직후 김기수가 수신사로 일본에 파견되었다.

13 제2차 수신사 김홍집은 귀국할 때 청의 외교관 황준헌이 지은 "조선책략"을 가지고 들어왔다.

14 개화에 반대하는 위정척사 운동이 확산되는 가운데 조선 정부는 일본에 조사 시찰단을 비밀리에 파견하였다.

15 이만손 등 유생들은 "조선책략" 유포에 반발하여 영남 만인소를 올렸다.

16 별기군 창설 이후 구식 군인에 대한 차별 대우가 발단이 되어 임오군란이 일어났다.

17 임오군란이 청군에 의해 진압되면서 청의 내정 간섭이 본격화되었다.

18 임오군란 후 체결된 조·청 상민 수륙 무역 장정을 통해 청 상인의 내지 통상이 가능해졌다.

19 임오군란 후 일본 공사관 경비를 위한 일본군 주둔을 인정한 제물포 조약이 체결되었다.

20 김옥균 등 급진 개화파가 우정총국 개국 축하연을 기회로 삼아 갑신정변을 일으켰다.

21 개화당 정부는 호조로의 재정 일원화, 문벌 폐지, 인민 평등권 확립 등을 주요 내용으로 하는 개혁안을 발표하였다.

22 갑신정변은 청의 군사 개입으로 3일 만에 실패하고 주동자들은 해외로 망명하였다.

23 갑신정변 수습을 위해 조선과 일본이 한성 조약을 체결하였다.

24 갑신정변 후 청과 일본은 톈진 조약을 체결하고 조선에서 군대를 철수시켰다.

개항기(동학 농민 운동 ~ 대한 제국)

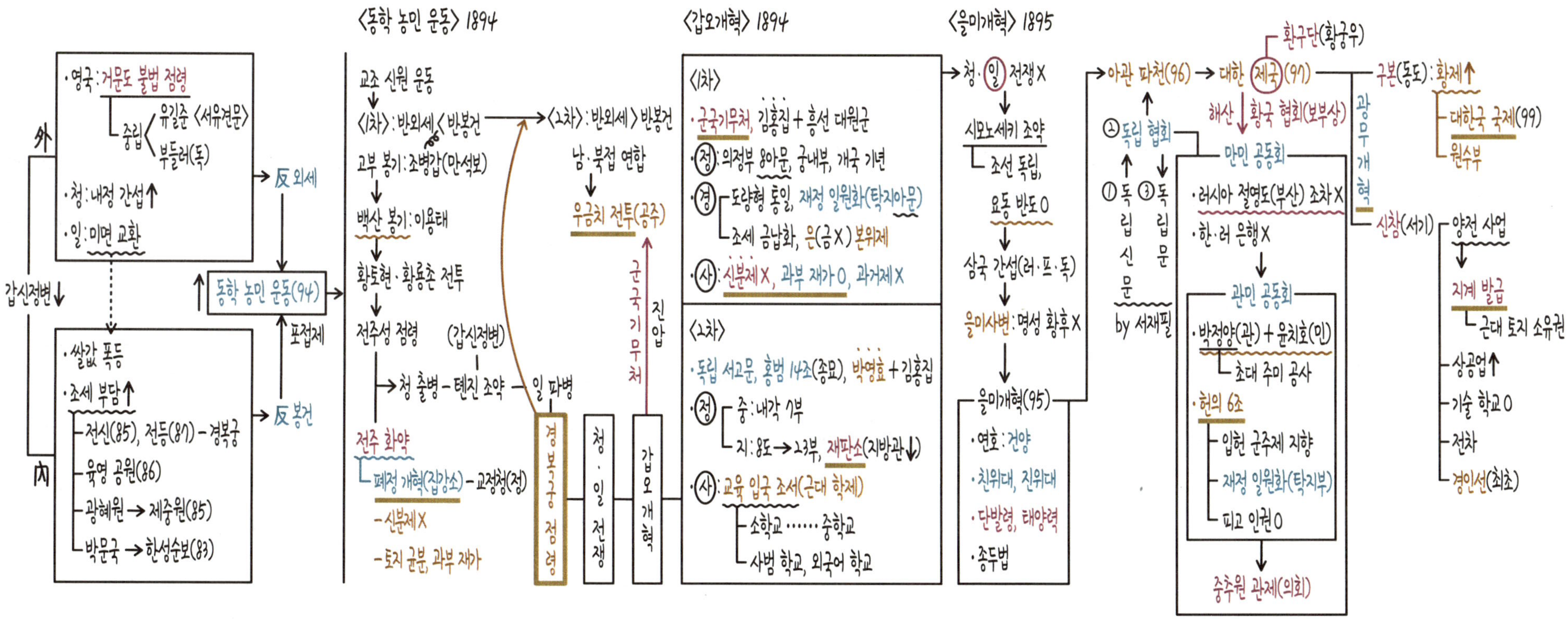

30강 개항기(동학 농민 운동 ~ 대한 제국)

01 1885년에 영국은 러시아를 견제한다는 구실을 내세워 거문도를 불법 점령하였다.

02 유길준은 한반도의 중립화를 제기하였으며, "서유견문"을 집필하여 서양의 근대 문물을 소개하였다.

03 동학교도는 공주, 삼례 등지에 모여 교조 신원 운동을 전개하였다.

04 1894년에 군수 조병갑의 학정에 분노한 고부 농민들이 전봉준을 지도자로 하여 고부 관아를 습격하였다.

05 동학 농민군은 백산에 집결하여 4대 강령을 발표하고 보국안민, 제폭구민을 기치로 내걸고 봉기하였다.

06 동학 농민군은 1차 봉기 때 황토현 전투와 황룡촌 전투에서 관군을 물리치고 전주성을 점령하였다.

07 동학 농민군은 정부와 전주 화약을 맺은 후 집강소를 설치하고 폐정 개혁안을 실천해 나갔다.

08 동학 농민군은 일본이 경복궁을 점령하고 조선 정부에 내정 개혁을 강요하자 2차 봉기를 일으켰다.

09 동학 농민군의 2차 봉기 당시 전봉준이 이끄는 남접과 손병희가 이끄는 북접이 논산에서 연합 부대를 형성하여 서울로 북상하였다.

10 동학 농민군은 2차 봉기 때 공주 우금치에서 일본군과 관군 연합에 맞서 싸웠으나 크게 패하였다.

11 김홍집 내각은 군국기무처를 중심으로 제1차 갑오개혁을 추진하였다.

12 제1차 갑오개혁 때 중앙의 행정 기구를 6조에서 8아문으로 개편하였다.

13 제1차 갑오개혁 때 은 본위 화폐 제도를 채택하였다.

14 제1차 갑오개혁 때 공사 노비법을 혁파하고 과거제를 폐지하였다.

15 제2차 갑오개혁 때 고종은 국정 개혁의 기본 방향을 제시한 홍범 14조를 반포하였다.

16 제2차 갑오개혁 때 지방 행정 구역을 8도에서 23부로 개편하고, 재판소를 설치하여 사법권을 독립시켰다.

17 제2차 갑오개혁 때 교육 입국 조서가 반포되고 이에 따라 근대식 교육 제도가 마련되었다.

18 교육 입국 조서 반포 후 교원 양성을 위한 한성 사범 학교가 설립되고 외국어 학교 관제가 마련되었다.

19 일본은 조선 정부가 친러 정책을 추진하자 명성 황후를 시해한 을미사변을 일으켰다.

20 김홍집 내각이 추진한 을미개혁 때 태양력이 채택되고 건양이라는 연호가 제정되었다.

21 을미개혁 때 군제를 개편하여 친위대와 진위대를 설치하였다.

22 을미사변 이후 고종이 러시아 공사관으로 거처를 옮긴 아관 파천이 일어났다.

23 독립 협회는 만민 공동회를 열어 민중 계몽과 민권 신장을 추구하였다.

24 독립 협회는 러시아의 절영도 조차 요구에 반대하는 활동을 전개하였다.

25 독립 협회는 관민 공동회를 열어 헌의 6조를 결의하고 정부에 건의하였다.

26 독립 협회는 중추원 개편을 통한 의회 설립을 추진하였다.

27 대한 제국은 구본신참에 입각하여 광무개혁을 추진하고 대한국 국제를 반포하였다.

28 광무개혁 때 황제의 군 통수권 장악을 위해 황제 직속의 원수부가 설치되었다.

29 대한 제국은 양전 사업을 실시하고 지계를 발급하였다.

30 광무개혁으로 관립 실업 교육 기관인 상공 학교가 설립되었다.

31 대한 제국은 광무개혁을 추진하면서 관립 의학교와 국립 병원인 광제원을 설립하였다.

31강 국권 피탈과 저항

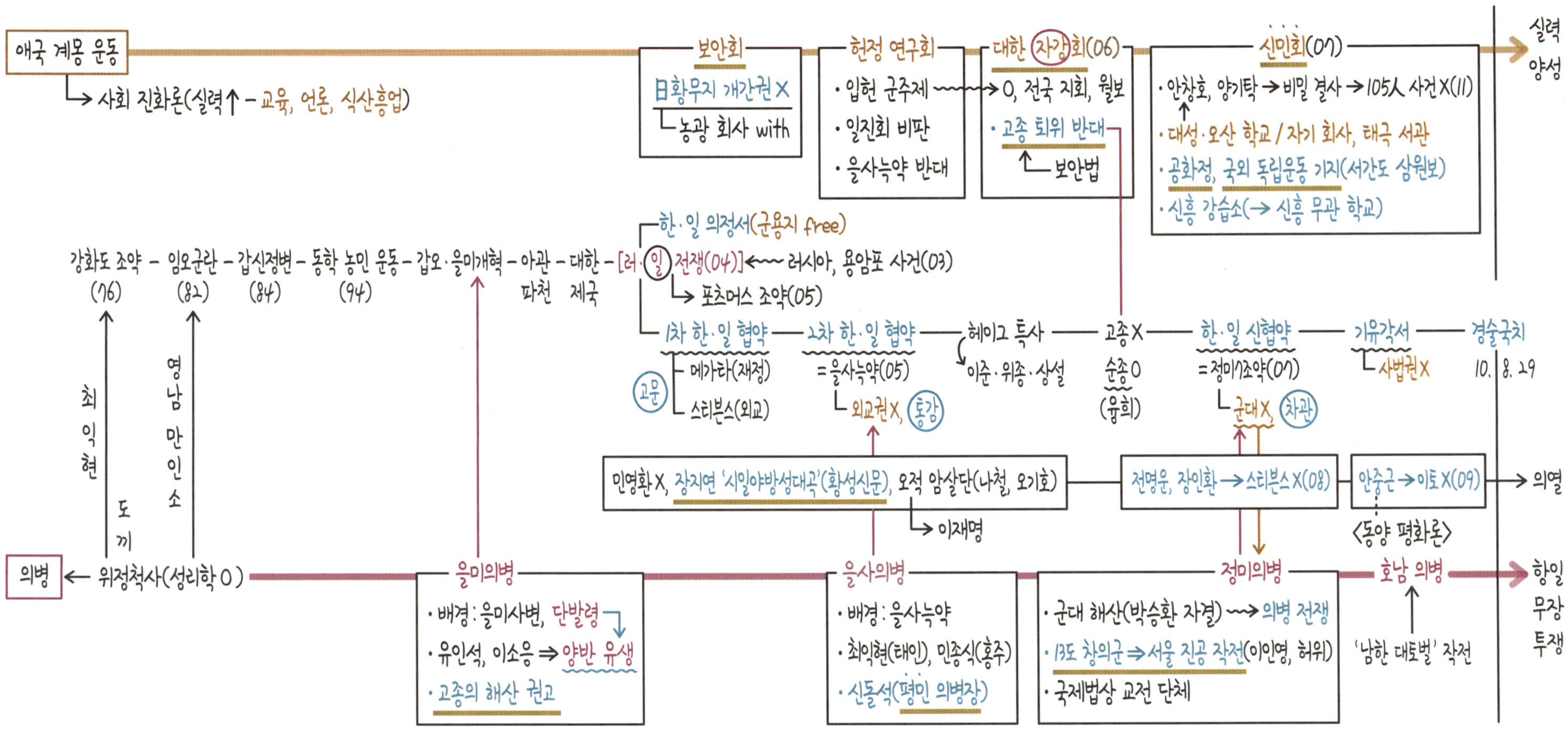
애국 계몽 운동
사회 진화론(실력↑ – 교육, 언론, 식산흥업)
보안회
日황무지 개간권 X
농광 회사 with
헌정 연구회
· 입헌 군주제
· 일진회 비판
· 을사늑약 반대
대한 자강회(06)
O, 전국 지회, 월보
· 고종 퇴위 반대
보안법
신민회(07)
· 안창호, 양기탁 → 비밀 결사 → 105人 사건 X(11)
· 대성·오산 학교 / 자기 회사, 태극 서관
· 공화정, 국외 독립운동 기지(서간도 삼원보)
· 신흥 강습소(→ 신흥 무관 학교)
실력 양성
강화도 조약 – 임오군란 – 갑신정변 – 동학 농민 운동 – 갑오·을미개혁 – 아관 파천 – 대한 제국 – [러·일 전쟁(04)]
(76) (82) (84) (94)
한·일 의정서(군용지 free)
러시아, 용암포 사건(03)
포츠머스 조약(05)
1차 한·일 협약
고문
메가타(재정)
스티븐스(외교)
2차 한·일 협약
=을사늑약(05)
외교권X, 통감
헤이그 특사
이준·위종·상설
고종X
순종O
(융희)
한·일 신협약
=정미7조약(07)
군대X, 차관
기유각서
사법권X
경술국치
10. 8. 29
최익현
도끼
영남 만인소
민영환X, 장지연 '시일야방성대곡'(황성신문), 오적 암살단(나철, 오기호)
이재명
전명운, 장인환 → 스티븐스X(08)
안중근 → 이토X(09)
〈동양 평화론〉
의열
의병
위정척사(성리학O)
을미의병
· 배경: 을미사변, 단발령
· 유인석, 이소응 ⇒ 양반 유생
· 고종의 해산 권고
을사의병
· 배경: 을사늑약
· 최익현(태인), 민종식(홍주)
· 신돌석(평민 의병장)
정미의병
· 군대 해산(박승환 자결) → 의병 전쟁
· 13도 창의군 ⇒ 서울 진공 작전(이인영, 허위)
· 국제법상 교전 단체
호남 의병
'남한 대토벌' 작전
항일 무장 투쟁

31강 국권 피탈과 저항

01 최익현은 강화도 조약에 반대하여 지부복궐척화의소를 올려 왜양일체론을 주장하였다.

02 러·일 전쟁 중 대한 제국은 일본에 한국 내 군사적 요충지 사용을 허용하는 한·일 의정서를 강제로 체결하였다.

03 제1차 한·일 협약은 스티븐스와 메가타가 대한 제국의 고문으로 부임하는 근거가 되었다.

04 일제는 1905년에 을사늑약을 강제로 체결하여 대한 제국의 외교권을 빼앗았다.

05 고종은 을사늑약 체결의 부당함을 알리기 위해 헤이그에서 열리는 만국 평화 회의에 이상설, 이준, 이위종을 특사로 파견하였다.

06 1907년 한·일 신협약(정미7조약) 체결 후 대한 제국의 행정 각 부서에 일본인 차관이 배치되었다.

07 한·일 신협약 부속 각서에 따라 대한 제국의 군대가 강제로 해산되었다.

08 1909년 기유각서가 체결되어 대한 제국은 사법권을 박탈당하였다.

09 나철, 오기호 등은 을사오적을 처단하기 위해 자신회를 조직하였다.

10 1908년에 전명운과 장인환은 미국에서 대한 제국의 외교 고문이었던 스티븐스를 저격하였다.

11 1909년에 안중근은 하얼빈에서 이토 히로부미를 사살하였다.

12 안중근은 수감 중에 "동양 평화론"을 저술하였으나 완성하지 못하였다.

13 보안회는 일제의 황무지 개간권 요구를 저지하는 데 성공하였다.

14 대한 자강회는 고종의 강제 퇴위에 반대하는 운동을 전개하였다.

15 신민회는 공화 정체의 근대 국민 국가 수립을 목표로 삼았다.

16 신민회는 오산 학교와 대성 학교를 세워 민족 교육을 실시하였다.

17 신민회는 민족 산업 육성을 위해 태극 서관과 자기 회사를 운영하였다.

18 신민회는 서간도 삼원보 지역에 독립운동 기지를 건설하였다.

19 신민회는 일제가 조작한 105인 사건으로 국내 조직이 발각되어 와해되었다.

20 을미사변과 단발령 시행에 반발하여 을미의병이 일어났다.

21 아관 파천 후 고종의 해산 권고 조칙에 따라 을미의병의 대부분이 자진 해산하였다.

22 을사늑약 체결에 항거하여 민영환이 자결하였다.

23 장지연은 황성신문에 '시일야방성대곡'이라는 논설을 게재하여 을사늑약의 부당함을 비판하였다.

24 을사늑약이 체결되자 최익현, 민종식 등이 주도한 을사의병이 일어났다.

25 을사의병 때 신돌석 등의 평민 출신 의병장이 활약하였다.

26 정미의병 때 일부 해산 군인의 합류로 의병의 전투력이 강화되었다.

27 정미의병 때 결성된 13도 창의군은 양주에 집결하여 서울 진공 작전을 전개하였다.

28 13도 창의군의 총대장 이인영은 서울의 각국 영사관에 통문을 보내 의병을 국제법상 교전 단체로 승인해 줄 것을 요구하였다.

29 서울 진공 작전 실패 이후에도 호남 지역 의병들이 계속 항전하자 일본군이 '남한 대토벌' 작전을 전개하였다.

개항기(경제)

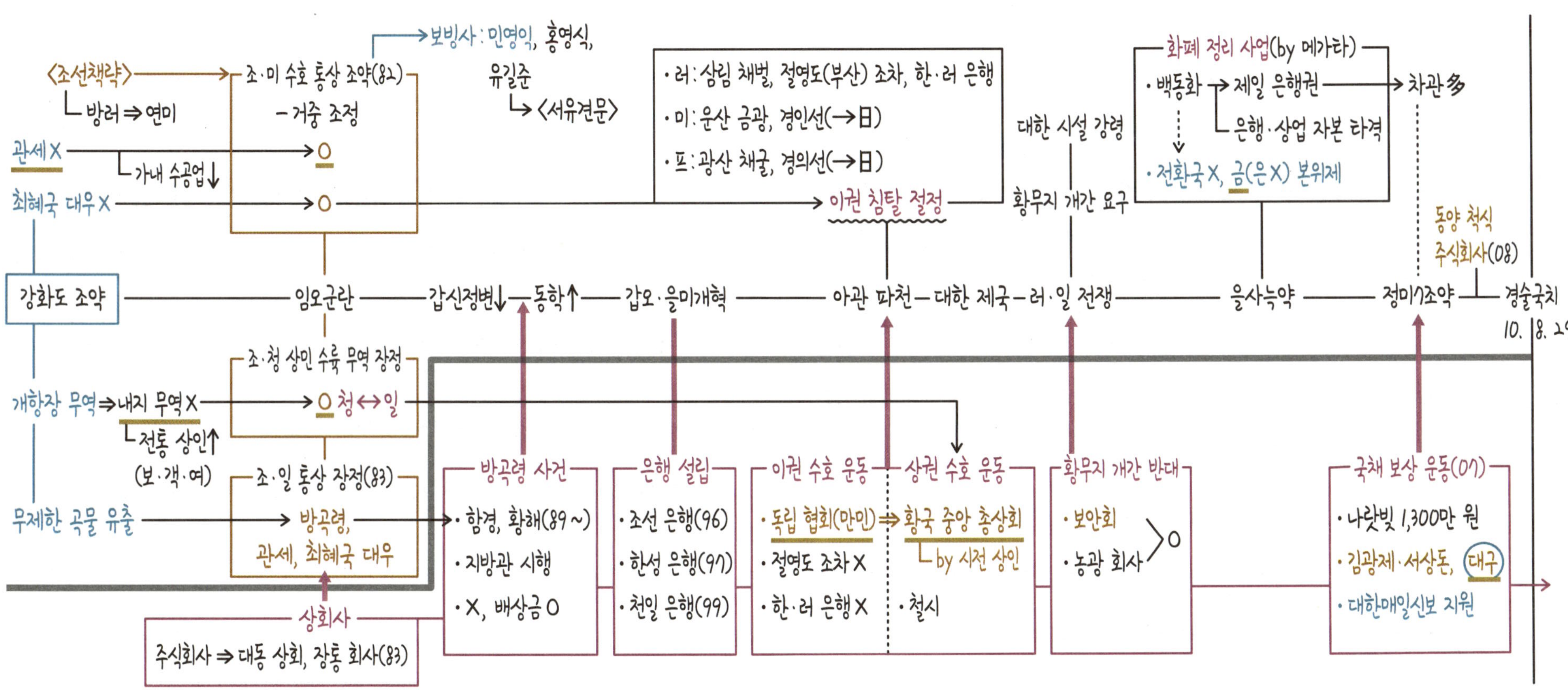
〈조선책략〉
방러 ⇒ 연미
관세 X
가내 수공업↓
최혜국 대우 X
조·미 수호 통상 조약(82)
- 거중 조정
O
O
보빙사 : 민영익, 홍영식, 유길준
〈서유견문〉
• 러 : 삼림 채벌, 절영도(부산) 조차, 한·러 은행
• 미 : 운산 금광, 경인선(→日)
• 프 : 광산 채굴, 경의선(→日)
이권 침탈 절정
대한 시설 강령
황무지 개간 요구
화폐 정리 사업(by 메가타)
• 백동화 → 제일 은행권 → 차관 多
은행·상업 자본 타격
• 전환국 X, 금(은 X) 본위제
동양 척식 주식회사(08)
강화도 조약
임오군란
갑신정변↓
동학↑
갑오·을미개혁
아관 파천 – 대한 제국 – 러·일 전쟁
을사늑약
정미7조약
경술국치
10. 8. 29
개항장 무역 ⇒ 내지 무역 X
전통 상인↑
(보·객·여)
조·청 상인 수륙 무역 장정
O 청↔일
조·일 통상 장정(83)
방곡령, 관세, 최혜국 대우
무제한 곡물 유출
상회사
주식회사 ⇒ 대동 상회, 장통 회사(83)
방곡령 사건
• 함경, 황해(89~)
• 지방관 시행
• X, 배상금 O
은행 설립
• 조선 은행(96)
• 한성 은행(97)
• 천일 은행(99)
이권 수호 운동
• 독립 협회(만민) ⇒ 황국 중앙 총상회
• 절영도 조차 X
• 한·러 은행 X
상권 수호 운동
by 시전 상인
• 철시
황무지 개간 반대
• 보안회
• 농광 회사
O
국채 보상 운동(07)
• 나랏빚 1,300만 원
• 김광제·서상돈, 대구
• 대한매일신보 지원

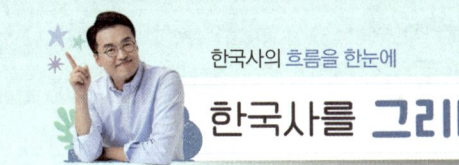

32강 개항기(경제)

01 조·미 수호 통상 조약은 조선이 서양 국가와 맺은 최초의 조약이다.

02 조·미 수호 통상 조약에는 거중 조정에 대한 내용이 포함되었다.

03 조·미 수호 통상 조약에서 조선의 관세 자주권이 최초로 인정되었다.

04 조선은 조·미 수호 통상 조약 체결에 따라 외국에 대한 최혜국 대우를 처음으로 인정하였다.

05 조·청 상민 수륙 무역 장정에 따라 조선에서 청 상인의 내지 통상이 가능해졌다.

06 조·청 상민 수륙 무역 장정 체결 후 객주, 여각 등 국내 중간 상인의 활동이 위축되었다.

07 조·일 통상 장정에서 일본 상품에 대한 관세 부과 규정이 마련되었다.

08 조·일 통상 장정의 체결로 일본으로의 곡물 유출을 막을 수 있는 방곡령의 선포가 가능해졌다.

09 아관 파천 이후 열강이 최혜국 대우 조항을 내세워 이권 침탈을 본격화하였다.

10 러시아는 압록강 유역, 두만강 유역, 울릉도의 삼림 채벌권을 차지하고 절영도의 조차를 요구하였다.

11 미국은 운산 금광 채굴권과 경인선 철도 부설권을 차지하였다.

12 1905년에 일본인 재정 고문 메가타의 주도로 화폐 정리 사업이 추진되었다.

13 화폐 정리 사업은 구(舊) 백동화를 일본 제일 은행권으로 교환해 주는 사업이었다.

14 1908년에 일제는 한국의 토지와 자원을 수탈할 목적으로 동양 척식 주식회사를 설립하였다.

15 외국 상인의 상권 침탈에 맞서 대동 상회, 장통 회사 등의 상회사가 설립되었다.

16 독립 협회는 만민 공동회를 열어 러시아의 절영도 조차 요구를 저지하였다.

17 시전 상인은 황국 중앙 총상회를 결성하고 철시 투쟁을 벌여 상권 수호 운동을 전개하였다.

18 국채 보상 운동은 성금을 모아 일본에 진 나랏빚을 갚아 국권을 회복하자는 경제적 구국 운동이었다.

19 국채 보상 운동은 서상돈, 김광제 등의 발의로 대구에서 시작되어 전국으로 확산되었다.

20 국채 보상 운동은 대한매일신보 등 당시 언론의 적극적인 지원을 받았다.

21 국채 보상 운동은 통감부의 방해와 탄압으로 실패하였다.

33강 개항기(문화)

1884 / 1894 / 1904

〈개화기〉 〈동도서기〉 〈광무개혁〉 〈애국 계몽〉

[신문]
- 한성순보 ─ 최초, 순 한문, 관보(개화파)
  - ↑ 박문국 (83)
- ×─ 한성주보 ─ 최초 상업 광고 게재
- 독립신문 ─ 서재필, 최초 민간, 영자
- ㉶ 제국신문 ─ 순 한글, 서민
- ㉸ 황성신문 ─ 유생
  - 시일야방성대곡 ─ 장지연, 을사늑약
- 대한매일신보 ← 신문지법
  - 양기탁, 베델(영국)
  - 비판, 의병 호의, 독자↑, 국채 보상 운동

[기술]
- 전환국(백동화) (83)
- 기기창(영선사)
- 우정총국 ─×
- 알렌 ─ 광혜원(85) ⇝ 제중원
- 전신(85), 전등(87, 경복궁)
- 전화, 한성 전기 회사(98) ─ 전차, 경인선(99) ─ 최초
- → 경부선(05), 경의선(06) ─ 러·일 전쟁

[학교]
- ㉳ : 원산 학사(83) ─ 최초 근대 학교 = 학문 + 무술, 덕원부
- 선교사 ⇒ 배재 학당, 이화 학당 (아펜젤러) (스크랜턴)
- 민족 지도자 ⇒ 오산 학교(이승훈), 대성 학교(안창호)
- ㉵ : 동문학(83) ─ 외국어
- 육영 공원(86) ─ 헐버트, 길모어, 영어 → 고관 자제
  - 헐버트 ─ 헤이그 특사
- 교육 입국 조서(95) : 2차 갑오개혁
  - → 소학교, 사범 학교, 외국어 학교
  - → 중학교

※ 최초 공식 이민 ⇒ 하와이(사진결혼)
멕시코(에네켄)

[국어]
- 국문 연구소 : 학부, 주시경, 지석영(종두법) (한글 연구)
- 신소설 : 은세계(→ 원각사), 금수회의록(안국선)
- 신체시 : 해에게서 소년에게(최남선)

[史]
- 위인전, 각국 흥망사
- ↑ 신채호 〈독사신론〉 : 민족주의 사학 방향

[종교]
- 천도교(← 동학) : 만세보
- 대종교 : 나철, 단군
- 유교 : 박은식, 〈유교 구신론〉 ⇒ 양명학
- 불교 : 한용운, 〈불교 유신론〉
- 천주교 : 조·프 조약(86) 체결 이후 포교

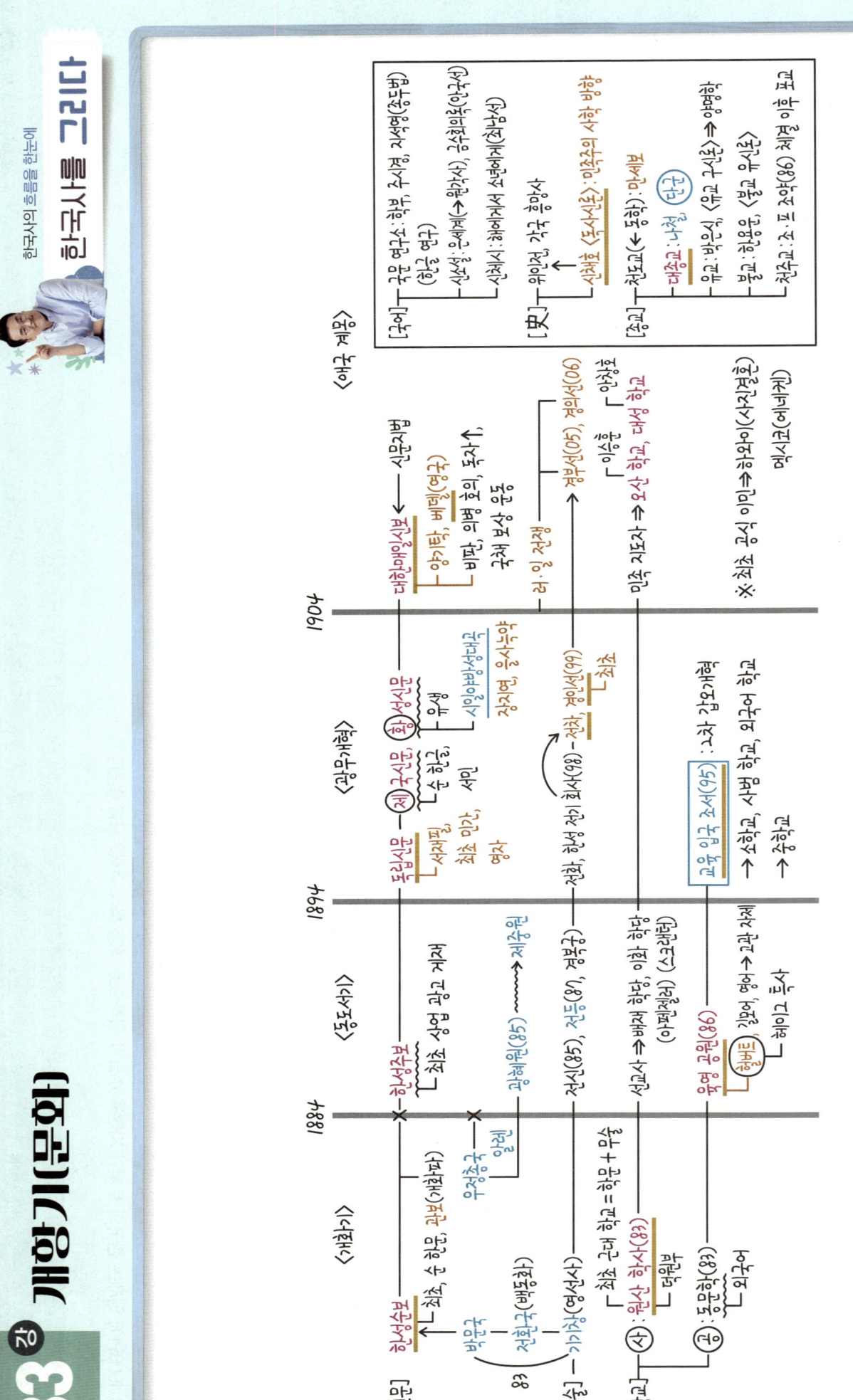

33강 개항기(문화)

01 한성순보는 우리나라 최초의 신문으로 박문국에서 발행되었다.

02 한성순보는 순 한문 신문으로 열흘마다 발행하는 것을 원칙으로 삼았다.

03 한성주보는 최초로 상업 광고를 게재하였다.

04 독립신문은 우리나라 최초의 민간 신문으로 영문으로도 발행되었다.

05 황성신문은 을사늑약을 비판한 장지연의 '시일야방성대곡'이라는 논설을 처음으로 게재하였다.

06 제국신문은 순 한글로 발행되었으며, 서민과 부녀자를 주된 독자층으로 삼았다.

07 대한매일신보는 영국인 베델과 양기탁이 함께 창간한 신문이다.

08 대한매일신보, 황성신문 등의 언론은 국채 보상 운동을 적극적으로 지원하였다.

09 일제 통감부의 강요로 대한 제국은 1907년에 신문지법을 제정하여 신문 등 언론을 탄압하였다.

10 갑신정변 이후 우리나라 최초의 서양식 병원인 광혜원(제중원)이 설립되었다.

11 1899년에 우리나라 최초로 서대문과 청량리를 오가는 전차가 개통되었다.

12 1899년에 서울과 인천 사이를 잇는 우리나라 최초의 철도인 경인선이 개통되었다.

13 1883년에 함경도 덕원부 관민이 합심하여 우리나라 최초의 근대적 학교인 원산 학사를 설립하였다.

14 조선 정부는 1883년에 통역관 양성을 목적으로 동문학을 설립하였다.

15 선교사 아펜젤러는 배재 학당을 세워 신학문을 보급하고자 노력하였다.

16 선교사 스크랜턴은 근대적 여성 교육을 위해 이화 학당을 설립하였다.

17 육영 공원은 정부가 세운 근대 교육 기관으로 헐버트, 길모어 등 외국인을 교사로 초빙하였다.

18 이승훈은 민족 교육을 위해 평안도 정주에 오산 학교를 설립하였다.

19 안창호는 평양에 대성 학교를 설립하여 인재를 양성하였다.

20 주시경, 지석영 등이 국문 연구소에서 한글 연구를 체계화하는 데 앞장섰다.

21 1900년대 이후 "금수회의록" 등의 신소설과 '해에게서 소년에게' 등의 신체시가 등장하였다.

22 신소설 "은세계"가 국내 최초의 서양식 극장인 원각사에서 연극으로 공연되었다.

23 신채호는 '독사신론'을 발표하여 민족을 역사 서술의 중심에 두었다.

24 천도교는 기관지 만세보를 발행하여 민중 계몽을 위해 노력하였다.

25 나철, 오기호 등이 창시한 대종교는 단군 신앙을 전파하여 민족의식을 고취하였다.

26 천주교는 경향신문을 발간하여 민중 계몽에 힘썼다.

27 1900년대 초 미국의 하와이로 우리나라 최초의 합법적 이민이 이루어졌다.

34강 일제 강점기(식민 통치)

한국사의 흐름을 한눈에 **한국사를 그리다**

정책 / 저항 ‹ 内 / 外 (10, 20, 30)

1910

무단 통치

〈정치〉
- 통감 --> · 총독: only 군인(무관)
- └ 중추원 ┬ 자문
- └ 왜곡(역사)
- · 헌병 경찰: 즉결 처분, 태형(only 한국인)
- · 언론·출판·집회·결사 자유 X
- · 칼 찬 교사, 교육 차별(학제: 보통 4년 vs 日 6년)

토지 조사 사업

〈경제〉
- · 신고·증거 ⇒ '근대적 토지 소유권 확립', 재정 확보
- · 도지권(= 경작권) 부정 ⇒ 계약제 농민↑
- ~령: 회사령, 삼림령, 광업령…
- └ 허가제 → 민족 자본↓

※ 조선 물산 공진회(1915, 경복궁)
– 식민 통치 미화

3·1 운동 (1919)

1920

이른바 문화 통치 → 민족 분열 ---- 기만

- → 문관 O ---------- X
- → 자치: 도 평의회, 부·면 협의회 ------ 日人
- → 조선사 편수회(식민 사관: 당파성론, 정체성론)
- → 보통 경찰, 태형 X --- 수↑, 치안 유지법(25)
- → 조선일보, 동아일보 O ---------- 검열, 정간
- → 2차 교육령(학제 통일) ---- 경성 제국 대학

산미 증식 계획

- · 증산 O, 증산량 < 목표 반출량 --- 만주 잡곡 수입
- · 개량, 개간, 종자, 수리 시설 --- 비용 농민 전가
- · 쌀 단작화, 상품화
- X (신고제), 관세 X ⇒ 물산 장려 운동

대공황 (1929)
⇒ 수요 < 공급

- · 만주 사변(31)
- · 중·일 전쟁(37)
- · 태평양 전쟁(41)

1930 ~ 1945

민족 말살 통치

- · 창씨개명, 황국 신민 서사 암송
- · 신사 참배, 궁성 요배, 내선일체
- → 청구 학회 ⇐ 진단 학회, 신채호, 백남운
- → 사상범 보호 관찰령(36), 사상범 예방 구금령(41), 애국반
- → X 폐간(40)
- → 조선어 X(조선어 학회 사건, 42), 국민학교령(41)

- → 농촌 진흥 운동(~40) X
- → 남면북양 정책 ----
- → 병참 기지화 정책 -- 국가 총동원법 (38)
  - 人: 징용, 징병, 정신대, 일본군 '위안부'
  - 물: 공출, 배급

34강 일제 강점기(식민 통치)

01 1910년대 일제는 강압적 통치를 목적으로 헌병 경찰 제도를 실시하였다.

02 일제의 무단 통치 시기에 조선 태형령이 제정되어 한국인에게만 적용되었다.

03 무단 통치 시기에 일제는 일반 관리와 교사에게도 제복을 입고 칼을 착용하도록 강요하였다.

04 1910년대 일제는 제1차 조선 교육령을 공포하여 보통학교의 수업 연한을 4년으로 정하였다.

05 1910년대 일제는 근대적 토지 소유권 확립을 명분으로 내세워 토지 조사 사업을 실시하였다.

06 1910년대 일제는 회사 설립 시 총독의 허가를 받도록 하는 회사령을 공포하였다.

07 일제는 3·1 운동 이후 통치 방식을 무단 통치에서 이른바 문화 통치로 바꾸었다.

08 일제는 1925년에 조선사 편수회를 설치하였고, 이후 "조선사"를 편찬하였다.

09 일제는 1925년에 사회주의 운동을 탄압하기 위해 치안 유지법을 제정하였다.

10 이른바 문화 통치 시기에 일제는 조선일보, 동아일보 등 한글 신문의 창간을 허용하였으나 검열, 정간 등을 통해 통제하였다.

11 1920년대 일제는 제2차 조선 교육령을 발표하여 보통학교의 수업 연한을 6년으로 연장하고 한국어를 필수 과목으로 정하였다.

12 1920년대 일제는 일본 내 쌀 부족 문제의 해결과 쌀 수탈을 목적으로 산미 증식 계획을 추진하였다.

13 1920년대 일제는 회사 설립을 허가제에서 신고제로 바꾸었으며, 한국과 일본 사이의 관세를 폐지하였다.

14 일제는 민족 말살 정책으로 학생은 물론 일반인에게도 억지로 황국 신민 서사를 암송하게 하고, 신사 참배와 궁성 요배를 강요하였다.

15 민족 말살 통치 시기에 일제는 한국인의 성과 이름을 일본식으로 바꾸는 창씨개명을 강요하였다.

16 일제는 1936년에 조선 사상범 보호 관찰령을 제정하여 일제에 반대하는 일체의 사상을 탄압하고 독립운동가를 감시·통제하였다.

17 일제는 1941년에 재범 우려만으로 구금할 수 있는 조선 사상범 예방 구금령을 제정하여 독립운동을 탄압하였다.

18 1930년대 일제는 농민의 자력 갱생을 내세운 농촌 진흥 운동을 실시하였다.

19 일제는 침략 전쟁에 필요한 인적·물적 자원을 효율적으로 동원하기 위해 1938년에 국가 총동원법을 제정하였다.

20 일제는 침략 전쟁을 확대하면서 애국반을 조직하여 한국인의 생활을 통제하였다.

21 일제는 중·일 전쟁 이후 전쟁 물자를 확보하기 위해 금속과 식량의 공출, 식량 배급제 등을 시행하였다.

22 일제는 1939년에 국민 징용령을 제정하여 한국인을 광산, 군수 공장 등에 강제 동원하였다.

23 일제는 1944년에 여성의 노동력을 동원하기 위해 여자 정신 근로령을 공포하였다.

35강 일제 강점기(1910년대 저항)

外: <독립운동 기지>

신민회 → 경학사
| 이회영, 이상룡
신흥 무관 학교
|
서로 군정서

중광단(대종교)
|
서전서숙(이상설) → 명동 학교(김약연)
|
북로 군정서, 대한 독립군
(청산리) (봉오동)

신한촌
|
권업회(신문, 최재형)
|
대한 광복군 정부(이상설)
|
대한 국민 의회

內: <비밀 결사>

105인 사건(데라우치)
→ 신민회 X(1911)

신한 청년당
(여운형, 김규식)

독립 의군부
- 임병찬(← 고종), 복벽주의
  └ 의병
- 국권 반환 요구서 제출 시도

대한 광복회
- 박상진, 공화정
- 군대식 조직
- 친일 부호 X, 만주 사관 학교

- 미 본토: 대한인 국민회(안창호)
- 하와이: 대조선 국민군단(박용만)
- 멕시코: 숭무 학교(이근영)
  |
  에네켄(애니깽)

外: 파리 강화 회의 ······ 국제 연맹 ← 이승만 청원
- 윌슨 – 민족 자결주의
- 김규식 파견(← 신한 청년당)

- 대동단결 선언(1917, 상하이)
- 대한 독립 선언(1919. 2. 1, 만주) (무오)
- 2·8 독립 선언(1919, 도쿄)

內: 3·1 운동(1919)
- 고종 인산일
- 민족 대표 33人(천도 + 개 + 불)
- 비폭력 → 폭력
- 제암리·고주리 학살 → 스코필드

영향
- 대한민국 임시 정부
  ||
  대한 국민 의회 + 한성 정부 + 상하이
- 통치 변화: 무단 → 문화
- 중국 5·4 운동

1919

4.11.
- 최초 3권 분립
  - 임시 의정원(국회, 입법)
  - 법원(사법)
  - 국무원(행정)
- 공화정
- 연통제, 교통국(이륭양행)
- 독립 공채
- 독립신문, 임시 사료 편찬 위원회, 구미 위원부
- 초대 대통령: 이승만
- 백산 상회(부산)
  └ 안희제 ← 최준

(신채호) 창조파 → 국민 대표 회의 ← 개조파 (안창호)

X 이탈

1923

상하이

- 25. 이승만 탄핵 → 박은식 대통령, 국무령(의원 내각제)
  └ 이상룡
- 27. 집단 지도 체제(국무위원)
- 31. 한인 애국단
  ↑
- 32 이봉창, 윤봉길 → 중국 국민당 정부 지원
  ┌ 도쿄 ┌ 상하이

32 장정 40 (충칭)

- 40. 주석(김구)
  한국 독립당, 한국 광복군(지청천)
- 41. 건국 강령(삼균주의 ← 조소앙), 선전 포고
- 42. 김원봉, 조선 의용대 합류
- 43. 영국 요청 → 인도·미얀마 전선 투입
- 44. 주석·부주석(김구, 김규식)
- 45. 미 OSS, 국내 진공 작전

35강 일제 강점기(1910년대 저항)

01 서간도 지역에서 신민회가 중심이 되어 한인 자치 기관인 경학사를 조직하였다.

02 서간도 지역에 신흥 무관 학교가 설립되어 독립군 양성에 힘썼다.

03 북간도 지역에 서전서숙, 명동 학교가 설립되어 민족 교육을 실시하였다.

04 북간도 지역에 대종교도 중심의 중광단이 결성되어 항일 무장 투쟁을 전개하였다.

05 3·1 운동 직후 중광단이 북로 군정서로 개편되었다.

06 연해주 지역에서 이상설 등이 권업회를 토대로 대한 광복군 정부를 수립하였다.

07 연해주 지역의 대한 광복군 정부에서 이상설과 이동휘가 정·부통령으로 선임되었다.

08 1910년에 미국에서 조직된 대한인 국민회가 독립운동 자금을 모아 만주와 연해주에서의 독립운동을 지원하였다.

09 하와이에서는 박용만의 주도로 대조선 국민군단이 조직되어 군사 훈련을 실시하였다.

10 고종의 밀지를 받아 임병찬 등이 주도하여 결성한 독립 의군부는 복벽주의를 내세우며 의병 전쟁을 준비하였다.

11 독립 의군부는 조선 총독부에 국권 반환 요구서를 발송하려고 하였다.

12 박상진의 주도로 대구에서 조직된 대한 광복회는 군대식 조직을 갖춘 비밀 결사였다.

13 대한 광복회는 공화 정체의 국민 국가 수립을 목표로 삼았다.

14 1917년에 상하이에서 신규식 등의 주도로 대동단결 선언이 발표되었다.

15 제1차 세계 대전이 끝나갈 무렵 미국의 대통령 윌슨이 민족 자결주의를 제창하였다.

16 민족 자결주의의 영향을 받은 일본 도쿄의 한국인 유학생들이 2·8 독립 선언을 발표하였다.

17 3·1 운동은 일제의 식민 통치 방식이 '문화 통치'로 바뀌는 계기가 되었다.

18 3·1 운동은 대한민국 임시 정부가 수립되는 데 영향을 주었다.

19 3·1 운동은 중국의 5·4 운동에 영향을 주었다.

20 파리 강화 회의에 대표로 파견된 김규식은 독립 청원서를 제출하였다.

21 대한민국 임시 정부는 미국 워싱턴에 구미 위원부를 설치하고 외교 활동을 전개하였다.

22 대한민국 임시 정부는 국내와의 연락 업무를 위한 비밀 행정 조직으로 연통제를 실시하였다.

23 대한민국 임시 정부는 이륭양행에 교통국을 설치하여 국내와 연락을 취하였다.

24 대한민국 임시 정부는 임시 사료 편찬 위원회를 두어 "한·일 관계 사료집"을 간행하였다.

25 대한민국 임시 정부는 독립 의식을 고취하기 위해 독립신문을 간행하였다.

26 대한민국 임시 정부는 독립운동 자금을 마련하기 위해 독립 공채를 발행하였다.

27 이승만은 미국의 윌슨 대통령에게 국제 연맹에 의한 위임 통치를 청원하였다.

28 1923년에 국내외 독립운동가들의 요구로 상하이에서 국민 대표 회의가 개최되어 독립운동의 새로운 방향을 논의하였다.

29 한인 애국단 소속 윤봉길의 의거는 중국 국민당 정부가 대한민국 임시 정부를 적극적으로 지원하는 계기가 되었다.

30 1940년에 충칭에 정착한 대한민국 임시 정부는 산하 정규군으로 한국 광복군을 창설하였다.

31 1941년에 대한민국 임시 정부는 조소앙의 삼균주의에 바탕을 둔 건국 강령을 발표하였다.

32 한국 광복군은 미국 전략 정보국(OSS)의 지원을 받아 국내 진공 작전을 준비하였다.

일제 강점기(1920년대 저항)

한국사의 흐름을 한눈에 한국사를 그리다

실력 양성 운동 – 민족주의
- 자치론(이광수) ← 기회주의
- 비타협적 민족주의자 → 좌우 합작 → 조선 민흥회 → 정우회 선언 → 광주 학생 항일 운동 후원

- 물산 장려 운동: 회사령·관세 X, 평양
  - ↑ 사회주의 세력 비판
- 민립 대학 설립 운동(이상재): 2차 교육령
  - └ 한=일 학제
  - ↑ 日 방해: 경성 제국 대학
- 문맹 퇴치 운동: 문자 보급 운동(조선일보)

〈신간회〉 1927
- 이상재·홍명희, 민족 유일당 (임꺽정)
- 공개, 전국 지회(최대)
- 근우회(자매)
- 광주 학생 항일 운동 후원
  - └→ 진상 조사단 → 민중 대회
  - ⇒ 해소(31)

↑ 한국 독립 유일당 북경 촉성회 (by 안창호)

쟁의 – 사회주의(사유 재산 X) ← 치안 유지법(25) – 합법 공간
- 소작 쟁의: 암태도 소작 쟁의(23)
- 노동 쟁의
  - 아사 동맹(23): 경성 고무 공장
  - 조선 노동 총동맹(27) / 조선 농민 총동맹(27)
  - 원산 총파업(29) ← 국제 연대

대중 운동
- 학생 운동
  - 6·10 만세 운동(26): 순종 인산일, 사회주의(+민족주의)
  - 광주 학생 항일 운동(29): 동맹 휴학, 3·1 운동 이후 최대
- 청년 운동: 조선 청년 총동맹(24)
- 소년 운동: 천도교, 방정환, 〈어린이〉 → 〈소년〉 X
- 여성 운동: 근우회(좌우 합작)
- 형평 운동: 백정, 진주(→ 임술 농민 봉기)

의열 투쟁
- 의열단(19) ← 〈조선 혁명 선언〉 by 신채호, 폭력
  - 김원봉
  - 박재혁(부산), 최수봉(밀양), 김익상(조선 총독부), 김상옥(종로 경찰서), 김지섭(일본), 나석주(동척, 식산)
  - ↓ 황푸 군관 학교(25)

민족 문화 수호 운동
- 國
  - 조선어 연구회
  - : 가갸날, 〈한글〉
  - 카프 문학(KAPF)
- 史
  - 신채호
    - : 〈조선사연구초〉
      - └ 낭가, 묘청
    - : 〈조선상고사〉 31
      - └ 아 ≠ 비아
  - 박은식: 국혼
    - : 〈한국통사〉 15
    - : 〈한국독립운동지혈사〉
- 영화: 나운규 '아리랑'
- 원불교(16, 박중빈): 새생활 운동
- 천도교: 〈개벽〉, 〈신여성〉
- 불교: 조선 불교 유신회(한용운)

內 | 外

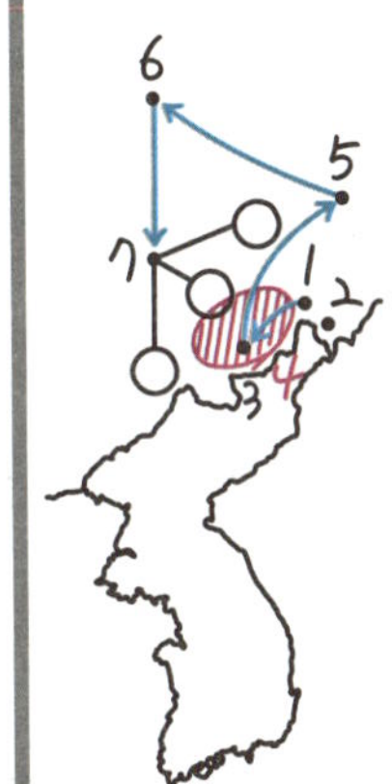

1. 봉오동 전투: 홍범도, 대한 독립군 + α
2. 훈춘 사건 조작
3. 청산리 전투: 김좌진, 북로 군정서 + α (백운평, 어랑촌…) 의민단(천주교)
4. 간도 참변(20)
5. 대한 독립군단(서일 + α)
6. 자유시 참변(21) → 임정
7. 3부(참·정·신) 결성 ⇐ 미쓰야 협정(25)
   - └ 정부 = 행정 + 군사
8. 3부 통합 운동 ⇑
   - 북: 혁신 의회
   - 남: 국민부

36강 일제 강점기(1920년대 저항)

01 물산 장려 운동 당시 자작회, 토산 애용 부인회 등의 단체가 활동하였다.

02 물산 장려 운동은 조만식 등의 주도로 평양에서 시작되어 전국으로 확산되었다.

03 1920년대 이상재 등의 주도로 식민지 교육 차별에 저항하여 민립 대학 설립 운동이 전개되었다.

04 1923년에 전라남도 신안에서 지주의 고율 소작료 징수에 반발하여 암태도 소작 쟁의가 발생하였다.

05 1929년에 일어난 원산 총파업은 일본, 프랑스 등지의 노동 단체로부터 격려 전문을 받았다.

06 1926년에 사회주의 세력의 활동 방향을 밝힌 정우회 선언이 발표되었다.

07 비타협적 민족주의 세력과 사회주의 진영이 전개한 민족 유일당 운동으로 신간회가 창립되었다.

08 6·10 만세 운동은 순종의 인산일을 기해 일어난 학생 중심의 항일 민족 운동이었다.

09 6·10 만세 운동은 민족 유일당 운동의 계기가 되었다.

10 광주 학생 항일 운동은 3·1 운동 이후 전개된 최대 규모의 항일 민족 운동이었다.

11 신간회는 광주 학생 항일 운동에 진상 조사단을 파견하여 지원하였다.

12 1920년대에 김기전, 방정환 등의 주도로 소년 운동이 전개되었다.

13 천도교 소년회는 잡지 "어린이"를 발간하는 등 소년 운동을 주도하였다.

14 1927년에 민족주의계와 사회주의계 여성 인사들의 대부분이 참여한 근우회가 창립되었다.

15 백정은 1923년에 조선 형평사를 창립하고 백정에 대한 차별 철폐와 평등한 세상을 만들겠다는 신념 아래 형평 운동을 전개하였다.

16 김원봉은 만주 지린성에서 의열단을 조직하여 단장으로 활약하였다.

17 의열단은 신채호가 작성한 '조선 혁명 선언'을 활동 지침으로 삼았다.

18 의열단의 일부 단원은 중국 황푸 군관 학교에 입학하여 군사 교육을 받았다.

19 1930년대에 의열단은 조선 혁명 간부 학교를 설립하여 군사 훈련을 실시하고 독립군 간부를 양성하였다.

20 조선어 연구회는 '가갸날'을 제정하고 기관지 "한글"을 발행하였다.

21 신채호는 "조선사연구초"를 저술하여 낭가사상을 강조하였다.

22 박은식은 "한국독립운동지혈사"에서 독립 투쟁의 역사를 서술하였다.

23 1926년에 나운규가 제작한 영화 '아리랑'이 단성사에서 처음 개봉되었다.

24 박중빈이 창시한 원불교는 간척 사업을 추진하고 새 생활 운동을 전개하였다.

25 홍범도가 이끄는 대한 독립군 등 독립군 연합 부대는 봉오동에서 일본군을 격파하였다.

26 김좌진이 이끄는 북로 군정서와 대한 독립군 등 독립군 연합 부대는 청산리 일대에서 일본군에 맞서 싸워 대승을 거두었다.

27 만주 지역의 독립군은 간도 참변 이후 조직을 정비하고 러시아령 자유시로 이동하였다.

28 러시아로 이동한 독립군은 1921년에 자유시 참변으로 큰 타격을 입었다.

29 자유시 참변 이후 만주로 귀환한 독립군은 참의부, 정의부, 신민부의 3부를 결성하였다.

30 조선 총독부와 중국 군벌 간에 체결된 미쓰야 협정으로 만주에서의 독립군 활동이 위축되었다.

31 만주 지역의 독립군은 3부 통합 운동을 전개하여 북만주의 혁신 의회와 남만주의 국민부로 재편되었다.

37강 일제 강점기(1930년대 이후 저항)

- 임시 정부(김구) VS 의열단(김원봉)
  - 국민 대표 회의(23)
  - 한인 애국단(상하이)
    - 이봉창(日)
    - 윤봉길(中) ⇩ 中 지원
  - 한국 국민당(35)
  - 한국 독립당(40, 충칭)
  - 한국 광복군 → 지청천, 장준하(유신X)
    - 김원봉(부사령관)
  - 합류(42)
- 의열단(김원봉)
  - 황푸 군관 학교 입교
  - 조선 혁명 간부 학교
  - 민족 혁명당(35)
  - 조선 민족 전선 연맹(37)
  - 조선 의용대(38): 중국 관내 최초
    - 호가장 전투(41) → 조선 의용군(연안)
    - → 합류(42)

← 한·중 연합 작전 → 만주 사변(31)

← 관내 | 만주 →

30~ ↔ 40~

- 혁신 의회 → 한국 독립당(군): 지청천 – 쌍성보·대전자령 전투
  - ⟿ 동북 항일 연군(보천보 전투)
- 국민부 → 조선 혁명당(군): 양세봉 – 영릉가·흥경성 전투

국내 →

- 부민관 투탄 의거(45)
- 베를린(36) → 손기정 우승(마라톤) ⇒ 동아일보 일장기X

- 國
  - 문맹 퇴치 운동: 브나로드 운동(동아일보)
  - 조선어 학회(최현배, 이극로) – 말모이
    - : 한글 맞춤법 통일안, 표준어 제정
    - 〈한글〉 발행, 우리말 큰사전 편찬 시도 ⟿ X
  - 시인
    - 저항: 윤동주(별…), 이육사(절정…)
    - 친일: 서정주, 노천명
- 史
  - 민족주의 사학: 정인보 – '얼', 조선학 운동(여유당전서)
  - 실증주의 사학: 이병도 – 진단 학회(학보)
  - 사회주의
    - 사회 경제 사학: 백남운 – 유물 사관(발전, 법칙, 보편) ⇒ 정체성론 비판
    - 혁명적 조합 활동(지하), 강주룡 을밀대 고공 농성(31)

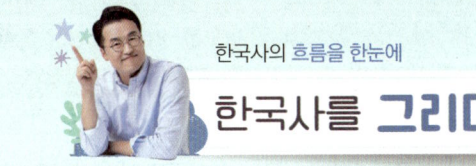

37강 일제 강점기(1930년대 이후 저항)

01 1930년대 전반에 만주 지역의 독립군 부대들이 한·중 연합 작전을 전개하여 일본군을 격퇴하였다.

02 지청천이 이끈 한국 독립군은 항일 중국군과 함께 쌍성보 전투, 대전자령 전투에서 일본군을 격퇴하였다.

03 한국 독립군은 북만주 지역에서 활동한 한국 독립당의 산하 부대였다.

04 양세봉이 지휘한 조선 혁명군은 항일 중국군과 함께 영릉가 전투, 흥경성 전투에서 일본군에 승리하였다.

05 조선 혁명군은 조선 혁명당의 군사 조직으로 남만주 지역에서 활동하였다.

06 1931년에 김구의 주도로 상하이에서 한인 애국단이 조직되었다.

07 한인 애국단원 이봉창은 일본 도쿄에서 일왕이 탄 마차 행렬에 폭탄을 던졌다.

08 한인 애국단원 윤봉길은 상하이 훙커우 공원에서 폭탄을 던져 일본군 장성과 고관들을 처단하였다.

09 지청천은 한국 광복군의 총사령관으로 활약하였다.

10 중국 국민당 정부의 지원을 받아 조선 민족 전선 연맹 산하의 군사 조직으로 조선 의용대가 결성되었다.

11 조선 의용대는 중국 관내에서 결성된 최초의 한인 무장 부대였다.

12 김원봉이 이끄는 조선 의용대의 일부 세력은 대한민국 임시 정부의 한국 광복군에 합류하였다.

13 동아일보는 농촌 계몽을 위해 브나로드 운동을 전개하였다.

14 1936년에 일부 신문이 베를린 올림픽에서 있었던 손기정 선수의 우승 소식을 전하면서 가슴에 있던 일장기를 삭제하였다.

15 조선어 학회는 1933년에 한글 맞춤법 통일안을 마련하고 표준어를 제정하였다.

16 조선어 학회는 "우리말(조선말) 큰사전" 편찬 사업을 추진하였다.

17 일제는 조선어 학회 사건을 조작하여 한글 학자들을 검거·투옥하였다.

18 1930년대에 이르러 민족주의 사학을 계승한 정인보는 '얼'을 강조하여 민족정신을 고취하였다.

19 정인보, 안재홍 등은 "여유당전서" 간행 사업을 계기로 조선학 운동을 전개하였다.

20 이병도 등은 진단 학회를 결성하고 진단 학보를 발행하였다.

21 백남운은 유물 사관을 바탕으로 사회 경제 사학을 연구하였다.

22 백남운은 "조선사회경제사"를 저술하여 식민 사학의 정체성론을 반박하였다.

23 윤동주는 '서시', '별 헤는 밤' 등의 시를 남겼고, 그가 죽은 뒤에 "하늘과 바람과 별과 시"라는 유고 시집이 발간되었다.

24 이육사는 '광야', '절정' 등의 저항시를 발표하였다.

25 1931년에 노동자 강주룡은 임금 삭감 반대, 노동 조건 개선을 주장하며 평양 을밀대 지붕에서 고공 농성을 벌였다.

26 1944년에 여운형 등은 국내에서 일제 패망과 광복에 대비하여 조선 건국 동맹을 결성하였다.

현대(광복 ~ 6·25 전쟁)

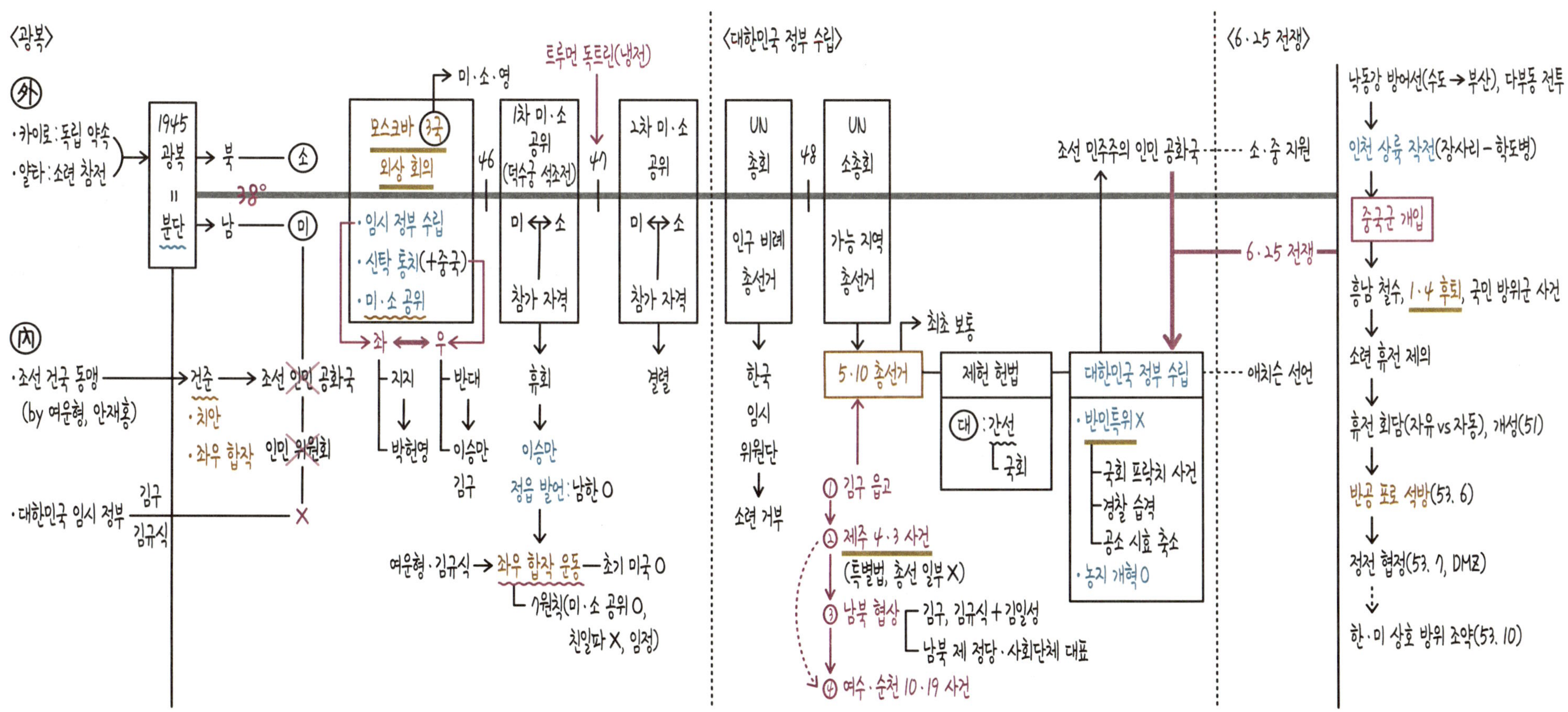
〈광복〉
外
·카이로 : 독립 약속
·얄타 : 소련 참전
1945 광복 = 분단
북 — 소
38°
남 — 미
모스크바 3국 외상 회의
→ 미·소·영
·임시 정부 수립
·신탁 통치(+중국)
·미·소 공위
좌 ⟷ 우
지지 → 박헌영
반대 → 이승만 김구
46
1차 미·소 공위 (덕수궁 석조전)
미 ⟷ 소
참가 자격
휴회
이승만
정읍 발언 : 남한 O
여운형·김규식 → 좌우 합작 운동 — 초기 미국 O
7원칙(미·소 공위 O, 친일파 X, 임정)
트루먼 독트린(냉전)
47
2차 미·소 공위
미 ⟷ 소
참가 자격
결렬
內
·조선 건국 동맹 (by 여운형, 안재홍)
→ 건준 → 조선 인민 공화국
·치안
·좌우 합작 인민 위원회
·대한민국 임시 정부 김구 김규식
X
〈대한민국 정부 수립〉
UN 총회
인구 비례 총선거
한국 임시 위원단
소련 거부
48
UN 소총회
가능 지역 총선거
5·10 총선거
최초 보통
① 김구 읍고
② 제주 4·3 사건 (특별법, 총선 일부 X)
③ 남북 협상 김구, 김규식 + 김일성 남북 제 정당·사회단체 대표
④ 여수·순천 10·19 사건
제헌 헌법
대 : 간선 국회
대한민국 정부 수립
·반민특위 X
국회 프락치 사건
경찰 습격
공소 시효 축소
·농지 개혁 O
조선 민주주의 인민 공화국
〈6·25 전쟁〉
소·중 지원
6·25 전쟁
애치슨 선언
낙동강 방어선(수도 → 부산), 다부동 전투
인천 상륙 작전(장사리 – 학도병)
중국군 개입
흥남 철수, 1·4 후퇴, 국민 방위군 사건
소련 휴전 제의
휴전 회담(자유 vs 자동), 개성(51)
반공 포로 석방(53. 6)
정전 협정(53. 7, DMZ)
한·미 상호 방위 조약(53. 10)

38강 현대(광복 ~ 6·25 전쟁)

01 카이로 회담에서 미국, 영국, 중국이 한국의 독립을 처음으로 약속하였다.

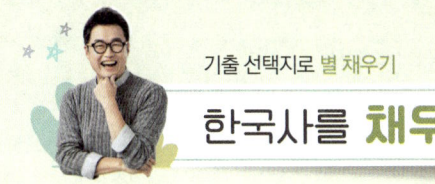

02 광복과 함께 여운형이 중심이 되어 조선 건국 준비 위원회를 결성하였다.

03 조선 건국 준비 위원회는 조선 인민 공화국의 수립을 선포하고 다음 날 해산하였다.

04 모스크바 3국 외상 회의에서 한국의 임시 민주 정부 수립, 미·소 공동 위원회 개최, 최고 5년간의 신탁 통치 실시 등이 결의되었다.

05 모스크바 3국 외상 회의의 결정 사항이 공식적으로 발표되기 전 회의 소식이 국내에 전해지면서 신탁 통치 반대 운동이 전개되었다.

06 미·소 공동 위원회가 무기한 휴회되자 이승만은 남한만의 단독 정부 수립을 주장한 '정읍 발언'을 발표하였다.

07 여운형과 김규식 등 중도 세력은 미군정의 후원을 받아 좌우 합작 운동을 전개하였다.

08 좌우 합작 위원회는 토지 개혁과 주요 산업의 국유화 등을 포함한 좌우 합작 7원칙을 발표하였다.

09 제2차 미·소 공동 위원회가 결렬된 후 유엔 총회는 한반도에서 인구 비례에 의한 총선거 실시를 결의하였다.

10 남한만의 단독 선거 결정에 반발하여 일어난 제주도 내 무장봉기를 진압하는 과정에서 많은 무고한 주민이 희생된 제주 4·3 사건이 일어났다.

11 김구와 김규식 등은 통일 정부 수립을 위해 남북 협상을 추진하였다.

12 김대중 정부 시기에 제주 4·3 사건 진상 규명 및 희생자 명예 회복에 관한 특별법이 제정되었다.

13 1948년에 우리나라 최초의 보통 선거인 5·10 총선거가 실시되었다.

14 5·10 총선거에 따라 제헌 국회가 구성되었다.

15 제헌 국회는 유상 매수·유상 분배 원칙의 농지 개혁법을 제정하였다.

16 제헌 국회는 친일파를 청산하기 위해 반민족 행위 처벌법을 제정하였다.

17 1950년에 북한군의 전면적인 남침으로 6·25 전쟁이 발발하였다.

18 6·25 전쟁 중에 부산이 임시 수도로 정해졌다.

19 북한군의 공세에 밀린 국군과 유엔군은 낙동강 방어선을 구축하였다.

20 국군과 유엔군은 인천 상륙 작전을 전개하여 1950년 9월에 서울을 수복하였다.

21 6·25 전쟁 중에 흥남에서 대규모 철수 작전이 전개되었다.

22 압록강 유역까지 진격한 국군과 유엔군은 중국군의 참전으로 밀려나 1·4 후퇴를 겪었다.

23 소련의 제의로 시작된 정전 회담은 군사 분계선 설정과 포로 송환 문제로 난항을 겪었다.

24 정전에 반대하던 이승만 정부는 반공 포로를 일방적으로 석방하였다.

25 1953년 7월에 체결된 정전 협정에서 군사 분계선을 확정하고 비무장 지대를 설정하였다.

26 정전 협정 체결 이후 한국과 미국은 서로의 군사적 안전을 보장하는 한·미 상호 방위 조약을 체결하였다.

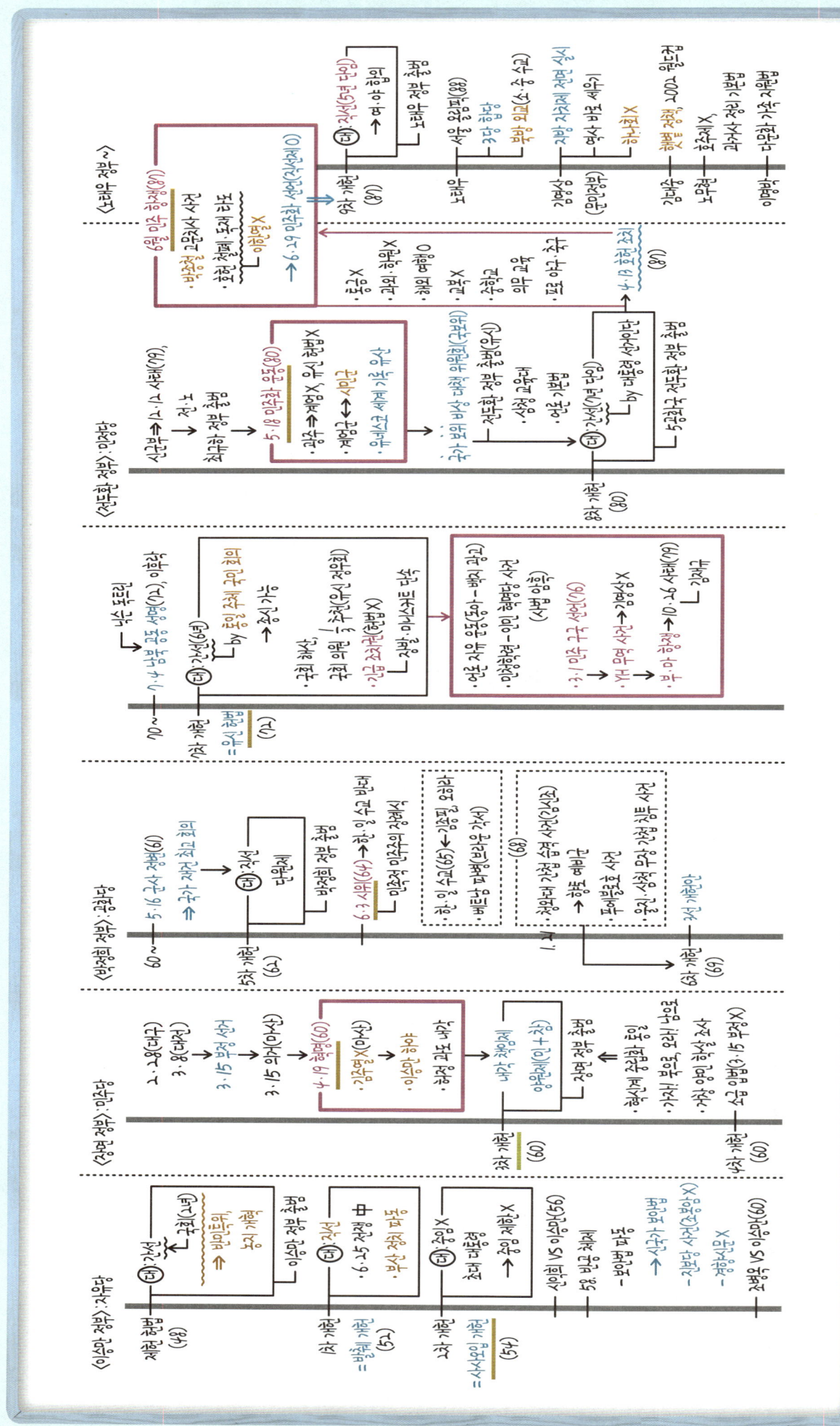

39강 현대(민주주의의 발전)

한국사의 흐름을 한눈에
한국사를 그리다

〈이승만 정부〉: 자유당

- 제헌 헌법 (48) — 대) 간선 ← 국회(2년)
  - ⇒ 반민특위, 농지 개혁
  - └ 이승만 정부 출범
- 1차 개헌 = 발췌 개헌 (52) — 대) 직선
  - ·6·25 전쟁 中
  - ·부산 정치 파동
- 2차 개헌 = 사사오입 개헌 (54) — 대) 중임X
  - 초대 대통령 → 중임 제한X
- 신익희 VS 이승만(56)
- 58. 반공 체제
  - – 보안법 파동 → 신국가 보안법
  - – 진보당 사건(조봉암X)
  - – 경향신문X
- 조병옥 VS 이승만(60)

〈장면 정부〉: 민주당

- 2·28(대구)
- 3·8(대전)
- ↓ 3·15 부정 선거
- ↓ 3·15 의거(마산)
- ↓ 4·19 혁명(60)
  - ·김주열X(마산)
  - ↓ ·이승만 하야
  - ·허정 과도 내각
- 3차 개헌 (60) — 내각 책임제, 양원제(민+참)
  - └ 장면 정부 출범
  - ⇑ ·혁신계 중립화 통일
  - ·가자! 북으로, 오라! 남으로
  - ·거창 양민 학살 조사
- 4차 개헌 (60) — 소급 입법(3·15 부정X)

〈박정희 정부〉: 공화당

- 60~ — 5·16 군사 정변(61)
  - ⇒ 국가 재건 최고 회의
- 5차 개헌 (62) — 대) 직선, 단원제
  - └ 박정희 정부 출범
- 6·3 시위(64) → 한·일 수교 반대
  - └ 민족적 민주주의 장례식
- ·한·일 수교(65) ← 김종필, 오히라
- ·베트남 파병(브라운 각서)
- (68)
  - 1. 21 ·청와대 간첩 습격 사건(김신조)
    - → 향토 예비군
  - ·푸에블로호 사건
  - ·울진·삼척 무장 간첩 침투 사건
- 6차 개헌 (69) — 3선 개헌안
- 70~ — 7·4 남북 공동 성명(72), 이후락
  - ← 닉슨 독트린
- 7차 개헌 = 유신 헌법 (72) — 대) 간선(6년)
  - └ by 통일 주체 국민 회의
  - → 종신 가능
  - ·국회 해산, 국회 의원 1/3 추천(유신 정우회)
  - ·긴급 조치권(헌법X)
  - └ 장발·미니스커트 단속
- ·언론 자유 운동(동아 – 백지 광고)
- ·민청학련 – 인민 혁명당 사건 (사법 암흑)
- ·3·1 민주 구국 선언(76)
- ↓ ·YH 무역 사건 → 김영삼X
- ↓ ·부·마 항쟁 → 10·26 사태(79)
  - └ 김재규

〈전두환 정부〉: 민정당

- 신군부 ⇒ 12·12 사태(79),
- ↓ 전·노
- 최규하 정부 출범
- ↓ 5·18 민주화 운동(80)
  - ·광주 ⇒ 계엄X, 유신 헌법X
  - ·계엄군 ↔ 시민군
  - ·유네스코 세계 기록 유산
- ↓ 국가 보위 비상 대책 위원회(국보위)
  - – 전두환 정부 출범(유신)
  - ·삼청 교육대
  - ·언론 기본법
- 8차 개헌 (80) — 대) 간선(7년 단임)
  - └ by 대통령 선거인단
  - → 4·13 호헌 조치 (87)
  - └ 5공화국 전두환 정부 출범
- ·통금X
- ·과외·학원X
- ·해외 여행O
- ·교복X
- ·중학교 의무 교육
- ·프로 야구·축구

〈노태우 정부~〉

- 6월 민주 항쟁(87)
  - ·박종철 고문치사 사건
  - ·호헌 철폐·독재 타도
    - └ 이한열X
  - → 6·29 민주화 선언(직선제 O)
- 9차 개헌 (87) — 대) 직선(5년 단임)
  - → 여·야 합의
  - └ 노태우 정부 출범
- 노태우 — 서울 올림픽(88)
  - 3당 합당
  - 북방 외교(소·중 수교)
- 김영삼 (문민정부) — 지방 자치제 전면 실시
  - 역사 바로 세우기
  - 하나회X
- 김대중 — 햇볕 정책, 2002 월드컵
- 노무현 — 호주제X, 과거사 정리 기본법
- 이명박 — 다문화 가족 지원법

39강 현대(민주주의의 발전)

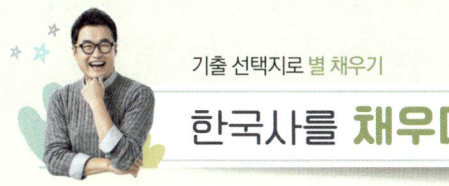

01 1차 개헌은 발췌 개헌이라고도 하며 6·25 전쟁 중에 임시 수도 부산에서 통과되었다.

02 발췌 개헌은 대통령 선출 방식을 직선제로, 국회 구성을 양원제로 규정하였다.

03 사사오입 개헌으로 개헌 당시 대통령, 즉 초대 대통령에 한해 중임 제한이 철폐되었다.

04 이승만 정부는 평화 통일론을 주장한 진보당의 조봉암을 제거하였다.

05 1960년에 일어난 4·19 혁명은 3·15 부정 선거에 항의하는 시위에서 시작되었다.

06 4·19 혁명으로 이승만 대통령이 하야하고 허정 과도 정부가 구성되었다.

07 4·19 혁명은 양원제 국회와 장면 내각이 출범하는 배경이 되었다.

08 1961년에 박정희를 중심으로 한 일부 군부 세력이 5·16 군사 정변을 일으켜 정권을 탈취하였다.

09 박정희와 군부 세력은 정권을 장악한 이후 국가 재건 최고 회의를 설치하여 군정을 실시하였다.

10 박정희 정부는 경제 발전에 필요한 자금을 마련하기 위해 일본과 국교를 정상화하고 베트남에 파병하였다.

11 박정희 정부의 굴욕적인 한·일 국교 정상화에 반대하여 6·3 시위가 전개되었다.

12 박정희 정부는 1969년에 대통령의 3회 연임을 허용하는 개헌안을 편법으로 통과시켰다.

13 박정희 정부의 7차 개헌으로 이른바 유신 헌법이 만들어졌다.

14 유신 헌법에 따라 통일 주체 국민 회의에서 임기 6년의 대통령을 선출하였다.

15 유신 헌법으로 국회 의원 정수의 3분의 1이 대통령의 추천으로 통일 주체 국민 회의에서 선출되었다.

16 유신 헌법은 대통령에게 국회 해산권과 국민의 기본권까지도 제한할 수 있는 긴급 조치권을 부여하였다.

17 1976년에 일부 재야 정치인과 각계각층의 인사들이 3·1 민주 구국 선언을 발표하여 유신 체제에 저항하였다.

18 박정희 정부는 신민당사에서 농성하던 YH 무역의 여성 노동자들을 강경 진압하였다.

19 1979년에 전두환 등의 신군부 세력이 12·12 사태를 일으켜 군사권을 장악하였다.

20 5·18 민주화 운동은 신군부의 비상계엄 확대에 반발하여 일어났다.

21 5·18 민주화 운동의 전개 과정에서 광주 시민은 자발적으로 시민군을 조직하였다.

22 5·18 민주화 운동 관련 기록물이 유네스코 세계 기록 유산으로 등재되었다.

23 전두환 정부는 언론 통폐합, 언론 기본법 제정, 민주화 운동 탄압 등 강압적인 정책을 폈다.

24 전두환 정부는 야간 통행금지 해제, 해외여행 자유화 등 유화 정책을 폈다.

25 전두환 정부 시기에 한국 프로 야구가 6개 구단으로 출범하였다.

26 전두환 정부는 차기 대통령을 기존 헌법에 따라 간접 선거로 선출하겠다는 4·13 호헌 조치를 발표하였다.

27 6월 민주 항쟁 당시 시위에 참여한 시민들은 '호헌 철폐', '독재 타도' 등의 구호를 내세웠다.

28 6월 민주 항쟁의 결과로 대통령 직선제 개헌을 수용한다는 6·29 민주화 선언이 발표되었다.

29 노태우 정부는 북방 외교를 추진하여 소련, 중국 등 사회주의권 국가와 국교를 맺었다.

30 김영삼 정부 시기에 지방 자치제가 전면 실시되었다.

31 노무현 정부 시기에 진실·화해를 위한 과거사 정리 위원회가 처음으로 출범하였다.

40강 현대(경제 발전과 통일 정책)

한국사의 흐름을 한눈에
한국사를 그리다

〈경제〉

이승만
- 농지 개혁(by 제헌 헌법)
  - 유상 매입, 유상 분배
  - (3정보 이상 / 지가 증권) (1년 생산량 150% / 5년 분할 상환)
  - 식민지 지주제 청산
- \+ 귀속 재산 처리 +
- 원조 경제
  - 미국의 잉여 농산물 └ 면화, 설탕, 밀가루 → 삼백 산업↑

박정희
- 1·2차 경제 개발 5개년 계획(1962~71)
  - 경공업
  - 저임금, 저곡가 ⇒ 정부 주도 수출
  - 자금 ┌ 한·일 수교, 베트남 파병 └ 파독 노동자(광부, 간호사)
- 70 ↓
- 3·4차 경제 개발 5개년 계획(1972~81)
  - 8·3 사채 동결 조치(72)
  - 중화학 공업(포항 제철)
  - 수출 100억 달러 달성(77)
  - 오일 쇼크(73, 78) └ 오일 달러
- 경부 고속 국도, 새마을 운동, 전태일 분신 사건(근로 기준법 O) ⟿ 최저 임금법(86)
- 광주 대단지 사건(71)
- 함평 고구마 피해 보상 운동(76~78)

전두환
- 3저 호황(86~88)
  - 저금리
  - 저달러
  - 저유가
- 우루과이 라운드 협상 → O(김영삼)
- ⟿ 개방

노태우

김영삼
- 금융 실명제 └ 대통령 긴급 명령
- OECD 가입
- IMF 사태(97) ⟿

김대중
- 신자유주의 정책(경쟁·효율↑) → 합병, 정리 해고, 비정규직
- 국민 기초 생활 보장법
- FTA(서명)
  - 한·칠레: 김대중
  - 한·미: 노무현
- 노무현
  - 질병 관리 본부(⟿ 청)
  - 노인 장기 요양 보험법
- IMF 사태(97) └ 외환 부족 ⟿ 금 모으기 운동, 노사정 위원회 ⇒ 졸업
  - └ 제2의 국채 보상 운동

〈통일〉

박정희
- 〈7·4 남북 공동 성명〉 ⇐ 냉전↓
  - 남북 적십자 회담
  - 이후락 + 김일성(평양)
  - 통일 3대 원칙: 자주, 평화, 민족 대단결
  - 남북 조절 위원회
  - 체제 강화에 영향 ⇒ 남(유신 헌법) 북(사회주의 헌법)

전두환
- 북: 수해 물자 지원 ↓ 최초 남북 이산가족 상봉

노태우
- 〈7·7 선언〉: 공산 국가와 교류
- ② 〈남북 기본 합의서〉
  - 남북 고위급 회담 – 공식
  - 남북 관계 ⇒ 잠정적 특수 관계
  - 남북 교류 ⇒ 민족 내부 교류
- ① UN 동시 가입 ③ 한반도 비핵화 공동 선언

김대중
- 햇볕 정책: 정주영 소 떼 방북 → 금강산 해로 관광
- 〈6·15 남북 공동 선언〉
  - 최초 남북 정상 회담 ⟿ 2차: 노무현 (10·4)
  - 남한 연합제 ≒ 북한 낮은 단계 연방제
- → 개성 공단, 경의선, 이산가족 O, 금강산 육로 관광

〈교육〉

이승만
- 6·3·3 학제
- 문맹 퇴치 운동

박정희
- 무즙 파동(64)
- 국민 교육 헌장(68)
- 중학교 무시험 추첨제(69)

전두환
- 대학 졸업 정원제

김영삼
- 국민학교 → 초등학교

40강 현대(경제 발전과 통일 정책)

01 제헌 국회에서 유상 매수·유상 분배 원칙의 농지 개혁법이 제정되었다.

02 이승만 정부 시기에 한·미 원조 협정이 체결되었다.

03 이승만 정부 시기에 일제가 남긴 재산 처리를 위해 귀속 재산 처리법이 제정되었다.

04 이승만 정부 시기에 미국의 원조 물자를 기반으로 제분·제당·면방직 공업 등 이른바 삼백 산업이 발달하였다.

05 박정희 정부는 1960년대에 자립 경제 구축을 목표로 제1, 2차 경제 개발 5개년 계획을 추진하였다.

06 박정희 정부 시기에 베트남 파병에 관한 브라운 각서가 체결되었다.

07 박정희 정부는 1970년에 경부 고속 국도를 개통하였다.

08 1970년에 농촌 근대화를 표방한 새마을 운동이 전개되었다.

09 1970년에 평화 시장에서 재단사로 일하던 전태일이 근로 기준법 준수를 요구하며 분신하였다.

10 박정희 정부는 1970년대에 제3, 4차 경제 개발 5개년 계획을 추진하여 중화학 공업을 육성하였다.

11 박정희 정부는 1977년에 연간 수출액 100억 달러를 달성하였다.

12 박정희 정부 시기인 1978년에 일어난 제2차 석유 파동의 여파로 경제 불황이 심화되었다.

13 전두환 정부 시기에 3저 호황으로 물가가 안정되고 수출이 증가하였다.

14 전두환 정부 시기에 저임금 근로자 보호를 위한 최저 임금법이 제정되었다.

15 노태우 정부 시기인 1988년에 서울 올림픽 대회가 개최되었다.

16 김영삼 정부는 금융 거래의 투명성을 확보하기 위해 대통령 긴급 명령으로 금융 실명제를 시행하였다.

17 김영삼 정부는 1996년에 경제 협력 개발 기구(OECD)에 가입하였다.

18 김영삼 정부는 외환 위기를 맞아 국제 통화 기금(IMF)에 구제 금융 지원을 요청하였다.

19 국제 통화 기금에 구제 금융 지원을 요청한 이후 대통령 직속 자문 기구인 노사정 위원회가 구성되었다.

20 김대중 정부 시기에 외환 위기 극복을 위한 금 모으기 운동이 전개되었다.

21 김대중 정부 시기에 국민 기초 생활 보장법이 실시되었다.

22 박정희 정부 시기인 1972년에 남북이 자주, 평화, 민족 대단결의 통일 원칙에 합의한 7·4 남북 공동 성명이 발표되었다.

23 7·4 남북 공동 성명이 발표된 후 합의 사항을 실천하기 위한 남북 조절 위원회가 구성되었다.

24 전두환 정부 시기에 최초로 이산가족 고향 방문과 예술 공연단 교환 방문이 이루어졌다.

25 노태우 정부는 민족자존과 통일 번영을 위한 7·7 선언을 발표하였다.

26 노태우 정부 시기인 1991년에 남북한이 유엔에 동시 가입하였다.

27 노태우 정부 시기에 남북한은 정부 간 최초의 공식 합의서인 남북 기본 합의서를 채택하였다.

28 김대중 정부는 최초로 남북 정상 회담을 개최하고 6·15 남북 공동 선언을 채택하였다.

29 김대중 정부 시기에 남북한은 개성 공업 지구 조성에 합의하는 등 교류와 협력을 약속하였다.

30 김대중 정부 시기에 금강산 관광 사업이 시작되었다.

31 노무현 정부는 제2차 남북 정상 회담을 개최하고 10·4 남북 정상 선언을 채택하였다.

32 노무현 정부는 개성 공단 건설 사업을 실현하였다.

시험 전날 3만 명이 넘게 시청하는

전설의 라방!

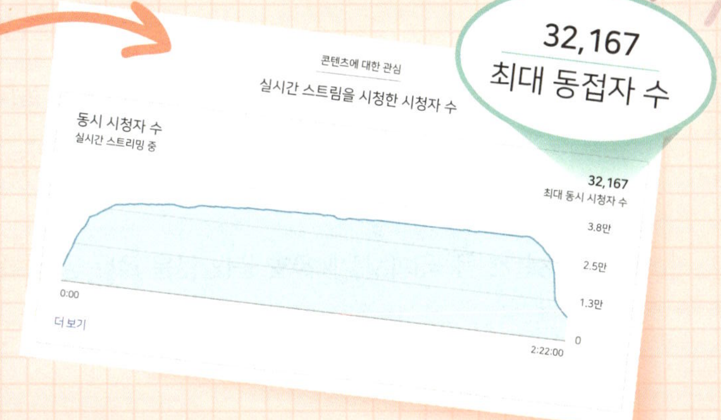

▶ 최태성1TV 한능검 전야제를 함께 하는 것만으로 합격 급수가 달라집니다.
시험장에서 마지막까지 잡고 있어야 할 나만의 필살 노트를 만들어 보세요.

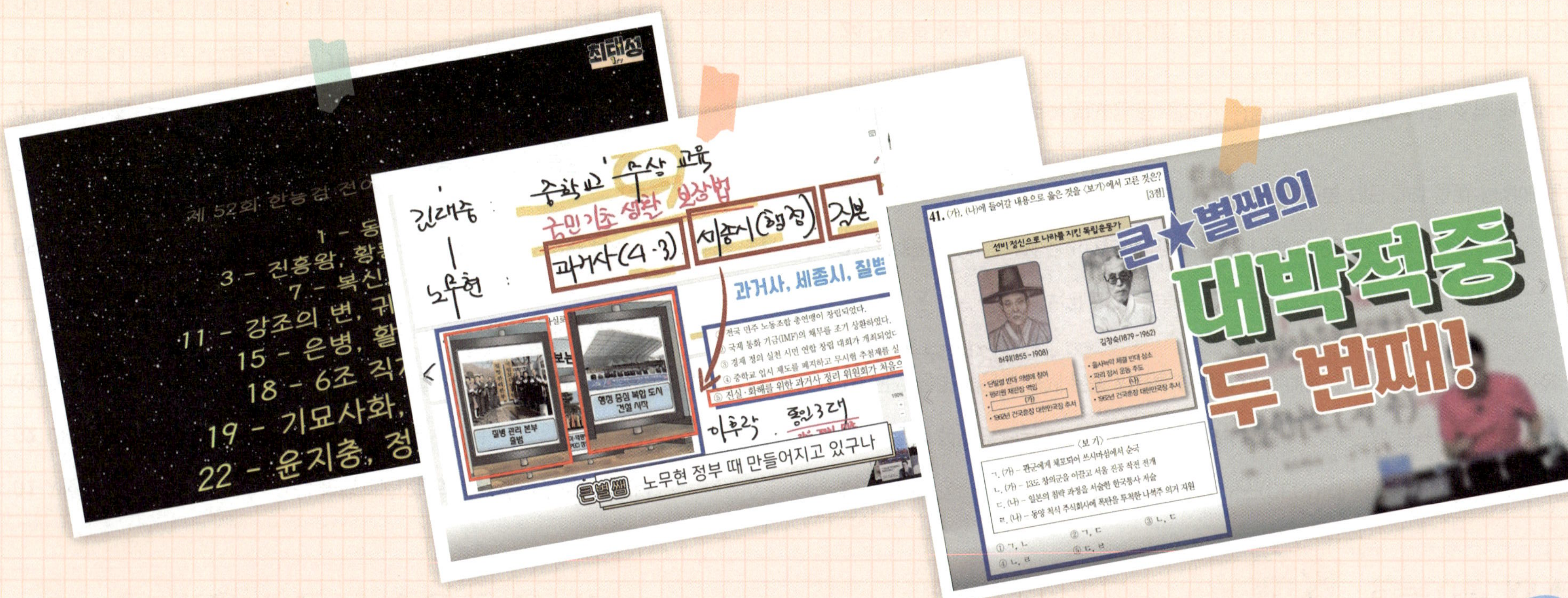

3만 명 동접

전설의 한능검 전야제 받아쓰기

큰★별쌤의 대박 적중!

한국사를 **찍다**

3만 명 동접

전설의 한능검 전야제 받아쓰기

큰★별쌤의 대박 적중!

한국사를 **찍다**

3만 명 동접

전설의 한능검 전야제 받아쓰기

큰★별쌤의 대박 적중!
한국사를 찍다

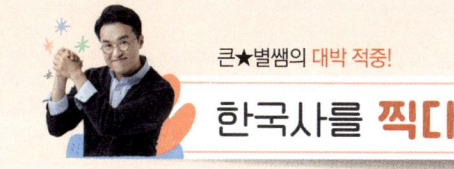

3만 명 동접

전설의 한능검 전야제 받아쓰기

큰★별쌤의 대박 적중!

한국사를 찍다

3만 명 동접

전설의 한능검 전야제 받아쓰기

큰★별쌤의 대박 적중!

한국사를 찍다

3만 명 동접

전설의 한능검 전야제 받아쓰기

3만 명 동접

전설의 한능검 전야제 받아쓰기

큰★별쌤의 대박 적중!

한국사를 **찍다**

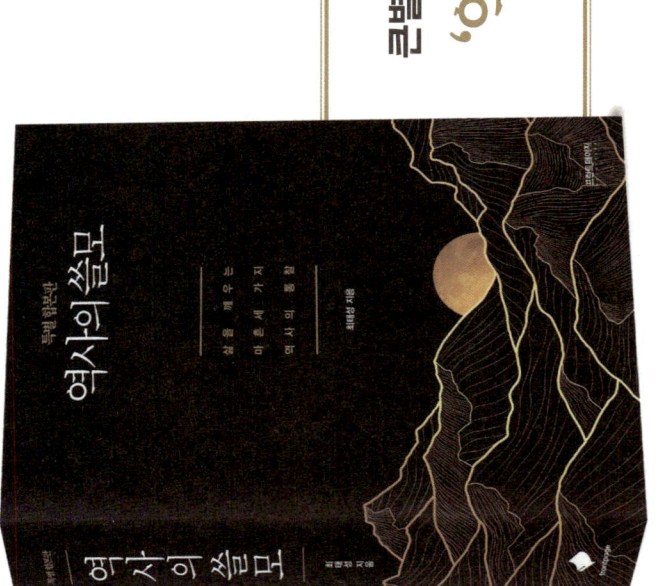

큰별쌤 최태성의

별★별 한국사

한국사 능력검정시험

심화 (1·2·3급) 하

별★별 한국사 한국사능력검정시험 시리즈
이미 많은 분들이 합격으로 검증해 주셨습니다!

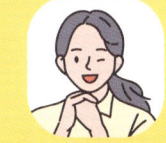

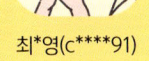

시험 이상의 쓸모를 찾는 강의

송*지(eu***8794)

임용고시 응시를 위해 큰별쌤 강의를 보기 시작했습니다. 역사는 암기 과목이라고 생각했기 때문에 겁을 많이 먹고 시작했는데 선생님의 아트 판서와 일목요연한 강의를 들으니 필요 없는 걱정이었다는 것을 느끼게 되었습니다. … 그리고 전 임용고시를 준비 중인 수험생이면서 고등학생 아이들을 가르치는 기간제 교사인데, 강의 속 큰별쌤의 학습 전 동기부여와 가슴을 울리는 응원멘트를 들으면서 '나는 어떤 어른이, 어떤 교사가 될 것인가'라는 생각을 하게 되었습니다. 그래서 개학을 한 현재 무작정 지식 전달이 아닌 학생들이 '왜?'라는 의문을 가지고 수업에 참여할 수 있게끔 하는 방안을 모색하고 시도 중입니다. 저도 최태성 선생님처럼 '선생님'이라는 단어가 어울리는 어른이 되고 싶습니다.

매국노 탈출했습니다~

한능검 준비하다 감동 먹었습니다.

최태성 선생님 강의 덕분에 100점이라는 결과물을 얻었어요!

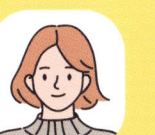

4일 공부하고 1급 합격! 감사합니다!!

이*진(dldb***128)

제가 워낙 벼락치기파라 체념하는 마음으로 고사장까지 갔는데 88점으로 1급 합격했습니다. 고득점은 아니지만 그래도 합격해서 마음은 흡족하네요ㅎㅎ 훌륭한 퀄리티의 강의를 무료로 제공해 주셔서 정말 감사합니다. 판서 내용이 워낙 깔끔해서 핵심만 공부해도 합격 완전 가능입니다. 시간이 없어서 하루에 10강씩 듣고, 기출은 교재에 수록된 문제만 겨우 풀어보고 시험을 봤습니다. 저는 어렸을 때부터 역사를 좋아해서 어느 정도 베이스가 있었고, 운도 따라주었기에 합격한 것 같습니다. 혹시나 이 후기를 읽으실 다른 수험생들께서는 최소 일주일은 잡고 여유 있게 기출 선지까지 보신 후 시험을 본다면 훨씬 고득점을 받으실 수 있을 것 같습니다.

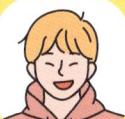

한국사 능력검정 시험 대비 탑 강좌라고 생각합니다.

공부보다 더 큰 걸 배우는 것 같습니다.

수강 후기라고 써놓고 추천이라고 읽네요. ㅋ

학교 다닐 때보다 더 흥미를 갖게 해주는 강의

최*영(c****91)

뒤늦게 한능검 준비하는데 최태성 선생님 덕분에 더욱 확실하고 비장하게 준비하고 있습니다.
차근차근 하다 보니 책장 한 칸이 선생님 이름으로 채워지고 있어요.ㅎㅎ
한국사 단순 암기에 질려버렸던 학생 시절이 아쉬울 정도로 흥미가 생겨요.
열심히 공부하는 분들은 다 아는 내용일 수 있지만 역사적 순서가 헷갈리거나 뭔가 건너뛴 느낌이 드는 부분을 채운다거나 단순 암기가 싫고 역사의 흐름이 중요한 사람들에게 완전 추천하는 강의입니다.

큰별쌤 덕분에 시작한지 2주 만에 합격했어요!

0에서 100이 되는 강의!

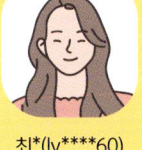

심화 1급 받고 신나서 자발적으로 쓰는 후기 역시 '갓 태 성'

최*(ly****60)

제목에는 1급 받고 신나서 쓴 후기라고 적었지만 사실 1급이 나왔다는 것보다 선생님과 함께 역사를 배우면서 재미없고 졸렸던 역사에서 즐겁고 교훈이 많은 우리의 역사를 알게 되었다는 것이 더 신납니다. 고딩 때 억지로 외우면서 시험 점수에 급급했던 과거가 생각나 부끄럽기도 하더라고요. 그땐 왜 그저 연도 외우고 이름 외우기만 했었는지… 심화 시험이어도 연도를 거의 외우지 않은 채 시험을 보았고 선생님께서 그렇게 이해시켜주셔서 더 좋았어요.

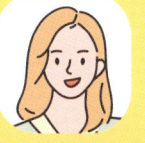

제 글이 최태성 선생님께 꼭 닿았으면 좋겠습니다!!

엄*현(500***631)

제가 한국사 1급을 목표로 도전을 하게 된 건, 부끄럽지만 취업을 위한 자격증 취득 때문이었습니다. 혼자서 공부하기는 너무 어렵고 힘들 것 같아 고등학생 때 ebs로 최태성 선생님을 잠깐 만났던 생각이 나면서 최태성쌤 강의와 교재로 공부를 해야겠다고 생각했습니다. 선생님께서는 무료로 강의를 올려주신 데다가 그 퀄리티가 너무 좋아서 정말 감탄을 금치 못했어요. 교재 판서도 너무 깔끔하고 이해가 쉽게 교재가 구성이 되어 있어서 공부하기 훨씬 수월했던 것 같아요.

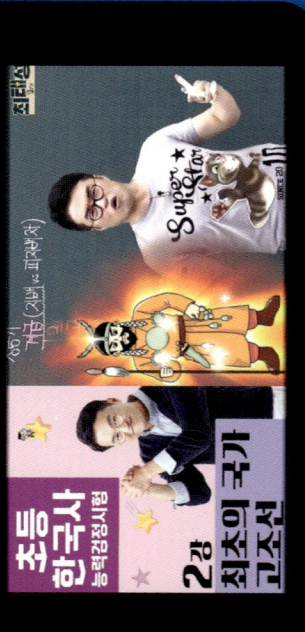

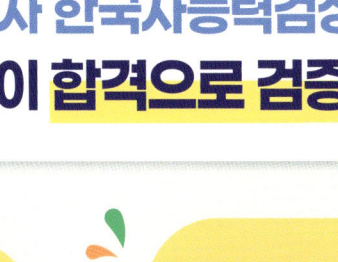